浙江海泰律师事务所　组织编写

精品案例解析与法理研究

邬辉林　主　　编
吕甲木　执行主编

JINGPIN ANLI JIEXI
YU FALI YANJIU

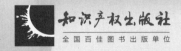

知识产权出版社
全国百佳图书出版单位

图书在版编目(CIP)数据

精品案例解析与法理研究 / 浙江海泰律师事务所组织编写；邬辉林主编 . — 北京：知识产权出版社,2018.1

ISBN978-7-5130-3224-7

Ⅰ.①精… Ⅱ.①浙… ②邬… Ⅲ.①案例－汇编－中国 Ⅳ.①D920.5

中国版本图书馆CIP数据核字(2018)第016804号

内容提要：

2017年是浙江海泰律师事务所成立25周年。作为全国优秀律师事务所,其拥有一批在国内、省内具有一定知名度的专家型律师,在最高人民法院、浙江省高级人民法院等各级法院承办了大量典型案件,撰写的论文多次获得全国律师协会、华东律师论坛、浙江律师论坛的全国十佳论文以及一、二、三等奖。本书主要汇编了浙江海泰律师事务所的律师近几年来在民事、商事、海事海商、知识产权、行政诉讼、刑事辩护、非诉项目服务、律师行业等领域撰写的典型案例研究成果和学术理论研究成果。本书案例丰富、类型多样,可作为法学院校案例教学、律师技能训练、企业法律顾问培训等的参考用书。

责任编辑：崔 玲 田 姝 　　　　　　　　　责任印制：刘译文

精品案例解析与法理研究

浙江海泰律师事务所　组织编写

邬辉林　主　　编

吕甲木　执行主编

出版发行：知识产权出版社有限责任公司	网　　址：http://www.ipph.cn
电　话：010-82004826	http://laichushu.com
社　　址：北京市海淀区气象路50号院	邮　　编：100081
责编电话：010-82000860转8598	责编邮箱：tianshu@cnipr.com
发行电话：010-82000860转8101	发行传真：010-82000893
印　　刷：三河市国英印务有限公司	经　　销：各大网上书店、新华书店及相关专业书店
开　　本：720mm×1000mm 1/16	印　　张：32.5
版　　次：2018年1月第1版	印　　次：2018年1月第1次印刷
字　　数：700千字	定　　价：88.00元

ISBN 978－7－5130－3224－7

本书编辑委员会

总 顾 问:徐建民

顾　　问:朱志庆　钟康树　陈信根　应雪松
　　　　　张友明　张剑锋　邵建波　董浩樑

主　　编:邬辉林

执行主编:吕甲木

编　　委:杨建龙　孙俊杰　徐　洋　王仲志
　　　　　徐香芝　范雪慧

序

在浙江海泰律师事务所成立25周年并乔迁宁波环球航运广场之际，该所同仁对近年办理的案件精心梳理、严格筛选，汇集民事、商事、海事海商、知识产权、行政诉讼、刑事辩护、非诉项目等领域的典型案例研究成果，编撰了《精品案例解析与法理研究》。书中的案例解析叙事清晰、依据充分、说理透彻、表述规范，展示了该所律师精湛的业务功底。此书是面向社会开展法治宣传教育的好作品，有望成为律师职业培训和法律院校案例教学的好教材。该书的出版发行，对于加强律师实务宣传，展现律师风采，推进宁波市律师业持续健康发展都具有积极意义。

海泰所历来注重理论研究和实践总结。5年前，海泰所建所20周年并乔迁国际金融中心之际，编撰了《经典案例暨论文选编》。该所每季度发行所刊《海泰律师》，并不时有案例集、论文集问世。在徐建民律师等海泰人的共同努力下，海泰所这5年进入快速发展通道，从先前30余人的中型律所，一跃成为拥有舟山、慈溪（杭州湾新区）、北仑（宁波经济技术开发区）3家分所，律师及工作人员总人数达到130余名的大型律师事务所，各项重要业务指标均位居宁波前列，并获得了"全国优秀律师事务所""浙江省著名律师事务所"等荣誉称号。海泰所人才济济，打造了很强的专业律师团队和律师人才梯队，拥有很好的声誉和口碑，多名律师入选"宁波市十佳律师""宁波市优秀律师""宁波市律师优秀指导老师""浙江省优秀青年律师""宁波市优秀青年律师"。宁波市律师协会多名专业委员会主任、副主任来自海泰所。业绩与荣誉的取得，离不开海泰所律师踏实的作风、扎实的业务能力和勤奋的敬业精神。

党的十八届四中全会要求"建立法官、检察官、行政执法人员、律师等以案释法制度"。司法部张军部长在全国司法厅（局）长会议上提出："要统一规范，分地域、分门类建立司法行政（法律服务）案例库，并把它作为一项涉及司法行政长远的系统性战略工程，成为为有关单位、组织、个人提供法律帮助的专业知识库和法律咨询库"。律所编纂实务案例，是法治建设的要求，是法律服务的需求，是律师提供优质服务应承担的社会责任。王阳明先生讲"知行合一"，"知是行之始，行是知之成"。知与行的统一，是法律研究、法治实践的基本方法。海泰所的这本实务案例，是该所律师在执业中体现"知行合一"的智慧结晶，展示了海泰人的法治精神和情怀，令人为之点赞！

当前，宁波市律师行业掀起学习党的十九大精神热潮。中国特色社会主义建设进入新时代，面临新形势、立足新起点,律师行业的规范与发展迎来了宝贵的历史新机遇。在习近平总书记新时代中国特色社会主义思想指引下,我国社会主义法治事业续写新篇章,律师应为更好实现全面依法治国总目标,更好维护国家法制统一、尊严、权威,加强人权法治保障,保证人民依法享有广泛权利和自由做出新奉献。律师应积极参与全面依法治国的战略实施,推进科学立法,促进依法行政、公正司法、全民守法,并在执业过程中积极开展以案释法。

本书案例的承办律师在最高人民法院、浙江省高级人民法院等各级法院以及仲裁机构承办了大量案件,撰写的论文多次在全国律师协会、华东律师论坛、浙江律师论坛获奖。我相信,立足于建构一流专业律师团队的海泰律师事务所将成为国内知名律所品牌;我相信,海泰律师将再创新辉煌。

是为序。

罗仙兵

2017 年 12 月

本书作者简介

徐建民律师：浙江海泰律师事务所创始人，高级合伙人，一级律师；1989年毕业于华东政法学院，获法学学士学位；1991年从事专职律师，1992年9月至今在浙江海泰律师事务所执业，1995年5月至2013年5月任律所主任。曾任宁波市律师协会第八届理事会会长，现任宁波市律师协会第二届监事会监事长。执业初期曾办理了不少普通刑民诉讼案件；从20世纪90年代中期开始办理了很多浙江省省内外著名的海事海商大案；21世纪初期开始涉足重大资产重组、IPO、房地产等非诉项目。徐建民律师在诉讼和非诉方面都有不菲成绩，曾被评为宁波市优秀律师、宁波市优秀青年、宁波市优秀中国特色社会主义建设者、浙江省司法行政系统"百优人物"；现担任宁波市政协常委、宁波市人大常委会法工委委员、宁波市法学会行政法学研究会副会长。

应雪松律师：浙江海泰律师事务所高级合伙人、高级律师，宁波仲裁委员会仲裁员，中国民主建国会宁波市鄞州区基层主委，曾荣获2013年度宁波市十佳律师称号。专业领域及擅长业务包括民商事、金融保险、公司运作、国际贸易、海事海商、房地产建筑法律实务。工作语言为普通话和英语。1989年毕业于华东政法学院国际经济法系，1989年至1992年从业于宁波市对外律师事务所，1992年和华东政法学院其他同仁创建浙江海泰律师事务所，1995年起任浙江海泰律师事务所副主任。

陈波律师（总所）：中国海事仲裁委员会仲裁员、高级律师。1989年毕业于华东政法学院经济法系，并在中国政法大学、美国休斯敦大学法学院学习。曾担任浙江海泰律师事务所主任、宁波市律师协会海事海商专业委员会主任、保险专业委员会主任，曾被评为2014品牌宁波律师行业杰出人物、宁波市十佳律师等。执业20多年来，承办了大量知名案件，其中"特大海难背后的保险之争"被浙江省律师协会评为全省律师第一名案，入选十大浙江优秀案例选，并被中央电视台报道；另有三个承办案件分别入选最高人民法院编著的《人民法院案例选》《最高人民法院判案大系》《出庭在最高人民法院》。作为仲裁员，陈波律师近年北京、上海、宁波成功审理了15个大案，其中包括国电仲裁案、韩国韩进破产案等多个在国内外有重大影响的著名案件。此外，陈波律师还在《人民法院报》等媒体上发表文章多篇。

张友明律师：高级律师，浙江海泰律师事务所高级合伙人，浙江省律师协会刑事专业委员会第六、七、八、九届副主任，宁波市律师协会刑事专业委员会第四、五、六、七届主任，兼任宁波大学、浙江万里学院、浙江大学宁波理工学院客座教授和浙江省刑辩讲师团、宁波律师学院特聘讲师，以及省、市律师辩论队教练。入选全国刑辩大律师、浙江省优秀律师、宁波市十佳律师、宁波市首届十大法治人物。其撰写的专业论文多次荣获华东、浙江、宁波律师论文一等奖。张友明律师是我国最早专职从事刑事辩护的律师之一，从事刑事辩护20年来，先后承办了1000多起各类刑事案件。

邬辉林律师：浙江海泰律师事务所主任、二级律师、中国农工民主党党员。主要执业领域：企业并购与公司治理、房地产、涉外法律事务。曾被评为浙江省优秀青年律师，现担任宁波市律师协会公司法专业委员会主任、鄞州区政协委员、宁波市青联委员、新生代创业者联谊会常务理事等行业及社会职务。邬辉林律师近年来专注于公司并购、重组，尤其是境外并购、房地产并购及创业投资领域，并承办与参与了多起大型公司并购及投资合作项目。邬辉林律师撰写的专业论文曾连续多年获得华东律师论坛、浙江省律师论坛一、二等奖。2009年其提出的外贸企业海外应收账款打包托收建议受到时任副总理王岐山批示并由商务部组织专题调研，在业界反响巨大。

张剑锋律师：浙江海泰律师事务所合伙人，涉外海事部部长，高级律师。1995年毕业于华东政法学院，一直从事律师工作，主要执业领域为海事海商、破产清算等，现为宁波市律师协会海事海商专业委员会及破产与重组委员会委员、宁波仲裁委员会仲裁员，2015年被评为宁波市律师协会优秀指导老师。张剑锋律师执业20多年，代理过较多的海上货物运输合同、海上货运代理合同、海上保险合同、船舶建造合同等各类海事海商纠纷；近年来担任多家公司的破产管理人，在海事海商和破产管理方面积累了丰富的工作经验。

邵建波律师：浙江海泰律师事务所执委（CFO）、合伙人，二级律师，宁波市律师协会破产与重组专业委员会副主任，宁波仲裁委员会仲裁员。曾就读于浙江大学法学院，主修经济法，获法学学士学位；曾就读于宁波大学，取得工商管理硕士学位。邵建波律师具有丰富的司法实践经验，执业风格稳健、谨慎，先后担任过几十家大型公司的常年法律顾问，擅长商务活动的法律风险控制，善于办理破产以及公司重组并购等业务。专业特长：公司常年法律顾问；公司破产重组；公司股权转让与并购；公司法诉讼业务；房地产、建设工程诉讼与非诉讼业务；公司金融融资业务；金融诉讼业务。

董浩樑律师：浙江海泰律师事务所合伙人、执委、刑事部部长，宁波大学法学院兼职研究员、校外指导老师，宁波大学企业刑事法律风险研究所副所长。荣获2015年度宁波市优秀律师称号。董浩樑律师已办理数百起刑事辩护案件、数十起刑事控告案件，并担任多家企业的法律顾问，长期致力于企业刑事法律风险防控研究，曾撰写《公司、企业刑事法律风险及控制和救济概论》等多篇相关论文。董浩樑律师主笔撰写的《宁波民营企业刑事法律风险研究报告》是宁波地区首份重点关注并系统研究宁波民营企业刑事法律风险的法律文献，社会效果显著。

熊保华律师：浙江海泰（杭州湾新区）律师事务所主任，2003年进入海泰律师事务所工作，在公司并购、资产重组、公司上市、土地使用权批租、房地产项目开发、建筑工程、房地产预售、房屋动迁、住宅房屋装修纠纷处理、物业管理纠纷处理等房地产业务方面积累了丰富的经验。熊保华律师曾担任多家大型公司的常年法律顾问，擅长企业法律风险的预防及纠纷处理。

陈波律师（舟山）：浙江海泰（舟山）律师事务所主任，法律硕士，舟山市政协第七届常务委员、九三学社舟山市第七届委员会委员，获得"浙江省优秀公益律师"称号、2010—2015年连续六年被九三学社中央委员会表彰为"参政议政积极分子"。主要专业为不动产物权和行政诉讼领域：涉及不动产物权登记、不动产物权归属、危险建筑物的治理、拆迁安置补偿以及商品房买卖合同等方面的法律事务处理；涉及行政处罚、行政强制、行政许可及行政登记的行政纠纷处理；以行政单位程序正当为法律服务的基本点，通过事前介入、事中指导及事后法律救济等方式，将法律服务的理念贯穿行政管理的全过程，以此提升行政单位依法行政的能力与水平。

吴克汀律师：浙江海泰（经济技术开发区）律师事务所合伙人、执行主任，全国律师协会财税专业委员会委员，浙江省律师协会第八届律师代表，宁波市律师协会第六、七届理事，宁波市北仑区第八届政协委员、第九届政协常委，中国民主建国会宁波市北仑区基层委员会副主委。毕业于浙江大学，从业以来，吴克汀律师积极参加各种公益活动，其事迹被中国广播网、宁波日报等多家媒体报道；先后荣获"浙江省首届优秀平安志愿者""浙江省服务中小企业优秀律师""宁波市优秀青年律师""宁波市优秀律师""江东区优秀律师""北仑区法制宣传教育先进个人""普法优秀讲师""母亲素养工程优秀讲师"等多项荣誉。其撰写的论文近十年在宁波市、浙江省和华东律师理论研讨会中获奖。擅长民商事诉讼案件处理，对企业法律风险防控，企业财税法律业务有较深入研究，客户群体涵盖金融、国企、民企、政府等诸多领域。

吕甲木律师：浙江海泰律师事务所合伙人、知识产权部主任，兼任宁波市律师协会知识产权专业委员会主任，宁波市法学会知识产权法学研究会副会长、秘书长，中华全国律师协会知识产权专业委员会委员，被聘为最高人民法院知识产权案例指导研究（北京）基地专家咨询委员会专家、浙江省公益知识产权法律专员、宁波市知识产权纠纷人民调解委员会调解员、宁波仲裁委仲裁员。曾获得"浙江省知识产权宣讲活动先进个人""宁波市十佳律师"等荣誉。吕甲木律师已承办各类知识产权诉讼、非诉讼案件几百件，所承办案件多次入选全国法院50大知识产权典型案例，以及浙江法院、宁波法院十大知识产权保护案件；撰写的知识产权论文分别被评为2011年、2013年、2015年、2016年、2017年全国知识产权律师年会十佳论文，专著《侵权法原理与判例研究》于2013年6月由法律出版社公开出版发行，主编的《知识产权保护理论与判例研究》由知识产权出版社于2017年5月公开出版发行。

徐文涛律师：浙江海泰律师事务所合伙人，行政法务部部长，法学硕士研究生。2008年进入宁波市某区工作，从事一线审判工作8年。历任助理审判员、审判员、行政庭副庭长、派出人民法庭副庭长，主审过一系列重大行政案件、民行交叉案件。曾荣获"浙江省法院行政审判先进个人""宁波法院十佳优秀青年法官"等荣誉称号，荣记法院个人三等功等。先后在《人民法院案例选》《中国审判》《浙江审判》《浙江法院调研》《浙江高院行政审判通讯》《宁波审判研究》等刊物上发表调研文章10余篇，并多次在法院系统、法学会系统的论文研讨会上获奖，具有扎实的法学理论知识和丰富的行政、民事审判经验，擅长行政、民事法律关系交叉领域的纠纷处理。

叶颂韶律师：浙江海泰律师事务所合伙人。大连海运学院工学学士、大连海事大学法学硕士。曾任职于大型国企及证券公司研究所、投行部、营业部，并在大型企业担任投资部总经理。2005年10月开始从事专职律师，2007年至今任职浙江海泰律师事务所专职律师，曾任宁波市律师协会法律顾问专业委员会副主任，现任宁波仲裁委员会仲裁员。专业领域涉及公司法：投资合作、企业重组购并、企业改制、股权激励、股权纠纷的解决；建筑房地产：施工合同、各类地产项目合作；海商海事及保险金融。对各类投资、合作及股权激励等非诉业务有专门研究和丰富的实务经验；擅长公司类、建筑房地产类及海事、保险金融类诉讼案件的分析、办理。

朱武律师：浙江海泰律师事务所合伙人。2003年毕业于浙江大学法学院，同年进入浙江海泰律师事务所工作至今，主要负责公司法律顾问业务和刑事业务。多年来，长期为多家知名机构和政府单位提供法律服务。除帮助众多客户建立日常经营管理相关的法律事务管理体系外，主要从事股权并购、资产收购、国企改革改制、公司投融资等领域的非诉讼法律业务。同时办理了大量具有影响力的商事、刑事案件，其中很多案件获得了免予追究刑事责任、缓刑、定性改变、刑期大幅减轻的良好社会效果。尤其对于刑民交叉案件的办理有着自己独到的建树。

王晓华律师：浙江海泰律师事务所合伙人，宁波仲裁委员会仲裁员。执业以来一直致力于为企业提供更优质、更精细的法律服务，执业领域主要为公司法律顾问业务、知识产权保护、劳动争议解决等民商事领域的诉讼和非诉讼法律事务处理。特别是在处理企业与员工之间的劳动纠纷，企业人力资源管理及法律风险防控，企业知识产权保护方面具有深厚的理论功底和丰富的实践经验。服务的客户多为宁波知名制造型、贸易型或高新型企业。王晓华律师积极投身社会公益，2012年办理的法律援助案件被中央电视台《热线12》栏目采访报道。

孙俊杰律师：浙江海泰律师事务所合伙人，争议解决部部长，九三学社社员，宁波市人民政府特邀行政执法监督员，宁波仲裁委员会仲裁员，宁波市民事法律援助专家。主要执业领域：企业法律顾问、商事诉讼业务、行政诉讼业务。自2004年进入浙江海泰律师事务所从业至今，长期担任多家企事业单位的常年法律顾问，精于从企业的运营中提炼出风险高发环节点，并针对风险点设计化解方案，通过完善制度、规范流程及指导培训等方式落实到企业的日常经营管理过程中。擅长诉讼业务和涉诉业务的法律分析，并创造性地从行政诉讼的视角解决各类疑难复杂案件，在商事诉讼、行政诉讼等诉讼领域积累了丰富的办案经验。

杨永东律师：浙江海泰律师事务所合伙人，浙江海泰（杭州湾新区）律师事务所副主任，江厦智库高级研究员。西南政法大学法律硕士，2003年起从事法律工作。擅长处理民商事争议及企业法律事务。曾成功代理了一批涉及标的巨大，有重大影响的金融、建筑、房产、商事案件，同时担任多家政府单位和企业的法律顾问。撰写的论文《建立商品房全寿命周期质量强制保险制度的法律思考》获宁波市律师协会论文研讨会三等奖。

时静律师：毕业于西安外国语大学英语专业、浙江大学法学专业。从事专职律师12年，办理了大量的诉讼、仲裁案件，先后获得"宁波市优秀青年律师""宁波市十佳女律师"称号。擅长对大型复杂案件的诉讼程序设计，有很强的协调、沟通和谈判能力。常年带领公司律师团队，专业定位于公司日常法务、规范化治理、股权改制与股权激励、兼并重组等方面。

郑学瑜律师：浙江海泰律师事务所合伙人律师。西北政法大学民商法学学士，中国政法大学经济法专业在职法学硕士，原金华银行风控部主管。2011年被评为宁波市优秀律师，有投资项目咨询分析师资质。主要专业方向为公司法、知识产权以及非诉讼法律业务。成为专职律师以来，每年承办多起公司纠纷案件，同时担任多家公司以及政府机关的法律顾问，积累了丰富的法律实务经验。

习平律师：浙江海泰律师事务所合伙人律师，浙江省律师协会房地产专业委员会委员、证券与资本市场专业委员会委员，宁波律师协会建筑房地产专业委员会副主任。2006年7月毕业于中国政法大学研究生院，主要执业方向为重组并购、股权投融资、资本市场、私募基金与建筑房地产，参与或主办了近三十个重组并购、债务重组、破产重整、股权投融资、新三板与宁波股交中心成长板挂牌、私募基金备案等非诉项目。2011—2015年连续五年在宁波市实务理论研讨会、浙江省律师论坛、华东律师论坛上获得一、二等奖。2015年5月荣获"2013—2014年度宁波市优秀青年律师"称号，2017年获得"第三届浙江省优秀青年律师"称号。

汤涛律师：浙江海泰律师事务所合伙人，具有多年丰富的法院司法审判经验，尤其擅长民商事合同审查审判，熟悉房地产行业多维度纠纷。自2014年从事律师执业以来，处理多件合同类纠纷，并担任多家公司的常年法律顾问。

傅丹辉律师：浙江海泰律师事务所合伙人，建筑与房地产部部长。浙江大学法学学士，厦门大学经济法硕士。主要执业领域为建筑工程及房地产、公司法，担任多家知名公司的法律顾问。

王凌翔律师：浙江海泰律师事务所合伙人，新加坡南洋理工大学工商管理硕士，具备多样化的技能，特别是掌握与各种交易相关的知识，深刻理解商业的实际，能为客户提供切实可行的解决方案。

李江勇：浙江海泰律师事务所资深顾问，原宁波市中级人民法院司法鉴定处副处长，2013年2月退休后任浙江海泰律师事务所司法鉴定事务部主任。1990年起一直从事文检工作，在文检领域积累了丰富的经验，是我国法院系统首届文检技术培训班学员，撰写的《非文字特征在检案中的应用》《浅谈笔迹检验中样本的收集》等论文分别被浙江省法院系统第三届法医学术交流会、第六届司法鉴定科学学术交流会录用，2011—2014年被聘为西南政法大学刑事侦查学院客座副教授，现兼任浙江省天平鉴定辅助技术研究院副院长、毅远司法鉴定咨询(宁波)有限公司首席顾问、中国专家辅助人网宁波联络站负责人、北京弘德网专家顾问。

陈石律师:浙江海泰律师事务所合伙人、建筑工程房地产部副部长。宁波市律师协会互联网专业委员会主任,宁波市律师协会副秘书长,专注房地产收并购、合作开发、法务外包、投融资以及网络法业务。先后办理了全国首单百亿地王合作开发等近20宗地产合作开发和收并购项目,实务经验丰富。

夏立艇律师:浙江海泰律师事务所合伙人,舟山分所副主任。华东政法学院国际法系国际经济法专业毕业。2005年9月,进入岱山县建设局,先后在局法制科、城建监察大队、局办公室等部门从事相关工作。2008年3月,开始进入律师行业。2013年加入浙江海泰律师事务所。2017年,经中国海事仲裁委员会舟山办事处推荐,被中国海事仲裁委员会聘为仲裁员,是首位且唯一一位舟山籍海事仲裁员,并多次受舟山办事处邀请,参加对修造船企业的座谈、走访。目前,担任多家大中型企业及事业单位的法律顾问,主要业务范围为民商事、海事诉讼、非诉讼案件的代理。

徐安邦律师:1986年起从事律师工作,为浙江红邦律师事务所合伙人,于2013年正式加入浙江海泰律师事务所。曾被评为县、区级优秀党员,优秀政法工作者。曾任县级政府法律顾问组组长,国有大公司房地产公司总经理,投资公司总经理,以及宁波市律师协会建筑房地产专业委员会主任。

施建桥律师:擅长刑事诉讼、刑事非诉讼及交通事故人身财产损害赔偿诉讼。曾办理过大量刑事诉讼案件,同时,也担任过某保险公司法律顾问,处理过大量车险案件,尤其擅长交通事故损害赔偿纠纷。

张蒙迪律师：2007年获上海对外贸易学院法学学士学位；2009年获澳大利亚昆士兰大学法学硕士学位；后加入浙江海泰律师事务所执业至今。从业以来，参与和办理各类国际贸易及投资领域内的诉讼及非诉讼业务，具有较强的理论功底和丰富的实践经验；为多家顾问单位提供细致详尽的法律顾问服务，熟悉外贸公司运作及管理，以及外贸业务流程和合同管理等方面。专业业务领域主要包括国际贸易与投资、海事海商、知识产权、公司法诉讼与非诉业务、经济合同纠纷、企业法律顾问等，多年来以严谨性和专业性获得了众多当事人、顾问单位的信任和赞赏。

刘广博律师：曾先后在法院、中国500强公司法务部门工作，2008年进入浙江海泰律师事务所从事律师工作至今。现为宁波市律师协会民商法专业委员会委员、宁波市律师协会公司法专业委员会委员。成功为生产加工企业、建筑房地产公司、外贸公司、航运公司及个人提供各种诉讼、仲裁及非诉讼法律服务。具有丰富的诉讼和非诉讼法律实践经验。

华金涛律师：曾在企事业、文化广电新闻出版局等机关单位工作，具有丰富的人生历练和深厚的洞察力。成为执业律师后，专注于合同、公司等民商事以及知识产权等法律服务。

李安谦律师：法律硕士，宁波市优秀青年律师。曾任浙江李信平律师事务所副主任，现执业于浙江海泰律师事务所。专注于公司法、建筑房产法和标准化、团队式的企业法律顾问服务。熟悉民营企业和国有企业运作模式和内部机制。从业以来，曾先后为数十家知名企业提供过法律顾问或非诉讼法律服务。擅长商事争议诉讼，代理各类商事诉讼案件数百起。

杨静律师：2002年毕业于湖南大学，获法学学士学位；2009年取得人力资源管理师资格；2011年于宁波大学EMBA工商管理高级研修班进修；南开大学在职研究生在读。十几年执业经历中，主要致力于公司及政府机构法律顾问服务、公司法、合同法、人力资源法务为主的民商事诉讼及非诉讼工作，专注于企业、政府单位运营中的法律风险的系统性、规范化控制、预防工作，长期为多家大中型企业及政府机构提供专业法律服务，积累了丰富的法律服务经验。

郭治年律师：曾先后在宁波仲裁委、宁波市政府法制机构工作十余年。华东政法大学国际法系本科，行政法专业硕士。长期从事行政规范性文件和行政机关合同审查工作，对行政机关有关行政执法制度建设和实践有深入的研究，曾撰写《行政规范性文件备案审查制度研究》《浅析行政规范性文件的审查标准》等多篇获奖文章。目前是多家行政机关和企业单位的法律顾问。擅长处理各类民商事、行政纠纷案件以及行政非诉业务，对民行交叉领域具有深入的了解。

龚建军律师：自执业以来，在公司运作、房地产、建筑法律实务、商务谈判、侵权、保险、医疗等领域办理了大量案件，有丰富的实务经验。为多家企业提供常年法律顾问服务，多年来办理了大量民商事案件，对诉讼有较好的把握和判断，诉前准备充分，诉中根据案情调整诉讼策略，诉后及时跟踪反馈，案件均取得良好的效果。

庄程巍律师：具有扎实的法律专业知识，熟悉企业内外部经营管理制度，各类合同风险控制等法律事务。庄程巍律师自从业以来，办理多起民商事、经济纠纷案件，具有较深的理论功底和丰富的实践经验。

朱金维律师：毕业于宁波大学，2010年律师执业至今，曾荣获宁波公益律师之星。擅长领域：婚姻家事、家族财富传承、私人法律顾问、企业法律顾问。具备国家婚姻家庭咨询师以及心理咨询师资质，尤其在婚姻家庭法律服务领域有着扎实的理论基础及丰富的办案经验，成功代理过多起重大婚姻家庭及继承纠纷案件。

吴佳舟律师：2010年获上海海事大学国际法学硕士学位，2015年10月进入浙江海泰律师事务至今，代理过数量众多的海事海商案件、国际贸易案件及民商事案件，服务于多家国际航运企业、贸易型企业及民营企业，尤其在海上货物运输合同纠纷、国际货物买卖合同纠纷、经济合同纠纷、公司法律顾问及非诉讼法律服务方面积累了丰富的司法实务经验。

杨黎萍律师：浙江海泰律师事务所涉外海事部专职律师，上海海事大学国际法（海商法）硕士，主要执业领域为海事海商、国际贸易、不良资产处置等，现为宁波市律师协会海事海商专业委员会委员、舟山国际贸易促进发展委员会法律顾问团成员。从业以来，接受过较多的航运性企业、外贸型企业委托处理无单放货纠纷、船舶融资租赁合同纠纷、海上保险合同纠纷等案件，积累了较多的诉讼实务经验。

文彪律师：西南政法大学法学硕士，中国法学会会员。擅长民商事诉讼、企业法律顾问、行政诉讼法律服务。在上述领域承办了多件具有一定影响力的典型案件。

王巧玲律师：专注于婚姻家事法律服务、企业破产项目、商事诉讼代理及公司法律顾问等。自2012年进入浙江海泰律师事务所工作至今，承办了多起民事、行政和刑事案件，并且参与破产管理人工作，在破产管理人工作方面经验丰富。

张卓琦律师：毕业于安徽大学法学专业，进入浙江海泰律师事务所执业以来已独立承办近百起案件。秉承"案件标的额有大小，案件本身无大小"的理念，兢兢业业做好每个委托人委托的案件。

乐柯南律师：浙江海泰律师事务所知识产权专职律师、商标代理人，同时具有国家专利代理人资格，毕业于武汉大学法律系，硕士研究生期间从事知识产权民商法律研究。乐柯南律师从业以来主要致力于知识产权诉讼与非诉讼法律实务研究，目前担任多家工贸型、电商型企业知识产权专职顾问，积累了丰富的非诉讼知识产权服务经验，擅长于企业的知识产权危机公关处理、知识产权被侵权防治、知识产权原创成果保护、知识产权交易合同保障、行业知识产权环境监控以及商标异议、商标无效、商标复审、专利无效、专利复审、商标、专利侵权诉讼事务。

李珊珊律师：上海海事大学国际法学专业硕士研究生毕业，擅长海事海商、公司并购、国际贸易等事务。

徐赟超律师:浙江海泰(杭州湾新区)律师事务所律师,擅长民商事诉讼、法律顾问和其他非诉讼业务。

娄军飞律师:浙江海泰(杭州湾新区)律师事务所律师,曾从事外贸工作15年,具有丰富的国际贸易投资实践经验,能够熟练、流利地与外方用英文进行各种贸易投资谈判。

应王雷律师:浙江海泰(舟山)律师事务所执业律师,毕业于华东政法大学,获法学学士学位。曾在政府机关从事法律工作。一直专注于民商法及行政诉讼领域,擅长处理房产、物业、婚姻继承、合同案件等诉讼业务。从业以来,参与过多起人数众多、社会影响较大的房产诉讼纠纷及行政诉讼纠纷;同时,为多家政府机关、企事业单位提供法律服务,积累了丰富的办案经验。从业多年来积极投入公益法律服务中,为弱势群体提供法律帮助,承办多件各类法律援助案件(以刑事案件为主),并于2015年、2016年连续两年被舟山市定海区司法局评为"全区法律援助先进个人"。

王仲志律师:硕士研究生、宁波市律师协会团委委员、浙江海泰律师事务所团支部书记。具有扎实的理论基础和丰富的实务经验,办案认真负责,曾在安徽省阜阳市颍东区法律援助中心、奉化区司法局、宁波市北仑区人民检察院等单位实习。参编2015、2016年度《宁波民营企业家刑事法律风险报告》,撰写的论文曾获得2017年宁波市律师协会理论与实务研讨会一等奖。

余璟晖律师： 毕业于上海海关学院，自2015年执业以来，致力于从事与经济或贸易相关的法律业务，代理了多起诉讼、仲裁案件，在与职业打假人诉讼方面具有丰富的经验。撰写的论文荣获2017年宁波市律师实务理论研讨会二等奖。工作之余，余璟晖律师也积极参与区县的义务法律服务工作，为宁波市北仑区多个街道社区及事业单位提供义务法律咨询或讲座。

史全佩律师： 国浩律师（宁波）事务所副主任、合伙人，宁波市律师协会建筑与房地产专业委员会主任，浙江省律师协会建设工程专业委员会委员，浙江省建筑业协会法务专业委员会委员。自1994年专业从事律师工作以来，精于建筑工程、房地产、企业风险管理等领域的法律顾问服务，擅于处理建筑工程类重大疑难案件和工程项目风险管理控制专项法律服务工作。

目　录

第二编 商事案例解析与法理研究

第四编 知识产权案例解析与法理研究

第五编 行政诉讼案例解析与法理研究

第六编 刑事案例解析与法理研究

第八编　律师职业实务理论研究

后　记

第一编 民事案例解析与法理研究

第一章 侵害人身权纠纷案例解析

1 舆论监督与名誉侵权的界限

——陈某诉宁波GD集团侵害名誉权纠纷案评析

吕甲木 郭治年

案　　由: 侵害名誉权纠纷

当事人姓名或名称:

原　　告: 陈某

被　　告: 宁波GD集团

承办律师: 吕甲木、郭治年

裁判部门: 宁波市海曙区人民法院、宁波市中级人民法院

案　　号: (2017)浙0203民初3044号、(2017)浙02民终2862号

案情简介

2017年3月22日,宁波GD集团下属的电视台播放了"二手车买卖乱象"的节目,节目通过买车人管先生的爆料,对宁波市二手车市场普遍存在的"低价诱导""隐瞒车况""零首付陷阱"等现象进行了报道。节目中先后采访了爆料人、二手车商、某行业协会秘书长陈某等人。其主要内容是,爆料人被宁波一家网上二手车行的报价和"零首付"的提法吸引,来宁波购车。来之前二手车商承诺只收取车价的百分之二作为中介费,百分之三作为押金。但实际上,到了购车现场,交了2万元定金后,按揭公司要收取15%的押金,爆料人遂投诉到电视台。由于爆料人之前已经将纠纷提交了某行业协会调解,因此电视台也采访了该协会主持调解的陈某。在采访过程中陈某声称双方已达成调解意向,二手车商退还7000元给管先生,但要求电视台不要报道该事件。电视台坚持播出了该节目,并在节目最后加了评论:"二手车商对'零首付'偷换概念的做法,让管先生失望透了;而某行业协会,以电视台播出与否为谈判筹码的方式,也让管先生难以理解。"

节目播出后,陈某认为电视台在未经其同意拍摄的情况下,偷偷拍他,侵犯了其肖像权;在调解过程中没有以是否电视台播出为谈判条件和筹码,调解结果并没有使管先生难以理解,而且调解结果应该保密,报道失实,侵犯了其名誉权。一方起诉至海曙区人民法院。

浙江海泰律师事务所 FAST 公益团队作为该电视台的公益支援力量,在接受宁波 GD 集团的委托后,迅速指派吕甲木、郭治年两名律师担任被告代理人,出庭应诉。

法院判决

一审法院认为:第一,被告的行为没有侵犯原告的肖像权。《中华人民共和国民法通则》(以下简称《民法通则》)第 100 条中规定:"公民享有肖像权,未经本人同意,不得以营利为目的使用公民的肖像。"本案中被告作为新闻媒体机构,对原告进行拍摄和采访用于新闻报道非出于营利目的,是行使其正常的新闻监督的职能,在报道过程中也未有过错行为,且原告并无证据证明被告使用原告肖像的行为对其造成了损害后果,故被告不构成对原告肖像权的侵害。

第二,被告的行为没有侵犯原告的名誉权。被告是否构成侵犯原告名誉权,应当根据原告是否有名誉受损的事实:被告行为是否违法、违法行为与损害后果之间是否有因果关系、被告主观上是否有过错来综合认定。本案中,被告根据爆料人爆料,对爆料人和涉事车行及主持调解的原告进行采访,新闻报道中的内容和对话均来自直接的电话采访或实地采访,比较客观地反映了爆料人购车过程及和二手车行的协商过程以及原告作为调解人的调解过程,内容基本属实,主要内容也未存在失实的情形,根据采访过程得出的评论也未有侮辱原告的内容,被告的行为未构成违法;原告作为调解人,新闻报道也未进行实名披露,且原告并无证据证明被告存在侮辱、诋毁原告名誉,并造成原告的名誉或声誉评价下降的行为。因此,一审法院依法驳回了原告的诉讼请求。

陈某不服一审判决提起上诉,二审维持一审判决。

律师分析

该案件涉及肖像权、名誉权以及舆论监督权等多种权利与职责的交织,属于非典型性的侵权案件。

一、如果新闻报道播放画面出现当事人肖像并非出于营利目的,不构成对当事人肖像权的侵害

《民法通则》第 100 条规定:"公民享有肖像权,未经本人同意,不得以营利为目的使用公民的肖像。"依据《中华人民共和国侵权责任法》(以下简称《侵权责任法》)第 2 条规定,侵害民事主体享有的肖像权的,应该依照该法承担侵权责任。侵害肖像权的构成要件为:①行为人以营利为目的,因过错实施了使用他人肖像的行为;②行为人过错使用他人肖像的行为造成了损害结果;③过错行为与损害结果之间存在着因果关系。

新闻媒体播放新闻报道系基于社会公共利益需要履行新闻监督的行为,并不以营利为目的,而且在播放时如果也没有以其他手段改变当事人的肖像,尽到了新闻机构和新闻工作者的善良管理人的注意义务,不具有过错的,不构成对原告肖像权的侵害。

二、如果新闻报道的内容属实，评论并未失当，则属于正当行使舆论监督权的行为，不构成对当事人名誉权的侵害

《民法通则》第101条规定："公民、法人享有名誉权，公民的人格尊严受法律保护，禁止用侮辱、诽谤等方式损害公民、法人的名誉。"依据《侵权责任法》第2条规定，侵害民事主体享有的名誉权的，应该依照该法承担侵权责任。因此，名誉权是自然人、法人等民事主体对其名誉所享有的不受他人侵害的权利。名誉权的客体是名誉，是指特定的民事主体对其自身的人身价值所获得的社会评价。名誉不同于名誉感，法律对作为民事主体自身内心感受的名誉感不予保护。《最高人民法院关于审理名誉权案件若干问题的解答》（以下简称《名誉权解答》）规定："因新闻报道严重失实，致他人名誉受到损害的，应按照侵害他人名誉权处理。""因撰写、发表批评文章引起的名誉权纠纷，人民法院应根据不同情况处理：文章反映的问题基本真实，没有侮辱他人人格的内容的，不应认定为侵害他人名誉权。文章反映的问题虽基本属实，但有侮辱他人人格的内容，使他人名誉受到侵害的，应认定为侵害他人名誉权。文章的基本内容失实，使他人名誉受到损害的，应认定为侵害他人名誉权。"《最高人民法院关于审理名誉权案件若干问题的解释》（以下简称《名誉权解释》）规定："新闻单位对生产者、经营者、销售者的产品质量或者服务质量进行批评、评论，内容基本属实，没有侮辱内容的，不应当认定为侵害其名誉权；主要内容失实，损害其名誉的，应当认定为侵害名誉权。"因此，侵害名誉权的构成要件为：①行为人实施了侮辱、诽谤、新闻报道严重失实的过错行为；②造成了受害人名誉毁损、社会评价降低的损害结果；③过错行为与损害结果之间存在因果关系。因此，内容真实、受害人同意、正当的舆论监督、第三人过错均为阻却侵害名誉权行为的抗辩事由。

舆论监督是新闻工作者以及其他人依法通过新闻媒介发表意见，对社会的政治生活、经济生活、文化生活等方面进行批评、实行监督。舆论监督属于新闻自由的范畴，是维护社会的正常运行、维护国家利益、公共利益的重要措施。因此，法律必须保护公民正当行使舆论监督权。在实践中，新闻工作者或其他人，为披露不法行为和不正当行为，在新闻媒介上发表的报道和评论，主要事实是真实的，而只是在个别细节上有失真或遣词造句不当，则不能认为构成侵权。因为，受新闻机构的工作程序、新闻报道的及时性、记者调查的非强制性等多种因素的限制，个别枝节性问题的失实在所难免。因此，最高人民法院的《名誉权解答》规定，只有新闻报道严重失实，致他人名誉受损，才构成侵害名誉权；最高人民法院的《名誉权解答》《名誉权解释》规定，针对评论、批评，只要内容基本属实、没有侮辱内容的，不构成侵害名誉权。

三、如果新闻报道内容不涉及个人隐私和商业秘密，无须征得相关人员的同意

舆论监督属于新闻自由的范畴，是维护社会的正常运行、维护国家利益、公共利益的重要措施。因此，只要新闻报道的内容不涉及个人隐私和商业秘密，新闻机构在行使舆论监督时无须征得被采访对象的同意，当事人要求不要播放的意见不能成为新闻机构是否决定报道的决定因素。

综上，新闻报道是否严重失实，致他人名誉受损，以及评论、批评内容是否基本属实、有无侮辱内容，是判断正当舆论监督与名誉侵权的分界线。本案原告作为主持调解工作的某行业协会秘书

长,在宁波二手车业界也属于公众人物,理应对舆论监督具有更大的容忍度,动辄以名誉权受损来要挟干涉新闻机构播放社会监督类新闻报道,显然也是不合法和不适当的。因此一、二审法院完全采纳了本案宁波 GD 集团代理律师的答辩意见,捍卫了新闻媒体的自由采访和舆论监督权。

2 医疗损害鉴定的那些事

——以金某与宁波市某医院医疗损害鉴定案为例

应雪松 龚建军

案　　由：医疗侵权责任纠纷

当事人姓名或名称：1. 宁波市某医院　2. 金某

承办律师：应雪松、龚建军

处理机构：浙江省医学会

案　　号：浙江医鉴〔2014〕44 号

案情简介

　　患者金某，男，2014 年 7 月因"反复背部疼痛 3 年"入住宁波市某医院风湿科，初步诊断："脊柱关节病，予西乐葆止痛、补钙等治疗。行胃镜检查示：胃癌？伴胃滞留。胃镜检查后出现腹部胀痛、隆起，全腹压痛、反跳痛及肌紧张，急查腹部 CT 示：1. 腹腔大量积气及积液：空腔脏器破裂？感染性病变？2. 胃体及贲门区占位，建议查增强 CT。请胃肠外科会诊后，考虑急性弥漫性腹膜炎：贲门癌穿孔，于当日转入胃肠外科急行胃癌扩大根治术（全胃切除术+D2 淋巴结清扫+胰体尾联合脾脏切除术+空肠食管 Roux-en-Y 吻合术）+腹腔引流术，术中诊断为：贲门癌侵犯胰腺伴穿孔，急性弥漫性腹膜炎。"术中并未做快速病理，后在患者家属的一再催促下，院方才拿出病理报告单，病理检查报告单中也未发现瘤细胞。术后患者发生感染性休克、肺部感染、术后吻合口漏等症状，病情进一步恶化，医院又分别于 2014 年 8 月因腹腔内大出血进行两次手术治疗。后终因医院无力继续治疗，患者转入中国人民解放军南京军区某总医院进一步治疗，直至 2015 年 1 月病情才相对稳定，后患者先后在宁波市某医院及中国人民解放军南京军区某总医院康复治疗，但仍不时出现低血糖、低血压、休克等症状。

　　本案发生时，当地媒体及网络新闻进行了广泛报道。2016 年 7 月，金某经人介绍委托应雪松律师、龚建军律师作为其代理人进行维权，律师经分析案情并结合医疗侵权责任纠纷的特点，认为本案的关键在于医学会的鉴定意见。即要明确宁波市某医院在对金某的治疗过程中是否存在医疗过错；医疗过错与金某损害后果之间是否存在因果关系；若存在因果关系，医疗过错在损害后果中的责任程度以及伤残等级。

处理经过

考虑到宁波医疗行业及医疗纠纷处理的特点,为最大限度维护金某的权益,律师从以下几个方面展开工作:①根据金某的实际情况选择通过医学会进行医疗损害鉴定,又为排除当地的干扰,根据相关规定直接选择浙江省医学会进行医学鉴定;②律师接手后第一时间封存全部病历,收集相关资料;③多次组织家属回忆诊疗过程、患者症状,反复进行论证以及听证辅导;④向多位医学领域专家咨询,汇集专家意见;⑤全面了解医疗规范、制度,操作流程,梳理问题所在;⑥积极准备听证报告,不断修正演练。

鉴定结果

经应雪松律师、龚建军律师多方努力,浙江省医学会作出如下鉴定意见:

(1)宁波市某医院在对患者金某的诊疗过程中存在医疗过错;医疗过错与患者损害后果之间存在因果关系,医方承担主要责任;

(2)参照《医疗事故分级标准(试行)》,本例损害后果为二级丙等(四级伤残)。

律师建议

医疗纠纷的主要特点是医患信息高度不对称,专业性强。整个处理过程中,医疗鉴定意见是关键,直接决定医院是否承担责任以及承担责任大小,因此,医学鉴定是重中之重。要想得到一个相对公正的鉴定意见要从以下几个方面入手:①掌握患者整个诊疗经过,梳理出院方的关键过错点;②熟悉医疗过程和操作规范;③熟悉医学会鉴定的程序和特点;④有针对性地准备听证资料;⑤听证时在有限的时间内有针对性地陈述,并全面有针对性地回答专家提问。

附:

陈述报告要点

患　　者:金某

陈述人:应雪松、龚建军(浙江海泰律师事务所律师)

医疗机构:宁波市某医院

浙江海泰律师事务所接受本案患者的委托指派应雪松、龚建军律师代理患者申请医疗损害赔偿鉴定,并陈述意见,通过理性的方式维护自身合法权益。现本代理人代表患方就本案作以下陈述,供与会专家采纳。

一、基本事实经过

经询问患者及患者家属,本案医疗经过,事实如下:金某,男,汉族,公民身份证号码:3302×××××××××××××,职业:退休职工。2014年7月×日,患者因"反复背部疼痛3年"两次至宁波市某医院门诊治疗,2014年7月×日门诊复查时,因"胸肋、背部疼痛3年"拟"脊柱关节病"入风湿感染病区住院治疗,入院后住院医生便开止疼药"西乐葆""曲马朵"止痛,患者吃后浑身大汗,心律不齐,便血。2014年7月×日,医院在没有适应证的情况下安排患者做胃镜检查,胃镜后1小时左右,患者出现腹部胀大,发生胃穿孔。但当时医生告诉患者是胃癌,且是晚期,需要急诊手术。同日×点×分,患者在全麻下行"胃癌扩大根治术(全胃切除术+D2淋巴结清扫+胰体尾联合脾脏切除术+空肠食管Roux-en-Y吻合术)+腹腔引流术",术中诊断为:贲门癌侵犯胰腺伴穿孔,急性弥漫性腹膜炎。术中并未做快速病理,后在患者家属的一再催促下,院方才拿出病理报告单,病理检查报告单中也未出现瘤细胞。术后患者发生感染性休克、肺部感染、术后吻合口漏等症状,病情进一步恶化,医院又分别于2014年8月×日、2014年8月×日,因患者腹腔内大出血进行手术治疗。后终因医院无力继续治疗,患者于2014年8月×日转入中国人民解放军南京军区某总医院进一步治疗,直至2015年1月×日病情才相对稳定。后患者又先后在宁波市某医院及中国人民解放军南京军区某总医院康复治疗,目前患者仍在宁波市某医院康复治疗中,仍不时出现低血糖、低血压、休克等症状。

二、对医疗行为的评价

患者主诉"反复胸肋、背部不适3年",经医院初步诊断为脊柱关节病,被安排住风湿感染科。但2014年7月×日,患者被要求做胃镜检查,致使其发生胃穿孔,是医院在诊断不明的情况下,又武断地考虑为"贲门胃体癌穿孔",对患者进行手术,术中也未做快速病理,进一步明确诊断,草率地将全胃、脾脏、胰体尾切除,术后又因手术护理不善,致使患者发生食管空肠吻合口漏,胃左动脉喷射样出血,前后又进行了两次急诊手术,致使患者状况进一步恶化,患者在此期间遭受了巨大的痛苦。患者及患者家属在极度悲哀和遭受巨大折磨的同时,也通过其他医疗机构的专业人员对宁波市某医院的医疗行为进行了全面审查和评估,认为宁波市某医院的医疗行为存在诸多过错,是导致事故的直接原因,应当承担医疗损害赔偿责任。患者及患者家属理智维权,通过和宁波市某医院协商决定共同委托贵机构进行医疗损害赔偿鉴定以明确责任,讨回公道。

(1)宁波市某医院极不负责任,在未充分了解、判断病情的情况下,盲目扩大检查。患者以"反复胸肋、背部不适3年"入院住风湿感染科,并未主诉肠、胃或食管不适,患者主诉胸、背部疼痛不适后,医生未进一步了解患者体质及胃肠疾病便直接开具止疼药,患者服用后即出现浑身大汗、便血等症状,告知医生后,医生也未予重视,反而草率地、未经判断地要求患者做胃镜,做完胃镜后不久患者即发生胃穿孔。患者认为,是院方未经认真检查、诊断、了解患者病情症状的情况下,草率地让患者做胃镜导致了胃穿孔,以及后续更错误的判断和病情的恶化。

(2)宁波市某医院诊断错误,并错误地切除了患者的全胃、脾脏和胰体尾。患者发生胃穿孔后,虽然胃镜结果显示:胃癌?伴胃滞留。只是怀疑有胃癌可能,况且2014年7月×日,患者入院当日即进行甲胎蛋白、癌胚抗原、糖类抗原、神经元特异性烯醇化酶等检查,各项指标均在参考值范围内。但院方却又毫无依据地考虑患者是"贲门胃体癌穿孔",并在这错误地判断下,行"胃癌扩大根治术(全胃切除术+D2淋巴结清扫+胰体尾联合脾脏切除术+空肠食管 Roux-en-Y 吻合术)+腹腔引流术",将患者的全胃、脾脏、胰体尾都予以切除,患者家属在术后多次询问医生,为什么术中没有做快速病理切片以进一步明确诊断,医生先是避而不答,后又搪塞说当时病理科医生下班了,院方视生命如儿戏可见一斑。如果不是宁波市某医院极不负责任地武断地认定患者是胃癌晚期,患者和家属完全可以选择安全系数较高的保守治疗方案,并且宁波市某医院也没有在术前告知有保守治疗的备选方案。后来的病理报告显示,送检材料中并未发现瘤细胞,医学本是一门严谨的学科,但在该例诊断医治中,我们并没有体会到医生应有的严谨。

(3)宁波市某医院手术不成功,导致患者遭受了更大的痛苦。院方在错误的诊断下,实施了错误的手术,从患者后期的症状来看,院方对处置食管空肠吻合口漏措施不力。院方有无选择合适的消化道重建方式,吻合方法吻合技术是否到位,术中有无彻底止血,引流管是否充分引流,胃管是否放置正确,术后有无应用有效抗生素防止感染,为提高组织愈合能力有无常规肠道准备,术后有无正确的营养支持,有无防止消化液反流,患者认为,院方在这些方面做的都不到位,才导致肠吻合口漏,才导致后期大出血,才导致二次、三次手术(第三次出血有 4000cc),才导致患者遭受不应有的更大的病痛折磨。

(4)宁波市某医院在手术后为逃避责任,一直向患者及患者家属隐瞒病情,延误了治疗的最佳时机,导致患者胃动脉四次大出血,加重了患者的痛苦。宁波市某医院术后一直拒绝告知患者真实的病情,侥幸地补救,但因手术及术后处理的不成功,导致患者腹腔大出血,肠吻合口漏,每出一次血,便被动地剖腹探查一次,不转诊也不采取更有效的治疗措施,在家属未取得病理报告之前,院方所有医生都向患者和家属强调患者是胃癌 4 期侵犯到胰腺和淋巴,病情相对危及,并反复向家属强调,患者快不行了,要做好心理准备。幸好患者家属于 2014 年 8 月×日发现情况不对及时要求转院治疗,虽然已延误了时机,但保住了性命。

综上,宁波市某医院在对患者诊治处理过程中客观上麻痹大意,草率地错误诊断,并在错误诊断的基础上,进行错误的手术,错误地切除了患者的全胃、脾脏和胰体尾。并且手术极不成功,致使患者 4 次进入 ICU 抢救,遭受二次、三次手术折磨。本案完全具备医疗过错的构成要件,理应鉴定为医疗事故。

各位专家,医学是非常严谨的科学,对医疗行为的评价更应当严谨、客观、公正,本案中由于院方的种种不严谨和过失,导致患者无故被切除全胃、脾脏和胰体尾,手术不成功导致患者后续遭受了更大的病痛折磨。事已至此,患者家属心情极度沉痛,但仍愿意通过鉴定指出院方的过失,以讨回公道。故希望浙江省医学会医疗事故技术鉴定委员会能作出一个客观公正的鉴定结论,给患者以及患者家属一个令人信服的说法,保障患者及家属合理的权益,这是可以理解和值得同情的正当要求。希望各位专家勇于指出医疗行为的过失与不足,从而更好地促进医院和医务人员自我纠错,促进医疗水平和医务人员形象的提升,更好地保障人民健康,体现医务人员的高尚品德和职业价值。

此致
浙江省医学会医疗事故技术鉴定委员会

陈述人:应雪松律师

龚建军律师

2016 年 7 月 16 日

第二章　婚姻继承纠纷案例解析

3　七旬老人的离婚保卫战

——朱某与陈某离婚纠纷案解析

朱金维

案　　由：离婚纠纷

当事人姓名或名称：

原　　告：朱某

被　　告：陈某

承办律师：朱金维

裁判部门：宁波市鄞州区人民法院

案　　号：（2016）浙0212民初1452号

案情简介

朱某与陈某系1963年结婚，婚后育有三个女儿（陈某霞、陈某芬、陈某丽）现均已成年。其中大女儿陈某霞与其丈夫上门女婿留在家里。

年轻时，朱某、陈某感情尚可，但是随着孩子的成年，陈某的性格越来越强势，无端辱骂朱某便成了家常便饭。朱某性格软弱，又没有文化，为了家庭和谐，一直忍受着陈某的辱骂。但是，随着年龄增大，陈某表现得越来越不可理喻，他无视朱某的感受，在公开场合经常谩骂朱某，不但骂得朱某产生心理恐惧感，更使得朱某在村子里颜面尽失。朱某向大女儿诉苦，陈某便连大女儿、大女婿一起骂，使大女儿陈某霞的正常生活都受到了影响。平日里，由于二女儿陈某芬与小女儿陈某丽都向着父亲陈某，照顾朱某的生活起居就全落在了大女儿陈某霞身上，但是陈某却固执地认为老伴朱某将这些年存的钱全给了大女儿，因此对大女儿也是百般刁难。事实上，朱某的身份证、结婚证、户口本、所有本应属于夫妻共有的银行存折等证件都被陈某藏匿,朱某身上所剩现金寥寥无几。这几年,由于村里房子涉及拆迁赔偿,陈某便与二女儿陈某芬、小女儿陈某丽一起胁迫朱某,要求朱某将拆迁所赔偿的房子赠予二女儿与小女儿。朱某提出如果房子给二女儿与小女儿,要求两女儿对自己尽孝,在有生之年赡养朱某,但事实却令朱某心寒,陈某与两个小女儿对朱某不管不问,从不过问朱某的生活起居。由于老房子要拆迁,朱某与陈某便无处可居,经村委协调,老两口同意出资20万元给小女儿陈某丽,让陈某丽将其所有的空置的房子装修一下给老两口居住,但装修完毕后,还没住几日,陈某丽便将母亲朱某撵出,最后朱某只能投靠大女儿。经过慎重考虑,朱某对老伴陈某心寒至极,也为了自己老年生活可以过得清净,她决定解除与陈某的夫妻关系,分割夫妻共同财产。

法院调解

此案经过第一次法院审理,因第一次起诉离婚,被告陈某坚决不同意离婚,法院以夫妻感情尚未破裂为由驳回了朱某的离婚诉讼请求。六个月后,朱某再次向法院起诉要求离婚,由于开庭时候朱某、陈某矛盾冲突比较严重,三个女儿争执比较厉害,本案由基层法庭作为重点案子移交到院里,也被列为法院矛盾突出的典型案例。第二次起诉开庭时,被告陈某还是坚决不同意离婚,认为原告朱某要求离婚只是受了大女儿陈某霞的挑唆,目的就是分割即将拆迁的房子,而离婚并非朱某的真实意思表示。此时,二女儿与小女儿也带人来法院多次喧闹,坚决不同意父母离婚,认为所有的一切都是大女儿的主意,家庭矛盾非常激烈。此时,法院内部也有两种意见出现:一种认为朱某、陈某这么大年纪要求离婚,更多是受了女儿影响,离婚可能并非朱某的真实意思表示,建议第二次起诉离婚还是按照不准离婚处理;也有一些法官认为婚姻自主,包括结婚自由,离婚自由,离婚自由不受年龄的限制,本案经过两次起诉开庭,可以看出原告朱某与被告陈某以及其三个女儿之间的确矛盾非常激烈,因此支持老人朱某的离婚诉请。但是考虑到直接判决影响比较大,法官还是尽量给被告陈某做思想工作,让他同意离婚,另外在财产分割上,希望原告朱某能让步。本案经过主审法官和人民调解员前后5次调解,终于调解成功,被告陈某同意离婚,原告朱某也答应在应有的夫妻财产分割份额上做些让步。

律师分析

本案是一起比较特殊的离婚纠纷,其特殊性体现在当事人的年龄上,当时原告朱某75岁,被告陈某77岁,一般来说,对于老年人的离婚诉请法院都会比较慎重。所谓"少年夫妻老来伴",对于老人来说,配偶更多时候是个伴,因此,如果贸然判决老人离婚,产生的社会影响可能会刺激到另一半,也会令老人的老年生活受到重大影响,因此相对判决来说,调解是一个不错的方式。律师认为:

(1)一般来说,对于离婚案件,原告第二次起诉离婚,对方即使不同意,法院判决离婚的概率也会比较大,但是也要考虑到主体的特殊性,本案中当事人年事已高,法院不一定会判决离婚;

(2)当时起诉离婚的时候,两个老人的农村房子已经签订了拆迁协议,但是直至第二次开庭,拆迁房一直没有交付,因此我们只能要求分割拆迁协议中涉及的所有权益。最后,法院也是按照我们的要求处理拆迁协议中涉及的所有权益。因此,夫妻财产分割并不一定要求是现房,如本案中权益比较明确的拆迁协议也是可以处理的。

律师建议

离婚案件当中,财产保全是必不可少的。本案中,原告一经起诉,代理律师就及时保全了拆迁协议中涉及的利益。这样即使安置房交付了,由于保全措施,被告陈某并不能实际拿到房子。

4 继承人间的房屋遗产权属纠纷不适用诉讼时效

——范某等与徐某共有物分割纠纷案解析

陈 波(舟山)

案 由：共有物分割纠纷

当事人名称或姓名：

上 诉 人(原告)：范某1、范某2、王某1、王某2、王某3、范某3

被上诉人(被告)：徐某

承办律师：陈波、杨开平

裁判部门：舟山市中级人民法院

案 号：(2015)浙舟民终字第256号

案情简介

诉争的舟山市普陀区沈家门街道外道头路×号房屋原为范老夫妻所有,于20世纪中华人民共和国成立前建造。该夫妇共生育四子一女。其中上诉人范某1系四子,现还健在;老范夫妻及其他子女均已过世;被上诉人徐某系次子之妻;其他上诉人均为其他子女后代。20世纪60年代前后,除次子一家外,其余子孙均离开舟山。该房屋一直由被上诉人一家居住使用。1994年4月被上诉人以自己的名义申请房屋登记(当时其丈夫已死亡),同年6月,相关部门将房屋产权登记在被上诉人名下,之后,被上诉人对房屋作了修缮、扩展。2015年1月10日,区人民政府征收与补偿管理办公室与被上诉人签订了一份《国有土地房屋征收货币补偿协议》,补偿价格为1 774 763元,同年4月1日,被上诉人将诉争的房屋移交给国家。六原告于2014年12月16日诉至舟山市普陀区人民法院,要求依法确认坐落于外道头路×号房屋120.5㎡中的90.4㎡归六原告所有。

一审判决

一审判决认为,首先,对于本案系所有权确认纠纷还是继承纠纷的问题,双方均认可诉争的房屋系范老夫妻所有,系祖传房屋,而六原告均系该二人后代,其请求权基础应为继承权,故本案为继承纠纷。其次,被告将房屋登记在自己的名下为1994年,此时距离最晚死亡的被继承人范老妻子去世已有30年,在2014年12月前,各原告并未主张权利。《中华人民共和国继承法》(以下简称《继承法》)规定,继承权纠纷提起诉讼的期限为2年,自继承开始之日超过20年的,不得再提起诉讼。而现六原告直到2014年12月11日才起诉,显然已超过20年的诉讼时效。据此,依照《继承法》第3条、第8条之规定,驳回六原告诉讼请求。

上诉理由与二审过程

两位承办律师是二审接受委托代理的。经商讨后提出如下主要上诉理由:①范老于1951年去世,范老妻子于1964年去世。根据《继承法》第25条第1款之规定:"继承开始后,继承人放弃继承的,应当在遗产处理前,作出放弃继承的表示。没有表示的,视为接受继承。"因本案相关继承人均未表示过放弃继承,故从范老夫妻去世一刻起,该诉争的房屋就被其子女继承,房屋处于共有人共有状态。现房屋被拆迁,共有关系结束,六原告有权请求分割。为此,最高人民法院1987年在《关于继承开始时继承人未表示放弃继承遗产,又未分割的可按析产案件处理问题的批复》中曾明确指出:"各继承人都没有表示放弃继承遗产,根据《继承法》第25条第1款的规定,应视为均接受继承。诉争的房屋应各继承人共同共有,他们之间为此发生之诉讼,可按析产案件处理,并参照财产来源、管理使用及实际需要等情况,进行具体分割。"故上诉人的起诉及案由确定符合法律规定。因共有财产分割,属于物上请求权,无需考虑诉讼时效,根据目前相关司法解释规定,诉讼时效只针对部分债权。而原审法院在没有任何依据的前提下将本案案由调整为继承纠纷,且适用继承时效,违反了上诉人意思自治与上述司法解释规定。②关于本案房产证一节,被上诉人做产权证时,是根据居委会出具的一份证明所做,该证明只提到该房产是祖传,至于传给谁并没有明确。现被上诉人把其做在自己名下,显然错误。根据《中华人民共和国物权法》(以下简称《物权法》)相关规定,房屋登记只是推定效力,如果发现错误,仍可以通过变更登记或民事诉讼确权来改变。为此,《最高人民法院关于审理房屋登记案件若干问题的规定》第8条规定:"当事人以作为房屋登记行为基础的买卖、共有、赠与、抵押、婚姻、继承等民事法律关系无效或者应当撤销为由,对房屋登记行为提起行政诉讼的,人民法院应当告知当事人先行解决民事争议……"故上诉人提起诉讼有据,望二审撤销原判,依法改判。

其实二审的转机,也没有原本想得那样简单。这里面有一个与法官沟通,促使法官改变观点的艰难过程。当我们第一次与法官电话沟通时,他认为我们不过拿了一个很早的司法解释说事,一审适用继承法诉讼时效也没错。"我们并没有气馁,而是查找原因,采取针对措施。我们从网上搜索了三件近期类似案例,说明1987年最高人民法院批复仍在适用。此外,还特意做了一个相关条款的法律链接,便于法官阅读。准备好上述材料后,我们主动找到了审判长,作了一个面对面沟通。这次沟通异常顺利,审判长浏览案例后,决定将询问谈话改为正式开庭。我们觉得转机来了,又对庭审作了一番精心的准备。下面是我们庭审发言的核心内容:"请合议庭注意,为什么最高人民法院要在继承法生效不久的1987年出台这则批复。该批复是针对江苏省高级人民法院一件继承案件所作的请求。因为江苏省高级人民法院在适用法律时碰到了法律冲突,也就是说《继承法》第8条关于诉讼时效的规定与第25条第1款的默示规定在实际适用中会产生矛盾,所以江苏省高级人民法院才提交最高人民法院作解释。而最高人民法院答复态度是明确的,适用《继承法》第25条第1款。该解释作出的时间虽比较早,但现在一直在适用。我们可以提供三则案件,都是近期的,其中一个还是发表在2013年2月7日《人民法院报》上的案例。它的裁判要旨:'遗产未分割且继承人未放弃继承的视为接受继承,此时继承已经完毕、继承权已经实现。其后的房屋遗产权属纠纷是物权纠纷而非继承权纠纷,不适用诉讼时效的规定。'共有财产分割,从法理讲是形成权,不适用诉讼时效;而《继承法》中的诉讼时效规定,司法实践中只适用对继承权有异议的地方,而不适用共同继承后的财产分割。"

庭后不久,二审采纳我们意见,作了改判。判决撤销原判,六上诉人分得房屋款近80万元。

第三章　建设工程与不动产纠纷案例解析

5　共同诉讼中法院可依法追加原告并缺席判决
——张某等与李某建设工程施工合同纠纷案评析

张卓琦

案　　由：建设工程施工合同纠纷

承办律师：龚建军、张卓琦

当事人姓名或名称：

原　　告：张某、周某

被　　告：李某

裁判部门：宁波市中级人民法院

案　　号：(2015)浙甬民二终字第510号

案情简介

2010年9月，江苏HC建设工程有限公司(以下简称"HC公司")与江苏DJ置业有限公司订立建设工程施工合同，约定由HC公司承建盱眙县DJ住宅区工程。李某为该工程的项目经理。张某与李某相识，因张某具有常年做墙面保温工程的经验与技术，李某便欲将DJ住宅区的墙面保温工程分包给张某施工。因根据相关法律法规，个人无资质承包墙面保温工程，双方便协商由张某好友周某任法定代表人的宁波SD外墙保温工程有限公司(以下简称"SD公司")出面，与HC公司订立《工程承包合同》，约定HC公司将DJ住宅区的墙面保温工程发包给SD公司施工。而该墙面保温工程的实际施工人为张某，周某帮助其处理结算等相关事务。

2013年1月8日，张某与李某对账并签订对账单，确认截至2013年1月8日，李某尚欠张某工程款262 220元。结账单上特别备注："具体结账单在张某合作人周某手中，下次领款需此结账单与周某结账单同时出具并周某结账单收回,工程款付清此结账单收回作废。"后李某通过其聘用的会计蔡某支付张某20 000元后再也未支付剩余242 220元工程款,而周某手中的具体结账单也不慎遗失。

2014年12月1日,张某将李某诉至象山县人民法院(张某与李某均系象山县人),要求法院判令李某支付张某剩余工程款242 220元。而李某辩解:①涉案墙面保温工程合同由HC公司与SD公司订立,李某在结账单上签字系职务行为;②张某领取工程款需周某手中的结账单一起出具,张某仅凭自己手中的结账单起诉条件不成立;③周某系讼争工程实际承包人,张某原告主体不适格。象山县人民法院于2015年7月13日作出民事裁定书,以"周某与本案有法律上的利害关系,经本院释明,原告未在指定的期限内向本院提供周某到庭及是否参与诉讼的承诺或说明,现原告以其名义单独起诉,主体不适格"为由,裁定驳回张某的起诉。

后张某拿着一审裁定书到海泰律师事务所寻求帮助。张卓琦律师和龚建军律师接受委托后,认为本案既可以由张某一人起诉,也可以由张某与周某提起共同诉讼,即本案可以选择将一审法院驳回起诉的裁定上诉至宁波市中级人民法院,也可以由张某与周某另行起诉。且单纯从诉讼策略上而言,后一种方案更为稳妥,诉讼风险更小。但本案作为建设工程施工合同纠纷,有个特殊的情况,张某起诉时间为2014年12月1日,《最高人民法院关于适用〈中华人民共和国民事诉讼法〉的解释》(以下简称《民诉法司法解释》)尚未颁布施行,建设施工合同当时作为一般的合同纠纷,在未约定管辖法院的前提下由被告李某住所地象山法院管辖没有问题。而2016年2月4日开始实行的《民诉法司法解释》第28条第2款明确将建设工程施工合同纠纷作为不动产纠纷处理,即由工程所在地人民法院专属管辖。即本案若另行起诉,必须至江苏省盱眙县起诉,将大大增加张某的诉讼成本。为减少当事人诉累,尽快妥善处理本案,张卓琦律师和龚建军律师据理力争,将驳回起诉的裁定上诉至宁波市中级人民法院。

法院判决

宁波市中级人民法院经过审理,采纳了我方的代理意见,认为:原审法院以上诉人"未在指定的期限内提供周某到庭及是否参与诉讼的承诺或说明为由,驳回上诉人的起诉,于法无据",驳回了象山县人民法院的一审裁定,本案由象山县人民法院继续审理(基于管辖恒定原则,象山县人民法院依然对本案有管辖权)。

象山县人民法院重新组成合议庭审理本案,依法追加了周某为共同原告参加诉讼。李某则依然坚持原审一审时候的答辩意见,认为其结账系职务行为、付款条件未成就。而象山县人民法院审理后认为:结合本案原告张某提交的证据,可以认定李某系《工程承包合同》项下的实际发包人,被告李某尚欠实际施工人张某工程款242 220元系事实;追加原告非系实际施工人张某的合伙人,对涉案工程款并无实体权利,其经本院合法传唤,无正当理由拒不到庭,不影响对案件的实体处理。据此,象山县人民法院判决:被告李某于判决生效后十日内给付原告张某工程款242 220元。李某未上诉,该判决已生效。

律师分析

本案的疑难点有二:一是周某不参加本案诉讼的法律后果;二是在周某手中的结账单遗失的情

况下，张某能否以自己手中的结账单要求李某付款。

（1）首先，张某作为公民个人，无权要求周某个人作出向法院参加诉讼的承诺或说明；以此不可归责于张某的理由而裁定驳回起诉，显然是不合理的。其次，《中华人民共和国民事诉讼法》（以下简称《民事诉讼法》）第132条规定："必须共同进行诉讼的当事人没有参加诉讼的，人民法院应当通知其参加诉讼。"即人民法院应主动且明确地通知必须共同进行诉讼的当事人参加诉讼，而不是指定其他共同诉讼人向法院作出承诺或说明。周某在上诉期间的证言清楚说明了原审法院仅向其询问相关情况，并未通知其出庭或开庭时间。而《民诉法司法解释》第73条规定："必须共同进行诉讼的当事人没有参加诉讼的，人民法院应当依照民事诉讼法第一百三十二条的规定，通知其参加；当事人也可以向人民法院申请追加。人民法院对当事人提出的申请，应当进行审查，申请理由不成立的，裁定驳回；申请理由成立的，书面通知被追加的当事人参加诉讼。"《民诉法司法解释》第74条规定："人民法院追加共同诉讼的当事人时，应当通知其他当事人。应当追加的原告，已明确表示放弃实体权利的，可不予追加；既不愿意参加诉讼，又不放弃实体权利的，仍应追加为共同原告，其不参加诉讼，不影响人民法院对案件的审理和依法作出判决。"结合本案相关事实与法律和司法解释的规定，象山县人民法院作出驳回起诉的裁定是错误的。

（2）本案中，案涉结账单备注载明："具体结账单在张某合作人周某手中，下次领款需此结账单与周某结账单同时出具并周某结账单收回，工程款付清此结账单废"。该备注内容表明，涉案工程结算共有两次，其中前次结算人为合同承包方SD公司法定代表人周某，本次结算人为实际施工人张某。而根据周某在原审裁定上诉期间的陈述，其并非张某在涉案工程的合作人，因此无论是结算主体或结算先后节点，本次结算更符合双方的真实本旨，故张某持本结账单向李某主张权利，并无不可。况且周某所持结账单已遗失，即使嗣后出现，也可据本案认定作废失效。因此李某主张付款条件尚未成就，系对该备注内容所涉付款条件的机械理解，法院对此不予支持。

律师建议

实务中，建设工程施工经常会出现项目经理将工程部分分包给个人施工的情形。而该种情况下，双方的结算、付款均不规范。往往由项目经理或项目经理管理的其他人员与实际施工人进行结算，结账单常常表述为"今欠某某在××工地的工程款××元"。一旦发生纠纷，实际施工人若要起诉要求对方支付工程款，单凭结账单证据是不充分的，实际施工人还需证明工程由自己实际施工、结账单上签字确认的人有权确认工程款等。故而律师建议：①在施工过程中，保留好每次确认工程的联系单、工程单等，并由实际发包人签字确认；②工程竣工后，与实际发包人确认剩余应付工程款。结账单上应当写明实际施工人、写明施工工地、施工时间、施工项目、剩余应付工程款，避免为"省事"直接写成"欠条"（实务中往往出现实际施工人遗失施工联系单，又将结账单写成欠条，而诉讼中发包人声称双方为民间借贷纠纷，实际施工人又无法证明自己实际施工而面临败诉的风险）；③尽量让实际发包人代表的公司盖章确认结算单，或确认实际发包人为公司的项目的负责人；④尽量避免通过领取现金的方式收取工程款，应当让发包人通过银行转账将款项汇至自己名下的银行账户，条件允许则让发包人汇款时备注"××工地工程款"。

6 挂靠关系的认定及法律后果

——李某与郑某建设工程分包合同纠纷案评析

王巧玲

案　　由：建设工程分包合同纠纷

当事人姓名或名称：

原　　告：李某

被　　告：郑某

承办律师：邵建波、王巧玲

裁判部门：象山县人民法院、宁波市中级人民法院、浙江省高级人民法院

案　　号：(2016)浙民再17号

案情简介

郑某承包安徽省泾县皖南国际花苑一期工程项目后，于2012年12月1日与李某签订一份《脚手架承包合同》，将涉案工程的钢管脚手架业务分包给李某。2014年1月23日，郑某与李某协商结算事宜，并出具一份皖南国际花苑一期高层架子结算单，载明：经双方协商一致，皖南国际花苑一期高层架子工程款共计肆拾伍万元整(包括架子人工费及相关材料租金赔偿费等)，以上款项在2014年5月1日支付人民币贰拾万元整，余款在2014年7月1日前付清。后郑某逾期未付，故李某于2014年6月25日向象山县人民法院提起诉讼，要求判令郑某支付李某工程款45万元。

郑某答辩称：①涉案工程并非郑某承包，而是HF公司承包后聘请郑某为该项目负责人，负责管理施工事宜，故双方不存在分包关系；②郑某系作为HF公司的经办人与李某结算，结算单上写明"经办人及加盖了HF公司皖南国际花苑工程技术资料专用章"，所以郑某系代表HF公司履行职务行为。另涉案工程款支付完全由HF公司控制，郑某无权支配。综上，郑某受聘于HF公司，其在施工过程中产生的行为系履行职务行为，相应法律后果应由HF公司承担，请求驳回李某的诉讼请求。

一审法院认为：郑某系HF公司聘用的涉案工程项目负责人，有权代表公司与李某签订涉案工程分包合同并与李某结算工程款。郑某与李某结算，应当认定为履行HF公司项目负责人的职务行

为,由此产生的法律后果不应由郑某本人承担。综上,李某请求郑某支付工程款45万元之主张,难以支持。根据《民法通则》第43条的规定,判决驳回李某的诉讼请求。

李某不服一审判决,向宁波市中级人民法院提起上诉,请求二审法院依法改判。二审法院认为,郑某与HF公司第六工程公司签订的《建筑工程内部承包协议书》和《聘用合同》,表明郑某系HF公司聘用的涉案工程项目负责人,有权代表公司与李某签订涉案工程分包合同并与之结算工程款。故郑某与李某的结算,应当认定为履行HF公司项目负责人的职务行为,由此产生的法律后果不应由郑某承担。综上,一审法院认定事实清楚,适用法律正确。依照《民事诉讼法》第170条第1款第(1)项、第175条之规定,判决驳回上诉,维持原判。

李某不服判决,遂委托浙江海泰律师事务所律师,向浙江省高级人民法院提起再审申请。浙江省高级人民法院经审查后于2015年7月20日作出民事裁定书,提审本案。

法院判决

除一审、二审认定的事实外,浙江省高级人民法院另查明:2011年1月18日,HF公司第六工程公司与郑某签订《建筑工程内部承包协议书》,约定:①郑某承包本工程项目实行独立核算、自负盈亏,HF公司第六工程公司按工程总造价的2%收取管理费,有盈余的,余款归郑某使用;②因工程需要向外采购实物和材料,由郑某自行负责结算和承付,如因拖欠产生经济纠纷,均由郑某承担经济和法律责任,等等。同日,HF公司第六工程公司与郑某又签订《聘用合同》一份,约定:①若在聘用期间发生诉讼纠纷,由郑某作为事实上的民事主体承担责任;②在聘用期间,各项社会保险由郑某自己负责缴纳等。还查明:HF公司第六工程公司系HF公司内设机构,未领取营业执照及办理工商登记,不具有独立法人资格。

浙江省高级人民法院认为,本案郑某从HF公司第六工程公司承接案涉工程项目,虽然以内部承包合同的名义,但双方当事人间并不存在实质上的内部关系,郑某并非属于HF公司第六工程公司的员工,HF公司第六工程公司也未在资金、技术、设备等方面对郑某提供支持。因此本案内部承包合同实质上属挂靠关系。郑某承接工程后将其中钢管脚手架工程交付李某施工,双方间存在分包关系。本案中,郑某对所涉工程款项已经予以确认,故其应向李某支付相应的工程款。李某要求郑某支付工程欠款的诉请依法有据,应予支持。综上,原判认定事实不清,适用法律不当。李某的申请再审理由成立。依据《民法通则》第84条,《民事诉讼法》第170条第1款第(2)项、207条之规定,撤销一审、二审判决,并判决郑某支付李某工程款45万元。

律师分析

本案中郑某与HF公司是违法分包(挂靠关系),郑某对施工行为产生的法律后果承担连带责任。依据私法自治的原则和保护工程欠款债权人的考虑,李某有权向郑某主张权利,郑某应当支付工程款。律师分析如下:

1. 郑某的身份不应认定为HF公司的员工,而应认定为涉案工程的违法分包人(挂靠人)

(1)2011年1月18日《聘用合同》中载明的聘用主体:HF公司第六工程分公司,仅仅是HF公司内设机构,没有领取过营业执照,也未办理过相应的工商登记。其不具备用工资格,也无权签订劳动(聘用)合同。

(2)HF公司第六工程分公司,仅仅是HF公司内设机构,不属于用人单位的范畴,其签约行为不符合劳动法规定,签订的合同不具备法律效力。原审法院依据其签约行为确认聘用关系是缺乏法律依据的。

(3)无论是HF公司还是HF公司第六工程分公司均未给郑某缴纳任何社会保险,也未给郑某发放任何工资,因此,郑某与HF公司之间根本未建立劳动关系,聘用和履行职务行为之说根本是无源之水。

(4)《聘用合同》的签订也是存在法律瑕疵的,HF公司第六工程分公司仅在该《聘用合同》首部盖章,并非在签署栏中盖章,不能认定系HF公司第六工程分公司的意思表示。合同签署栏的主体"郑某某"与"郑某",充其量仅能认定"郑某某"既非HF公司的法定代表人,也非该公司授权订立《聘用合同》的合法人员,因此,不能依据《聘用合同》的记载内容,就认定郑某即为HF公司的员工。

(5)二审审理期间,郑某申请证人杨某出庭作证,其做架子工,平时都跟郑某联系,与HF公司的人不认识。如果郑某系履行HF公司指派的职务行为,在工地现场应当有诸多的HF公司的员工,但该证人却不认识其他HF公司的员工,此明显不合常理。该节事实恰恰反映了,郑某并非履行HF公司的职务行为,该工地完全由其承包经营、挂靠经营,所有工地的人员均非HF公司员工。

2. 本案应当认定,郑某与HF公司之间实质上存在违法分包关系(也即挂靠关系),涉案工程的45万元款项应由郑某支付

(1)郑某与HF公司之间不存在劳动关系,也不存在社保缴纳记录,因此根据上述规定,应当认定郑某与HF公司之间存在违法分包关系。

(2)李某提交的郑某以个人名义签字并写明"同意支付"的工程款支付凭证,均能证明该工程的结算的法律后果均由郑某承担,另外结合《建筑工程内部承包协议书》的约定,涉案工程的所有风险和责任,均由郑某承担。郑某与HF公司之间存在违法分包(也即挂靠关系)。

(3)HF公司与郑某的《建筑工程内部承包协议书》第三条:"乙方上交甲方的管理费,按工程总造价的2%收取。"郑某不收取HF公司的工资,反而要支付HF公司管理费,显然郑某非HF公司的职工,而是违法分包人(挂靠人)。

3. 原判决适用法律错误,同时参考其他相关司法文件规定,本案郑某应承担法律责任

(1)一审法院判决书第5页依据《民法通则》第43条"企业法人对它的法定代表人和其他工作人员的经营活动,承担民事责任"的规定驳回李某的诉讼请求,完全是将郑某认定为HF公司的员工,但这一认定恰恰缺乏事实依据支持,HF公司已出具证明其没有与郑某建立劳动关系,且《聘用合同》也不是HF公司与郑某签订的,一审法院究竟依据什么证据得出结论?假设一审法院是依据《聘用合同》记载的HF公司第六工程分公司为用工主体,那么适用《民法通则》第43条也存在矛盾之处,HF公司第六工程分公司并非企业法人,一审法院怎么能适用该条?

(2)江苏省高级人民法院2008年12月发布的《江苏省高级人民法院关于审理建设工程施工合同纠纷案件若干问题的意见》第25条规定"挂靠人以被挂靠人名义订立建设工程施工合同,因履行该合同产生的民事责任,挂靠人与被挂靠人应当承担连带责任。"杭州市中级人民法院民一庭2010年11月发布的《杭州市中级人民法院民一庭关于审理建设工程及房屋相关纠纷案件若干实务问题的解答》第2条第2款规定:"挂靠人以被挂靠人名义订立建设工程施工合同,因履行该合同产生的民事责任,被挂靠人是否应当与挂靠人一并承担连带责任? 答:挂靠人作为实际施工主体应对自己的施工内容承担相应的法律后果,被挂靠人虽未直接参与工程建设施工,但允许他人以自己名义承揽施工,也应负担该施工行为产生的法律后果。因此,当该建设工程施工合同向对方主张挂靠人与被挂靠人承担连带责任的,一般应予以支持。"

律师建议

建设工程施工合同的承包人在签订内部承包合同时,应对相关情况予以审查,避免内部承包合同出现无效的情况。审查要点,首先要确认对方主体必须为下属机构或者本单位职工,如果是职工,还应齐备相关劳动合同、社保证明等,同时要在工程施工过程中提供相应的人力、资金、技术等方面的支持,在提供相应支持时应保留相关的记录。

7 联营合同还是居间合同

——铜仁西投公司与中核铜仁基础公司合作开发房地产纠纷案解析

邵建波

案　　由：合同纠纷

当事人姓名或名称：

原　　告：铜仁西投公司

被　　告：中核铜仁基础公司

承办律师：邵建波

裁判部门：贵州省铜仁市中级人民法院、贵州省高级人民法院

案　　号：（2016）黔06民初4号、（2016）黔民终572号

案情简介

2012年12月26日，田某与被告中核铜仁基础公司签订《联营协议书》一份，约定被告帮助乙方（即本案原告铜仁西投公司，于2013年2月6日注册成立）取得选定的铜仁市快速南路周边的30#、31#、32#、33#、34#五个地块，并对土地出让金价格、违约责任等均予以明确，其中第9条第3款明确约定：被告不能使原告在2013年3—5月份摘取其中的30#、32#、33#、34#四个地块，每逾期一天按本协议总价每日万分之二赔偿给原告，逾期二个月的，原告有权解除合同，被告应赔偿原告合同总价的10%作为违约金，并双倍返还定金。原告向被告支付了500万元定金。协议签订后，原告在铜仁市租赁并装饰了办公用房，聘用派遣工作人员，积极开展咨询调研、方案设计及开展相关的各项前期工作。

2013年12月6日，双方又签订《联营补充协议书》一份，对原协议约定的地块作出调整变更，约定原摘牌地块30#、31#、32#、33#、34#变更为30#、32#、36#、F#地块，摘牌时间为2013年12月下旬至2014年1月上旬，补充协议未涉及事项仍按原协议书执行。原告于2015年11月23日向被告发送了《解除联营协议书的函》，告知因被告严重违约，原告解除双方签订的《联营协议》及附件，并要求被告依法承担违约责任。随后，原告向法院提起诉讼。被告辩称：①本案属于居间合同，不属于联营合同；②联营协议达不到解除条件，原告应当按照协议的约定继续履行；③被告不应当返还保

证金,更不应当支付违约金。

法院裁判

原、被告双方签订的《联营协议书》和《联营补充协议书》是事实,在履行协议的过程中,被告中核铜仁基础公司未按协议约定的时间为原告置业公司办理土地摘牌事项,已构成违约,原告铜仁西投公司请求确认双方签订的联营协议及联营补充协议已解除,被告中核铜仁基础公司辩称不同意解除合同,因被告公司违约,造成合同目的不能实现,故双方签订的《联营协议书》及《联营补充协议书》应予解除。对于原告公司请求被告公司返还定金500万元应予支持;对原告公司要求被告公司支付违约金1520.64万元,被告公司抗辩该违约金数额过高,请求减少,根据《中华人民共和国合同法》(以下简称《合同法》)第114条第2款"约定的违约金过分高于造成的损失的,当事人可以请求人民法院或仲裁机构予以适当减少"的规定,被告公司的抗辩理由成立,应予支持,比照《最高人民法院关于审理民间借贷案件适用法律若干问题的规定》的相关规定,由被告核工业公司从2012年12月28日开始以500万元为本金按年利率24%计算利息至本金付清之日止的利息作为违约金支付给原告置业公司,对原告置业公司其他诉讼请求不符合法律规定,不予支持。被告公司辩称其不存在违约,协议达不到解除条件及不应退还定金的理由不能成立,不予采纳。

2016年6月7日铜仁市中级人民法院作出(2016)黔06民初4号民事判决,判令被告在民事判决生效后30日内向原告返还定金500万元并支付违约金(违约金以500万元基数按照年利率24%从2012年12月26日计算至款项实际付清之日止)。2017年03月14日贵州省高级人民法院作出了(2016)黔民终572号判决书,驳回上诉、维持原判。

办案体会

本案是一起关于房地产开发的典型案例,也是浙江商人去西部地区房地产开发未能顺利完成而酿成诉讼的案例。该案例中的分歧点,主要在于:①合同性质,究竟是联营合同还是居间合同;②被告是否违约;如果违约,如何承担违约责任。

按照《合同法》规定,居间合同是指:居间人向委托人报告订立合同的机会或者提供订立合同的媒介服务,委托人支付报酬的合同。在民法理论上,居间合同又称为中介合同或者中介服务合同。被告在本案需要履行的义务中,确实有一些内容体现了居间的特征,但本案的实质并非居间,即被告不是简单获得报酬。理由如下:①本案核心的内容是双方共同完成土地摘牌,被告得到相应的摘牌利益,31#土地开发,还涉及通过股权收购的方式进行操作,因此不是简单的给予报酬;②被告获得的利益,远远超过普通意义上的中介的报酬,而且对价是波动的、调整的,也不符合中介报酬固定的特征;③政府摘牌属于法定程序,原告通过摘牌方式获得土地,不是合同法上的订立合同的行为,不存在被告"报告订立合同的机会或者提供订立合同的媒介服务"。

关于违约金责任承担问题,案件中的条款约定:"甲方不能使乙方在2013年3—5月摘取30#、32#、33#、34#地块的,每逾期一天按本协议总价每日万分之二赔偿给乙方,逾期二个月的,乙方有权解除合同,甲方应赔偿乙方合同总价的10%作为违约金弥补乙方损失,并双倍返还定金。"律师接受委托后,在起草起诉状时,反复与当事人沟通,如果选择支付违约金方式,就不能按双倍返还定金方式诉讼;返还定金方式简单,法院没有自由裁量权;选择支付违约金的方式,法院存在自由裁量权,可能违约金超过双倍返还的定金额度,也可能小于定金,需要慎重考虑。当事人经过再三权衡,最终选择支付违约金的方式。法院调整了违约金金额,但按照年利率24%计算,至判决生效,确实超过了500万元定金额度,证明其选择还是明智的。

8　租赁关系中拆迁利益归于谁

——中航公司与春晓公司土地租赁合同纠纷案评析

陈　波(总所)　张剑锋

案　　由：土地租赁合同纠纷

当事人姓名或名称：

原　　告：中航贸易公司

被　　告：春晓物流公司

承办律师：陈波、张剑锋

裁判部门：宁波市鄞州区人民法院、宁波市中级人民法院

案　　号：(2014)甬鄞民初字第1342号、(2015)浙甬民二终字第183号

案情简介

2004年6月，被告与案外人宁波市鄞州区下应街道林家股份经济合作社(以下简称"林家村")签订了《土地租赁合同》一份，约定将林家村约38亩土地租赁给被告使用，并对租赁期限、租金及支付方式、拆迁补偿分配等均进行了详细约定。现原告法定代表人王天军时任被告公司股东，后因经营原因退股。

后被告与原告签订了《土地租赁协议》一份，约定被告将上述租赁土地中的12亩出租给原告用作车间建设，租金从每年30万元至46.80万元，并对租期、拆迁补偿等均进行了详细约定。还载明：合同乙方签字付款，同时将王天军所持有的甲方股份原价转让给严跃进(被告法定代表人)，后原告投资建设了厂房车间自用。

2007年年底，原告将其承租的12亩土地及地上自建的6 523.50平方米厂房及所有设备出租给宁波市向阳金属制品有限公司(以下简称"向阳公司")，租期自2008年至2015年，租金从每年120万元至150余万元。该合同由林家村盖章确认时备注载明："本合同不能损害我方利益，并不能同我方与春晓物流公司签订的土地租赁合同相抵触。"

2014年3月13日，被告与宁波市鄞州区中河街道房屋拆迁办公室(以下简称拆迁办)、林家村签订了《钢材市场腾迁协议书》，该协议载明对被告涉案上述土地上的工业厂房及附属设施的腾迁

损失进行一次性补偿,主要包括四个部分:一是建筑物、装修及附属补偿款共计 21 944 452 元,其中包括了林家村应得款项 6 767 336 元;二是停产停业、搬迁等损失,按每平方米 150 元计算,共计 2 848 101 元;三是设备补偿款 3 048 657 元;四是拆迁办鉴于市场的特殊情况,给予被告的市场经营一次性经济补偿 16 959 763 元。

2014 年 7 月,原告诉至法院,请求判令被告支付征收补偿款 1 800 万元。

法院判决

宁波市鄞州区人民法院经审理后认为:原告、被告签订的涉案《土地租赁协议》,系双方真实、自愿的意思表示,除租赁期限超过 20 年部分无效外,其他内容的约定未违反相关法律、行政法规的强制性规定,合法有效,双方均应按约履行。根据上述协议约定,租赁期内如遇国家征地拆迁,乙方投资建设的自用车间、办公房国家赔偿的款项归乙方所有。虽然原告、被告未在该协议中约定建筑物赔偿款的可得比例,但原告的法定代表人作为被告的原股东之一,应该清楚被告与林家村签订的《土地租赁合同》有"如遇国家规划拆迁,乙方投资建造的地面建筑物赔偿在合同期 1~10 年内,甲方(指林家村)享受 30%,乙方(指被告)享受 70%……"的内容约定,况且原告在与向阳公司签订的《租赁合同》中林家村也特别注明:"本合同不能损害我方利益,并不能同我方与春晓物流签订的土地租赁合同相抵触。"故法院认为拆迁补偿款中房屋评估价和装修及附属物的 30% 归林家村所有的约定,对原告同样有约束力,法院认定原告可得的房屋评估价和装修及附属物应为(7 243 262 + 1 125 331)×70%=5 858 015 元。对于原告可否获取设备补偿款 1 041 336 元、停产停业损失及搬迁费 1 064 651 元及其他市场经营一次性经济补偿,法院认为虽然涉案《土地租赁协议》未涉及设备补偿款、搬迁费的内容,但拆迁部门出具的《春晓物流补偿明细表》中设备补偿款 1 041 336 元、搬迁费 1 064 651 元属原告可得的补偿款项,故设备补偿款 1 041 336 元、搬迁费 1 064 651 元应归原告所有。对于拆迁部门给予被告市场经营一次性经济补偿 16 959 763 元,原告可否按建筑面积的比例分得?法院认为,根据拆迁部门出具的情况说明,该款项系对被告经营春晓物流公司市场培育期的一次性经济补偿,故原告要求按建筑面积的比例分得该款项缺乏依据。

一审判决后,原告不服,上诉至宁波市中级人民法院。

二审法院认为:①关于拆迁补偿款,涉案《土地租赁协议》第 5 条载明,租赁期内如遇国家征地拆迁,中航贸易公司投资建设的自用车间、办公房国家赔偿的款项归中航贸易公司所有,30 年期满后属春晓物流公司所有。现中航贸易公司投资建造的车间与办公房在租赁期内遭遇拆迁,故依约其有权取得相应的拆迁补偿款。春晓物流公司认为上述约定中的自用仅限于中航贸易公司自己使用,而不包括转租以外的其他利用行为,因该项诉称不符合日常生活经验,故应不予采信。由此,春晓物流公司以中航贸易公司将上述车间与办公房另行转租为由主张其无权获得相应的拆迁补偿款,依据不足,法院不予支持。②关于设备补偿款、停产停业损失与搬迁费,虽双方当事人并未就上述费用的分配事宜作出明确约定,但《春晓物流补偿明细表》中已载明中航贸易公司可获得 1 041 336 元的设备补偿款与 1 064 651 元的搬迁费,且上述款项系基于该公司提前搬迁所产生的损失而作出的补偿,由此,原审法院认定其有权获得该部分款项,依据充分,并无不当。③关于一次性经济补偿金,结合原审法院依职权调取的《钢材市场腾迁协议书》与《关于春晓物流市场经营一次性经济补偿 16 959 763 元的情况说明》等证据,该款项系针对春晓物流公司经多年市场培育进入稳定收益期后作出的一次性经济补偿,其补偿对象仅限于春晓物流公司,因此,中航贸易公司诉请分配其中的部分份额,缺乏事实依据,法院难以支持。最终判决驳回上诉,维持原判。

律师分析

陈波、张剑锋律师作为春晓物流公司的诉讼代理人,经过大量的调查取证、现场察看、走访拆迁办及街道等主管部门,对证据进行分析、缜密研究后,认为本案主要争议为对原、被告之间签订的《土地租赁协议》第5条约定:"乙方(即原告)根据需要及设计并将由乙方投入建公共房和车间,所以需30年回报期,但考虑到30年的变化因素,乙方将要求甲方保证30年内如遇国家征地拆迁,乙方投资建设的自用车间、办公房国家赔偿的款项归乙方所有,30年期满后属甲方所有"的理解。

1. 对"自用"的理解

关于自用:(1)该协议中没有允许转租的约定;(2)拆迁时,建筑物处于非自用状态,按约定原告不能得到拆迁补偿款;(3)从租赁年限考虑,原告最多只能得到自用年限部分的赔偿。

2. 对"赔偿款项"的理解

从合同约定、法律规定、实际用途三个层面理解,原告都不能得到停产停业损失及搬迁费的补偿。

3. 对建筑物补偿款是否应给林家村30%条款的理解

从合同约定、实际履行、拆迁实施三个层面理解,原告都认可林家村可享受建筑物补偿款的30%,即假设不考虑自用因素,原告最多也只能得到建筑物补偿款的70%。

最终法院接受陈波、张剑锋两位律师的观点,驳回原告不合理的诉讼请求。

9 欠条出具给企业法定代表人,能否以企业的名义进行追讨

——以盐阜建设公司与陆某工程款追偿案为例

郑学瑜

案   由:工程款纠纷

当事人姓名或名称:

原   告:盐阜建设公司

被   告:陆某

承办律师:郑学瑜

裁判部门:宁波市江东区人民法院

案   号:(2015)甬东商初字第3211号

案情简介

2012年,陆某承接艾普特公司厂房建造工程,因其没有施工建设资质,便以盐阜建设公司的名义与艾普特公司签订施工合同,合同金额980万元,但陆某是实际的施工人。在厂房建造过程中,艾普特公司的进度款是通过盐阜建设公司账户结算的,期间陆某以项目经理的身份从艾普特公司领取了进度款100万元。但项目还未结束,因陆某的管理问题导致成本超支,无力支付后续施工款,盐阜建设公司无奈只得接手该工程直至结束,通过和艾普特公司协商结算事宜,艾普特公司支付了盐阜建设公司全部款项(含陆某领取的100万元)。后鄞州区的一家钢管租赁企业起诉盐阜建设公司,要求盐阜建设公司支付艾普特公司项目钢管租赁费98万元,后经过协调和解,盐阜建设公司支付该企业钢管租赁费50万元。在诉讼期间,陆某向盐阜建设公司宁波负责人王某出具了欠条一份,载明今欠王某工程款项98万元,所进行的慈溪工程款结算本人均承认。在盐阜建设公司支付了50万元租赁款后,盐阜建设公司向原江东区人民法院起诉,要求陆某支付盐阜建设公司支付的50万元工程款。

陆某收到法院传票后辩称欠条是出具给王某个人,盐阜建设公司没有权利进行主张,另外欠条所写的98万元和钢管租赁毫无关联,要求法院驳回。作为盐阜建设公司的代理人,我们提出了以下证据及理由:①王某是盐阜建设公司宁波分公司负责人,有营业执照予以证实,王某可以

代表盐阜建设公司接受欠条;②欠条上写明的金额和第三人起诉金额相同,欠条时间也是在第三人起诉之后形成的,说明二者之间存在关联性;③欠条上的工程款是艾普特公司厂房的工程款,该工程款说明陆某为实际施工人。

江东区人民法院经过审理,查明了盐阜建设公司所依据的案件事实。后江东区人民法院判决认定,本案原告所提供的证据可以说明第三人钢管租赁用于陆某实际施工的艾普特公司厂房工程,陆某出具欠条是针对第三人起诉金额向盐阜建设公司写的欠条,说明陆某同意承担该笔款项,王某是盐阜建设公司宁波分公司负责人,系代表盐阜建设公司接收本案欠条比较符合双方真实意思,盐阜建设公司有权要求陆某归还盐阜建设公司垫付的款项,遂判决陆某支付盐阜建设公司工程款50万元。

律师评论

本案的焦点在于陆某出具欠条给公司负责人,公司是否有权对债务人陆某进行追偿,看似简单,其实暗藏诸多的法律玄机。笔者在法律实务中经常遇到当事人在这个问题上存在的困惑,其原因就在于没有区分清楚其间的法律关系。我们知道,法律关系决定了法律主体之间法律行为的性质,是确认法律主体权利义务的前提,所以我们必须逐层分解本案所包含的法律关系,才能透过法律关系确认本案争议双方权利义务内容。

1. 陆某出具欠条给公司负责人,是否成立真实的债权债务关系需要看欠条形成前双方基础法律关系

根据本案证据,陆某出具的欠条金额实际上就是陆某欠公司的钢管租赁费,所以双方真实的意思表示是该欠条是出具给公司而非个人,所以本案中该负责人是代表公司接收欠条,陆某和该负责人之间不成立债权债务关系。但是否出具给公司负责人或法定代表人的欠条,公司一律有权主张权利呢?答案是否定的。如果没有证据证明公司负责人或法定代表人接受欠条的行为是基于履行职务之行为或是基于其他委托代理行为,以及该公司负责人是基于个人事务与出具欠条者产生债权债务关系,则法院不支持公司向债务人的偿债主张,此时,出具欠条者与该公司负责人个人成立债权债务关系,只能以该公司负责人个人名义向出具欠条者主张权利。

2. 公司的法定代表人是否必然能够代表公司

答案是否定的。法定代表人是依照法律或法人组织章程规定,代表法人行使相关权利及从事各种民事活动,其行为的法律后果由法人承担。法定代表人代表公司必须有一个前提就是其必须是在履行法律或公司章程规定的职务即履行职务行为,所以法定代表人代表公司在业务合同上签字等民事行为时能够代表公司,产生纠纷,可以以公司名义主张权利或承担责任。本案中王某作为宁波公司法定代表人能够代表公司接收欠条;反之,非职务行为的情况下,法定代表人因个人行为并不能代表公司,但是对于第三人而言,法定代表人具有天然的表见代理特征,第三人据法定代表人的行为,要求公司承担责任一般会得到支持,所以在实务中,有很多公司的法定代表人是名义上的,并不实际控制或掌握公司经营管理或公司根本就与他们没关系,因私自签订合同而让公司承担责任的纠纷比比皆是,对于公司而言,会带来极大的法律风险,也反映出目前公司投资者风险意识极为淡薄。

3. 从本案引发的上述法律思考,应得到怎样的法律经验

根据上述分析,在公司或律师具体业务实践中,常常会因为忽视基本的法律概念,区分不清楚之间的法律关系,导致法律风险显现,为避免损失,笔者建议:①向公司经营者建议公司的法定代表人应当是能够掌控公司经营管理方向并实际介入公司经营的人,不应当选择和公司无关的人"挂靠"法定代表人职务,以避免"挂靠"的人利用职权让公司遭受损失;②在业务中,区分清楚正确的法律主体,公司行为要加盖公司印章,以区别个人行为和职务行为;③重视保留证据、收集证据的好习惯。证据能够证明纠纷双方基础的法律关系,对确认双方的权利义务关系及内容有重要作用。

10 业主拒缴物业费,可能会得不偿失

——记一起物业费纠纷案

应王雷

案　　由:物业服务合同纠纷

当事人名称或姓名:

原　　告:E物业公司

被　　告:H小区业主

承办律师:应王雷

裁判部门:舟山市定海区人民法院、舟山市中级人民法院

案　　号:(2016)浙0902民初938号、(2016)浙09民终636号

案情简介

2009年6月,E物业公司与H小区业主委员会签订了《H小区物业服务合同》,委托E物业公司对H小区物业实施管理,管理期限三年。根据合同约定,小区内住宅物业费每季度缴纳一次,逾期缴纳需按日支付相应的滞纳金,至实际缴纳物业费为止。2012年6月,因合同约定的管理期限届满,双方未再续签合同,E物业公司撤出该小区。余某系H小区业主,在E物业公司管理期间,认为E物业公司管理存在瑕疵,服务不到位,如物业区域内相关设施不完备、存在安全隐患,物业公司管理人员恐吓业主、小区业主委员会擅自出租物业管理用房、管理不善导致相关绿化物死亡及将业主放养在小区池塘内金鱼偷走等,故一直拒绝缴纳物业费,并要求E物业公司承担赔偿。

E物业公司撤出小区后,多次与余某沟通并催讨物业费未果,故向法院提起诉讼,要求余某缴纳拖欠的物业费,并承担逾期未缴纳物业费滞纳金。

法院判决

案经两级法院审理。一审法院经审理认为,H小区业主委员会与E物业公司签订的《H小区物业服务合同》系双方真实意思表示,并不违反法律、法规等强制性规定,该物业合同依法成立并生效,对业主具有约束力。余某辩称物业公司提供服务不到位,因物业公司已经撤出该小区,且余某

提供的证据材料尚不足以印证其主张,故对E物业公司主张的物业费及滞纳金之请求予以支持。对余某辩称的物业公司工作人员曾对其进行过恐吓,因未能提供证据证明,不予采纳;余某辩称业主委员会擅自出租物业用房,因该事项不属于物业服务合同纠纷范畴,也未予采纳。余某辩称物业公司偷盗其所放养之金鱼及因管理不善导致树木等绿化物死亡要求赔偿,因与本案非属同一法律关系,故不予处理。

余某不服一审法院判决,提起上诉。二审期间余某未提交新的证据,二审法院经审理后,"驳回上诉,维持原判。"

律师分析

本案系物业服务合同纠纷,法律关系并不复杂,业主余某于庭审时表述其也系基于简单的法律关系考虑,认为只要是在小区内发生的,与物业公司有关的任何纠纷或问题,均归责于物业公司,并以此为由拒缴物业费。其却忽略了小区的管理者虽系物业公司,但涉及小区业主实质性权益时,最终的决定权在小区业主委员会手里。本案,余某提出的E物业公司存在服务不到位等现象,余某在庭审时也提交了相关证据材料,但因其提交的证据不符合证据的三性,无法印证其主张,最终未被法院采纳,而支持了E物业公司之主张。余某提出的业主委员会擅自出租物业用房、偷盗业主放养之金鱼及管理不善导致树木死亡等,假设这些问题确实存在,余某在主张时也存在法律关系选择错误,或对象选择错误,最终导致其相关主张未能实现。最后才会变成余某无故拒缴物业费,并承担因无故拖欠物业费产生滞纳金之不利局面。

律师建议

物业管理关系着千家万户,物业公司进驻小区并管理,系受业主委员会聘用(前期物业系建设公司委托),并签订了物业服务合同。物业公司是根据合同约定对小区实施管理,因物业管理的复杂性,其履行合同过程中未必能做到面面俱到,完全可能存在服务不很到位的现象。作为业主,认为物业公司违约或服务不到位,在主张权益时,应当要留存相关证据材料。证据材料的取得一定要合法,形式一定要符合法律规定。其次,业主若发现物业公司存在服务不到位,或存在损害业主权益之行为时,一定要留存证据并及时通过合理途径向物业公司提出。另外,小区内并非所有纠纷都归责于物业公司,物业公司的管理很多都需要小区业主委员会配合,比如本案中提到的树木死亡,物业公司未及时补种等,这个问题就需要业主委员会配合,因补种产生的费用,物业公司在作出预算后,需上报业主委员会,由业主委员会向房管部门申请物业基金,在获得申请后物业公司才能予以补种。故很多涉及小区内实质性问题或需要资金等,非物业公司能够决定,都需要业主委员会决定。因此,提醒业主一定要合理、合法地维护自身权益。

第四章　劳动纠纷案例解析

11　年终红包到底发了吗

——刘某某诉宁波某制造有限公司追索劳动报酬纠纷案评析

王晓华

案　　由:追索劳动报酬纠纷

当事人姓名或名称:

原　　告:刘某某

被　　告:宁波某制造有限公司

承办律师:王晓华

裁判部门:宁波市鄞州区人民法院、宁波市中级人民法院

案　　号:(2014)甬鄞民初字第1578号、(2015)甬民一终字第506号

案情简介

原告于2011年2月26日到被告公司技术部工作,任职项目设计工程师。原告、被告于2011年3月10日签订劳动合同一份,合同期为三年。同时双方另行签订《项目设计工程师聘用协议》一份,该协议约定:双方的聘用期限为2011年2月26日至2014年2月25日;原告月薪工资为税后8000元(实行每周六、日工作制),若原告一年内完成三个新项目的设计,年薪待遇为税后120 000元;原告的月薪按月发放,其余薪金于春节前一次性结算发清。期间,被告通过银行卡向原告发放工资分别为:2011年71 640.66元,2012年92 604.17元,2013年94 144.55元,均有银行交易明细清单为证。合同期满后双方未再续签劳动合同。原告于2014年2月22日离职。

2014年4月17日,原告向宁波市鄞州区劳动人事争议仲裁委员会提出仲裁申请,要求被告支付经济补偿并补缴社会保险。经宁波市鄞州区劳动人事争议仲裁委员会调解,双方达成调解协议:

由被告支付原告一次性调解款项共计 29 000 元。

2014 年 5 月,原告在鄞州地税局打印完税证明显示,原告 2011 年 12 月有 40 000 元工资收入,纳税 3 895 元;2012 年 12 月有 20 000 元工资收入,纳税 1 895 元;2013 年 12 月有 20 000 元工资收入,纳税 1 895 元;税务完税证明显示纳税人是原告,代扣是被告,原告认为其本人并未收到上述三项工资薪金 80 000 元的税后收入 72 315 元。

2014 年 6 月 9 日,原告再次向宁波市鄞州区劳动人事争议仲裁委员会提出仲裁申请,要求被告支付税后的工资薪金 72 315 元。2014 年 7 月 31 日,宁波市鄞州区劳动人事争议仲裁委员会作出仲裁裁决:驳回原告的仲裁请求。

代理经过

笔者自劳动仲裁阶段就接受案件委托,根据公司老板的陈述,公司于每年腊月二十五、腊月二十六放假,在放假前,以现金红包形式向员工发放年终奖。对于车间人员由财务和车间主任发放,对于办公室人员都是一个一个被叫到老板办公室,老板简单对员工一年的工作表现予以肯定,再以现金红包方式发给员工,在场的只有老板和领取红包的员工,也没有让员工签字。同时,公司发放给员工的年终奖都以员工名义缴纳了个人所得税。原告作为公司的技术人员,公司老板非常器重,每年年终发放红包已经是公司十多年的传统,其他员工都发放年终红包,怎么可能单单不发放给原告呢?公司老板十分气愤,连呼冤枉,而且一旦原告的案件胜诉,公司其他员工有可能纷纷效仿,每年的年终红包发放金额都是一二百万啊!

本案原告从税务部门打出来的完税证明几乎就是铁证,原告声称没有收到年终红包,则举证责任就在被告,被告必须证明其已经支付了年终红包。在随后与劳动仲裁委以及一审法院的沟通中更加印证了这一点,劳动仲裁委和法官都表示趁案件还未开庭,代理人还是劝解公司老板主动和解为上。

"明知山有虎,偏向虎山行。"律师收集公司近三年的奖金发放记账凭证、奖金发放表、公司现金日记账等证据(均没有员工签字)来证明原告的奖金和其他员工的奖金在奖金发放表上均有所体现,奖金总数与被告单位现金日记账和财务记录完全吻合。

同时,在举证期限届满前向法院申请三位证人出庭作证,虽然在劳动争议案件中,在职员工的证言通常都被认为与所在单位有利害关系,不会被法院采纳。但律师在选择证人时专门进行精心挑选:一位是原告的部门同事,证明其曾经叫过原告去领取年终红包,且其本人每年也领到过;一位是车间的员工,证明车间每个员工都有红包,原告作为技术人员不可能没有;一位是已经离开被告单位的员工,证明其每年都有领取年终红包,甚至离开的 2013 年虽然只工作了半年,到年终,老板也专门打电话让他回来领取。

只有上述证据显然不够,律师找到一份关键性的证据——原告自己亲笔书写的不同意续订合同个人意见,拟证明被告就原告劳动合同到期后,续签事宜征求原告意见,原告提交的书面回复意见可以说明,如果原告前三年没拿年终奖,那他肯定会在续签合同时提出来,但被告在个人意见中只字未提年终奖的事情。

在庭审中,原告对于被告提供的财务账册、证人证言均予以否认,但对于被告在年终给其他员工发红包这一事实没有否认。

审判结果

从2014年8月13日一审法院受理,到2015年2月6日开庭,再到2015年5月6日一审判决作出,历时近9个月时间。一审法院最终认为奖金发放记账凭证、奖金发放表、公司现金日记账虽然均由被告单方制作形成,但财务账册等比较规范,与被告陈述能够相互印证,虽然该组证据因没有员工的签字确认,在形式上有欠缺,但根据传统习俗,公司发红包确实是直接以现金形式且无须在财务签字,只能财务自己做账;且原告也不否认被告在年终发红包,故法院确认被告每年年终以红包形式发放数量不等的年终奖这一事实。而且,原告、被告之间的聘用协议明确约定实行年薪制,月薪按月发放,其余薪金于春节前一次性结算发清,说明原告也明知除月薪外其余薪金于年终领取。如果被告未在2011年、2012年、2013年的每年年终发放其余且数额较大薪金,原告也从未向被告提出过主张,也未在续签劳动合同个人意见中提出,甚至在申请劳动仲裁要求被告为其缴纳社会保险及支付经济补偿金时也未主张,显然不符合常理。因此,原告、被告之间签订的聘用协议约定,被告向税务部门代原告纳税的完税证明,被告发放奖金红包的财务凭证以及证人证言,相互之间能够形成证据锁链,本院推定原告已经于每年年终以现金红包形式领取过其余薪金,故对原告要求被告支付其余税后工资薪金72 315元的诉讼请求,法院不予支持。判决驳回原告刘某某的诉讼请求。

宣判后,刘某某不服,向宁波市中级人民法院提出上诉,二审法院经过公开开庭审理,最终驳回上诉,维持原判。

律师建议

虽然本案所涉的诉讼标的只有区区7万多元,但由于涉及员工与用人单位关于年终红包是否发放问题,属于劳动报酬范畴,也属于社会热点问题,且一旦本案公司败诉,给公司带来的连锁不利反应是巨大的。案件最终胜诉,也实属不易。通过本案,总结以下两点建议:①公司老板必须具有一定的法律意识。发放年终红包在宁波的很多企业都普遍存在,员工经过一年的忙碌也都期盼公司发放年终奖。但很多公司老板认为公司就是我自己的,钱怎么花都是我自己说了算,殊不知,作为公司,款项的支出都有严格的会计制度,不能随意支配。公司不是老板个人的提款机。②公司要加强内部管理。本案中只要公司在发放年终红包时或者发放后,由员工签字确认,或者以银行汇款方式进行,纠纷就完全可以避免。否则,事前未做好预防,事后补救就悔之晚矣。

12　挂靠有风险，监管需到位

——张某诉天胜公司机动车挂靠运营工伤案解析

夏立艇

案　　由：劳动纠纷

当事人名称或姓名：

原　　告：张某

被　　告：天胜公司

承办律师：夏立艇

裁判部门：舟山市定海区人民法院、舟山市中级人民法院

案　　号：(2013)舟定民初字第724号、(2013)浙舟民终第320号

案情简介

韩某从事集装箱运输业务，因营运资格限制，将其购买的集装箱车登记在舟山天胜国际物流有限公司名下，双方签订了挂靠经营协议。期间，韩某聘用张某某为其车辆驾驶员。2012年9月，张某某驾驶的车辆在杭甬高速发生交通事故，造成张某某死亡。

在处理完交通事故赔偿后，张某某之子张某为获得工伤赔偿，向舟山市定海区劳动争议仲裁委员会申请仲裁，要求确认张某某与天胜公司之间存在劳动关系，该请求得到仲裁委支持。天胜公司起诉至舟山市定海区人民法院，要求确认张某某与天胜公司之间不存在劳动关系，被判驳回诉请；天胜公司上诉至舟山市中级人民法院，二审改判张某某与天胜公司之间不存在劳动关系。

裁判概要

舟山市定海区劳动争议仲裁委员会定劳仲案字(2013)第99号仲裁裁决认为，被告否认与张某某存在劳动关系，并主张韩某系事故车的实际车主，张某某系韩某个人雇佣。被告提供的证据"车辆转让及挂靠协议"，系被告与韩某双方所签订，虽然对协议双方具有约束力，但其并不当然具有对抗第三人的法律效力。被申请人以该"挂靠协议"作为否认张某某与其存在劳动关系的证据，缺乏法律依据，仲裁委员会不予确认。裁决认定张某某与天胜公司之间存在劳动关系。

舟山市定海区人民法院(2013)舟定民初字第724号民事判决认为,目前实践中机动车挂靠运营方式普遍存在。很多情况下,挂靠人作为营运车辆拥有者并不直接从事运输经营活动,而是另外雇请驾驶员驾驶挂靠车辆,并通过运输企业为实际驾驶员办理从业资格证进行运输经营活动。此类被挂靠单位与挂靠车辆驾驶员之间松散的隶属关系,一般不能被认定为双方存在事实劳动关系。但为了保护劳动者的权益,最高人民法院在《关于车辆挂靠其他单位经营车辆实际所有人聘用的司机工作中伤亡能否认定为工伤问题的答复》中对这个问题做出有利于劳动者的扩大性答复。该答复认为"个人购买的车辆挂靠其他单位且以挂靠单位的名义对外经营的,其聘用的司机与挂靠单位之间形成了事实劳动关系,在车辆运营中伤亡的,应当适用《劳动法》和《工伤保险条例》的有关规定认定是否构成工伤。"即只要符合相应的形式要件,就应当直接认定事实劳动关系。张某某与天胜物流公司之间的关系符合该司法解释规定的情形,即韩某的车辆挂靠在天胜物流公司名下,并以其名义对外经营,应当认定韩某聘用的司机张某某与天胜物流公司存在事实劳动关系。天胜公司不服,向舟山市中级人民法院提起上诉。舟山市中级人民法院作出(2013)浙舟民终字第320号民事判决认为,本案的争议焦点为车辆挂靠单位与实际车主所雇用的驾驶员之间是否存在劳动关系。案涉重型集装箱半挂车挂靠在天胜公司名下,天胜公司每月按约定向实际车主韩某收取定额的挂靠费,而营运期间的收益则归实际车主韩某,挂靠车辆的实际控制人为该车辆的实际车主韩某。张某某受韩某雇佣,其并不受天胜公司的劳动支配及管理。故原审法院认定张某某与天胜公司之间存在劳动关系不当,予以纠正。

办案体会

本案从劳动仲裁程序开始,天胜公司就委托笔者与另一律师共同代理。仲裁、一审与二审的裁决结果不一样,是对《最高人民法院关于车辆挂靠其他单位经营车辆实际所有人聘用的司机工作中伤亡能否认定为工伤问题的答复》的理解不同,前者认为只要在存在挂靠的情况下,车辆必定系以公司名义进行营运,司机必然是与公司之间发生劳动关系,后者对此作了区分,韩某将车辆挂靠在天胜公司,但实际中仍是个人名义招揽生意、招募司机,认定司机与公司之间不存在劳动关系。

在当前一些行业中,相关部门对主体资质作出了相应的要求,导致个人与部分无资质单位无法以自身名义承揽业务,故才有挂靠关系的普遍存在。由于实际经营人往往风险承受能力较差,导致一旦发生重大经济纠纷,相对人会向被挂靠人主张赔偿。

本案中,实际经营人韩某虽然损失巨大,但幸好没有撂挑子,作为证人参与了庭审,向仲裁庭、法庭如实说明了情况,同时,基于天胜公司与韩某之间的挂靠协议,使案件事实得以查明,若是韩某采取逃避的方式,本案可能将是另一个结果。

所以,在挂靠关系中,被挂靠单位应加强对实际经营人的管理,若是只收挂靠费,其他不闻不问,则将失去对风险的控制,可能面临更大的损失。

13　为什么客户还是飞了

——A公司与楼某竞业限制纠纷案解析

杨　静

案　　　由：劳动争议

当事人名称、姓名：

原　　　告：A公司

被　　　告：楼某

承办律师：杨静

裁判部门：杭州市西湖区人民法院、杭州市中级人民法院

案　　　号：(2015)杭西民初字第3311号、(2016)浙01民终250号

案情简介

2014年11月8日,杭州A公司与当事人楼先生签订一份劳动合同,其中约定:劳动合同期限从2014年11月18日起至2017年12月31日止,楼先生从事销售工作。同时,A公司为甲方,楼先生为乙方,双方签订《员工保密协议》一份。约定第十二条:乙方承诺在职期间,非经甲方事先同意,不在与甲方生产、经营同类产品或提供同类服务的其他企业、事业单位、社会团体内担任任何职务,包括股东、合伙人、董事、监事、经理、职员、代理人、顾问等;约定第十五条:甲方就乙方任职期间及离职后承担的保密义务及竞业限制义务向其支付保密费及竞业限制补偿费。乙方在职期间所领取的工资中已经包含了保密费和竞业限制补偿费,乙方应当遵守公司保密制度和竞业限制制度,在职期间不得自营或者为他人经营与甲方同类的行业提供任何服务;约定第十六条:违约责任:乙方任职期间如违反本合同任一条款,均为严重违反劳动纪律的行为,甲方有权立即解除与乙方的劳动关系。无论甲方是否解除与乙方的劳动关系,乙方都应当一次性向甲方支付违约金人民币20万元,并赔偿因此给甲方带来的经济损失和甲方因调查乙方的违约行为而支付的合理费用,同时乙方因违约行为所获得的收益应还给甲方。

2015年5月7日,楼先生以"因个人原因,胜任不了目前公司工作"为由,通过电子邮件向A公

司递交辞职报告；2015年5月24日，楼先生再次以不能胜任工作为由申请辞职，并工作到该日为止。楼先生辞职后，A公司向杭州高新开发区(滨江)劳动人事争议仲裁委员会提请仲裁。2015年8月，仲裁裁决双方劳动关系于2015年5月24日解除，驳回A公司其他仲裁请求。A公司不服仲裁裁决，于2015年9月16日诉至法院，请求判令：①楼先生支付A公司竞业限制违约金20万元；②楼先生赔偿A公司经济损失100万元。

法院判决

劳动者在职期间对用人单位负有忠实义务，未经单位同意，为其他单位提供劳动服务，对本单位工作任务造成严重影响，或者严重失职、营私舞弊，给用人单位造成重大损失等情况，劳动者应当承担法律责任。本案中，双方当事人签订了《员工保密协议》，约定在职期间的"竞业限制"未违反法律的强制性规定，双方当事人均应遵守。现A公司要求楼先生承担竞业限制违约金20万元以及赔偿A公司经济损失100万元，但A公司所提交的证据不能充分证明其主张的项目无法继续施工系楼先生的原因造成，也不能证明是楼先生在该项目中存在违反竞业限制的约定。同时，A公司也没有证据证明是楼先生的原因造成其在该项目中损失100万元的事实，故A公司应承担举证不能的不利后果。据此，法院对A公司的主张不予支持。

律师观点

律师认真研究案件，向当事人楼先生了解实际情况并收集相关证据后，结合庭审情况，发表如下代理意见：

1. 原被告双方约定的系在职期间的"竞业限制"，A公司对该约定的竞业限制义务履行的时间期间理解有误，不应做扩大性的任意解释

关于劳动合同法中规定的竞业限制是否可以包括案涉《员工保密协议》所约定的在职期间的"竞业限制"，A公司认为，竞业限制义务可以分为约定的竞业限制义务和法定的竞业限制义务。虽然大多数竞业限制责任都出现在员工离职后，但没有法律禁止用人单位对员工设置在职期间的竞业限制义务，只要双方协商一致，当然可以约定在职期间的竞业限制责任。A公司的上述理解存在法律认识上的错误。劳动合同法中对于竞业限制的相关规定，决定了竞业限制为法定概念，不可做扩大性的任意解释。劳动合同法中的竞业限制指的是劳动者在劳动合同解除或终止后的一定期限内不得在生产同类产品、经营同类业务或其他竞争关系的用人单位任职，也不得自己生产与原单位有竞争关系的同类产品或经营同类业务。由此可见，劳动者的竞业限制义务只能发生于劳动关系解除或终止之后，劳动者在职期间不能为其他有竞争关系的单位提供劳动服务显然不属于劳动合同法上的竞业限制义务。劳动者在职期间未经单位同意，为其他用人单位提供劳动服务，对本单位工作任务造成严重影响，或者严重失职、营私舞弊，给单位造成重大损失等情况，劳动者应当承担的法律责任劳动合同法实施条例等相关法律对此另有规定，并不适用竞业限制条款。故A公司要求楼先生根据劳动合同法第23条承担违反竞业限制义务、支付违约金及赔偿损失,于法无据。

2. 楼先生未实施违反在职期间商业秘密保密及竞业限制的行为

(1)原告发起本案劳动争议,却不能对其主张的与供电行业的几个客户(原告主张系己方客户)建立合作关系的时间、合作事项等主张的最基础事实进行举证证明。具体包括:因为原告没有相应的电力施工资格资质,故其不能证明与上述供电系统客户直接建立有合作关系(可能之前都是以挂靠、事实上的违法分包方式施工);同时原告也不能证明假设直接合作关系存在,系被告楼先生离职后为其他与原告形成竞争业务的单位与供电行业的原告方客户进行合作、业务撮合。应该说,存在竞业限制行为的证明,对于原告方来讲确实有一定的难度,但显然对方在案件起诉前及诉讼过程中都未能做好证据收集工作,对一些事实的证明靠点滴信息的主观联系和堆砌,这就造成案件在事实层面的被动。(2)被告辞职缘起于原告工程及服务质量问题带来的工作压力等,离职前已完成工作交接,原告无理由对被告无端猜疑,客户丢失是原告自身管理混乱,不具备规范施工及施工管理能力。首先,被告在原告处工作多年,于2013年6月被派往山东办事处,与山东办事处其他几位同事共同服务于山东地区的市场,包括代表原告与山东客户进行沟通等。因山东项目进行不顺利(实为原告自身产品质量和服务质量问题导致)原告,就怀疑被告,实属无依据、无理由。山东办事处工作人员不只有被告,与山东市场有联系的原告管理人员也另有多人,甚至还有熟悉山东市场多年的工程人员等,原告仅因被告要求离职就做此猜疑是不理性的。其次,假设原告在此前项目中确被供电行业客户换掉部分不合格设备,原因在于原告自身,与被告无关。原告在庭审中主张承接项目中被国网供电行业客户换掉部分不合格设备,转而采购第三方单位的设备,假设这些主张是事实,也并非因被告违反竞业限制业务进行撮合,原告应首先自省管理混乱、不具备施工资格资质的根本原因。原告作为市场主体,重视山东市场、不愿意与其他单位的竞争中出局,这可以理解,但原告实际并不具有与国网供电行业客户合作的资质(之前以假资质骗取项目,因出现严重质量问题,已被招标单位查询发现)。违法分包、派往山东办事处的人员流动性大且在当地的地缘基础薄弱,加之前面提及的在之前合作中发生严重质量、服务等问题成造国网山东供电行业客户极其不满意等,这些才是原告所述"被竞争"的根本原因。同时,从另外一个角度客观分析,原告是外地公司,在山东仅仅设置一个办事处,在办事处设置三四个人,其为当地客户提供施工、服务的能力极有可能不及成立时间长、规模大、在山东本地具有一定地缘基础、施工队伍基础的当地有资质公司,就连原告申请出庭作证的证人,在山东的时间都比原告长、市场基础比原告深。原告在山东国网供电行业不可能达到业务"垄断"地位,这是原告目前实力决定的客观事实,原告连自己的施工、服务力量都没有,全靠违法转包,怎么可能"包揽"山东市场?原告无端怀疑已离职的被告是没有依据的。最后,原告公司实际不存在所谓商业秘密,包括:①原告公司能做的业务很多同领域的公司都能做,甚至连个人包工头也在做这块业务,没有太多技术含量,相关设施设备、技术技能的可替代性很强,这是一个"完全竞争市场",不存在垄断,尤其是在质量、服务选择方面,客观些讲,供电公司选择余地很大;②不存在所谓客户名单、客户信息类的商业秘密,原因很简单,原告的客户(也包括国网山东莱西市供电公司)都是电力系统的一些国家运营的单位,这些单位的信息网上有,电力系统有,工程招投标信息也是公开透明的,同行业单位也基本都跟这些电力公司开展业务,更别说山东本地公司能或获得山东本地供电公司的信息;③同时,原告主张的竞争单位之前与原告也有合作,熟悉原告的很多员工,如果确实存在所谓"介绍""怂恿""撮合",也不一定是被告所为;④即使原告的客户名单、客户信息可以作为商业秘密,那么原告也从未就此采取任何保密措施,原告公司知道客户信息的人员太多,山东办事处人员都知道,原告销售管理人员知道,原告派往山东办事处的人员知道,分包的包工人员也都知道,这已经不是法律规定定义下的商业秘密。

3. 假设原告能够全面证明被告应当履行离职后的竞业限制义务,且存在违反竞业限制约定的行为,则原告对所谓损失的计算方法、依据也是缺乏客观性的

原告并未因所主张的被告行为失去整个项目,除了换掉几个不合格的中继器,整体项目仍是原告负责,不能以整个项目的所谓利益简单计算损失;即使原告设备被部分换掉,如因质量问题引起,也属原告自身责任,不能计入本案损失;原告未能证明客户已扣取原告款项,即损失客观不存在;被告也未因此获利。

综上所述,被告既无在职期间侵犯原告商业秘密、违反竞业限制的行为,也无劳动关系解除后依约保守原告商业秘密以及遵守竞业限制的义务,更谈不上给原告造成损失。原告仅因猜疑,制造无谓的劳动争议,无端怀疑员工,这也让被告进一步确定自己辞职的正确性,一家不会反省、不会练好内功、不愿意提升自身专业和管理的企业,是一家没有发展前景的企业。

律师建议

在诸如此类的竞业限制义务履行方面的争议处理中,作为用人单位应当注意以下几点:

(1)企业在商业秘密保密及竞业限制协议文本的拟制、签订中还是尽可能由专业律师把关,确保协议条款的合法、合理、有效,包括竞业限制补偿费的确定标准、保密费及竞业限制补偿费的支付办法等。

(2)商业秘密保密及竞业限制义务履行监督工作不仅仅是上述协议的签订,企业对属于商业秘密范畴的信息应采取有力、有效的保密措施,避免"保密信息"满天飞、众人皆知的"商业秘密"等现象,对确实属于商业秘密的客户信息应定期进行整理和确认。

(3)对于支付一定营销成本等获得的客户,如果客户信息确实属于企业的商业秘密,在重要业务人员离职前应当设置与最终结算奖金、提成相挂钩的"脱密期",并在此期间向客户单位发出必要告知、让新业务员进行接手,甚至负责人应当及时以专门拜访等方式做好合作关系的衔接。

保密协议、竞业限制协议不是唯一措施,也不是万能的,商业秘密的保护是一系列企业管理行为的持续、规范落实方可成就的。

第五章 民事执行异议和撤销之诉案例解析

14 不惧迷雾遮法眼 吹尽黄沙始到金
——汇错款项被他案冻结的救济路径解析

时 静

案　　由：执行异议之诉
承办律师：时静
裁判部门：宁波市海事法院
案　　号：(2015)甬海法执异初字第8号

案情简介

A公司是一家进出口公司，2014年以前常年与宁波一家大型的外贸公司B公司有业务往来。2014年5月30日，因B公司陷入经营危机，双方结清了全部业务款项，终止了一切业务。后A公司与外贸公司C公司开始业务合作。

2015年2月17日，中国春节前一天，A公司需要向C公司打款用于支付海关税款。但因主办会计请假，副手工作人员误将35万元的海关税款打给了B公司。

发现失误后A公司马上与B公司联系退款事宜，但B公司却爱莫能助了，其因涉及多起诉讼纠纷，名下账户在该款项打入之前三天已被一家国外海运公司查封，款项打入后B公司此账户再次被国外另一家公司查封，并且这两家国外公司的案件均已经进入执行阶段。

A公司负责人多次前往B公司、法院进行交涉，耗时八个月无果。2015年10月，万般无奈的当事人找到海泰律师事务所。

代理经过

10月中旬,律师第一次接待当事人,当事人已经完全迷失了方向,反复询问律师的问题是:是否与代理国外两家公司的律师熟悉,能否去沟通?是否与法院法官熟悉,能否去沟通?

经详细询问并立即打电话与执行庭法官沟通后,律师确认如下事实:①虽经B公司相关债权人多次要求,该笔款项目前仍被冻结在被查封的账户中未予执行;②B公司已资不抵债,案涉账户被查封时仅有30余元,其余资产处置困难且完全无法覆盖现有申请执行的债权人的债权金额;③除当事人的该笔35万元款项,还有另外两笔错误汇入的款项,一笔小额的已经退回,一笔启动了不当得利程序;④当事人多次到法院仅是口头反映情况,并未正式启动任何法律程序。

理清上述情况后,律师认为该案核心在于通过法定程序确认该笔款项不因错误汇款就转移成为B公司责任财产而用于执行这一事实,A公司错误汇款的事实构成了足以排除人民法院强制执行行为的合法理由。

同时律师建议当事人放弃任何找人找关系的幻想,而应以权利受损的案外人地位,尽快启动案外人执行异议程序。

代理关系确定后,律师马上向法院递交了执行异议申请书,同时加班加点收集证据资料。证据包括错误汇款的凭证、错误汇款后又马上将同一金额的款项付给真正的代理公司C公司的凭证、该款项当天用于缴纳海关税费的凭证、B公司出具的2014年5月30日双方账目结清且后续再无业务往来的证明、A公司和B公司三年的对账单、明细账清单等。最为耗费时间的是针对A公司、B公司之间的明细账,律师调出了与全部明细账每一笔款项对应的全套业务资料,包括代理合同、信用证开证申请书、买卖合同、付款凭证、发票、装箱单、报关单等,三年的业务100多笔,一笔笔全部调取出来并与账目一一对应,做到了账目金额一分不差,这是可以用"巨大"形容的工作量,律师与助理的手都因为反复翻动纸张红肿不堪。同时,为方便法官核查,律师对前述巨量的材料进行了清晰梳理,并以多色水笔制作出一份可视化清单。

执行异议申请书提交法院后仅仅10天就被驳回,理由是《最高人民法院关于人民法院办理执行异议和复议案件若干问题的规定》第25条第1款第(3)项规定,即存款及存管在金融机构的有价证券依照账户名称判断,账户名称是B公司,所以冻结该款项并无不当。

这个结果本也在律师意料之内,越快越好,因为执行异议仅仅是形式审查,是无法解决实质问题的。但当事人的情感又一次受到打击,更加绝望。

收到裁定书后,律师立即安排了提起执行异议之诉,提交了多达300页的证据资料。为进一步夯实事实,庭审中律师申请了证人出庭作证。

焦点问题

进入诉讼审理阶段后,关于证据,被告仅说了三个字"无异议",但法官还是整整花费了一个下午一页一页与原件核对、记录。同时庭审中因为B公司突然转变态度,也令当事人感慨万千。种种这些,笔者这里都不再赘述,只将该案的两个重要焦点问题罗列,供大家研讨。

1. 当事人是否应当提起不当得利之诉

被告认为,A公司应当提起不当得利之诉,因为查封、冻结的是金钱。在《最高人民法院关于人民法院办理执行异议和复议案件若干问题的规定》中有很明确的规定,金钱以户名为判断标准,所以提起执行异议之诉是错误的,应当提起不当得利之诉。

被告的这种观点也一下子迷惑了当事人,当事人在迷茫和无望中马上质疑律师是否起诉错了。我们认为,选择不当得利之诉,在现实上根本无法保障当事人权益,只能赢了官司输了利益。除此之外,从法理上也不能选择不当得利。

从事实上看,当事人将不属于B公司的款项打入B公司账户,B公司确实没有任何合法理由获得了利益,是不当得利。如果B公司账户没有被查封、冻结,我们根本不用诉讼,因为B公司是明确愿意返还的。但目前事实是该账户并不是B公司掌控,是法院和申请执行人掌控,当事人要面对的是申请执行人而不是B公司。当事人有争议的款项是一个特殊的标的:法院的执行标的。

所以在案外人不认为原判决、裁定有错误的情况下,要阻止法院对执行标的进行强制执行的唯一救济途径就是执行异议和执行异议之诉。

2. 是否对货币金钱只能机械适用"所有和占有一致原则"

被告认为,金钱货币属于普通的等价物,具有流通功能,占有与所有权合二为一,占有即所有,是无法区分的,目前还没有一个案例判决对执行账户中的金钱阻止执行。

这确实是被告的撒手锏。被告其实也明确知道该笔款项属于错误汇入,所以对当事人的证据都不愿意花费时间看一下。被告的观点是,原告证据我们都认可,但是你们汇错了,原告也只能自认倒霉,钱到了B账户就属于B。

这也确实是本案中一个难点。我们查阅了几乎全部的执行异议案例,唯一对我方有利的就是安徽省高级人民法院于2013年11月19日作出的(2013)皖民二终字第00261号判决书。该判决书认定保证金账户中的存款为特定物,认可了案件中异议人对此笔存款的质权,质权优于债权,因此判决不得执行该执行标的。

但我们进一步认为:金钱是否特定化并不是本案关键。对于案外人执行异议之诉,其立法初衷就是保障案外人的实体权利,完善司法救济制度。所以,案外人执行异议之诉不仅应当具有程序价值,更应当具有实体价值。实体价值在于法院通过执行异议之诉,应当对争议标的的归属作出实体裁判,从而保护权利人的实体利益。也就是说,如果经过双方的证据出示,法庭庭审认定执行标的属于被查封人所有,法庭就应当驳回原告起诉;如果法庭认定执行标的属于案外人所有,就应当返还,这个原则不应当因为执行标的的不同而有所区别。只要有充分的证据证明该笔款项B公司无权取得,那么就不应当成为其执行财产。

"所有和占有一致原则"只是物权法上的一般推定规则,不完全适用于各种复杂的交易关系,尤其是在本案这种特殊的司法强制措施中。在本案中,是法院查封B公司账户在前,A公司错误汇入款项在后。在A公司错误汇入款项时,B公司的账户是处于法院查封状态,B公司无法也无权占有、使用和处置该账户中资金,账户资金的处置完全在法院的掌控之下。在这种特殊的情况下,汇入该查封账户的资金是否属于B公司的责任财产应该由法院依据事实情况进行裁判,若还是简单依照

"所有和占有一致原则",对所有错误汇款均采取如此粗暴的一刀切方式处理,必然是有违公平公正的。

所以,执行异议案件中,原告在有充足的相反证据证明异议人系真正所有权人时,且这些相反证据能够对动产占有权利推定进行充分的抗衡时,裁判者就应该遵循实事求是的原则,根据双方的证据进行确权判断,以保障当事人合法权益的同时不损害他人正当权益的准则来确定资金所有权。若僵化的、完全不顾及事实情况来适用货币所有与占有一致原则,将导致架空执行异议之诉的法律价值,并违背法律公平公正的基本原则。

不懈努力

案件虽小,但关涉一个司法难题。为了这个案子,笔者和律所同事付出了巨大的努力。

首先,在证据方面,即使知道被告不会在意证据资料,但我们还是认真将 A 公司、B 公司三年的业务资料全部一一对应,确保每一单业务都可以和账目资料吻合,做到了一分不差。为此我们花费了三四天时间,多次前往当事人公司进行核对。虽然这些证据资料被告并没有仔细看就予以认可,但我们翔实的资料使法官充分相信涉案款项确实是错误汇入的。

其次,为了破解疑难问题,海泰律师事务所多次开会进行专题研讨。笔者与助理也专门前往法学院请教教授和学者,动用一切力量收集对案件有用的资料,甚至多次电话与广东、福建等有类似案例的律师沟通。

漫长的审理过程中,为了充分阐明观点,笔者先后向法庭提交书面材料对事实和观点进行充分阐述,并将收集到的知名学者和最高人民法院法官的文章提交法庭参考,希望法庭维护法律的公平正义。

法院判决

2016 年 3 月下旬,法院作出判决,该案胜诉。判决书认为:①在已经查明涉案款项非 B 公司合法取得财产的基础上,依据诚实信用原则,B 公司及 B 公司所有债权人不应期待以 B 公司不当取得财产和背负债务的方式获得可供执行的财产;②被告认为 A 公司应以不当得利之诉向 B 公司诉求返还涉案款项,实则使 A 公司与其他债权人处于同等受偿地位,客观上则有利于两被告从 B 公司不当所得的款项中获益,与诚实信用与公平原则相悖。

结案感言

得到判决结果时,笔者正在出差南京的火车上,心中百感交集。不仅仅因为当事人可以拿回这笔钱,最重要的是职业的自豪感。

十年律师,一路走来,看到法院中朝气蓬勃、充满睿智、敢于担当、坦坦荡荡的身影越来越多,这真的让我越来越热爱这个行业,越来越热爱这个国家。

15　未经实体审理不得揭开公司面纱

——以蒋某某执行异议案为例

孙俊杰

案　　由：强制执行异议案

当事人、利害关系人姓名或名称：

申　请　人：蒋某某

被申请人：李某

承办律师：孙俊杰

裁判部门：连云港市中级人民法院

案　　号：(2015)连执复字第56号

案情简介

　　蒋某某是浙江慈溪的私营企业主。2004年,连云港灌云县政府到浙江慈溪进行招商引资推广。2014年4月,在当地政府许诺优惠的招商政策背景下,蒋某某与陈某、王某三人共同出资50万元注册成立了连云港市华成公司。但因蒋某某家在浙江慈溪,且在慈溪当地有另外的产业需要打理,位于灌云县的华成公司基本由另外两位股东负责经营管理。华成公司成立后因购买土地、建造厂房等投入,蒋某某作为股东实际投入超过500万元,但因造纸行业市场行情及政策变化等影响,华成公司一直未有任何盈利,蒋某某也从未从华成公司分配到一分钱的红利。

　　2014年6月,蒋某某突然收到灌云县人民法院寄送的民事裁定书,以蒋某某"滥用公司法人独立地位和股东有限责任"为由裁定追加其为李某乐与华成公司建设工程合同纠纷执行一案的被执行人;不等蒋某某作出反应,灌云县人民法院进一步裁定冻结蒋某某银行存款200万元,并将蒋某某存在银行的两笔五年期定额存款强行扣划(实际扣划1 212 798.33元),直接造成蒋某某利息损失达40多万元。蒋某某遂委托律师向灌云县人民法院提交了执行异议申请书。

案件结果

　　自此之后的两年半时间里,该案经过灌云县人民法院驳回执行异议、连云港市中级人民法院发回重审、灌云县人民法院再次驳回执行异议,直至2016年年底,连云港市中级人民法院作出(2016)苏07执复46号执行裁定书,裁定返还被划扣的存款,该案才暂时告一段落。蒋某某于2017年2月15日在律师陪同下从灌云县人民法院拿回被非法扣划的120多万元款项。目前,蒋某某已委托律师向灌云县人民法院提出国家赔偿申请。

律师观点

本案中,灌云县人民法院在案件强制执行过程中,突破公司有限责任的面纱,将股东个人所有的银行存款直接划扣用于归还公司的债务。接受蒋某某的委托后,代理律师第一时间向执行法院提出执行异议,异议理由如下:

(1)蒋某某并非华成公司的控股股东,也未实际参与华成公司的生产经营管理,不可能实施滥用公司法人独立地位和股东有限责任的行为。

根据华成公司的工商登记资料显示,该公司注册资金为50万元,其中陈某出资20万元,蒋某某出资20万元,王某出资10万元,该公司的法定代表人为陈某。

蒋某某系十多年前响应灌云当地的招商引资政策,到灌云当地进行投资的浙江商人,由于申请人在浙江宁波有固定的产业,其对于华成公司的投资行为仅仅是资金投资人,蒋某某本人近十年来到江苏灌云的次数屈指可数,并且从未参与华成公司实际的经营管理活动。

根据最高人民法院民事审判第二庭编写的《民商事审判指导》2005年底2辑(总8辑)第65~70页由原最高人民法院李国光、王闯法官撰写的《审理公司诉讼案件的若干问题——贯彻实施修订后的〈公司法〉的司法思考》一文,明确指出公司法人人格否定制度的主体要件只能是实施了滥用公司人格和股东有限责任的行为的积极的控股股东。

因此无论是蒋某某作为有限责任公司资金投资人的身份地位,还是其从未参与华成公司实际经营管理的行为表现,蒋某某都不可能滥用公司法人独立地位和股东有限责任的行为,灌云法院以蒋某某滥用公司人格和股东有限责任为由追加其为被执行人没有任何法律依据。

(2)蒋某某已足额向公司缴纳了20万元的出资款,并且在公司成立后又追加投资400多万元,蒋某某从未实施虚假出资、抽逃出资、恶意转移财产等行为。

最高人民法院终审判决的美国矿产金属有限公司与厦门联合发展(集团)有限公司债务纠纷案(最高人民法院〔2004〕民四终字第4号民事判决书)明确如下原则:经国家主管部门核准登记的具有法人资格的企业,依法应当独立承担民事责任。确定该企业的开办单位是否应当对该企业的债务承担民事责任,应严格审查开办单位对该企业的出资情况以及开办单位有无抽逃该企业注册资本、有无恶意转移该企业财产等情况。开办单位在上述方面无过错,不应对该企业的债务承担连带赔偿责任。

蒋某某在提起执行异议同时向灌云县人民法院提交了华成公司的工商部门备案的财务报表、相应的财务账册以及公司账户的银行流水,可以明确蒋某某作为股东已按时足额缴纳了股份出让款20万元,并且在公司成立之后又追加投资款400多万元。但由于公司成立后长期处于亏损状态,蒋某某从未从公司分享到一分钱的红利,根本不存在任何虚假出资、抽逃出资、恶意转移财产的行为。

（3）不经实体程序，人民法院在执行程序中直接追加华成公司股东蒋某某为被执行人并直接划扣蒋某某的个人存款系明显错误。

根据《最高人民法院关于适用〈中华人民共和国公司法〉若干问题的规定（三）》的规定，债权人应依法向该股东提起诉讼，而不是在执行程序中直接追加。因为人民法院的强制执行机关无权在执行法律规定之外直接运用《公司法》这样的实体法，不通过正当实体诉讼程序，不经过开庭、举证、质证、辩论及两审终审制度就对当事人的实体权利予以裁定处理。执行是实现生效裁判所确定的权利义务内容的司法活动，执行必须以生效裁判所确定的义务人为被执行人。依据既判力扩张理论，在执行过程中不得随意变更或追加被执行人。执行法院必须严格依据法律、司法解释的规定审查确定执行力主观范围的扩张，而不能由法官依自由裁量权而任意扩张，以保障执行力主观范围扩张的正当性，而目前也没有相关法律和司法解释规定可以在执行程序中直接追加股东承担责任。尽管公司法规定了公司股东滥用公司法人独立地位和股东有限责任逃避债务，严重损害公司债权人利益的，应当对公司债务承担连带责任。但在执行过程中，未经审判而直接依据实体法的规定追加股东承担实体责任，就剥夺了股东举证、抗辩等获得公正审判的诉讼权利，违反程序公正和既判力扩张的法理基础。对股东是否承担实体责任必须通过审判程序来加以确定，而不能以执行程序来代替审判程序，否则就超越了执行的职能。故本案不应当追加股东为被执行人，应当由债权人另行起诉。

上述律师观点虽然在连云港市中级人民法院的最终裁判文书中未予以书面体现，而是以华成公司有可供执行的财产为由撤销灌云县人民法院的原裁定，但该观点在实际审理过程中对于法院最终裁决的影响是明确的。

律师建议

本案经过代理律师持续两年多的异议、复议等程序，最终委托人的合法财产权得到了保障，被非法扣划的120多万元被返还，但中间耗费的大量人力物力，及本金之外巨额的利息损失也对蒋某某的个人利益造成了重大损害。总结该案的经验教训，律师给出如下建议：

其一，慎重投资。在当前的中国，基于现有法律体系及经济环境的特殊性，有限责任公司股东可能会对公司的债务承担连带清偿责任，因此对于投资项目、投资环境以及合作伙伴的前期的考察及慎重选择至关重要。在自身专业能力欠缺的情况下，伺机引入专业机构进行尽职调查及风险排查不失为一种稳妥的措施。

其二，严格区分公司财产与股东个人财产的界限。公司是一个拟人化的法人主体，股东的钱款一旦以投资款形式投入到公司后，该投资款就不再归属于股东个人，股东无权占用或拿回这部分款项，否则轻者承担赔偿责任，重则被追究刑事责任。试想一下，本案当事人蒋某某虽然前后已向华成公司投资了500万元之巨，但如果其未按照法定程序擅自从华成公司挪走一定额度的资金，那么都有可能被认定其与华成公司存在财务混同，而必须对华成公司的债务承担连带还款责任。

16　金融类债权转让案件中如何识破"假租赁"

——林先生与信达资产管理公司执行异议之诉案评析

邬辉林　杨黎萍

案　　由：执行异议之诉

当事人姓名或名称：

原　　告：林先生

被　　告：信达资产管理公司、石女士

承办律师：邬辉林、杨黎萍

裁判部门：杭州市中级人民法院、浙江省高级人民法院

案　　号：(2015)浙杭执异终字第3号、(2015)浙民申字第2819号

引　言

近几年经济下行趋势明显,银行金融类借款合同纠纷案件或者信达资产管理公司不良资产追偿案件大量爆发,其中大部分案件牵涉土地、房屋抵押权的实现。在法院强制执行过程中,往往会有真真假假的承租人跳出来,大多是银行在贷款授信尽职调查过程中未暴露出来的所谓的"承租人",以《合同法》第229条"买卖不破租赁"为由提出执行异议,为法院执行设置障碍或者"带租拍卖"从而大大降低银行债权人的受偿。在该类案件中债务人容易与异议人形成"统一战线",共同对抗信达资产管理公司的执行。因此,信达资产管理公司的代理律师研究如何识破"假租赁",维护信达资产管理公司的合法利益,具有重要的意义。笔者以自身办理的一起较为典型的"假租赁"的第三人执行异议案件为视角,从法理和司法层面探析"买卖不破租赁"的适用条件,以期为形形色色的金融类案件中如何识破"假租赁"提供一些借鉴。

案情简介

舟山某物资公司向招商银行借款1 000万元,该公司自然人股东石女士以其位于舟山市普陀区沈家门的一套商铺提供最高额抵押。招商银行工作人员在进行授信尽职调查时,被石女士告知该商铺目前的承租人为一间培训学校和一家宾馆。招商银行工作人员实地查看抵押物并取得了培训

学校和宾馆老板出具的承诺书,主要内容是知悉抵押事项以及在债务人违约而银行申请法院拍卖抵押物时同意放弃租赁权和优先购买权。后舟山某物资公司不能按约归还贷款,招商银行起诉,杭州市西湖区人民法院作出生效判决,确认招商银行享有债权并有权对抵押物拍卖、变卖款项在最高额范围内优先受偿。

在法院启动评估拍卖抵押物后,案外人林先生向法院提出执行异议,理由是:林先生在2008年将涉案商铺以780万元价款出售给石女士,并办理了过户手续,石女士只向林先生支付了380万元,双方协商订立房屋租赁合同一份,约定石女士尚欠林先生400万元,其中200万元一年内支付,另外200万元及利息以该商铺出租给林先生的租金抵扣,租赁期限为15年。林先生遂要求执行法院保护其租赁权至租期结束为止。执行法院在审理中查明,林先生出售涉案商铺给石女士办理过户登记手续的备案合同记载出售价为260万元,并以该价格报税。另外,据该商铺实际承租人培训学校校长证实,林先生为培训学校的实际投资人。执行法院以"所谓以房抵偿债务的协议明显存在恶意串通,损害招商银行利益的嫌疑"为由驳回了执行异议。

林先生又作为原告提起了案外人执行异议之诉,提供交易价格为780万元的房屋买卖协议,石女士分次支付580万元款项的银行水单,林先生与石女士之间的房屋租赁合同,林先生与培训学校、宾馆之间的房屋租赁协议以及其自书的收取部分租金的收条等证据。

杭州市西湖区人民法院一审判决:一审法院归纳争议焦点为林先生是否基于与石女士签订的《房屋买卖合同》(阴合同)所产生的差价而另签订《房屋租赁合同》并约定以租金抵扣房款从而对涉案抵押物享有租赁权。破产案件办理过程一审法院认为,《房屋买卖合同》(阴合同)因缺乏相应的有效证据,不予采信,《房屋租赁合同》没有相关部门的确认和备案,不符合日常生活法则,而招商银行在设立抵押权审查时已经尽到谨慎核实的义务,遂驳回了林先生的执行异议。

杭州市中级人民法院二审判决:林先生在二审中进一步举证,提供了包括支付部分水电费的证据,企图证明其一直在事实上使用租赁物。二审判决首先肯定了培训学校和宾馆出具的两份承诺书的效力,认为林先生作为培训学校的实际投资人,理应对此知情并承担相应后果;其次,因为林先生与石女士之间的《房屋租赁合同》并未向主管部门办理备案登记,没有公示效力,不能对抗合法登记的抵押权人,并且,林先生自认将涉案商铺转给培训学校和宾馆,这种转租行为不是案外人异议之诉中需要保护的承租权范围;最后,关于阴阳合同的效力和涉案商铺真实交易价格,不是本案审理需要查明的事实范围,原审法院对房屋买卖关系及实际履行情况进行认定不妥,应予纠正。最终,驳回上诉,维持原判。

浙江省高级人民法院再审:即便林先生与石女士之间的《房屋租赁合同》形式上真实,实质上也属于以房屋租金抵偿房屋买卖价款,是对原房屋买卖合同约定的房款支付方式之变更,并不构成独立的房屋租赁关系。林先生本人并不直接占有租赁物,对涉案商铺并不存在现实依赖,在直接占有、使用涉案商铺的培训学校、宾馆已经明确承诺放弃继续租赁、优先购买等权利的情况下,法院在执行时,对租赁权可予以涤除。浙江省高级人民法院遂裁定驳回了林先生的再审申请。

法律分析

在上述案件二审阶段,招商银行将涉案债务整体转让给了信达资产管理公司,我们接受信达资产管理公司的委托参与代理该案二审以及后续执行程序。我们分析,在涉案商铺由林先生转让给石女士的事实背景之下,阴阳合同中记载了不同的交易价格,而林先生提供银行凭证的金额、用途并不能与其主张已支付580万元房款完全对应,又无其他客观证据能够佐证。因此,法院对于真实交易价格实际上是无法查明的,保险起见,法院更倾向于认定作为过户备案和交税依据的阳合同。那么,林先生以租金抵扣房款差价的主张就显得依据不足,但不能据此完全否定林先生享有租赁权。因此,林先生对涉案商铺到底是否享有租赁权,如果享有的话,其租赁权能否对抗善意的、已办理登记的抵押权人,这是二审的争点所在。

虽然本案租赁关系错综复杂,涉及林先生、石女士、培训学校、宾馆四方主体,又存在两份真假难辨的房屋买卖合同,但是可以肯定的一点是林先生个人并不直接占有、使用涉案商铺。我们认为,"买卖不破租赁"原则的立法目的是保护弱者的生存权,而非经济上获利的权利,在转租情况下,"二房东"并不存在对租赁物的现实依赖,不符合法律赋予租赁权特殊对抗效力的初衷,因此林先生作为"二房东"的租赁权即便成立,也不是"买卖不破租赁"的保护类型。二审代理中,我们希望将法院的审查重点转移到这个关键问题上来,并综合法理、证据、案例等尽力说服法官接受上述观点。事实上来看,二审法院、再审法院拨开围绕在房屋买卖阴阳合同、多重租赁关系的层层迷雾,都将说理重心落脚在并不直接占有、使用租赁物不是"买卖不破租赁"需要保护的承租权范围这个问题上,作为最终兜底性地、能够明确否定林先生租赁权对抗效力的理由。

租赁权在法律上是一个含义丰富的概念,同时具有债权和物权的属性。出租人对承租人的权利主要是租金请求权,属于债权的范畴,而承租人对租赁物具有占有、使用、收益、优先购买权以及"买卖不破租赁"的对抗效力属于物权的范畴。物权效力的根源是占有,并以占有为前提。王泽鉴先生认为,为贯彻租赁物权化之公示原则,租赁物让与时,租赁物必须尚在承租人占有中,始有第425条之适用。因此,占有状态既是表征物权的公示方式,亦是获得物权特殊对抗效力的实质要件。从立法目的上来看,"买卖不破租赁"的社会政策根源是"弱者保护",居住为人生之基本需要,然物价高昂,购买不易,承租人多为经济上之弱者,实有保护的必要。"保护弱者"既是"买卖不破租赁"的出发点,也是构成要件,因此在个案中应审查判断承租人对租赁物是否形成现实需要、依赖,排除对租赁物仅具有经济上依赖的承租人。诚如二审判决阐明的:"承租人在案外人异议之诉中主张保护其租赁权,前提应是合法占有、直接占有租赁物,转租说明该承租人在生产经营活动中对租赁房屋并不存在依赖和需要,与'租而不用'并无实质上的区别。"浙江省最高人民法院的再审裁决亦肯定上述观点:"退一步讲,即便双方之间另行成立了独立的房屋租赁关系,林先生的地位也只属于'转租人',在不直接占有租赁物的情况下,其对该房并不存在现实依赖……故法院在执行该房屋时,对租赁权可予以涤除,没有再行保护的必要。"

综上所述,我们认为,从操作层面来说,信达资产管理公司在做不动产抵押贷款审查时,应谨慎核查不动产上的租赁情况,走访当地市场监督管理局查询租赁合同的登记备案记录,并确定合同主体与实际使用主体是否一致,取得实际承租人届时同意放弃租赁权、优先购买权的承诺书,在法院

执行阶段,如果有隐匿在背后的承租人跳出来主张权利,可审查下述"买卖不破租赁"适用条件来排除:

(1)真实租赁关系,并以登记备案、缴税(房屋租赁税)、交水电费等第三人可知的方式履行公示手续为必要。这里市场监督管理局历史备案的租赁合同效力为最强,能够有效对抗即使办理了登记的抵押权人或者买受人。除此之外,缴税、交水电费需要与其他公示手段结合起来,互相印证存在真实租赁关系,否则,交费主体完全可以是第三人受托支付,并不必然构成直接的租赁关系。

(2)租赁设立在先。根据最高人民法院《关于适用〈中华人民共和国担保法〉若干问题的解释》第65条规定:"抵押人将已出租的财产抵押的,抵押权实现后,租赁合同在有效期内对抵押物的受让人继续有效。"第66条第1款规定:"抵押人将已抵押的财产出租的,抵押权实现后,租赁合同对受让人不具有约束力。"因此,上述司法解释实际上将《合同法》第229条适用条件限制在租赁设立在先的范围内。

(3)实际占有、使用。占有、使用一方面是租赁权的公示方式,另一方面也是对租赁物形成现实依赖、需要的判断因素,具有两方面的意义,因此非常重要。关于占有、使用的时间节点,也应当是在租赁物的抵押权有效设立之前。如果先签订租赁合同(未履行公示手续),后办理抵押登记,之后承租人再现实占有、使用租赁物的,我们依然认为不能对抗登记抵押权人。

17　正当维权还是权利滥用

——慈溪MSCZ银行、冯某与HF银行宁波分行等 第三人撤销之诉案解析

傅丹辉　王凌翔

案　　由： 第三人撤销之诉

当事人姓名或名称：

金融债权银行： HF银行宁波分行

债　务　人： 慈溪TL公司、江苏GS置业公司等

其他债权人： 慈溪MSCZ银行、冯某

承办律师： 傅丹辉、王凌翔

裁判部门： 宁波市鄞州区人民法院

案　　号： (2016)浙民终833号

案情简介

2014年，HF银行宁波分行作为债权银行，向借款人慈溪TL公司提供了共计人民币4000万元的银行贷款。该笔贷款，由第三人江苏GS置业公司以其名下的国有土地使用权提供抵押担保，另由一些公司及个人提供第三人保证。上述银行贷款到期后，慈溪TL公司无力还款，相关担保人也未履行担保责任。为此，HF银行宁波分行向宁波市中级人民法院起诉。该院经审理后作出判决，判令慈溪TL公司清偿债务，同时，HF银行宁波分行有权就江苏GS置业公司提供的抵押物进行优先受偿(宁波中院〔2015〕浙甬商外初字第45号民事判决，以下简称"45号判决")。该判决生效后，HF银行宁波分行申请强制执行。执行中，慈溪MSCZ银行、冯某向宁波中院提起第三人撤销之诉，认为45号判决内容错误，损害其合法权益，依法应予撤销。

原来，慈溪MSCZ银行为江苏GS置业公司债权人(陈某、黄某等)的债权人，冯某为江苏GS置业公司的股东。为实现自身的债权，慈溪MSCZ银行甚至在江苏某法院提起了代位权诉讼，并取得了法院的生效判决(判决江苏GS置业公司直接向慈溪MSCZ银行清偿债务)。慈溪MSCZ银行和冯某

认为,江苏GS置业公司以自身主要财产为他人债务进行抵押担保,致使自身丧失偿债能力。其行为属于借款人慈溪TL公司与抵押人江苏GS置业公司之间,以及与债权人HF银行宁波分行之间恶意串通,至少是对其他普通债权人明显不公,该行为严重损害了慈溪MSCZ银行及冯某的利益。对此,法院应当对45号判决予以撤销。

案件承办经过

慈溪MSCZ银行、冯某的起诉理由,初看起来还有几分道理,从实际影响角度分析,其自身债权也会因45号判决的执行而承受不利。但法律有严密的逻辑及明确的构成要件,慈溪MSCZ银行、冯某以第三人撤销之诉提起诉讼,破解之道,也须从第三人撤销之诉的构成要件出发。

根据《民事诉讼法》及相关法律解释的规定,提起第三人撤销之诉,须符合以下条件:

(1)主体条件。提起第三人撤销之诉的主体限于民事诉讼法第56条规定的第三人(包括有独立请求权的第三人和无独立请求权的第三人)。

(2)程序条件。①程序条件之一:因不能归责于自己的事由未参加诉讼;②程序条件之二:自知道或者应当知道其民事权益受到损害之日起六个月内提起诉讼;③程序条件之三:向作出生效判决、裁定、调解书的法院起诉。

(3)实体条件。①实体条件之一:撤销的对象是已经发生法律效力的判决、裁定和调解书;②实体条件之二:有证据证明发生法律效力的判决、裁定、调解书部分或者全部内容错误;③实体条件之三:生效的判决、裁定、调解书的错误内容损害第三人的民事权益。

就上述构成要件逐一分析,慈溪MSCZ银行、冯某提起的该第三人撤销之诉,存在重大缺陷。

1.　慈溪MSCZ银行、冯某提起第三人撤销之诉的主体不适格

根据《民事诉讼法》第56条第3款的规定:❶依法有权提起第三人撤销之诉的主体为对当事人双方的诉讼标的有独立请求权的第三人,和与案件处理结果有法律上的利害关系的无独立请求权的第三人。但从本案分析,慈溪MSCZ银行、冯某两者均不属于。

(1)原告对生效判决所涉的诉讼标的,没有独立请求权。45号生效判决为金融借款合同纠纷案件,其诉讼标的为HF银行与慈溪TL公司、江苏GS置业公司等之间的金融借款法律关系。而原告与该笔借款没有任何牵连,对该诉讼标的显然没有独立请求权。

(2)原告与45号判决一案的处理结果,也没有法律上的利害关系。首先,就45号判决一案的审理结果,原告不承担任何责任,自然没有法律上的利害关系。其次,原告慈溪MSCZ银行系45号判决一案中债务人江苏GS置业公司的债权人,两者之间不存在直接债权债务关系。而原告冯某系江

---

❶《民事诉讼法》第56条规定:对当事人双方的诉讼标的,第三人认为有独立请求权的,有权提起诉讼。对当事人双方的诉讼标的,第三人虽然没有独立请求权,但案件处理结果同他有法律上的利害关系的,可以申请参加诉讼,或者由人民法院通知他参加诉讼。人民法院判决承担民事责任的第三人,有当事人的诉讼权利义务。前两款规定的第三人,因不能归责于本人的事由未参加诉讼,但有证据证明发生法律效力的判决、裁定、调解书的部分或者全部内容错误,损害其民事权益的,可以自知道或者应当知道其民事权益受到损害之日起六个月内,向作出该判决、裁定、调解书的人民法院提起诉讼。人民法院经审理,诉讼请求成立的,应当改变或者撤销原判决、裁定、调解书;诉讼请求不成立的,驳回诉讼请求。

苏 GS 置业公司的股东,其未举证证明其对 GS 公司享有债权。因此冯某与江苏 GS 置业公司之间也没有任何直接的债权债务关系。据上可知,两原告并非生效判决所涉被告的债权人,与生效判决的审理结果当然没有利害关系。再者,在原告提起代位诉讼之前,HF 银行与江苏 GS 置业公司的借款抵押担保关系也早已依法成立。该案的处理结果也不会与原告产生法律上的利害关系。最后,宁波市中级人民法院在 45 号判决一案中,已就原告慈溪 MSCZ 银行申请作为第三人参加诉讼进行过法律审查,认为其对该案诉讼标的无独立请求权,案件处理结果与其也无法律上的利害关系,不予准许其申请。

综上,原告对本案诉讼标的没有独立请求权,也与案件审理结果没有法律上的利害关系,其不是本案的适格原告。

2. 45 号生效判决,并未损害原告的民事权益

经查询立法背景资料发现,《民事诉讼法》第 56 条第 3 款规定的第三人撤销之诉,以生效判决、裁定、调解书的错误内容损害了第三人的民事权益为实体条件之一。该种民事权益,一般是特指根据《侵权责任法》第 2 条规定的生命权、健康权、姓名权、名誉权、荣誉权、肖像权、隐私权、婚姻自主权、监护权、所有权、用益物权、担保物权等,对于普通债权,不适用第三人撤销之诉予以保护。这是因为,如果普通债权人能提起第三人撤销之诉,那么,在任何一个案件中,法院均需穷尽被告的所有债权人,将其追加为案件第三人参加诉讼。这显然不符合立法宗旨。

就本案而言,原告与江苏 GS 置业公司之间并无直接的债权债务关系,从法律性质分析,原告连江苏 GS 置业公司的普通债权人都算不上。因此,原告以其民事权益受损提起第三人撤销之诉的条件不成立。

3. 45 号生效判决的内容不存在错误

HF 银行与借款人慈溪 TL 公司、借款保证人、抵押人等之间签订的相关借款协议、担保协议,系双方的真实意思表示,未违反相关法律、法规的强制性规定,当然是合法、有效的。原告所谓的借款人与 HF 银行恶意串通,没有任何事实与法律依据。

最终,上述观点获得了宁波市中级人民法院、浙江省高级人民法院的全部认可,两级法院均裁定驳回了原告慈溪 MSCZ 银行及冯某的起诉。

律师建议

第三人撤销之诉,是 2012 年修订的《民事诉讼法》借鉴法国和我国台湾地区的规定,规定了与再审诉讼相并列的一种新的非常救济诉讼。该制度出台的背景,主要针对当前诉讼实践中大量虚假诉讼的存在,当事人恶意串通损害案外第三人合法权益,以及执行异议之诉对错误形成判决和确认判决及未进入执行程序的给付判决的救济无力等问题。但普通债权人选择以第三人撤销之诉起诉,需严格符合第三人撤销之诉的构成要件。否则,将可能引起第三人撤销之诉的滥用。我们的债权人在碰到该类案件时,不要心慌,对方很可能是只"纸老虎"。

第六章　民法法理研究

18　建设工程施工合同解除纠纷相关法律实务问题分析

徐安邦　史全佩

摘　要：《施工合同的司法解释》第8条所规定的发包人的合同解除权是对《合同法》规定合同法定解除权在建设工程施工合同中的具体适用情形,发包人不享有随时解除施工合同的观点,应当成为司法实践的主流观点。只有当承包人发生了重大安全事故,致其被建设行政主管部门处罚,且通过整改等措施又不能获得相应资质等级的,发包人可以解除合同。施工合同约定解除应考虑当事人的违约程度,人民法院应对约定解除权予以必要的限制。发包人擅自解除合同,承包人作为守约方可以要求发包人赔偿可得利益损失。固定总价合同未履行完毕,已完成的工程价款的结算,可按实际完成的工程量参照定额计算的价款乘以固定总价占全部工程量参照定额计算的价款的百分比计算。

关键词：建设工程　施工合同解除

近年来,随着经济形势的变化和国家对房地产调控政策的进一步强化,建设工程施工合同纠纷案件日渐增多,其中因开发商资金链断裂、企业建设资金短缺等引起的施工合同解除纠纷也大量出现。虽然《中华人民共和国合同法》(以下简称《合同法》)和《最高人民法院关于审理建设工程施工合同纠纷案件适用法律问题的解释》(以下简称《施工合同司法解释》)对施工合同解除纠纷适用法律问题作出了一些规定。但是,面对纷繁复杂的司法实践中的新情况、新问题,《合同法》和《施工合同司法解释》的规定仍存在难以完全适应社会现实和司法实践需要的问题。施工合同解除纠纷显现的实务疑难问题比较突出。笔者结合自己办理的相关实务案件,并参照司法实践中大量判例,对涉及施工合同解除纠纷的若干实务问题进行梳理和总结,提出法律分析意见,试图统一认识,以期对促进施工合同解除纠纷的有序处理和制度的完善有所裨益。

一、发包人能否随时解除施工合同问题

在法律实务中,从笔者接触的案件看,发包人为单方终止施工合同的履行,其引用《合同法》的相关规定,主张发包人可以随时解除合同的情况时有发生。而细看《合同法》的规定和最高人民法院《施工合同司法解释》的规定显然是有冲突的。《合同法》第十六章"建设工程合同"第287条规定:"本章没有规定的,适用承揽合同的有关规定。"第十五章"承揽合同"第268条规定:"定作人可以随时解除合同,造成承揽人损失的,应当赔偿损失。"因此,仅从以上两条的规定看,建设工程施工合同作为特殊的承揽合同,发包人是可以随时解除的。

但《施工合同司法解释》第8条特别规定了发包人的解除权,其表述是:"承包人具有下列情形之一,发包人请求解除建设工程施工合同的,应予支持:(1)明确表示或者以行为表明不履行合同的主要义务的;(2)合同约定的期限内没有完工,且在发包人催告的合同期限内仍未完工的;(3)已经完成的建设工程质量不合格,并拒绝修复的;(4)将承包的建设工程非法转包,违法分包的。"人民法院出版社出版的《最高人民法院建设工程施工合同司法解释的理解与适用》一书对该条的理解是:"本条规定了发包方解除合同的几种情形,虽然条文是对发包方解除权的界定,是从正面规定解除权行使的条件,但实际上是对发包方合同解除权的一种限制"。所以,从《施工合同司法解释》的行文看,最高人民法院显然认为发包人不能像《合同法》第268条的规定那样享有随时解除施工合同的权利,发包人只能在一定的条件成就时才有权请求解除施工合同。

在《合同法》的规定与《施工合同司法解释》的规定存在冲突的时候,对发包人的主张如何适用法律,在实践中存在争议。从司法实践的观点看,如北京市高级人民法院关于审理施工合同疑难问题的解答,浙江省高级人民法院的解答以及江苏、安徽、广东等省高级人民法院的指导意见中,对此都未有相关的规定。只有福建省高级人民法院的解答中有此规定,认为发包人行使解除权必须符合《施工合同司法解释》第8条的规定,不宜任意扩大解除权的行使。笔者认为,福建省高级人民法院的观点是正确的,因为《施工合同的司法解释》第8条所规定发包人的合同解除权是对《合同法》规定合同法定解除权在建设工程施工合同中的具体适用情形,其目的是通过明确解除合同的条件,防止合同随意被解除,从而保证建设工程施工合同全面实际履行。且从建设工程施工合同的特殊性及防止社会资源浪费的角度而言,也应当维护建设工程施工合同的稳定性。因此从目前法院适用法律的习惯做法看,其按适用《施工合同司法解释》也即认为发包人无随时解除权的可能性更高。笔者经办的案件,最后法院适用司法解释,对发包人主张可以随时解除合同的观点不予采纳。因此,从司法实践看,在发包人无司法解释规定的可以解除施工合同的情况下,发包人单方终止履行施工合同的行为应属于违约。发包人不享有随时解除施工合同的观点,应当成为司法实践的主流观点,也应成为对施工合同解除权制度完善亟待统一和明确的观点。

二、发生安全事故的,发包人能否解除施工合同问题

实践中,由于承包人在履行施工合同过程中,违反安全施工义务发生安全事故的,发包人可否解除施工合同也颇有争议。大多数观点认为,承包人发生重大安全生产事故,被建设行政主管部门给予处罚,被降低资质等级或者吊销资质证书的,导致其不符合承建的工程资质要求的,发包人可

以解除施工合同。笔者认为，这仅仅是就一般情况并且是依照法定解除权角度而言的。关于承包人违反安全施工义务发生安全事故的，发包人可否解除施工合同，应视具体情况区别对待。一是要看承、发包人签订的施工合同的约定，双方是否将这一情形约定为解除施工合同的条件，如有约定的，从约定，作为发包人在条件成就时可以解除施工合同。但在合同无约定的情况下，也应结合实际情况进行处理。尽管承包人发生了安全事故，但事故不足以影响其工程资质等级的，并且通过整改等措施也能避免实际后果，又能达到安全生产要求的，笔者认为，在这种情况下，发包人要求解除施工合同的，应不予支持。只有当承包人发生了重大安全事故，致其被建设行政主管部门处罚、被降低资质等级或者被吊销资质证书，且通过整改等措施，又不能获得相应资质等级的，发包人可以解除合同。其法律依据是《中华人民共和国建筑法》（以下简称《建筑法》）第26条第2款的规定："禁止施工企业超越本企业资质等级许可的业务范围承揽工程。"承包人被降级后的资质已不符合承建工程的资质要求，其丧失了继续施工的资格，否则就是违法施工了。所以发包人有权解除施工合同的，可以依据《合同法》第94条第5款规定"法律规定的其他情形"行使法定解除权。

三、建设工程施工合同约定解除应否考虑违约程度问题

对于施工合同约定解除的适用司法实践中是否应加以必要的限制，一直以来，大家关注较少。就司法实践观点，从各省、市的高级人民法院已出台的审理施工合同案件的问题解答和指导意见看，也基本没有涉及。笔者曾接触一个案件，施工合同约定"发包人未能按合同约定期限、方式支付工程进度款，承包人有权解除合同"。后因发包人欠付工程款，承包人提出解除合同，双方发生纠纷诉至法院，一审法院认定发包人欠付工程款事实，构成违约，承包人解除合同行为有效。二审法院认为，和发包人应付总工程款相比，欠付部分工程款数额较小，其行为虽已构成违约，但由于违约程度轻微，且双方仅约定"发包人未能按合同约定期限、方式支付工程进度款，承包人有权解除合同"，没有对未支付工程进度款的具体数额进行约定，此种情况下应由法院依职权确定合同是否继续履行。对于违约程度轻微且约定不明之情况，承包人无权解除合同，遂改判合同继续履行。

一审、二审法院的观点明显不同，尽管该案中约定合同解除的条款不十分明确，但假定对解除条件十分明确且已经成就的，一方构成违约，但程度轻微，司法实践中能否以此为理由限制对方约定解除权的行使，即应否对于约定解除权予以必要的限制？

笔者认为，施工合同约定解除应考虑当事人的违约程度，人民法院应对约定解除权予以必要的限制。理由为：①对合同约定解除加以必要限制是维护交易安全的需要。尽管合同是当事人意思表示一致的产物，但过于随意解除合同条件约定的，会使合同被解除的危险增加，不利于交易的安全和稳定，而且，不可避免的出现道德风险，使解除权人可能会恶意行使解除权，从中获取不当利益，或者造成违约方损失过大，有违公平正义。因此，为了维护交易安全的需要，如果合同当事人对约定解除的条件过于随意，或者对于一方过于宽松而对于另一方过于严苛，则法院有必要予以审查，并依职权根据案件的具体情况加以认定。②对约定解除加以必要限制是利益衡平的需要。合同解除权制度的立法价值是相关主体之间的利益衡平，对利益衡平的追求是对约定解除权进行限制的根本动因。关于追求衡平的利益主体，应做广义理解，不仅仅局限于合同主体之间，还应包括合同个人和社会之间的利益衡平问题。基于社会公正的考虑，当代各国立法基本上都对当事人私

权利的行使做了必要限制,"任何一种私法制度都是建立在私人利益和社会利益的基础之上的,如果个人利益的膨胀打破了这种平衡,法律就要进行纠正和恢复"。因此,从实现个人利益与社会利益、个人利益与个人利益之间的衡平角度来说,应当对约定解除权的行使进行必要的限制。当然,由于约定解除权从根本上来说是当事人意思自治的结果,因此限制解除的事由不可一概而论,只能赋予法官自由裁量权,根据案件的具体情况确定,同时还应遵循一些原则:首先,应遵循不损害公共利益原则;其次应遵循利益限制的衡量原则。衡平各方利益是司法的重要职能,在当事人之间的利益发生严重不平等时,法院就可以基于公平考量施加影响,以保证合同主体利益的均衡。因此利益的衡量是对约定解除权进行限制的核心。

总之,施工合同约定解除应考虑当事人的违约程度,为了维护交易安全和稳定,从利益衡平的角度,对另一方的约定解除权加以限制,是必要的,也是合理和适当的。

四、发包人擅自解除施工合同,承包人可否要求可得利益赔偿问题

《施工合同司法解释》第10条第2款规定:"因一方违约导致合同解除的,违约方应当赔偿因此而给对方造成的损失。"依据该规定,一般认为对于发包人擅自解约的损失赔偿问题,直接损失能够得到赔偿,这是无疑的。但是对于损失是否应当包括可得利益,在实践中有如下几种观点:

第一种观点认为,解除合同后,损害赔偿的范围仅限于当事人的直接损失,不应包括可得利益损失。其理由是,既然合同解除后,产生恢复原状的后果,双方当事人应恢复到合同订立前的状态,因而当事人无理由请求赔偿合同履行完毕后其应得到的利益的损失。非违约方解除合同本身就是对违约方的一种制裁,解除的后果只能对违约方不利,对可得利益的赔偿不应包括在合同解除产生的损害赔偿范围之内,否则将会使非违约方得到不应得到的利益。

第二种观点认为,损害赔偿的范围不仅限于当事人的直接损失,还应包括可得利益损失。其依据是《合同法》第113条,"当事人一方不履行合同义务或者履行合同义务不符合约定,给对方造成损失的,损失赔偿额应当相当于因违约所造成的损失,包括合同履行后可以获得的利益,但不得超过违反合同一方订立合同时预见到或者应当预见到的因违反合同可能造成的损失"。

笔者赞同第二种观点,即合同解除的损失赔偿应包括可得利益损失。《最高人民法院建设工程施工合同司法解释的理解与适用》一书中,也采纳第二种观点。现在司法判例中法院也大多判决预期利润的赔偿。因此第二种观点,在司法实践中渐已成为主流观点,其无疑是正确的。因为,根据我国法律规定,合同的变更或者解除是不影响当事人要求赔偿损失的权利的。合同解除后,首先产生的恢复原状的后果,并不影响当事人要求赔偿可得利益损失,这二者是不矛盾的。第一种观点认为,既然合同解除后,产生恢复原状的后果,双方当事人恢复到合同订立前的状态,因而当事人无理由请求赔偿合同履行完毕后其应得到的利益的损失。该观点仅局限于合同解除后合同无法履行的客观情况与可得利益本身预期性的矛盾,就否认可得利益本身,显然是值得商榷的,也是有失偏颇的。该观点已不为大多数人所认可。第二种观点既有明确的法律依据,也具有合理性。发包人擅自解除合同,承包人作为守约方不能继续施工,将直接导致承包人的损失。根据《合同法》第113条,承包人可以要求发包人赔偿可得利益损失。而且第二种观点亦为目前大量的司法实践所认可,如《深圳市中级人民法院关于建设工程合同若干问题的指导意见》第8条规定:"发包人与承包人签

订建设工程合同后毁约的,应赔偿承包人由此造成的损失,该损失包括承包人履行合同后可获得的利益"。

笔者认为,承包人的可得利益损失最重要的是继续履行合同直至履行完毕之后所产生的预期利润。可得利益损失能否得到赔偿,取决于承包人的举证。根据《最高人民法院关于当前形势下审理商事合同纠纷案件若干问题的指导意见》(法发〔2009〕40号),承包人一般应承担的举证责任为:其遭受可得利益损失的总额。在司法实践中,可按以下几种方式确定:一是可以按照发包人在招投标时确定的合理最低价参考值超出合同约定价款的差额来主张;二是可以参考同地区同行业可得利润率依据工程量确定合理数额;三是根据工程定额或者合同约定的结算方式计算,通过司法鉴定确认具体数额。

五、总价包干施工合同解除时工程款的结算问题

总价包干合同,也称固定总价合同,俗称"一口价合同""包死价合同"。其优点是易于工程价款的最终结算,可以节省大量的计量、核价工作,但是一旦发生合同解除纠纷,承发包双方都将面临利益风险,双方的争议往往比较大。《施工合同司法解释》第22条对于固定总价在合同履行完毕情况下的结算进行了规定,但固定合同解除时,如何结算已完工的且质量合格的工程价款,没有作出相应规定。实践中,固定总价合同未履行完毕,已完成的工程价款的结算方式主要有三种:

(1)以固定总价为基数乘以已经完成的工程量占全部工程量的百分比,即:已完工程结算价款=固定总价×(已经完成的工程量/全部工程量)。此种方式易于操作,但不能反映工程量的真实价款。建筑工程量所涉及的人工、材料、机械台班的消耗量的价款是不同的。单位工程量相对应的工程价款是不一致的,可能20%工程量的工程造价占全部工程造价的30%,也可能20%工程量的工程造价占全部工程造价的10%,因此,此种结算方式不能反映工程量的真实价款。

(2)参照签订《建设工程施工合同》时当地建设行政主管部门发布的计价方法或者计价标准进行结算,即依据"定额"进行结算。此种方式根据《合同法》第62条第2款规定:"价款或者报酬不明确的,按照订立合同时履行地的市场价格履行;依法应当执行政府定价或者政府指导价的,按照规定履行。"但该方式有悖于当事人意思自治原则,可能会出现合同部分履行但实际支付的价款却超过了合同固定总价款的情形。

(3)实际完成的工程量参照定额计算的价款乘以固定总价占全部工程量参照定额计算的价款的百分比。即:结算价款=实际完成的工程量参照定额计算的价款×(固定总价/全部工程量参照定额计算的价款)。

笔者认为,第三种方式最符合当事人的意思表示,也相对公平和合理。司法实践的观点,也大多倾向于这种方式,如:2011年8月山东省高级人民法院召开的全省民事审判工作会议上对该问题进行了探讨,会议认为:"关于固定价格合同未履行完毕的解除的……,如果建设施工合同约定按固定总价结算,则按照实际施工部分的工程量占全部施工完毕的工程量的比例,再按照合同约定的包死价计算出已完成部分工程价款。"《北京市高级人民法院关于审理建设工程施工合同纠纷案件若干疑难问题的解答》(京高法发〔2012〕245号)第13条规定:"建设工程施工合同约定工程价款实行固定总价结算,承包人未完成工程施工,其要求发包人支付工程款,经审查承包人已施工的工程质

量合格的,可以采用'按比例折算'的方式,即由鉴定机构在相应同一取费标准下分别计算出已完工程部分的价款和整个合同约定工程的总价款,两者对比计算出相应系数,再用合同约定的固定价乘以该系数确定发包人应付工程款。"

结语

通过以上法律实务问题分析可以看出,由于现行法律规定上存在的不足和空白,导致在现有法律框架下,因施工合同解除纠纷这些相关难点问题在司法实践中出现较大争议。笔者建议,应对目前司法实践中出现的较大争议性问题在法律规定上尽快予以完善,以便有序和谐解决纠纷。

19　迟来的正义并非不是正义

——论农村土改房屋产权纠纷之成因及司法救济途径

华金涛

摘　要:农村土改房屋是指在1951年依照《中华人民共和国土地改革法》(以下简称《土地改革法》)确权登记发证的农村宅基地房屋。改革开放后,国家逐步恢复各项法律制度,农村土改房屋产权纠纷开始出现。随着农村城镇化建设的不断推进,很多农村房屋列入了拆迁范围,土改房屋权属纠纷日益增加。本文试图通过对农村土改房屋产权纠纷成因的剖析,探索农村土改房屋产权纠纷的救济途径。

关键词:土改房屋　产权纠纷　司法救济

一、农村土改房屋主要产权纠纷

农村土改房屋产权纠纷主要有以下几种:①土改时冒登、错登、重登,现以土地证为据争房产的;②土改时保留给地主的房屋,后被占用,要求返还的;③土改时由他人代登记、代管理,代理人借机侵占房屋产权,被代理人要求返还的;④土改时宗祠被征收或者登记在某一支系,其他宗亲要求重新分配的;⑤土改时已被没收但土地证上未注销,落实政策时要求返还的;⑥改革开放后第三人登记了产权,要求撤销登记的;⑦土改房屋已经被拆迁的,要求确认产权或者要求落实安置权利的。

二、农村土改房屋产权纠纷成因分析

1. 土改登记审查不严是造成土改房屋产权纠纷的主要成因

中华人民共和国成立以后,根据1947年颁布的《中国土地法大纲》及1950年颁布的《土地改革法》的规定,全国开展了土地改革运动,没收地主多余的土地房屋分给无地或少地的农民,并由县级人民政府向农民发放土地房产证。《社会主义时期慈溪党史专题集(一)土地改革运动》一文中介绍:慈溪县土改中,全县没收征收土地306 425亩,房屋12 192间。县人民政府共计发放《土地所有权证》11万多份。土地改革规模大、涉及面广的客观性,加上个别干部私心严重,处事不公,登记审查把关不严等行为,是造成土改房屋产权纠纷的主要原因。

2. 农村房屋登记错误致使农村土改房屋产权纠纷更加复杂

从20世纪50年代后期开始,随着我国中央高度集权的计划经济体制的建立,原先建立的土地房屋登记工作逐渐放松。"文化大革命"期间,房地产管理制度完全遭到破坏,管理机构被撤销、登记制度被废弛,土地房屋登记制度实质上完全不存在了。改革开放以后,随着社会主义市场经济体制的逐步确立,我国开始恢复与创建各项法律制度,登记作为不动产行政管理部门进行监督管理的一种手段也逐渐恢复起来。1986年8月通过的《中华人民共和国土地管理法》(以下简称《土地管理法》),确立了土地所有权和使用权必须依法登记的制度。1989年11月,国家土地管理局颁发的《土地登记规则》,规定了土地权利登记。在农村房屋登记制度方面,从1987年开始,在全国范围内开展了城镇房屋所有权登记。由于历史原因,农村房屋产籍资料不全或与实际情况不符,给登记带来了难度。

三、涉及拆迁的农村土改房屋产权纠纷标的物的确认问题

土改房屋产权纠纷、往往涉及房屋的拆迁,或者说正是因为争议房屋涉及拆迁,在维权无门而房屋又面临拆迁灭失的紧急情况下,才起诉到法院。应该说争议房屋被拆除并不代表房屋的毁损、灭失,争议房屋的权利依然存在。争议房屋的产权纠纷与争议房屋的拆迁安置纠纷属两个不同的法律关系。在诉讼中,确认争议标的,应区分不同情况。争议房屋是否已被拆除,是否已经签订安置协议,只要尚未交付具体安置房屋的,确权标的应是被拆除的房屋。房屋的不存在,不影响确认之诉的进行,当事人仍享有以被拆除房屋的合法权利人身份向有关部门主张安置的权利。争议房屋已被拆除,拆迁人与名义权利人签订安置协议,且也交付具体安置房屋的,可以直接以安置房屋作为确权标的。争议房屋灭失不影响诉讼在行政诉讼中有所体现,2010年11月5日最高人民法院公布的《关于审理房屋登记案件若干问题的规定》中就有这样的规定,公民、法人或者其他组织对房屋登记行为不服提起行政诉讼的,不受房屋灭失的影响。

四、从不动产物权变动的规则中寻找解决土改房屋产权纠纷的办法

物权变动是指物权的设立、转让、变更、消灭,物权变动是商品交易在法律上的反映。不动产物权变动的规则是物权法中最重要的制度之一。根据不动产物权变动的依据不同,物权的变动可以分为基于法律行为的物权变动和非基于法律行为的物权变动。基于法律行为的不动产物权变动是指根据当事人合同等法律行为而发生的物权变动。所谓非基于法律行为的不动产物权变动不是根据当事人之间的合同等法律行为,而是根据法律的规定或者当事人的事实行为而发生的物权变动,例如因人民法院、仲裁委员会的裁判或政府的征收决定而发生的物权变动;因继承或者受遗赠、合法建造、拆除房屋等事实行为而发生的物权变动。我国《物权法》第9条规定:"不动产物权的设立、变更、转让和消灭,经依法登记,发生效力;未经登记,不发生效力,但法律另有规定的除外。"第28条规定:"因人民法院、仲裁委员会的法律文书或者人民政府的征收决定等,导致物权设立、变更、转让或者消灭的,自法律文书或者人民政府征收决定等生效时发生效力。"

基于法律行为发生的不动产物权变动未经公示,不能产生物权变动的法律效力。登记是物权公示的形式,不动产物权变动未经依法登记,不能产生物权变动的法律效力,即"不登记不生效"。非基于法律行为发生的不动产物权变动则按原始取得的法理,不动产物权变动可以在法律根据成就的时候发生效力,例如因建造行为而取得物权时,自建造完成时当然取得物权;在继承中,因被继承人死亡而当然取得物权,物权取得本身不取决于公示。我国《物权法》规定,因人民法院、仲裁委员会的法律文书或者人民政府的征收决定等,导致物权设立、变更、转让或者消灭的,自法律文书或者人民政府征收决定等生效时发生效力。破产案件办理过程在非基于法律行为取得物权时,公示只是进一步处分物权的前提条件。如因法院的法律文书享有不动产物权的,处分该物权时,未经登记不发生法律效力。法律作出如此规定是出于保护交易安全的考虑。是否需要公示取得不动产物权变动的效力,这是基于法律行为发生的不动产物权变动和非基于法律行为发生的不动产物权变动的一个重要区别。

在土改房屋产权纠纷中,争议的核心基本上都集中在不动产物权变动的环节上。那么如何掌握土改房屋产权变动的问题症结呢? 首先,通过查询不动产登记档案,核实不动产物权变动的依据,是依据法律行为发生还是非依据法律行为发生。如果是基于法律行为发生的不动产物权变动,就要进一步核实是否存在具体的法律行为(合同、协议或契约),具体法律行为的真实性、合法性,同时还应核实法律行为的当事人共同申请不动产物权变动的档案材料的完整性、真实性和合法性。如果房屋申请登记人提供虚假材料办理房屋登记,而房屋登记机构未尽合理审慎职责的,则机构应当承担相应责任(《最高人民法院关于审理房屋登记案件若干问题的规定》法释〔2010〕14 号)。如果是非基于法律行为发生的不动产物权变动,则要进一步核实人民法院、仲裁委员会的裁判或政府的征收决定、继承、受遗赠、合法建造等事实的真实性和合法性。

通过对不动产物权变动的规则和法理的分析,基本能够找到解决土改房屋权属纠纷的路径:要么按行政争议程序解决,要么按民事争议程序解决。至于两者先后进行或者平行进行,不同个案会有所区别。

五、农村土改房屋产权人的司法救济途径之一:通过行政诉讼,撤销土地房屋登记

1. 登记机关是否实质审查问题

对于不动产物权登记,法律没有明确规定登记机关究竟应用形式审查还是实质审查。但《物权法》及《土地房屋登记办法》规定,登记机关应查验产权证明材料和其他必要材料,对申请土地登记进行审查,必要的到实地查看。实际上已经表明对不动产物权的登记审查不仅仅是形式上对提交材料的审查,还要审查这些材料的真实合法性,并赋予了登记机关对不动产的调查职权,这其实就是实质审查。按照土地、房屋登记办法的规定,申请土地房屋登记必须提交产权来源证明。第三人往往以"无证件用地具结书""书面具结保证书"来证明土地房屋权属来源,在无其他合法有效的产权证书情况下,登记机关往往不进行实地调查,而直接根据当事人的具结和有关人员、部门的证明书,作为土地房屋产权来源证明。但是"无证件用地具结书""书面具结保证书"不能对抗其他合法

有效的土地房屋产权证书。如果土改房屋产权人持有1951年土改时县级人民政府颁发的土地房产证,就可以对抗"无证件用地具结书""书面具结保证书"的效力,要求登记机关撤销登记行为。如宁波市鄞州区法院就以认定事实不清,程序不当,撤销被告宁波市鄞州区人民政府向第三人颁发的鄞(宅)集用〔2002〕字第28-08766号集体土地使用证(《原告陆某某与被告宁波市鄞州区人民政府、第三人王某某土地行政确认一案》〔(2010)甬鄞行初字第6号〕)。

2. 登记的公告程序问题

按照相关土地登记办法规定,对申请土地房屋的登记的审查有一个公告程序。如根据《浙江省土地登记办法》第25条的规定,土地行政主管部门受理土地登记申请后,应当进行地籍调查,审核土地产权、面积、用途、等级等;符合登记要求的,应当在本行政区域范围内公开发行的报纸或者县级以上人民政府指定的固定场所予以公告,公告期限为15日。故地籍调查和公告是土地行政主管部门受理土地登记的法定程序。但登记机关往往未经公告就颁发了土地房屋证书,或者虽经公告但不能提供已经公告的证据。

3. 诉讼时效问题

在诉讼过程中,被告或第三人会提出原告已经超过起诉期限。从1950年"土改"到1990年前后开始农村城镇房屋登记,时间跨度40年左右,有些产权人早已去世,一些继承人已经远走他乡,房屋登记很多年后才发生纠纷;有些是20世纪80年代,政策处理时只给经济补偿,而产权人后来才知道按政策应该返还;有些是土改房屋涉及拆迁后才引起产权纠纷。如果登记机关没有告知实际产权人房屋登记发证的内容,则根据《最高人民法院关于执行〈中华人民共和国行政诉讼法〉若干问题的解释》第42条之规定,对不知道房屋登记发证内容的当事人,自房屋登记发证之日起20年内有权提起诉讼。土改房屋产权纠纷有其特殊的历史原因,超过20年,可否参照民事诉讼法的规定,按特别情况诉讼时效延长来处理,这涉及社会公正的问题。

4. 撤销登记行政诉讼是否复议前置问题

《行政复议法》第30条第1款规定"公民、法人或者其他组织认为行政机关的具体行政行为侵犯其已经依法取得的土地、矿藏、水流、森林、山岭、草原、荒地、滩涂、海域等自然资源的所有权或者使用权的,应当先申请行政复议;对行政复议决定不服的,可以依法向人民法院提起行政诉讼。"基于此条法律规定,部分法院认为此类案件属于行政复议前置的案件,没有经过行政复议,法院是不可以直接受理的。《最高人民法院行政审判庭关于行政机关颁发自然资源所有权或者使用权证的行为是否属于确认行政行为问题的答复》中规定,有关土地等自然资源所有权或者使用权的初始登记,属于行政许可性质。不应包括在行政确认范畴之内。据此,行政机关颁发自然资源所有权或者使用权证书的行为不属于复议前置的情形。

5. 最高人民法院关于房屋登记案件的最新司法解释问题

2010年11月5日最高人民法院公布的《关于审理房屋登记案件若干问题的规定》第8条规定,当事人以作为房屋登记行为基础的买卖、共有、赠与、抵押、婚姻、继承等民事法律关系无效或者应当撤销为由,对房屋登记行为提起行政诉讼的,人民法院应当告知当事人先行解决民事争议,民事争议处理期间不计算在行政诉讼起诉期限内;已经受理的,裁定中止诉讼。最高人民法院行政审判庭庭长在答记者问时对第8条作出了解释,该条规定民行交叉案件,民事基础关系先行处理的原则。这条司法解释的施行,可能会成为法院拒绝受理撤销土地房屋登记行政诉讼的理由,对撤销房屋登记行政诉讼案件的具体影响尚有待进一步的观察。

六、农村土改房屋产权人的司法救济途径之二:通过确权诉讼,确认房屋的所有权

1. 土改房屋确权的司法解释

1963年8月28日最高人民法院《关于贯彻执行民事政策几个问题的意见(修正稿)》中规定,"对土改遗留问题的处理,一般应以土改时的产权为准,当时决定归谁所有,即应归谁所有,不再变动。"1979年2月2日最高人民法院《关于贯彻执行民事政策法律的意见》中规定:"土改遗留的房屋纠纷,一般应以土改时所确定的产权为准,当时决定归谁所有,即归谁所有。"1984年8月30日,最高人民法院《关于贯彻执行民事政策法律若干问题的意见》中规定:"有关土改遗留的房屋确权纠纷,一般应以土改时所确定的产权为准。"从以上司法解释来看,最高人民法院对土改房屋确权有一贯的明确的解释,即土改遗留的房屋产权,以土改时确定的产权为准,当时归谁即归谁所有。

2. 土改土地房产证共有人的认定问题

土改房产确权诉讼中,往往无法提供记载有家庭成员姓名的土地房产所有证原件。如何确认在数之内的家庭成员,是此类确权诉讼中的难点之一。我国在1951年尚未实行户籍登记制度,现存有据可查的户籍资料是1955年登记档案。如果教条地要求当事人提供1951年的户籍资料来说明土改时在数之内的家庭成员,是不尊重历史事实的。1950年11月25日中央内务部颁布的《关于填发土地房产所有证的指示》第6条规定:"土地证以户为单位填发,是合于现在农村经济情况的。但应将该户全体成员的姓名开列在土地证上,不能只记户主一人姓名,以表明此项土地房产为该户成员(男女老幼)所共有。"因此,土改时,在土地房产所有证上登有姓名的全体家庭成员,包括只登记户主姓名但注明了家庭人口数,在数之内的家庭成员,都是房屋的共有人。但是,只有土改后分配给贫农和地主保留房或者说分配给地主的房子适用上述规定。如果是农民原有的房子则不适用家庭共同共有。

需要特别注意的是,在数之外的家庭成员也存在可被酌情认定对土改房屋享有共有权的可能。根据最高人民法院(1986)民他字第6号《关于土改后不久被收养的子女能否参加分割土改前的祖遗房产的批复》精神,土改后不久出生的子女或养子女,长期管理、居住使用土改前祖遗房产,且无其他住处的,可以根据实际情况确认其享有产权并参加析产。

3. 农村土改房屋产权纠纷中的诉讼时效问题

土改房屋产权确权诉讼,被告经常会提出原告已过诉讼期限的辩解。事实上,民法通则规定的诉讼时效系针对给付(债权)之诉,物权保护不适用诉讼时效的规定。土改房屋确权纠纷是物权纠纷,并非债权纠纷,故不适用诉讼时效。如无锡市中级人民法院在审理《茹某甲与孙某某、茹某乙

房屋确权及迁让纠纷一案》[(2011)锡民终字第0179号]中就以物权保护不适用诉讼时效为由,对被告提出的原告已过诉讼时效的辩解理由不予采纳。

其实,不受诉讼时效限制的规定,早在1988年1月《最高人民法院关于贯彻执行〈民法通则〉若干问题的意见(试行)》里已经出现。该意见第170条规定,未授权给公民、法人经营、管理的国家财产受到侵害的,不受诉讼时效的限制。这条规定,其实就是国家财产的保护高于对私有财产的保护,前者不适用民法通则的诉讼时效,而后者则从权利被侵害之日起超过20年的,法院不予保护。即最长容忍期间的起算,从权利被侵害之时起开始,即使"你不知道或不应当知道"权利被侵害,完全把期间客观化,不考虑当事人主观状态。但是市场经济的逐步建立,对私有财产的保护力度也在逐步加大。2004年3月,第十届全国人民代表大会第二次会议通过的《中华人民共和国宪法修正案(2004年)》,将"公民的合法私有财产不受侵犯""国家依照法律规定保护公民的私有财产权和继承权"写入宪法。2007年3月16日,十届全国人民代表大会第五次会议通过的《物权法》第4条规定,国家、集体、私人的物权和其他权利人的物权受法律保护,任何单位和个人不得侵犯。由此可见,国家、集体、私人物权受到侵害,应适用同样的法律救济——不受诉讼时效的限制。

结语

农村土改房屋产权纠纷有其特殊的历史原因,它既是20世纪50年代土地改革时遗留的问题,也有改革开放后农村土地房屋错误登记的原因;既有社会因素,也有人为因素。虽然,土改房屋产权纠纷的法律关系复杂,但只要找到不动产物权变动的症结所在,就能迎刃而解。从而,还土改房屋的历史真面目,还土改房屋产权人一个迟来的正义。

第二编　商事案例解析与法理研究

第七章　买卖合同纠纷案例解析

20　买卖全凭眼力，真假各安天命
——谢某与徐某、黄某古董买卖合同纠纷案解析

应雪松

案　　由：买卖合同纠纷

当事人姓名或名称：

原　　告：谢某

被　　告：徐某、黄某

承办律师：应雪松

裁判部门：慈溪市人民法院、宁波市中级人民法院、浙江省高级人民法院

案　　号：（2015）甬慈商初字第1072号、（2015）浙甬商终字第1284号

案情简介

　　2014年4月，谢某经黄某介绍与徐某相识，徐某向谢某推荐了一件明末清初的翘头案，声称材质为黄花梨；一对清朝时期雕龙装饰柜，声称材质为小叶紫檀。因谢某不懂红木，对翘头案材质及年份无法辨认，故双方并未成交。后经黄某多次撮合，2014年7月双方最终谈妥翘头案为750万元，一对雕龙装饰柜为320万元。徐某将翘头案、雕龙装饰柜送至谢某公司内。2014年8月14日，谢某依约付款给徐某。2014年12月底，谢某请销售红木的人察看后，认为翘头案及雕龙装饰柜材质有问题。2015年2月，谢某致电徐某，徐某坚称材质没有问题。2015年4月谢某委托国家林业局林产品质量检验检测中心对涉案的翘头案及雕龙装饰柜进行鉴定，鉴定结果为所用木材为红酸枝，并非徐某、黄某声称的黄花梨及小叶紫檀。谢某认为徐某、黄某存在欺诈行为，导致其产生重大误解，故谢某将徐某、黄某诉至法院，请求撤销谢某与徐某之间的买卖合同，徐某立即返还谢某1 070

万元,黄某对上述款项承担连带清偿责任。

法院判决

此案经慈溪市人民法院一审判决,宁波市中级人民法院二审维持原判,浙江省高级人民法院裁定驳回谢某的再审申请才最终尘埃落定。慈溪市人民法院基本全部采纳了应雪松律师的代理意见。

慈溪市人民法院经审理认为:原告、被告买卖的标的物为翘头案及雕龙装饰柜,系特殊商品,该类商品主要是用于装饰、鉴赏,满足收藏者精神层面的某种需求,商品的产地、性能、质地、年代等在未经相关权威机关或专家的鉴定之前,均是不确定的,该类物品并无国家或行业指导价,其交易价格往往是由交易者个人对标的物的认可或喜好程度并同时参考市场认可度决定的。在无任何参考标准的情况下,实物察看往往是确定是否交易的根本途径,相应的交易风险就由双方自行承担。本案原告与被告徐某在交易过程中,原告通过现场查验物品,双方确定价格,原告确认购买,被告徐某上门交货,原告以物换物及补差价方式支付款项,双方虽未签订书面协议,但口头的买卖合同已成立、生效并履行完毕。从原告与被告徐某磋商、缔结、履行合同的情况来看,均体现了双方的真实意思表示,由此产生的所谓交易风险理应由原告及被告徐某自行承担。原告诉称两被告在交易时存在欺诈行为,因证据不足,法院不予采信。同时,原告亦无证据证明与被告黄某之间存在法律关系。现原告诉请撤销与被告徐某之间的买卖合同,被告徐某立即返还原告1 070万元,被告黄某对上述款项承担连带清偿责任,无事实和法律依据,法院不予支持。原告在庭审中又诉称存在重大误解,因本案标的物系特殊商品,无国家或行业指导价,交易价格的确定客观上存在个体差异,本案中原告通过验看实物对标的物的价值做出判断,因此,不能以交易价格推断出双方订立合同时是否构成重大误解。

据此,慈溪市人民法院判决驳回原告谢某的诉讼请求。

律师分析

涉案家具交易属于特定物的实物交易。特定物的特征在于独一无二、不可替代。在交易前,原告谢某夫妻到现场查验过涉案家具,确认以该特定物的现状购买,系真实意思表示。徐某未对该物品进行任何加工或者改造,完全依照原告查验时的状态交付了该特定物,即履行了合同义务,由此产生的交易风险应由原告自行承担,徐某不再承担该特定物的瑕疵担保责任。双方交易方式是实物交易,原告系该实物交易的买受人,且对于所买物品已有清楚的认知,其中交易风险应由其自行承担。

涉案家具系特殊商品,更多地具有古玩交易性质。古玩交易具有非消费性、投机性、专业性、高风险性的特点。交易主体对于该特点也是明知而且追求的。正是由于古玩行业的不确定性和高风险性,古玩交易市场发展出了一套不同于普通商品的特殊交易习惯,并为世人所公认并一直沿用,具体为:

(1)在交易前不对标的物的质量进行约定,采用当面验货、实物交易的方式进行。古玩藏品交易属于特定物的交易,基于每一件古玩藏品都具有唯一性,独一无二,其价值多为凭借买受人主观判断,故在交易前不对标的物的质量进行约定,当面验货、实物交易多为古玩藏品的交易常态。因此,南京市白下区人民法院在(2011)白民初字第2694号案件中认定"对古董、工艺品等古玩类商品及宝石、原石等特殊商品交易,民间确实存在该领域的交易习惯,即买卖双方对商品的材质、年代等与质量有关的要素不做明确约定,由买方通过实物查看自行判断商品价值,并与卖方达成交易合意。对此交易习惯,我们应予以尊重"。❶

(2)藏品当面验货,售出概不退货,货款两清,风险自担,即所谓"买卖全凭眼力,真假各安天命"。由该交易习惯衍生出两个名词"捡漏"和"走眼"。在古玩交易时,买受人凭借自己的鉴赏能力认定古玩的真伪,交易后果自负,不得反悔。即无论"捡漏"或者"走眼"均后果自负。买受人在订立合同时就应对预期利益和风险进行衡量,并承担相应后果。该交易习惯为众多法院判决所认可并采纳,如上海市高级人民法院(2008)沪高民一(民)再终字第10号判决中认定"古玩、艺术品交易不同于一般物品买卖,按其交易习惯,买受人应以自己的技能及专业知识对其价值予以鉴别,并承担相应的风险";关于破产案件办理过程,上海市第二中级人民法院在(2010)沪二中民一(民)终字第2415号判决书中认定"古玩交易与一般商品的买卖不同,是一种特殊交易,在长期的'交易实践'中也形成了自己特有的一套'运作模式',其投资回报高,风险也大。姚某某作为一名古玩收藏爱好者,对古玩交易应有一定的风险承受能力";赤峰市松山区人民法院在(2014)松民初字第6104号判决中认定"因原、被告买卖的标的物系特种物,根据古玩的交易行规,在古玩交易时,卖方凭借自己的鉴赏能力认定古玩的真伪,故双方的买卖合同系射幸合同,原告在订立合同时,应对预期利益及预期风险进行权衡。本案中原告与二被告交易的标的物真假不明,但在交易时,原告在经过本人查验物品后,确认购买此物品,系基于真实意思所作出的表示,由此产生的交易风险应由原告自行负担"。

受前述交易习惯的影响,《中华人民共和国拍卖法》(以下简称《拍卖法》)也免除了出卖方负保证拍卖品真伪的义务。并且,交易习惯作为一种重要的法律渊源,也为《合同法》所认可。根据合同法第61条规定"合同生效后,当事人就质量、数量价款或者报酬、履行地点等内容没有约定或者约定不明确的,可以协议补充;不能达成补充协议的按照合同有关条款或者交易习惯进行。"古玩行业的前述交易习惯也体现了"买者自慎"这一合同法的古老原则,也符合合同法领域利益与风险的分配机制,即所谓"利益之所在,风险值所归"。

该交易习惯的内容已经为众多司法判例所引用,并且在审理涉及古玩交易的买卖合同时也主要以前述交易行业惯来审理和判决,并形成了前述几个具有重大影响力的案例。故,原告与徐某采取"实物交易"的方式,完全符合交易习惯。原告在购买涉案家具时就应对预期利益和风险有合理判断,并且应当遵守该行业习惯,"交易后果自负、不得反悔"。原告在交易完成后不得以任何理由要求解除合同以及返还货款。

古玩收藏品的艺术价值没有法定的计算方式和国家强制标准,买卖价格完全在于买受人和出售人对该物件的主观判断,只须双方达成合意即可。涉案家具作为一种古玩收藏品,其价值体现在:文物价值、材质价值、观赏价值、使用价值、投资价值等多个方面,是一种综合价值的体现,其交

---

❶参见:《人民法院案例选》2013年第4辑,总第86辑,第124~128页。

易价格完全在于当事人的主观判断。

原告在交易时,经事前充分了解,又经实地确认后认可该交易价格并完成交易,故原告并不能简单地以材质理解有误,或者交易价格"过高"来判断是否存在"欺诈"。原告在交易时就明知该交易系一种投资,存在风险。古玩,作为一种蕴含高度不确定性的特殊商品,如果允许买受人可以在买卖成交后随意解除合同,交易本身的稳定性和安全性将难以得到保证,古玩、艺术品市场也将难以维持目前的稳定状态。

21　一场关于建设工程货款纠纷的绝地反击战

——宁波北仑××工程部与××建材商行买卖合同上诉纠纷案解析

应雪松　龚建军

案　　　由：买卖合同纠纷

当事人姓名或名称：

原　　　告（被上诉人）：××建材商行

被　　　告（上诉人）：宁波北仑××工程部

承办律师：应雪松、龚建军

裁判部门：江苏省无锡市中级人民法院

案　　　号：（2015）锡终字第00469号

案情简介

宁波北仑××工程部是海军某工程建筑处根据国务院、中央军委、建设部的有关文件精神全资注入并于地方注册的企业，拥有众多施工专业资质，在各地均有工程项目，并享有一定的声誉。2013年宁波北仑××工程部在上海市青浦区××镇曾有建筑工程施工。2014年4月份，宁波北仑××工程部收到无锡市锡山区人民法院传票，要求其支付××建材商行剩余货款及其他费用合计30余万元。××建材商行提交的证据有：双方签字盖章的供需合同、双方签字的结算（送货）单、付款凭证、经办人的证人证言等。一审中，宁波北仑××工程部聘请上海××律师事务所律师进行应诉，一审律师以未与××建材商行签订供需合同，未收到任何货物，宁波北仑××无需支付任何款项进行抗辩。但一审法院仍以供需合同合法有效支持了××建材商行的诉请。一审后，宁波北仑××工程部聘请应雪松律师、龚建军律师作为代理人参与二审审理。

应雪松律师、龚建军律师接到案件后，从以下几个方面开展工作：①多次深入和宁波北仑××工程部进行深入沟通，详细了解上海工地的施工情况，包括工程内容、施工范围、工期、工地整体情况、是否需要涉案的货物、需要多少、具体经办人、工程付款情况、付款习惯，等等；②多次走访无锡锡山派出所、上海青浦派出所、象山派出所、北仑派出所并与民警就有人私刻宁波北仑××工程部公章等事宜进行交流；③从一审中，××建材商行提供的证据入手，深入分析各证据的真实性、关联性、合理性；④多次与无锡市中级人民法院的主审法官，就案件中的疑点进行交流；⑤提出司法鉴定申请，对供需合同中"宁波北仑××工程部"的公章进行司法鉴定；⑥深入了解利害关系人金某的相关情况。

案件结果

经应雪松律师、龚建军律师多方努力，二审查明供需合同中加盖的"宁波北仑××工程部"印章并非宁波北仑××工程部真实的公章，合同中签字为宁波北仑××工程部经办人并实际接收货物的金某并非宁波北仑××工程部员工，××建材商行已收到的100余万元货款也并非宁波北仑××工程部所支付。最终，无锡市中级人民法院撤销了无锡市锡山区人民法院的民事判决书，驳回了××建材商行的诉讼请求。

律师分析

近年来，建筑行业乱象横飞，层层转包、分包的现象比比皆是。转包、分包后管理又非常混乱，为获得高额回报，一部分人铤而走险，私刻企业公章，冒签合同，严重扰乱了正常的市场秩序。本案中，宁波北仑××工程部将上海工地的工程转包给他人，他人又进行转包，而所在的工地分很多标段。实际施工人金某除了在涉案工地内施工外，还在该工地的其他标段施工。虽该标段不需要涉案的货物，但金某为了方便其他标段购买货物，通过私刻的宁波北仑××工程部公章与××建材商行订立合同，并自行或通过其他单位向对方支付了100余万的货款。后因资金周转、内部矛盾等问题，致使××建材商行起诉至法院。

一审中，××建材商行提供供需合同、结算（送货）单、付款凭证、经办人的证人证言等证据初步证明了相关事实，貌似××建材商行的证据合情合理、无懈可击。但二审律师介入后，根据买卖合同纠纷的特点和交易习惯，从合同的真实性、交易的详细过程、付款的细节、宁波北仑××工程部在该工地的具体施工内容等方面细致入手，一步步还原真相，最终取得了逆转。

律师建议

对于工程承包人：一方面，加强内部管理。从签订合同、收发货物到款项支付尽量做到有据可查。另一方面，加强人员、工程管理，尽量避免违法转包、分包，对于内部承包人要约定好权利义务，并跟踪、备案工程进度。

对于实际施工人：为保障自身权益，应与发包人订立书面合同，约定好权利义务，款项支付方式及进度等内容，而对外应以自己名义作出或与发包人协商后再以发包人名义对外订立合同，切勿假冒他人名义与第三人签订买卖合同，私刻企业印章轻则违反治安管理条例，重则触犯刑法，得不偿失。

对于出卖人：明确、核实交易对象十分重要；订立书面合同、确认经办人要仔细核对，谨防假冒；收发货物要有记录，及时对账确认，指定收付款账户，如有第三人账户支付的款项，要及时与买受人或第三人确认。

附:

代理词要点

尊敬的审判长、审判员:

浙江海泰律师事务所接受上诉人宁波北仑××工程部与被上诉人××建材商行买卖合同纠纷一案上诉人宁波北仑××工程部的委托,指派我作为其委托代理人参加本案诉讼,现根据法院庭审情况以及法律规定发表如下代理意见:

原审法院认定事实错误,应依法予以撤销原判决,改判驳回被上诉人的诉讼请求。

一、上诉人与被上诉人之间并不存在买卖合同关系。原审法院判决的基础是被上诉人提交的上诉人并不认可的《木材、木制品供需合同》,该合同加盖的"上诉人印章"并非上诉人的印章,该印章即使用肉眼都能够分辨出与上诉人的印章不符(明显比上诉人的印章大)。原审法院未同意上诉人的鉴定申请,并以该合同作为判决依据,明显事实认定错误,在此错误基础上的裁判,必然结果也是错误的。

二、金某是否能够代表上诉人是本案的关键点,但被上诉人并未提供充分证据证明金某是上诉人的员工或金某取得了上诉人的授权能够代表上诉人。原审法院也未进行认定,该关键事实未查清,裁判缺少必要的依据。

被上诉人的证人康某在证言中明确说明:被上诉人在整个过程中都是与金某、欧某等人交易接触,而当时被上诉人并未核实金某、欧某等人的身份,不知道他们是在何单位工作。另据证人承认,签订合同过程中,金某自己将自己写为代理人,并加盖了来历不明的印章。即使在本次庭审中,被上诉人也未能证明金某是上诉人的代理人,有权代表上诉人签订合同、接受货物,而原审法院仅凭上诉人并不认可的供需合同,就草率地认定金某是上诉人的代理人,显然与事实不符。实际上,上诉人直至一审时才知道有金某其人。

三、原审法院认为上诉人接受了被上诉人的货物与事实不符,上诉人自始至终并未接受被上诉人的任何货物。

首先,金某并非上诉人的代理人,无权代表上诉人接受货物。这是一个重要的逻辑前提,庭审中,证人证实,在被上诉人与金某签订合同过程中,是金某自己给自己授权,上诉人与被上诉人并无任何经济往来。上诉人对该份《木材、木制品供需合同》并不认可,在不成立的前提中推导出来的结论必然错误。因此,据该合同,由金某接受货物,就认为上诉人接受了货物明显过于草率,与事实严重不符。

其次,上诉人在上海的主要工程内容为障碍物清除、河道清淤、回填以及临时道路等,并不需要涉案货物(两个工程的合同价款分别为158万元和53万元,而货物的总价款却是132万余),并且该工程在被上诉人送货之前已基本完工。

四、原审法院认为上诉人已向被上诉人支付了102万元的事实认定错误。上诉人与被上诉人并无任何经济往来。上诉人自始至终并未向被上诉人支付过任何款项,后经查实,被上诉人收到款项的实际付款人为浙江××公司和欧某(浙江××公司的财务)并非上诉人。上诉人亦与上述两主体无任何往来,也从未委托他们支付款项。直至庭审,被上诉人也并未证明该款项是两主体代上诉人支付的货款。

五、被上诉人并无证据说明金某能够代表上诉人签订合同、接受货物,亦无证据证明浙江××公司和欧某支付的款项即为上诉人的付款。被上诉人无法证明该两项事实,应该承担相应的法律后果,而不应该让上诉人自证其罪。

综上,上诉人认为原审法院认定事实错误,适用法律错误,请求贵院查清事实,公正裁判。

此致

浙江海泰律师事务所

应雪松律师

龚建军律师

2015 年 7 月 16 日

22　出口代理商是否应承担货款支付义务

——冠勇公司与斯克赛德公司买卖合同纠纷案评析

邬辉林　李珊珊

案　　由：买卖合同纠纷

当事人姓名或名称：

原　　告（被上诉人）：冠勇公司

被　　告（上　诉　人）：斯克赛德公司

承办律师：邬辉林、李珊珊

裁判部门：宁波市北仑区人民法院、宁波市中级人民法院

案　　号：（2017）浙02民终673号

案情简介

2008年2月，斯克赛德公司与IDR公司签订出口代理协议一份，约定斯克赛德公司代IDR公司办理制单、商检、报关等全套出口手续。斯克赛德公司收到IDR公司国外客户的汇款后，根据IDR公司出具的付款通知，支付给相应的供货工厂。本案中，供货工厂为冠勇公司，生产笔袋。

冠勇公司分别于2015年5月20日、2016年1月7日向斯克赛德公司开具合计144.7万元的增值税专用发票，上述发票由斯克赛德公司进行抵扣。斯克赛德公司向冠勇公司支付货款110万元。冠勇公司据此起诉要求斯克赛德公司支付34.7万元剩余款项。

宁波市北仑区人民法院一审认为，案件存在出口代理交易中生产商、中间商、代理出口商三方主体之间的法律关系，按正常交易程序，交易主体应依各自的合同环节履行相应的义务。涉案当事人相关行为，反映出口代理贸易实践的不规范做法，模糊了出口代理商与中间商的民事主体地位，隐含商业风险和法律风险。斯克赛德公司虽与冠勇公司不存在直接的买卖关系，但以买方名义接受了冠勇公司向其开具的增值税专用发票，办理认证抵扣手续，却不愿承受相应的民事后果，其行为不符合诚实信用原则。因此，结合冠勇公司请求内容、斯克赛德公司违规行为性质与程度以及导致涉案纠纷的原因等因素综合考量，认定斯克赛德公司与IDR公司存在共同利益关系，具有共同经营的特征，斯克赛德公司应当向冠勇公司支付货款。

斯克赛德公司不服一审法院判决,向宁波市中级人民法院提起上诉。在临近二审开庭前三日,邬辉林律师紧急接手案件,向客户斯克赛德公司了解案情经过,并做了细致的准备工作,在庭审中向法院详细阐述了斯克赛德公司并没有实际享受退税利益,也没有实际收到境外客户的货款,并且工厂明确代理关系且确认货物质量问题,对未能收到货款存在重大过错等系列观点。二审法官采纳了律师的诸多代理意见,最终取得良好的代理效果——二审撤销了原审判决,斯克赛德公司无须向冠勇公司支付货款。

律师分析

宁波作为外贸城市,同类案件较多,以(2009)浙商提字第5号案件为例,因该案被收录于2009年第3期《案例指导》,因此,浙江省内的同类案件,如(2013)甬东商再字第3号等,基本都沿用了同样的裁判思路。也即与本案宁波市北仑区人民法院一审判决一样,通过论证代理出口商的抵扣增值税的违规行为,享有利益,认定存在共同经营,由中间商和代理出口商连带承担民事责任。

承办律师注意到在浙江四达工具有限公司与中基宁波集团股份有限公司合同纠纷一案中虽然突破了(2009)浙商提字第5号的裁判思路,但浙江省最高人民法院又撤销了一、二审判决,也即,在本案之前,尚未见有推翻(2009)浙商提字第5号案确定的裁判规则。

本案虽还有一些特殊事实,但通过反复研究,承办律师认为突破口还应在于论证"是谁实际享受了增值税抵扣的利益"。虽然斯克赛德公司是抵扣方,但是实际的抵扣利益享有者却是冠勇公司,冠勇公司与IDR公司签订的采购订单中约定的价格已经包括退税的金额。通过交易资料反映的结算方式,应当还原整个交易环节,说服二审法官不能通过单纯的抵扣行为来认定利益享有者,法院最终也认可冠勇公司为实际上的抵扣利益享有者。

(2009)浙商提字第5号确立的裁判规则,与民商法的基础法律法规存在些许违背,但浙江省高级人民法院如此裁判又有其深层次的考量,当时是因为,贸易行业大量存在中间商、出口代理商身份混乱导致国内工厂经常无法追讨货款的案件,国内工厂也确实遭受了重大损失,浙江省高级人民法院出于保护国内工厂的利益而确立了该裁判规则。

承办律师认为,裁判规则的适用还是应当审查每个案件的事实是否与案例事实一致,并应立足于裁判规则的深层考量、当时的背景。现阶段,税法规定已经明确出口代理商的抵扣行为并不违法,而且由于分工进一步细化,诸如斯克赛德公司专门从事外贸代理的公司也在近两年发展起来,受到商务、海关、税务等政府机关的认证,这都是(2009)浙商提字第5号案件当时尚不存在的因素。

23 "红木像"系红木材质还是红色木头

——宁波鄞州某寺庙与莆田某佛像工艺品公司佛像买卖合同纠纷案解析

杨永东　娄军飞

案　　由：买卖合同纠纷

当事人名称或姓名：

原　　告：宁波鄞州某寺庙

被　　告：福建莆田某佛像工艺品公司

承办律师：杨永东、娄军飞

裁判部门：宁波市鄞州区人民法院

案　　号：(2014)甬鄞江商初字第304号、(2015)甬鄞江商初字第118号、案号(2016)浙0212民初1118号

案情简介

2013年12月，宁波鄞州某寺庙(下称"寺庙")与福建莆田某佛像工艺品公司(以下简称"佛像工艺品公司")签订佛像购销合同一份，约定向佛像工艺品公司采购阿弥陀佛红木像及木质莲台，佛像身高10.8米、宽3.8米；莲台高1.8米，成交价格680万元人民币。合同签订后，寺庙按约支付前期300万元款项。后发现佛像存在严重的质量瑕疵，佛教协会也认为该佛像不具备开光条件，寺庙遂拒绝支付后续款项。佛像工艺品公司于2014年12月10日起诉至宁波市鄞州区人民法院，要求支付后续第二期200万款项，寺庙遂另行提起诉讼要求解除合同。后鄞州区人民法院以寺庙抗辩及解除理由不足，该两案均判寺庙败诉。该两判决生效后，佛像工艺品公司向鄞州法院申请了强制执行。

2016年2月，佛像工艺品公司又向鄞州区人民法院提起诉讼，诉请要求寺庙支付第三期佛像款100万元。在该案审理过程中，寺庙提出对佛像工艺品公司提供的佛像是否是红木材质进行鉴定。鄞州区人民法院遂委托浙江某检测集团股份有限公司对此进行鉴定。2016年9月，某检

测公司出具浙某鉴定【2016】质鉴046号质量鉴定报告,明确佛像工艺品公司提供的阿弥陀佛佛像系非洲楝,不是红木材质。2016年10月,寺庙以有新的证据,足以推翻原审判决为由,向宁波市中级人民法院递交了对于案号(2014)甬鄞江商初字第304号和案号(2015)甬鄞江商初字第118号案件的再审申请,但宁波市中级人民法院最终裁定不予再审。

自2013年接受寺庙的委托后,案情对我方一直不利,如何抓住鉴定结论这一关键证据,关系整个案件的最终胜败。2017年3月,我们在向寺庙分析整个案件后,决定向海曙法院提起诉讼,诉请撤销寺庙与佛像工艺品公司于2013年12月10日签订的佛像购销合同;判令佛像工艺品公司返寺庙支付的佛像款人民币300万元,并赔偿利息损失。

庭审中我方以《合同法》第54条规定的可撤销合同的情形进行全面回击。

(1)本案佛像工艺品公司存在严重的欺诈行为。既然佛像工艺品公司已经在合同中明确承诺交付的标的物系阿弥陀佛红木像,而实际却以材质远次于红木的非洲楝木佛像交付于寺庙,这是一种毫无诚信和敬畏之心的欺诈行为。

而佛像工艺品公司却在答辩时称红木像指的是红色的木头像,并非家具行业中的红木制作的佛像。红木像只是对佛像的整体形象描述,意指红色木像,不可将"红木"二字单独拆出,混淆真正含义;合同中"红木像"一词出现在物品名称一栏,是对佛像整体名称的概括性称谓,并非对材质的专项约定,合同未对材质进行特别约定,法院不可随意扩大解释。

我方提出影响佛像定价的最主要因素是佛像的用材,是木质材料或者是铜质材料或者是其他材料,也就是说材料是决定价格的最主要因素,而不是材料的颜色决定价格。故对于红木像的理解,显而易见是指红木材质的佛像,而不是红色木头像。红木像能理解成红色的木头像,感叹汉字的博大精深。

(2)本案存在显失公平。佛像工艺品公司以非洲楝木代替红木来制作佛像,却以680万元的高价卖给寺庙。而实际上非洲楝木为劣等材质,以其材料制作的佛像价格远远低于680万,造价不可能会超过300万元。以非洲楝木制作的佛像与以红木制作的佛像,在价值和价款上相差过于悬殊,这显然属于不公平的合同。

(3)合同撤销后,佛像工艺品公司应返还寺庙已支付的佛像款,并偿还利息。

法院判决

经过庭审,法院认为,合同第一条载明物品名称为阿弥陀佛红木像、木质莲台。佛像工艺品公司对此处"红木像"理解为红色木质的佛像,认为仅是物品名称,并未涉及材质要求。法院认为,涉案合同标的额较大,而物品的材质、质量、技艺等因素与物品的价格存在紧密联系,双方在合同签订过程中势必涉及这些主要因素。涉案合同在物品材质方面虽未单列条款,但在第一条对物品内容和成交价格作了约定,其中载明为阿弥陀佛红木像,应视为该条款已包含了双方对佛像材质的约定,约定佛像材质必须为红木,并且,依一般性理解,红木像即为家具类红木材质制作的佛像。佛像工艺品公司对红木像作红色木质的佛像的理解,强调佛像的颜色,并称其为佛像行业的习惯称谓,该意见无相关证据证实,难以成立。佛像工艺品公司在磋商及签订合同时应当如实告知寺庙佛像使用的材质，其作为涉案佛像的制作方，明知涉案佛像非家具类红木制作，却以红木制作的佛像向寺庙进行销售，使得寺庙误以为该佛像为红木制作并签订合同，该行为明显构成欺诈。法院最终判决撤销寺庙与福建莆田佛像工艺品公司于2013年12月10日签订的佛像购销合同；并要求佛像工艺品公司返还已支付货款300万元及赔偿利息损失。佛像工艺品公司在履行付款义务后可自行取走位于寺庙内的阿弥陀佛红木像。

律师意见

本案最终确实取得了巨大的成功，但此过程艰难曲折，时间持续四年之久，来来回回开庭无数次，耗费了大量的人力物力。红木像，是红木材质的佛像还是红色木头佛像，几字只差，却决定案件的成败得失。现总结此案，得出以下几点经验：

（1）在签订合同前，特别是标的额较大的合同，应当尽可能从多渠道对相对方进行尽职调查，了解相对方的企业经营情况和其信用情况。案件后期恰逢机缘才想到申请司法鉴定，最终检测出佛像的材质并非红木，而是非洲楝木，导致案件有了戏剧性的逆转。签约前的详细尽职调查能更好地避免被相对方欺诈。

（2）在签订合同时，对物品的材质、质量、技艺等与物品的价格存在紧密联系的因素一定要专列条款对其详细描述，尽最大可能避免使用产生歧义的语句。红木像理解为红木材质的佛像与理解成红色木头的佛像，结果是几百万的差距。所以在给顾问单位审核合同时，一定避免关键条款有多种理解、多种意思。

（3）法律顾问的重要性。建议企业或个人在平时就聘请法律顾问，一则在合同签订时，律师作为专业人员能审慎审核合同并作出评价；二则一旦发生法律风险，能以专业角度去维护当事人的最大权益。

24 坚持证据规则,重审现正义曙光

——泰州XY公司与浙江DH建设公司买卖合同纠纷案解析

习 平

案   由:买卖合同纠纷案

当事人姓名或名称:

原   告:泰州XY公司

被   告:浙江DH建设公司

承办律师:习平

裁判部门:泰州市海陵区人民法院、泰州市中级人民法院

案   号:(2013)泰海商初字第1136号、(2013)泰中商终字第282号

案情简介

浙江DH建设公司是一家长期从事房屋工程建设的企业,由于工程建设的需要,浙江DH建设公司与泰州XY公司于2011年3月签订了钢材购销合同。后因货款引发纠纷,泰州XY公司将浙江DH建设公司诉至泰州市海陵区人民法院,要求浙江DH建设公司支付欠款20余万元及利息损失40余万元。本案的争议焦点主要有两点:其一是泰州XY公司实际供应的货物总价值;其二是浙江DH建设公司延期支付货款所产生的利息。

1. 实际提供的货物总价值

对于实际提供的货物总价值,泰州XY公司主张共计13 434 806元。浙江DH建设公司则辩称其实际支付的货款本息13 251 640元已经满足总货物的对价。为此,泰州XY公司提交了107份送货单作为证据,而浙江DH建设公司对其中三张送货单提出异议

(1)第一张是2011年6月3日的送货单(以下称为"1号送货单")。浙江DH建设公司的质证意见为该送货单的手写联无收货人的签字,在复印联中却出现了收货人的签字,这明显违背常理,1号送货单存在重大瑕疵。一审认为1号送货单手写联与复印联的内容一致,且复印联中的签字系收货人的实际手写签名,因而采纳该送货单作为证据。

(2)第二张是2012年1月10日的送货单(以下简称"2号送货单")。浙江DH建设公司的质证意

见为该送货单的手写联和复印联字迹不一致，复印联甚至存在字迹重影的情况。而一审判决认为浙江DH建设公司未能阐明具体理由，且浙江DH建设公司未提出相反证据来证明2号送货单所表明的事实不存在。

（3）第三张是2012年1月8日的送货单（以下简称"3号送货单"）。浙江DH建设公司的质证意见为该送货单中收货人的签字与其他送货单中同一收货人的签字字迹明显不一致。为此，浙江DH建设公司委托法院对该笔迹进行司法鉴定，而鉴定部门所出具的鉴定意见书也表明，3号送货单上收货人潘某某的签字并非出自其本人之手。鉴于此，泰州XY公司提交了另外的证据作为补强证据，来证明3号送货单系真实的，其中包括双方合同指定收货人浙江DH建设公司员工潘某某所作的书面证明和视听资料，证明3号送货单所反映的货物已由浙江DH建设公司实际收取。对此，浙江DH建设公司提出三点质证意见：其一是作为视听资料的光盘中没有任何声音，既然没有声音，就无法证明证人说了什么，这与证据规则规定的正常视听资料完全不符；其二是凭借这样一张无声的光盘，很难证明视听资料中的证人就是潘某某本人，即使是潘某某本人，也无法证明光盘是出于潘某某真实意思录制的；其三是潘某某提供的书面证明，从性质上看属于证人证言，依据《最高人民法院关于民事诉讼证据的若干规定》（以下简称《证据规则》）第55条"证人应当出庭作证，接受当事人的质询"以及第58条"审判人员和当事人可以对证人进行询问"的规定，证人应当出庭接受审判人员与当事人的当庭质询，否则根据《证据规则》第69条第1款第（5）项的规定，未出庭接受质询的证人证言，不能成为定案依据。而本案证人潘某某在庭审当天的确未到庭，因此其提供的书面证明不能作为定案证据。一审认为鉴定部门出具的意见仅能证明3号送货单上潘某某的签名与被告认可的其他送货单上潘某某的签名不一致，并不能够对抗潘某某出具的直接认可交易情况的书面证据和视听资料，因而采纳了该证据。那么情况是否如此，证人证言和视听资料的效力是否一定高于鉴定意见？根据《证据规则》第71条和77条第1款第2项的规定"人民法院就数个证据对同一事实的证明力，可以依照下列原则认定：物证、档案、鉴定结论、勘验笔录或经过登记、公证的书证，其证明力一般大于其他书证、视听资料和证人证言"，再结合本案中，一审法官并未明确阐明证人证言和视听资料的证明力大于鉴定意见的具体理由，因此本案中的鉴定意见的证明力明显大于泰州XY公司出具的书面证明和视听资料，即3号送货单这一证据不能作为定案证据。

2. 对于浙江DH建设公司延期付款产生的利息，双方就适用的违约条款发生争议

根据泰州XY公司提供的合同显示，违约条款由原来的"延期付款按欠款总额每日万分之三支付利息"改为"延期付款超过20天按欠款总额每日万分之五支付利息"，因此泰州XY公司主张根据修改后的条款计算利息。浙江DH建设公司辩解称该条违约条款系泰州XY公司单方通过手写修改，且修改处未见浙江DH建设公司的公章或修正章，也没有公司负责人的签字，该修改条款是没有法律效力的，因此应当按照修改前的条款计算利息。一审法院认为，浙江DH建设公司在庭审中认可了"超过20天"这一部分的修改，却对"每日万分之五"的修改不予认可，这种仅仅认可对自己有利部分修改的做法不符合事实逻辑，同时浙江DH建设公司拒绝法院的要求提供自己所持合同与泰州XY公司的合同进行比对，应该承担不利的法律后果，因此支持了泰州XY公司适用修改后条款的主张。

法院判决

该案经泰州市海陵区人民法院一审、泰州市中级人民法院二审、泰州市海陵区人民法院重审才得以最终解决。

泰州市海陵区人民法院一审支持了泰州 XY 公司的全部诉讼请求,后浙江 DH 建设公司上诉至泰州市中级人民法院,二审法院全面采纳浙江 DH 建设公司的意见,裁定发回重审,后于泰州市海陵区人民法院重审过程中双方达成了和解,最终确定浙江 DH 建设公司支付 30 万元给泰州 XY 公司,本案得以圆满解决。

律师分析

律师接受浙江 DH 建设公司的委托,参与了本案的全部过程,包括案件中的诉讼策略设计、证据梳理、内部讨论、案件庭审、向一审法院监察室举报、重审时的和解等。本案案情复杂,证据涉及较多,而且还进行了笔迹鉴定,案件一审、二审、重审,持续时间超过一年。案件的关键在于违约条款的修改是否基于双方的真实意思表示以及三张送货单的真实性。原告方提供的几项证据都存在瑕疵甚至重大瑕疵,并不足以证明原告方主张的事实,但一审判决却是原告方赢了,根本原因在于一审没能正确适用证据规则,导致被告方承担了理应由原告方承担的举证责任,才出现案件一波三折的现象。

证据规则实际上解决的是证明责任由哪方当事人承担,而证明责任的本质和价值就在于,在重要的事实主张的真实性不能被认定的情况下,它告诉法官应当作出判决的内容,也就是对不确定的事实主张承担证明责任的当事人将承受对其不利的判决,因此合理运用证据规则是赢得诉讼的重要手段,值得我们关注。

律师能深入分析案件,紧紧抓住一审原告方的证据瑕疵,尤其是原告擅自在证据上补签字,涉嫌伪造证据,一审法院对于原告补签字的鉴定负有不可推卸责任,诉讼策略得当。除了专业的娴熟以及自信外,律师充分表现了职业责任感,勇于向法院监察室举报,并在二审时向法官充分、耐心说理,坚信我方依法有理,才最终扭转局面。正是由于律师坚持证据规则,毫不妥协,坚持不懈,才最终保护了当事人的合法权益。

25　"谁动了我的奶酪"

——以OX服饰公司在韩国起诉并追回应收账款案为例

张蒙迪

案　　由：海外应收账款跨国诉讼案

所涉主体：OX服饰公司（中国）、DS贸易公司（美国）、C某（韩国）等

承办律师：张蒙迪

裁判部门：一审韩国春川地方法院宁越支院、二审首尔高等法院

案　　号：2015GAHAB2296；2016NA2064242

案情简介

1.　基本背景

OX服饰公司（中国）（以下简称"OX公司"），是一家自主加工及出口的中小型外贸企业。与大多数中小型外贸企业／工厂一样，OX公司由于外销渠道有限且外贸业务能力相对薄弱，主要以外贸公司的订单渠道或国外客户在中国境内的中间商／采购商渠道作为业务来源。

2014年5月至9月期间，通过中间商W某的引荐，OX公司与美国DS贸易公司（以下简称为"DS公司"）的实际控制人C某（韩国籍）会面并商谈，期间先后确定了多份销售确认书，约定由OX公司向DS公司分批次供应摇粒绒套头衫，从宁波至美国长滩，凭提单复印件7日内付清货款；货款总金额1 240 534.82美元。

截至2014年11月，OX公司已将全部货物出口至目的港（美国长滩），共计16个集装箱柜，其中10个柜子已经通过电放提单方式向DS公司完成交付；经OX公司统计，已放行的10个柜子货物尚有440 428.60美元未付；OX公司遂控制提单，停止继续放行剩余的6个柜子（货值436 667.44美元），并要求DS公司支付剩余货款。但DS公司提出货物质量问题等理由要求货款折扣，后引发双方争议。

2.　进退两难

截至前述，OX公司实际已经进入两难的困境。

进，已交付货物的余款如采取争议解决方式，则根据双方销售确认书应提交至北京中国国际经

济贸易仲裁委员会申请仲裁,然而,由于相对方是境外主体,从仲裁的申请到裁决,到仲裁的认可与执行,最终拿回款项的可能性几乎为零;同时,剩余未放行的6个柜子,如果采取退运或者另行寻找客户的方式,由于都是贴牌的特定商品,即使能够实施该方案,OX公司也一样面临巨大亏损。

退,DS公司要求剩余所有货款折扣处理,即使折扣处理OX公司也根本收不回成本,也同样会面临折扣达成后余款被拖延甚至拒付的风险;而在之后的调查中也证实DS公司实际是个皮包公司。

3. 以退为进

面对困境,OX公司究竟该如何选择,才能挽回损失,或将损失降至最低? OX公司的负责人Y某及H某找到海泰律师事务所,寻求律师的建议。

根据OX公司负责人Y某的陈述,结合当时的实际情况,律师第一时间通过美国的合作机构对DS公司进行了商业调查,印证了对DS公司的判断。DS公司作为一个皮包公司,OX公司如对其发起仲裁或者诉讼,已仅限于理论上可行,或一纸文书的结果。

过程中,经OX公司负责人Y某披露,DS公司的实际控制人C某是韩国人,经常往来中国。后律师通过合作的韩国律所对C某本人进行了调查。经查,C某本人在韩国拥有房产及林地等不动产,资产估值可以覆盖DS公司大部分的剩余货款。

这一调查结果,对事件的进展带来了新的突破口。律师建议OX公司,在双方对结算结果达成一致的基础上,追加DS公司的实际控制人C某个人对DS公司的履约行为进行保证,为之后的诉讼埋下伏笔。

4. 出具承诺

2015年1月,OX公司向C某发出邀请,请求其来中国面谈剩余货款及未放行6个柜子的处置问题。经过两天的谈判,OX公司取得了C某个人做出的承诺函,即由其个人对DS公司与OX公司国际买卖合同项下的付款履约承担保证责任。

然C某回到韩国后,并未根据承诺函的约定支付货款,反要求OX公司继续放行剩余的6个柜子,其才愿意支付款项。

与其说无奈,倒不如说孤注一掷。虽然6个柜子存在退运或转卖的可行性,但实践中的退运或转卖由于手续麻烦及成本过高等因素反而导致大量货物滞留目的港。OX公司最终选择放弃退运或转卖,而保留货物原合同价值将剩余6个柜子电放给了DS公司。

5. 庭审争议

可以预见的,在OX公司电放全部货物后,无论DS公司还是C某均未支付任何款项,进一步采取措施已无法避免。

在海泰律师与合作的韩国律师对事实及证据进行多番论证后,以C某的承诺函作为核心证据,OX公司于2015年4月在韩国正式对C某提起诉讼,请求其支付剩余的全部货款877 096.04美元,并将其个人名下的资产进行查封。

C某本人参加庭审,在庭审中,C某作为被告方提出核心抗辩意见:

(1)个人承诺函无效。理由是其在中国出具的承诺函是受到破产案件办理过程OX公司实际控制人 Y 某及 H 某等人的胁迫才签署的，其主张撤销且该承诺函无效，并向法庭提交了其于 2015 年 1 月份回到韩国后的警察局报案记录，其不应当对 DS 公司拖欠 OX 公司的货款承担履约保证责任。

（2）买卖双方对款项结算另有约定。C 某向法庭提交 OX 公司与 DS 公司的《销售确认书》以及中间商 W 某的书面陈述，在其 2015 年 1 月份其来中国之前，买卖双方已经对货款进行折扣处理，并且达成一致，并非 OX 公司所主张的货款。

于此，案件被引入多个疑点。虽然经与韩国律师确认，韩国法律同样适用"谁主张、谁举证"的举证规则，但是 C 某的抗辩事由还是给 OX 公司的事实主张带来了不利影响。

6. 峰回路转

大胆假设，小心求证。由于案件事实的存疑，且涉嫌刑事问题，致使 OX 公司在韩国的案件经多次开庭亦无法最终得到法庭的有力支持。

经律师对 C 某向法庭提交的《销售确认书》的内容及形式进行审查，发现《销售确认书》是以邮件附件形式，通过中间商 W 某的邮箱向 C 某的邮箱进行发送；且在该邮件中，W 某实际是转发了邮件内容，该邮件的原始发送邮箱为一个 QQ 邮箱。这一信息遂引起了律师质疑。

通过添加 QQ 及发送邮件等方式，海泰律师与该 QQ 邮箱的使用者取得联系，发现该 QQ 邮箱归属于一家可以印章刻印的文印店。经过当面的回访及查看该 QQ 邮箱的邮件记录，律师证实了《销售确认书》上 OX 公司的印章实际是扫描合成的，并非原始印章。

在将证人证言及该 QQ 邮箱的记录提交给法庭后，《销售确认书》的效力最终并未得到韩国法院的认可；同时，法庭基于 W 某的虚假陈述也否定了其承诺书所载的其余内容。

7. 出庭韩国

由于没有直接的客观证据证明 C 某是否是受到胁迫才签署《承诺函》，事实存疑。在法庭的要求下，OX 公司负责人 Y 某出庭韩国法院，接收法庭的问询。

无论是当事人出庭还是证人出庭，对代表一方的律师而言，其压力都是巨大的，因为往往无法控制现场当事人陈述或证人被盘问的过程。而在先后经过两个半天的开庭，无论是法庭调查，还是双方的交叉盘问，从 OX 公司最初与 DS 公司之间的接洽到双方买卖合同的签订过程及方式，从 C 某出行中国及其入住酒店到其与 OX 公司相关人员谈判过程，从 C 某回国后双方的往来邮件及质量异议的沟通到货物在目的港的放行等事实的多个细节都予以一一核实。

考虑本文的整体结构，亦不在此描述 Y 某出庭韩国法院的具体过程。不过，境外人员前往韩国法院出庭，确实成了当地法院的首例。本次韩国法院要求 OX 公司负责人 Y 某出庭，目的也是在无其他客观证据的前提下，排除存疑的可能性并证明案件所涉的事实内容。

8. 判决执行

历经一年半左右的审理时间，韩国当地法院最终做出判决支持了 OX 公司的全部诉讼请求。在韩国，经一审判决后，胜诉方即可申请执行，且不影响之后二审及／或三审的程序。故 OX 公司遂向法院申请对 C 某个人名下的财产予以执行。

于本文出具之时，经与韩国律师核实，目前该案同时处于二审阶段，以及执行阶段的资产评估过程。

律师分析

就笔者所知，像 OX 公司这样的中小型外贸公司或加工企业，碰到被外商拖欠或抵赖货款的情形不在少数。国外客户以质量异议为由拖欠款项，也早已是外贸行业中习以为常的情形，或也成为国外客户要求打折少付货款或扣款赔偿的惯例手段。而就笔者所接触的外贸型企业，90% 以上都会选择妥协接受打折或扣款处理，一则法律上面临海外诉讼追讨的可行性太小，另则商业上考虑与国外客户的长期合作。虽然一小部分外贸企业会选择将赔偿损失转移给工厂，但查阅众多案例，诉讼成功的例子是很少的。

其实就本案而言，与其说借鉴，笔者更认为这就是一个教训。因为这个案件之所以最后得到有利判决并进入到有效的执行阶段，是在多个事实环节及时、合理地采取了对应措施，然而并非每个案件或每个海外应收款项目都会有这样的机会。

其一，如果 DS 公司的实际控制人 C 某始终未能进入到中国境内，并签署承诺函，由其个人对 DS 公司的履约义务予以承诺，那么从法律上，基于合同的相对性，是无法直接追加合同之外的第三方并请求其承担合同义务的。那么最终对 OX 公司而言，或许只能开启遥遥无期的涉外仲裁或诉讼，而相对方还是一个无任何资产的皮包公司，其结果显然也是可以预见的。

其二，如果 DS 公司的实际控制人 C 某在韩国境内没有可供执行的财产，那么对本案来说，其实际效果显然也会大打折扣。例如，目前在中国境内存在大量的失信人员致使很多执行案件无法完结，债权人的合法权益最终无法实现。

其三，如果判决不能在韩国全额执行的话，那么根据韩国与美国的司法互助协定，该判决同样可以在美国得到认可与执行。因为据知 C 某在美国也有个人资产，即使最终未能全额偿还，那么 C 某在美国、韩国的出入境及商务往来也将受到进一步的限制，从而保障了 OX 公司最终追回款项。

其四，出庭与否，一直是律师与 OX 公司内部争论的问题。一旦出庭，Y 某将接受法庭以及对方的盘问，且语言不通需要现场翻译，那么 Y 某能否在出庭过程中做出完整的陈述，能否对事实进行合理解释，还是会因为紧张或对细节的遗忘致使这次出庭反而达到不利效果。Y 某虽然是 OX 公司的实际控制人，但其并不具有高学历且不懂英文，实际业务是通过公司业务员负责跟进，而案件中又存在大量的英文合同及邮件。为此，笔者与韩国律师共同对 Y 某进行了出庭辅导，并决定由 Y 某出庭。虽然出庭过程是不顺畅的，但事实证明，这个决定是正确的。法官从心证上对 Y 某的远道出庭予以了认可，在无其他书面客观证据的基础上，认可并接受了 Y 某对事实部分的陈述。补充一个小插曲，法庭还参照证人出庭作证的制度给 Y 某的出庭予以现金补贴，试想在信用缺失的时代鼓励证人出庭秉着诚实正义的理念来化解纷争，或许也可以是法治建设需要推进的一个重要环节吧。

最后，在韩国法院最终判决并支持 OX 公司全部诉讼请求的时候，除了激动，笔者作为承办律师，更多的还是庆幸，庆幸 OX 公司及负责人 Y 某等人一路的信任而得以主导并推进案件，庆幸与韩国律师的沟通无误而使案件一直能得到有效的论证，庆幸在有效财产保全的前提下，当事人的权益最终能够得到保护和实现。

律师建议

1."你必须始终知道你的交易对手是谁!"

笔者在接触不少海外应收款催收项目过程中,很多当事人根本无法第一时间告知其真正的交易对手是谁。这里不是单纯理解合同的相对方是谁,而是实际控制人。知晓你真正的交易对手,这不仅仅是交易开展前所进行的合理风控,更是之后能否进行款项催收或采取何种催收方式的根本前提。

如果连一些皮包公司的面纱都不能揭开或不懂揭开,那么笔者还是奉劝连交易的前期谈判都不用开启了,至于碰到那些会借用有资质的公司来谈判,但实际签约则是换个公司的情形,则务必于签约时谨慎对待,必要时在条款中追加相关主体。

目前,对于境外主体也是有不少第三方的机构可以提供资信调查服务,所以对于我们境内很多企业来说,完全有条件也有必要对自己的合作对手进行一定调查,才能对未来的商业合作做出合理的判断和预期。

2. 切勿利益蒙心,应当及时止损

笔者最近正好在看美国黑石集团的历史,也关注到创始人苏世民近期在一个会议上谈到黑石投资成功的首要秘密是"不要亏钱";其实,巴菲特也是这么说的。当然笔者不是想说投资,而是说,同样在贸易领域和经济领域越是收益大的,随之而来的风险也是越大的,需要看清本质,不要被看起来有利可图的交易蒙蔽自己的内心。

前面已经说了,知晓对手是前提;而如何与对手进行交易,是核心。如早些年信用证诈骗爆发的时候,在众多案例中,并不是无法看透那些条款的陷阱,更多的是因为"这是一个大订单""这里有很高的利润"等因素,而致使忽略了交易的过程,交易的本质。在笔者看来,这跟踩着钢丝赶赴刑场是毫无差别的,不是摔倒在路上,就是在最后被终结。企业自身根本没有风险防范意识。

同样的,在国际贸易或跨境交易中,开始出现亏损时,那么如果前期根本没有进行过合理调查,也没有对交易本身采取过防范措施,那么切勿执迷,越是往后,再健全的法律也无法挽救,越是往后,其实跟赌博是没有多大差别的。

3. 写在最后

其实,前面提到所谓建议,既是法律的,也是商务的,也是笔者这几年自居为涉外律师与诸多当事人沟通后的一些体会。

身为律师,我们需要去揭开项目中的具体法律关系,也要去看清项目中的事实真相。尤其在涉外的项目或案件中,更是如此。可往往,当情况已经发生时,我们介入后,才发现真相并非原先想的那样美好,而更可悲的是,这个真相早就在那里,却因为没有防范意识,或过于主观,而只看到眼前的利益,忽略背后巨大的风险。

就好像老鼠只看到奶酪,却总看不到奶酪背后的夹子。望引以为戒。

第八章　借款合同纠纷案例解析

26　借款变分红，老外变老赖

——虞某诉Bryan涉外民间借贷纠纷案评析

邬辉林　李珊珊

案　　由：民间借贷纠纷

当事人姓名或名称：

原　　告：虞某

被　　告：Bryan

承办律师：邬辉林、李珊珊

裁判部门：宁波市中级人民法院、浙江省高级人民法院

案　　号：浙江省高级人民法院（2016）浙民终641号

案情简介

　　虞某与美国人Bryan为生意合作伙伴，长期共同从事国际贸易。俩人在香港共同注册设立了一家CPS公司，各自拥有CPS公司50%的股份。CPS公司的银行账户用于收付货款、支付员工工资差旅、股东分润等各类事项，这也为后来的争议埋下了伏笔。

　　2012年2月，因Bryan购置房产所需，向虞某借款28万美元，签了Loan Agreement（借款协议）。借款到期后，Bryan无力偿清全部借款，虞某念及一直以来的合作，在2015年2月就剩余的19.5万美元再次签订Commercial Loan Agreement（商业借款协议），放宽借款期限。但虞某未想到的是，这一举动在2015年两人"分家"的背景下，Bryan对此完全不领情，翻脸不认账，拒绝偿还借款，更是对法官表示，这笔借款根本没有发生过，虞某所说的28万美元是自己在CPS公司应得的分红款，并不是借款；两张借款协议也只是受威胁而签字，实际从未收到过借款。

邬辉林律师从账户款项支付时间与路径、结合CPS公司账户的收付款历史、公证电子邮件等方面，织成一张相互印证的证据网，对本案的款项交付给予了充分的解释。对于Bryan所提供的文件，经和虞某一起，比对签字文件与CPS公司的账册，邬辉林律师在庭审中一一予以有效驳斥，并最终使法院接受我们的主张，认定款项已经交付，判决Bryan连本带息偿还全部借款。

Bryan不服，提起上诉。邬律师再次在浙江省高级人民法院成功阻击Bryan的花式赖账。二审判决维持原判，虞某胜诉。

律师分析

本案为涉外民间借贷，因债务人与债权人之间的商业合作关系导致款项交付问题复杂化。我们判断认为本案的主要诉讼风险在于：①CPS公司在虞某退出后，已经由Bryan接盘并再次"转手"，无法调取香港银行的转账记录；②即使可以调取转账记录，出借款项是虞某所得分红款以直接转账Bryan的方式交付给Bryan，款项性质无备注，可能存在款项混同的认定障碍，无法单纯从转账记录证明借款已实际发生；③Bryan出示各种文件资料，欲证明"分家"时俩人已互不相欠。

我们认为在处理此类案件时，除了要做好送达、财产线索调查与保全、电子邮箱公证、翻译等事项安排外，须努力收集、组织证据，还原借款事实真相，积极应对债务人的百般抵赖，使法官倾向于采纳己方的观点。诉讼策略需要围绕排除法官疑虑去制定，编织出借款项已经交付的相互印证的证据链条，并为此确定取证方案。一、二审的胜诉最终证明我们对案件初期的判断正确，取证方案周全有效，成功为客户追回借款。

案例启示

在外贸领域有很多案例显示，国外有渠道资源的客户与国内的外贸企业会通过在香港或内地设立合资企业的形式，实现优势互补。在这个过程中，合作形式与分红形式不尽相同，但是遇到的普遍问题出现在两端：第一是在合作之初没有对合资的细节以及法律敏感点（例如公司治理、退出机制等）进行有针对性的深度谈判，也没有签署过相应的定制化的协议，而基本上套用简单的注册文件，因此，很多在合作中出现的争议点双方都没有协议依据。第二是在合作结束时对于公司如何清算，或者由一方收购或回购的收官阶段，没有对公司最后的资产、负债特别是关联资金往来双方进行彻底的结算，而是匆忙之间清算公司或转让股份，导致收官结束后的秋后算账。其实，本案中我方当事人虞某还有更多的诉求与损失产生在公司经营过程中，但是他也一样在合作期间存在上述第二个问题，以致在没有很充分、彻底的完成合资公司的双方股东的结算程序，匆忙之间转让公司股权和移交公司账册资料等，导致后续的很多主张都无法实现，只能在局部的个人债务中去争取部分权益。而即使是借款债务，在这个案例，对方之所以在已经有借款借据的情况下还万般抵赖，最大的底气还是来自于其掌控了公司的控制权，而本案的全部借款资金的往来汇款、部分还款都是通过合资公司的股东分红款来实现的，而且在双方法庭较量中遇到了对方将公司关联账务往来与个人借贷混同的抗辩，无形之中增加了诉讼的障碍与举证的难度。因此，建议合作双方在企业设立以及企业退出时，需要签署法律、财务上的特定、详尽的协议文件，在合作之初说清楚，在合作结束讲明白，避免徒生诉累。

附：

一审代理意见要点

虞德武诉 Bryan David Marsh、王某民间借贷纠纷

（2015）浙甬商外初字第 175 号

代理意见要点

尊敬的合议庭：

我受浙江海泰律师事务所指派，接受虞德武的委托，担任其与 Bryan David Marsh、王某民间借贷案件诉讼代理人，发表律师意见如下：

一、先后承接的两张借条证明存在借款合意

1. 存在约定明确的两张借条：明确具体金额的借款已经借；明确了借款用途；明确是个人借款。

2. 公证邮件中被告 Bryan 也自认存在 19.5 万元的借款关系，只是平白地认为已经还清。

二、互相印证的证据证明款项已经交付

1. 28 万元美元确已借给被告：本次纠纷源于 2012 年 2 月 7 日 28 万美元借款，到期后未完全清偿，才就剩余未支付的 19.5 万美元签订了第二张借条。被告律师也在庭审中自认收到过香港 CPS 公司的 28 万元美元。

2. 若无先借，何来部分还款：被告 Bryan 针对首张借条已经还款本金 8.5 万美元以及 16 096 美元利息（共分 4 次支付），也才就剩余未偿付款项有了本次纠纷要求继续偿还的基础。被告律师在庭审中未否认存在 4 次汇款，却认为数额吻合的款项并非还款。

3. 公证邮件中被告 Bryan 自行计算的"房屋债务＋5 个月利息"＝199 875 元，也正是基于第二张借条中的本金和利息约定（关于这个数额，Bryan 误将第二年 6% 利率当作首年利率来计算）。

4. 原告虞德武以分红款从双方合作公司 CPS 公司汇给被告不改变款项已经交付的事实。

三、被告的抗辩自相矛盾，未尽到举证责任，未能提供合理说明

1. 从整个借贷关系的背景以及证据中，可以推断借款已经交付；如果被告律师认为款项从 CPS 公司汇出并非是借款，则无法解释部分还款和邮件自认。

2. 款项已经交付的前提下，若被告律师认为款项已经还清，根据《民间借贷司法解释》第 16 条，被告承担"已经偿还借款"的举证责任。而实际情况是被告未提交任何有原件支持的证据来佐证。

3.《婚姻法司法解释（二）》第 24 条对于是否构成夫妻共同债务，以构成共同债务为原则，除非被告能够证明原告与 Bryan 之间明确约定为个人债务或者符合法律规定的其他情形。本案中，被告未能证明。

四、情况说明

3394公证邮件中原告作出"关于第八点,你借我这个人的钱的利息应该按你完全还我借款的那天计算"的原因。

原告的第八点答复是针对"房屋债务＋5个月利息"这一项。当时的背景是,Bryan计算了19.5万美元至制作表单这一期间的本金及其利息199 875元,企图通过无依据的其他项目单方面认为债务已经抵消。原告据此回复,没法接受Bryan自行抵消债务、自行截止到表单制作日的利息计算,利息计算必须终止到还款之日。Bryan使用的邮箱确为Bryan@cpsltd.email。原告认为CPS公司的域名注册信息已经充分证明,此邮箱确为Bryan在使用。为防止被告销毁证据,原告已将补充证据公证。另外,2016年1月份,Bryan的员工在日常业务中也曾将邮件错误抄送至原告虞德武的员工(因为双方原本有合作关系),该份邮件也能进一步印证Bryan使用同一个邮箱与自己的员工开展交流,抄送的邮件请详见附件(此处不再附加)。

综上,本案借贷关系明确,证据充分,应受法律保护。

以上代理意见,望合议庭采纳。

代理律师:邬辉林

2016年3月25日

27 一波三折,借款惊魂

——刘某媚等诉刘某风等民间借贷纠纷案解析

朱 武

案　　由:民间借贷纠纷案

当事人、利害关系人姓名或名称:

原　　告:刘某媚、沈某(二人系夫妻关系)

被　　告:刘某风、博风集团

承办律师:朱武

裁判部门:杭州市西湖区人民法院

案　　号:(2015)杭西商初字第18号

案情简介

刘某风因经营需要,自2009年8月22日开始陆续向刘某媚借款,共计32笔,前后累计金额达到73 928 867元。在前述出借款项中,部分系刘某媚的自有资金,部分系刘某媚从其他方借来,再转借给刘某风。在历次出借行为中,针对其中部分借款,刘某风向刘某媚出具了借款借据(主要为转借的资金,因为刘某媚需要对资金来源方有个资金去向的凭据说明),部分则未出具借款借据(主要为刘某媚的自有资金出借)。而在历时将近两年的借款过程中,刘某风也有陆续归还借款本金和利息的行为,累计归还本息44笔,共计76 930 636元。

2012年中旬,刘某媚和刘某风经协商,对历次出借和归还的资金进行汇总,并于2012年6月10日出具两份《借款协议》,同时追加博风集团为借款保证人。确认尚欠本金1 538万元,并约定了每日利息。后经鉴定,借条上的利息、违约金等内容均系事后添加,《借款协议》出具当时并没有利息、违约金的内容。

自2012年6月10日之后,至2013年3月1日,刘某风向刘某媚偿还300万元。刘某风当时言明,该款项用于归还欠刘某媚的借款利息。

转借资金部分的借款,自2012年6月10日签署《借款协议》后,刘某风分文未还。根据其中一张《借款协议》约定,尚欠借款金额为953万元,还款时间为2012年7月9日,逾期还款的,则按日支付违约金 6 266.3 元。根据另一张《借款协议》约定，尚欠借款金额为 585 万元，还款时间为 2012 年 6 月 25 日，逾期还款的，则按日支付违约金 4 045.32 元。

刘某媚、沈某以该两份《借款协议》为基础证据，于 2013 年 2 月 28 日向杭州市西湖区人民法院提起诉讼，并根据两份《借款协议》，分成两个案件起诉，要求刘某凤归还借款，并由博风集团承担连带保证责任。西湖区人民法院于 2013 年 11 月 28 日作出一审判决，以没有证据可以证明借款协议项下的借款款项已经交付，也没有证据可以证明借款协议中的借款金额系既往借款结算形成为由，驳回了刘某媚、沈某的诉讼请求。刘某媚、沈某随即向杭州市中级人民法院提起上诉，杭州市中级人民法院于 2014 年 12 月 9 日作出二审判决，维持原判。

刘某媚、沈某在收到杭州市中级人民法院的终审判决后，即找到浙江海泰律师事务所商量案件处理办法，最后确定以双方往来款项的证据为案件基础证据，以借款协议等作为辅助证据，以一个案件提起诉讼。

2014 年 12 月 23 日，浙江海泰律师事务所受刘某媚、沈某委托，正式向杭州市西湖区人民法院再次以民间借贷纠纷的案由提起诉讼。

在案件办理过程中，代理律师充分利用刘某凤在前案审理过程中曾自述从未出借款项给刘某媚、沈某，结合双方款项往来情况、以各种利率标准、各种还款方式，做了 40 余份不同的数据计算表格，并结合双方之间民间借款中的习惯等，以此作出大数据分析，得出结论：月利率 2.5% 是相对合理的平均利率水平，最低月利率也不会低于 1.5%，否则会出现大量的超额归还数据。

被告抗辩

刘某凤、博风集团主要抗辩理由："1. 本案的再次起诉违反了一事不再理原则；2. 实际还款金额已经超过借款金额，本案除少数借款有利息约定外，均无利息和还款时间的约定，因此所借款项均已还清；3. 原有判决已经确认《借款协议》并非双方结算的依据，故主合同无效，从合同亦无效，博风集团无须承担保证责任。"

法院审理

（1）刘某媚、沈某虽将前案中的两份借款协议作为本案的证据，但在前案中主张的借款本金为借款协议载明的借款金额，在本案中是以双方往来款作为基础材料，并据此计算出所欠本息主张权利，因此本案并未违反一事不再理原则。

（2）虽然借款协议中的利息、违约金内容系刘某媚自行添加，非签约各方的合意，但在借款协议签署时，刘某凤确实存在尚有借款未归还刘某媚、沈某的情形，因此博风集团在该借款协议中作为担保方盖章，对其就刘某凤欠刘某媚、沈某在协议载明的借款本金金额范围内承担连带担保责任的意思是明确的，故博风集团对本案所涉欠本息款项范围内应承担连带保证责任。

（3）因刘某凤从未出借款项给刘某媚、沈某，因此出现大量超额归还数据不符情理，结合被告的庭审自认情况、民间借贷习惯，除借款借据已经载明利率的借款之外，其他借款以月利率 1.5% 计算利息。还款过程中曾出现的超额归还金额，作为既往借款的利息，自超额情况出现时，即视为借款本息清零,以新发生的借款重新开始计算借款本息。

案件结果

2015年11月6日,杭州市西湖区人民法院作出(2015)杭西商初字第18号民事判决书,判令:①刘某风在民事判决书生效之日起十日内偿还刘某媚、沈某借款本金10 787 816元;②刘某风于判决生效之日起十日内支付刘某媚、沈某暂计至2015年10月31日的利息5 259 060元,此后至本金还清之日止的利息按年利率18%另行计收;③博风集团对刘某风的上述第一、二项应付款项承担连带保证责任。

律师体会

本案是一起亲友之间基于信任发生民间借贷行为导致的典型案例。该案例的警示,主要在于:①利息计算问题:如果没有书面约定借款利率,那么能否计算利息、如何确定利率将会成为重大争议,目前司法导向以不予计算利息为主流。本案的成功有一定特殊性,双方之间存在笔数众多、金额巨大的借款资金往来,这为大数据测算提供了基础。如果没有这些海量的数据支撑,那么本案的利息主张能否获得法院支持,尚存一定疑问。②既往借款汇总形成的借款协议,应该对协议签署的背景进行必要的梳理和描述。③出借人未经借款人、担保人许可,签署后自行在借款借据上添加的内容,容易被认定为无效条款。

28 抽丝剥茧析"亿元借条",启动测谎还事实真相

——王甲与王乙民间借贷纠纷案解析

汤 涛

案　　　由：民间借贷纠纷

当事人姓名或名称：

原　　　告：王甲

被　　　告：王乙

承办律师：徐建民、汤涛

裁判部门：慈溪市人民法院、宁波市中级人民法院

案　　　号：(2016)浙02民终1654号

案情摘要

1. 二十年兄弟情,近七亿经济往来

王甲与王乙均系宁波慈溪人,约于1997年相识,后交往甚密,成为好友。两人各经营工厂事业,并以各自关联公司等为对方银行等债务担保,转贷周转。关联公司与公司、王甲、王乙及各自的家庭成员等之间存在的多笔交叉性的汇款、付款、垫款等。据不完全统计,自1997年至2014年成讼,双方交易笔数两百余笔,款项往来金额近人民币7亿元。其中,涉案关键几笔如下(简称为"六笔汇款"):2009年3月19日,王甲关联公司慈溪SA公司汇款200万至王乙内蒙古BM公司;2009年4月27日慈溪SA公司汇款150万元至王乙镇海JC公司;2009年9月28日,慈溪SA公司汇款250万元至镇海JC公司;2009年10月28日,慈溪SA公司分两笔各1 000万元汇款至SA公司。同日,王甲汇款1 000万元至王乙个人账户。2011年9月1日之后,王甲及其关联公司又汇付给王乙及其关联公司2 870万元,王乙一方汇付王甲一方3 490万元。

2. 一张蹊跷借条,王乙欠王甲一个亿

2011年9月1日,王乙出具借条一份,载明:"今借到王甲人民币9112万元,注具体借款金额如下:①上述借款2009年10月,因苗某拥有的北京BTL房产公司项目急需资金救急,当时经我介绍,

苗某与王甲关于借款事情进行商议,后苗某提出,借款金额4000万元,借款期限5个月,固定利率返回,用借款金额的70%返还(借期5个月不计息),4000万元借款返还利润2800万元,借款自2009年10月30日至2010年3月30日到期归还借款共6800万元整。苗某为保障此借款的按时还款,提出以苗某拥有的北京BTL公司的股权做抵押,当时苗某名下有79%股权用于抵押,由于股权抵押给王乙(有苗某和王乙2009年10月30日借款时的协议),因王甲的4000万元借款转让王乙名下,用王乙名字汇票打入北京BTL公司,借据由王乙给王甲,苗某向王乙出具借条(详见2009年苗某出示给王乙的借据和协议)。②因苗某到2010年3月30日未能归还借款6800万元,同时也没有将名下的79%股权抵押给王乙,造成借款不能归还(王乙借王甲)。2010年3月30日,苗某的借款因多种原因说不能归还,要求我同王甲商议,苗某予以支付延期借款6800万元的利息,确定利息按月息2%支付,延期借款不得超过3个月,即到2010年7月1日必须还清全部借款和利息。由于种种原因,苗某至今未还王乙的借款,也未将BTL公司的股权抵押给王甲,造成王乙无力归还王甲的借款和利息。据三方约定的利息,支付给王甲的确定从2010年4月1日到2011年9月1日为17个月,合计利息为2312万元,总借款9112万元。"该借条落款为:"借款人王乙2011年9月1日",落款后有"担保人"。

3. 四年"四次审理",真相扑朔迷离

(1)一审认定3400万元借款本金,王乙败诉。2013年12月5日,王甲以民间借贷纠纷为由,向慈溪市人民法院提起诉讼,要求王乙归还欠款9112万元及利息,并提供上述借条及六笔汇款作为借款本金4000万元的基础证据。王乙主要抗辩如下:"①两人之间并不存在4000万元债务,借条并非出具给王甲,仅作为向苗某催讨巨额借款、确认股权抵押的凭证,因王乙碍于直接向苗某主张高额固定回报,故以4000万元系王甲的为由出借给苗某,因苗某逾期未还,准备再以王甲名义进行催讨,在两人找苗某签字遭到拒绝之后,王甲私留借条;②六笔汇款均系两人关联企业及个人之间的普通经济往来,其中前三笔为转贷所需,在前日、同日或隔日,均有相应款项汇往王甲关联公司账户;后两笔公司汇款往来,也为公司临时周转,相应公司已经汇款归还,个人借款基本归还。"

慈溪市人民法院一审判决:被告作为完全民事行为能力人,同时作为企业的法定代表人,对其出具借条的后果应当明知,对借款过程的详细描述并不能否认借条内容的真实性……2009年3月19日等三笔600万元借款不能作为借条项下款项的交付,本院认定王甲实际交付王乙借条项下借款3400万元。对于在签写字条之前的其他款项均不予处理……2011年9月1日后,王甲汇付给王乙2870万元,王乙汇付给王甲3490万元,因双方对于王乙汇付款项系归还何笔借款未作约定,故应先返还在先的借款。王甲明确表示不在本案中主张2870万元,且也不属于王甲诉请主张范畴,故本法院不予处理。故王乙于2011年9月1日借条出具后汇付的3490万元应作为归还借条项下的借款本息,现王乙尚欠王甲借款本金为19 516 334.03元……判决如下:被告王乙在判决生效后支付借款19 516 334.03元,支付原告王甲利息等。

一审宣判后,王甲和王乙均不服,上诉至宁波市中级人民法院。

(2)二审发回重审,王乙一线生机。王乙上诉之后,委托海泰律师事务所徐建民律师团队代理。律师团队代理案件之后,对一审所有材料进行了详细的剖析,制作了多张图表。徐建民律师在二审庭审中,主要对借条真实性、交付真实性、两者符合程度、借条主体与交付主体不符、一审判决自相

矛盾之处进行了陈述,并将之制作的相关图表逐一向二审法官展示。合议庭听取了王乙方答辩意见,为核实借条真实性,承办法官向案外人苗某核实,并在对王甲、王乙多年来账目进行核实对账后,认为一审认定事实不清,裁定撤销原判,发回重审。

(3)重审"变本加厉",王乙雪上加霜。发回重审后,王乙对重审寄予厚望。重审庭审中,王乙代理人继续对王甲提供借条内容与事实的不相符性,王甲、王乙作为法定代表人擅自处分公司财产,王乙关联方汇款等几个角度陈述意见,以期推翻原审判决,驳回王甲的全部诉讼请求。

重审经过几次开庭审理之后,法院做出如下认定及判决:本院认为,王乙作为多年从事公司经营管理的企业法定代表人,其对出具借条可能产生的法律后果应是明知的。尽管借条中涉及案外人苗某,而苗某未在借条落款的担保人处签名,但要求苗某提供担保不成,并不能作为否认整个借条真实性的理由……故对讼争借条的真实性,本院予以确认,本案讼争借条是时隔两年后补的一份借条,王乙在该借条中确认了其在2009年10月向王甲借款4000万元的事实,而该事实与苗某关于2009年10月30日其向王乙所借的7500万元款项来源的陈述能相印证,故对王甲已向王乙交付借款4000万元的事实予以确认……可见,王乙确实存在使用其控制企业进行个人资金往来的习惯,故对王乙与汇付JC公司款项与其借贷无关的主张不予采纳……故对2011年9月1日前双方各自汇付款项,本案中不再分析处理……对于2011年9月1日之后,王乙相关公司汇付给王甲相关的2 650万元,与王甲相关公司汇付王乙相关公司的款项时间、金额上均能一一对应,观察款项流向可见均与一方在银行的信贷业务相关,结合王乙曾自认的双方关联公司因归还各自银行贷款所需进行临时周转,该部分款项已相互结清,对王甲的该主张予以采纳。综上,王乙尚欠王甲借款4000万元,尚欠至2011年9月1日的利息为10 430 120元……判决如下:被告王乙于判决生效之日起十日内返还原告王甲借款4000万元,支付原告至2011年9月1日的利息10 430 120元,并支付原告自2011年9月2日始至借款实际清偿日止以借款4000万元为基数、按月利率2%计算的利息……

王乙对该判决不服,再次上诉至宁波市中级人民法院。

(4)重审二审"另辟蹊径","测谎"还原事实真相。在重审二审中,法官组织当事人进行调解,并当庭询问双方当事人是否同意测谎,王乙欣然同意,王甲亦表示同意。后在中级人民法院组织下,对王甲和王乙进行测谎,对王乙的发问问题如下:是否借过4000万元;3400万元是否包含在借条内;借条是否真实;是否见过苗某。这四个问题,王乙均获通过。而对王甲所提的相对四个问题,只有最后一个问题"是否见过苗某"通过测试,其他均认定为"谎言"。

王乙多次陈述并强调事实真相如下:王甲与王乙为多年挚友,相互极为信任。王乙为获取利率每月三分的利息回报,多次将资金借给苗某用于投资经营北京房地产项目。因此借款项过多,反倒受到苗某及项目牵制,如不向苗某继续提供借款,可能前序借款亦难收回,同时见苗某该项目很可能获得巨额收益,在苗某再次向王乙筹措资金时,王乙确实资金不足,向王甲筹措。王甲称:我可没有资金借给苗某,这部分钱给你周转,近日即要归还。王乙应允,并假借王甲之名,对苗某称4000万元来源于王甲,苗某才答应70%回报的高额利息。后当年,次月及12月,王甲即向王乙催讨,王乙将款项归还,为平复公司账目,各公司分别汇回。个人之间的汇款,因多年来未做详细整理,也没有详解结算,但亦归还了部分。至2011年9月,眼看苗某无意归还借款,王乙与王甲商量,再次假借王甲之名,催要借款。同时因苗某答应的股权质押迟迟未成,借条要再次确定,要求苗某签字。两人商量毕,即由王乙执笔,书写了上述借条,两人拿着借条找到苗某,要苗某签字,苗某不悦拒绝。当时该借条在王甲处。王乙告知王甲该借条无用可以处理掉,王甲应允。后王乙得知王甲并未撕毁该"虚假"借条,大怒,并与之争吵。后王甲起诉。

律师分析

徐建民律师团队在接受案件委托之时,即将重点放在了民间借贷的两大要素上,即借条和交付,并针对案件展开了多次深入的调查和论证。

1. 周全论证,撕开亿元借条的虚假面纱

本案中,重点也是支撑"4000万元借款"的证据就是"一张借条、六份汇款"。但同时,这两份证据自身及相互之间,矛盾重重。

本案至关重要的证据"借条",既是王甲主张权利的基础性证据,也是一审、重审判决事实的依据,对于该借条,代理律师进行"庖丁解牛"般的分析和论证:

首先,这是一份形式真实但又不寻常的借条,该借条由王乙书写全部内容,还在落款处签字。看似普通,但该份借条几乎写满了两页纸,近800字,如此冗长繁复,完全不符合普通借条的基本特征,当然,一审法院关于"对借款过程的详细描述并不能否认借条内容的真实性"也有一定的道理,借条也可以内容翔实,但在"翔实"的借条不符合常理的情况下,是否应当再进一步探究:为什么单单这份借条如此"翔实"? 从这些"翔实"的内容里透露出什么信息和情况?

一问:这是一份什么性质的借条? 结算式的还是单笔借贷?

这个问题比较复杂,因为王甲本人及其委托代理人做了多次且相互矛盾的陈述和论证。王甲在起诉时以"一份借条、六张单据"完美的呈现了王乙拖欠王甲4000万借款的图景,而这并经不起推敲及王甲自身的自我矛盾。

这是单笔借贷? 即如王甲起诉主张,该4000万借款由王甲分六笔支付给王乙,借款时间与金额无法对应。王甲起诉状中陈述,"因案外人苗某急需资金",同时王甲本人在庭审中陈述"2009年10月上旬,被告要求借款4000万元",借款意向在2009年10月上旬,而王甲支付王乙的款项在2009年3月、4月、9月? 这显然与常理相悖。

这是结算性借条? 涉案当事人之间近20年素有款项往来,根据双方提供单据的不完全统计,共计200多笔往来。在这么多基本没有实际交易,仅作为款项周转之用的交易中,双方从未出过欠条,在2011年9月1日这个"不前不后"的日子,王乙出具的这份借条是对之前的款项结算吗? 王甲本人陈述,"2009年10月8日前,被告还欠我1000多万,后来要借给苗某,我就在10月28日汇了3400万"按此结算,王乙"拖欠"王甲的并非4000万,而是4400多万,并且这4400多万也是多年积累下来,但为什么出具了金额为4000万而非4400万元的借条? 王甲本人陈述"他说超过4000万元的钱他会另外还我的"。至此,这份借条的性质无法言明,既不是单笔借款,又不是款项结算,而原告却无法解释,为何双方已经结算款项,却不写明全额,仅写其中一部分!

综上,这份借条的性质,不是单笔借款,也不是双方结算。

二问:这是一份符合经济利益的借条吗?

商人逐利,这是亘古不变的基本法则。王乙之所以会为案外人苗某周转借款,首先是因为该资金周转,给王乙带来月息3分的收益,其次,也衡量了借贷的风险。但是,王乙却在借条中确认王甲对于4000万元借款在5个月的期间内有70%的固定利润,这是什么区别和概念呢? 王乙借给苗某的4000万元,5个月的收益为600万元,而王乙却需要向王甲支付2800万的利息! 王乙"作为一个完全民事行为能力人,同时作为企业的法定代表人",对这简单的盈亏应当明知,明显的违背经济利益,显然这份借条并不寻常。这是一份违背经济利益的借条。

三问:这是一份内容真实、完整的借条吗?

借条中除了写明借款金额,还详细描述了借款时间、经过,能否撇开中间所有内容,只是截取到关键的"借款""4000万元""借款人王乙",其他的都置之不顾呢?

内容真实吗? 借条载明"经我介绍,苗某和王甲关于借款事情进行商议,后苗某提出:借款金额4 000万元……",既然是王乙、王甲之间的"借贷关系",为何在借条中写"苗某与王甲借款"? 王甲代理人可能以一句"这是王乙本人自行书写的"搪塞,但如此不符合"借贷主体和关系"的借条,王甲当时为何会接受? 在双方要书写借条时,为何不做任何审查和要求修正?

内容完整吗? 该份借条在结尾处"担保人"赫赫在目,后面的空白也十分显眼,当时准备在"担保人"处签字的是何人? 为何没有签字?

这是一份内容不真实、内容不完整的借条。

2. 细致比较,推动法院进行深入调查

本案二审中,徐建民律师根据案件情况,制定了周全的代理思路,带领团队在当事人会计的协助下,对双方20年的款项往来进行了梳理。庭审中,多次向法官陈述:在借条载明的日期不存在4000万元债务,在双方近20年的经济往来中,也不存在4000万元的欠款。最终二审法官采纳了徐建民律师的代理思路,对双方20年的经济往来进行了梳理和对账,最终发现,无论是双方公司与公司之间,还是个人与个人之间,或者是双方"总账"之间,均不存在4000万元的差额。加之借条本身更令人疑惑,使本案出现了重大转机。

3. 坚定信心,努力为当事人争取正当利益

在重审失利后,当事人王乙情绪低落,但徐建民律师并没有因此失去希望,让团队成员做进一步的分析对比,做图表向法官展示抗辩思路。

最终,正是因为上述对借条的详细论证,找到了一审"认定后写借条却否定借条载明金额"及重审一审"以借条代替了借款交付"的漏洞和自相矛盾之处,打开了一审、重审的判决缺口,促使重审二审法官对借条产生了极大的合理怀疑,并启用了民事审判中不常见的"测谎"方式,还原了事实真相。

律师建议

民间借贷纠纷是常见、多发纠纷。在日常生活、经济生活中比比皆是,也是民事代理中的常见类型。民间借贷的标的,少则临时周转的三五千,多则上千万甚至过亿。金额不同,对于借条及交付等要求也不尽相同,以下主要从民间借贷多发的争议点角度,提供几点建议:①借条本身永远是民间借贷的重中之重。而对借条进行仔细推敲也是非常重要的,比如"今借""今借到""本人向某某借款"等,措辞不同,可能就隐含着不同的借贷行为、时间和方式;②借条出具时间与款项交付时间,也存在着必要的关联,如果时间明显无法对应的,也说明其中必定有不实之处;③借条出具主体与汇款主体,在借条无说明当事人有异议的情况下,主体应尽量保持一致。尤其对于涉及公司的,更要注重公司的独立性,不能涉嫌随意处置公司资产,侵害股东及公司债权人利益;④关于交付,在现在电子支付手段如此多样的时代,大额现金交付,法院一般是不予认可的。

29　"零"证据下的借款追偿

——贺某与秦某民间借贷纠纷案解析

庄程巍

案　　由:民间借贷纠纷

当事人姓名或名称:

原　　告:贺某

被　　告:秦某

承办律师:庄程巍

裁判部门:宁波市北仑区人民法院

案　　号:(2015)甬仑柴商初字第75号

案情简介

2013年6月,秦某因资金周转需要,经贾某介绍向贺某借款20万元,后贺某与秦某自行碰面并交付了20万元现金,并由秦某出具了借条一份,约定该笔款项"于1年后归还,利息为1分利,利随款清"。

2014年6月,约定的还款期到后,秦某因生意亏损,暂时无法归还借款,并在与贺某的多次沟通后拒不见面,也拒不归还借款本息。2015年3月,经多方联系,贺某与秦某约定在一家咖啡厅碰面,沟通还款事宜,但秦某使计把当初的借条调包并带离销毁,等贺某发现时秦某已经离开一个小时了。贺某当即向当地派出所报警,接警警官在了解情况后与秦某联系,通知其到派出所说明情况,但秦某在电话中予以否认,且事后未到派出所说明情况。

2016年1月,贺某将秦某诉至法院,希望法院能够予以公正判决。

法院审查

接到贺某的诉状后,承办法官多次联系秦某,但秦某就是不现身,玩失踪,因此本案公告送达。因本案关键证据已经缺失,承办律师为查明事实,向法院申请了对当时处置的警官进行调查取证,也申请了贾某(秦某的远房亲戚)出庭作证(当时贾某已经回东北省亲,贺某多次与其沟通,要求其出庭作证,贾某最终基于公义特地赶回来出庭作证,并表示贺某也通过贾某询问过秦某,得到暂时没钱还的答复),出示了当时贺某的取款作证,虽然作为关键证据的借条缺失,但贺某的间接证据已经能够形成完整的证据链,即使秦某拒不出庭,法官仍以自由心证判决秦某承担还款责任。

法院判决

判决秦某十日内向贺某归还20万元及利息。最终贺某通过向法院申请强制执行拍卖秦某的房产,收回了借款。

律师建议

在民间借贷过程中,尤其作为出借方,应当尽量选择银行转账或者通过支付宝、微信等交易工具,做到"钱转留痕",以备诉讼时取证之用。本案中贺某因为是现金交付,即使借条存在,其借款如何交付的举证仍是一大难点,尤其是在大金额借款的交割过程中,法院非常重视款项如何交割。建议在实践过程中,确实需要现金交付的,无论借贷双方的关系如何亲密,在程序上一定要求借款人出具相应收条,与借条相呼应。

本案中贺某与秦某谈判过程中,非但没有达成还款意向,其借条原件还被借机调包,这点警示了出借方在谈判过程中不能够轻易出示原件,即使双方已经达成了还款意愿,出借方也不可只身一人前往借款方指定的地点办理手续。在针对特定场合或特定人群时,尤其是款项没有收到之前,出借方可通过另外书写收条以避免借条原件可能遇到的灭失风险。

当民间借贷案件中借条或转账凭证都缺失的情况下,不能听之任之,而应积极寻找所有有关的证据,无论是直接证据还是间接证据,在形成证据优势的情况下,会影响法官最终自由心证的裁判。

1. 出警记录

本案中,承办律师首先与当时出警的警官进行了沟通,并通过法院向出警派出所调查取证了当时出警记录,获得了公务人员的证言证词。虽然记录中没有明确秦某向贺某借款的事实,但侧面印证了贺某的说法。如在催讨过程中发生纠纷,建议一定要当即报警,不但能够确保人身安全,还能够固定证据。

2. 证人证言

贺某与秦某借款是中间人贾某介绍的,而且贾某与秦某还是亲戚关系,因此承办律师一定要求贾某出庭作证。即使贾某已经回东北,最终通过晓之以理、动之以情,贾某基于公义出庭作证,并向法庭说明了贺某通过贾某询问秦某什么时候归还借款,得到暂时没钱归还的情况。这个证人证言在本案中发挥着决定性作用,因为其陈述的内容是合情合理、符合逻辑,而且贾某作为秦某的亲戚,其不利于秦某的证言更能得到法官的采信。建议在民间借贷过程中,借款交付能够有第三方同时在场作证。

3. 取款凭证

虽然借条是灭失了,但贺某详细陈述了款项交付的具体情况,包括时间、地点、在场人物等细节,该笔借款是贺某的妻子在借款交付前半小时从附近银行取出来的,与借款交付的时间、空间能够吻合,客观上满足了借款交付的条件。首先,贺某银行卡里有资金,自身具备款项出借的能力;其次,款项是由贺某妻子在借款交付半小时前取出的,从时间上符合交易习惯;最后,款项从附近银行取出的,从地理位置上能够将款项交付给秦某。所以,如确实需要现金交付的,建议保留取款凭证或在银行等有监控的地方进行交易,这样能够有效减少纠纷的发生。

综合以上几点因素,在没有借条的情况下,因贺某的证据形成了完整的证据链,符合逻辑及交易习惯,具有较强的可信度,且能够还原当时双方借款、交款的事实,所以,法官最终作出了对贺某有利的裁判。

30 民刑交叉案件中民间借贷合同的效力认定

——周某与皇甫某、邹某借贷纠纷案解析

吴佳舟

案　　　由：民间借贷纠纷

当事人名称或姓名：

原　　　告：周某

被　　　告：皇甫某、邹某

承办律师：吴佳舟

裁判部门：宁波市奉化区人民法院、宁波市中级人民法院

案　　　号：(2016)浙0213民初2333号

案情简介

2011年9月9日，邹某以生产经营为由向周某出具借条借款160万元，由皇甫某提供担保，后周某陆续收回部分利息。

2012年年底，周某为要求邹某和皇甫某还款起诉至奉化市人民法院(注：奉化于2016年撤消县级奉化市，设立宁波市奉化区)，该院以邹某涉嫌犯罪为由作出(2012)甬奉溪商初字第308号民事裁定书，驳回周某的起诉。

2015年12月17日，奉化市人民法院作出(2015)甬奉刑初字第988号刑事判决书，判决邹某犯非法吸收公众存款罪，判处有期徒刑三年，缓刑五年，并处罚金10万元。该判决中认定周某在2011年9月9日的民间借贷中已收回1 352 000元。

2016年4月25日，周某向奉化区人民法院提起以皇甫某为被告的诉讼，要求皇甫某立即偿还借款本息2 04万元(按月息2%，自2011年9月9日暂算至起诉之日，实际算至判决确定履行之日)，并承担案件诉讼费用。

法院判决

一审法院认为：(1)关于诉讼时效。2011年9月9日，邹某向周某借款，其出具的借款协议书载

明："借款本金160万元，月息5分，借款人为邹某，担保人为皇甫某"。由于借款协议书对借款期限未作约定，属于无还款期限借款，债权人可随时主张权利，诉讼时效应为20年。周某曾于2012年11月26日向奉化市人民法院起诉要求邹某和皇甫某承担还款责任和保证责任，此时保证期间未届满。根据《中华人民共和国民法通则》第140条及《最高人民法院关于审理民事案件适用诉讼时效制度若干问题的规定》第15条的规定，"诉讼时效因提起诉讼而中断。从中断事由消除之日起，诉讼时效期间重新计算。"对周某2012年11月26日的该次起诉，因邹某涉嫌经济犯罪，被裁定驳回起诉，保证合同的诉讼时效中断。2015年12月17日，邹某犯非法吸收公众存款罪被奉化市人民法院判处有期徒刑三年，缓刑五年，并处罚金10万元，此时时效中断的事由已消除，保证合同的诉讼时效期间重新起算。周某于2016年4月25日起诉，并未超过诉讼时效。(2)关于合同效力。合同效力的认定应尊重当事人的意思自治原则，只要订立合同不存在法律规定的无效情形，就应当认定合同有效。(3)关于案件尚欠借款本息数额。应按照民事诉讼证据规则认定，借款协议书约定借款160万元，周某实际交付152万元，借款协议书约定借款月息5分，邹某实际按月息6分共支付1 152 000元，超出年利率36%支付的利息应当予以返还，综合全案情况，尚应归还周某借款本金732 800元并按年利率24%支付自2012年9月10日至判决确定的履行之日止的利息。

二审法院认为：一审判决认定事实清楚、适用法律正确，驳回上诉，维持原判。

律师分析

1. 本案未超过诉讼时效，周某不是诉讼时效制度下"怠于行使权利者"

诉讼时效是指权利人怠于行使权利的事实状态持续经过法定期间，即导致该怠于行使的权利丧失法律强制保护后果的制度。周某在自己的权利受到侵害后，积极主张自己的权利，分别是：①2012年11月26日，向奉化市人民法院起诉；②2013年3月14日，被裁定驳回起诉后，积极联系出具裁定书的法官寻求救济途径，法官明确告知周某应于邹某刑事审理结果出来后重新起诉；③在邹某非法吸收公众存款罪立案、侦查及起诉阶段，积极配合奉化市公安局、奉化市检察院及奉化市人民法院的全面调查；④2015年12月10日，邹某刑事判决书出来前夕，出具谅解书明确表示保留起诉邹某及皇甫某的民事权利；⑤2015年12月17日，邹某刑事判决书出来后，积极联系律师调查取证准备重新起诉。作为债权人，周某不但没有怠于行使自己的权利，其法律意识已远远超过一般老百姓的普通水平，若这种情况下认定"已过诉讼时效"，不是诉讼时效制度的立法本意。

2. 民间借贷合同及保证合同有效

合同效力的认定应尊重当事人的意思自治原则，只要订立合同不存在法律规定的无效情形，就应当认定合同有效。故本案民间借贷合同自2011年9月9日起生效。非法吸收公众存款罪中的借贷行为，既是构成刑事犯罪的刑事法律事实，同时也是构成合同关系的民事法律事实，但是单个的借贷行为仅仅是引起民间借贷这一民事法律关系的民事法律事实，并不构成非法吸收公众存款罪的刑事法律事实。

从维护诚信原则和公平原则的法理上分析，将与非法吸收公众存款罪交叉的民间借贷合同认定为无效会造成实质意义上的不公，造成担保人以无效为由抗辩其担保责任，即把自己的担保错误作为自己不承担责任的抗辩理由,这更不利于保护不知情的债权人。维护诚信、公平也无从体现。涉嫌非法吸收公众存款的犯罪嫌疑人(或被告人、罪犯)进行民间借贷时往往由第三者提供担保,且多为连带保证担保。债权人要求债务人提供担保人,这是降低贷款风险的一种办法。保证人同意提供担保,应当推定为充分了解行为的后果。若因债务人涉嫌非法吸收公众存款而认定借贷合同无效,根据《担保法》主合同无效前提下的担保合同也应当无效,保证人可以免除担保责任。债权人旨在降低贷款风险的努力没有产生任何效果,造成事实上的不公。

针对皇甫某提出的"因受到邹某欺诈而提供担保,故民间借贷合同为可撤销合同"以及"担保合同被确认无效后,债务人、担保人、债权人有过错的,应当根据其过错各自承担相应的民事责任"的观点。律师认为:皇甫某未在1年除斥期间行使撤销权,该撤销权消灭,民间借贷合同仍应被认定为有效,在民间借贷合同有效的情况下无须根据担保人的过程程度去判定担保责任。

综上,周某与邹某之间的民间借贷合同合法有效,周某与皇甫某之间的保证合同合法有效,本案尚欠借款金额应按照民事诉讼证据规则认定,皇甫某应按照上述尚欠借款金额的全部承担连带保证责任。

律师建议

1. 民间借贷借款人涉嫌犯罪,出借人仍可以担保人为被告提起民事诉讼

借款人涉嫌刑事犯罪,不能否定出借人与担保人之间存在的民事关系,出借人起诉请求担保人承担民事责任的,法院应予受理。

2. 对于借款人是否涉嫌犯罪的认定,不影响担保责任的认定与承担

对于借款人是否涉嫌犯罪的认定,不影响担保责任的认定与承担。在由第三人提供担保的民间借贷中,就法律关系而言,存在出借人与借款人之间的借款关系以及出借人与第三方的担保关系两种法律关系,而借款人涉嫌犯罪或者被生效判决认定有罪,并不涉及担保法律关系。刑事案件的犯罪嫌疑人或犯罪人仅与民间借贷纠纷中的借款人重合,而出借人要求担保人承担担保责任的案件,其责任主体与刑事案件的责任主体并不一致。因此,借款人涉嫌或构成刑事犯罪时,出借人起诉担保人的,应适用"民刑分离"的原则。

第九章　定作合同纠纷案例解析

31　质量问题还是操作问题,釜底抽薪解难题

——江苏××公司与宁波××公司定作合同质量纠纷案解析

陈　石

案　　　由: 定作合同纠纷

当事人名称或姓名:

原　　　告: 宁波××公司

被　　　告: 江苏××公司

承办律师: 陈石

裁判部门: 常州市武进区人民法院

案　　　号: (2016)苏0412民初字第6385号

案情简介

2016年2月,江苏××公司与宁波××公司签订采购合同,约定江苏××公司向宁波××公司采购同轴机6台,合计价款108万元。并约定付款方式为合同签订日起3日内支付总金额10%作为订金,发货前支付总金额80%,正常生产一个月并检验合格后支付尾款10%。约定设备到厂10天内不能达到验收标准,需方有权中止合同,供方需退还订金并赔偿损失。宁波××公司交付同轴机应满足:①加工速度10~13S/颗;②同心度1.0μ以下合格率95%以上,及相关机体配件配置要求。

合同签订后3天内,江苏××公司依约足额支付了订金,并于同年4月足额支付了90%首付款。宁波××公司在收到首付款当日将机器运送给了江苏××公司,并在江苏××公司经营地进行了安装、调试,并对员工进行了培训。

由于该同轴机技术成熟度较低,对操作人员技术水平和熟练度要求较高,江苏××公司始终无

法发挥交付设备的最优性能,生产过程中时常出现断针、产品大小头、甚至停机等故障。

2017年1月,因多次交涉未果,江苏××公司以买受产品质量不合格为由向人民法院提起诉讼,要求解除《采购合同》,宁波××公司退还已支付的购机款项97.2万元,并赔偿各项损失150万元。

后,宁波××公司委托海泰律师事务所代理本案。

处理结果

本案经3次开庭,一次现场勘查,原告江苏××公司主动与我方委托人调解,经过多轮磋商,最终我方委托人以15万元低价回购了价值108万元的6台同轴机。

律师分析

本所律师初步审查委托人收到的法院副本材料,发现原告在合同关系建立、付款、机器维修等方面证据齐备,形成了较为完整的证据链。而委托人无法提供任何反驳证据,且签署了大量的维修记录,乍一看案件处于较为被动的状态。

但根据委托人陈述,讼争同轴机由于技术较新,对操作养护人员技术水平和熟练度要求较高,江苏××公司技术人员始终无法掌握操作养护诀窍,所以才不停地发生故障。目前6台同轴机均已经停机,但停机并不是机器问题,而是市场原因,同轴机的终端产品是陶瓷插芯,陶瓷插芯价格一年多来下跌严重。

本所律师对委托人提供的案卷副本材料进行分析发现,双方签订的《采购合同》符合我国《合同法》规定的承揽合同特征,双方之间应该属于定作合同关系,而不属于买卖合同关系。主要体现在:

(1)从合同约定来看,双方合同约定符合定作合同关系要件。根据双方签订的《设备合同》第1.2条、3.6条和第7条约定可以看出,被告生产的同轴机是以原告定作要求为前提的,即要满足合同第3.6条的技术参数指标和配置要求。

(2)从标的物类型来看,讼争标的物为特定物,非通用商品。讼争同轴机生产技术系原告方结合日韩先进经验自主研发,具备可识别独创性特征。因市场客户对同轴机的具体配置、速率及同心度要求均不同,固被告生产的同轴机不存在市场销售的通用成品,全部采用客户定做的交易方式。

不同法律关系下对于产品质量是否合格的认定标准不同,而合同性质的认定不能仅凭合同名称而定,而应根据合同内容(主要条款)所涉法律关系,即合同双方当事人所设立权利义务关系进行全面理解和准确判定。如果本案双方是定作合同关系,只要我方交付了符合定作要求的同轴机,就属于完成工作成果,同轴机是否好用,是否发生过维修,甚至是否能够使用都与我方无关,原告无权基于违约要求解除合同并退机。在本所律师的指导下,委托人技术人员仔细核对了合同中关于速度、同心度及机器配置等定作要求,确认因为约定的要求比较宽泛,交付的同轴机应该都可以达到定作标准。

为进一步增强法官心证,还原原告停机、诉讼退货的原因。本所律师通过互联网查找相关证据,终于查到了陶瓷插芯生产行业一家A股上市公司的主办券商研报和相关新闻报道。根据主办券商2017年3月份研报记载,2016年1季度开始,该上市公司对同轴机生产的陶瓷插芯进行策略性降价,将陶瓷插芯销售价格逐步降低一半,已经低于市场中小企业成本价,致使该上市公司市场占有率从2016年年初的50%提升到年末的70%,2017年该上市公司将进一步保持该策略。

本所律师认为,该份研报系该上市公司主办券商作出,来源于券商官网,且与上市公司公告内容相吻合,真实性、可靠性较高,能够反映市场的客观情况。按照研报披露的市场情况,在江苏××公司采购讼争同轴机当季度,该上市公司即开始了策略性降价,且降幅巨大,降价后的市场售价已经低于江苏××公司成本价,也就是说,江苏××公司在该市场情况下生产即意味着亏损,再加上自己配备的技术人员确实也无法娴熟地操作讼争同轴机,所以意图通过诉讼恶意退机止损。

随后,本所律师组织并提交了相关证据,并在庭审中一针见血地阐明了观点,第一次庭审程序进行了一半草草休庭。后本案第2次开庭时,法官明确接受我方关于基础关系的观点,将案件案由调整为定作合同纠纷,要求双方按照定作合同关系组织证据并发表辩论意见,并转而审查交付同轴机是否满足定作要求。经对原告证据质证,我方认为原告提供的维修记录均不能证明工作成果与定作要求不符,迫使江苏××公司向法院申请司法鉴定。江苏××公司申请司法鉴定后,由于鉴定机构对同轴机鉴定技术能力不足,且原告对鉴定结果也没有信心,固迟迟未缴纳鉴定费用,转而与我方调解。在我方坚持不同意按照质量问题角度进行调解后,江苏××公司道明困难,认为确实无法使用交付的同轴机继续生产,目前的市场状况生产也毫无意义,且机器长期停用可能会持续贬值。最终同意我方委托人以15万元价格将6台同轴机回购。

律师建议

浙江地区民营经济发达,加工企业众多,存在大量的购销纠纷,这其中有一些是买卖合同纠纷,但大部分属于承揽合同纠纷。企业主在交易中并不清楚两者的差别,甚至部分律师、法官在处理相关案件时也对法律关系把握不严谨。买卖合同关系和承揽合同关系在管辖权、解除权、风险转移规则、举证责任分配、合格产品标准上均有不同。可以说,企业只有搞清楚了自己的商务交易模式的基础法律关系,才有可能有的放矢地构建企业的交易风险防控体系,如果不加以区分,想当然地都以买卖合同关系进行风险管理,必然南辕北辙,埋下隐患。

第十章 担保合同纠纷案例解析

32 从全额担保到减半承担

——沈某等与平安银行慈溪支行金融借款合同纠纷案解析

杨永东　徐赟超

案　　由：金融借款合同纠纷

当事人名称或姓名：

上　诉　人：沈某、王某

被上诉人：平安银行股份有限公司慈溪支行

承办律师：杨永东、徐赟超

裁判部门：宁波市中级人民法院

案　　号：（2016）浙02民终2202号

案情简介

本案一审时，银行作为原告起诉称，2013年4月17日与债务人郑某签订综合授信额度合同，约定综合授信325万元，额度期限自2013年4月17日至2015年4月17日。同日，银行与担保人沈某、王某签订最高额保证担保合同及最高额抵押担保合同，约定由沈某、王某为郑某从2013年4月17日至2015年4月17日与银行签订的所有综合授信额度合同及具体授信业务合同项下的债务本金及相应利息、复利、罚息及实现债权费用提供连带责任担保，并以其名下的房屋一幢提供抵押担保。2014年4月25日，银行与郑某签订贷款合同。合同订立后，银行向郑某发放贷款325万元。贷款到期后，郑某未能偿还贷款，银行遂起诉，要求郑某偿还贷款及相应利息、罚息和实现债权费用，担保人沈某和王某承担连带担保责任，并对其抵押房屋行使优先受偿权。

债务人一审答辩称，贷款合同中郑某的签字并非其本人所签，该笔贷款的主体是百惠公司，而非其个人，其不应当承担还款责任。担保人一审答辩称只是为郑某的个人债务提供担保，而非为百惠公司提供担保，故不应当承担担保责任。

一审中，郑某申请对贷款合同及付款授权书、小微出账通知书中郑某的签名进行司法鉴定。法院委托的司法鉴定机构经鉴定后确认，银行提交的贷款合同、付款授权书、小微出账通知书中郑某的签名均非其本人所签。一审判决对该三份证据不予认定，但认为尽管双方未签订贷款合同，但贷款系发放至郑某账户，双方成立事实借款合同关系，故应认定借款主体系郑某，而非百惠公司，且该贷款发生在沈某、王某提供保证担保和抵押担保的期间，故沈某和王某应承担担保责任，遂判决支持了银行的诉讼请求。

办案思路

代理律师对一审判决进行研究后，认为一审判决仅以贷款发生在提供担保的期间为理由，判决担保人承担担保责任，过于牵强。而且基于本案贷款合同签名系伪造的重大事实，在主合同尚不能成立的情况下，判决担保人承担担保责任，未免太过随意。而一审担保人的代理人仅将抗辩焦点集中在该笔贷款系百惠公司贷款，而没有在担保范围上展开论述，也是一审败诉的原因之一。

接受委托后，代理律师遂立即针对一审判决起草了上诉状。上诉状着重在两个要点上进行论述。①一审认定银行与郑某存在借款合同关系，依据不足；②退而言之，即便银行与郑某存在一审判定的所谓"事实借款合同关系"，担保人也不应当承担保证及抵押担保责任。

本案二审开庭审理，银行、债务人、担保人三方均未提交新的证据。庭审调查及辩论主要围绕一审事实认定和法律适用问题展开。代理律师作为担保人的代理人出庭参加了案件审理。

庭审中，银行的代理人针对我方的上诉理由，主要提出了两点答辩意见：①本案虽无授信业务合同，即贷款合同，但有授信额度合同，授信额度合同中郑某的签名是真实有效的。而担保合同中担保的主合同是包括授信额度合同的，故不存在主合同不成立的说法；②虽然没有签订贷款合同，但贷款发放在担保期间，贷款金额也未超出担保金额，没有加重担保人的义务，担保人应当承担担保责任。

代理律师作为担保人的代理人，针对银行代理人的答辩，当庭作出如下反驳：①本案中不论是最高额保证担保合同，还是最高额抵押担保合同，均明确上诉人担保的范围为"债务人从2013年4月17日到2015年4月17日与乙方签订的所有授信额度合同及具体授信业务合同（以下简称'主合同'）项下债务的履行"。主合同的签订日应在上述期限内，主合同的履行期限不限于上述期间内。"据此，授信额度合同及具体授信业务合同共同组成担保合同所对应的主合同。而在本案中，仅有授信额度合同，无具体授信业务合同，而根据授信额度合同的条文，其单独不构成授信承诺，如发放贷款需签订授信业务合同。故此，单独的授信额度合同不能构成主合同。基于担保合同的从属性，皮之不存，毛将焉附，主合同既然没有成立，自然不存在担保义务。②银行代理人的逻辑错误在于，认为既然担保人签了担保合同，承担担保义务就是担保人的宿命，只要期间和金额没有超出范围。而事实上，担保债务只是一种或然债务，其有可能发生，也有可能不发生。如果担保债务必然发生，相信很多担保人是不会提供担保的。担保人愿意签订这样一个单务、无偿的合同，只是表明担保人愿意在合同中明确约定和界定的范围内承担担保义务。超出了这个范围,哪怕银行实际发放了贷款,也应当由银行承担由其不当行为所造成的法律风险。

除了上述争议焦点,代理律师还从公正公平、行为规制及社会效果的角度,阐述了自己的观点:①一审判决无端加重了担保人的担保义务,是明显不公的判决;②一审判决从对银行贷款行为的规制和引导的角度,也是十分不妥的。

裁判结果

本案无论从证据还是法律上,银行均为理亏,并且从庭审效果来看,对银行也不是很有利。庭后银行基于对败诉风险的考虑,愿意庭外和解。我方虽然期望是胜诉后全额免除担保责任,但基于目前金融借款合同纠纷案件中银行天然的强势地位,二审本身改判的难度,以及其他不确定因素的考量,代理律师也说服当事人同意进行调解。最终在主办法官耐心、细致的调解工作之下,银行及担保人达成了调解的合意,即银行愿意放弃50%的担保权益,我方愿意承担50%的担保责任。但本案债务人因为一直坚持该笔款项系百惠公司借款,不愿意调解,因本案债务人不愿意调解,故无法出具调解书。法院遂创造性的以判决确定部分调解的方式解决此案。主办法官在银行代理人做了愿意放弃50%担保权益的笔录,同时收到我方提交的愿意承担50%担保责任的承诺函之后,做出了终审判决,判决债务人承担全部还款责任,担保人就债务人还款金额的50%承担连带保证和抵押担保责任。当事人对案件结果表示基本满意。

律师意见

(1)关于主合同及担保范围。单独的综合授信额度合同,不构成具有实质性权利义务关系的借款合同。所以担保合同中表述的主合同是综合授信额度合同"及"综合授信业务合同,而非"或"。在没有签订业务合同的情况下,除非担保合同中明确对事实借款也承担担保责任,否则,仅有借款发放行为的事实借款,超出了担保人的担保范围,担保人不应承担担保责任。

(2)关于部分调解。在民事案件中,有时会遇到当事人达成部分调解协议,或部分当事人达成调解协议,请求法院确认的情况。在理论上,对部分调解有两种思路:一是可以先行确认并制作调解书,再对其他诉讼请求部分做判决书;二是在判决书中审理查明部分将部分调解情况表述,并在判决主文中予以确认。本案的部分调解,是银行和担保人真实意思的表示,且不侵害债务人的利益,故是完全合法的。

33 债务人破产如何保护保证人利益

——建行舟山分行与长城公司等保证责任纠纷案解析

陈 波(舟山) 应王雷

案 由: 保证合同纠纷

当事人名称或姓名:

原 告: 中国建设银行股份有限公司舟山城关支行

被 告: 舟山长城公司、扬州长城公司、朱某、韩某、胡某

承办律师: 陈波、应王雷

裁判部门: 舟山市定海区人民法院

案 号: (2015)舟定金商初字第101号

案情简介

2011年4月30日,建设银行舟山城关支行(以下简称"城关支行")与上和公司签订《固定资产贷款合同》,上和公司向城关支行借款1.6亿元,借款期限36个月。扬州长城公司、朱某、胡某、韩某提供连带责任保证。城关支行在2011年5月4日至2012年2月14日期间分17次向上和公司发放贷款1.6亿元。后上和公司偿还本金2000万元。2014年5月3日,上和公司、朱某、胡某、韩某与城关支行签订《人民币贷款期限调整协议》,约定未还本金1.4亿元贷款期限变更为2014年5月3日至2015年11月2日,就还款方式和期限进行了约定,朱某、胡某、韩某继续承担担保责任,长城公司为上和公司的金融借款提供连带责任保证。舟山上和公司已于2015年5月26日被法院裁定受理破产申请,现城关支行向法院起诉各保证人承担连带清偿责任,并查封了朱某、韩某的个人财产。

法院判决

确认城关支行享有的债权总额为140 222 015.25元;各保证人应在上和公司破产程序终结后十日内对城关支行在破产程序中未获清偿的债权承担连带清偿责任。

律师分析

本案是涉及债务人处于破产清算状态下,相关担保人的保证责任承担的纠纷案。

这里应分为两种情形进行分析,一种是债权人不向破产管理人申报债权,而直接向保证人主张清偿责任;另一种是债权人向破产管理人申报债权,同时又向保证人主张清偿责任。

1. 本案人的担保应在物的担保之后

根据《担保法》第18条第2款规定,"连带责任保证的债务人在主合同规定的债务履行期届满没有履行债务的,债权人可以要求债务人履行债务,也可以要求保证人在其保证范围内承担保证责任。"本案债权人向各保证人主张其担保债权的请求权基础是满足的,其同时又向破产管理人申报债权的行为应认定为其向债务人要求其履行债务的行为,也符合法律之规定。但这里涉及清偿顺序的问题,由于债权人的债权在本案中既有物的担保,又有人的担保,在此情况下,如何清偿债权需根据法律规定和合同的约定。根据《物权法》第176条规定"被担保的债权既有物的担保又有人的担保的,债务人不履行到期债务或者发生当事人约定的实现担保物权的情形,债权人应当按照约定实现债权;没有约定或约定不明确,债务人自己提供物的担保的,债权人应当先就该物的担保实现债权。"以及案涉《保证合同》第6条"保证责任"第四款的约定"主合同项下债务如有物的担保,甲方(担保人)同意不以行使代位权为由或任何其他原因对该担保物或其处分后所得价款提出权利主张,上述担保物及所得价款优先用于清偿乙方尚未获偿的债权。"显然物的担保在人的担保之前,且担保人无代位权,故本案的保证责任应在物的担保实现后。

2. 连带清偿责任承担的时点与债务总额

根据《企业破产法》第51条规定,"债务人的保证人或者其他连带债务人已经代替债务人清偿债务的,以其对债务人的求偿权申报债权。债务人的保证人或者其他连带债务人尚未代替债务人清偿债务的,以其对债务人的将来求偿权申报债权。但是,债权人已经向管理人申报全部债权的除外。"本案中,债权人已经全额向破产管理人申报债权,因此,保证人丧失了向破产管理人申报将来求偿权的机会,也就是说,该破产清算中债权分配与保证人无涉,担保人丧失参与分配的权利。既然无权参与分配,其债务清偿的时间显然需要在破产程序终结之后。同时,在破产清算中,基于债务人的物的担保行为,破产管理中涉及的担保物的清偿将直接影响本案连带清偿债务的规模与范围。根据《企业破产法》第124条规定,"破产人的保证人和其他连带债务人,在破产程序终结后,对债权人依照破产清算程序未受清偿的债权,依法继续承担清偿责任。"各担保人应该承担的连带清偿责任所对应的债务应以破产终结后债权人未清偿债权为限,也说明了担保人其连带担保责任的实现应在破产程序终结后。

法律思考

相关法律制度的冲突与完善。从相关法律规定来看,《担保法》的规定无疑对主债权人有利,主债权人对主债务人与保证人可以选择择一起诉,也可以一并起诉。而从《企业破产法》的规定来看,规定不够完善。首先,《企业破产法》第51条第2款中"债权人已向管理人申报全部债权的除外"的规定,没有考虑到主债权人既申报全部债权又起诉保证人这种双重主张的情形,如果一概简单适用该条款,则明显排除了保证人在实际代替债务人清偿债务后的求偿权,不利于保护保证人通过债权申报实现求偿权的权利。其次,从《企业破产法》第124条的规定来看,债务人进入破产程序时保证人和其他连带债务人的责任范围,系对债权人依破产清算程序未受清偿的债权依法继续承担清偿责任。言外之意,就是债权人应先向主债务人(破产企业)主张债权,只有主债务人破产财产不足以清偿时,保证人才就未清偿部分继续清偿。由此可以推理出,保证人的清偿责任既有顺序又有范围。从本案的实际诉讼效果来看,债权人在破产清算之初提起诉讼与破产程序终结之后提起诉讼的结果与效果是基本相同的,唯一不同的是起诉标的金额与诉讼费,高额诉讼费无形中损害了担保人的合法利益。建议相关部门在出台相关司法解释时,应在主债权人如何起诉保证人和其他连带债务人,包括起诉的时间、起诉的顺序、起诉的金额等进行有效规定,明晰主债权人与保证人之间的权利义务界限,减少诉累。本案裁判也是对担保人权益的适当保护,值得今后审判实践中参考。

34 用项目部技术章对外担保是否有效

——何某某与张某某等买卖合同纠纷案解析

夏立艇

案　　由：买卖合同纠纷

当事人名称或姓名：

原　　告：何某某

被　　告：张某某、凡某某、欣立公司

承办律师：夏立艇

裁判部门：舟山市普陀区人民法院

案　　号：(2011)舟普商初字第40号

案情简介

华兴公司新建厂房工程由欣立公司承建。张某某、凡某某从欣立公司分包了该工程的木工部分。2010年5月，张某某、凡某某向何某某经营的雄天木材经营部购买木材，双方签订了建筑材料购销合同，该合同的担保人处加盖了刻有"浙江欣立建设有限公司华兴公司新建厂房工程项目部技术专用章"字样的印章一枚。

后因张某某、凡某某未能支付货款，何某某将张某某、凡某某及欣立公司起诉至舟山市普陀区人民法院，要求张某某、凡某某支付货款，欣立公司承担连带清偿责任。

裁判概要

舟山市普陀区人民法院作出(2011)舟普商初字第40号民事判决，判决认为原告与被告张某某、凡某某的买卖合同依法成立。原告在履行交付建材货物的义务后，被告张某某、凡某某负有支付建材款的义务。被告欣立公司抗辩的技术专用章不能用于担保，因其未能提供该工程中还有其他的合同章或业务章存在用于对外的经营活动，因此在该工程的建设中只有这一枚技术专用章在进行使用。原告在同被告签订合同内容时本身就针对的是该工程的木工部分，原告有理由相信在担保人一栏中盖了浙江欣立建设有限公司华兴水产新建厂房工程项目部技术专用章是代表被告欣

立建设的真实意思表示,且原告是将货物送至该工程建设的工地,该担保行为符合表见代理的条件,被告欣立公司抗辩担保无效的理由不能成立,被告欣立建设应承担担保责任。由于双方在合同中对买卖货物的名称和单价已作了明确的约定,原告按照此约定送货到华兴水产新建厂房工地并由被告凡某某签收的该部分建筑材料的货款应由被告张某某、凡某某共同支付,被告欣立公司承担连带清偿责任。

律师小结

关于公司对外担保效力的问题,在2006年《公司法》修订后,一段时间内在审判实务中存在根据该法第16条的规定,公司对外担保有效需以存在股东会决议为前提的裁判观点,否则视为担保无效,担保人仅承担过错赔偿责任。后基于对公司法系组织法本身性质的强调,基本确定了封闭型公司对外担保无需股东会决议,开放型公司对外担保需股东会决议的裁判思路。

归结到本案,案件的争议焦点之一就是欣立公司的担保行为是否有效的问题。首先,根据上述观点,被告欣立公司系一家有限责任公司,作为封闭型公司,其对外担保无需股东会决议。其次,合同上在担保人一处加盖"欣立公司某项目部技术专用章"是否可以认定为欣立公司的担保行为,由于建筑工程普遍的存在转包、分包、挂靠的情形,建筑公司有时会同意或者默认实际承包人刻制项目专用章,此印章往往被实际承包人用于分包、采购等,此类印章的加盖通常会以部门行为或表见代理被认定效力及于建筑公司。而本案中,合同上加盖的是项目部技术专用章,从用章的惯性思维来考虑,该枚印章应用于工程技术资料,而不应用于对外商事活动,但从印章的保管、加盖行为来考虑,非工程或者公司相关人员是无法取得印章并在合同上加盖的,即便建筑公司提出印章不应用于买卖合同,也是内部管理混乱的问题,对外仍足以使相对人确信此系项目部行为,法院最终认定构成表见代理,判决欣立公司承担责任。

所以,无论建筑公司还是其他单位,印章的管理是相当重要的。有些单位管理松散,律师在代理诉讼案件中经常会碰到印章如何加盖在某份文件上都说不清楚的情况,导致最终被判承担责任。显然,加强印章管理、建立印章使用登记制度是非常有必要的。

第十一章　公司纠纷案例解析

35　公司吊销营业执照后股东未进行清算的法律风险
——以宁波某某机械集团有限公司强制清算案为例

邬辉林　王晓华

案　　　由:强制清算纠纷、股东损害公司债权人利益责任纠纷

当事人姓名或名称:

申请人、原告:单某

被申请人、被告:宁波某某机械集团有限公司

股　　　东:沈某某、夏某某

承办律师:邬辉林、王晓华

裁判部门:宁波市中级人民法院、宁波市江东区人民法院

案　　　号:浙0204民初01556号

案情简介

宁波某某机械集团有限公司成立于1998年12月,成立时注册资本为人民币600万元,后经3次增资后注册资本为人民币3000万元。公司股权经过多次变更,最终股东为两人,分别是股东沈某某,持有公司67%的股份;股东夏某某,持有公司33%的股份。

2008年度、2009年度宁波某某机械集团有限公司因连续两年未参加年检,2010年11月被工商部门吊销营业执照。因宁波某某机械集团有限公司在吊销前,已经涉及多起担保债务,公司已无可分配的资产。吊销后,公司股东未自行成立清算组进行清算。

申请人单某以被申请人宁波某某机械集团有限公司已经发生解散事由,但未依法组成清算组进行清算为由,向宁波市中级人民法院申请对宁波某某机械集团有限公司进行强制清算。2015年7月宁波市中级人民法院作出民事裁定书,受理申请人单某对被申请人宁波某某机械集团有限公

司的清算申请。

受理清算申请后,宁波市中级人民法院作出决定书,选定宁波某会计师事务所为宁波某某机械集团有限公司强制清算一案的清算组。2016年3月,清算组以宁波某某机械集团有限公司无完整、连续的财务基础材料且主要资产已经宁波市鄞州区人民法院两次集中执行、分配完毕为由,请求宁波中级人民法院按照最高人民法院关于审理公司强制清算案件的相关规定终结强制清算程序。宁波中级人民法院裁定终结宁波某某机械集团有限公司强制清算程序。

随后,原告单某以宁波某某机械集团有限公司两位股东沈某某、夏某某未履行清算义务,损害公司债权人利益为由向江东区人民法院提起诉讼,要求两位股东赔偿其损失200余万元。

代理经过及代理意见

海泰律师事务所邹辉林律师、王晓华律师代表宁波某某机械集团有限公司的小股东夏某某参与强制清算纠纷的听证,并代理本起股东损害公司债权人利益责任纠纷案。

本案的争议焦点在于股东是否怠于履行清算义务,导致原告单某债权未能清偿,造成损失。

代理案件后,为了找到宁波某某机械集团有限公司的财务凭证,代理律师和当事人及其单位员工多方努力,终于找到一些财务凭证,但还是因为凭证不全,无法进行清算。因此,最终的焦点就在于股东个人是否需要承担赔偿责任。

代理人从以下几个方面进行阐述:

(1)被告没有怠于履行清算义务的主观过错。2009年2月,宁波某某机械集团有限公司在吊销前业已由政府协调,由其最大的债权人某某银行监管(包括公章控制),政府已经授权由原法定代表人翁某某代管企业。

公司的债权人所涉及的诉讼经鄞州法院集中管辖,集中执行,所有财产经2011年1月、8月两次分配程序,已经分配予各债权人。

被告夏某某作为公司小股东,本身对公司没有控制权,也不参与公司管理,最重要的是,2010年11月,当时公司业已由政府协调监管,小股东无法接触公司人员与资料,不存在主观过错。

(2)股东未成立清算组与原告的债权受损没有因果关系。第一层面,股东未在法定期限内成立清算组进行清算,并非必然导致公司主要财产、账册灭失的原因;第二层面,也是最重要层面,公司无法清算与原告债权受损之间,没有因果关系。本案导致公司未能清偿全部债务(或导致债权人债权受损)的原因是公司的所有资产业已经由鄞州法院全部拍卖执行分配完毕,而并非公司股东未清算或怠于清算。

在查询检索大量的法律法规和案例后,代理律师向江东区人民法院提供本市法院、浙江省范围内的法院的20多份判例,并附上详细的文字说明,为本案的最终有效解决提供了强大的支撑。

审判结果

最终,原告向江东法院提出撤诉申请,本案圆满结束。小股东夏某某也得以从本案中解脱出来。

律师建议

本案所涉金额巨大,对于公司股东具有较大的警示意义。通过本案,总结以下两点建议:

(1)公司的财务账册、凭证是证明公司资产状况的"命脉"。公司的资产是否被不正当处置、公司的债权债务是否合法行使或者支付等都需要通过公司的财务账册、凭证来反映。一旦财务账册、凭证保管不善,出现灭失,公司、股东都无法自证清白。

(2)公司股东不履行清算义务后果严重。根据目前的司法解释,如果公司股东不履行清算义务或者怠于履行清算义务,最终可能需要对公司的债权人承担赔偿责任。这种赔偿责任不仅是股东之前对公司的出资或者获得的分红没有了,更为可怕的是股东个人的财产也会被波及。

36 股权不清乱纷纷,锁定出资定乾坤

——张某与陈某、宁波TB公司股权转让纠纷案解析

李安谦

案　　由：股权转让纠纷

当事人姓名或名称：

原　　告：陈某、宁波TB公司、李某

被　　告：张某

承办律师：李安谦

裁判部门：宁波市江东区人民法院、宁波市中级人民法院

案　　号：（2016）浙0204民初7573号

案情简介

2011年1月,陈某欲设立宁波TB公司(以下简称"公司")经营办公家具业务,因当时法律规定成立公司须有二位以上的股东,陈某在注册时和员工张某沟通,借员工张某的名义持股20%,自己持股80%,公司注册资金500万元,陈某任公司法定代表人。公司成立后,陈某一直未与张某签订《股权代持协议》等类似明确20%股权归属的法律文件,留下隐患。2012年7月,张某从公司离职。离职时,张某未向公司或陈某提及登记在其名下的20%股权。陈某也未就股权代持事项与张某办理任何手续。

公司成立后,业务开展顺利,营业额连年增长。2015年11月,公司引进了一名销售副总,为激励新进高管李某,陈某决定将挂在张某名下的20%股权赠给李某。为此,同月,陈某仿冒张某的签名,以张某的名义与李某签订《股权转让协议》,将张某所持公司的20%股权以人民币100万元的价格转让给李某。陈某与李某事先口头约定,转让价100万元只是为了办理转股手续方便,李某不用付其款项。股权变更工商登记手续于同月办妥。

2016年4月,张某得知登记在其名下的20%股权被陈某擅自转让给李某,遂以自己名义起诉了宁波TB公司及陈某,请求确认《股权转让协议》无效,并请求确认其在公司享有20%股权。案件在法院审理过程中,张某觉得即便拿回了股权短期内也无经济上的收益,遂向法院撤回起诉。随后于

2016年5月再次向法院起诉,这次起诉的对象是股权受让人李某,张某在起诉时表示追认陈某擅自以其名义与李某签订的《股权转让协议》,请求法院判令李某履行《股权转让协议》约定,支付其股权转让款100万元。

裁判结果

一审法院经审理后认为"虽协议上原告签字系他人仿冒,但原告现明确表示对上述协议予以追认,根据法律规定,无权处分的人处分他人财产,经权利人追认,该合同有效,被告应按约履行付款义务。"据此,一审法院判决被告李某支付原告张某股权转让款100万元。

李某不服提起上诉,并以公司名义另案起诉张某返还抽逃出资。庭审中及庭审后,法院组织了多次调解。对方基于抽逃出资事实很有可能被法院认定,且100万元执行款也可能拿不到的情况,同意和解。李某、陈某一方基于20%股权登记在张某的名下,况且没有代持协议,也愿意支付部分款项予以和解。最终,本案在法院主持下,双方达成和解,公司向法院撤回对张某的返还出资诉讼,张某配合李某到法院执行局达成执行和解、终结执行程序。至此,本案圆满结案。

办案思路

一审败诉后,当事人李某、陈某找到承办律师,请承办律师代理本案上诉。

承办律师接受委托后,本着"穷尽事实、穷尽证据、穷尽法律、穷尽判例"的"四尽"办案原则。首先从本案的事实入手,分析案件思路。经询问当事人发现,宁波TB公司注册成立时,500万元注册资金是找了第三方代验资公司垫付的,当时两位工商登记股东陈某、张某均未实际出资。2011年1月25日验资时,是两位股东陈某、张某提供了身份证和银行卡,全程由第三方代验资公司操作的。公司运营过程中,法定代表人陈某陆续以借款、关联企业货款、往来款等名义投入公司393万元,而借名股东张某自始至终未向公司投入一分钱。但公司账面上,"其他应收款"栏目仍然挂股东陈某400万元、张某100万元。

发现初步证据后,承办律师随即与当事人到公司验资时的银行调取银行凭证,又进一步发现:代验资公司的500万元于2011年1月25日完成验资后,随即于次日打入了本案对方当事人张某的银行卡,之后又从张某的银行卡转给了代验资公司的工作人员。

为此,承办律师与当事人迅速确定案件思路,决定不以上诉为重点,另辟蹊径,直接以宁波TB公司的名义起诉张某,以其出资后抽逃出资为由,要求其向公司返还出资100万元。而上诉仅为拖延判决生效时间,避免对方申请法院强制执行、扣走李某此前已被法院冻结的银行存款100万元。

确定办案思路后,承办律师迅速组织证据。

首先联系具有审计资质的会计师事务所对宁波TB公司进行专项审计,审计张某验资完成后又抽逃出资的事实,并出具审计报告。在审计结果出来后,以公司名义向张某发送《催告返还出资函》,限期要求张某返还被其抽逃的出资100万元。

上述证据固定后,随即以宁波TB公司的名义起诉张某,要求其返还出资100万元。法院立案后,又发生了段意外插曲。公司起诉张某的出资案件尚未开庭,张某起诉李某的股权纠纷案件二审即已宣判,二审维持原判,并进入执行程序。这时,李某在原来案件中被法院冻结的100万元存款随时都有可能被法院执行划走。而张某资产甚少,即便公司起诉张某的出资案件能够胜诉,恐怕损失也在所难免。为此,承办律师迅速确定对策,决定以冻结对付执行,立即向法院申请诉讼保全,对已被张某申请冻结的属于张某的执行款进行冻结,避免了张某提前拿走执行款100万元。

律师建议

股权代持又称委托持股、隐名投资,是指实际出资人与他人约定,以该他人名义代实际出资人履行股东权利义务的一种股权处置方式。在商事活动中,尤其是现阶段金融资本运作盛行的商事活动中,股权代持现象越来越多,其中的法律风险也越来也大,应引起各方的高度重视。

作为实际出资人,一定要与代持人签订书面的《股权代持协议》或类似法律文件,以固定权利归属,避免将来产生争议,造成不必要的损失。

另外,实际出资人通常还面临以下三种风险:

(1)名义股东滥用股东权利损害实际出资人利益的风险。由于实际出资人对于代持股权无法行使实际的控制权,故存在名义股东利用对股权的控制权损害实际投资人利益的问题。名义股东滥用经营管理权、表决权、分红权、增资优先权、剩余财产分配权等权利,甚至擅自转让或质押股权给第三方,损害实际出资人的利益。

(2)名义股东自身出现问题,对实际出资人的利益造成损害的风险。如名义股东出现不能偿还的债务时,法院和其他有权机关依法查封其代持股权,并将代持股权用于偿还名义股东的债务的风险。如名义股东离婚或死亡时,则其名下的股权作为遗产有可能涉及继承或离婚分割的法律纠纷,实际出资人则有可能会卷入相关纠纷案件。

(3)实际出资人股东资格无法恢复的风险。根据法律规定,实际出资人因情况变化想要撤销代持关系,恢复其真实的股东资格可能会面临两重障碍。首先,要取得公司其他股东未过半数同意;其次,恢复股东资格时,要办理名义股东转股给实际出资人的工商变更手续,而此时公司其他股东有优先购买权,要保证其他股东不会提出优先购买权,否则难以恢复实际出资人的股东资格。

因此,建议《股权代持协议》由专业律师起草,对上述可能发生的风险尽可能地在协议中予以规范、规避,同时做好协议配套措施,采取第三方担保、股权质押等方式尽可能地将风险控制至最低。

附:

代理词要点

尊敬的合议庭法官:

浙江海泰律师事务所接受本案原告宁波TB公司(以下简称"TB公司")委托,指派本代理人出庭应诉。根据庭审中查明的事实以及本案所应适用的相关法律,切合合议庭在庭审中提出的本案争议焦点,现提出如下代理意见:

一、被告张某系原告TB公司注册成立时的工商登记股东,出资义务是其法定义务

原告TB公司成立于2011年1月25日,注册资金人民币500万元,章程约定股东应于公司设立登记前实缴出资500万元,其中被告张某所占股权比例为20%,出资额为100万元。

《公司法》第28条规定"股东应当按期足额缴纳公司章程中规定的各自所认缴的出资额",同时该法第35条也明确规定"公司成立后,股东不得抽逃出资"。因此,出资义务是股东的法定义务,且出资后不得抽逃,这也是资本维持原则的具体要求。

故,被告张某作为公司登记股东负有法定出资义务。

二、被告张某抽逃出资事实清楚、证据充分

庭审中,原告提供的证据和被告答辩、陈述的内容,已充分证明:被告张某出资款100万元在2011年1月25日完成验资后随即被其于2011年1月27日全部抽逃,公司注册资金500万元中有499.9万元一次性打入了被告张某的银行卡中。

依据《最高人民法院关于适用〈中华人民共和国公司法〉若干问题的规定(三)》第12条规定,股东将出资款项转入公司验资账户后又转出的行为即可被认定构成抽逃出资。

被告张某辩称其对抽逃出资过程不知情根本不成立。庭审中已查明,抽逃出资时是由被告张某提供了身份证和银行卡,且全部抽逃款项499.9万元均一次性打入了张某的银行卡中。张某对抽逃出资的过程完全知晓,并且亲自提供了相关证件委托第三方代办的。

依据《最高人民法院关于适用〈中华人民共和国公司法〉若干问题的规定(三)》第20条"当事人之间对是否已履行出资义务发生争议,原告提供对股东履行出资义务产生合理怀疑证据的,被告股东应当就其已履行出资义务承担举证责任"之规定,本案被告张某应当对其是否抽逃了出资以及抽逃出资款项有无返还承担举证责任。

庭审中,原告已提供审计报告证明被告张某抽逃的出资100万元至今未返还给原告公司。但被告未提供任何证据反驳其未抽逃出资,也未举证证明其抽逃的出资款已返还。故,被告张某抽逃出资事实清楚、证据充分,且被告应当承担举证不能的法律后果。

三、被告张某与第三人的股权争议与本案无关;被告股权的来源不影响其法定出资义务的履行和抽逃出资行为的认定

庭审中,被告辩称其股权是第三人陈某赠予的,应当由陈某返还其抽逃的出资。对此,原告认为,被告张某是TB公司注册时的工商登记股东,负有法定的出资义务。无论被告所持股权是代持第三人还是第三人赠与的,均不影响张某作为工商登记股东的法定出资义务的履行。

《最高人民法院关于适用〈中华人民共和国公司法〉若干问题的规定(三)》第26条规定"公司债权人以登记于公司登记机关的股东未履行出资义务为由,请求其对公司债务不能清偿的部分在未出资本息范围内承担补充赔偿责任,股东以其仅为名义股东而非实际出资人为由进行抗辩的,人民法院不予支持。"依据该规定,适用类推原则,可以断定:工商登记股东与第三人的股权纠纷不影响其法定出资义务

的履行。被告张某与第三人之间的股权代持或股权赠与关系,是其与外部第三人之间的争议,与本案无关。只要张某出资款项被其抽逃,作为工商登记股东,张某就应当依法返还出资。

综上,本案被告张某负有法定的出资义务,且验资后随即转出验资款到本人银行账户构成抽逃出资。被告与第三人之间的股权争议,与本案无关,也不影响其法定出资义务的履行和抽逃出资行为的认定。故,根据举证规则和庭审中查明的事实以及本案所适用的法律,原告的诉讼请求依法应得以支持。

以上是本代理人对本案的代理意见,请合议庭法官予以参考。

代理人:浙江海泰律师事务所

李安谦　律师

2017 年 5 月 5 日

37 抽丝剥茧再起诉,巧妙组证获胜诉

——倪某某与汪某某等股权纠纷案解析

叶颂韶

案　　由: 股权投资纠纷

当事人姓名或名称:

原　　告: 倪某某

被　　告: 汪某某、天英公司、巨源公司、陈某某

承办律师: 叶颂韶

裁判部门: 宁波市象山县人民法院

案　　号:(2016)浙0215民初557号

　　摘　　要: 公司实际投资人投资形成的股权被另一股东以利益诱惑代持股权人非法转让给第三方,同时被投资公司又以公司资产与其他公司合作组建新公司,原公司资产全部转入新公司名下。实际投资人起诉要求取回公司股权被一审、二审法院驳回,实际投资人求诉无门,巨额投资即将付之东流。

　　关键词: 股权　代持股权　股权转让

案情简介

1. 天英公司股权被盗卖,要求追回股权败诉

2005年6月,倪某某与陈某某、中宇创业分别出资500万元、725万元、1 275万元投资设立了中创置业,其中倪某某的股权由其妻侄儿阮某某代持,三方持股比例为20%、29%、51%。公司法定代表人为中宇创业派任的汪某某担任。中创置业以2 080万元价格受让了中国长城资产管理公司杭州办事处坐落于象山县爵溪东塘的土地一幅。2007年8月,中宇创业持有的中创置业的51%股权

变更为由汪某某持有。2007年9月15日,阮某某、陈某某与案外人毛某某各自签订了一份股权转让协议,陈某某将29%中创置业股权、阮某某将其代持的中创置业20%股权,合计49%股权转让给了毛某某。后据阮谋谋、陈某某称,该股权转让协议上的签字并非本人签署,在当时并不知股权转让的情况,相应股权转让的股东会决议也有阮谋谋和陈某某的签字,后该两人均表示不知道股东会决议的内容,也没有签过字。2010年2月4日,毛某某才向阮谋谋支付了620万元股权转让款,而对陈某某的股权转让款一直未予支付。阮某某、陈某某的股权转让后,中创置业公司名称变更为天英公司。2009年9月24日,天英公司以上述土地的使用权与巨鹰股份合作设立巨源控股,天英公司持有49%股权、巨鹰股份持有51%股权,巨源控股注册资本金为6 000万元。

倪某某发现阮某某代其持有的20%中创置业股权未经其同意被转让后,于2011年3月1日向象山县人民法院提起诉讼(后移送海曙区人民法院审理),以实际股东身份提出,汪某某在明知阮某某持有的股权系其所有的前提下,串通毛某某在阮某某、陈某某不知情的情况下,伪造两人的签名,签署股权转让协议和股东会决议,将实际由其投资形成并所有的天英公司20%股权非法侵占,要求撤销股权转让协议和股东会决议,由毛某某返还其20%天英公司股权。

被告阮某某在庭审中答辩称,以其名义持有的20%中创置业股权确系倪某某所有,相关股权转让的股东会决议其并不知情,是否有效由法院认定。原告倪某某提交了象山县公安局于2010年2月25日、2010年3月3日、2010年3月12日对阮某某的询问笔录及2012年3月14日律师对阮某某作的调查笔录,拟证明股权转让协议及股东会决议上的签名并非阮某某的真实签名,而系汪某某伪造或指使、参与伪造的事实。除此之外,原告还提供了另外19份证据,证据指向股权转让协议上的毛某某的签名也非其亲笔签署,但毛某某当庭承认了股权转让协议的效力。为证明股权转让协议并非阮某某亲笔书写,原告还申请对股权转让协议及股东会决议上的"阮某某""陈某某"的签名进行司法鉴定。金华天鉴司法鉴定所出具金华天鉴鉴所【2012】文鉴至第152、153号司法鉴定意见书,认为标注日期为2007年9月15日的中创置业公司股权转让协议及标注日期为2007年9月15日的中创置业股东会决议上的签字与样本字迹为同一人书写。对上述鉴定结论,原告提出异议,认为在提取鉴定样本时,就已经提出样本上的签字不能确定是阮某某、陈某某的亲笔书写。因此,无法证明股权转让协议及股东会决议上的签名系阮某某、陈某某亲笔书写。最终,宁波市海曙区人民法院于2013年9月27日审结本案,并作出(2012)甬海商初字第487号民事判决书,判定驳回倪某某的诉讼请求。倪某某不服,提起上诉,二审维持原判。

2. 转换思路,要求判定巨源控股20%股权归属

倪某某找到承办律师,陈述了其要求撤销阮某某与毛某某股权转让协议的诉讼请求被驳回的遭际,同时也陈述了在寻求追回股权的过程中,他还向象山县公安局及海曙区公安局控告汪某某合同诈骗,汪某某还向法院起诉控告其诽谤的事由,希望律师找到新的突破口,利用法律武器挽回自己的损失。因为该案件涉及的证据材料纷繁复杂,承办律师用了一周时间,经仔细梳理和审阅原诉判决书内容,终于找到原诉败诉的关键原因:对阮某某、陈某某在股权转让协议及股东会决议上的签名真实性的司法鉴定结果对倪某某不利,原因已经无法追究,也没有实际意义。但承办律师在审阅相关证据材料时,注意到两个比较有意思的情况:

(1)一份由汪某某与陈某某、倪某某于2009年12月23日签署的《调解协议书》,该协议书有汪某某妻子的签字,也有巨鹰股份及巨源控股董事长陈某的签字,该协议书约定,汪某某将天英公司持有的巨源控股的49%股权确定为陈某某、倪某某所有。

(2)毛某某在海曙区公安局的询问笔录中陈述,其并没有资金,是代案外人陈某甲受让阮某某、陈某某的股权,相应的股权转让协议和股东会决议上的签名均是陈某甲代签。

首先,《调解协议书》的签署时间在毛某某与阮谋谋签订股权转让协议之后,如果汪某某对毛某某受让阮谋谋股权的合法性具有绝对的把握,签署该份协议书的背景值得研究。

其次,既然毛某某无财力受让股权,陈某甲为何愿意出资受让,陈某甲的股权受让款从何而来?

带着问题,承办律师约见了倪某某,倪某某说明了《调解协议书》的由来。原来,在倪某某发现股权被盗卖后,向海曙区公安局控告汪某某合同诈骗,而之前,另有周某甲也因与汪某某的经济纠纷向海曙区公安局控告汪某某合同诈骗。汪某某被刑拘后一段时间,巨源控股董事长陈某带着汪某某的妻子来与倪某某和陈某某协商,希望化解倪某某、陈某某与汪某某之间的矛盾。由于股权变更至毛某某名下后,天英公司以土地使用权出资与巨鹰股份合作投资设立了巨源控股,天英公司的资产实际全部投入了巨源控股,陈某和汪某某妻子主动提出以汪某某在巨源控股的49%股权作为对倪某某和陈某某天英实业股权被盗卖的损失补偿。倪某某、陈某某同意后,由汪某某妻子起草好调解协议书后,带到海曙区公安局,在办案干警的见证下,由汪某某妻子当场抄写后,由汪某某本人、倪某某、陈某某签名,汪某某妻子也签名,陈某在担保人一栏签字,为汪某某的义务提供担保。汪某某被公安局释放后,倪某某一直用电话或短消息要求其办理股权转让手续,汪某某开始非常配合,但后来借口巨鹰股份不配合而未予办理,这些情况倪某某保留了相关短息内容。

至于毛某某支付阮某某的620万元股权转让款的资金来由及陈某甲其人,倪某某介绍,陈某甲是汪某某的朋友,也是汪某某要求其帮忙而以毛某某名义签署相关股权转让协议和股东会决议。而且陈某甲因掺和汪某某的事,已经与其妻子离婚。陈某甲的妻子对汪某某恨之入骨。上述620万元是汪某某指使天英公司会计从公司账户转账到陈某甲妻子名下的商行账户,再由商行账户转到陈某甲妻子账户,再转到陈某甲账户,再由陈某甲账户转到毛某某账户,由毛某某账户支付给阮某某账户。而且,该款项的支付时间2010年2月4日是在《调解协议书》签署及汪某某被公安局刑拘释放后,短信承诺倪某某办理股权转让登记手续变卦之后。承办律师敏锐地抓住了这一情况,追问倪某某何以证明上述转账的事实?倪某某说陈某甲的妻子非常愿意提供相关证据,后他又想起,象山公安局曾经因阮某某其他案件有过相关的询问笔录,他还留有笔录复印件。至此,一个清晰的诉讼思路在承办律师的脑中形成:以《调解协议书》作为主要证据,向法院提起汪某某通过天英公司间接持有的巨源控股的20%股权归倪某某所有的确权之诉。

在这个思路之下,汪某某可能抗辩的理由主要可能如下:

①《调解协议书》系在其被诬告合同诈骗并刑拘期间签署,不是其真实意思表示,因此无效;

②其不是巨源控股的股东,而是天英公司的股东,无权处置相关股权;

③倪某某据以主张巨源控股20%股权的基础权利来自其投资形成的20%天英公司股权,而天英公司股权已被生效判决书判定合法转让给了毛某某,倪某某已经无权主张股权。

针对上述可能发生的抗辩理由,承办律师抽丝剥茧,将倪某某能够提供的所有证据材料仔细地重新梳理了一边,有针对性地进行了编排,提交给法院,同时,由于很多的证据仅有复印件,还申请法院就多项证据到原审机构进行调查取证。

本案2016年1月27日向象山县人民法院提起诉讼,历时一年半时间,历经四次公开庭审,2017年7月25日终于引来胜诉的曙光,象山县人民法院出具(2016)浙0225民初557号民事判决书,确认汪某某通过天英实业间接持有的巨源控股20%股权归原告倪某某所有。

律师分析

本案是一个非常复杂的股权纠纷案,在提起民事诉讼之前,原告已经就相关股权争议经过了一轮诉讼且已败诉。本案的相关证据及线索可以证明,汪某某在盗卖倪某某及陈某某股权的过程中确实是煞费苦心,股权受让人的选择,在股权转让协议签署后,汪某某并未想向阮某某实际支付协议约定的代价,只是在倪某某采取维权行动之后,且对应的股权已经有很大的升值之后,为造成生米做成熟饭的结果而动用公司资金几经转账,再由毛某某支付股权转让款。本案给类似的股权代持行为提供了几点非常重要的警示:

(1)代持股权的代持人需要审慎选择;

(2)代持股权的行为即代持人的权利应该以合同方式予以制约;

(3)代持行为应该经由公司股东会议决议的形式予以确认,并在出现股权出让的情况下应该由实际出资人签订相关股权转让协议等法律文书。

从民事诉讼特别是繁杂案件的处理角度而言,对涉讼事实的复原是赢得诉讼的第一步。为还原事实,需要对纷繁的证据及线索进行细心的梳理,形成能够前后衔接的证据链条,足以自圆其说,这是赢得诉讼的第二步。诉讼是由原、被告对立的双方构成当事人,任何一方的证据均会遭到对方吹毛求疵式的质证,任何一方的说理均会遭到对方针对性的辩驳,预测性地充分进行事先准备是赢得诉讼的第三步。而以事实为依据、法律为准绳则是放之四海皆准的胜诉硬道理。

第十二章 票据纠纷案例解析

38 石家庄 HLRM 公司与晋州 JLFZ 公司、浙江 QXRL 公司票据纠纷案解析

刘广博

案　　　由：票据纠纷

当事人姓名或名称：

原　　　告：石家庄 HLRM 公司

被　　　告：晋州 JLFZ 公司、浙江 QXRL 公司

承办律师：刘广博

裁判部门：晋州市人民法院、石家庄市中级人民法院

案　　　号：一审（2012）晋民初字第 42 号、二审（2012）石民四终字第 00504 号、重审一审（2012）晋民二初字第 00049 号、重审二审（2013）石民四终字第 00264 号

案情简介

　　2011 年 7 月 20 日，河北 JGHX 公司将其持有的银行承兑汇票一张作为货款背书转让给石家庄 HLRM 有限公司。该银行承兑汇票记载：出票人丹东 WXHX 公司，收款人河北 JGHX 公司，付款银行丹东银行福春支行，汇票号码为 3130005120910620，金额 100 万元，出票日期 2011 年 7 月 13 日，到期日 2012 年 1 月 13 日。石家庄 HLRM 公司在收到银行承兑汇票后，在该汇票背书人处加盖了石家庄 HLRM 公司的财务专用章和法人章，并于 2011 年 7 月 20 日向丹东银行福春支行出具证明一份，主要内容："由于我单位财务人员工作不慎，在加盖背书章时'魏某某'法人章不清，由此造成的经济纠纷由我公司负责，望贵行给予解付。"按票面记载的背书顺序显示背书人分别为：河北 JGHX 公司、石家庄 HLRM 公司（原告）、晋州 JLFZ 公司（被告）、绍兴 YDRD 公司、绍兴 HSRL 公司、浙江 QXRL

公司(被告)、鄞州银行。背书人均在"背书人签章"处签章,但均未记载背书时间。鄞州银行于2011年12月7日背书自己委托收款。石家庄HLRM公司称因财务人员不慎将汇票丢失,于2011年10月20日向丹东市振兴区人民法院申请公示催告。公示催告期间,浙江QXRL公司于2011年12月12日向丹东市振兴区人民法院申报权利。该院于2011年12月19日下达(2011)振兴民催字第00019号民事裁定书,终结公示催告程序。2012年1月11日,石家庄HLRM公司以其财务人员不慎将汇票遗失为由将晋州JLFZ公司、浙江QXRL公司诉至法院,要求判令涉案银行承兑汇票的权利归其所有。本所刘广博律师作为被告浙江QXRL公司的代理律师出庭应诉。

法院判决

本案经历了晋州法院一审,石家庄市中级人民法院二审发回重审,晋州市人民法院重审一审、石家庄中级人民法院重审二审,时间长达一年半之久才最终盖棺定论。

晋州市人民法院一审认为涉案汇票系石家庄HLRM公司遗失的,判决涉案汇票权利归石家庄HLRM公司所有。

浙江QXRL公司不服上诉至石家庄市中级人民法院。石家庄市中级人民法院认为原审认定事实不清、适用法律错误,裁定本案发回重审。

晋州市人民法院重审认为,票据是无因证券、要式证券和文义证券,涉案汇票业经连续背书,已由浙江QXRL公司向鄞州银行申请贴现,鄞州银行支付对价后取得该汇票的合法权利,成为涉案票据的最后持票人。石家庄HLRM公司称涉案票据丢失,对涉案票据的遗失负有举证责任,但未予举证,判令驳回石家庄HLRM公司的诉讼请求。

石家庄HLRM公司不服,上诉至石家庄市中级人民法院,石家庄市中级人民法院认为背书的连续及票据的无因性能证明鄞州银行享有汇票权利,驳回石家庄HLRM公司的上诉,维持原判。

律师分析

汇票是出票人签发的,委托付款人在见票时或者在指定日期无条件支付确定的金额给收款人或者持票人的票据。汇票分为银行汇票和商业汇票,涉案汇票为银行承兑汇票。票据具有无因性、文义性、要式性等独特的法律属性,有别于一般的民事法律关系。

本案系公示催告程序中票据权利申报引起的票据权利之争,属票据纠纷。票据是无因证券,一经作成,票据关系即与基础法律关系相分离。票据又是要式证券和文义证券,票据记载事项必须符合票据法的严格规定,票据权利的内容以及与票据有关的一切事项必须以票据记载的文字为准。本案石家庄HLRM公司称涉案银行承兑汇票系其遗失的,浙江QXRL公司非法持有并转让,要求确认涉案票据权利归石家庄HLRM公司所有。我方代理律师从以下几方面对案件进行了分析:

(1)涉案汇票符合票据的要式性规定。涉案汇票形式完备,各项必要记载事项符合《中华人民共和国票据法》第22条的规定,故涉案汇票为有效票据。石家庄HLRM公司称在被背书栏内自己未背书给晋州JLFZ公司,根据最高人民法院《关于审理票据纠纷案件若干问题的规定》第49条"背书人未记载被背书人名称即将票据交付他人的,持票人在票据被背书人栏内记载自己的名称与背书人记载具有同等法律效力"的规定,涉案汇票被背书人栏内记载晋州 JLFZ 公司的名称与背书人记载具有同等法律效力。

(2)涉案票据背书连续有效。涉案票据属于背书转让的汇票,背收过程中签章依次前后衔接,并不存在最高人民法院《关于审理票据纠纷案件若干问题的规定》第 47 条、第 48 条规定的背书行为无效的情形,故涉案汇票的背书连续,属于有效背书。

(3)未记载背书日期并不影响背书的效力。涉案汇票虽未填写背书时间,根据《中华人民共和国票据法》第 29 条"背书由背书人签章并记载背书日期。背书未记载日期的,视为汇票到期日前背书"的规定,背书时间为可填写项,为非绝对必要记载事项。因此,涉案汇票背书日期记载与否,不影响背书的效力。

(4)根据票据的文义性,石家庄 HLRM 公司已不再享有持票人的票据权利。石家庄 HLRM 公司已在涉案汇票背书人处签章,并因法人章不清而向银行出具证明,石家庄 HLRM 公司已完成背书转让,石家庄 HLRM 公司已随该汇票背书转让丧失持票人资格,不再享有持票人的票据权利。涉案汇票业经连续背书,已由浙江 QXRL 公司向鄞州银行申请贴现,鄞州银行支付对价后取得该汇票的合法权利,成为涉案票据的最后持票人。

(5)以基础交易关系作为抗辩理由仅适用于直接前后手之间尚未背书转让流通的票据,不能对抗业已背书转让票据的其他持票人。根据《票据法》第 10 条:"票据的签发、取得和转让,应当遵循诚实信用的原则,具有真实的交易关系和债权债务关系。票据的取得,必须给付对价,即应当给付票据双方当事人认可的相对应的代价",第 13 条:"票据债务人不得以自己与出票人或者与持票人的前手之间的抗辩事由,对抗持票人",以及《最高人民法院关于审理票据纠纷案件若干问题的规定》第 14 条:"票据债务人以票据法第 10 条、第 21 条的规定为由,对业经背书转让票据的持票人进行抗辩的,人民法院不予支持"之规定,即使石家庄 HLRM 公司与其直接后手不存在交易或债权债务关系,在该汇票又发生多次背书转让的情况下,石家庄 HLRM 公司也不能以此对抗持票人,更不能以此取得票据权利。即便是直接前后手之间,也只能作为抗辩的理由,并非是前手取得直接后手的票据权利。

(6)无证据证明涉案票据遗失。石家庄 HLRM 公司称涉案票据丢失,根据最高人民法院《关于审理票据纠纷案件若干问题的规定》第 9 条第 1 款"票据诉讼的举证责任由提出主张一方当事人承担"的规定,石家庄 HLRM 公司对涉案票据的遗失负有举证责任,石家庄 HLRM 公司未予举证明。

(7)若涉案票据真是石家庄 HLRM 公司所遗失的,石家庄 HLRM 公司与其直接后手晋州 JLFZ 公司不存在基础交易关系,那么石家庄 HLRM 公司可另行依据民事关系起诉晋州 JLFZ 公司,而非主张票据权利。

通过以上分析,重审法院采纳了我方代理律师的意见,改判驳回石家庄 HLRM 公司的诉讼请求。

律师建议

银行承兑汇票作为一种支付方式为广大企业所运用,在一定程度上能够减轻企业的资金压力、减少费用支出,也就是能够让企业少花钱,办好事。但是,也不能盲目使用或滥用,在使用过程中也要注意规避风险。

第一,记载"不得转让"的汇票不能转让,出票人可根据基础交易关系对抗持票人。根据《票据法》第13条的规定,以基础交易关系作为抗辩理由的只能发生在直接前后手之间。因此,若出票人在汇票上记载"不得转让"字样的,在持票人不履行基础合同义务时,出票人则可行使该票据抗辩权。

第二,注意审查汇票的记载事项是否完整。汇票绝对记载事项包括:表明"银行汇票"的字样、无条件支付的委托、确定的金额、付款人的名称、收款人的名称、出票日期、出票人签章。欠缺绝对记载事项可能导致汇票无效。虽然法律规定背书未记载日期的,视为在汇票到期日前背书。但是,在实践中若发生多次背书日期不明,则无法划清与此相关的票据责任。如公示催告期间汇票不准转让,日期不明就无法判断其有无背书转让的责任。

第三,注意审查背书是否连续。只有背书连续的票据才能保证票据权利的完整性,保证再次流通的有效性。被背书人应对其前手转让的票据形式要件进行全面审查,如有无变造、背书是否连续等,以决定是否接受该票据。《票据法》第32条规定:"以背书转让的汇票,后手应当对其前手背书的真实性负责。"因此,被背书人对票据的真伪、背书连续进行审查既是法定义务,又是慎防接受无效票据和避免民事责任的有力措施。

第四,若自己持有的汇票被他人挂失止付或申请公示催告的,要及时申报权利。否则会被法院作出除权判决,届时将丧失票据权利。

第十三章　商法理论研究

39　民营资本向村镇银行增资扩股的法律实务探析

——以"新三十六条"与温州"金改"的实施为视角

习　平　傅丹辉

摘　要:民营资本进入金融服务领域:包括设立或参股村镇银行、贷款公司、农村资金互助社等。本文将以民营资本以增资的方式参股村镇银行作为讨论对象,并着重探讨增资扩股过程中可能遇到的法律实务问题,包括股份比例的确定,村镇银行治理结构的设计,民营股东与国资股东之间冲突的解决,利润分配的保障,民营资本退出的情形等,通过对上述实务问题的探讨,提出应对方法和相应建议,以更好地保障民营资本在增资过程中的权益,使得民营资本真正敢于向村镇银行投资,在增资扩股过程中的合法权益得到应有的保护。

关键词:村镇银行　民营资本　增资扩股

一、实务问题的提出

2010年7月,国务院颁布"新三十六条",以支持民间投资进入国有经济等领域,其中一项重要内容就包括投资金融服务领域。2012年3月,国务院批准温州市金融综合改革,温州市继而推出温州金改的12条实施细则。共同的是,上述规定都包含有规范、引导、支持民间投资或者民营经济投资金融,扭转近年来"国进民退"的局面,也为改变民营资金投资渠道过窄,热钱四处炒房、炒物资的困境。在"新三十六条"颁布实施后,尤其是在温州"金改"12条实施细则出台后,民营企业或者民间个人资本(以下简称"民营资本")进入金融领域的大门被逐渐打开,这对民营资本来说是一个福音,民营资本投资渠道过窄的问题将得到逐步解决,相应地,以前的炒房热、炒蒜热、炒棉花等民间资本过度集中于虚拟经济的问题将得到缓解,民营资本也将逐渐回归实业。但是,仅仅有这两部规定还不能完全解决实务中的问题,尤其是如果民营资本以增资扩股的方式投资,在投资过程中可能出现各种法律问题,还需要法律实务界进行探讨,尤其是需要非诉律师的参与解决。

在民营资本以增资扩股进入村镇银行之时,民营资本需要考虑哪些问题? 又将会遇到哪些实务问题? 根据民营资本与村镇银行的实际特点以及增资扩股的实务操作,可能会出现以下法律问题:第一,增资扩股需要履行哪些基本程序? 作为民营资本应注意哪些方面? 第二,增资扩股的股价应如何判断? 新进入的民营资本应持股份比例如何确定? 第三,民营资本成为村镇银行的股东后,为了消除民营资本的担心,真正保障其享有股东权利,公司治理结构如何设计? 民营资本与国有银行、政府机构股东等国资股东之间如何平衡? 民营股东与国资股东在公司股东会表决权发生冲突,应如何解决? 第四,在村镇银行产生利润后,利润如何分配? 如何保障民营资本的利润分配权利? 第五,在哪些情形下,民营资本可以行使退出权? 民营资本退出可以采取哪些方式? 如何适用?

对民营资本而言,增资扩股是其进入农村金融市场的重要渠道,如果风险防控和问题解决得当,可以分享城镇化的发展实惠。为了使民营资本的增资扩股减少风险,作为非诉律师,对于民营资本可能遇到的上述实务问题,笔者提出相应的应对方法或者措施,并提出保障民营资本权益的建议,以最大化保障民营投资者的合法权益。

二、村镇银行的概念与现状

1. 村镇银行的概念

村镇银行是指经中国银行业监督管理委员会依据有关法律、法规批准,由境内外金融机构、境内非金融机构企业法人、境内自然人出资,在农村地区设立的主要为当地农民、农业和农村经济发展提供金融服务的银行业金融机构。

村镇银行的设立宗旨是围绕三农,而"三农"问题在近十年连续作为国家的一号文件出现,对国家来说其占有举足轻重的地位。村镇银行的出现,对完善农村金融组织体系、建立农村金融供给新渠道和推进农村金融服务产生积极影响,村镇银行给农村金融市场带来了竞争,有效增加了农村的金融供给,村镇银行的健康发展对农村金融具有里程碑的意义,对于国家宏观经济也具有重要意义。

2. 浙江省村镇银行的发展现状

自2006年12月银监会公布《关于调整放宽农村地区银行业金融机构准入政策更好支持社会主义新农村建设的若干意见》以及2007年1月银监会出台《村镇银行管理暂行规定》以来,村镇银行作为新事物出现在人们的视野中已有6年。截至2012年9月末村镇银行全国已经增长为799家。

浙江经济发达,村镇银行扩张迅速,2004年末还存在194个金融空白乡镇,截至2010年5月,浙江设立村镇银行16家,截至2012年12月,浙江省(剔除计划单列市之宁波数据)共有村镇银行98家。在浙江各市中,民营经济尤其活跃的温州市在村镇银行的设立方面表现抢眼,2009年,瓯海农村合作银行作为主发起人设立了温州市首家村镇银行——永嘉恒升村镇银行。截至2013年3月,温州已获准在全国各地设立44家村镇银行,其中已开业12家。

3. 村镇银行存在的问题

虽然村镇银行经历了快速发展,但由于农村市场存在局限性以及村镇银行本身的缺陷,作为新生事物,村镇银行在建立及发展中还存在一些新的问题,总结而言,有以下几个主要问题:

第一,民营资本入股的热情不高。村镇银行刚兴起时,主发起行紧缺,而自然人股东则处于饱和状态,很多民营企业甚至为获得一个投资机会要找关系。如今,情况发生了逆转,部分村镇银行持续经营低迷已导致主发起行和民营股东矛盾激化,新的村镇银行现在也越来越难找到自然人股东,由于村镇银行盈利能力低、村镇银行分红不及时,民营股东难以掌握话语权和管理权,不少民营股东甚至有退股的想法。因而民营资本在短暂的热情之后,对村镇银行渐渐采取消极观望的态度,这对于鼓励民间资本参与农村金融改革的初衷也不利。

第二,治理结构不够合理。2012年5月,中国银监会就鼓励引导民间资本进入银行业和鼓励促进民间投资健康发展提出的具体措施和意见(银监发〔2012〕27号)。村镇银行主发起行的最低持股比例由20%降低为15%,但是,在村镇银行的股东中,控股股东仍然是银行金融机构、国有企业、国有控股公司、政府机构股东(以下简称"国资股东"),民营资本的股东(以下简称"民营股东")所占的份额较小。因此,民营资本对国资股东的监督和制衡作用有限,治理结构需要继续改善。

第三,村镇银行的影响力有限。整体而言,农民对于村镇银行的了解和认同度并不高,很多农民虽然知道村镇银行,但是对于村镇银行与传统银行究竟有何不同,村镇银行在存贷款方面有哪些优惠,基本上一无所知。由于农民对村镇银行的品牌认知程度偏低,导致村镇银行吸储难度较大。按照规定,村镇银行发放贷款的金额不得超过存款余额的75%,如果没有资金来源,村镇银行的贷款业务也就无从做起。

三、增资扩股的基本程序

(一)村镇银行的股东会表决

(1)股东会对增资扩股协议及方案进行表决。要特别注意的是,依据《公司法》第44条的规定,增资、减资应该经过股东会中代表三分之二表决权的股东通过,对于增资扩股的表决,属于特别决议,仅仅过半数表决权股东同意无法通过。当然,如果村镇银行的公司章程对增资的表决有更高要求的,例如,应该经过全体股东一致同意的,则股东会表决应符合公司章程的规定。

(2)如果部分原股东不认购增资的,应作出放弃优先增资权的意思表示。《公司法》第35条规定了原股东对公司增资时享有优先增资权。如果全部或者部分原股东未增资,对于新股东增资加入的,应由原股东在股东会表决中或者在增资扩股工商手续办理前提交放弃优先认购权的声明。对于保留优先购买权的原股东,应与新股东共同参与新增股份竞价,通过"同等价位、原股东优先"的方式,行使其优先购买权。

(二)签署增资扩股协议

增资扩股协议是规范增资行为以及增资扩过程中有关事宜的文本载体,也是新股东与村镇银行、原股东之间的权利义务的依据,体现了新股东与原股东之间谈判甚至力量博弈的结果。在新股东与村镇银行达成增资的意向并谈妥相关事项后,双方应签署增资扩股协议,但是,从法律的角度,需要特别关注增资扩股协议是否合法有效。

首先,增资扩股协议应该在法律性质上具有合法性,否则,无效的增资扩股行为将得不到法律认可。在实务中,增资扩股协议可能会因为双方商业目的或者谈判结果不同而内容各不相同,甚至部分还因为违反法律禁止性规定等原因而无效。为此,判断增资扩股协议的效力以及保证增资扩股协议有效应作为实务的重点,笔者举下述案例说明:

案例一:某甲作为新股东向某村镇银行增资,由于某甲对金融机构的真实盈利状况不甚了解,对村镇银行的发展前景持谨慎态度。因此,甲要求公司向其作出承诺,保证每年的投资回报率,双方并将固定回报写入增资扩股协议。

案例二:某村镇银行计划对外设立分支机构,现金流严重不足,拟对外吸收资金,某已在与该公司股东接洽后有意向增资,但是提出两个条件,资金使用期限为一年,资金的使用成本为银行贷款基准利率的四倍,双方据此签订增资扩股协议。

上诉二案例中的协议并非法律上真正的增资扩股协议,案例一双方约定固定回报,权利义务不对等,属于保底收益协议,为无效协议。案例二中双方约定资金使用成本,实际为借款行为,当合同形式与实际不符时,应以实际的法律行为判断,双方之间签署的是借款协议。

其次,增资扩股协议的签订主体应具有相应的民事行为能力,民营资本如果来源于民间个人,则该个人应该具有完全民事行为能力以及出资实力。民营资本如果来源于民营企业,则该企业应该经过合法注册,取得营业执照并具有法人资格,不得为分公司、分支机构等不具有法人资格的主体。

再次,增资扩股协议中约定的增资额、持股比例应符合《村镇银行管理暂行规定》《中国银监会关于鼓励和引导民间资本进入银行业的实施意见》的最低规定。

(三)清产核资与缴纳增资、验资

(1)清产核资,在增资扩股时,为了对增加的股权(股份)进行定价,需要对村镇银行开展清产核资工作,确定村镇银行在增资前的原有资产(总资产与净资产)为多少,村镇银行的净资产金额对新股东是否溢价增资以及多少计入溢价具有影响作用。

(2)对新股东增资财产进行评估,评估是股东出资的法定程序。依照《公司法》第27条第2款规定,对作为出资的非货币财产应当评估作价,同理,在增资扩股中,民营资本如果以非货币财产增资的(包括特殊形式如果民营资本以股份增资或者债转股的方式增资),应履行评估手续。

(3)新股东缴纳增资及验资手续。新股东增资方式,与原股东在村镇银行成立时出资方式相同,应遵守《公司法》第27、28、83~89条的规定,在此不赘述。在新股东认缴增资后,应该由验资机构进行验资并出具证明,验证注册资本的增加是否真实,相关的会计处理是否正确,是否符合规范。对于新股东以实物、无形资产等非货币财产增资的,注意应保证新股东对该财产具有完全处分权,未设置担保或者被司法查封,增资后及时向村镇银行办理转移过户手续,报公司登记机关备案。

（四）银监机构的审批

《中华人民共和国商业银行法》《中国银监会关于鼓励和引导民间资本进入银行业的实施意见》规定包括村镇银行在内的商业银行的新股东吸收应经过银监机构审核，包括对增加的注册资本金、入股资金来源、股权比例、公司治理结构、诚信记录和纳税记录等进行审核。

（五）新股东会决议及工商变更手续

（1）在新股东缴纳增资，村镇银行对增资验资后，村镇银行应召开股东会增选董事、监事，对公司治理结构进行调整，修改章程，召开董事会，改组公司管理层。村镇银行根据股东会决议，对股东名册进行相应修改，向新股东签发出资证明书。

（2）履行工商变更登记手续。首先到工商部门办理注册资本变更登记手续及新选董事、监事的备案手续，然后凭工商部门出具的工商变更受理单到质量监督管理部门换发组织机构代码证，到银行、税务部门办理相应的变更手续。

四、民营资本持股比例的确定

民营资本向目标村镇银行（以下简称"村镇银行"）增资后，村镇银行股份结构将会调整，并进而改变股东之间的权益关系。因此，增资过程中合理调整股东的结构和持股比例是理顺股东之间权利和利益关系的重要内容。

根据增资财产是否全部来源于民营资本，民营资本增资分为两种情形，一是增资全部由民营资本新股东（以下简称"新股东"）认购，村镇银行原股东（以下简称"原股东"）不增资；二是新股东与原股东（全部或者部分）共同认购增资，新股东的持股比例在两种情形中各不相同，下文将分别论述。对于新股东的持股比例，与增资扩股中以下几个因素相关。

（一）新增股份的价格确定

在增资扩股时，需要对增加的股份进行定价，如果增加的每一份额的价格低于每一份额的价值，那么原股东的利益将被稀释，然而，对每一份额进行定价又是一件很困难的事情，难以客观准确地反映股份价值。虽然现行的股票（股份）定价的方法很多，在财务上有市盈率估算法、现金流贴现法等方法，但是这些方法都存在一定的不足，只能近似地衡量股份份额的价值。

因此，除了按照财务方法来确定份额的价格之外，还应尊重股东的主观判断，结合村镇银行自身的情况特点，包括净资产、存贷款总额、存贷比、盈利状况、发展规划等。当然，在增资扩股中，原股东不得利用虚假的财务信息，夸大公司的市场份额和发展前景，或者隐瞒公司存在的债务和负担。

（二）权重值的确定

增资扩股时相同股份下认缴的出资额与设立时认缴的数额一般不相同，两者之间形成一定的比值（以下简称"'权重'比值"）。同理，股东在增资时缴纳的股价与设立时一般也不相同，尤其是村镇银行发展良好的情况下。向村镇银行增资扩股时，可以根据此前村镇银行净资产的评估值（例如，上一年度或者最近三年度的资产负债表、利润分配表等财务报表）、增资对村镇银行今后的影响、增资后各股东之间的持股比例等几方面来确定新旧出资之间的"权重"比值。

对于股份比例的确定，最关键的问题是如何确定等额新、旧出资的"权重"比值，只有比值确定了，才能确定各股东最终的持股比例。对于股份比例的确定，笔者举三个例子以说明。

案例一：全部增资由新股东认购。某村镇银行新增200万元注册资本，全部由新股东出资，经评估确定，村镇银行的净资产为5000万元，新股东在增资200万元后可以取得相当于村镇银行设立时原股东出资120万元后持有的股份（新、旧出资的"权重"比值为6:10）。由此，增资方式就是：先将新增的200万元全部存入村镇银行的验资账户，但申请增资额为120万元，另外80万元列入资本公积金，然后再申请将80万元资本公积金转增为注册资本。

案例二：部分增资由新股东认购，部分增资由原股东认购。某村镇银行新增400万元注册资本，其中200万元由新股东认购，200万元由原股东认购，经评估确定，村镇银行的净资产为5000万元，新股东在增资200万元后可以取得相当于原股东出资100万元后持有的股份（新、旧出资的"权重"比值为5:10），原股东增资200万元后可以取得村镇银行设立时出资的100万元（新、旧出资的"权重"比值为5:10），由此，申请增资额为200万元，另外200万元列入资本公积金。

案例三：部分增资由新股东认购，部分增资由原股东认购。某村镇银行新增300万元注册资本，其中200万元由新股东认购，100万元由原股东认购，经评估确定，村镇银行的净资产为5000万元，新股东在增资200万元后可以取得相当于原股东出资130万元后持有的股份（新、旧出资的"权重"比值为6.5:10），原股东增资100万元后可以取得村镇银行设立时出资的70万元（新、旧出资的"权重"比值为7:10），由此，申请增资额为200万元，另外100万元列入资本公积金。

案例一中，由于全部增资都是新股东认购，因此，新、旧出资的"权重"比值实际上就是新股东与原股东相同出资账面值与持股比例的占比。案例二与案例三中，由于原股东也认购部分增资，因此原股东的增资与村镇银行设立时原股东出资，相同账面值时持股比例也不同，当然，实务中可能会出现同一次增资同股不同价的情况，案例二新股东与原股东增资时同股同价，案例三新股东与原股东增资时同股不同价。

（三）资本公积金——增资溢价的处理

资本公积——增资溢价转增资本之前，以实收资本计算新股东的持股比例。通常来说，原股东与新股东在增资谈判时不会同意将新股东的增资财产全部作为出资，计入"实收资本"或"实收股本"。因此，在增资扩股的实务中，新股东的增资财产与其名下的"实收资本"有差额，差额部分作为增资的溢价计入"资本公积"。"资本公积"虽然属于所有者权益，但是，在未转为注册资本之前不能计算为股份，判断新股东的持股比例只能根据其名下的"实收资本"。

资本公积——增资溢价可以用来转增资本。《公司法》第169条规定"公积金用于弥补公司的亏损、扩大公司生产经营或者转为增加公司资本。但是，资本公积金不得用于弥补公司的亏损。"因此，资本公积金不得用于弥补亏损，该规定一定程度上能防止公司原股东利用增资扩股让新股东为公司的亏损埋单，损害新股东的合法权益。资本公积金虽然属于公积金，但是在会计实务上，并非所有的资本公积金都可以直接转增资本。资本公积金项下又分为资本（或股本）溢价和资本公积金准备项目（包括接受捐赠非现金资产准备、股权投资准备和关联交易差价）形成的其他资本公积。

《金融企业会计制度》(财会〔2001〕49号)第81条规定"资本公积各准备项目不能转增资本(或股本)",《企业会计准则——应用指南》也规定"资本公积——资本(或股本)溢价"项下的资金属于准资本性质,可以直接转增注册资本。因此,新股东向村镇银行增资溢价产生的资本公积可以转增资本。

资本公积——增资溢价转增资本之后,新股东有权按持股比例分享转增资本。在资本公积——增资溢价转增资本后的处理上,缺乏具体的法律规定。在实务中,大多将转增资本作为股东的权益,由全部股东按持股比例共同享有转增资本。笔者认为这种实务操作符合法理,理由如下:第一,新股东认购增资并通过村镇银行的工商变更登记取得股东资格后,其即为村镇银行的正式股东,且增资中计入"实收资本"的会计处理也确认了其股东身份,既然具有股份资格了,就应该平等地享有股东的权利,资本公积——增资溢价转增为资本从而股东的出资额增加属于广义的自益权,新股东理应享有。第二,增资前,增资财产的产权属于新股东。因此,原股东对资本公积——增资溢价分享权益本来就是新股东对原股东在增资前经营村镇银行的财富回报,作为新股东取得股东资格的额外对价,不能再否定新股东对资本公积——增资溢价转增资本应享有的权利,否则,新股东就承担了多重对价。

当然,建议民营资本在向村镇银行增资时,双方应该明确增资中多少列入资本公积,资本公积按什么比例分配,有多少由民营股东享有,以此避免在进入村镇银行后产生争议。

因此,按照通常的实务惯例,新股东的持股比例等于增资财产计入"实收资本"的数额÷(村镇银行原注册资本+村镇银行增加的注册资本)。如果资本公积转为增资,则新股东持股比例不变,其名下的"实收资本"按持股比例相应增加。

五、村镇银行治理结构的设计

在民营股东签订增资扩股协议以及实际出资之后,只是实现了进入村镇银行的第一步,在进入村镇银行之后,民营股东应更多地考虑如何保障自身权益,尤其是在面对国资股东时。民营股东的权益保护主要包括两方面,一方面是公司制度的设计,另一方面是遇到冲突如何解决。而公司制度的设计方面首要就是公司治理结构的设计,如果民营股东作为小股东,尤其是股份比例在三分之一以下的,应尽量保障或者争取民营资本在股东会表决时的话语权,投资者的律师应为其设定有效的股东会表决机制。

(一)表决机制

在诉讼实务中,存在着大量的控股股东滥用资本多数决损害小股东权益的案例。因此,在设计村镇银行的表决机制时,应着重强调对小股东尤其是民营小股东的优先保护。在实践中,有以下两种表决方式可以适用:

1. 一票否决制

无论民营股东在村镇银行中持股的比例是多少,民营股东对股东会决议享有一票否决制,尤其是针对影响公司的存续与发展的重大事项,或者影响股东的权益能否实现的重大事项。例如,村镇银行重大资产处置,村镇银行对外投资,以村镇银行资产或者信用对外担保,村镇银行的合并、分立、解散、清算、歇业或者变更公司形式,村镇银行的重组、并购,发行债券及上市计划,村镇银行增加、减少注册资本等,具体的内容根据村镇银行的实际情况而定。

2. 重大事项一致同意原则

对于上述重大事项,应该经过所有股东的一致同意,不得由代表三分之二以上表决权的股东擅自决定。全体股东一致同意,作为资本多数决的例外,是由股东人数而非所持表决权决定,体现了小股东在管理公司重大事项中同样具有决定性作用。

除了股东会对重大事项的表决规则以外,公司的治理结构还包括公司的管理人员推荐与董事指派。

（二）人事安排

1. 民营资本在关键职位推荐

对于村镇银行来说,管理人员尤其是关键职位的选派将决定各股东在公司的掌控和权力体现。在村镇银行的管理过程中,人、财、事的岗位无疑是最关键岗位,在实务中,公司管理陷入僵局,股东对公司失去控制也往往是在人、财、事的管理不当。鉴于此,民营股东应尽量取得对村镇银行中诸如总经理、财务经理、客户经理、信贷部门经理、副行长、行长等重要职位中至少一个到两个职位的推荐权,而在这些管理职位中,信贷部门经理又是其中的关键职位,信贷部门的管理水平直接决定村镇银行的不良贷款数额和坏账率。

2. 董事会中的董事指派

董事会是公司的最高执行机构,在公司日常管理中起着重要作用,而董事会的表决规则是董事人数多数决,实行一人一票,每位董事表决权平等。因此,民营股东争取多指派董事,尤其是董事长或者副董事长,在民营股东持股比例较小的情况下,建议将民营股份与其他小股东的股份累积合并,提高持股的比例,以有权指派的董事人数更多,或者指派更重要的董事职位。

当然,如果民营股东有权指派董事长或者推荐高级管理人员,董事长和高级管理人员应符合《村镇银行暂行规定》第13条规定的任职资格,应具备从事银行业工作5年以上,或者从事相关经济工作8年以上(其中从事银行业工作2年以上)的工作经验,具备大专以上(含大专)学历,且需经银监分局或所在城市银监局核准。

（三）股东之间冲突的解决

在村镇银行的经营管理过程中,股东之间或多或少会存在矛盾和冲突,特别是在国资股东与民营股东之间存在出资主体、价值目标、绩效考核体系等诸多差异的情况下,那么,如何化解冲突是民营股东应当预先考虑的。在化解矛盾的方法中,笔者推荐以下两种方式。

1. 优先保护民营股东收益权

民营资本进入村镇银行最主要的目的是取得利润,如果民营股东作为小股东,在持股比例低于国资股东,表决权不占优势的情况下,借鉴有限合伙中的有限合伙人承担有限责任但无表决权,股份公司的优先股票(尤其是参加分配优先股股票),在增资扩股中设计民营股东优先分红的方案,即民营股东享有的是与股份持有比例不匹配的劣后表决,但是有权优先于国资股东分配利润。当村镇银行先向民营股东分红后,如果没有其他净利润的,则其他股东不分红,股东之间不按股份比例分红。

2. 保障民营股东的退出权利

任何公司都存在陷入僵局或者股东退出的可能,尤其是在增资扩股中,新股东作为后进入村镇银行的股东,与原股东之间的信任关系较公司成立时的原始股东之间薄弱,当国资股东与民营股东在村镇银行管理过程中产生根本矛盾时,无法继续合作,应对民营股东的退出权利进行详细规定,并对退出机制进行科学设计,既保证村镇银行的股东稳定,又保障民营股东在符合条件时退出,且退出时获得合理的回报。

六、利润分配的保障

(一)应明确规定及时分配利润

民营资本进入村镇银行之后,站在商业角度,应首要考虑如果目标公司产生了利润如何分配,如果未有利润,又应该如何处理。

对于上述商业考虑,民营股东应与原股东在入股谈判时重点提及,或者通过增资扩股协议约定利润分配情形以及分配方案,或者通过公司章程修正案予以明确,防止留下空白地带。根据实务经验,绝大部分公司章程都是工商局的简单格式范本,对利润分配一笔带过,甚至有些根本未规定利润分配,导致公司出现控股股东操纵或者股东之间出现矛盾时,公司有利润却迟迟不分红,民营股东再要求公司分配利润时,却未有相应的章程规定,起诉后在举证等方面将花费大量精力,诉讼结果也可能不理想。因此,民营股东应在增资协议或者公司章程中要求村镇银行规定股利分红、利润分配的情形、条件、期限、提出异议的主体、表决方式以及救济的程序和方法,并规定如果控股股东阻挠或者拒绝的,民营股东有权要求控股股东承担赔偿责任。

(二)利润的实际分配

如果村镇银行产生净利润,且符合公司章程规定的分配利润条件,村镇银行应及时向股东分红。在实际分配过程中,分配方案的适用成为民营股东应关注的问题。

按照股份比例分配利润,是公司法的通常规定。如果民营股东、国资股东等股东对利润分配未进行特别约定,则公司应按各股东持股比例进行分红。如果在增资扩股协议或者公司章程中规定了前面所述的民营股东优先分红方案,则民营股东有权要求村镇银行优先向其分红,并有权监督村镇银行是否存在漏报净利润、多报负债、多支出费用、利益输送、利润转移等情况,确保其利润分配权益不受损害。

(三)利润分配权利的救济

如果村镇银行有净利润,已上交相关税负和支付利息,即产生了息税后利润,并留足了法定公积金和法定公益金的,而村镇银行又拒绝向股东分红的,或者村镇银行只向国资股东分红的,或者利润分配不公平的,则民营股东有权向村镇银行提出书面异议,要求在合理期限内补正,如果村镇银行在催告期限内仍未履行的,则民营股东有权向法院起诉,要求村镇银行分红,或者补足分红。当然,民营股东应对村镇银行存在净利润,符合分红条件以及其已经向村镇银行主张分红权利等进行举证。

七、股东退出机制的设计

(一)退出的情形

在公司章程或者增资扩股协议中,应为民营股东的退出情形进行规定,建议采取列举式以及兜底式规定。

(1)在增资扩股中注明退出情形(包括国资股东违约,未按期办理股份变更、股东资格确认的手续,控股股东损害民营资本权益,变卖处分村镇银行的资产,民营资本投资目的落空)。

(2)村镇银行未达到增资时的条件。例如,村镇银行未能在约定的时间内达到净利润目标,或者村镇银行的增资扩股未得到银行监督机构的批准。

(3)村镇银行违反其陈述与保证。例如,村镇银行的实际负债明显超过其披露的债务数额,村镇银行的实际净资产与其陈述的净资产差额较大,村镇银行隐瞒其对外提供担保的事实,隐瞒其存贷款数额和存贷比,虚报其不良贷款数额。

(4)村镇银行未在规定的时间内分配利润。例如,在增资扩股协议中约定了村镇银行应在三年内分红,但是,村镇银行连续产生净利润,却因为控股股东控制等原因在三年内未分红。

(5)民营股东在股东会决议中表决权被限制或者侵犯,股东会的召开未通知民营股东,控股股东为民营股东在股东会表决设定条件,股东会的召开、召集或者决议存在程序瑕疵。

(6)民营股东对村镇银行的合并、分立、增资、减资、解散、转让资产、对外担保、关联贷款等重大表决不同意。

(7)民营股东与其他股东约定的有权退出的其他情形。例如,协议签订的前提条件未成就,签订背景与实际不符等,导致增资入股协议的目的无法实现的。

(二)退出的方式

(1)股东之间转让股权,股东之间内部股份转让是股东退出的最常见的方式,也是最灵活的一种方式,对于股份转让价格由双方自由协商,协商一致后,民营股东有权将其持有村镇银行的全部股份转让予内部股东中的一个或者几个,而其他未受让的股东不得对此提出异议。

(2)对外转让股权,民营股东有权将其全部股份对外向第三人转让,但是,公司法规定了其他股东有优先购买权,所以民营股东应先通知其他股东(含国资股东)是否购买,其他股东如果在同等条件下未行使优先购买权的,则第三人有权购买出让股份。如果转让股份有数个意向购买方的,则还应该经过产权交易中心竞价,股份变更登记完成后,民营股东即退出国有公司。

当然,《村镇银行管理暂行规定》第28条规定"村镇银行的股份可依法转让、继承和赠与。但发起人或出资人持有的股份自村镇银行成立之日起3年内不得转让或质押。村镇银行董事、行长和副行长持有的股份,在任职期间内不得转让或质押。"该规定与公司法不一致,股权锁定期限长于公司法的规定,民营股东在转让股份时需要特别注意。

(3)公司收购股权，如果其他股东不收购民营股东的股份，或者其他股东的收购价格民营股东不同意，而民营股东又未将股份向第三人转让的，民营股东有权请求公司回购其全部股份，回购的价格由股东会表决，如果股东会无法做出决议的，民营股东可以申请评估机构对转让股份进行评估，按评估价格计算转让价格。当然，为了避免对回购价格的确定产生争议，作为民营股东可以要求在增资扩股协议中或者公司章程中对公司回购时转让价格的计算方式进行确定。例如，按照退出前三年净利润的平均值乘以民营股东的持股比例计算，或者按照公司的递增盈利能力计算未来五年的净利润，以该净利润乘以持股比例计算。公司完成收购股份后，公司应履行减资以及向债权人公告等程序，确保债权人及其他相关主体的权益不受影响。

(4)解散清算，当股东之间产生根本矛盾，而各股东对于公司是否继续无法达成一致，依据《公司法》第183条的规定，公司经营管理发生严重困难，继续存续会使股东利益受到重大损失，通过其他途径不能解决的，持有公司全部股东表决权百分之十以上的股东，可以请求人民法院解散公司。因此，如果民营股东持有股份百分之十，或者民营股东与其他股东累计持有股份百分之十的，有权请求法院解散公司，并按照解散程序对公司进行清算，如果村镇银行在清偿完毕全部债务后仍有剩余财产的，民营股东有权请求分配剩余财产。

八、建议与对策

民营资本向村镇银行增资扩股的过程中存在前述实务问题，作为民营资本，既要树立风险防控意识，更要重视律师在解决实务问题中的作用。而作为民营资本的非诉律师，笔者提出以下建议和对策：

（一）准确界定增资财产的性质与数额

增资财产的认购是民营股东取得股东资格的前提条件，而增资财产的法律性质界定直接影响股东权益。因此，既应在法律上界定清晰，也应该在财务会计上准确注明，避免出现以下情形：

(1)对增资财产的性质认识不清，笼统写增资款。未使用规范、准确的法律用语表述增资的财产，只是笼统写成增资款，既在法律上未注明增资款中多少属于股东出资，多少属于资本公积，在会计做账上也没有分清多少金额计入资本公积，多少资本公积可以转增资本。

(2)对新股东为溢价增资还是平价增资并未规定。误以为股东出资与资本公积都完全属于增资方的，尤其是对于资本公积的权属方未注明，资本公积金属于原股东，还是原股东和新股东按照一定的比例按份共有，并没有在增资扩股协议或者公司章程规定。

(3)对新股东的持股比例如何计算未注明，可能产生新股东不公平感，认为原股东掠夺了其应当拥有的股份比例，会导致新股东对原股东产生不信任感，不利于股东之间的团结，尤其是当公司效益不佳时，新、原股东容易因此出现矛盾。

（二）对股价和股份比例的建议

民营资本增资后的股份比例，是其在村镇银行的话语权和分量的决定因素，非诉律师应在谈判阶段着重争取提高民营资本的持股比例，并在股权变更登记和股东资格确认的程序中为民营资本把关。

(1)确定总原则,在新三十六条和温州金改的背景下,重点是民营资本的限制放开,尊重、鼓励、保护民营资本,因此,该精神作为处理股价、股份比例的总原则,并在实务中得以落实,真正对民营股东在股份比例方面放开限制,尽量做到同股同权,同股同价,国资股东与民营股东平起平坐。

(2)定量判断的方法,在股份定价时采用定量方法予以确定,对村镇银行的净资产、盈利能力、净利率、市盈率等相关数值,都应由具有资质的审计机构和财务评估公司作出,由于企业和行业的经济形势存在波动,为了相对客观判断村镇银行,对于已发生的数值,例如净资产和资产负债率,应该是最近三年的平均值;对于盈利能力或者收益率等未来发生的数值,则建议以未来三五年甚至更长的期间作为判断依据。

另一方面,如果民营股东增资金额较大,建议民营股东采取灵活有效的方式对村镇银行进行尽职调查,尤其是对村镇银行的不良贷款和其他应付款进行核查。如果村镇银行在尽职调查时发现村镇银行存在重大既有负债、或有负债或者面临或有诉讼,在定量判断股价时,民营股东应争取扣减这些债务或者负担,尽量体现村镇银行的真实盈利或者收益状况。

(3)尽量压缩资本公积的空间,即对溢价增资的金额予以控制。由于溢价增资的权益归属在实务中存在争议,如果权益全部归属于原股东,或者新股东可以分享权益,新股东和原股东站在自身的角度可能都会提出异议,而增资进入资本公积的越多,越对保障新股东的股份比例不利。因此,笔者建议,为了减少股份比例主观臆断的空间,增进新股东与原股东之间的团结,尽量减小资本公积金,自然也就减少由资本公积转增资本的数额。

(三)股东权利保障机制的构建

除了在前文已提及的村镇银行的治理结构、冲突发生的解决方法、利润分配权以及退出机制等内容,还应该做好以下几个方面:

(1)约束国资股东的权利边界,明确民营股东的权利,重点保障民营股东的表决权和利润分配权。

本次新三十六条颁布的背景为经济转型期,鼓励更多的民营资本进入国有经济领域和金融机构,激发民间投资的热情。

因此,一方面,村镇银行应该在设计公司治理结构以及增资扩股的违约责任上倾向保护民营资本,明确国资股东的权利边界。例如,对控股股东的关联贷款应严格限制,保证村镇银行与国资股东之间独立运行,防止利益输送。对村镇银行为控股股东的担保行为予以禁止,防止村镇银行变成控股股东的融资平台。

另一方面,尽量保障民营股东的权利行使,争取对村镇银行的控制权。无论是公司法规定的选择管理者、利润分配、新股认购的权利,还是对村镇银行中人、财、事的管理,对重要职位的指派,对村镇银行的费用开支和隐形成本的有效控制,非诉律师应及时全面告知民营股东其所拥有的权利,并在民营股东增资扩股开始之时,非诉律师参与民营原股东与原股东的谈判,争取将民营股东应有的各项权利载入增资扩股协议或者公司章程、股东会决议。并运用前述的股东会表决一票否决、人事安排指派重要职位、获取优先分配权等策略,保障民营股东行使权利,对控股股东形成有效制衡或监督。

(2)对于侵权的救济机制,在增资扩股协议或者与国资控股股东的备忘录明确约定。如果发生控股股东或者控股股东指派的高级管理人员损害小股东权益的侵权行为,包括但不限于控股股东违反增资扩股协议,违反信义义务,或者滥用控股股东地位,损害小股东权益等,民营股东有权要求侵权股东承担赔偿责任,或者有权要求侵权股东以股权折价的方式退出村镇银行。如果侵权股东不同意赔偿的,民营股东在收集相关侵权证据后应及时提起侵权赔偿诉讼。

(四)吸取城市商业银行的教训

城市商业银行的改制过程中存在股份不合理、国有资本(以地方政府为主)"一股独大"等弊端,地方政府对人事权也具有控制权,使得城市商业银行甚至成为地方政府城市建设的融资工具,由此也增加了城市商业银行的风险。村镇银行应借鉴城市商业银行上述教训,在公司治理结构和管理制度方面,应建立公司的监督和制约机制,改善股份结构,分散股份,通过增资扩股引进民营资本,将民营企业的责任管理和竞争机制入司村镇银行,加大对高级管理层的绩效考核,减少股东之间持股比例差距,发挥股东之间相互制衡监督的作用,避免控股股东对村镇银行的绝对控制。

(五)充分发挥村镇银行和民营资本的各自优势

村镇银行存在国家政策照顾,易于取得投资资源新行业的机会,但是却存在效率低,经营活力不够的缺点,而民营资本存在效率高,市场嗅觉灵敏,但却存在管理简单、缺乏长远规划等缺点。因此,在整体战略上,应将村镇银行与民营资本有效整合,发挥各自的优势,实现共赢互利。另一方面,民营资本增资村镇银行,还应重点考虑地域和发展前景,在地域上,应考虑该地域是否适合投资,当地政府对民营资本的态度,是否存在资本歧视。在发展前景方面,应考虑村镇银行的经营是否有竞争力,是否能将金融与制造业相结合,是否有利于推动实体经济的发展。

结语

增资扩股是村镇银行扩大经营规模,优化股权比例和结构,提高资金实力和竞争力的重要手段,对村镇银行的发展具有重要意义。浙江省作为市场经济发达的沿海省份,民营资本充裕,所以民营资本向村镇银行的增资扩股,为民营资本的投资提供了新渠道。当然,任何投资都存在风险,而民营资本向村镇银行的增资扩股也存在上述法律风险。因此,民营资本应重视非诉律师的作用,在增资扩股的过程中为其权益保障提供专业支持。

40　有限责任公司股权激励的法律实务探讨

——以保护目标公司的权益为视角

习　平

摘　要：股权激励是公司对管理层和核心员工激励的最主要方式之一。本文主要以其中的股权期权方式为视角，以有限责任公司为研究对象与适用范围，着重探讨股权激励过程中尤其是授予期、行权期应注意哪些法律问题，尤其是常见的实务难点，例如，被激励股份的来源、被激励股份的认购主体、被激励股份的行权价格、被激励股份的行权期限、行权比例及行权条件如何确定，被激励股份的行权价格如何支付，行权期满时不同情形下的法律结果如何，应如何设计股权激励方案。通过研讨这些实务问题以及应对措施，旨在使有限责任公司的股权激励顺利得以实施，最大化发挥被激励对象的积极性，真正实现公司管理的质变飞跃。

关键词：股权激励被激励对象　　发起人股东　　行权

股权激励是现代公司治理中的重要组成部分，是一种公司对管理层和核心员工（以下简称"被激励对象"）的长期激励方式，目的是将被激励对象的个人利益与公司利益捆绑在一起。该方式对进入稳定期的公司尤其重要，科学合理的股权激励方案对公司管理与长远发展具有推动作用，也有利于激活员工的积极性与创造性，提高公司的运行效率与盈利能力。

当然，股权激励也是一把双刃剑，如果股权激励方案与拟实施股权激励的有限责任公司（以下简称"目标公司"）不匹配，或者实施不当将带来反作用，甚至导致目标公司内部混乱。因此，大部分公司在面对股权激励时往往采取慎重的态度。笔者近年来参与了多个股权激励的非诉项目，拟以本论文为契机，系统地对股权（期权）激励的法律实务进行研讨与阐述。

一、股权（期权）激励实务中项目及常见的问题

（一）实务案例的提出

案例一：设计公司的股权期权激励计划。

A公司是一家景观园林设计公司，公司成立于2006年，成立之初只有5名员工，2006年至2013

年间,公司快速发展,每年业务创收额保持50%的增长率,公司的员工也增加到30多人。为了保证公司的主营业务收入能继续稳健增长,提高项目主管(公司高级经理)等主要管理人员的积极性,也为了减轻发起人股东的管理压力,因此可以腾出时间去开拓其他新的业务或者组建新公司,公司数位发起人股东一致同意,在两年内对主要管理人员实施股权激励。

案例二:IT公司的股权激励计划。

B公司是一家快速成长的IT企业,公司成立于2007年,其开发的软件主要应用于苹果、三星等智能手机,目前有数家风险投资机构与B公司接触,拟直接投资或者收购其部分股份。在详细了解公司股权激励的商业目的以及公司自身特点,并听取公司股东及被激励对象的意见之后,经过多次反复商讨,笔者所在的律师团队最终确定增资扩股的股权激励方案,设立有限合伙企业,作为被激励对象间接持股目标公司的主体,为股权激励与风险投资的衔接提前做准备,并在股权激励方案的基础上制定股权激励协议。

(二)股权激励项目的常见实务问题

上述两个案例为笔者经办的典型项目,在股权激励方案设计及股权激励协议的制定过程中,对于目标公司而言,有以下法律实务问题需要考虑并应对:第一,股权激励的模式问题,对于不同的公司,尤其是不同商业模式和股权结构的公司,应该选用何种股权激励模式? 第二,激励股权来源问题,即被激励股份从何而言,是通过股权转让的方式,还是通过增资扩股的方式? 第三,被激励对象的确定问题,对于不同的公司,应如何确定股权激励的范围? 对多少管理人员、员工授予股权,不同的被激励对象对应的被激励股份比例如何确定? 第四,被激励股份的行权价格如何确定,即被激励对象取得正式股权应支付的价款为多少? 行权价格的支付方式如何? 被激励对象是否需要支付自有资金? 分几期支付行权价格? 第五,股权激励的授予期是否设定? 即是否对被激励对象设定股权激励考察期或者等待期,如果确实需要,应如何设定? 第六,股权激励的行权期及行权条件如何设定? 对于已取得授予权(行权资格)的被激励对象,在正式行权之前,应如何设定行权期限及行权条件,行权期内被激励对象享有哪些权利,受到哪些限制? 第七,股权激励的行权例外,被激励对象如果在行权期内未达到行权条件的,目标公司对被激励对象应如何处置? 是否应当延后行权? 如果被激励对象提前达到行权条件的,是否应提前行权? 第八,股权激励的退出方案及退出情形包括哪些? 在方案中如何规定? 即在何种情况下,员工股东应将转回激励股权,或者由转让股东、公司回购被激励股权。第九,对于发起人股东而言,为了维护其合法权益及目标公司的利益,是否存在其他需要特别考虑或者特别约定的事项?

绝大多数股权激励项目都会遇到上述问题的,当然,对于不同的公司、不同的被激励对象,可能遇到的问题还将增加。笔者通过本文对上述实务问题进行阐述,对目标公司的股权(期权)激励提出解决方法、应对措施和建议,最终实现目标公司、发起人股东与被激励对象多赢,防止目标公司在股权激励实施过程中陷入僵局。

二、股权激励的框架问题

(一)股权激励方案的确定

对于非诉项目而言,首先是确定方案,同理,在股权激励项目中,股权激励方案也起着至关重要的作用。方案的科学合理与否与律师对目标公司的调查充分与否,对股权激励商业目的准确理解与否有关。因此,在项目调查过程中,应起草调查提纲,列举调查问题,通过尽职调查了解目标公司股权激励的需求,例如,轻资产运营公司,其需求与其他重资产公司或者制造业企业迥然不同。

在股权激励方案中,需要对股权激励的方式,被激励股份的来源,行权方式,行权价格,行权条件与期限,退出机制,违约责任等重点内容进行约定,保证股权激励方案合法有效且具有可操作性。

(二)股权激励的通常操作流程

经过笔者对所经办的股权激励项目总结,有限责任公司的股权激励操作流程主要分为如下环节:

(1)对股权激励的基础问题或者核心内容进行确定,包括被激励股份的激励对象,被激励股份的比例,股权激励模式,被激励股份的来源与行权价格,股权授予期与行权期限,授予期与行权期的绩效考核标准等。确定的方式可以通过目标公司股东会决议或者发起人股东商讨决定。

(2)目标公司或者发起人股东根据确定的基础问题或核心内容,制定股权激励方案,并将股权激励方案告知被激励对象,听取其意见与建议。

(3)目标公司与被激励对象签订股权激励协议,双方对股权激励的相关程序,双方的权利义务,被激励股份的具体行权,合同解除或股权退出等内容约定。

(4)股权激励协议签订后,目标公司与被激励对象按协议履行,包括按照方案已确定的股权激励模式进行,被激励对象在授予期,行权期的绩效考核,被激励对象行权价格的支付,行权期内分红权的行使。

(5)由被激励对象共同成立一家公司。该公司作为持有激励股权的壳公司主体,在行权期满且符合行权条件时,由壳公司与目标公司发起人股东(或目标公司)签订股权转让协议(或增资扩股协议),实现由被激励对象通过壳公司间接持股目标公司。目标公司或者发起人股东协助办理被激励股份取得的工商登记手续,被激励对象间接行使股东权利。

(6)在行权期内或者行权期满后,如果被激励对象发生主动或被动或协议退出股权的情形,目标公司(或发起人股东)通过回购(或收购)被激励股份,办理退出的相关手续。

(三)股权激励具体方式的确定

在实务中,最常见的股权激励主要包括股权转让与增资扩股两种,两种方式差异明显,经过笔者总结,主要有以下几点不同:第一,接收行权价格的对象不同。在股权转让方式下,由发起人股东转让其部分股份给被激励对象。因此,接收行权价格(股权转让款)的主体为该发起人股东;在增资扩股的方式下,由目标公司扩大股份总数,被激励对象认购增资,接收行权价格的主体是目标公司。第二,被激励股份来源不同。在股权转让方式下,被激励股份来源于发起人股东,由发起人股东将其部分股份转让予被激励对象;在增资扩股的方式下,被激励股份来源于目标公司,由公司在增资后将股份整体调整。第三,法律后果不同。在股权转让方式下,股份的总数不变,只是转让股份的持有主体变更;在增资扩股的方式下,发起人股东持有的股份发生变更,其原有股份比例将降低,股份被稀释。

当然,目标公司到底采取股权转让还是增资扩股,取决于多方面的因素,其中最主要在于发起人股东是否愿意将自己的部分股份拿出作为被激励股份,以及发起人股东是否愿意低价转让股份,或者目标公司是否需要增加资本。

三、股权激励协议签订之前的法律问题

(一)被激励股份的来源

在实务中,被激励股份的来源通常有以下三种方式,具体如下:

(1)虚拟股份,是指被激励者不需出资,享受公司价值的增长,利益的获得需要公司支付,但是被激励者没有虚拟股票的表决权、转让权和继承权,只有分红权。具体实施时,由目标公司对拟激励股权进行预估(测算评估),即目标公司计划推出的股权激励份数、份额,再与被激励对象协商,被激励对象不实际受让股份,也不办理股权转让的工商登记手续(包括股权价款支付及股权交割手续)。在行权期满后,目标公司按被激励对象享有的虚拟股份比例进行分红。

(2)实际股份,目标公司与被激励对象商定行权期限及激励股份,在行权期满后,通过股权转让或者增资扩股的方式,即目标公司发起人将其一部分股权转让予被激励对象,或者目标公司增加注册资本而引进新股东,通过这两种方式,被激励对象最终经工商登记为新股东,享有公司法中股东的全部权利。

(3)虚拟股份与实际股份相结合,目标公司为了在激励股东与发起人股东之间实现平衡,既兼顾激励新股东,又确保发起人股东的原始股权平稳过渡,在授予期满后再设置等待期,因等待期是否通过考核而享受的不同权利。例如,授予期后设置两年的等待期,第一年等待期时,被激励对象持有的是虚拟股份,第二年等待期时,虚拟股份转为实际股份,如果等待期考核未通过的,则被激励对象只能享有虚拟股份,而不得享有实际的表决权和选择管理者等权利(共益权)。

从法律性质上来看,虚拟股份类似于"干股",《最高人民法院关于适用〈中华人民共和国公司法〉若干问题的规定(三)》出台后,干股不被司法审判机构认可。因此,本文主要讨论的是实际股份。

(二)被激励对象范围的确定

在被激励对象确定时,还可以结合不同被激励对象对公司的重要性、业绩与成就、历史贡献、工作期限、学历等综合而定,当然更要结合公司股权激励的总体规划而定,并吸取股权激励失败案例中的经验教训。

除此之外,在确定被激励对象时还应重点考虑是岗位激励还是人员激励,具体而言,应根据目标公司的发展阶段、公司规模及其他具体情况决定。例如,对于处在创业初期和快速增长期的公司

来说,其盈利及业务模式尚不固定,换岗、轮岗以及一人身兼多职的情况较为普遍,在这一阶段,不应简单地以岗位作为确定激励对象的依据,而应以具体考察被激励对象工作的重要性和不可替代性,综合考虑确定被激励对象。而对于已具有相当规模的成熟期的企业,其公司业务流程及岗位人员基本固定,在此情况下,则应当按照岗位来确定激励对象,对同一岗位适用相同的标准,要么全部属于激励对象的范围,要么全部不属于,避免造成新的不公平。

（三）被激励股份分配方案

对于有限责任公司而言,如何确定被激励股份分配方案没有统一的规则,可以结合公司目前的实际盈利状况(公司利润主要由哪部分员工创造)及今后的股权激励发展目标(尤其是分批次的股权激励),拟定被激励对象的层次,拟授予的股份比例,被激励对象的数量综合而定。例如,A公司的总设计师作为第一档,总监作为第二档,部门经理作为第三档,第一档1人,授予股份比例为2%;第二档2人,授予股份比例为2%,每人各1%;第三档5人,授予股份比例为2.5%,每人各0.5%。

四、股权激励行权之前的法律问题

上述问题是绝大部分股权激励项目都要面临的基本法律问题,也是股权激励方案制定时应首先考虑的,在上述法律问题解决后,目标公司及发起人股东接下来应考虑被激励对象在真正行使股东权利之前面临的法律问题,以下属于应重点考虑及解决的问题。

（一）股权授予期（考察期）的确定

为了检验被激励对象是否符合行权的条件,确保被激励对象适合成为目标公司的股东,实现从员工到股东的转变,更为了激励被激励对象的积极性,取得行权的资格,目标公司应向被激励对象设定股权授予期,即目标公司对被激励对象的考察或者考核期。

(1)确定股权授予期。笔者建议,授予期应符合目标公司的股权激励目的及公司具体情况,为了避免被激励对象对目标公司的股权激励失去耐心而提前离职,授予期不应时间过长,以1~2年为宜。例如,笔者为A公司设定的认股权授予期为一年,其中股权激励协议签订后第一个半年内,如果被激励对象达到目标公司岗位绩效考核要求的,则授予拟单体激励股权的50%,第二个半年内如果同样达到岗位绩效考核要求的,再授予拟单体激励股权的剩余50%。

(2)在被激励对象被目标公司授予认股权(行权资格)后,由壳公司根据各被激励对象的授予股份之和向目标公司发起人股东收购股份。例如,A公司被激励对象甲、被激励对象乙、被激励对象丙在第一个半年内分别被授予认购目标公司的2%、1%、1%股份,则壳公司有权向发起人股东收购目标公司的4%股份。

（二）授予期内的绩效考核

对于目标公司而言,应在授予期内制定详细的绩效考核,否则,授予期将难以发挥其应有的法律效果,也无法客观公正地决定是否向被激励对象授予行权资格。在制定绩效考核标准时,笔者建议应参照以下几个原则:

第一,绩效评价指标的实现能够达到目标公司股权激励的总体目标,即公司的价值增长及被激励对象的积极性提高。

第二,绩效评价指标应该是客观的,容易衡量判断的,评价标准不得主观化,否则,主观化指标不仅无法提高积极性,反而会造成股权激励分配的不公平,挫伤被激励对象或者其他员工的积极性。

第三,绩效评价指标应该是被激励对象付出较大努力可以达到的,如果指标定得太高,哪怕员工用尽全力也无法实现的,则会导致被激励对象怀疑目标公司推出的股权激励方案用意或动机。

（三）行权价格（股权激励的对价）的确定

具体支付方式包括行权后取得的分红款或者被激励对象用自有资金支付。行权期内,行权价格的确定是目标公司与被激励对象重点关心的问题。行权价格的确定既离不开以下几个要素,包括拟激励的股份数,激励股份在公司总股份中所占的比例,目标公司的净资产及净利润,目标公司的注册资本等,又与被激励股份的来源方式相关。

在实务中,行权价格的确定在股权转让与增资扩股两种模式下各而不同。

1. 股权转让模式下,由被激励对象向发起人股东支付股权转让价款,通常而言,由以下三种方式确定

（1）行权价格按平价方式确定,被激励对象与发起人股东出资额对应的股权比例（股价）相同。例如,目标公司的注册资本为100万元,目标公司有100万股份数,目标公司拟拿出10万股份作出激励,即10%的股权对外向被激励对象转让,在平价的方式下,被激励对象应向发起人股东支付10万元股权转让款。

（2）行权价格按溢价方式确定,被激励对象支付的行权价格应高于发起人股东出资额对应的股价。

（3）行权价格按照低于出资价格确定,被激励对象支付的行权价格低于发起人股东出资额对应的股价。

在上述三种方式下,第（1）种与第（2）种一般出现在公司效益较好（或市盈率较高）,股权价值大幅上涨的情况下,第（3）种则主要出现在公司效益并不突出,股价吸引力不足,或者被激励对象对目标公司不可或缺,发起人股东愿意舍弃部分利益。

2. 增资扩股模式下,由被激励对象向目标公司支付增资款（新增资本认购款）,通常而言,按以下两种方式

（1）相同认购股份项下,被激励对象的认购价应低于同期其他认购增资的股东,即被激励对象购买新增资本的成本相对更少,其他股东可以包括发起人股东。

（2）相同认购股份项下,被激励对象的认购价应等于发起人股东。即被激励对象购买新增资本的成本不低于发起人股东在内的其他股东。

上述第（1）种在增资扩股模式下最常见,第（2）种主要是目标公司市盈率较高,发起人股东在认购股份定价具有明显优势。笔者认为,被激励对象应当有自有资金出资认购被激励股份,但为了体现激励性,目标公司应采取象征性出资的方式,在出资额上对被激励对象给予一定优惠。

为了增加被激励对象认购被激励股份的积极性,尽量减少其行权价的压力,又体现发起人股东对公司成立与发展的贡献,保证其通过股权转让取得合理收益,在被激励对象与发起人股东之间尽量平衡利益,笔者认为,行权价格按加权综合的方式确定更具有合理性:

(1)目标公司在股权激励协议签订日上一季度(作为基准日)的净资产数额,作为行权价格的40%;

(2)按目标公司股权激励协议签订日近三年的净利润增长率,预测股权激励协议签订后未来三年的净利润平均值,作为行权价格的60%。

当然,至于加权综合中的具体比例,根据目标公司的不同情形,尤其是其净资产、利润增长幅度、净资产率、被激励对象人数、股权激励的比例等因素有关,目标公司在计算应综合考量与全面分析。

(四)行权主体的确定

1. 确定行权主体的三种模式介绍

被激励对象通常为数人,而且目标公司的股权激励可能分批次进行,即目标公司应对未来的股权激励提前做准备。在目前实务中,常见的行权主体有三种模式:第一种是直接持股,即由被激励对象直接持有目标公司的激励股份;第二种是间接持股,成立一家壳公司主体(有限责任公司或者有限合伙企业,以下简称"壳公司")持有目标公司的被激励股份,再由被激励对象持有壳公司的股份;第三种是代持股份,由发起人股东或者其他股东代为持有被激励股份,被激励对象成为隐名股东。

2. 三种模式各自的优劣

当然,这三种模式各有优劣,具体采取哪种方式,应视具体情况综合而定。笔者认为,这三种模式的优劣如下:

直接持股的方式,其优点在于:被激励股东直接参与目标公司股东会表决,参与公司管理,直接从目标公司取得分红款,被激励股东支付的税费相对更少。缺点在于:发起人对目标公司的控制可能受到影响,尤其是被激励股东如果超过三人以上,且被激励股东有自身的利益,目标公司股东会表决可能受阻,尤其是如果按照公司章程被激励对象对重大事项具有否决权的话,发起人对股东会决议的控制将明显削弱。

间接持股的方式,其优点在于:第一,发起人股东对目标公司的控制不受影响,股东会表决顺利,避免陷入僵局;第二,公司治理结构清晰,避免多个目标公司因为多个员工股东直接加入而混乱;第三,如果目标公司将来需要继续引入投资,尤其是风险投资(Venture capital investment)或者私募股权(Private equity),有利于目标公司与投资人谈判,尤其是对于股权转让款或者股份定价有利。缺点在于:第一,被激励股东取得股权分红款时,需要承担两道税负;第二,被激励股东无法直接参与目标公司的表决及管理,也无法在目标公司增加资本时直接认购增资。

代持股份的方式,其优点在于:第一,发起人股东仍然对目标公司拥有控制权;第二,无须另外成立壳公司,可以避免壳公司的注册费用及成立后的税费支出。缺点在于:第一,股份代持协议具有相对性,除非目标公司及其他股东同意,隐名股东(被激励对象)无权直接在目标公司行使股权;第二,如果目标公司有上市计划,或者目标公司在引进风险投资后需要进行公司治理结构规范化,则股份代持与上市公司的规范要求不符,届时应对代持股份进行调整。

3. 采取壳公司作为行权主体时应注意的法律问题

(1)壳公司的设立前提,如果被激励对象对股权激励方案无异议的,则由目标公司与该被激励对象签订《股权激励协议》。协议签订后,签约的被激励对象共同成立一家公司,由该公司作为受让被激励股份的壳公司主体,被激励对象通过壳公司实现间接持有目标公司的被激励股份以及行使分红权以及其他股东权利。

基于对税费的考虑,笔者建议以有限合伙企业作为壳公司,在企业所得税征收方面,有限合伙的税率远低于有限公司,有限合伙原则上无须支付企业所得税,对合伙人实行5级超额累进税率缴纳个人所得税;如果以有限公司作为壳公司的话,在行权后的股东分红时,被激励对象最终要支付企业所得税和个人所得税两道税。

(2)确定被激励对象的持股比例,应按壳公司持有目标公司的股份比例以及目标公司对被激励对象拟单体激励的股权比例,确定被激励对象在壳公司的持股比例。例如,壳公司持有目标公司的10%股份,目标公司拟向某被激励对象单体激励股权3%,则被激励对象在壳公司中持股比例为30%。另外,如果目标公司后续继续推动股权激励计划的,则每实施一次股权激励,壳公司在目标公司的股份比例就调整一次,先前被激励对象在壳公司中的持股比例也不断被稀释。

(五)行权条件及行权期限的确定

为了保证目标公司及发起人股东掌控股权激励的节奏,掌握行权考核的主动权,应规定详细可操作的行权条件,并约定行权资格取消、丧失的具体情形。对于行权条件及行权期限,笔者结合实务中的需求,提出以下建议:

(1)行权期限的设定。应结合目标公司被激励股份比例以及未来数年内净利润、净资产增长情况综合确定基准行权期限,即被激励对象应在取得行权资格后几年内完成行权。例如,A公司为了提高被激励对象的积极性,减少被激励对象的顾虑,让行权程序化繁为简,设定两年的基准行权期,即在授予期满后的两年内,行权应分两次进行,第一年行权50%,第二年行权50%。

(2)行权时间的确定。对于行权时间,大部分目标公司规定在行权年度的12月份,主要原因是与会计年度报表的时间基本一致,当然,如果确有特殊情况,经过目标公司股东会同意,被激励对象可通过壳公司在12月份前或者年中进行行权。

(3)行权条件的确定,除了行权期限成就外,被激励对象行权还应当符合行权条件。不同的目标公司对行权条件的关注不同。笔者认为,在确定行权条件时,应同时满足以下要求:①被激励对象在行权期内达到目标公司岗位绩效(利润)考核要求,目标公司已有针对各职位的考核标准的,可以按既有考核标准执行,如果没有岗位考核标准的,或者岗位考核标准与股权激励不适应的,则由目标公司根据股权激励项目的具体情况另行规定。②被激励对象在行权期内未严重违反目标公司的规章制度,也未因自身过错给目标公司造成重大经济损失。③被激励对象在行权期内不存在严重违反其与目标公司所签的劳动合同的行为。④被激励对象不存在其他导致股权激励目的无法实现的行为。

(4)未达到行权条件的处理情况,如果被激励对象在行权期内并未达到行权条件的,应根据其未达到或未符合的具体内容(具体要求),作出相对应的处理措施。例如,如果被激励对象存在上述第(1)种情形的,则暂时无权行权,如果目标公司股东会认为,直至其达到绩效考核要求的;如果违反上述第(2)(3)(4)种情形的,则目标有权公司将被激励对象的行权资格取消,并提前解除与该被激励对象股权激励协议。

五、股权激励行权之时的法律问题

行权是被激励对象从享有被激励股权的授权资格转化为正式股东的关键步骤,在被激励对象行权过程中,笔者认为以下环节或以下问题需要注意。

(一)正常行权的操作安排

(1)行权期内的分红权行使,被激励对象通过壳公司在付清行权价款之前,其行权的认股权只有分红权,分红款专款专用于支付行权价款,没有表决权和管理权等权利。

(2)行权期届满时,被激励对象符合行权条件的,且被激励对象付清行权价款的,如果规定了行权比例的,则目标公司及发起人股东按约定的期限,行权比例及时向被激励对象授予股东权利,办理股权变更登记(或者增资扩股的工商登记)手续。目标公司及壳公司(有限合伙)作出相应的股东会决议及公司章程修改等法律文件。壳公司成为目标公司的股东,被激励对象通过壳公司间接行使股东的全部权利,包括分红权、表决权、管理权、增资认缴权等。

(3)行权期满时,被激励对象不符合行权条件的,除非目标公司与发起人股东同意被激励对象的行权期限延长,或者降低行权条件的,则行权资格丧失,目标公司返还已支付的行权价款。如果双方有明确约定的,还可以按约定利率计算利息。

(二)延期行权和提前行权

在正常情况下,尤其是被激励对象按约支付股权转让款(或增资认购款),被激励对象基本能如期行权,取得正式股东的权利。但是在实际履行过程中,也可能出现被激励对象未达到行权条件而延期行权,或者提前达到行权条件而提前行权的。具体而言,在下列情况下,被激励对象则会出现延期行权或者提前行权的情形。

1. 延期行权的情形

在行权期内,如果被激励对象未符合行权条件,未完成绩效考核,或者未通过目标公司的其他实质性要求,股权激励协议中所约定的正常行权期将被延迟。例如,目标公司对行权考核要求为被激励对象较上一年度的业务创收增加20%,但是,被激励对象虽努力工作,其业务创收并未较上一年度增加,则行权期限应延期。

当然,对于符合行权条件的被激励对象,目标公司通常不鼓励延期行权。如果被激励对象通过壳公司部分行权,部分行权后,已到期而未行权的部分视为自动放弃,被激励对象不得延期行权。

2. 提前行权的情形

被激励对象在行权期内如果超额完成岗位绩效(利润)考核,行权期限到期后,其行权比例可以提高,或者行权期限可以相应缩短。例如:目标公司对行权考核要求的业务创收如果为100万元,被激励对象甲完成75万元的,如果行权期原定为1年,则行权期限可以提前3个月。

3. 延期行权(提前行权)的程序

符合上述情形,由股权激励考核委员会据实认定,提请目标公司临时股东会会议表决。如果股东会决议通过的,则被激励对象或者壳公司有权延期行权(提前行权),当然,如果采取间接持股方式确定行权主体的,在延期行权和提前行权时,壳公司也应相应地作出股东会决议。

如果通过壳公司间接持股,在壳公司行权时,可能出现部分被激励对象延期行权,而部分提前行权的情形,根据各被激励对象实际可以行权的总和,壳公司向目标公司行使分红权。例如,B公司的被激励对象甲、被激励对象乙、被激励对象丙、被激励对象丁四人,被激励对象甲在第一年行权50%,被激励对象乙行权30%,被激励对象丙因为未实现绩效考核条件不能行权,被激励对象丁符合条件行权60%,则壳公司有权向目标公司整体行权140%认购权。

(三)行权价格的支付

行权价格的支付是股权激励的一个重点,也直接影响被激励对象与发起人股东之间的权利义务安排,影响被激励对象行权的意愿,如果因为支付方式不甚合理,被激励对象无力承担行权价格的,股权激励的效果将大打折扣。因此,设计既符合目标公司实情又被被激励对象接受的行权价格支付方案成为股权激励的关键。

1. 行权价格的常见支付方式

按目前的实务惯例,在行权期满时,有以下几种行权价款支付方式:

第一种,被激励对象的自有资金或者自筹资金,为了检验被激励对象履行股权激励协议的实力,目标公司往往选择以被激励对象的自有资金作为行权价格的支付方式,当然正如前面所述,为了体现激励性,目标公司应当按注册资本或者每股净资产(市盈率)给予一定的优惠折扣。

第二种,从被激励对象的工资或者奖金中扣除,如果被激励对象无力以自有资金支付的,目标公司可以考虑从其工资或者奖金中扣除一部分,用以支付行权价格。

第三种,在被激励对象将来分红款中预先扣除,正如前面所述,如果分批(分期)行权的,则被激励对象在行权期内取得分红款,当然,该分红款只能专款专用,即只能用于支付行权价格,被激励对象不能直接领取另作他用。

第四种,目标公司或者发起人股东借款给被激励对象,对于有限责任公司,法律并未禁止公司或者股东借款给被激励对象,因此,这种方式具有合法性,当然,如果目标公司章程有特别规定,即公司对外贷款应由股东会特别决议的,则应按公司章程规定处理。

第五种,目标公司的员工股权激励公益金支付,如果目标公司的被激励对象人数较多,且目标公司资金实力较强,发起人股东与其他股东同意设立员工股权激励公益金的,则由目标公司在公司留存收益款中提取一部分作为该公益金。由于公益金的所有权属于目标公司,公益金用于支付行权价格也应由目标公司进行审批,被激励对象无权直接申领该公益金,更无权主张对该公益金拥有所有权。

2. 推荐的行权价格支付方式

对于目标公司,为了平衡发起人股东、被激励对象及目标公司的利益,笔者提出采取以下两种方式相对较为妥当。

第一种,如果行权期内目标公司符合向股东分红的情形,以行权定金与股权分红款作为行权价格的主要支付方式,具体如下:

(1)行权定金的交纳,被激励对象在获得认购权的同时,应以自有资金的方式向目标公司预先交纳相当于行权价格的5%,作为行权定金。行权定金应记账在被激励对象(壳公司)名下,该定金交纳后,由目标公司按银行同期同类贷款基准利率计息,计算至行权期结束之日。如果被激励对象通过壳公司行权,则该笔定金本息等额抵减行权购股资金;如果被激励对象放弃行权,则该笔定金本息自动转入被激励对象的账户。

(2)后续行权价格(即95%行权价格)的支付,由壳公司在行权期内以应得的名义分红款向发起人股东或者目标公司偿付。由于行权期内,被激励对象未能办理股权登记手续,并非正式股东(间接股东),所以目标公司并不将分红款实际发放给被激励对象,而由目标公司直接将行权期内每期分红款用于支付行权价格,或者在行权期满时,由目标公司一并累积向被激励对象支付分红款,被激励对象一次性支付行权价格。当然,如果行权期内的分红款不足以付清行权价格的,则继续以行权后产生的分红款抵付,直至付清为止。

如果目标公司规定行权期限为两次以上,即分比例行权,则被激励对象取得名义分红款也是与该期的行权比例一致,不能超额取得名义分红款,在付清行权价格之前,由发起人股东暂计为应收股权转让款,或者由目标公司暂计为应收实收资本。

第二种,如果行权期内目标公司不符合向股东分红的情形,或者虽有净利润但无法分红,则被激励对象通过以下两种方式以壳公司的名义支付:

(1)由被激励对象以自有资金及行权期内的工资、奖金分期支付行权价格的50%。被激励对象也可以像上述第一种方式,以自有资金支付行权定金,具体的定金比例由目标公司规定。另外,为了减轻被激励对象的支付压力,被激励对象在取得认购权(行权资格)后,可以在行权期内与目标公司协商,由目标公司每月扣除被激励对象一定比例的工资、奖金,或者在年终奖金中扣除一定比例。

(2)由被激励对象向目标公司、发起人股东或者其他第三人借款的方式支付行权价格的50%,为了体现对被激励对象的优惠与支持,建议借款利率不得高于银行同期同类贷款基准利率。

3. 行权价格未按期付清的法律后果

如果被激励对象直接向目标公司支付行权价格,目标公司可以与被激励对象约定,在行权期满后一定期限内没有以自有资金或者借款资金付清行权价格的,其行权资格自动丧失。

如果被激励对象通过壳公司支付行权价格,因部分被激励对象并未筹得资金导致壳公司未能付清全部股权转让款,则未付部分,壳公司将认购激励股份的权利重新转让给发起人股东。例如,

B公司中的被激励对象甲、被激励对象乙、被激励对象丙、被激励对象丁四人,被激励对象甲支付了全部100%股权转让款、被激励对象乙支付了50%股权转让款、被激励对象丙支付了10%股权转让款、被激励对象丁未支付股权转让款,则壳公司应将被激励对象乙的50%认购股权、被激励对象丙的90%认购股权、被激励对象丁的100%认购股权返至发起人股东(由于行权期内的分红权取得时并未办理股权变更手续,此处无需办理股权回转过户手续),将股权转让协议恢复原状。

对于未支付任何后续股权转让款的被激励对象,则发起人有权要求壳公司将该被激励对象的股东资格取消,同时,目标公司也应及时返还行权定金本息。

六、股权退出的法律问题

通常来说,股权激励具有人身依附性的特点,为了体现这一特点,目标公司在股权激励方案中通常遵循"人在股在,人走股留"的原则,笔者认为,被激励对象如果退出目标公司,则其股权退出成为目标公司及发起人股东必然考虑或者应对的,因此,股权退出是股权激励方案的重点内容。具体而言,股权退出的实务主要包括以下几方面。

(一)股权退出的情形

根据被激励对象在退出目标公司时是否存在重大过错,股权激励或股权退出(以下统称"股权退出")是否出自其意愿,目标公司是否与被激励对象对退出股权经协商达成一致,笔者将退出的情形(原因)划分为以下被动退出、主动退出与协商退出三种方式。

第一种,被动退出,常见的被动退出主要包括以下情形:被激励对象的劳动合同到期后终止,但目标公司不与被激励对象续签劳动合同的;被激励对象的劳动合同被目标公司提前解除的;被激励对象严重违反目标公司规章制度,或给目标公司造成重大经济损失或者名誉损失的;被激励对象存在严重违法、犯罪行为等。归纳而言,被动退出时主动权在于目标公司,目标公司有权要求被激励对象退出股份,且被激励对象应当退出。

第二种,主动退出,常见的主动退出包括以下情形:目标公司连续数年未向被激励对象实际分红的(包括间接分红);因被激励对象申请离职,被激励对象与目标公司之间的劳动关系解除;被激励对象的劳动合同到期后终止,但被激励对象拒绝与目标公司续签劳动合同的;被激励对象因为其他原因申请退出股份,且经过目标公司股东会决议同意的。

第三种,协议退出(自然退出),目标公司与被激励对象协议一致,对劳动合同提前解除,或者劳动合同到期后自然终止,双方一致同意不再续签劳动合同。

(二)股权退出的法律后果

对于上述股权退出的各种情形,因为发生的时间段以及退出情形不同而产生不同的法律后果。

(1)在行权期内退出的,被激励对象在取得行权资格后,但并未完成全部被激励股份的行权,被激励对象在此期间取得了已行权股份(可能是分批或分期行权)的分红权,专款用于支付行权价格。如果被激励对象在该时间段退出目标公司的,则被激励对象自动丧失行权资格,对于被激励对象已支付的行权价款,目标公司在被激励对象离职时应一次性退还。对于已支付行权价格对应的分红款,则退还给目标公司,作为目标公司的留存收益。

（2）行权期届满时退出的，被激励对象如果符合行权条件的，除了有权要求目标公司退还已支付的行权价款外，还应视退出情形不同而决定是否有其他权利，如果是主动退出及协商退出的，则被激励对象有权要求目标公司支付行权期内累积的分红款；如果是被动退出的，则无权要求行权期内累积的分红款。

（3）在行权期满后退出的，被激励对象完成行权后已经取得全部被激励股份，在正式行使股权的过程中退出的，其有权要求目标公司退还已支付的行权价款，和行权期届满时退出一样，被激励对象的退出情形决定其享有的股东权益。如果是主动退出及协商退出的，则被激励对象有权通过壳公司行使成为员工股东之后的全部权利，包括按照其间接持股比例的分红权及增资权；如果是被动退出的，则在行权后至退出前一年的股东权利正常行使，退出时当年的分红权应受到一定的限制，例如，A公司规定退出当年按照其间接持股比例取得50%分红款。

归纳而言，被激励对象无论以何种原因离开企业或者退出股权，均不再具有持股（股东）资格，其所持股份应该按照目标公司章程或者股权激励协议中的相应条款做内部转让或回购处理。

（三）退出后的回购或者收购

（1）回购或收购的两种主要情形，如果被激励对象主动退出的，由目标公司或发起人股东直接进行内部回购（或通过壳公司回购），回购的价格由目标公司或者发起人股东与被激励对象协商确定。如果被激励对象被动退出的，则目标公司应将被激励股份直接收购（或通过壳公司收购），被激励对象有义务按照目标公司或发起人股东要求，办理股权转让变更手续。

（2）回购或收购的定价，在主动退出的情形下，被激励对象能得到两部分款项，包括股权转让价及利润分配款。股权回购款则按照被激励对象行权价格平价计算，由回购方支付。而利润分配款则取决于目标公司在行权后应当向股东支付的分红款，被激励对象有权要求结算利润分配款，包括当年度、历年累积的应得分红款（含留存分红款的本息）。

在被动退出的情形下，如属于被激励对象存在重大过错的，被激励对象无权要求结算利润分配款（包括当前完整年度以及历年累积的未结算分红款），股权回购款则按照被激励对象自有出资资金结算。

（3）回购与收购手续的办理，目标公司及发起人股东有权要求被激励对象无条件办理股权变更手续（包括在股权转让协议、股东会决议等文件签字），具体的办理程序和期限以公司法和工商登记机构的规定为准，逾期不办理的，被激励对象也不再享受公司的任何权利，包括但不限于分红权、剩余财产分配权。

（4）对于目标公司的兼职技术骨干和业务顾问（主要是已退休的返聘员工），无论其以主动退出，还是被动退出的方式退出被激励股份的，建议适用上述第（3）点关于退出后的回购与收购的规定。

七、股权激励过程中的特别考虑

对于部分有限责任公司而言，公司或者发起人股东可能还存在其他一些特别考虑。以笔者从事的数个股权激励项目为例，本人在制定股权激励方案时，根据目标公司发起人股东的商业目的和管理需要,特别包括了以下内容。

（一）股权调整机制的设计

为了保证企业的长远发展,更大范围提高员工的积极性,目标公司常常会实施多轮股权激励或者系列股权激励计划,从而扩大股权激励的覆盖面。律师应该结合后续股权激励的需求,预先考虑后续股权激励可能与遇到的问题,在当前与后续股权激励的衔接时,应注意以下几个原则:

（1）按岗位确定激励股权的原则,根据被激励员工的不同职位,确定股权激励的比例,做到"股随岗定"。例如,A公司授予总经理与总工程师的被激励股份数不一致,总经理的被激励股份为100股,总工程师的被激励股份为80股,那么就说明两个岗位对公司的重要性不相同。

（2）在股权激励期间,被激励对象的岗位调整,其激励股权比例也相应进行调整。如果被激励对象职位提升的,该被激励对象的被激励股份应增加;同理,如果被激励对象职位下降的,该员工的被激励股份应减少。

如果是通过壳公司行权的,股份增减由发起人股东通过壳公司向被激励对象转让与收购,被激励对象不得直接向代持公司转让与收购,也不得直接在被激励对象之间转让完成股份增减。

（3）因上述原因发生股权调整的,被激励对象与发起人股东应办理增减股权的结算,按股权激励方案的行权价格确定方式计算增减股权对应的股权转让价款,目标公司在股权增减后及时调整当年应分配的股权分红款。

（二）股权激励分红例外

为了体现股权激励的公平性,应该对股权激励分红的范围进行规定,既应对股权激励实施前目标公司的净资产进行清资核产,也应该明确股权激励包括的范围及不包含的内容明确规定,主要包括以下两方面:

一方面,在股权激励协议签订之前,目标公司已购置的房屋、土地等不动产及由此产生的市场增值部分,不属于激励股份对应的价值资产,即不属于股权激励分红范围,也不列入净利润核算以及股权结算、清算范畴。如果目标公司租赁股权激励协议签订前已购置的固定资产,则由目标公司承担由此使用过程中产生的维护费用,作为运营成本在企业毛利中扣除。

另一方面,股权激励分红款的范围是指股权激励协议签订后全部股东（含被激励对象）通过开展主营业务所取得的净利润。在股权激励协议签订之前,目标公司已购置的固定资产及由此产生的市场增值,不属于股权激励分红的范围。

（三）股权激励分红款的结算

在具体的股权激励分红款结算时,还应对股权激励分红款的计算期间及净收入涵括的范围准确界定,具体有以下几点需要注意:

（1）股权分红款计算的剔除项目,笔者为A公司设计的股权激励方案时,对分红款所指向的范围进行了明确的规定,是指股权激励协议签订后被激励对象通过目标公司的业务经营所产生的实际净利润（已扣减公司法或者公司章程规定法定公积金、任意公积金、法定公益金等各项目标公司应留存的费用）。言外之意,股权激励协议签订前的净利润并不属于分红款范围,以真正体现分红款应来源于被激励对象,符合公平原则。

(2)对与分红款有关的净收入界定,在按上述第(1)款所指的实际净利润中的收入核算时,营业收入一律应当以实际到账收入为准,并按照财务核算规则扣除各项成本及税费。言外之意,就是分红款结算的是纯营业收入,而且应剔除应收账款,以此激励被激励对象积极催收应收账款,加快公司的流动资金周转。

(3)行权后股权分红款的实际结算领取。为了避免会计数据的调整,应将分红款与目标公司的年度会计报表相结合。例如,笔者为A公司的股权激励方案设计为当年度的12月30日,当然,为了保证公司的留存现金流,笔者设计了分期支付的方式,即每一笔股权分红款应分两次领取,即在每年的12月30日前领取当年度分红款的70%;其余30%留存于目标公司用于公司现金周转,未满一个完整年度的部分,不予分配分红款。

八、股权激励实施的其他建议

除了前述法律问题的解决对策及个人建议外,在股权激励方案的设计及具体实施过程中,为了提高股权激励的效果,减少股权激励发生的争议,笔者还提出以下建议。

(一)在观念上应正确认识股权激励

1. 目标公司应摈弃对股权激励不正确的观念

对于股权激励,存在一些容易混淆的观念,需要目标公司在决定股权激励之前以及股权激励实施过程中厘清,否则,因为对股权激励性质的认识偏差,容易导致目标公司的股权激励适得其反。对于股权激励的认识,容易出现与之相混淆的概念,实务中,最常见有以下几种错误认识。

第一,股权激励等同于员工福利,部分目标公司认为股权激励是一种员工福利,应该尽量给予被激励对象优惠。

实际上,并非所有的员工都符合股权激励的条件,意即通常目标公司只向部分员工,甚至是高级管理人员或者核心技术员工才授予行权资格;部分员工被目标公司选定为被激励对象后,在行权期内,被激励对象应该支付行权价格,并不是无偿取得被激励股份,所以股权激励并不是员工的福利。

第二,股权激励的范围应该尽量广泛,部分目标公司认为为了体现公平性,防止员工之间因是否被纳为被激励对象产生矛盾,分裂成不同的阵营,甚至未被激励的部分员工对公司埋怨而愤然离职,所以股权激励应尽量适用于绝大部分员工。

笔者认为,这种观点完全脱离目标公司的实际需求,是一种过于片面的观点,未考虑到目标公司对股权激励承担的义务。对于目标公司而言,股权激励也意味着其将承担公司法以及股权激励协议约定的义务,包括但不限于向被激励对象分红、办理被激励股份的工商变更手续,所以,目标公司应该根据自身的财务状况、利润增长情况以及分红能力,决定被激励对象的范围和人数,如果目标公司难以承担其义务,则建议尽量缩小股权激励的规模,以后条件具备再继续实施股权激励。

第三,股权激励会导致发起人股东对目标公司失去控制,大部分发起人股东惮于实施股权激励,主要原因在于担心目标公司股份复杂化,员工股东太多会稀释股权比例,导致发起人股东在公司持股比例无法占绝对多数,或者发起人无法在股东会表决和公司治理中占据主导地位。

发起人股东会否因为股权激励而失去控制,主要取决于公司章程的规定、现有股权结构以及公司的管理情况,如果发起人股东持股的比例本身已远高于67%,即使转让一部分股份用以激励员工,也不会动摇发起人股东的控股地位;如果公司章程并未规定重大事项的股东会决议需全体股东一致同意才能通过,或者按照公司章程规定的特别决议表决规则,发起人股东即使在转让部分股份后仍能直接或者联合其他部分股东通过决议;如果发起人股东掌控目标公司的管理,或者发起人股东具有独特的人格魅力,对公司的运行起着决定性的作用,那么,即使发起人股东未占控股地位,同样不会失去对公司的控制,类似于马云之于阿里巴巴,任正非之于华为公司。

当然,如果前面几种情况无法达到,发起人股东还可以通过分散被激励股份、授予股份比例缩小以及前面所述的被激励对象在壳公司中持股的方式解决目标公司表决权的控制问题。

(二)股权激励之前应做好充足准备

1. 在目标公司决定股权激励前应慎重评估

正如前面所述,股权激励是一把双刃剑,并非所有的公司都适合采取股权激励方式,也并非所有的股权激励都真正产生激励作用,因此,目标公司在决定实施股权激励之前,应对其公司的实际情况进行客观、全面、谨慎地评估。

评估的内容至少应包括以下方面:被激励对象在目标公司任职年限、对目标公司的忠诚度、是否违反目标公司的规章制度、是否泄露目标公司的商业秘密等。目标公司通过全面评估,尽早将不适合股权激励的管理人员及员工排除在股权激励范围之外。

2. 股权激励方案设计前应深入听取被激励对象的意见

股权激励方案能否有效执行,以及执行的效果如何,很大程度上取决于被激励对象的态度及主观认知,尤其是对股权激励是否认同,是否存在误解,因此,在股权激励方案设计前,目标公司应专门召集被激励的意向对象,听取其对股权激励的评价。

当然,为了保证评价全面且有深度,目标公司可以通过设置问题清单,将被激励对象及发起人股东关心的问题列明,由被激励对象以回答问题的方式作出评价,并对股权激励提出建议或要求。如果被激励对象提出的要求合理可行,或者对股权激励方案提出的建议易于操作,则目标公司应充分考虑该要求和建议。

3. 股权激励方案设定后应及时向被激励对象释疑

在股权激励方案设定后,应将该方案及时告知被激励对象,如果股权激励方案比较复杂的,还应通过举例、图表、数据或者配以附件等方式形象解释说明,由被激励对象对激励方案的内容充分消化吸收,准确理解。在被激励对象对方案及附件提出疑问后,目标公司应组织律师、财务人员、行政主管等向被激励对象释疑,消除被激励对象对股权激励方案的疑问或误解,尽量形成被激励对象与发起人股东的共识,减少方案实施的阻力。

（三）股权激励操作过程中应注意的原则

1. 尽量做到信息透明

在目标公司尤其是轻资产运营公司中，被激励的员工普遍文化层次较高，善于独立思考，平时接触信息的渠道比较广，对企业管理与法律知识有一定的了解，所以整个股权设计过程务必做到公平公正和尽量透明，包括但不限于对被激励对象的选择标准、被激励股份比例的确定、授予期与行权期的考核标准与考核结果、被激励对象的绩效完成情况等，以免引起员工对股权激励方案实施的质疑。

2. 目标公司应提供配合义务

在行权期满后，被激励对象因符合行权条件而完成行权的，成为目标公司的直接股东或者间接股东（通过壳公司间接持有目标公司股份），在办理工商变更登记手续等相关程序的时段，目标公司应提供配合义务，包括召开公司股东会会议，目标公司修改公司章程，股东名册，股权比例调整，股权变更登记手续，变更目标公司的治理结构等。

3. 根据实际情况调整行权方案

在实际操作过程中，常常会发生与预期不一致的情形，也会出现影响甚至阻碍股权激励顺利推进的事件，例如，目标公司出现财务困境，无法在行权期内向被激励对象实际分红，被激励对象与目标公司或发起人股东在行权期内出现矛盾，被激励对象放弃行权，被激励对象退出股权激励等情形的。如果股权激励的实际情况发生重大变更，则股权激励方案或者股权激励协议需要及时调整。

（四）做好股权激励的配套措施

（1）绩效考核的科学制定与严格执行，绩效考核直接关系到被激励对象能否取得行权资格，在行权期内能否通过考核继而成功行权，成为目标公司的正式股东（或者间接股东），因此，绩效考核可谓股权激励的重中之重。由于本文主要论题并非针对如何制定绩效考核标准，本文也就不对绩效考核的制定详细展开，加之不同规模的、不同的行业、不同的管理模式、不同战略目标的公司，其绩效考核标准不尽相同，在此，笔者主要是提出绩效考核的概念，建议目标公司重视制定科学合理的绩效考核及制定后的严格执行。

绩效考核通常由目标公司组织人力资源或者企业管理咨询公司制定，鉴于绩效考核标准会影响公司的运行效率及管理效果，甚至不合理或者难以执行的绩效考核标准会引起目标公司与被激励对象之间的诉争。律师作为处理诉讼纠纷的专业人士，而咨询管理人员则一般不经手诉讼案件，对绩效考核标准的诉讼风险点并不敏锐，对考核标准中设置有利于法院裁判或者诉争解决的条款更不专业，因此，目标公司在绩效考核标准制作时应聘请律师，或者由律师与咨询公司发挥各自的优势，合作制定。

（2）公司财务数据的配套统计，对于被激励对象绩效考核、利润实现等方面的判断，不仅需要绩效考核委员会的执行，还需要财务方面的配套支持，例如，被激励对象当年度完成的业务总收入、业务净收入、团队业务贡献率、应收账款回收率、应收账款占业务收入比等财务数据，如果没有客观、准确的财务数据，很难正确地反映出被激励对象在授予期、行权期的工作完成情况。

当然,有时被激励对象的财务数据很难准确统计,尤其是被激励对象所在团队共同完成一个项目(一笔业务订单或其他任务)的情况下,如何客观地判断被激励对象的绩效,如何判断其在该项目中所起的作用,如何平衡团队其他成员,尤其是其他被激励对象以外的成员,是制定与执行考核目标时需要特别注意的问题。

(3)不断完善公司的内部治理结构,公司治理结构是股权激励能否有效发挥的基础条件,尤其是发起人股东能否控制公司的决策,能否掌控公司的管理,否则,股权激励可能会成为管理人员控制公司甚至中饱私囊的工具。因此,笔者建议,在股权激励的过程中,发起人股东仍应不断完善目标公司的治理结构,弥补目标公司或者壳公司的股东会表决机制的漏洞,分散被激励对象的持股比例,严查被激励对象各种违反信义义务或者损害目标公司、发起人股东权益的不当行为,防止部分被激励对象(员工股东)在股东会表决时联合对抗发起人股东,避免出现股东会表决陷入僵局或者公司管理失控的状态,筑牢股权激励的防线。

结语

在实务中,股权激励本身就是复杂的,各个目标公司面临的法律问题不尽相同,当然,除了应考虑法律上的问题,还应兼顾人力资源管理、利润增长、财务管理、成本控制等实际情况,本文并未穷尽实务可能遇到的全部问题。在有限责任公司的股权激励过程中,应重视律师的作用,由律师结合公司的实际需要制定框架性方案,并在具体的实施过程中进行专业指导和操作,以此规避可能遇到的法律风险,最大化提高被激励对象的积极性。浙江省作为民营经济发达的省份,股权激励的有效实施将有利于民营企业的竞争力提升,因此,股权激励对于浙江省的经济模式转型升级具有特别意义,专业律师参与股权激励将有力地推动民营经济的转型升级。

41　有限公司股权置换的法律实务探究

习　平

摘　要:股权置换是公司之间重组的一种重要方式,也是提升公司竞争力与提高股东收益的一种有效方式。在实务中,资源互补、优势各异的企业之间往往采用股权置换的方案进行资产与股权重组。本文以笔者亲自承办的股权置换项目为视角,就股权置换的方案选择适用、操作流程、股权置换的定价机制、目标公司治理结构设计、股权置换的退出等实务难点进行详细论述,并在此基础上提出笔者就股权置换顺利进行的建议,以期降低有限责任公司股权置换过程中的法律风险。

关键词:股权置换目标公司　出资股东　受让股东

一、股权置换项目引出的实务问题思考

(一)实务案例的提出

案例一:宁波A公司股权置换后借壳上市项目。宁波A公司是一家风景园林设计公司,该公司通过与深圳B公司股权置换的方式,宁波A公司各股东将其股权100%整体转让给深圳B公司,而深圳B公司则将其原来的股权转让给宁波A公司各股东,继而通过资产重组,达到深圳B公司完全控制宁波A公司的园林绿化资产,而深圳B公司在持有宁波A公司100%股权后,又将股权赠与给上市公司C公司,继而由C公司持有优质的园林绿化资产,解决C公司净资产与盈利能力不足问题,避免了ST股被强制退市的法律风险。在这个案例中,股权置换使用的是什么方式? 为什么使用这种方式?

案例二:宁波A公司与宁波B公司交叉持股项目。两家公司都是竞争力较强的人力资源公司,在宁波市的人力资源市场份额占有率排名前列,但同时,两家公司有核心竞争力的经营范围并不冲突,各有自己的优势领域。为了强强联合,两家公司启动股权置换计划,通过A公司的控股股东甲将其持有A公司的部分股权转让给B公司的控股股东乙。乙将其持有B公司的部分股权转让给甲,股东之间完成交叉持股,并间接实现两公司共享对方发展带来的收益。在这个案例中,股权置换又使用的是什么方式? 这种方式有哪些需要注意的地方?

案例三:宁波A公司与长三角范围内社区管家门店的股权置换项目。宁波A公司是一家食品冷链物流与仓储的电子商务企业,该公司制定了长期发展的商业计划,其中就包括股权长期配置方

案,具体方式为宁波 A 公司作为持股主体的方式,收购社区管家店 70%~90% 股权,同时,宁波 A 公司预留一部分弹性股权让渡给众多社区管家店,通过装入数量众多的社区管家店,以增加公司的不动产资产总额,不仅有利于宁波 A 公司扩大在华东地区乃至全国的销售网络,也满足公司今后 IPO 对资产要求。在这个案例中,股权置换使用的是什么方式? 股权置换的主体是哪个?

（二）股权置换实务中常见的实务问题

通过办理上述三个实务案例,笔者认识到,股权置换本身是复杂的法律项目,并非仅仅签订协议,工商局办理变更手续那么简单。在股权置换项目承办之前,应当对股权置换进行尽职调查,不仅需要了解双方公司的法律现状与主要风险,还需要与双方公司的股东进行面谈,了解公司股权置换的主要诉求与目标,并重点讲解股权置换可能面临或者需要注意的问题。在上述三个案例办理过程中,遇到的实务问题主要包括以下方面:第一,股权置换的法律性质,有几种类型? 股权置换的主体,是谁置换谁的股权? 是公司去置换,还是股东去置换? 股权置换的标的物,是否为转让方与受让方各自所持有的股权? 第二,股权置换的操作程序中应注意哪些,包括在股东会决议、股权置换协议签订、股权置换工商变更登记手续方面,尤其是是否需要签订两份股权转让协议,如果签订的是股权置换协议是否可以办理? 第三,股权置换的定价机制,如何评定股价? 有几种方式,各有哪些利弊,如何适用? 第四,股权置换后的公司治理结构如何设计,尤其是在表决机制、董事会组成、总经理、法定代表人的提名等方面应如何规定? 第五,股权置换的税负,是否真的可以免税? 如果可以,在何种情况下可以? 第六,股权置换后的退出机制如何设计,是否可以设置可恢复机制? 如何退出? 退出条件有哪些? 第七,为了确保股权置换合法有效且顺利进行,在股权置换过程中,还有哪些需要特别注意的事项?

绝大多数股权置换项目都会遇到上述问题。当然,对于不同的目标公司、不同的股东、不同的项目,可能遇到的问题还将更多。笔者通过本文对上述实务问题进行阐述,对股权置换提出优化建议,尽量实现目标公司与相关股东之间的共赢。

二、股权置换的法律性质界定

（一）股权置换的概念

股权置换,顾名思义,就是两个目标股权(包括自然人股东、法人股东与公司的股权)之间,以达到相互股权交叉的法律后果。对于股权置换的方式,按笔者的界定与分类,分为直接股权置换与间接股权置换两种。直接股权置换是两家或两家以上的公司交换彼此的股权,出现股权出资与目标公司给予的股权(为了将其与出资股权区别,此处称为"新股",以下相同)之间的置换。间接股权置换是两个股东交换其在两家公司的股权,出现换出股与换入股之间的置换。

（二）股权置换的概要流程

1. 直接股权置换的概要流程

在直接股权置换中,通常采取增资扩股的途径实现,涉及的置换标的物比较灵活,可以只进行股权的交换,也可以同时涉及股权置换及现金、实物的增资。

直接股权置换的概要操作程序如下:A公司增发新股,B公司的股东C公司以其对B公司所持的股权向A公司投资,取得A公司增发的新股,而A公司则取得B公司相应的股权。此种方式不需要支付现金,减少了公司整合的资金压力。

2. 间接股权置换的概要流程

间接股权置换,股东甲将持有A公司的股权,转让给B公司的股东乙,而受让股东乙也将其持有B公司的股权转让给A公司的股东甲。

间接股权置换的概要操作程序如下:股东甲将持有A公司的股权,通过签订股权转让协议的方式,转让给B公司的股东乙,同时,股东乙将持有公司B的股权,也通过签订股权转让协议或者股权置换协议的方式,转让给A公司的股东甲,双方按协议办理相应的股权变更登记手续,通过股东甲与股东乙之间的股权置换,间接达到A公司与B公司的利益交叉。

在上述直接股权置换方式中,A公司为目标公司,C公司为出资股东;在间接股权置换方式中,A公司与B公司都为目标公司,股东甲为转让股东,股东乙即为受让股东,股东甲与股东乙互为对方或相对股东,为了统一称谓,以下“目标公司”“出资股东”“受让股东”“对方股东”与此处相同。

(三)股权置换的法律性质

股权置换是相对专业难度较高的法律行为,其较单向的增资扩股与股权转让更加复杂。正因为复杂性,在股权置换过程中,常常会产生一些混淆的概念,经笔者归纳,主要有以下方面:

(1)在直接股权置换方式下,出资股权由谁持有,目标公司与出资股权所涉(所在)公司之间的关系如何,出资股东如何取得目标公司的股权,是否为等价交换?

(2)在间接股权置换方式下,股权置换的法律主体是谁,是股东之间置换,还是公司之间置换,或者股东与公司之间置换,股权置换标的物又是什么?

经过笔者归纳,上述问题主要归为股权置换的主体与标的物两方面,而这两方面又源于股权置换的性质界定。在直接股权置换方式下,股权出资是为了获取目标公司的新股,二者之间存在交换与对价,这是直接股权置换的法律性质;在间接股权置换方式下,则是转让股东与受让股东分别将其在目标公司中的股权进行交换,这是间接股权置换的法律性质。

在实务中,对于公司管理人员来说,其概念中的股权置换目的是为了两家公司相互融合,形成你中有我、我中有你的格局。在笔者所承办的股权置换项目中,公司管理层往往理解为两家公司之间的股权直接相互转让,即A公司将其股权直接转让给B公司,或者A公司部分股东将其在A公司的股权直接转让给B公司。显然,从法律性质与法律关系来看,公司管理人员的理解明显有误,其混淆了股权置换的主体与标的物。实际上,股权置换通常并不是简单的两家公司股权交换,在直接股权置换方式与间接股权置换方式下,其主体与标的物都不相同,需要在法律文件的起草、法律条款的设计,措辞的使用方面特别注意,以防出现概念混淆与错位的情况。

三、股权置换程序操作之前需注意的法律问题

(一)股权置换方式的选择与适用

正如前文所述,笔者根据实务中股权置换的特点进行两大分类,那么,直接股权置换与间接股权置换究竟有哪些主要区别?如何进行选择与适用?

1. 直接股权置换与间接股权置换的对比分析

无论是直接股权置换,还是间接股权置换,其出发点都是为了达到调整公司的股权比例、改善公司的股本结构,共同特点都是存在股权的置换,但是二者也存在以下不同。

第一,股权置换路径不同。通常而言,直接股权置换采用增资扩股的路径,而间接股权置换采用股权转让的路径。由此可见,直接股权置换方式中,应按增资扩股的流程进行,尤其是对新增的注册资本数额,新旧股东在认购增资时的权重比值应提前确定;在间接股权置换方式中,应对股权转让价格、股权转让比例等提前确定。

第二,股权置换的法律后果不同。直接股权置换的法律后果是目标公司成为置换股权所涉(所在)公司的股东,而间接股权的法律后果则是置换股权所涉主体是目标公司的股东,两者正好相反。

第三,股权置换后的表决权与控制方式不同。在直接股权置换方式下,从C公司到A公司再到B公司,存在两次股东会决议,两次股东会决议能否按照A公司股东的意愿进行,取决于A公司、B公司中表决机制以及股权结构,因此,C公司的股东向目标公司施加影响难度较大。而间接股权置换方式下,股东甲与股东乙通过股权置换后分别在B公司与A公司中直接持股,因此,只需要一次股东会决议,所以,股东向目标公司施加影响难度相对较小。

第四,股权置换后的利润分红方式不同。在直接股权置换方式下,B公司向A公司分红后,A公司再分红给C公司,这种方式下将至少发生两次所得税;在间接股权置换方式下,自然人股东直接在目标公司中分红,只发生一次所得税。

2. 股权置换方式的选择与适用

基于二者之间存在上述区别,在股权置换项目办理时,律师应对股权置换的法律性质有清晰了解,并结合股权置换两种方式的不同有针对性地进行选择。

(1)直接行使权利。如果是一家公司希望直接介入对方公司,尤其是能够直接行使股东会表决、选择管理者等公司法规定的股权,则建议适用直接股权置换方式,反之,则适用间接股权置换方式。

(2)成本的考虑。由于直接股权置换方式下股东获取红利将产生两次所得税,而间接股权置换方式下通常产生一次所得税。如果为了成本考虑,则建议采用间接股权置换的方式。

(3)程序快捷简易。由于直接股权置换方式不仅涉及到A公司增资扩股方案的设计,还涉及C公司以其对B公司所持股权出资,而这两个步骤相对于股权转让都更复杂与费时。如果需要程序的快捷简易,则建议采用间接股权置换的方式。

（二）股权置换的股价确定

在股权置换实施之前，还应对出资股权（直接股权置换方式中）或者置换股权（间接股权置换方式中）的股权价值予以判断，以此确定出资股东的持股比例与置换股权的具体比例、股权转让价款。在实务中，股权价值评判的方式有多种，主要包括如下：

（1）按股东在公司成立时认购的出资额确定。这种方法通常适用于刚成立不久，或者资产规模与债务数额未发生明显变化，或者利润率不高的目标公司。此外，轻资产公司在股权转让时也常使用这种方法，目的也用于尽量规避股权转让方的个人所得税。

（2）按照目标公司最新的净资产数额确定。这种方法在重资产公司的股权转让中最常用，尤其是受让方对目标公司所处行业或者目标公司的未来难以预测的情况下。使用这种方法相对比较公允，具体可以按照目标公司上一年度或者近期的资产负债表计算，为了避免双方对净资产数额产生异议，应该明确确定资产负债表的基准日。

（3）按照目标公司最新的净利润数额确定。这种方法在股权转让或者股权投资中也经常被使用，尤其是固定资产、长期投资与或有负债较少的目标公司。实务中，常以股权置换协议签署前1年、3年、5年甚至更长时间的净利润平均值乘以一定年限作为股权价值的计算，这样净利润数额更具有公信力。

（4）按照目标公司的盈利能力、收益率或者市盈率确定。这种方法将股权价值与目标公司将来的盈利能力挂钩，特别是在涉外投资与高科技企业（互联网、电子商务、文化创意等企业）中经常被使用。通过这种方式确定的股权价值可能是按净资产确定的结果的数倍甚至数十倍。但是，未来若干年的盈利能力较难确定，通常由专业机构综合各种影响盈利的因素（包括正面与负面因素）予以评估。

（5）按照专业的资产评估或者审计机构作出的价格确定。该方法通过对目标公司的资产清理核算、会计账簿、财务报表、公司发展预测等因素综合判断，能够较为全面地体现目标公司的资产和财产状况，从而比较准确地确定股权价值。该方法通常适用于双方对股权价值无法达成一致，各自对股价的评判存在较大差异的情形。

当然，上述每种方法都存在一定的缺陷，股权置换双方应结合目标公司与置换股权的实际情况，可以有针对地采用前述的一种或几种计算方法，予以综合判断。

（三）对出资股权价值评估应注意之处

在直接股权置换方式中，C股东是以其对B公司所持的股权作为向A公司的出资，这一方式在实务中确实存在，也被《最高人民法院关于适用〈中华人民共和国公司法〉若干问题的规定（三）》第11条认可。但是，该司法解释对股权出资明确规定了四个条件，其中最重要的就是出资的股权已依法进行了价值评估，如果不符合四个条件且未在合理期间内补正的，则视为出资股东未依法全面履行出资义务。因此，C股东应该在向A公司出资时应当对出资股权的价值进行评估。

当然，由于股权出资与货币、实物、土地使用权等出资财产具有较大区别，股权价值与B公司的净利润或者盈利能力等影响股价的财务数据硬实力有关，甚至还与该公司的管理制度、执行力、管理团队、企业文化等软实力有关。所以，出资时对股权价值做出的评估价也可能是暂定的，出资股权在转让给A公司后其价值可能会上下波动。建议A公司在取得该出自股权后,需要持续关注B公司的经营状况,最好还能够单独或者与其他股东组成一致行动人管控B公司的正常经营,否则,这一股权出资的价值将成为一个变量。

四、股权置换程序操作之时需注意的法律问题

正如前面所述,相对于单向股东出资与股权转让,股权置换是实务中相对难度较大的法律行为,那么,律师应当清楚地了解股权置换需办理哪些程序,又有哪些地方需要特别注意。

（一）直接股权置换方式下权重值的确定

直接股权置换,主要是通过股权出资的方式,需要确定出资额以及股权比例,既涉及该出资股权的评估价,又涉及公司的注册资本,而且原始股东与增资股东的权重值不同,即股价并不相同。因此,在程序中应特别注意出资股权价值评估以及验资的环节,由C公司或A公司聘请评估机构对C公司持有的B公司股权作为出资进行价值评估,A公司与C公司签署增资协议,A公司聘请会计师事务所对C公司的股权出资进行验资。

（二）间接股权置换方式中待签订的协议

在股权置换的工商变更手续办理过程中,常常会遇到一些实务问题,例如,在间接股权置换方式中,除了股权置换协议外,是否还要另行签订两份股权转让协议? 一份协议是否解决问题,能否办理手续?

笔者认为,在股权置换的工商变更手续办理时,需要事先咨询工商局,是否可以签订一份股权置换协议,还是需要两份股权转让协议。在笔者承办的案例一,风景园林设计公司是使用股权转让的方式,而案例二的人力资源公司是使用股权置换协议一次性办理的。

另外,在股权置换手续办理过程中,由于涉及到两家目标公司,需要提供两个公司的新旧股东会决议,如果涉及的是两家集团公司之间的关联公司连环股权置换,则更复杂,可能需要准备两家以上公司的新旧股东会决议。在两家公司完成股权置换后,都应对公司章程进行修改,或者制定公司章程修正案。鉴于公司章程是公司的"宪法",公司可以就认缴出资、股权置换、股东会特别决议、董事会权限、股东分红规则、股权对外转让等程序进行特别规定。

（三）其他股东优先购买权与优先认购权的保障

从公司法法理而言,公司具有社员权,尤其是有限责任公司特别强调人合性。为了保障公司的人合性以及股东稳定,公司法强制规定公司股东将其股权对外转让时应保障其他股东的优先购买权,这也是现代公司法的基本原则,已被各国广泛采纳。我国《公司法》第71条明确规定了其他股东的优先购买权。

具体到股权置换实务中,无论是直接股权置换方式还是间接股权置换方式下,都存在保障其他股东优先购买权的问题,无非是其他股东涵括的对象不同而已。在直接股权置换方式下,指的是B公司其他股东,在间接股权置换方式下,涵括两个目标公司的其他股东,指的是A公司与B公司其他股东。此外,由于直接股权置换通常采取的是增资扩股方式,还应保障A公司其他股东对新增资

本的优先认购权。

因此,在股权置换程序办理过程中,应该在股东会表决时应由其他股东明示放弃优先购买权,或者在《公司法》第71条规定的期限内书面通知其他股东,征求其对股权转让的同意,或者促使其他股东不购买即视为同意转让的情形成立。只有充分保障了其他股东的优先购买权,才能进行股权置换,否则,股权置换法律行为将被认定为无效。

五、股权置换程序操作之后需注意的法律问题

(一)目标公司治理结构的设计

无论直接还是间接股权置换,其核心法律目的是为了改善公司的股权结构,实现公司之间或者股东之间的利益共享。由此,股权置换程序启动后,应针对置换股权所在的目标公司进行治理结构以及对相关制度进行设计,真正实现股权置换的商业目的。在公司治理结构设计中,主要包括以下几个方面:

第一,设计股东会的表决机制,即股东会如何进行表决,尤其是哪些事项为普通表决,哪些事项为特别表决,需要代表三分之二甚至更多表决权股东同意,哪些事项需要股东一致通过。

笔者建议,对于影响目标公司的存续与发展的重大事项,或者影响股东的置换股权能否实现的重大事项。例如,目标公司的重大资产对外处置,目标公司重大收购、股权或资产转让,目标公司的对外投资,以目标公司资产或者信用对外担保,目标公司对外借款,目标公司向股东或者实际控制人提供借款或者担保,目标公司增加、减少注册资本,目标公司的合并、分立、解散、清算、歇业或者变更公司形式,目标公司的重组、并购,发行债券及上市计划等,具体的内容根据目标公司的实际情况而定。如果律师代表的出资股东或受让股东为持股比例较少的股东,为了最大限度保障其权益,可以将表决规则设定为应当经过所有股东的一致同意,不得由代表三分之二以上表决权的股东擅自决定。

第二,设计董事会的表决机制及董事人选指派,一家公司的正常运转,除了股东会对重要事项进行表决外,董事会还对次要事项享有一定的权限,并对股东会已通过的表决事项予以执行。因此,还应明确规定董事会的权限,合理分配股东会与董事会的表决范围。例如,决议或批准由股东会决议以外的公司重大交易事项,决定公司内部管理机构的设置,制定公司基本管理制度,制定公司章程的修改方案等。

董事会是公司的最高执行机构,在公司日常管理中起到重要作用。董事会的表决规则原则上是董事人数多数决,实行一人一票,每位董事表决权平等。因此,出资股东或受让股东尽量能指派半数以上的董事,尤其是争取董事长人选的指派,如果无法做到董事人数的指派,则建议对董事会表决规则设定为全体董事一致同意方可通过。

第三,总经理、财务经理的权限及人选提名,总经理与财务经理等高级管理人员也是公司管理的重要组成部分,尤其是总经理负责公司的日常事务执行,财务经理负责公司的财务会计。因此,出资股东或受让股东应争取目标公司总经理、财务经理等核心高管人员的提名权,并通过股东会或者董事会表决予以聘任。如果无法做到核心高管人员的提名,则建议通过股东会或者董事会加强

对核心高管人员的监督,详细规定解聘情形与考核机制。

第四,法定代表人的提名,依据合同法、公司法等法律规定,法定代表人对外可以代表公司,除非相对人知道或者应当知道其超越权限的以外,法定代表人对外签署的文件对公司有效。因此,法定代表人对于公司具有非同一般的意义,出资股东或受让股东应争取法定代表人的提名权。如果无法做到法定代表人的提名,则建议通过股东会或者董事会加强对法定代表人的权利限制,详细规定法定代表人对外签字的情形与追责机制。

(二)股权置换的税负承担

众所周知,无论是股权出资,还是股权转让,都存在税负承担,那么,对于股权置换,是否应该由股权置换双方承担相应的税负?如果需要承担,按什么计税方式承担?《个人所得税法》第6条规定,财产转让所得,以转让财产的收入额减除财产原值和合理费用后的余额,为应纳税所得额。

《个人所得税法实施条例》第10条规定,个人所得的形式,包括现金、实物、有价证券和其他形式的经济利益。所得为实物的,应当按照取得的凭证上所注明的价格计算应纳税所得额;无凭证的实物或者凭证上所注明的价格明显偏低的,参照市场价格核定应纳税所得额。所得为有价证券的,根据票面价格和市场价格核定应纳税所得额。所得为其他形式的经济利益的,参照市场价格核定应纳税所得额。

由此可见,在间接股权置换方式中,如果换出股权和换入股权的市场价格一致,并不存在补价格的话,则股权置换双方均无需承担个人所得税或者其他税负;如果换出股权和换入股权之间的市场价格或者价值并不相等,则应按换入股权的市场价格额减除财产原值和合理费用后的余额,为应纳税所得额,计缴个人所得税。

但是,在直接股权置换方式中,实质上是通过股权出资获取目标公司按股权出资价值给予的新股。笔者认为,除非确实能证明出资股权和获取目标公司新股的市场价格完全一致,否则,出资股东在将出资股权转让予目标公司时应承担个人所得税,计税基础即为出资股权原市场价值与出资时市场价值之间的差额。

六、股权置换的退出情形及法律后果

当然,每个股权置换项目存在目的未能实现或者无法实现的可能,包括其中一家或者两家目标公司解散清算、公司分立合并等客观与主观情形。因此,双方应在股权置换过程中对退出方式进行详细约定。

(一)具体的退出情形

在股权置换方案或股权置换协议中,律师应该为出资股东或受让股东的退出情形进行规定,建议采取列举式以及兜底定性式等方式规定,具体如下:

(1)股权置换手续无法办理的,包括置换股权被司法冻结,置换股权对外设定质押,置换股权为代持股权、实际出资人不同意股权置换等情形。

(2)目标公司在约定期限内未能完成股权置换附带条件的,通常而言,出资股东或受让股东对股权置换都约定了附带条件,以实现股权置换双方达到双赢,包括目标公司的净利润、盈利能力、主营业务收入或者产品市场占有率等具体考核目标,如果目标公司在约定的期限内未能完成这些考核目标,则有权要求退出目标公司。

(3)目标公司或者对方股东违反其陈述与保证,例如,目标公司的实际债务明显超过其披露的债务数额,目标公司的净利润明显少于其财务报表列明的金额,目标公司的净资产与其陈述的净资产差额较大,目标公司明显资不抵债、不能清偿到期债务的,目标公司已陷入破产境地或者面临重大财务困境,目标公司或者对方股东隐瞒其对外提供担保的事实,等等。

(4)目标公司未在规定期限内向出资股东或者受让股东分配利润,例如,股权置换协议中约定了目标公司应在3年内分红,虽然目标公司连续产生净利润,也符合股东分红的条件,但是目标公司却在3年内未分红,出资股东或者受让股东也对此提出了异议。

(5)出资股东或受让股东对目标公司股东会重大表决事项提出异议,例如,对目标公司的合并、分立、增资、减资、解散、转让资产、对外担保、关联贷款等重大表决事项不同意,出资股东或者受让股东与目标公司其他股东之间的人合信任关系被动摇的。

(6)出资股东或受让股东在股东会决议中表决权被限制或者侵犯,目标公司股东会的召开未通知出资股东或受让股东,目标公司的控股股东为出资股东或受让股东在股东会表决设定不合理的条件,导致其无法依其真实意思表示做出表决,或者股东会的召集或者决议存在其他明显程序瑕疵。

(7)其他主、客观原因导致股权置换的根本目的无法实现的,例如,目标公司已被吊销营业执照、目标公司生产的产品已被颠覆性淘汰、目标公司不具有特定行业或者特定产品的经营资质,等等。

(二)退出的方式

如果上述退出情形出现或者退出条件成就时,则出资股东或者受让股东有权要求行使退出权,即按协议约定的内容退出目标公司,具体方式有以下几种:

(1)将股权转让给对方股东或其他股东,在公司的内部股东之间转让股权是股东退出最自由的一种方式,公司法对这种方式充分授权,包括转让价格以及转让比例等方面,转受让双方可以自由协商。当然,对于股东之间的股权转让,实务中往往是对方股东成为股权受让主体的首选,如果对方股东与其他股东都同意或者要求受让退出股权,则应由多个意向受让方协商确定各自的受让比例,协商不成的,按照各自的出资比例行使购买权。

(2)对外转让股权,如果公司内部股东(包括对方股东)都无意受让退出股权的,出资股东或受让股东也有权将其全部股权对外向第三人转让。如果拟转让股权有数个意向第三人购买的,则出资股东或受让股东可以选择受让方,股权变更登记完成后,出资股东或受让股东即退出目标公司。当然,如果目标公司属于法律限制转让的公司或者行业的,则对外转让时还应遵守股权锁定期或者限售期的规定,出资股东或受让股东在转让股权时需要特别注意。

(3)公司收购股权,如果出资股东或受让股东既未将退出股权转让给目标公司其他股东,又未将退出股权转让给第三人的,出资股东或受让股东还有权请求公司回购其全部股权,回购的价格由目标公司股东会表决。如果股东会无法做出决议,出资股东或受让股东可以申请评估机构对拟转让股权进行评估,按评估价格计算转让价格。目标公司在完成收购退出股权后,应履行减资以及向债权人公告等程序,确保债权人及其他相关主体的权益不受影响。

(4)目标公司的解散或者分立,当出资股东或受让股东通过股权置换进入目标公司后,其与目标公司其他股东产生根本矛盾,目标公司陷入僵局,而各股东对于目标公司是否继续无法达成一致,依据《公司法》第182条的规定,如果出资股东或受让股东持有公司百分之十,或者出资股东或受让股东与其他股东累计持有股权百分之十的,有权请求法院解散公司,并按照解散程序对公司进行清算。当然,目标公司的僵局也可能通过目标公司的分立解决,将目标公司分立成若干个独立公司,分立后的公司分配给不同的股东。

（三）股权回转的法律后果

如果采取公司内部股东受让退出股权的,则在不同情况下将发生以下法律后果:

股权退出权行使后,出资股东或受让股东将退出目标公司,目标公司或者其他股东向其支付股权转让款,办理股权回转变更登记手续,即单边实行恢复原状。

当然,由于股权置换影响的是两个股权或者两个目标公司甚至更多,出资股东也可以与目标公司或对方股东在退出方式中约定双边恢复原状,意即在直接股权置换方式中,由A公司将其持有B公司的股权回转给原股东C(出资股东),A公司回购股东C在A公司的股权,A公司再办理减资手续;在间接股权置换方式中,由B公司的股东乙将置换股权回转给A公司的股东甲,A公司的股东甲将对应的置换股权回转给B公司的股东乙。在笔者参与的风景园林设计公司股权置换项目中,就曾采取了股权双边恢复原状的预案,并准备了全套的股权回转法律文件。

七、对股权置换提出的建议

股权置换存在上述需要注意的法律问题与实务难点,为了保证股权置换的合法有效以及顺利地进行,笔者建议,除了前面所提及的各种建议外,在股权置换过程中还应做好以下几点。

（一）合理选择股权置换方式

正如前文所述,直接股权置换与间接股权置换之方式各有利弊,那么,在实务中应该如何选择股权置换方案。

一方面,选择适用哪一方案首先取决于主观商业目的与客观实际情况。简而言之,就是自然人股东期望直接在目标公司行使表决权,还是间接行使表决权;是直接取得目标公司的利润分红,还是间接取得目标公司的利润分红;是否特别在意股东分红时的个人所得税税负,是否愿意直接成为股权置换协议的签约主体等。此外,在增资认购权、剩余财产分配权方面,直接股权置换与间接股权置换也存在较大差异,因此,在股权置换方案选择时,应清楚两种方案之间在上述差异上的优劣,根据具体的需求综合而定。

另一方面,如果目标公司或者受让股东对多个需求兼而有之,例如,既看重能否直接从目标公司分红,又希望能够尽量降低个人所得税的税负,或者A公司既想在B公司中直接表决,又不想成为股权置换的签约主体,那么,股权置换方式的选择则取决于其更加偏重于哪一需求。笔者建议可以将各需求点折算成权重值或者需求点排序,根据权重总和或者主次顺序选择最终的适用方案。

再一方面,无论采用直接股权置换还是间接股权置换,在方案设计时都应结合可能会出现的专业问题。鉴于股权置换非诉讼项目中可能会出现前文所述的专业性问题,因此,在股权置换方案制定时,就应该对可能出现的问题进行预测,尤其是关系到项目的核心问题,并提前做好充分准备,留有充足的对策。

(二)厘清对股权置换的认知,避免出现概念混淆

正如前文所述,股权置换常常容易出现各种理解上的混淆,包括直接股权置换与间接股权置换的法律性质或法律特征,直接股权置换与间接股权置换的区别,两种股权置换方式下的法律主体、标的物、法律后果等。如果出现混淆,那么股权置换项目的进展也将出现偏差,甚至出现在直接股权置换方式下,使用的是间接股权置换的概念,或者间接股权置换下对协议所涉主体错列。例如,在笔者承办的人力资源公司股权置换项目中,仍然认为是A公司持有B公司的股权,A公司直接派员参与B公司的股东会,结果在股权行使方面发生偏差。

为了保证股权置换项目的顺利进行,建议在设计股权置换方案时,将股权置换的基本理念、法律性质与容易混淆的法律要点等书面告知股东。如有必要,还可以向股东进行访谈或者培训,并辅以具体案例,对案例进行详细讲解,促成各股东在股权置换的方案适用、法律概念、法律性质等方面认识统一,避免出现严重混淆。

(三)对股权置换的合法、合规性进行严格审查

股权置换是一把双刃剑,规范的股权置换可以通过公司之间的交叉持股实现企业之间的战略协作、防御敌意收购等积极作用,但如果是不规范的股权置换,则可能会形成虚增资本、对证券市场助涨助跌、严重的内部控制、非法利益输送等弊端。具体到法律规定上,《公司法》《证券法》以及证监会的部门规章对股权置换与交叉持股问题尚无明确规定,由此导致了我国资本市场中哪些是法律禁止的股权置换或者交叉持股判断标准并不统一。

股权置换需要在法律允许的范围内操作,需要严格控制其合法合规的边界,因股权置换形成的交叉持股容易发生控股股东,实际控制人操控的不正当的关联交易,甚至公司的决策被控股股东或实际控制人绑架,在商业机会上、分配利润上,小股东可能受到不公平的对待。实践中,有部分公司或者个人打着股权置换的幌子,操作的确实虚增资本、减少资本等损害债权人的行为。

笔者认为,在股权置换主体的审查方面,应该限制甚至禁止母子公司之间的交叉持股;对于非母子公司之间的交叉持股,应采取限制超额持股一方股权行使的方法;对公司高管附加超额交叉持股的信息披露义务;应当避免出现名为股权置换,实为关联交易与利益输送的非法行为。另外,在协议文本方面应该尽量完善,并通过公司章程对违规的股权置换予以限制。对外投资时,必须经过股东会或者董事会的表决,加强对关联公司经营决策的监管与有效控制,对小股东的表决权加以充分的保护。

(四)审查置换股权是否存在权利瑕疵或负担

从法律性质来看,股权置换本质上还是股权的出资(直接股权置换)或者股权的转让(间接股权置换),因此,从法律规定与实务操作来看,股权置换能否顺利办理,取决于该股权是否存在权利瑕

疵或者权利负担,具体包括以下方面:

(1)从出资义务的履行全面与否来看,如果股东存在虚假出资、出资不实或者未出资到位的情形,实务中最常表现为出资财产经评估确定的价额显著低于公司章程所定价额,或者股东未及时、足额缴纳出资,则视为该股东未依法全面履行出资义务,或者股东虽在公司成立时出资到位,但成立后通过各种违法方式将出资予以抽逃的,则其出资义务亦未全面履行。

(2)从股权的权能来看,如果置换股权对外已被出质,或者置换股权已被司法冻结,则该股权存在权利瑕疵,依法不能对外再行处分(包括转让、置换、赠与等),否则,质权人或财产保全申请人将提出异议之诉,处分人也将承担相应的法律责任。

(3)从股权的主体来看,如果置换股权存在名义股东为实际出资人代持、股权借名等与法律规定不符的情形,则该股权的主体存在瑕疵,极可能出现实际出资人不同意股权置换甚至提起诉讼的结果。

如果置换股权存在上述与法律规定不符的情形,在股权置换后会发生股权中的共益权或者自益权行使受到限制。因此,在股权置换协议签订前,应对置换股权进行充分的尽职调查,如审阅公司的营业执照、税务登记证、合同、章程,董事会、股东会决议等等必要的文件。通过尽职调查,既了解股权置换协议所置换股权本身的相关信息,也要了解公司的股权结构,以确定是否存在瑕疵,确保股权置换协议各方均符合主体资格,避免出现签约主体并不拥有股权等极端风险发生。

(五)置换股权价值进行评估,尽量确保价值公允

确认股权置换的份额后,应请专业的资产评估机构对被收购公司的资产及权益进行评估,出具评估报告,尤其是存在两家目标公司净资产相差较大、目标公司所处的行业毫无关联、目标公司的经营状况迥异等情形时,更应对股权价值进行谨慎性判断。另一方面,在评估报告出来后,股权置换协议双方应以资产评估报告确定的公允价值为置换股权的计价依据,或者以评估报告作为直接股权置换时股权权重值的依据,以此提高股权定价的准确性与合理性。

结语

股权置换是企业之间资源共享、股权重组、合作共赢的有效方式。当然,本文并未穷尽实务可能遇到的全部问题。在有限公司的股权置换过程中,应重视律师的作用,由律师结合公司的实际需要选择股权置换方式,起草股权置换的相关法律文件,并在具体的实施过程中进行专业指导和操作,以此规避可能遇到的法律风险。浙江省的民营经济比较发达,股权置换的有效实施将有利于民营企业的竞争力进一步提升,也有利于推动经济结构的优化调整和经济模式转型升级,因此,专业律师参与股权置换项目将有助于推动民营经济的提质换挡。

42　股权众筹典型法律实务问题研究

——以投资人权益保护为视角

文　彪　熊保华

摘　要:股权众筹融资是指融资者通过股权众筹融资互联网平台以非公开发行方式进行的股权融资活动。其主要的方式为投资者与融资者共同设立的有限合伙或领投加跟投型的有限合伙。股权众筹的操作流程可分为三个阶段:第一阶段是框架性投资协议签订前的审查协商;第二阶段是投资协议签订后的运作管理;第三阶段是项目运作后期的投资人退出。确定拟投资项目时应当考虑的法律问题主要是尽职调查,确定领投人与跟投人和框架性投资协议的签订;股权众筹投资实务操作中应当注意的法律问题是设立有限合伙企业、签订具体的股权投资协议和注册或者注资新公司;股权众筹投资者退出相关法律问题为公开上市、并购、回购和清算。

关键词:股权众筹　有限合伙　领投＋跟投　投资退出

一、背景与问题的提出

2015年3月2日,国务院发布《关于发展众创空间推进大众创新创业的指导意见》,其中明确指出,为完善创业投融资机制,开展互联网股权众筹融资试点。2015年7月18日,中国人民银行等十部委发布《关于促进互联网金融健康发展的指导意见》,发文主旨也意在鼓励股权众筹等方式的金融创新,促进互联网金融健康发展。股权众筹的融资方式对于发展普惠金融,降低整个社会投融资成本,激发社会创新创业活力具有重要推进意义,既能够为前期创业者提供急需的资金、资源支持,也能够帮助创业投资人、天使投资人等投资者有效整合社会资源,促使民间资本升值。浙江省在实施"创业富民,创新强省"的两创战略中,各类创新创业活动蓬勃发展,好的创意层出不穷,由此产生了大量的创业创新资金需求;另一方面,近年来由于产业结构调整,传统的投资渠道受限,亟须改善中小微企业的金融服务,畅通民间投资渠道,建立多层次的资本融资市场;而同时浙江省也是一个民营资本发达,民间资本流动相对活跃的省份,对外投资、创业的意向强烈。在创新创业融资方面,如何发挥浙江省的本土优势,将创新创业与促进民间资本流动的投资有效融合,利用互联网平台进行股权众筹的融资方式不失为一种新方法,新常态。据清科研究中心旗下的私募通统计,2014年其13家众筹平台共发生融资事件9088期,募集总金额为13.81亿元,其中,股权众筹事件3091件,募集金额10.31亿元。❶但鉴于股权众筹的投融资活动近几年才兴起,关于股权众筹的相关法律法规目前还处于空白阶段,对于股权众筹的法律风险大多数人还无法把控,加之股权众筹涉及的各方主体众多,股权众筹的融资项目从投资到退出时间较长,股权众筹操作流程相对复杂,如果没有规范性、合规性的法律审查,操作过程中易发生系列的民事、行政乃至刑事法律风险,因此还需要法律实务界尤其是实务操作律师的进一步总结与探讨。

毫无疑问,以股权众筹方式进行融资,如何保护好投资人的合法权益是核心。站在投资人的角度,在考察或者操作股权众筹投资时应当关注的典型法律问题包括以下几类:①确定拟投资项目时应当考虑的法律问题。具体包括:如何考察审核合适的项目?初期审核主要审核哪些内容?主要以哪种方式进行审核等?②股权众筹投资实务操作中应当注意的法律问题。具体包括:设立有限合伙时如何保护实际投资者的权益?与股权众筹方签订协议时如何设计权益条款?项目公司成立到管理过程中如何规定投资人的权利义务等?③投资人选择何时以何种方式退出投资在法律上的考量。具体包括:投资人选择退出的最佳时机是什么时候?投资人选择退出的最佳方式是何种方式等?

另外,本文还站在投资人的角度就《股权众筹融资管理办法(试行)(征求意见稿)》进行法律解读,分析了股权众筹平台的法律地位、关于融资者的法律规定、关于投资者的法律规定等简要问题。

为了更好分析上述问题,首先有必要对股权众筹的相关概念进行阐释。

二、股权众筹的相关概念及其主要方式

众筹(crowding),顾名思义,其基本含义就是面向公众筹集资金,特别是指资助个人、公益慈善组织或者商事企业为目的的小额资金募集,我国的俗语"众人拾柴火焰高"可作为众筹精神的最好诠释。而股权众筹(equity - based crowdfunding)则是指出于资本增加的目的而为处于创业初期的企业注资,即股权众筹平台的运营模式。2012年,美国政府制定《工商初创企业推动法》(Jumpstart Our Business Startups Act,"JOBS法案"),允许中小微企业借助股权众筹平台私募发行股票募集资金,允许股权众筹平台利用互联网技术为中小微企业私募发行股票式股权融资提供中介服务,此法案中的股权众筹即为此意,后这一模式传进中国,融入了我国小微企业发展实际,创造出中国式的股权众筹。国内主流观点认为主要有以下四种模式:捐赠众筹、回报众筹、债权众筹、股权众筹,其中,前两者统称为购买模式众筹,而后两者则为投资模式众筹。捐赠众筹(Donate-based crowd-funding)是指投资者对项目或公司进行无偿捐赠。回报众筹(Reward-based crowd-funding)是指投资者对项目或公司进行投资,获得产品或服务。债权众筹(Lending-based crowd-funding)是指投资者对项目或公司进行投资,获得其一定比例的债权,未来获取利息收益并收回本金。股权众筹是指投资者对项目或公司进行投资,获得其一定比例的股权。在我国目前互联网金融的背景下,众筹依

---

❶唐福勇:《股权众筹正逐渐规范》,原载于《中国经济时报》,2015年3月27日第3版。

托互联网技术搭建平台,将创业、投资、互联网结合在一起,其概念并不同于一般的股权众筹,目前关于股权众筹,还没有学术意义上的定义。根据我国现有相关法律规定,向公众募集资金唯一的合法方式是上市公司发行股票,其他向社会大众公开募股的行为就有可能被认为是非法集资,因此,我国的"股权众筹"实际上指的是一种私募或者半公开的融资行为。❶鉴于本文是立足于互联网环境下,与股权众筹相关的法律实务问题研究,因此,本文中股权众筹的概念笔者引用了中国证券业协会2014年12月发布的《私募股权众筹融资管理办法(意见稿)》中的定义:股权众筹融资是指融资者通过股权众筹融资互联网平台以非公开发行方式进行的股权融资活动。

目前我国采用股权众筹进行融资主要采取有限合伙形式。至于为何采用有限合伙的形式,笔者认为主要基于以下几点考虑:

(1)为了降低投资风险。由于股权众筹下的投资项目大多数都是处于初创阶段,就目前风险投资领域项目成功率来说,大多数的项目最终都无法存活。而有限合伙企业的形式能够将投资人的风险降到最低。根据《中华人民共和国合伙企业法》的第2条第2款的规定:普通合伙人对合伙企业债务承担无限连带责任,有限合伙人以其认缴的出资额为限对合伙企业债务承担责任。因此,有限合伙的企业形式能够将投资人的投资风险降到最低。

(2)为了降低管理风险。在一个股权众筹项目中,往往投资人人数众多,没有权限划分的话易造成项目决策混乱,因此将投资人划分为有经营管理权限的普通合伙人和只有收益权的有限合伙人成为必要,而且普通合伙人往往是由有丰富投资经验的行业内专家或者项目发起人出任。

(3)为了降低项目失败风险。由于众筹的项目前期还处于还处于不稳定状态,能否为市场所接受尚未可知,良好的项目运作团队至关重要,选择尽量将对项目熟悉,有相关行业经验,有对应资源的投资人作为普通合伙人而不是有限合伙人能够更有效地促进项目的发展,因为毕竟一个项目的成功不仅仅取决于资金,还需要有其他的相关方面的资源,比如市场经验、行业资源等等。

(4)为了降低法律风险。根据我国相关法律规定,向不特定对象集资的易构成非法集资罪,向不特定对象发行债券的,构成非法发行股票,债券。因此,通过设立有限合伙企业,再以有限合伙企业对外入股众筹项目,这样能够保证项目的召集基础合法,最大限度降低法律风险。

(5)还能起到少缴税的目的。在我国,有限合伙企业不作为纳税主体,不缴纳赋税,而是由合伙人缴纳个人所得税,因此,合伙企业的形式能够有效避免双重税负。甚至在合伙企业不分配利润的情况下,合伙企业和合伙人均无需缴纳所得税。

那么,如何设立适合股权众筹要求的有限合伙企业呢?具体来说,主要有以下两种方式:一种是由投资者和融资者共同成立有限合伙企业,在这种方式下,投资者作为有限合伙人只负责出资并享有相应比例的收益,创业者作为普通合伙人负责直接经营;另一种是"领投+跟投"的方式,此种方式是由具备丰富投资经验,通常来说还具备所投资领域专业知识,了解专业发展方向,以及有较强风险承受能力的投资人对项目进行领投,再由普通投资者跟投,投资人按照投资比例设立有限合伙企业。之后,以该有限合伙企业入股项目发起公司,持有该公司出让的股份。在这种有限合伙企

---

❶杨东、苏伦嘎:《股权众筹平台的运营模式及风险防范》,《国家检察官学院学报》,2014年7月,第4期。

业中,领投人作为普通合伙人负责公司日常的经营管理工作,跟投人作为有限合伙人不参与经营管理,但是享有公司的收益权,根据有限合伙企业设立时的章程规定,尚能保留部分事项的表决权。目前这种方式是国内股权众筹采用的主要模式,如天使汇。接下来就以"领投 + 跟投"为例,说明股权众筹中涉及的系列法律问题。

三、股权众筹的实务操作及其法律问题

按照股权众筹的整个时间轴来看,股权众筹的操作流程可分为三个阶段:第一阶段是框架性投资协议签订前的审查协商,主要工作包括投前的尽职调查,确定领投人和跟投人,签订框架性投资协议;第二阶段是投资协议签订后的运作管理,主要工作为设立有限合伙企业,签订具体投资协议,投资企业的工商设立或变更;第三阶段是项目运作后期的投资人退出,主要工作就是选择合适的时机,以合适的方式退出投资。阶段不同,投资人需要予以投入的精力侧重点不一样。如果说,协议签订前还只属于投资人对拟投资项目的考察,是与众筹方进行接洽了解的磨合阶段,那么协议签订后则应当是制定总体运作模式,确定投资管理方案,助推项目发展的成长阶段,后期更多则是投资人评估项目状态,选择退出时机的阶段。

(一)确定拟投资项目时应当考虑的法律问题

鉴于股权众筹下的意向投资项目众多,能快速融资,拿到首轮投资资金,对于把握好市场发展时机,助推项目成功至关重要。但由于针对非上市企业的股权投资,是一种非常复杂的金融产品,融资企业可能处于新兴行业,商业模式不稳定,经营信息不透明,团队磨合不稳定,估值依据不多,❶这使得在确定投资项目前的尽职调查极为复杂和重要。那何为尽职调查呢?

1. 尽职调查

所谓尽职调查(due diligence),又称谨慎性调查,是指投资人在与目标企业达成初步合作意向后,经协商一致,由投资人自己或委托的第三方(包括但不限于律师、会计师、企业管理顾问、投资者等)对目标企业的历史数据和文档、管理人员的背景、市场风险、管理风险、技术风险和资金风险做一个全面深入的审核。其目的是在于了解拟投资项目发展状况,项目前景,发现项目内在价值,判断项目潜在风险,以避开投资陷阱。在以股权众筹为投融资的模式中,很多股权众筹平台在前期已经帮助投资者进行了初步的法律尽职调查,但是由于股权众筹具有独特的风险性,特别是前期尽调更多需要投资人的"眼光"做判断,因此很多情况下投资人还是对众筹项目进行更深入细致的调查。笔者以尽职调查的方法为主线,分析集中在股权众筹前期审核阶段主要的法律风险点。

(1)审阅文件资料。此种方式下审查法律风险的文件资料主要包括众筹方的工商注册资料、财务报告、业务文件、法律合同等。通过工商资料、法律合同,主要考察众筹方的基本情况,核查众筹方存续的真实性、合法性,是否存在历史遗留问题,了解主要成员的背景信息,考察项目的稳定性。通过财务报告,查看众筹项目的市场运作情况,查验已有融资和股权情况,分析判断整个项目后期的继续营利能力。具体各类文件审查标准及注意事项,笔者以更加直观的列表方式列出:

---

❶原题目为《股权众筹投资人:看清股权众筹模式的本质》。载于 http://www.csai.cn/zhongchouzixun/769254.html,访问于2015年4月23日。

尽调资料	尽调方式	尽调目的	尽调重点	尽调结果表现
工商注册资料	文件审查/权威部门审核	考察众筹项目的真实性、合法性	股权结构、出资状况	数据、文字
业务文件	文件审查	考察众筹项目管理运作的规范性	管理制度、财务制度、主要会议纪要	数据、文字说明,同时需要投资人的判断
财务报告/财务文件	文件审查	通过计划与实际完成情况对比,并参照市场情况,分析判断项目后期的持续营利能力	已有融资和股权情况,分析现阶段财务状况	数据、文字、图表
资产清单	法律文件审查/现场查验	了解众筹项目的现有资产状况	调查无形资产的价值	数字、文字说明,同时需要投资人的判断
公司主要业务合同	文件审查	评估众筹项目的运营状况,市场前景	项目运营成本构成、业务来源构成、市场开拓情况	数据、文字、图标
劳动合同	文件审查	考察管理人员的稳定性、勤勉度,创业的人力资源	主要管理人员的胜任能力、人力资源	需要投资人综合考核主要创业人员
其他法律文书	文件审查/权威部门审核	了解项目涉诉情况、法律风险情况	知识产权、环境保护、涉诉情况	数据、文字、列表

（2）与创业者约谈。股权众筹项目大多数属于初创,在前期并没有很多的固定资产,也没有可供投资人直接考察的成熟市场,但是该类项目仍然能够为投资人所看中,更多地是缘于投资人对创业群体的看好,众筹项目中最有价值的是资源是人力资源,众筹项目的成功与否也与众筹项目的实际操作人有很大关系。因此投资人与众筹项目操作团队的访谈对于股权众筹融资项目的重要性不言而喻。约谈的内容可以根据投资人已掌握的情况和还想掌握的情况确定。

（3）尽调人员内部沟通。尽职调查的目的是为了让投资者在短时间内作出相对正确、合理的投资决定,为了避免信息不对称导致投资失误。尽职调查的时间有时较长,参与的人员较多,各个尽调成员掌握的信息数据不一样,站在各自的角度得到的结论可能大相径庭,为了让投资人有一个宏观的投资参考,避免不必要的投资风险,在形成具体的尽职报告前,尽调人员应当举行必要的内部沟通会,就各自方面的尽调信息做一个交流汇总,或许可发现另外的信息价值。

2. 确定领投人与跟投人

正如上文所言,投资项目因具有风险性,所投领域的专业性,找到一位具有很强专业能力和眼光,又有较为丰富的投资经验和所投领域的专业知识,最好还能有较为丰富的社会资源和较强的风险承受能力,对于推动项目成功运行,尤为关键。在确定投资前,作为领投人,需要对项目进行估值,与众筹方协商投资条款,协助项目路演,对投资决定的作出具有很大的影响。跟投人也是投资人,但是通常情况下,跟投人不参与项目的重大决策,不参与经营管理,其参与项目的主要方式是通过投资取得投资回报。对于两种不同身份的投资人之间,二者还是会设置定期交流机制,或者由领投人定期向其他跟投人进行工作进展、投资情况、项目发展现状等相关情况的汇报工作。

3. 框架性投资协议的签订

做完上述工作后,就可以签署框架性投资协议了,框架性投资协议是确定投资人与众筹方权利义务的法律文件,是双方合作的战略协议,对主要条款都进行了约定,也是整个众筹项目后续推进的基本依据。纵观整个投资协议,双方最为关注的就是投资事宜和公司控制管理事宜,需要合作双方的谈判协商。投资事宜方面,又属确定投资项目的估值,投资项目能够出具的股份数额最为重要;管理事宜方面,获取董事会席位,设定公司管理模式最为重要。大多数的投资协议,主要条款均围绕此两点展开。具体来说,投资事宜中的关键点包括资金的注入方式,资金的到账时间,首轮资金和后续资金的注入周期,股权转让事宜等。同样的,公司管理事宜包括公司经营目标的确认,公司主要事项的工商变更登记,同业竞业禁止等。❶

(二)股权众筹投资实务操作中应当注意的法律问题

投资框架性协议的签订,意味着投资方和股权众筹方基本达成了合作意向,此时,作为领投人的投资者应当与众多的跟投人协商设立有限合伙企业,以有限合伙企业对众筹项目进行投资。有限合伙企业的成立意味着最终将投资者的身份确定下来,而对众筹项目而言,意义在于有了与之谈判的法律主体,如果前期只是与领投人进行的框架性意向协商,此时就应当是与全体投资人的具体法律条款谈判,因此,签订具体投资协议就是确定双方最终权利义务关系。在设立有限合伙企业和签订投资协议之后,合作双方还应当为股权众筹项目新设立公司或变更工商登记。

1. 设立有限合伙企业

投资者们以股权众筹的项目为投资目标设立有限合伙企业,在设立有限合伙企业之前,签订有限合伙协议。其中规定合伙企业设立目的及经营范围,限定有限合伙企业中普通合伙人、有限合伙人的权利义务,合伙企业的投资方式和资金监管方式。目前大多数的股权众筹平台均会为投资者提供一套设立有限合伙企业的协议范本。

股权众筹的初衷是为了更好地服务中小微企业,股权众筹的融资主体大多还只是处于初创阶段,投资者中小主体也不少。股权众筹面对的是不特定对象,但还是有可能触及200人的法律红线问题。为了依法惩治非法吸收公众存款、集资诈骗等非法集资犯罪活动,2011年1月4日起生效的《最高人民法院关于审理非法集资刑事案件具体应用法律若干问题的解释》第一条即规定:违反国家金融管理法律规定,向社会公众(包括单位和个人)吸收资金的行为,同时具备未经有关部门依

---

❶鉴于该阶段的协议仅作为股权众筹投资的框架性投资,有人主张简洁仅列明主要条款,简单易懂,避免过多的法律术语掺杂其中,笔者认为此举有利于促进合作,因此仅将协议中不可或缺的条款列出,实际操作可结合实际需要选择版本。

法批准或者借用合法经营的形式吸收资金;通过媒体、推介会、传单、手机短信等途径向社会公开宣传;承诺在一定期限内以货币、实物、股权等方式还本付息或者给付回报;向社会公众即社会不特定对象吸收资金条件的,除刑法另有规定的以外,应当认定为《刑法》第176条规定的非法吸收公众存款或者变相吸收公众存款。未向社会公开宣传,在亲友或者单位内部针对特定对象吸收资金的,不属于非法吸收或者变相吸收公众存款。

同时,《证券法》第10条也规定:公开发行证券,必须符合法律、行政法规规定的条件,并依法报经国务院证券监督管理机构或者国务院授权的部门核准;未经依法核准,任何单位和个人不得公开发行证券。有下列情形之一的,为公开发行:向不特定对象发行证券的;向特定对象发行证券累计超过200人的;法律、行政法规规定的其他发行行为。非公开发行证券,不得采用广告、公开劝诱和变相公开方式。

此外,2006年12月国务院发布《关于严厉打击非法发行股票和非法经营证券业务有关问题的通知》(国办发〔2006〕99号)对于非公开发行股票的某些行为作出了限制:向特定对象发行股票后股东累计不超过200人的,为非公开发行,非公开发行股票及其股权转让,不得采取广告、公告、广播、电话、传真、信函、推介会、说明会、网络、短信、公开劝诱等公开方式或变相公开方式向社会公众发行;严禁任何公司股东自行或委托他们以公开方式向社会公众转让股票;向特定对象转让股票,未依法报经证监会核准的,转让后,公司股东累计不得超过200人。

为了规避可能面临的法律风险,避免股权众筹中的"不特定问题"和"投资人数的红线问题"。投资者采取的方式之一是不特定对象通过委托特定对象股份代持的方式对外进行投资,将"不特定性"转化成"特定性",[1]但即使是采取股份代持的方式,"特定与不特定也始终是一个似是而非的概念"。[2]更何况,即使是达到了化解"不特定性"难题,投资者的部分风险还是无法规避。例如在代持人以股权对外发生纠纷时,投资者的合法权益如何保护? 在名义持股人不配合实际投资人时该如何限制名义持股人? 名义投资人违背实际投资人的真实想法,导致投资损失该如何保障实际投资人利益等? 鉴于股份代持问题对于股权众筹的投资者来说敏感,也属于投资人关心关注的重点,笔者就以股份代持中常见的几个问题及法律适用进行解释说明。

(1)如何体现实际投资人的股东身份。虽然《关于适用〈公司法〉若干问题的规定(三)》肯定了股权代持的法律效力,但是股权众筹中的股份代持比一般的投资股份代持更为隐蔽,实际投资人是通过显名投资人将资金投入到有限合伙企业,再通过有限合伙企业将资金投入到股权众筹项目中,在整个投资过程中,实际投资人均没有被实际载明在权利文书中。那么该如何体现或者保护实际投资人的权益呢,作为律师,当遇到你的客户是实际投资人此类问题的,就应当给出合理的建议。首先,还是应当及时签订股份代持协议,作为证明实际投资人的权益证明,股权代持协议的内容应当还是可以得到法律的支持,《最高人民法院关于适用〈中华人民共和国公司法〉若干问题的规定(三)》[以下简称《公司法司法解释(三)》]肯定了股份代持的法律效力;其次,在无法对股权众筹项目产生实际影响时,应当对有限合伙企业的决策设置适当的建议权,例如参照上市公司的公示制

---

❶杨东、苏伦嘎:《股权众筹平台的运营模式及风险防范》,原载于《国家检察官学院学报》,2014年7月,第4期。

❷李有星、范俊浩:《非法集资中的不特定对象标准探析——证券私募视角的全新解读》,原载于《浙江大学学报(人文社会科学版)》,2011年第5期。

度,有限合伙企业的投资信息也可以对各个实际投资者公开,同时,约定企业在达到一定期限或者条件后有分红权。

(2)第三人以名义股东代持的股权作为执行对象。由于股份代持协议只在名义持股人和实际持股人之间有效,实际投资人对外并不能以此对抗第三人。因此在实际投资人的股权被第三人采取强制执行措施后,就应当及时向名义投资人进行追偿并要求承担相应的责任。在名义投资人不予以配合的情况下,还应当就其行为采取其他的救济措施,比如下面第三点中提到的通过起诉的方式向法院起诉。

(3)名义股东对外作出不利于实际股东的决定。一般而言,隐名持股一般是实际投资人委托他人代为持股,该委托的行为应当是基于信任和一定的合作基础,但并不能排除两者会发生争议,名义持股人损害实际投资人利益的可能。出现这种情况是最为棘手的问题,更多地应当是在纠纷发生之前就做好相应的对策。此对策就是应当将隐名持股的股份进行股权质押,只有通过这种方式,才能有效规避名义持股人对实际投资人权益的损害。在发生争议的情况下,投资人应当通过法院诉讼及时维护自己的合法权益。

2. 签订具体投资协议

具体投资协议是股权众筹项目中最核心的交易文件,包含了前期框架性协议的主要条款,是确定投资人与众筹方主要权利义务的最终法律文本。因此涉及的内容从公司的设立到股权的变更到争议的解决均出现在本协议中。投资协议的内容根据具体的众筹项目而不同,但是其中关乎投资者重大利益的几个重要法律问题还是需要予以探讨。

(1)反稀释条款(anti-dilution)。

反稀释条款,也称反股权摊薄条款,是指目标公司在进行后续融资或定向增发过程中,投资人避免自己的股份贬值或份额被过分稀释而采取的措施。作为保护投资者的重要条款,反稀释条款可以在投资者与众筹项目方的投资协议中写明,也可以列明在项目公司的章程中。通常,反稀释条款的类型分为两类:一类是为防止股权结构上股份比例被稀释,另一类是防止在后续融资过程中股份价值被稀释。前者的反稀释条款在于设计原有持股的转换权和优先购买权,后者的反稀释条款在于设计降价融资时的转换价格。

转换权条款指的是当项目公司发生股份分拆、股份合并等股权重组的情况时,对投资者先前持有的优先股股权按照初始转换比例1:1进行重新配比。比较常见易懂的例子是投资人按照2元/股的方式买进股份200万股,初始转换价格为2元/股,后公司按照每1股拆分为4股的方式进行股份拆分,此时的转换价为0.5元/股,那么此时投资者应当持有的股份数应当为800万股。

优先购买权条款指的是投资人有权在公司发行权益证券的时候,按照其持股比例再购买相应数量的股份。这类例子也有很简单的版本:投资人按照2元/股的单价,以200万元的总价入股项目公司,持股比例为10%,后公司决定还是按照2元股的价格新发行800万股,此时投资人按照持股比例拥有优先购买权的股份为80万股。

转换价格条款是在公司后续以更低的价格对外定向发行股份时,转换价格就会比初始购买价低,投资者的优先股能够转换成更多普通股。按照保护投资者的程度不同,优先股的转换价格保护可分为"完全棘轮条款"下的调整和"平均加权条款"下的调整两种方式。

完全棘轮条款(ratchet based anti-dilution)的特点是:当企业发行新的股份时,投资者能够获得相当数量的免费股票,从而可以将他购买股份的每股平均价格摊薄至与新投资者购买股份的价格一致。例如首轮投资人在首轮融资时融资 200 万,按照 2 元/股的初始价格取得 100 万股的股份,由于公司发展不如预想中那么好,后续融资时,将优先股的发行价确定为 1 元/股,那么此时首轮投资人的持股数就不应当是原来的 100 万股,而是 200 万股。虽然完全棘轮条款能够最大限度保护首轮投资者的利益,但由于棘轮条款将公司经营不善的风险全部转嫁给创业者来承担,因此实践中适用的时候大多数都是对棘轮条款进行限制性约定或者进行改造修正。例如设定适用时限,在次轮首次融资时才适用,在本轮投资后的 1 年的时限内适用,适用部分棘轮条款(半棘轮或三分之二棘轮),等等。

加权平均条款(weighted average anti-dilution)指的是后续发行股份的价格低于先前次轮融资的转换价格时,先前投资人融资时约定的转换价格和后续融资发行价格的加权平均值作为调整依据,即意味着对首轮优先股确定转换价格时不但要考虑低价发行的股价,也要考虑其发行的股份数量(权重)。加权平均条款一般是以公式形式进行表述:(NCP)=OCP(OB+×)/OA,其中 NCP 指的是新转换价格;OCP 指的是新股发行前已发行股的有效转换价格;OB 指的是新发行前在外普通股总数已发行、已发行可转换证券在转换时可发行的普通股总数以及发行在外的期权行权时可发行的普通股总数三者之和;×指的是拟新发行股份相应获得的总对价按照本次发行前现时有效的转换价格计算出的应发行的股份数量;OA=新股发行后全部普通股总数、可转换证券转换时可发行的普通股总数以及发行在外期权行权时可发行的普通股总数三者之和。例如,目标公司已有普通股 800 万股,首轮融资 400 万,按照 2 元/股的初始价格发行优先股 200 万股,次轮融资 200 万元,按照 1 元/股发行 200 万股。则其中 OCP=2 元,OB=800 万股+200 万股=1000 万股,×=200/2=100 万股,OA=800 万股 + 200 万股 + 200 万股 = 1200 万股,则 NCP=2 元(1000 万股+100 万股)/1200 万股=1.8333 元/股。此时投资人可获得的行权股为 400 万/1.833 3=218.1857 万股。由于这里的加权平均将 OB 和 OA 的范围扩大至可转换证券转换时和发行在外期权行权时可发行的普通股数额,因此,被称为"广义"加权平均调整规则。如果将 OB 限于新发行前发行在外普通股总数,并将 OA 限于新发行后发行在外普通股总数,则为"狭义"加权平均调整规则,这种情况下,OB=800 万股,OA=800 万股 + 200 万股 = 1000 万股,此时 NCP=2 元(800 万股 + 100 万股)/1000 万股 = 1.8 元/股。明显可以看出,当适用"狭义"时,更有利于投资者,因为没有把普通股、期权、可转换证券计算在内时,转换价格会被压得更低。

综上所述,投资人在进行投资谈判博弈,设计反稀释条款时,最佳的策略是争取完全棘轮条款,次之是狭义加权平均条款,再次之是广义加权平均条款。当然,对于项目公司而言,则反之。

(2)股份回购及转让。

股份回购是指公司通过一定途径将已发行在外的股份重新购回的行为。我国立法对于股权回购的态度基本是"原则禁止,例外许可"。根据《公司法》第 142 条的规定:公司不得收购本公司股份。但是有以下情形之一的除外:减少公司注册资本;与持有本公司股份的其他公司合并;将股份奖励给本公司职工;股东因对股东大会作出的公司合并、分立决议持异议,要求公司收购其股份的。

因此,对于投资人股份的回购,公司应当谨慎,只有当公司出现了上述四种情形时才能设施股份回购行动。并且由于回购的法律规范仅有原则性规定,并没有具体的操作规则,程序是保证股份回购顺利进行的关键。对于投资者和公司而言,应当注意以下法律问题:股份回购的行为应当保证其有效性,如果违反法律、行政法规的强制性规定将被视为无效;股份回购应当经过股东大会同意,并且再回购之后一定期限内应当予以转让或注销;回购的股份不能超过本公司已发行股份总额的5%,等等。●

股份转让是将股份转让给公司内部其他股东或者将股份转让给公司以外的第三人。根据《公司法》第137条的规定:股东持有的股份可以依法转让。第138条规定:股东转让其股份,应当在依法设立的证券交易场所进行或者按照国务院规定的其他方式进行。作为确定投资者股份被回购的法律文件,最常见的法律文本是《股权转让协议》,该类协议是双方权利义务的集中表达,协议中的法律条款设计应当审慎严谨。作为股权转让协议的审查律师,主要应当关注以下几点:

首先,签订股权转让协议之前,双方均应当对交易对手进行资质审查,受让方更需要明晰股权结构,了解交易股权的相关信息,以确定是否存在瑕疵。签订合同的主体是否适格,即是否拥有对外签署转让协议的相关权限,由于在股权众筹的项目当中,有相当的股份是通过股份代持的方式存在,为了避免协议达成后产生不必要的争执,应当明确股份转让交易的实际拥有人。应注意所受让的股权是否存在出资不实的瑕疵,即非货币财产的实际价额显著低于认缴出资额;股权是否存在出资不到位的瑕疵,即股东未按时足额缴纳出资;所受让的股权是否存在股权出质的情形。

其次,受让人应当对受让股权所在公司的相关信息进行考察。包括企业的股份构成情况,企业的生产经营情况,生产活动是否正常,企业的财务状况、纳税状况是否正常。

最后,股权转让协议应要求合同向对方作出一定的承诺与保证。受让方要求出让方作出的承诺与保证应当主要集中于转让股权无权利瑕疵,从出让主体到交易标的均符合相关法律要求,所做表述均为真实表达等。出让方要求受让方作出的承诺主要集中于交易主体的合法有效,交易价款的按时支付,交易手续的及时办理等。

当然还存在着其他条款,根据实际交易对象的不同,交易主体考虑的风险点不同,条款设计也会根据实际情况发生变化,这就需要协议起草者自己审查了,例如投资资金如何汇入,汇入资金的存放方式、监管方式等。

(3)投资者的退出。

股权众筹项目中,投资者一般会设置退出条款。对于投资者来说,只有完成了有效的退出才能将初创企业所带来的账面增值转为投资人的实际收益,才算完成投资的阶段性任务。鉴于投资者的退出机制至关重要,笔者接下来将会详细论述。

● 关于股份回购的法律规范可参见证监会2014年修订的《上市公司章程指引》第24~26条。

3. 注册或者注资新公司

投资者的投资完成后,投资资本在法律上已经取得了公司的股权。若众筹项目没有公司,则是以投资者的有限合伙企业作为股东之一进行公司的新设活动,若众筹项目原来已有公司,则直接进行增资,并办理工商变更登记。无论是新注册还是在原有公司的基础上进行增资,公司章程的制定尤为关键,乃是因为章程是规范企业管理,确定各方双方权利义务的依据。

以注资为例,首先双方应当就增资意向达成一致,接着在公司取得由股东会表决通过关于增资的股东会决议。根据股东会决议,对章程进行补充修正,在对公司的资产和拟增长的资产进行评估后,聘请验资机构出具验资证明,随后履行公司章程、股东、注册资金、税务等的变更登记手续。

在注资或者注册新公司完成后,投资者理所当然地成为了项目公司的股东,还有可能在项目公司的公司管理岗位还拥有表决权。这时的投资者介入的原因和好处在于其能够充分发挥投资人特别是领投人的丰富经验、专业水平以及相关社会资源帮助项目公司完成项目的产业升级。这些好处包括但不限于对公司的发展战略及产品进行定位辅导,帮助企业的财务及法务确定业务重点,对企业的业务发展进行拓展运作等。

(三)股权众筹投资者退出投资的相关法律问题

股权众筹项目中,前景良好的项目投资者会一直持有该项目的股份,期待初创企业发展壮大,以期能够将投资利益最大化。但有时投资者也会选择在合适的时机退出,投资者的最终目的并不是为了获得所投项目的经营控制权,而是为了让股权获得增值,顺利退出获得高额利润。选择投资退出的时机不宜过早或过迟,过早可能使股权投资方失去目标企业价值高速增长带来的丰厚回报,过晚可能使股权投资方蒙受资金机会成本增加带来的损失。[1]较之于退出时机,股权众筹投资的退出方式更为重要,没有科学合理的退出机制,股权众筹投资就无法实现资本增值的良性循环。所以在投资者看来,股权投资的退出环节才是整个股权众筹的核心。

总的说来,选择退出的方式共有以下四种:公开上市(initial public offering IPO)、并购(merger and acquisition,M&A)、回购(shares buy back)、清算(write - off)。

上市是指企业首次通过在公开市场上发行股票募集资金并上市交易。通过上市退出,股权投资者可以在众筹项目上市后,逐步转让自己所持有的股份,以实现退出并增值。通过公开上市的方式退出,既可能使得股权投资者获得丰厚的回报,也是市场对项目运作者的肯定,无形之中也是为项目做了一次推广宣传,或许还能够为项目后续发展引入新的投资者。但是作为项目公司上市的策划者和推动者,无论是投资人还是律师也应当考虑到上市过程中可能遇到的阻碍。首先,应当考察选择上市的时间和上市的资本市场,由于资本市场股票的价格瞬息万变,创业型企业的上市不能

---

[1] 赵吟:《论我国公司型私募股权投资基金的退出机制》,《上海金融》,2013年第1期。

陷入漫长的审批等待,应当优先选择上市条件相对简单且适合初创企业的板块。❶从股权众筹投资的项目公司属性来看,更多的企业会选择通过新三版进行上市。新三板要求的上市程序相对简单,❷不像主板市场那么严苛,可以节省很多审批时间,可以最快速度让投资者的权益在资本市场增值变现。作为辅导企业新三板上市的律师团队可以从一开始就着手介入,从审查是否符合新三板上市公司要求到签订推荐挂牌报价协议,配合主办报价券商尽职调查到向主管机关报备审查等,但鉴于本文篇幅有限,笔者将在其他文章中继续论述相关的法律实务。

并购是指投资者将手中持有的股份出售给其他投资者。在股份并购市场上,潜在的购买者相对固定,相对于上市,双方需要支付的成本也并不是太高,由于是买卖双方的一对一谈判,成功的效率会大大提高。如此,对具有并购意向的双方来说,从一开始的并购谈判到后期并购协议的起草就会因为双方会认真准备而显得严肃郑重。需要指出的是,如果选择并购退出,目标企业的管理层为了保有企业控制权可能会对并购持反对意见,因此为了照顾到这种特殊情况,可以在签订股权众筹协议时就相应的激励机制作出约定,也可以在并购协议中约定将部分收购款用于补偿管理层,以便于首轮投资人的顺利退出。❸

在我国目前的法律语境下,股份回购的含义与股份转让的含义不同,转让是投资者将股份转让给除公司外的第三者,可以是其他股东,也可以是管理层,还有可能是公司外第三人,而回购指的是公司通过一定途径将已发行在外的股份重新购回的行为。鉴于笔者在前文对股权的回购与转让有过分析论述,在此就不再赘笔。

清算是投资者最不愿意看到的方式,只有在股权众筹的项目面临失败,发展前景堪忧的情况下才不得已而为之。但是对于股权众筹来说,高收益也意味着高风险,大多数的投资项目都有可能面临最后清算的局面。我国《公司法》第十章对公司解散的事由和清算的基本程序进行了基本规定,使得投资人通过清算程序退出成为可能。

以上四种均为股权众筹中投资者可选择的退出方式。

通过对股权众筹实务操作典型法律问题的分析,投资者能够清楚判断自身与众筹平台、众筹融资者三者之间的法律关系,能够识别操作中主要的法律问题,进而更好地与融资者进行谈判,设置权益条款、管理权责条款、退出方式条款,等等。目前,国内对于明确股权众筹三方法律关系,对股权众筹操作起到指导作用的规范仅为证券业协会2014年12月发布的《股权众筹融资管理办法(试

---

❶目前国内主要有四种首次上市的资本市场:主板、中小板、创业板和新三板。这几个资本市场本身也是存在层次机构的,主板主要是为大型、成熟企业提供股权融资和转让服务,目前国内提供服务的是上交所和深交所;中小板主要为传统行业中小企业提供股权融资与转让服务,目前国内提供服务的是深交所;创业板主要为"二高六新"类企业提供股权融资和转让服务,目前国内提供服务的是深交所;新三板也称全国中小企业股份转让系统,主要为解决初创企业高技术企业股份转让及融资服务,是依据证券法设立的全国性证券交易场所,也是继上海证券交易所、深圳证券交易所之后第三家全国性证券交易场所。

❷①依法设立且存续满两年,有限责任公司按原账面净资产值折股整体变更为股份有限公司的,存续时间可以从有限责任公司成立之日起计算;②业务明确,具有持续经营能力;③公司治理机制健全,合法规范经营;④股权明晰,股票发行和转让行为合法合规;⑤主办券商推荐并持续督导;⑥全国股份转让系统公司要求的其他条件。

❸赵吟:《论我国公司型私募股权投资基金的退出机制》,《上海金融》,2013年第1期。

行)(征求意见稿)》,因此笔者认为接下来有必要对该份管理办法进行法律解读。

四、投资人视角下《股权众筹融资管理办法(试行)(征求意见稿)》的法律解读

为拓展中小微企业直接融资渠道,促进创新创业和互联网金融健康发展,提升资本市场服务实体经济的能力,保护投资者合法权益,2014 年 12 月 18 日,中国证券业协会●公布《股权众筹融资管理办法(试行)(征求意见稿)》(以下简称"管理办法"),该管理办法就关于股权众筹一系列问题进行了初步界定。作为到目前为止,尚算半官方机构发布的唯一一部关于股权众筹的指导性规范,共 7 章 29 条,大致将股权众筹的发行性质、股权众筹平台的定位,如何保护投资者、融资者的合法权益等作出了明确规定。虽然纵观整部管理办法,更应该说它是针对股权众筹平台的管理办法,但是其开篇明义,宗旨之一就是为了保护投资者合法权益。那么在法律实务中,该办法具体能够为保护投资人起到什么作用。笔者就结合管理办法中的相关规定,试着从保护投资者的角度进行一下解读。

(一)关于众筹平台的法律地位

虽然管理办法是由中国证券业协会(Securities Association of China, SAC)发布,但同新三板一样,股权众筹的相关平台也是隶属于中国证券业协会管辖,因此,还是具有一定的权威性。管理办法将股权众筹平台界定为"通过互联网平台为股权众筹投融资双方提供信息发布、需求对接、协助资金划转等相关服务的中介机构",法律地位实际同律师事务所、会计师事务所一样,律师事务所提供的是法律服务,会计师事务所提供的是会计服务,而股权众筹平台提供的是金融服务,做得最多的是信息流的集散。2015 年 7 月 18 日,中国人民银行等十部委发布《关于促进互联网金融健康发展的指导意见》,明确了股权众筹的业务监管主体是证监会,并且规定股权众筹融资必须通过股权众筹融资中介机构平台进行。为了保护投资者,管理办法赋予了股权众筹平台相当大的权责,审核投融资双方身份信息真实性既是权利,也是加大了股权众筹平台的实际义务,例如管理办法的第八条规定:股权众筹平台应当对投融资双方进行实名认证,对用户信息的真实性进行必要审核;对融资项目的合法性进行必要审核;采取措施防范欺诈行为,发现欺诈行为或其他损害投资者利益的情形,及时公告并终止相关众筹活动,等等❷。在浙江地区,比较有代表的股权众筹平台就是"浙里融",作为浙江股权交易中心旗下的股权众筹平台,与其他的平台相比具有以下优势:第一,平台有较强的公信力,浙江股权交易中心目前是浙江省内唯一的区域性股权交易市场;第二,后台运营系统也较为成熟,包括股权交易、权益托管、资金三方存管、募集资金账户专用等制度设计较为合理;第三,股权众筹平台对项目评审、信息披露、投资者保护等方面做得较为完备。

---

❶中国证券业协会是依据《中华人民共和国证券法》和《社会团体登记管理条例》的有关规定设立的证券业自律性组织,属于非营利性社会团体法人,接受中国证监会和国家民政部的业务指导和监督管理。

❷《私募股权众筹融资管理办法(意见稿)》第 8 条【平台职责】股权众筹平台应当履行下列职责:对投融资双方进行实名认证,对用户信息的真实性进行必要审核;对融资项目的合法性进行必要审核;采取措施防范欺诈行为,发现欺诈行为或其他损害投资者利益的情形,及时公告并终止相关众筹活动。

（二）关于融资者的规定

办法的第11条,第13条分别对股权众筹融资者的范围进行了界定。其中融资者应当为中小微企业或其发起人,并且应当保证向股权众筹平台发布的消息的真实性、合法性。同时,规定融资者不得有下列行为:……向投资者承诺投资本金不受损失或者承诺最低收益。此条规定实际上就是将股权众筹与涉嫌非法集资的刑事犯罪分开。如果"承诺在一定期限内以货币、实物、股权等方式还本付息或者给付回报"就会被定性为《刑法》第176条规定的"非法吸收公众存款或者变相吸收公众存款"。

不过在此应当特别注意的是:如果投资者与项目公司的发起人股东约定的"对赌条款"❶并不必然视为无效。最高人民法院(2012)民提字第11号甘肃世恒有色资源再利用公司、香港迪亚有限公司与苏州工业园区海富投资有限公司、陆波增资纠纷一案的民事判决中,就明确投资者与目标公司股东之间以货币补偿形式的对赌协议约定合法。❷

同时,融资者不能欺诈发行股权众筹,以骗取资金为目的。欺诈发行,既包括股权众筹方单方面的欺诈,也包括众筹方与众筹平台,甚至是与领投人共谋的欺诈发行。如何消灭投资中的欺诈,既要有制度设计上的考量,尽量让项目投资做到公开透明,让"太阳底下无新鲜事"这一原则适用于投资项目,还要投资人综合考量,自己把控项目风险。

（三）关于投资者的规定

《股权众筹融资管理办法(试行)(征求意见稿)》中对于合格投资者的规定较为严格,例如净资产不低于1 000万元的单位,或者是金融资产不低于300万元或最近3年个人年均收入不低于50万元的个人。上述个人除能提供相应财产、收入证明外,还应当能辨识、判断和承担相应投资风险。❸通读办法对投资者的规定,不难发现,限定投资者主要是通过考察投资者得"资质实力"和"资金实力"两方面。对于办法中的这个规定,很多人认为规定的要求过高,但是笔者认为这恰恰是为了保护投资人而规定的条件。不同于其他众筹,股权众筹涉及的企业大多数属于初创企业,企业发展具有极大的不稳定性,项目失败的风险很大,如果将投资的门槛设置得过低,允许没有任何投资经验的民众广泛加入股权众筹,在没有抵御项目失败的心理准备的情况下,股权众筹发展的稳定性势必会令人担忧。要求投资人应当有必需的投资经验和设定相对高的投资门槛,实际上是为了保护广大的投资人。

投资者在进行投资的过程中,应当充分意识到投资的风险性,自身应当具备评估风险的基本能力,除了投资风险,投资人在投资的过程中也应当注意自身的法律风险。

首先,由于平台的法律地位仅仅是作为提供投融资信息的第三方中介,虽然平台对于股权众筹

---

❶对赌协议,又称估值调整协议,行业通常定义是指投资方在达成协议时,各方对于未来不确定情况的一种约定。

❷具体裁判文书详见:中国裁判文书网http://www.court.gov.cn/zgcpwsw/zgrmfy/ms/201311/t20131120_168924.htm。

❸第十四条【投资者范围】私募股权众筹融资的投资者是指符合下列条件之一的单位或个人:净资产不低于1000万元人民币的单位;金融资产不低于300万元人民币或最近三年个人年均收入不低于50万元人民币的个人。上述个人除能提供相关财产、收入证明外,还应当能辨识、判断和承担相应投资风险。

项目的真实性、合法性负有审核，并对外公开的责任，而且平台应当在证券业协会备案登记，申请成为证券业协会会员，但是股权众筹平台的备案登记并不能构成对股权众筹平台对客户资金安全的保证❶。

这就意味着，一旦投资者因为自身没有对平台资质进行仔细审查，导致投资流向了未经备案登记平台介绍的股权众筹项目，最后因为项目投资失败，此时能否因为平台未经登记而导致通过平台所做的法律行为无效呢？从目前法律上说，这种情况下的投资损失责任并不能归结于股权众筹平台，因为透过股权众筹项目，背后最终确认双方权利义务的均为一系列合同。根据我国关于无效合同的法律规定，只有符合《合同法》第52条规定的情形合同才属无效，在管理办法中，股权众筹平台的备案登记规定在法律上属于行业的指导性规定，并非规范性法律文件，更没有达到导致法律行为无效的法律、行政法规的级别。在这种情况下，即使平台没有经过备案，签订的系列合同在法律上依然是有效的，因此，投资者自身应当认识到潜在的法律风险，在进行投资时，不仅仅需要对拟投资的项目进行尽调审查，还应当对投资平台进行考察。实际上，这些风险如何进行规避，在前面的投资审查中笔者有些已经进行了详细表述。

其次，股权众筹主要的投资模式还是以"领投人 + 跟投人"的形式进行，因为领投人往往是对项目最先投资，甚至有可能是最大的投资人，领投人的话语权会很大，对整个项目的运行起到绝对的主导作用。这其中由于跟投人并不直接参与到项目的操作中来，很多跟投人甚至对项目的可行性、发展性、营利性等一些要素都不清楚，明显产生信息不对称，如果当领投人与股权众筹方存在利益关联或其他关联关系，达成有损于跟投人利益的决定，此时就是一种合同欺诈，但是因为项目操作中，这部分缺乏相应的监督机制或者项目运作的透明度，很多不利于跟投人决定的作出具有相当大的隐蔽性，跟投人并没有办法避免，往往最后只能以投资失败结束。这种情况下，首先，领投人与跟投人之间应当从一开始就约定定期的约谈、汇报制度，以期能够最大限度降低跟投人的投资风险。其次，借用投资界的一句名言：选择投资最好还是选择自己熟悉的行业。

同时，投资者在利用平台进行交易的过程中，应当注意平台的禁止性行为：包括对众筹项目提供对外担保或进行股权代持❷。

总体来说，管理办法以规范互联网金融，防范金融风险，保护投资人利益为宗旨，设置了一系列条款，明确了投资者、融资者、众筹平台三方的法律地位，限定了投资者、融资者的准入门槛，规定了众筹平台的主要权责、禁止行为等，可以说是对股权众筹的实务操作提出了一系列的规范指引。对股权众筹的发展来说，具有里程碑式的意义，是法律层面对股权股权众筹融资模式的肯定。不过，管理办法公布后，众多众筹行业人士认为管理办法在实务操作中还是会遭遇法理尴尬：首先，管理办法并没有突破面对不特定对象募集红线的问题，在互联互通的互联网环境下，如何做到众筹项目不面对广大民众，如何解决不特定性对象问题始终是个难题。其次，还是没有突破200人的红

---

❶《管理办法》第六条【备案登记】股权众筹平台应当在证券业协会备案登记，并申请成为证券业协会会员。证券业协会为股权众筹平台办理备案登记不构成对股权众筹平台内控水平、持续合规情况的认可，不作为对客户资金安全的保证。

❷《私募股权众筹融资管理办法（意见稿）》第九条【禁止行为】股权众筹平台不得有下列行为：对众筹项目提供对外担保或进行股权代持；兼营个体网络借贷（即P2P网络借贷）或网络小额贷款业务。

线问题,最终股权众筹的上限股东人数依然为200。再次,对于投资人的门槛设置过高,无法体现众筹的法律含义,也无法取得普惠式金融的效果。因此,管理办法的规范效果,还是需要在实践中检验。不过鉴于管理办法将拟规范的范围已经作出了限定——私募股权众筹,也是本着谨慎的态度对待新兴事务,所以并不排除日后条件成熟的时候,监管机构会适时出台公募版股权众筹管理办法,也不排除在积累了一定市场实战经验后,设定更为宽松的准入制度,更为合理的监管制度,实际上,目前关于证券法的修订工作也在紧锣密鼓地进行。

五、结语

在刚刚结束的2015浙江金融创新高峰论坛上,发布了"浙江十佳互联网金融创新企业""浙江十佳金融创新企业"和"浙江十大金融集聚区"三大榜单[1]。该榜单显示了目前浙江互联网金融发展的基本业态,透过榜单,一方面可以发现浙江作为互联网金融创业创新最活跃的地区,近年来涌现出很多优秀的金融创新的杰出代表,新时代浙江人所拥有的改革创新精神势头依然强劲。另一方面,涌现出如此多的金融创新企业,从侧面也可以了解到浙江人鼓励、支持互联网金融创新的热情。浙江省、杭州、宁波、温州等地区连续出台扶持金融创新的政策,期待借助互联网金融发动社会资本进而推动实体经济发展。作为实务界的律师,也希望在金融改革实务中,能够发挥更加积极的作用,推动普惠式金融的发展。

---

[1] 原题目为《"互联网＋金融"2015浙江金融创新风云榜发布》。http://biz.zjol.com.cn/system/2015/05/11/020644828.shtml,最后访问于2015年5月18日。

第三编　海事海商案例解析与法理研究

第十四章　海事海商诉讼案例解析

43　四份船舶预付款保函牵出的五亿大案

——HR金融租赁公司与JS银行舟山定海支行海事请求担保纠纷案解析

徐建民　杨黎萍

案　　由: 海事请求担保纠纷

当事人姓名或名称:

原　　告: HR金融租赁公司

被　　告: JS银行舟山定海支行

承办律师: 徐建民、杨黎萍

裁判部门: 宁波海事法院、浙江省高级人民法院

案　　号: (2015)甬海法商初字996、1269、1081、1268号;(2016)浙民终357、453、455、452号

引　言

在经历航运市场从2008年全民造船的疯狂到2009年断崖式回落,再到10年之后长期的周期性震荡与低迷后,一大批船企纷纷倒下,曾作为舟山当地龙头的浙江ZH造船公司也在2015年6月30日被舟山市定海区人民法院裁定进行破产重整。当时ZH造船公司尚有几十份造船合同未履行完毕,但其资金链断裂无力续建下去,大部分船东已经支付的船舶预付款面临被作为普通破产债权按比例分配的不利局面。在当地政府的协调下,有些船东选择继续注入资金以使ZH造船公司恢复部分船舶建造,但能否按约建成交付,风险依然巨大,并且迟延交船引起的船价下跌亦是不可弥补

的损失。在此情况下,通过引进国外的船舶预付款退保函获得赔付对船东来说可谓损失最小的一种救济方式,本案即为船舶建造人破产情形下向保函银行索赔的案例。

案情简介

HR金融租赁公司、HX船舶租赁公司、HH船舶租赁公司系三家为航运企业提供船舶融资与租赁服务的公司(以下简称"HR系公司")。2012年、2013年期间,HR金融租赁公司为履行与第三方公司之间的船舶融资租赁合同的需要,HX船舶租赁公司、HH船舶租赁公司为履行与第三方公司之间的船舶光租合同的需要,分别向ZH造船公司订购了四艘CCS级无限航区的67 000DWT散货船,根据在建工程编号分别称69号船、70号船、76号船和77号船。69号、70号船的造价均为22 400万元,76号、77号船的造价均为20 900万元。根据HR系公司与ZH造船公司签订的四份《船舶建造合同》约定,造船款根据造船进度分五期平均支付,前四期付款作为船舶预付款必须用于船舶的建造,不得挪作他用,且对该前四期付款,ZH造船公司须在HR系公司支付第一期造船款前提供由银行开具的船舶预付款退款保函,以担保在HR系公司依据合同条款解除合同时,ZH造船公司能履行向HR系公司退款的义务;如在交船前根据合同条款解除合同,ZH造船公司应在收到HR系公司发出的解除合同退款通知书后10个工作日内退还已付的全部船舶预付款,四艘船舶的交船日期分别为2015年1月×日、2015年2月×日、2015年3月×日,2015年4月×日。

四份《船舶建造合同》签订后,JS银行舟山定海支行根据ZH造船公司的申请,向HR系公司出具了四份《船舶预付款退款保函》,载明受益人为HR系公司,JS银行舟山定海支行自愿为ZH造船公司与HR系公司订立的船舶建造合同项下退还船舶预付款提供连带责任保证,最高限额分别为69号、70号、76号、77号船前四期预付款总额,且不超过ZH造船公司实际收到的造船款,保函有效期至交船日止,在保函有效期内,如ZH造船公司违反建造合同约定而未向HR系公司退还船舶预付款,JS银行舟山定海支行承诺在收到本保函原件及符合条件的索赔通知后30个工作日内付款。

收到上述四份《船舶预付款退款保函》后,HR系公司在2012年至2014年期间根据建造合同约定分别为69号、70号、76号、77号船向ZH造船公司支付了17 920万元、××万元、××万元、9 405万元,合计××万元。

但受航运市场持续回落的影响,ZH造船公司自2014年开始陷入经营困境,四艘船舶因资金缺口建造进度严重拖延,根本无法按期交付。经HR系公司多次交涉,相关各方在2014年和2015年两次签订船舶建造合同及保函补充协议,约定对ZH造船公司交船日期进行宽限,JS银行舟山定海支行同意继续为ZH造船公司退还造船预付款提供连带责任担保,保证期根据交船日期相应延长。2015年3月,ZH造船公司因资产不足以清偿全部债务,明显缺乏清偿能力,向舟山市定海区人民法院申请破产重整。定海法院于2015年6月30日裁定对ZH造船公司予以受理,并于2015年7月24日裁定ZH造船公司与其包括舟山百捷贸易有限公司在内的四家关联公司合并破产重整。当时,四艘船舶未能建造完工并已停止建造,不具备交付条件。

HR系公司委托建造的四艘67 000DWT船舶预付款金额高达5.5亿余元,ZH造船公司破产管理人希望HR系公司为ZH造船公司恢复生产和建造提供支持,继续投入资金续建船舶,但对HR系公司来说,续建风险并不可控,并且一再迟延交付的船舶市场价值大大缩水,续建并非基于商业利益考虑最佳的选择,但是如果选择解除船舶建造合同向JS银行舟山定海支行索赔,JS银行舟山定海支行必然联合ZH造船公司动用当地一切资源全力反击,那么HR系公司索赔全胜的可能性也难以预估。

办案过程

在几轮谈判陷入僵持状态后,面对越来越严峻的形势,HR系公司找到海泰所徐建民律师,委托徐建民律师带领的海事海商业务部对续建谈判或可能需要的诉讼提供全程法律服务。

据HR金融租赁公司披露,2011年前后与ZH造船公司及相关联公司具有多重业务合作关系,其中包括与ZH造船公司关联公司的两个债权转让关系:(1)2012年12月12日,HR金融租赁公司因船舶融资租赁合同关系对债务人海江公司及相关担保人享有的8 963 425.18元的债权,在强制执行过程中,与青岛宏基物资有限公司(以下简称"宏基公司")签订债权转让协议,将上述债权以8500万元价格转让给宏基公司。宏基公司于2012年年底将8 500万元债权转让款支付给HR金融租赁公司。(2)2013年12月17日,HR金融租赁公司与舟山市百捷贸易有限公司(以下简称"百捷公司")签订债权转让协议,将其因船舶融资租赁合同关系对债务人海宇公司及各担保人享有的7 999万元债权以6 360万元价格转让给百捷公司。百捷公司已于2013年年底将转让款支付给了HR金融租赁公司。但上述两份债权转让协议未通知债务人,在随后几年中,依然由HR金融租赁公司出面向债务人继续追索。JS银行舟山定海支行提出,上述两份债权转让协议系HR系公司与ZH造船公司恶意串通为以债权转让款名义抽回涉案船舶建造款目的而签订的,损害了担保人JS银行舟山定海支行的利益。2015年下半年,JS银行舟山定海支行发现HR系公司对船舶续建持消极谨慎态度后,开始频频采取试探性行动,包括以合同诈骗为由向公安经侦部门提起刑事控告,通过公安人员向有关人员先予取证,以及通过当地政府向HR系公司施加谈判压力等。

面对这一起争议标的金额特别巨大、刑民交叉、涉及多家关联企业、主债务人破产、当地政府极力维护地方企业的海事海商重大疑难案件,徐建民律师预感到这将是一场硬仗,战略、战术上的布置尤其重要,要全局把握,抓准时机,准确出击,各个击破,才能克敌制胜,最大限度维护当事人利益。在徐律师的带领下,海事海商团队从以下几个方面开展了具体的代理工作:

1. 参与续建谈判,为HR系公司利益据理力争,毫不退却

政府组织的续建谈判既是台面上的斡旋,也是互相探底的机会。徐建民律师接受委托后,代表当事人继续参与续建谈判,给当地政府一个正面的形象。在HR系公司在宁波海事法院就第一份保函先行于2015年9月28日起诉后,JS银行舟山定海支行同意赔付17 920万元作为69号船的预付款退还,对70号、76号、77号船的保证期间继续延长,具体续建方案为:分两个阶段实施四条船舶的续建工作,第一阶段为69号船舶建造合同解除,由JS银行舟山定海支行向HR系公司赔付17 920万元,再由HR系公司以21 280万元的总价向ZH造船公司购买69号船,69号船购船款专项用于69号船的恢复建造,如有剩余,则须专项用于后续70号、76号、77号船的恢复建造;第二阶段为70号、76号、77号船的恢复建造,HR系公司按照ZH造船公司破产管理人编制的续建进度计划分期支付

造船款,并同意根据破产管理人的要求提前支付相应造船款(包括节点款及交船款)。ZH造船公司法定代表人作为第一责任人,由其个人出资5 000万元专门用于船舶续建。

上述续建方案看似合理,由各方共同分摊ZH造船公司船款挪用导致资金缺口的损失,但是徐建民律师仔细分析,认为对HR系公司存在很大的现实风险:ZH造船公司已经破产,大大小小上千个债权人盯着船台上这几艘"半拉子"船舶,都期待着参与分配,如果HR系公司继续投入造船资金完成续建,其他债权人是否会采取法律外手段阻碍船舶交付? 对于69号船,JS银行舟山定海支行已经赔付17 920万元,也不同意延长保证期间至交船日,该船如不能交付,HR系公司后续投入的造船款如何保障返还? 对此,徐建民律师提出建造人破产情况下,船舶交付是最大的问题,JS银行舟山定海支行应当延续四份船舶预付款退款担保责任直至船舶实际交付之日,而HR系公司继续投入的造船款应由破产法院裁定作为破产共益债权,一旦船舶无法实际交付,则应全额退还而不是按比例受偿。徐建民律师在续建谈判会议上面对包括当地政府领导在内的各方代表人员,为HR系公司利益据理力争,毫不退却,并争取续建协议起草的主动权,将有利于HR系公司的续建条件均在协议中载明。最后JS银行舟山定海支行并未同意续建方案,当地政府也只能作罢。而谈判的同时,代理律师们的诉讼方案与诉讼前期工作均已悄悄开始。

2. 避开ZH造船公司相关诉讼破产法院集中管辖,单独起诉JS银行舟山定海支行,抢占诉讼先机,为确定宁波海事法院管辖权奠定基础

《船舶预付款退款保函》系为担保船舶建造合同下ZH造船公司按约向HR系公司退还船舶预付款的责任而出具的,应定性为海事请求担保合同。同时,保函载明JS银行舟山定海支行承担连带保证责任,则根据《担保法》第18条,债权人可以选择单独起诉保证人在其保证范围内承担保证责任。徐建民律师经研究案情,认为本案抓住海事海商纠纷的特性,在宁波海事法院抢先立案是突破破产法院地方保护的有效途径。在进行续建谈判同时,代理律师已经根据保函约定向ZH造船公司破产管理人、JS银行舟山定海支行分别发出解除通知和索赔通知,做好诉讼前期准备。临近第一份保函到期日,就于2015年9月28日将之诉诸宁波海事法院,宁波海事法院同日立案受理,随后到期的三份保函依次起诉立案。

JS银行舟山定海支行对HR系公司抢先立案的事实立即采取回应措施,即提出管辖权异议和以ZH造船公司、HR系公司为共同被告在破产法院提起了确认涉案保函无效的诉讼。JS银行舟山定海支行在管辖权异议申请书中提出,本案从有利于查清案件事实角度应追加ZH造船公司为共同被告,从而移送破产法院审理,并认为本案中《船舶预付款退款保函》为独立保函,不是主合同船舶建造合同的从合同,则作为普通民事担保应由被告所在地普通法院管辖。

事实上,《企业破产法》第21条规定:"人民法院受理破产申请后,有关债务人的民事诉讼,只能向受理破产申请的人民法院提起。"《企业破产法司法解释二》第47条第3款规定:"受理破产申请的人民法院,如对有关债务人的海事纠纷、专利纠纷、证券市场因虚假陈述引发的民事赔偿纠纷等案件不能行使管辖权的,可以依据《民事诉讼法》第37条的规定,由上级人民法院指定管辖。"由上述法条可见,破产法院集中管辖与海事法院专门管辖之间的冲突,并没有绝对的优先性,则哪家法院先予立案则成为上级法院衡量的主要因素。

对于JS银行舟山定海支行提出的管辖权异议一审和二审,海泰律师提出涉案保函属于海事请求担保,应由海事法院专门管辖,在法律规定可以单独起诉连带责任担保人的情况下,本案并非必须追加ZH造船公司,在宁波海事法院已经先予立案的情况下,完全可以依据原被告双方举证责任规则来查清案件事实,被告提出由当地普通法院管辖系为行使地方保护主义之便。宁波海事法院、浙江省高级人民法院均采纳了海泰律师的观点,对管辖权异议予以驳回。

在得知JS银行舟山定海支行在破产法院提起的确认保函无效之诉的消息后,徐建民律师意识到JS银行舟山定海支行此举的真实目的仍乃抢夺管辖权,也立即采取两个措施予以回应,第一向宁波海事法院申请增加确认涉案保函有效的诉请,第二向破产法院递交管辖权异议申请书和中止审理申请书。因海事法院受理的四个案件审理已经包含对涉案保函是否有效的审查,且海事法院先予依法立案,破产法院见状也只能裁定对保函无效之诉中止审理,等海事法院做出判决后再行恢复程序。而等到宁波海事法院即将做出一审判决时,JS银行舟山定海支行也主动撤回了破产法院的案件。

管辖权异议一审、二审被驳回后,JS银行舟山定海支行意识到诉讼失利局面已经开始显现,遂更换了诉讼律师。而海泰律师在如此复杂的情势下,正确分析案情,把握诉讼时机,适时采取防御和进攻手段,在管辖法院上首战告捷,预示了良好的开端,后续诸多事实也印证了先行立案、正确选择管辖法院的重要性。

3. 在诉讼证据方面,通过申请法院调查取证、责令被告提供证据等方式固定了对JS银行舟山定海支行不利的关键证据

海泰律师早在JS银行舟山定海支行在破产法院起诉时就通过调查阅卷掌握了JS银行舟山定海支行提出涉案保函无效的事由和证据,并有针对性地组织反驳证据。JS银行舟山定海支行提出的抗辩事由主要为:①HR系公司并未按约支付造船预付款,通过将明显没有受偿可能性的两个不良债权转让给ZH造船公司关联公司,以债权转让款的名义予以抽回造船预付款;②HR系公司与ZH造船公司恶意串通,以事先人为抬高船价,事后抽回造船预付款的方式骗取JS银行舟山定海支行出具涉案保函,涉案保函应属无效,且过错在HR系公司与ZH造船公司;③根据建造合同的约定,HR系公司对涉案船舶建造具有监造义务,理应对造船款被挪用、建造进度未能切实履行的状况充分知情,但HR系公司怠于行使权利,寄希望于ZH造船公司违约通过JS银行舟山定海支行的保函获得赔付,以此转嫁市场风险。

在审理管辖权异议期间,海泰律师就向ZH造船公司财务负责人调查了解造船资金监管情况和使用情况,得知ZH造船公司与JS银行舟山定海支行针对涉案保函专门签订了封闭资金监管协议,造船预付款监管账户即开立在JS银行舟山定海支行,海泰律师进一步调取了监管账户银行资金流水,发现造船预付款很多用于非建造涉案船舶开支,包括支付银行贷款利息、偿还个人借款、大额资金去向不明等。掌握上述情况后,海泰律师即向海事法院申请调查取证,随同承办法官前往ZH造船公司财务负责人处取得调查笔录并调取监管账户内银行流水资料,另据ZH造船公司财务负责人陈述,事先告知过JS银行舟山定海支行两份债权转让协议相关事项,JS银行舟山定海支行当时并未提出异议。上述证据和陈述对承办法官形成涉案保函真实有效的内心确信具有积极作用。

海泰律师在办理案件期间组织团队多次研讨案情,针对JS银行舟山定海支行提出双方串通抬高船价、以债权转让名义抽回造船款的抗辩,分两个层次组织反驳,第一船价真实合理,提供ZH造船公司与HR系公司在2010年期间实际建成的3艘船舶的船价作为参考,第二债权转让真实有效,依然存在受偿可能性,且债权转让款并非直接来自于ZH造船公司收取的造船款,提供造船款监管账户银行流水为证,恰恰说明JS银行舟山定海支行不予履行造船款监管责任,放任ZH造船公司挪用船款,达到自身抽回贷款的目的。

证据是诉讼成败的关键。在庭审前,海泰律师两次申请法院责令被告JS银行舟山定海支行提供造船款资金监管协议、监管账户大额资金支取供银行审查的资料、ZH造船公司贷款抵押的相关资料该些证据,被告迫于压力最终无奈提供。相对地,JS银行舟山定海支行通过向当地公安经侦部门刑事控告,企图获取有关ZH造船公司与HR系公司恶意串通的证据,屡屡以了解情况的名义向公司人员调查,但最终并未得逞。

4. 把控诉讼前后各个风险节点,出具详细的法律意见书供当事人决策应对

海泰律师在诉讼前后与当事人共同组织参加诉讼风险专题研讨会,积极做好诉讼风险研究,特别是针对保函效力,应对刑事控告风险的策略,四个案件应尽快起诉,百捷公司连带责任担保函申报债权,应尽快提起确认债权转让有效诉讼等问题专门出具多份法律意见书供当事人决策。后事实证明,上述法律意见均一一得到验证,相关应对策略十分正确。

5. 在庭审上,无论是气场、专业性,还是庭前准备等方面均超过JS银行舟山定海支行,为各方所共睹。

法院判决

宁波海事法院根据原、被告双方诉辩情况归纳争议焦点为:HR系公司要求JS银行舟山定海支行承担保函所约定的退款义务,JS银行舟山定海支行则辩称HR系公司与ZH造船公司存在恶意串通抬高船价,以虚假的债权转让协议方式抽回船款,骗取银行保函,故保函无效。对于上述争议焦点,宁波海事法院分析认定:

(1)HR系公司与ZH造船公司是否存在恶意抬高船价行为? HR系公司与ZH造船公司存在长期、多笔业务合作关系,在进行涉案船舶建造商谈时,尚有其他几艘船舶正在建造中,涉案船舶建造价格与之前委托建造的几艘船舶价格相比,看不出有何不合理之处。JS银行舟山定海支行作为涉及船舶抵押信贷业务的金融机构,对于船舶市场行情及价值显然有专业的了解,在HR系公司与ZH造船公司签订船舶建造合同当时,约定船价多少是公开透明的,JS银行舟山定海支行完全可以独立判断出合同船价是否虚高,并据此来决定是否参与提供船舶预付款退款保函。JS银行舟山定海支行仅以波罗的海指数(BDI)下降必定导致同期船舶造价下降无响应理论与实践依据,本院不予采信。

(2)两笔债权转让是否真实且与本案相关? 法院认为,首先HR系公司与海江公司、海芋公司之间的原始债权是真实存在的,并非虚构,均有法院的诉讼案件为据。其次,HR系公司与ZH造船公司以及关联公司之间基于业务上多重性和长期性的互利合作关系,HR系公司与ZH造船公司关联公司宏基公司、百捷公司之间经自主协商决定两份债权转让协议相关事项,双方当事人签订债权转让协议时的意思表示明确、真实。再次,上述债权转让款并非在ZH造船公司的造船款专用账户中支付的,而是由宏基公司、百捷公司支付的,没有证据证明该款与HR系公司支付给ZH造船公司的造船款有直接的联系。最后,JS银行舟山定海支行对保函下船舶预付款资金有监管的权利与义务,有权控制资金的使用与流向,如果监管到位,则造船专用款要么用于造船,船舶建成后交付给HR系公司,要么未使用还在监管专用账户内,造船款资金如果安全,就无需由S银行舟山定海支行承担担保责任。综上,债权转让系各方当事人真实意思表示,不违反我国法律法规的相关规定,与HR系公司与ZH造船公司之间的船舶建造合同属于两个不同的法律关系,而与本案无关。

(3)本案是否存在骗取保函行为? 法院认为,原告HR系公司与ZH造船公司签订船舶建造合同的真实目的系造船,该建造合同真实有效且已实际履行,与之前建成交付的其他船舶一样,均由被告JS银行舟山定海支行出具船舶预付款退款保函,符合各方长期形成的业务流程与交易习惯。没有证据证明HR系公司与ZH造船公司存在骗取JS银行舟山定海支行保函的共同故意或行为。

四个案件一审期间经三次开庭审理、两次审委会的专题讨论和院长亲自签发判决书,判决HR系公司全胜,为案件二审最终胜利奠定了扎实基础。

44　××银行诉××航运公司、船舶运输公司船舶借款合同及船舶转让项目纠纷案解析

陈　波（总所）　张剑锋

案　　　由：船舶借款合同及船舶转让项目纠纷

当事人姓名或名称：

原　　　告：××银行股份有限公司宁波市分行

被　　　告：浙江××航运有限公司、茂名市××船舶运输有限公司

承办律师：陈波、张剑锋

裁判部门：宁波海事法院

案　　　号：（2013）甬海法商初字第348号

引　言

　　2012年年底，××银行宁波市分行陷入一宗7000万元船舶建造专项贷款纠纷，该项目贷款的借款人、担保人受民间高利贷的逼迫，深陷资金链担保链危机，资不抵债，完全失去归还贷款的能力，而项目贷款的标的物——一艘CCS7000载重吨无限航区的化学品船却已悄然转让给广东茂名一家船舶运输公司，转卖所得款却被借款人用于归还民间高利贷，银行利益受损严重。银行通过招标方式选定浙江海泰律师事务所陈波主任、张剑锋律师代理该案。海泰所律师是否能为当事人追回贷款？又会有谁为贷款埋单？

案情简介

　　2011年1月14日，被告浙江××航运有限公司（以下简称"××航运公司"）因建造一艘7000载重吨化学品船的需要，与原告××银行股份有限公司宁波市分行（以下简称"××银行"）签订《固定资产借款合同》，约定××航运公司向××银行借款人民币7000万元，借款期限60个月，自2012年12月30日起至2015年12月30日止，按还款计划分期归还借款。

　　根据船舶建造进度，××航运公司于2011年1月14日、2011年2月24日、2011年5月4日、2011年8月31日分别向××银行提款1200万元、3000万元、2000万元、800万元，共计7000万元。

　　因经营资质、运力指标等因素，××航运公司将该船舶挂靠在舟山市××船务公司（下称"××船务

公司")名下,双方签订《船舶挂靠合同》,约定:××航运公司以××船务公司名义申请船名、船舶识别号、船舶开工令等,但向船舶登记部门申请登记时××船务公司51%的股份仅为名义上,并无实质权利。船舶所有权归属××航运公司,××船务公司无任何权益。

2011年5月12日,舟山海事局核准该船船名为"永吉55"。

2011年12月5日,××航运公司与××银行签订《最高额抵押合同》,约定将建造中的"永吉55"轮抵押给××银行,为上述7000万元借款及利息等债权提供担保。因在建船舶的抵押登记办理困难,双方签订抵押合同后并未办理抵押登记。

2012年2月2日,××航运公司在船舶建造过程与茂名市××船舶运输有限公司(以下简称"茂名××公司")签订《合作建造和光船租购船舶协议书》,协议约定:茂名××公司与××航运公司合作,出资船舶建造款1200万元,占船舶所有权14%。由于××航运公司为本船舶建造项目向××银行最高限额贷款7000万元,双方一致同意船舶完成所有权登记并取得相关证书后给茂名××公司,租期3年,租期满后茂名××公司收购××航运公司持有该船的86%所有权。协议还约定:14%所有权转让款、3年租金以及86%所有权转让款均应专款专用,汇入××航运公司开设在××银行的账户或共同监管账户,优先偿还以该船舶设定抵押的贷款。同时该协议还将××航运公司与××银行的借款合同作为附件,茂名××公司清楚了解××航运公司在××银行的贷款、抵押情况及相关义务。

2012年11月12日,舟山海事局签发船舶所有权证书及国籍证书。

取得所有权证书后,两个被告本应按照《最高额抵押合同》及《合作建造和光船租购船舶协议书》的约定,给××银行办理抵押登记手续。但两个被告却故意向××银行隐瞒已取得所有权证书的事实,签订《船舶所有权转让合同》,将××航运公司持有的86%所有权全部转让给茂名××公司,取消××银行专款账户和监管账户,变更为深圳发展银行宁波鄞州支行(后更名为平安银行宁波鄞州支行),并将合同日期倒签为2012年8月27日。

2013年1月5日,"永吉55"轮注销在舟山海事局的所有权证书、国籍证书。

截至原告提起诉讼之日止,××航运公司仅归还××银行贷款1500万元,剩余5500万元无力归还。

办案过程

本案是由原告××银行在上海、宁波几家大规模并有海事特色的律师事务所间进行公开招标,要求各家律师事务所提出案件解决方案、诉讼思路等。

浙江海泰律师事务所提出买受人茂名××公司为非善意第三人,与××航运公司恶意串通,损害银行抵押权的观点,经过银行评审委员会的评定,一举中标,击败其他强有力的竞争对手,摘取本案的代理权。

接受案件后,海泰所不负众望,经过大量的调查取证、证据分析、缜密研究后,向宁波海事法院提起共同侵权损害赔偿之诉,要求××航运公司与买受人茂名××公司共同赔偿银行全部的本息损失。经过两次开庭,海泰所陈波、张剑锋律师与广东省知名律师事务所、全国优秀律师、中华全国律师协会海商海事专业委员会主任在法庭上抗争较量,终以鲜明的观点,充足的理据,取得案件的主动地位。最后两个被告与银行签署了调解协议,买受人茂名××公司愿意为××航运公司应归还银行的本金、利息、罚息等全部款项承担连带清偿责任,并以自有的三艘船舶抵押给银行作为还款担保。

海泰所陈波、张剑锋两律师经过半年多的艰辛努力,以自己娴熟的诉讼技巧及高超的庭审水平,最终使银行陷入僵局的7000万元贷款项目起死回生,挽回巨额国有资产。

调解结果

被告××航运公司对于原告的欠款本金及利息分九期归还,被告茂名××公司对于前述欠款承担连带清偿责任并将三艘轮船抵押给原告作为抵押。

附

代理词

审判长、审判员:

浙江海泰律师事务所陈波、张剑锋律师接受××股份有限公司宁波市分行(以下简称"××银行")的委托,就××银行诉被告浙江××航运有限公司(以下简称"××航运")、茂名市××船舶运输有限公司(以下简称"茂名××公司")海事海商纠纷一案发表如下代理意见,供合议庭参考:

一、××银行为××航运建造"永吉55"轮提供7000万元贷款,《固定资产借款合同》合法有效,不存在违法放贷的情形

2011年1月14日,××银行与××航运签订了《固定资产借款合同》,并根据××航运的四次提款申请及相应的船舶设备、材料采购合同和船舶设计、建造合同等,依约履行受托支付义务,根据船舶建造进度发放7000万元贷款,符合借款合同的约定,不存在违法或违规的情形,借款合同签订、履行均合法有效。

原告除提供借款合同外,还提交了提款申请书、借款借据及每笔款项的支付凭证,同时在每笔放款时要求被告××航运提供相应的船舶设备材料采购合同、船舶设计合同、建造合同以及收款单位的账户信息。这些证据能够证明原告对7000万元贷款的用途已尽到了银行通常应有的谨慎监管之责,没有任何违法违规之处。

原告是提供融资的银行,并非船东,更不是专业的船厂,对××航运提供的采购、设计、建造等合同只需作表面审查,而非实质性审查,没有必要也不可能对供应商、供应物品的内容、数量、价格等进行一一核对。

茂名××公司作为船舶共有人、共建人,应当比原告更加清楚造船投入的资金。《合作建造和光船租购船舶协议书》第1页"鉴于:2.为实施该建造合同,甲方向××银行宁波市分行办理了建造项目专项最高额贷款7000万元(详见本合同所附《贷款合同》。)"说明茂名××公司已非常清楚造船资金来源于××银行的7000万元贷款,现在却为何还要对××银行的贷款用途提出质疑?

2012年10月18日,船舶建成,经浙江船舶交易市场估价为12 000万元。在此之前茂名××公司只不过付给××航运2300万元,且没有证据证明该2300万元是用于造船,很显然船舶的建成当然是依靠××公

司银行的贷款。茂名××既没有证据证明××银行贷款用于其他地方,更不能证明自己的款项用于造船。

原告认为××航运在款项使用上是否有违反借款用途的情形,最多只构成对借款合同的违约,但并不影响借款合同、抵押合同的效力,且与被告茂名××公司的侵权行为及侵权后果的发生没有必然的因果关系。

二、××银行对"永吉55"轮设立了抵押权,《最高额抵押合同》真实有效,抵押合同未登记,非因××银行原因造成

2011年12月5日,××银行与××航运签订《最高额抵押合同》,抵押协议中双方印章、签名、落款时间、内容均为真实有效,是双方真实意思的表示,且内容形成于当时,不存在后补情形,抵押合同真实合法有效。××银行依法取得抵押权,被告没有相反证据可以推翻抵押合同的形成时间。

另外"永吉55"轮的保险单也证明了××银行对船舶享有抵押权,保险单中记载××银行为第一受益人。××银行为受益人,必定是基于对船舶享有物权,而不是普通债权。如果没有抵押权,××航运投保时怎么可能会把××银行列为第一受益人?根据《物权法》第188条规定:"以本法第180条第1款第4项、第6项规定的财产或者第五项规定的正在建造的船舶、航空器抵押的,抵押权自抵押合同生效时设立;合同生效时设立,未经登记,不得对抗善意第三人。"本案××银行的抵押权自抵押抵押合同一经签订生效,××银行就取得了抵押权。至于是否办理抵押登记,则是能否对抗善意第三人的问题,但并不会改变××银行对船舶已设立了抵押权的事实。《物权法》的规定说明了船舶抵押登记只是对抗条件,而非生效条件。本案抵押登记之所以没有办理,并非因××银行原因造成。首先2011年7月18日国家海事局发文《关于对中国银行作为抵押权人登记的船舶进行清查的通知》,通知规定由于其他中国银行的原因而暂停受理所有以中国银行作为抵押权人的抵押权登记申请。其次本案是在建船舶抵押,相比航行船舶抵押,登记机关对此有更多的限制和要求,2009年6月9日国家海事局制定的《建造中船舶抵押权登记暂行办法》第4条第(1)点规定:抵押人为满足国家或有关主管部门资质要求的船舶建造企业,即办理在建船舶至少需要满足两个条件:①抵押人为船厂;②船厂要有资质要求(浙江省对船厂资质要求为:符合国家产业政策和国家、省船舶工业发展规划,属于设区市级以上船舶工业重点企业)。本案的抵押人和船厂均不符合这两个条件。因此本案没有办理抵押登记是由于我国目前关于在建船舶抵押制度造成的,并非××银行疏于登记,怠于行使自己的权利,但是未办理抵押登记,不影响××银行根据《物权法》取得抵押权。

三、抵押合同即使未登记,也可对抗茂名××公司,因为其与××航运恶意串通,损害××银行抵押权,不是善意第三人

茂名××公司明知××银行对船舶有7000万元贷款,也应当知道船舶设有抵押权,但却与××航运积极配合,互相串通,隐瞒欺骗××银行,不是善意第三人。其与××航运共同侵害××银行的抵押权,应承担相应的法律责任。茂名××与××航运恶意串通共同侵权的表现有以下这些方面:

1. 从《合作建造和光船租购船舶协议书》可以看出茂名××公司对××银行的贷款及抵押是明知或应当知道的

《合作建造和光船租购船舶协议书》第1页"鉴于:2.为实施该建造合同,甲方向中国银行宁波市分行

办理了建造项目专项最高额贷款7000万元(详见本合同所附《贷款合同》。)"该条款清楚载明"永吉55"轮的建造资金来源于××银行的7000万贷款,根据通常的银行信贷行业惯例来说航运企业造船向银行贷款,都是要用船舶进行抵押。事实上,被告茂名××公司向广发银行茂名支行申请贷款的时候,也用船舶进行抵押,这是行业惯例。《合作建造和光船租购船舶协议书》将《固定资产借款合同》作为附件,除让茂名××公司知道造船的资金来源于××银行外,更是要让其知道××银行的还款是靠船舶建造后的收益,《合作建造和光船租购船舶协议书》中的很多条款就是为了保证借款合同的实施而设立的:

(1)协议第五条对目标船舶的抵押贷款:"目标船舶完成所有登记并取得相关证书后,乙方(茂名××公司)同意将目标船舶抵押给某银行,为甲方(××航运)就前述贷款提供抵押担保,乙方同意并无条件配合甲方办理该抵押登记的相关手续。"如果茂名××公司不知道××银行对船舶设定了抵押权,为何要同意在证书取得后配合办理抵押登记?说明其知道××银行对该船有抵押权。

(2)协议第二部分船舶光船租赁:船舶建成后光租给茂名祥源,租期3年,光租期满后船舶所有权全部转让给茂名祥源。很明显该三年租期是与××银行的贷款期限相配套的,根据光租协议的约定,船舶最迟于2012年12月30日前建成并办出所有权登记,三年租期正好到2015年年底,而××银行的贷款也于2015年年底到期,到时还清贷款,解除抵押权,茂名××就可以将剩余的86%所有权转让,实现整船转让的目的。说明其清楚××银行的还款是要靠这艘船的营运收益。

(3)协议第2条、第9条、第19条关于款项支付:三年租金及船舶转让款应专款专用,汇入××航运开设在某银行的账户或共同监管账户,且必须保证专款专用,优先偿还中国银行贷款本息,说明茂名××公司清楚要必须先还××银行贷款,为什么要先还?因为××银行有抵押权。只有还清××银行的7000万元贷款,茂名××公司才能最终实现100%所有权转让的目的,如果未经××银行同意转让该轮,或不将转让款归还××银行贷款,××银行的抵押权就会受损。说明茂名××公司知道只有××银行的债权全部收回,注销抵押权,才能实现自己船舶转让的计划。如果茂名××公司不知道××银行有抵押权,那么××银行的贷款归还与否,都不会影响茂名××公司收购计划,他不必要求××航运专款专用,优先偿还贷款。

(4)协议中多处可见茂名××公司对××银行的抵押权极其重视:如协议第17条约定××航运不能因××银行的抵押权而不同意转让;第20条约定××航运应在收到船款后三日内注销抵押登记;第24条约定无法注销抵押权的违约责任等。如果茂名××公司不清楚××银行的抵押情况,为何要在协议中设定如此多的有关抵押的条款?由此可见,《合作建造和光船租购船舶协议书》的内容完全和《固定资产借款合同》匹配,是一个整体,这些条款就是为了保证《固定资产借款合同》的履行。××银行虽不是《合作建造和光船租购船舶协议书》的当事人,但可以根据此协议判断茂名××公司对××银行的贷款及抵押事实是明知或应当知道。

2. 从"永吉55"登记、转让过程可以看出茂名××公司与××航运恶意串通,隐瞒欺骗××银行

(1)双方恶意串通,变更收款银行。

茂名××公司与××航运公司在《合作建造和光船租购船舶协议书》约定船舶转让款、租金都必须付至××航运在××银行的账户,以保证优先偿还××银行贷款。但在《船舶所有权转让合同》中双方却将收款银行变更为深圳发展银行(平安银行),致使××银行失去了对船舶、船款的控制,贷款偿还无望。

(2)《船舶所有权转让合同》签订时间、履行情况不合常理。

虽然茂名××公司试图以电子邮件往来、证人证言等证据来证明《船舶所有权转让合同》确于2012年

8月27日签订,但其却无法合理解释下列这些不正常的合同履行情况:根据《船舶所有权转让合同》第二条"船舶所有权转让款之支付"约定:茂名××公司应在2012年9月13日前支付××航运1500万元,但茂名××公司分文未付;在茂名××公司拖欠××航运1500万元的情况下,2012年12月18日××航运法人代表张先生却要茂名××公司代为借款700万元,借期极短,利息极高,并被预先扣除利息147 000元。此事完全不合常理。××航运为何不向茂名××公司主张到期的船款,反而要求其代为高息借款?为何是××航运借款付息,而不是茂名××公司借款来支付约定的船款?而且如果《船舶所有权转让合同》真是8月27日所签,那么为何10月17日茂名××公司付××航运的300万还是汇到××银行,而不是付至《船舶所有权转让合同》约定的深圳发展银行?

最后,从"永吉55"轮初始证书办出到"东茂8"轮二次证书办出,期间有两个多月时间,如果《船舶所有权转让合同》真是8月27日签订,则茂名××公司对产权转让一事应非常迫切,急于办理二次过户手续,但实际上两个月时间里,双方没有任何的办理过户手续的行为。

从以上分析可以看出,在这段时间茂名××公司与××航运履行不是《船舶所有权转让合同》,应是《合作建造和光船租购船舶协议书》,《船舶所有权转让合同》的签约日期为倒签。退一步说,即使《船舶所有权转让合同》不是倒签,根据该合同第五条"船舶所有权转让款逾期支付之责任"约定:如茂名××公司未按期支付1500万元,之前已付款项作为借款,双方仍按照《合作建造和光船租购船舶协议书》执行,也即应恢复《合作建造和光船租购船舶协议书》的执行。如果恢复执行,则双方应在"永吉55"轮所有权证书办出后给××银行办理抵押登记。但双方却互相串通,隐瞒事实,既不给××银行办理抵押登记,也不向××银行还款,损害了××银行的抵押权。

(3)茂名××公司在"永吉55"轮所有权证书中登记的44%份额为虚假。

据以办理证书的造船合同为虚假合同(2008年5月18日茂名××公司、永吉公司、××海洋工程与大成船厂签订),因为当时茂名××公司根本没有介入本案船舶的建造;证书办出时茂名××公司仅支付××航运2600万元(1200+1100+300=2600万元),且其中1100万元为借款。即使不论款项性质,支付金额也只占船舶转让总价的30.33%(2600÷8570=30.33%),却登记成44%,茂名××恶意取得2/3以上所有权份额。

(4)"永吉55"轮所有权证书取得后,茂名××公司与××航运共同故意隐瞒××银行。

2012年10月18日,茂名××公司、××航运与大成船厂签订交接协议,说明船舶已建成可办理产权证书;2012年11月12日,舟山海事局签发"永吉55"所有权证书、国籍证书;2013年1月5日,茂名××公司、××航运注销"永吉55"所有权证书、国籍证书。

在船舶建成、证书办出直至注销证书办理新证的2个多月时间里,作为船舶共有人、共建人茂名××与××航运从未向××银行透露船舶办证的任何信息,故意隐瞒证书已办出的事实,目的在于逃避给××银行办理抵押登记的义务,这是双方互相配合、恶意串通的行为,并非一个诚信的、善意的船舶共有人所为。

(5)"东茂8"轮所有权证书中登记的茂名××公司100%份额也为虚假。

茂名××公司与××航运在办理"永吉55"轮变更为"东茂8"轮手续时,又签订了虚假的《船舶所有权份额转让合同》及《船舶所有权份额交接确认书》,双方确认于2013年1月5日前已付清全额船款。但此时茂名××公司实际支付给××航运的仅为3670万元(1200+1100+1300+70=3670万元),仅占船舶转让总价的42.82%,但其却取得了100%的所有权,不仅有违市场规则、合理对价,更是恶意损害了××银行的利益。

(6)"永吉55"轮转让价格明显低于市场价,为低价转让,恶意损害××银行的利益。

"永吉55"轮办理初次产权登记时,2012年11月9日浙江船舶交易市场对该船估价为12 000万元;办理二次产权登记时,2013年1月5日浙江船舶交易市场的估价为10 000万元;"永吉55"轮过户变更为"东茂8"轮后,茂名××公司以此船作为抵押向广发银行申请贷款时,评估价更高达16 000万元!可见"永吉55"轮的市场价均远远高于双方转让价8570万元,证明茂名××公司乘××航运在2012年下半年陷入资金极度困难之机,乘人之危,恶意压低船价,明显低价取得船舶所有权,此举实际损害的是××银行的利益。

(7)茂名××公司与××航运在8570万元船舶转让款项之外,还有5100万元不明款项往来。

2012年11月6日、9日、13日,茂名××公司共有11笔款项计5100万元汇入××航运的账户,××航运又将此款打回茂名××公司的另外账户,是在洗钱还是互相配合抬高船舶的评估价或是其他目的不得而知,庭审中茂名××公司含糊其辞,并没有给出明确的答案。此时正是办理"永吉55"轮初始产权证书期间,远远早于茂名××公司在庭审中解释的所谓向广发银行贷款所需。而且当时茂名××公司明明欠着××航运1500万元的船款,××航运却对已到手的款项没有直接抵扣,完全不符合常理。该款是否与8570万元低价转让的船价有关,值得怀疑。

3. 茂名××公司在本案中身份特殊,并非简单的船舶买受人,其所做一切,均是为了拯救自己之前投入的资金

茂名××公司在本案中并不是一般意义上的第三人,而是至少拥有六重身份:船舶共有人、共建人、抵押人、债权人、光租人、受让人。作为船舶共有、共建人,其对造船资金的来源与归还、建造进度、办证情况都非常清楚,对××银行应负有的义务也完全明知。但由于"永吉55"轮所有权证书做出前,茂名××公司已投入给××航运2600万元,其中1100万元为借款,如果按实际的出资比例登记所有权份额且告知××银行办出证书的事实后,××银行必然会及时要求两被告去办理抵押权登记。由于当时××航运经营已陷入危机,被高利贷逼紧,如果将船舶抵押给某银行,必定面临被拍卖的结局,那么茂名××公司之前投入的2600万元必将会化为乌有。因此其为了解救自己的资金,与××航运恶意串通,隐瞒××银行证书已作出的事实,悄悄将船舶转让。茂名××公司此举不仅解套了自己资金,还低价受让了一艘船舶,又在当地广发银行获得8000万元融资,可谓一举三得!

茂名××公司对××银行7000万元贷款的用途问题鸡蛋里挑骨头,但对自己投入的款项是否用于造船却没有任何的举证证明。反而从1100万元借款协议、700万元借款合同中看出这些款项借期极短,明显是短期资金周期或还高利贷所用,根本不是用于造船。

而且茂名××公司作为船舶共有人,清楚××航运对××银行应负的还款义务。作为《合作建造和光船租购船舶协议书》附件的借款合同第十一条第2款第(8)点明确约定"借款人不以降低其偿债能力的方式处置自有资产",也即茂名××公司应当清楚××航运无权随意处置这艘船舶,否则便会损害××银行的利益。

综上所述,茂名××公司明知××银行对"永吉55"轮提供7000万元贷款并设定了抵押权,且应在船舶证书做出后给××银行办理抵押权登记,但却与××航运互相串通,隐瞒××银行,私下将船舶转让,侵害

了××银行合法的抵押权;并配合××航运变更收款账户,转移船款,使××银行失去对船款的控制,为非善意第三人,恶意取得"永吉55"轮。尽管××银行与××航运的船舶抵押权没有登记,但《最高额抵押合同》合法有效,××银行的抵押权依法设立,应受法律保护,并可以对抗茂名××公司。两被告主观上具有共同侵权的故意,造成××银行至今5500万元贷款无法收回的损害结果,理应承担连带赔偿责任。

以上代理意见,敬请合议庭能够采纳,不胜感谢!如本案还需第二次开庭,对上述未涉意见,代理人将予以补充。

此致
宁波海事法院

原告:××银行股份有限公司宁波市分行
代理人:浙江海泰律师事务所　陈波/张剑锋　律师
2013年7月31日

45 特大海难背后的保险之争

——CZ集团、HR公司与保险公司海上保险合同纠纷案解析

陈 波（总所） 杨黎萍

案　　由:海上保险合同纠纷

当事人姓名或名称:

原　　告:CZ集团

被　　告:保险公司

第 三 人:HR公司

承办律师:陈波、杨黎萍

裁判部门:宁波海事法院、浙江省高级人民法院

案　　号:(2014)甬海法商初字第318号、(2015)浙海终字第240号

案情简介

　　"成路15"原船籍港中国舟山,2008年9月11日建成后,即登记为CZ集团所有。2010年10月28日,CZ集团与HR公司签订回租物品转让协议及融资租赁合同,将"成路15"轮以6238万元的价格转让给HR公司,再回租给CZ集团使用。回租后,HR公司为"成路15"轮的船舶所有人,CZ集团作为船舶光租人继续实际使用该船舶。后CZ集团为运营国际航线之便宜,将"成路15"轮改挂巴拿马旗,并为此将船舶光租转租给力神国际海运集团有限公司(以下简称"力神公司"),同时聘请香港成路国际船舶管理有限公司(以下简称"成路公司")作为船舶管理人。

　　2013年3月7日,成路公司作为投保人,将包括"成路15"轮在内的共十艘船舶通过保险经纪公司向保险公司投保。涉案投保单显示,"成路15"轮所有人为CZ集团,投保人为成路公司,被保险人有三个:CZ集团作为船东,CZ集团作为经营人,力神公司作为光船承租人,保险价值和保险金额均为3900万元,投保险别按照人保远洋船舶保险条款(2009版)承保一切险,保险期限从2013年3月8日零时起至2014年3月7日24时。次日,保险公司发送应收保费通知书给CZ集团,就包括"成路15"轮在内的十艘船舶的全年全部保费1 440 600元,要求尽快支付,注明保费支付后保单方可起保。

2013年3月10日,保险公司签发保单,保险金额及保险价值均为3900万元,保险期间从2013年3月11日12时起至2014年3月11日12时。保单随附的特别约定清单载明:投保人成路公司,被保险人为CZ集团作为船东,力神集团作为光租人,成路公司作为管理公司;保险条款为中国人民财产保险股份有限公司船舶保险一切险条款(2009版),第一受益人为HR公司;每次事故绝对免赔额为人民币6万元或者损失金额的10%,以高者为准,全损免赔率为10%;保费分四期支付:"第一期保费于2013年3月11日前支付,第二期保费于2013年6月15日前支付,第三期保费于2013年9月15日前支付,第四期保费于2013年12月15日前支付,不按保单约定支付保费将导致保单失效,为了保证您能及时获得保险保障,请您尽快交付保险费。"

2013年3月19日,保险公司再次向CZ集团发送应收保费通知书,就包括"成路15"轮在内的十艘船舶的全年全部保费1 440 600元中的第一期保费360 150元,要求尽快支付。CZ集团支付第一期保费360 150元后,保险公司于2013年3月21日开具了相应数额的保险费发票,载明付款人为舟山CZ集团。2013年7月3日,保险公司出具保险批单一份,载明被保险人为成路公司,批文大意为涉案保单未按约定于2013年6月15日前缴付保费,保单已失效,保单自2013年6月11日起注销,保险公司不再承担任何赔偿责任。保险公司称其已于2013年6月20日通过电子邮件通知经纪公司解除了保险合同,并于次日将该保险批单书面文本通过经纪公司转交给了CZ集团,但CZ集团予以否认。

2013年10月14日,"成路15"轮在韩国走锚碰撞了防波堤导致船舶沉没,20名船员中8人获救,11人落海死亡,1人失踪。中央电视台等新闻媒体对该事故专门进行了详细报道,CZ集团在驻韩使领馆及舟山市人民政府的配合下应急处理了船员伤亡事故。10月22日CZ集团向保险公司报案,正式书面告知了该沉船事故,要求尽早办理理赔事宜,保险公司予以拒绝。2013年12月6日,CZ集团将"成路15"轮的当年剩余三期保费134550元汇给保险公司,12月9日,保险公司以涉案保单已于2013年6月16日失效和注销为由将该保费退回;CZ集团则于次日回函对保单失效与注销坚决不予认可,并于12月13日再次支付剩余保费。

另,由于韩国浦项港北防波堤在此次触碰事故中受到损坏,2014年4月10日,韩国大邱地方法院浦项法院以债权人大韩民国提出因损坏防波堤造成损失请求赔偿2 997 500 000韩元并申请扣船为由,扣押了同样属HR公司所有、光租给CZ集团使用的"成路21"轮,至今未能释放。

CZ集团因此于2014年2月26日向宁波海事法院起诉保险公司,同时,本所陈波律师、杨黎萍律师接受HR公司委托,作为第一受益人申请以独立请求权第三人身份参加诉讼。

办案过程

海泰律师接受委托后,深感责任重大,沉船事故背后有CZ集团在航运经济的寒冬中苦苦支撑、濒临绝望的困境,被韩国当局扣留的"成路21"轮上船员渴望尽早归国回家的殷切期望,还有HR公司两艘船舶遭受损失后的难以承受之重。本案案情错综复杂,争议焦点众多,涉及主要的当事主体就有6个以上,包括CZ集团、成路公司、力神公司、保险经纪公司、HR公司、保险公司等,如何拨开层层迷雾,理清各主体的法律地位和法律关系;保险事故发生在韩国,事故原因、碰撞责任、客观损失举证很困难;投保单、保险单、特别约定清单、应收保费通知书、批单、往来邮件、律师函等这些文件的法律意义在具体履行过程中充满争议;而保险公司聘请的系英国钱伯斯榜上有名、全国著名海事海商领域专家型律师,他们制作的答辩证据装帧精美,内容有几百页之多,还邀请了海商法泰斗司玉琢教授出具法律意见书支持他们观点,二审中又增加浙江大学法律系主任作为代理律师,可想各方较量将异常激烈。面对案件难、对手强、压力大,海泰律师不敢有任何松懈,秉持专业成就价值的理念,以十二分的专注迅速投入案件,调查取证,对法律问题做好分析研究,并制定整体的诉讼策略。

本案标的金额巨大,事实情况复杂,宁波海事法院分别于2014年11月18日和2015年3月26日两次组织庭审。一审败诉后,被告保险公司又向浙江省高级人民法院提出上诉。庭审中,宁波大学、浙江大学法学院师生组织了旁听。最终,两审法院均支持原告及第三人主张,认为:①涉案保险合同成立且合法有效,"将失效条款"并不存在;②保险合同亦未被合法解除;③被告应当向原告承担保险责任,并将保险赔款直接支付到第一受益人即HR公司名下。

律师评析

这个案件承办过程比较艰辛,原告及第三人代理律师抽丝剥茧,逐渐梳理出案件的主要事实和争议点,又围绕争议点调查事实,组织证据,并以新证据、新司法解释、新战术,据理力争,历时三年,无畏前行,最终取得案件胜利,维护了当事人的最大合法利益。

判决结果初看似在意料之外,细想也确实在法理之中,而案件涉及的诸多争议焦点具有普遍意义,颇能引发思考。

1. 投保单与保险单不一致的,以投保单为准

"投保单与保险单不一致的,以投保单为准,但不一致的情形系经保险人说明并经投保人同意的,以投保人签收的保险单为准",这是《最高人民法院关于适用〈中华人民共和国保险法〉若干问题的解释(二)》第14条的规定。

本案的两大争议焦点均与本条规定有关:首先,本案的投保单与保险单关于被保险人的信息是不一样的,法院根据投保单确定本案的被保险人为CZ集团作为船东和经营人,力神公司作为光租人。其次,本案最关键的"将失效"条款争议中,此条亦成为原告及第三人扭转案件的关键。涉案保单的特别约定清单中有这么一个条款,"不按保单约定支付保费将导致保单失效",被告认为根据该条款,在条件成就时,解除权人可以解除合同,而原告逾期支付保费的行为已导致保单失效。原告及第三人提出在投保时,投保单上并没有该条款,系保险公司擅自添加,且未经说明未经同意。保险公司3月19日的保费通知书也实际放弃了该条款。一审法院认为,该条款仅在保单中出现,而从未在投保单中出现,投保单与保单不一致的,以投保单为准;没有证据证明投保人对保单中的该条款进行了确认;二审法院进一步认为,保单中的该特别约定条款与投保单中约定的人保远洋船舶保险条款(2009版)第七条相悖,而保单与投保单不一致时以投保单为准,故该"将失效"条款并不存在。当然两级法院在该问题上除了以此理由进行裁决外,还提出了其他的理由予以支持,比如保险公司最早催收保费的行为表明其也没有认可该条款的存在;该条款对于法律后果表述不

清,更像是缴费的礼貌性提示,而不是意思表示明确的设定权利义务及责任的限制性条款;保险经纪公司无权代表被保险人或投保人签署或接收保单等重要文件,保险合同的成立和变更应以保险合同相对方之间直接签署的文件为准;保险公司也未证明已对投保单和保单的不一致情形尽到了特别说明义务等。但总体来说,本条规定成为本案起死回生的一个关键。

保险实践中,保单中常有大量不利投保人的格式条款,如果未经说明未经同意都生效,对投保人是不公平的,在类似的保险纠纷案件中,律师和法官要格外重视投保单的重要性。相信本案将成为该新司法解释实施以来的一个非常经典的案例和诠释,对保险业务的影响是深远的。

2. 关于独立请求权第三人的问题

本案中,我们代理的HR公司是以独立请求权第三人的身份参与到本案中的,这也成为本案的一个亮点。涉案保单记载了HR公司作为第一受益人,本案的第一个争议焦点是涉案保险合同各方法律地位的问题。被告认为保险法并未规定财险中存在第一受益人,保单亦未载明其概念,HR公司直接向保险人索赔没有合同和法律的依据。原告及第三人提出:虽然《保险法》在财险部分并未规定第一受益人的概念,但法无禁止皆可为,关于第一受益人的意思表示真实明确,且明确记载于保单上,应当有效。

法院采纳了原告及第三人的意见,认为保险公司作为专业的保险人,引入第一受益人的概念并记载在保单上,即表示其认可了这一概念,并认可被保险人将其保险金请求权作为标的设定给HR公司的权利质押,当发生保险事故时,HR公司可以行使该质权,优先受领保险金。

财产保险中的第一受益人有权以独立请求权第三人身份参与诉讼并直接获得保险赔款,也是本案的一个重要的特色,相信也会为类似的案件提供一些思路和启示。

3. 关于保险标的的保险利益

被告提出,CZ集团、力神公司、成路公司均不是船舶所有权人,对保险标的没有保险利益,保单应无效。对此,原告和第三人提出,在融资租赁的法律关系下,HR公司作为金融租赁公司仅对融资租赁物即本案的"成路15"轮享有名义上的所有权,而船舶的实际管理、控制和经营均为CZ集团、力神公司,其有保管、使用义务并且要承担船舶的损失,所以它们对"成路15"轮享有法律上承认的利益,法院采纳了原告及第三人的意见。

所以,我们可以发现,在融资租赁的法律关系下,所有人为金融租赁公司,但是往往保险事宜是由承租人去办理的,在因保险赔款产生纠纷时,保险公司不能以被保险人或者投保人无保险利益为由否认保险合同的效力,因为真正实际管理操控船舶的是承租人,金融租赁公司的主要目的是收取租金,而非从船舶的管理使用中获得利益。承租人虽然不是船舶所有人,但仍有权就船舶进行投保。

4. 关于保险合同解除的问题

被告称其已向保险经纪公司发出保费逾期及注销保单通知书并寄交了批单,经纪公司转交给CZ集团后,CZ集团没有异议,也没有在三个月法定期间内提出解除合同异议之诉,并且向其他保险公司进行询价、协商合同条款,说明保险合同已经解除并且CZ集团知晓认可。原告CZ集团、第三人HR公司认为,根据《保险法》的规定,批单是变更保险的法定方式而不是解除保险合同的形式,保险公司无权解除合同,以批单形式通知亦属无效,批单也存在重大瑕疵。

一审法院采纳了原告及第三人的意见,并且认为批单应当送给所有被保险人,因为根据《海商法》规定,被保险人才是支付保费的人,但本案批单的抬头却是投保人成路公司;CZ集团的询价等行为亦不能说明其对解除合同知晓认可。故涉案保险合同并未解除。

二审法院认为根据《海商法》第227条的规定,除合同另有约定外,保险责任开始后,被保险人和保险人均不得解除合同,《最高人民法院关于审理海上保险纠纷案件若干问题的规定》第5条亦规定,保险责任开始后,保险人以被保险人未支付保险费请求解除合同的,人民法院不予支持。本案保险人与被保险人并未明确约定不支付保费系合同解除事由,所以本案的保险合同并未解除。

这也提醒各保险人和被保险人,海上保险合同的解除具有特殊性,一定要加以注意。

5. 一个案件分次判决

由于保险讼争久悬未决,也由于韩国方面防波堤修复,"成路21"轮长期扣押等没有处理完毕,所以巨大的损失还无法准确统计。法院根据《民事诉讼法》第153条规定,对于已经清楚的一部分事实作出先行判决,其余部分另案解决。

案件还有其他一些争议,如事故原因、保险经纪法律地位等等,仅判决书就有40多页,在此不再一一赘述。

这个案件标的巨大、案情复杂,从代理律师初接案件时的"前路暗淡"到抽丝剥茧找出关键再到巧用战略,一举翻盘,真可谓:山重水复疑无路,柳暗花明又一村!

案件质量是律师立身之本,法庭是律师最美的绽放。

46　船员在船上意外死亡,保险公司应否承担赔偿责任

——恒达公司与人保公司海上保险合同纠纷案解析

张剑锋

案　　　由:海上保险合同纠纷

当事人姓名或名称:

原　　　告:恒达公司

被　　　告:人保公司

承办律师:张剑锋、杨黎萍

裁判部门:宁波海事法院、浙江省高级人民法院

案　　　号:(2015)甬海法商初字第145号、(2015)浙海终字第167号

案情简介

2013年12月30日,原告恒达公司向被告人保公司投保雇主责任险(1999版)并缴纳了保费,被告于同日出具了保险单,载明:投保船舶"恒润达12"轮,聘用员工人数15人,每人伤亡赔偿限额500 000元,保险责任期限自2013年12月31日零时起至2014年12月30日二十四时止等;雇主责任险保险条款(1999版)第4条第1款约定"凡被保险人所聘用的员工,于本保险有效期内,在受雇过程中(包括上下班途中),从事与本保险单所载明的被保险人的业务工作而遭受意外或患与业务有关的国家规定的职业性疾病,所致伤、残或死亡,对被保险人根据劳动合同和中华人民共和国法律、法规,须承担医疗费及经济赔偿责任,保险人依据本保险单的规定,在约定的赔偿限额内予以赔偿。"该保险条款附件伤亡赔付比例表载明"死亡"按每人人身伤亡责任限额的100%赔付处理。2013年12月31日,被告告知原告该险种的免责条款。

2013年1月31日,原告与董某某签订了劳动合同,安排董某某从事二管轮工作。2014年5月23日,"恒润达12"轮停泊在曹妃甸港区,该日中午许,董某某被发现倒在"恒润达12"轮上其房间内,在医生赶来救治前已死亡,医院初步诊断为呼吸心跳骤停。董某某尸体于2014年6月11日火化。2014年6月9日、6月13日,原告分别汇款129 935元、450 000元合计579 935元给董某某妻子。

董某某死亡后,原告向被告索赔,被告下属的支公司以该次出险事故不在合同约定的保险责任

范围内为由,于2014年11月13日出具了拒赔通知书。

另外,原告于2014年8月11日向被告改投了雇主责任险(2004版)并缴纳了相应保费,被告出具了保险单。

法院判决

宁波海事法院经审理后认为:原告就"恒润达12"轮向被告投保雇主责任险(1999版)并缴纳相应保费,被告出具了保险单,双方间保险合同依法成立并生效。船员工作具有特殊性,船员上船后即处于在岗工作状态,因此船员是否在岗从事业务工作,应以其所处地点是否在船上来认定,故涉案船员董某某在船上其房间内死亡,应初步认定为在从事业务工作中死亡;被告未能证明董某某死亡原因,亦未能举证排除董某某的死亡与从事业务工作的关联性,根据现有证据,涉案事故应认定为遭受意外死亡。故本案中董某某的死亡符合原、被告间雇主责任险保险条款(1999版)第4条第1款的情形,且发生于被告保险责任期间内。原告向董某某妻子赔偿579 935元后,有权依据双方间保险合同要求被告赔偿500 000元。被告虽抗辩涉案事故不属于被告保险责任范围、符合免除责任情形,但未能证明董某某的死亡系非意外原因所致,亦不能证明董某某的死亡属于免除责任情形,故对被告该抗辩,法院不予采纳。

一审判决后,被告不服,上诉至浙江省高级人民法院。

二审法院认为:由于船员的工作与一般雇员相比具有特殊性,船员上船后即远离陆地,处在相对封闭的环境中,即使不在值班状态中也不能离开船舶,且可能随时需要到岗,故船员一旦上船就应认定处于工作过程中。本案董某某死亡时,"恒润达12"轮虽处于抛锚状态,董某某当时亦未在值班,但仍应视同其在从事业务工作中死亡。况且,《最高人民法院人身损害赔偿司法解释》第11条规定:"雇员在从事雇佣活动中遭受人身损害,雇主应当承担赔偿责任。"本案中并无证据证明董某某本人对于死亡事故存在过错,恒达公司对董某某的死亡依法"须承担医疗费及经济赔偿责任",恒达公司在董某某死亡后亦已向其家属支付赔偿金,人保宁波公司依据雇主责任险保险条款(1999版)的约定应在约定的赔偿限额内予以赔偿。

律师分析

张剑锋、杨黎萍律师作为恒达公司的诉讼代理人,在认真分析、比对1999版与2004版的雇主责任险条款的异同,研究大量的司法案例后,从举证责任分配、近因原则、利益平衡、合理期待、人文关怀等角度提出船员工作具有特殊性,长年工作、生活、休息都在船上,航行途中遇到特殊情况都要随时处于紧急待命,需要全力抢救船、货,所以应当保护船员正当合法的权益,认为董某某死亡事故属于原被告之间的保险合同约定的保险责任范围,主要理由为:

董某某在原告所有的"恒润达12"轮上任职二管轮,2014年2月19日上船。2014年5月23日晚,船舶在唐山市曹妃甸东锚地抛锚时,董某某被发现在船上房间内"呼吸心跳骤停",经抢救无效死亡。唐山市曹妃甸区医院和河北省公安边防总队海警支队二大队证实,董某某当晚在船上被发现时已经死亡。

根据原告于2013年12月30日向被告投保的雇主责任险,被告在2013年12月31日零时起至2014年12月30日二十四时止这段时间内,承保原告对其雇用的、在"恒润达12"轮上工作的15名船员,从事业务工作而遭受意外所致伤、残或死亡,原告根据劳动合同和法律法规须承担的医疗费及经济赔偿责任。原告赔付后有权根据1999年版雇主责任保险条款第四条"工作原因导致的意外伤害"的规定,要求保险公司承担保险责任。

首先,死者生前做过体检,各项指标正常,未发现有重大疾病。根据2014年3月9日由天津华北医院签发的船员健康证书,死者不存在"由于海上服务而使健康恶化,或可能使海员不适合该服务,或使其他船上人员的健康受到危害"的身体状况。而3月9日至5月23日,死者也没有发病记录。上述基本可以证明死者生前没有内在疾病。

事实上,董某某的死亡完全可能系由于生前劳累,情绪激动,精神紧张而诱发猝死。船员工作的特殊性决定了工作、生活均在船上,船上即是其工作岗位,因此对于船员是否在岗,应以其死亡地点是否在船上,而不应以其是否当班来认定。

如果被告认为董某某死亡属于除外责任,则其应举证证明。根据现有证据,董某某的死亡既可能是因为生前劳累、情绪激动、精神紧张而诱发,也可能是因为心源性疾病而造成,即死因不明。如被告无法证明死因为心源性疾病,其应承担举证不能的后果。另外,被告也未就免责条款进行过明确说明,免责条款的字体、颜色也未有任何提示注意的标注。如被告坚持引用免责条款,还须证明其对免责条款履行了明确说明和提示注意的义务。

宁波海事法院将本案的庭审作为公众开放日的活动,组织宁波大学法学院十余名师学全程旁听。庭审中,原、被告双方代理人围绕原告员工在涉案船舶上死亡是否在雇主责任险的保险责任范围内、被告是否尽到了说明义务等问题进行了充分的举证、质证,发表精彩的辩论意见,展示了海泰律师的庭审风采。

律师评析

在案件发生当时,雇主责任险的保险条款存在1999年版本及2004年版本,相比旧版,新版的保险条款虽在保费上有所增加,但承保范围却大大增加,但大部分的航运公司或船东并不知晓有新版保险条款。保险公司从自身经营风险角度考虑,并不愿意主动向市场全面推出新版保险条款,在投保人投保时也不会主动告知有两个保险版本可供选择。而新旧版本最大的区别在于新版增加了"在工作时间和工作岗位,突发疾病死亡或者在48小时之内经抢救无效死亡"的保险责任。该条对长年在船上工作的船员来说是非常有意义的。

本案不仅对类似船员在船上意外死亡遭受保险拒绝的情况有典型案例作用,更是自本案以后,宁波船舶保险市场上才开始启用2004版雇主责任,航运公司纷纷改投新的、更多保险责任的保险条款。

对于船东来说,雇员在海上及船上从事工作活动过程中,风险较大,发生意外事故时,船东常要面临高额的赔付。在航运市场不景气的形势下,如何保证企业能够在遇到上述风险并遭到损失时,尽快得到保险补偿,尽快恢复正常生产经营,投保雇主责任险是一个较好的选择,船东应尽可能选择承保范围广的保险条款。

47 聊天记录挽回巨额损失

——裕星公司与三强公司等无单放货损害赔偿纠纷案评析

张剑锋　杨黎萍

案　　由:海上货物运输合同无单放货损害赔偿纠纷案

当事人姓名或名称:

原　　告:裕星公司

被　　告:三强公司、太昌公司、凯航公司

承办人:张剑锋、杨黎萍

裁判部门:宁波海事法院、浙江省高级人民法院

案　　号:(2013)甬海法商初字第533号、(2014)浙海终字第134号

案情简介

2012年12月23日,原告裕星公司接受案外人三木商事株式会社(以下简称"三木公司")的委托,承运一批957.79吨、总价值为51 720 660日元的混合五金废料,原告作为承运人签发了编号为HKHM-1,载明托运人为三木公司,收货人为太昌公司,船名为原告所有的"裕星"轮,装货港为日本博多港,卸货港为中国浙江海门。三强公司系原告在海门港涉案船舶航次的卸货代理。

2012年12月27日上午,原告业务人员刘某与三强公司业务人员Sunnyliu(以下简称"Sunny")在MSN对话如下:

刘某:我们单位在收回正本提单的,有了邮寄给我们,谢谢。

Sunny:好的。

同年12月31日上午双方对话如下:

Sunny:请问裕星放货有问题吗?

刘某:暂时不可以。

……

Sunny:好的,请问裕星为什么不能放货?

刘某:有问题没有解决,发货人不让放,让收货人找发货人吧。

Sunny:明白。

（30余分钟过后）

Sunny：你好，裕星货主说已经同发货人协调好了，发货人也同贵司说可以了，您再帮我确认一下吧。

刘某：嗯嗯。

刘某：可以发了。

刘某：稍等哈。

刘某：可以放了。

Sunny：好的，谢谢哦。

2012年12月31日，太昌公司作为提货单位、凯航公司作为担保方共同向三强公司出具提货保函，载明："由于货物的正本提单未到而又急需提货。我方特请求你方在未见到提单的情况下交付该批货物，我方愿作出如下保证：①因未按我方要求交付货物而产生任何损失，你方不为此交付承担任何责任。一切损失均由我方负责赔偿……②……③如果该船或者属于该船东的其他船舶因此遭受扣押或受扣押威胁，我方将负责采取安全措施使船舶解扣，由此产生的损失和费用均由我方承担；4.我方一旦获得上述货物的正本提单就立即交给你方，提单交付完毕时我方责任便告终止。"同日，三强公司将涉案货物交付给太昌公司。

2013年5月30日，宁波海事法院根据三木公司申请作出（2013）甬海法台保字第3号民事裁定书和扣押船舶命令，并于同年6月2日在台州海门港实际扣押"裕星"轮，由此产生诉前保全申请费5000元。当天晚上，三强公司通过电子邮件将提货保函扫描件发送给原告。同年6月4日，原告在三强公司处获得提货保函原件。随后原告与三被告协商船舶解扣事宜。2013年6月9日，甲方（太昌公司、应某）与乙方（三强公司、凯航公司和案外人大连富星国际货运代理有限公司）签订保证协议，约定太昌公司和应某提供价值不少于300万元人民币的进口红酒质押给乙方，并在10天内筹措资金置换质押红酒，否则乙方有权变卖红酒，变卖款不足法院执行款，乙方保留进一步追诉甲方的权利，质押期间，委托三强公司和凯航公司做监管。应某作为保证人，三强公司和凯航公司作为被保证人在该协议签字，后该协议未实际履行。

2013年6月13日，三木公司将裕星公司诉至宁波海事法院，要求其赔偿因无单放货遭受的货款损失。2013年12月12日，宁波海事法院拍卖"裕星"轮。2014年3月21日，宁波海事法院作出（2013）甬海法商404号民事判决，判令裕星公司赔偿三木公司货款损失3 778 142元和诉前保全申请费5 000元。

另外2013年6月2日至同年10月21日期间，原告安排船员看管"裕星"轮，产生船员工资413 021元、伙食费18 863元、遣返费5000元，共计436 884元。后由于原告无力看管船舶，中国台州外轮代理有限公司安排人员继续看管，包括协助原告抗台、抢险施救、供应柴油并代为支付船舶吨税等各项费用共计126 780元。

原告以三强公司在未收回正本提单的情况下私自将涉案提单项下的所有货物全部放行给太昌公司，与其他两被告共同实施无单放货的非法行为构成共同侵权为由，致使"裕星"轮在海门港被扣押，原告为此遭受巨大经济损失，要求法院判令三被告连带赔偿原告各项经济损失5 824 951元及利息。

法院判决

宁波海事法院经审理后认为：①原告要求三强公司不能放货的理由系收、发货人之间存在纠纷且发货人指示不能放货，后来三强公司以货主已经同发货人协商妥当且发货人同意放货为由，请求原告再次确认时，原告自认其随后向三木公司的国内代理方询问后，被明确告知可以放货后，才两次指示三强公司可以将货物放行。②原告自始至终均未主张并证明其在涉案货物运输中存在即使有正本提单也有向相关方主张留置权的情形，因此，三强公司作为原告在目的港代理，要么直接凭正本提单交付货物，要么凭其委托人即原告指示放货；本案中，三强公司接受原告指示将货物放行给提单记载的收货人，对此并不存在过错，相应法律后果应由被代理人即原告承担，故原告要求三强公司承担无单放货赔偿责任的诉请，证据与理由不足，法院不予保护。

一审判决后，被告不服，上诉至浙江省高级人民法院。

二审法院认为：三强公司系裕星公司在卸货港的代理，三强公司是否应对涉案损失承担责任关键在于三强公司在代理过程中是否存在过错。根据原审时各方提供的裕星公司业务员刘某与三强公司Sunnyliu的对话看，2012年12月27日上午，裕星公司业务员刘某与三强公司业务员Sunnyliu就提单的问题在MSN中有明确的对话。从该MSN对话的前后文意思来看，三强公司业务员两次征询裕星公司业务员的意见。在获得裕星公司业务员可以放货的明确意见后，三强公司于2012年12月31日才将涉案货物放行。另外，原审中三强公司还提交了裕星公司业务员刘某与三强公司法定代表人王某于2013年6月2日的电话录音，该录音中刘某明确承认三强公司在放货的时候已经请示过裕星公司，裕星公司是知道无单放货的情况的。同时，本案中并不存在即使收货人太昌公司凭正本提单提货，三强公司有权留置涉案货物的情况。因此，根据MSN聊天记录、通话录音及实践中的惯例，如果按照裕星公司所称，"可以放了"是指凭正本提单放货的话，三强公司也无需征得裕星公司的同意，无需再三询问裕星公司是否可以放货。裕星公司的述称，本院不予采信。三强公司受裕星公司委托，根据裕星公司的指示将货物放行给提单记载的收货人，对此并不存在过错，无需承担赔偿责任，原判驳回裕星公司要求三强公司承担无单放货赔偿责任的诉讼请求并无不当。最终判决驳回上诉，维持原判。

律师分析

张剑锋、杨黎萍律师作为三强公司的诉讼代理人，首先全面了解案件事实，仔细分析裕星公司、凯航公司提供的证据，然后运用自身专业知识，认真研究案情，提出"三强公司作为船代，要么凭正本提供交付货物，要么凭委托人指示放货"的代理意见，认为：

1. 被告三强公司作为原告的代理人，严格遵守代理人职责，没有超越代理权限，无单放货行为的法律后果依法应由被代理人——原告承担

被告三强公司与原告业务合作已有多起，原告委托三强公司作为"裕星"轮在浙江海门港的船舶代理。双方业务操作惯例，三强公司根据原告的指令放货给收货人，指令有时是邮件，有时是MSN或QQ。

本案争议航次，三强公司同样得到了裕星公司的放货指令。"裕星"轮于12月27日到达海门港，至2012年12月31日压港已有4天，当时正逢元旦休假前一日，收货人想早日办理进口通关手续，三强公司两次请示（8:54、9:56）原告能否放货，原告都明确指示不能放货，三强公司均未有违背。

也许原告不愿意看到货物长期滞港的现象，遂给被告指点："发货人不让放，让收货人找发货人吧"，于是在同日约半个小时后（10:29），三强公司报告原告"裕星货主说已经同发货人协调好了，发货人也同贵公司说可以了的，您再帮我确认一下吧"，由此足见三强公司是诚信谨慎、恪尽职守的代理人，没有听信收货人单方说的"已同发货人协调好了"，根据代理准则，谨慎请示原告，请原告亲自向发货人确认。7分钟后（10:36），原告明确指示"可以放了"，在得到原告明确的指令后三强公司才将货物交付给收货人。

因此三强的放货行为完全是原告授权范围内，是合法代理，不存在越权代理等违法行为，根据《民法通则》第63条的规定，其产生的法律后果应由被代理人即原告承担。

2. 原告在认可指令三强公司放货的同时，却又主张放货要有正本提单，属无理狡辩

船代放货到底是根据船东的指令还是正本提单？两个条件是要同时具备还是只一个条件？我们认为只要一个条件就行。

有了船东的指令，即便没有正本提单，船代依指令放货，属于执行船东委托，尽管该放货行为对外可能是违法的，但对船东与船代内部来讲，则是合法的。因为船代的行为是在代理授权内，没有过错，司法实践中大多数无单放货就是此种情形。

第二种情形就是有了正本提单，船代还要不要再得到船东的指令？根据《海商法》第71条的规定，提单是"承运人据以交付货物的凭证"，见着正本提单，承运人即应放货，如不放货则属违法扣货，正本提单持有人有权依据《海事诉讼特别程序法》申请海事强制令。

律师评析

（1）本案实则为一起国际贸易合同引起的纠纷，发货人故意将贸易合同的风险转嫁至海上运输合同。由于原告非常遗憾没有留下与发货人联系、发货人同意放货的证据，败诉了上一案件，欲将责任转嫁到被告身上。海上运输合同的纠纷很多起因为国际贸易纠纷，国内企业无论是出口方还是进口方，都应首先在国际贸易环节防范法律风险，注重证据的保留、收集，以免陷入下一个海上运输合同的诉讼风险。

（2）日本等中国邻国与中国之间是短途海运，通常货物会比提单先到目的港，所以短途远洋运输中无单放货是行业惯例。作为承运人或承运人的代理人在不得已根据惯例需要实施无正本提单放货时，切记注意必须收到具有履行能力的正本保函，代理人更需得到委托人书面、明确的放货指令，事后还要记得收回正本提单。

（3）计算机与网络日益发达的当下，QQ、MSN、微信、电子邮件等电子载体证据广泛应用在民事诉讼中，这些证据具有易受破坏性、可修改性及原件的不可确定性等高科技性特点，如能用好这类证据有时将对案件起到关键作用，建议这类证据通过公证形式予以固定，并与其他证据互相佐证、印证，不使其成为孤证。

第十五章 海事仲裁纠纷案例解析

48 开发区××航运有限公司与天津××海运有限公司海事仲裁案

陈 波(总所)

案 由:委托运输包运合同争议

申 请 人:开发区××航运有限公司

被申请人:天津××海运有限公司

承 办 人:陈波

裁判部门:中国海事仲裁委员会

案 号:(2014)海仲沪裁字第004号

案情简介

　　申请人与被申请人于2008年8月18日签订的"包运合同"第6条第1款约定,"运价:北方三港至宁波北仑电厂,每吨人民币59元整"(以下币种均为人民币)。该条第2款约定,"双方约定至每年度可以重新协商运价,协商运价应结合油价、船价等因素,但调整的运价幅度不超过本合同运价正负10%。如双方重新协商不一致,则按原合同运价执行。任何一方不能以此中断合同的执行。"该条第3款约定,"每航次的全额运费,必须在船舶按航次卸完货后5个工作日内付清。运费以电汇方式由乙方(被申请人)付给甲方(申请人)指定银行账户。"合同第4条约定,"本合同期从2008年8月21日至2010年12月31日,以双方确认船舶发出航次时间为准。到期如双方无异议,经确认予以续租,双方应在本合同到期前三周内签订续租合同。"此外,合同第9条和第10条约定装卸港装卸货时间为6.5个日历日,滞期费每天150 000元。由于订约当时正值全球航运市场的运价顶峰,合同运价相对于市场运价存在较大程度的折让。

　　2008年9月开始,受全球金融危机的影响,航运市场运价暴跌,并长时间在低位运行。2008年

11月28日双方签订2008年补充合同,约定从2008年11月1日起至2009年第一季度,将北方港口至北仑电厂的运价由人民币59元/吨下调为人民币50元/吨。2009年2月18日双方签订2009年补充合同,约定从2009年2月1日起至2009年12月31日,北方港口至北仑电厂的运价下调为人民币33元/吨,但同时包运合同的合同期延长一年至2011年12月31日。从合同变更的过程来看,申请人根据包运合同的约定,原本有权按照人民币59元/吨收取从2008年8月至2009年底的运费,申请人两次接受被申请人运价调整的要求是申请人履行合同时善意的表现。双方同意将包运合同的期限延长一年,目的在于将合同项下本当在2009年履行的人民币59元/吨的高运价航次延后到2011年履行,从而减轻被申请人在市场低谷期的履约压力。这种做法在金融危机后包运合同及长期期租合同的实务中极为常见。

按照2009年补充合同的安排,从2010年1月1日开始至2011年12月31日,双方应当按照人民币59元/吨的运价履行后续航次,除非双方对合同运价能够协商一致并予以调整。2010年7月20日双方签订补充协议,协议第1条第1款约定,"2010年度运价调整为:北方港口/北仑:人民币40.5元/吨(FIOST)。"第4条第1款约定,"甲方(即被申请人)同意,合同1(即包运合同)的履行期限在原有基础上再延长3年。即合同截止日为2014年12月31日(以双方确认的航次发出时间为准)。到期如无异议,经双方协商一致可以另行签订租用合同。"第1条第4款约定:"合同期内每年年度运价的定价依据为:基准运价人民币37元/吨,甲方与电厂的年度基准运价高于人民币37元/吨,高出部分的运价由甲乙双方按五五比例分成。如甲方与电厂的年度基准运价等于或低于人民币40元/吨,双方另行协商。"协议第3条"油价联动调整价"约定:"如遇国际油价变动,以75美元/桶为基准,国际油价每上下浮动15美元/桶(含)为一档,每档运价相应增减人民币1元/吨。国际油价指纽约商品交易所轻质原油上一季度的每日期货收市价平均价。上一季度的期货平均价每升或降一档,运价从下季度开始调整(按发出量为准)。"第7条约定,"乙方(即申请人)同意,本补充协议签订后,2010年1月1日之前与甲方合同所产生的所有滞期费,不再向甲方收取。"第8条第1款约定,"合同1中:第6条第1款和第2款、第9条、第10条因与本补充协议冲突,现视为无效条款。"此外根据合同第2条的约定,装卸时间由6.5天调整为7天,滞期费从150 000元/日调整为100 000元/日。

2011年7月12日双方签订《2011年度运价确认书》,约定北方港口/北仑运价为人民币40.5元/吨(FIOST),上述运价已含油价联动调整价,2011年不再作油价调整。被申请人通过电汇和承兑汇票向申请人支付了2011年度运费。

2012年度"BLH27"轮和"BLH36"轮各执行了23个航次运输,2013年度两船分别执行了2个航次和1个航次运输,但双方对2012年度和2013年度的运价没有进行确认。2012年度,被申请人通过承兑汇票的方式向申请人支付了"BLH18"轮、"BLH27"轮和"BLH36"轮的运费共计人民币9000万元整,但未区分各笔承兑汇票所对应的船名及航次。申请人确认并接受上述承兑汇票的时间和金额分别为:2012年2月25日人民币2000万元整;2012年4月16日3000万元整;2012年9月27日人民币2000万元整;2012年11月9日人民币2000万元整。

2012年12月,国务院办公厅下发《关于深化电煤市场化改革的指导意见》,规定"自2013年起取消电煤重点合同和价格双轨制","煤炭企业和电力企业自主衔接签订合同,自主协商确定价格,鼓励双方签订中长期合同。"指导意见明确要求"推进电煤运输市场化改革,完善煤炭运力交易市场,依据煤炭供需双方签订的合同和运输能力,合理配置运力并保持相对稳定,对大中型煤电企业签订的中长期电煤合同适当优先保障运输。"

2013年1月5日,被申请人向申请人发送题为《关于贵我双方2013年运输合同事宜》的传真函件,称电厂与被申请人从2013年1月1日起将按照市场化原则,以航次定价方式承运电厂电煤,为此,申请人与被申请人签订的2010补充协议中的年度合同定价机制将不复存在,并要求申请人回复是否同意按照航次定价方式继续履行运输合同。申请人于2013年1月6日回函,明确表示不接受按航次定价方式,要求继续按原合同履行。2013年1月30日,被申请人为此向申请人回函表示,"BLH27"轮1302航次卸空后不再装运,请申请人自行安排相关运输。由于双方无法就2012年运价达成协议,导致该年度运费一直无法结算。为避免申请人已经预开的运费发票过期而产生不必要的税务损失,双方于2013年5月29日签订《接收发票事项确认书》,约定"双方均不能以发票中记载的运价作为运输合同价格参照的依据","最后双方按照诉讼、仲裁或双方协商的结果,多退少补,另行结算"。

此外,2010年被申请人与××浙江北仑第一发电有限公司(以下称"北仑电厂")签订的《2010年电煤年度运输合同》(合同号:TJGDHYY201000)的第4条"运价与结算"约定:运价由基准运价和油价联动调整价等组成,基准价合同期内不变;基准运价人民币47元/吨(F.I.O,即船东不负责装卸费),油价联动调整价按照人民币3元/吨计算,合同基准运价已经包含滞期费。2011年被申请人与北仑电厂签订的《2011年电煤年度运输合同》(合同号:TJGDHYY2011003)的第4条"运价与结算"则约定:运价由基准运价和油价联动调整价及滞期费等组成,基准价合同期内不变,基准运价人民币43元/吨(F.I.O,即船东不负责装卸费),年度油价联动调整价和滞期费按照人民币7元/吨计算。2012年被申请人与北仑电厂签订的《2012年电煤年度运输合同》(合同号:TJGDHYY2012005)的第4条"运价与结算"约定:运价由基准运价和油价联动调整价及滞期费等组成,基准价合同期内不变,基准运价人民币40元/吨(F.I.O,即船东不负责装卸费),年度油价联动调整价和滞期费按照人民币8元/吨计算。2013年被申请人与北仑电厂签订的《2013年电煤年度运输合同》(合同号:TJG-DHYY2013005)的第4条"运价与结算"约定:运价=市场运价+调整价,市场运价以上海航运交易所公布的中国沿海煤炭运价指数中"秦皇岛—上海(4万~5万DWT)"航线作为基准运价,调整价3元/吨。

仲裁庭意见

(一)包运合同及补充协议运价条款的解读

申请人与被申请人实际执行了"BLH27"轮和"BLH36"轮两船2012年度及2013年部分航次的运输,但是双方对两个年度的具体运价没有进行确认。被申请人对其支付运费的义务并无争议,但是双方对于包运合同下两个年度运价的认定,存在不同意见。具体而言,申请人与被申请人对于补充协议第1条第4款基准运价的理解,"另行协商"的内容和协商不成的后果存在较大分歧。

仲裁庭认为,确定包运合同的运价,需要对包运合同及相关补充合同、补充协议等合同文件的相关条款进行必要的解释。《合同法》第125条规定,"当事人对合同条款的理解有争议的,应当按照合同所使用的词句、合同的有关条款、合同的目的、交易习惯以及诚实信用原则,确定该条款的真实意思。"仲裁庭认为,本案合同条款的解释,不能脱离双方当事人的订约目的和交易习惯,需要结合本案包运合同、补充合同、补充协议的内容,审查订约背景,进行完整的体系解释。

本案双方当事人之间订立包运合同的目的,是在连续多个年度内以固定船舶(即"BLH27"轮和"BLH36"轮)从事国内固定港口之间固定航线连续航次的煤炭运输,合同约定按照固定运价支付运费,双方对装卸时间及计算方法也作出约定,并约定了滞期费的计算标准,符合航次租船合同的特征。同时,合同对年度运价调整进行了限制,调整的幅度不超过合同运价正负10%,如果双方协商无法达成一致,则继续执行原合同运价,任何一方不能因此中断合同的执行。

由于航运市场具有周期性的特点,市场运价变动剧烈。通过订立长期包运合同,承租人可以获得稳定的运力,而船东或出租人可以获得稳定的收益,保证船舶融资交易的履行。双方通过对合同运价的锁定,可以对冲市场运价波动所产生的风险。在运费市场处于高位时,承租人可以按照预先确定的运价运输货物;而在运费市场处于低位时,出租人也可以按照预先确定的运价获取稳定的收益。然而,如果在具体航次中以市场运价水平作为衡量标准,一方获利可能导致另一方损失。涉案合同市场风险及相关风险损失,是双方在订立合同时应当预料的基本风险,理应由当事方自行承担,这是双方公平交易的出发点。尽管包运合同运价是根据合同订立时的市场运价采取折价或溢价后确定的,但是在合同履行过程中,具体航次的市场运价是市场变化的结果,与合同运价并不存在必然的关联。本案双方同意采用包运合同这种运输方式,主要源于自身拥有稳定货源需要长期稳定运力的承租人和追求低风险回报的出租人的商业目的,这也正是本案申请人和被申请人双方能够达成涉案包运合同的基础。

被申请人主张在包运合同履行期内按照市场运价确定年度合同运价,显然背离了双方订立包运合同的目的。如果不考虑双方在订立合同时对不同市场环境下潜在收益和风险的整体分配基础,而仅仅根据市场运价水平确定航次履行的利润,并以此为依据作为对合同运价公平性的评判标准,显然违背了订立包运合同的本意。市场本身具有不可预知性,尽管包运合同在2008年8月签订时航运市场处于市场顶峰,但这不能改变双方在所列合同中所确定的合同定价原则。合同当事人有订立合同的自由,在订立合同时应当对订立合同的风险进行判断,而合同一旦订立,对双方具有法律约束力,双方当事人均应全面履行合同义务,并依法承担相应的责任。2009年补充合同约定包运合同期延长一年,并约定北方四港至北仑电厂人民币33元/吨的运价执行期为2009年2月1日零点至2009年12月31日24时。而之后的合同期从2010年1月1日开始至2011年12月31日,双方并没有约定运价定价方式,所以仍应当按照包运合同中人民币59元/吨的运价履行后续全部合同航次,被申请人有义务据此支付所有航次的运费。

2010年7月20日双方签订的补充协议,将2010年度运价调整为人民币40.5元/吨(包含油价联动调整价),并调整了装卸时间和滞期费,而且协议第1条第4款对包运合同的定价机制也进行了修订,该条约定,"合同期内每年年度运价的定价依据为:基准运价人民币37元/吨,甲方与电厂的年度基准运价高于人民币37元/吨,高出部分的运价由甲乙双方按五五比例分成。如甲方与电厂的年度基准运价等于或低于人民币40元/吨,双方另行协商。"在运价中包含了基准运价和其他运价(分成运价,油价联动调整价)的情形下,按照通常的理解,"基准运价"一词应当是指包运合同的起算标准,属于运价中的不变部分。按照常识对条款进行解读,如果被申请人与电厂之间的合同(以下称"电厂合同")的年度基准运价高于人民币37元/吨,高出部分的运价原则上由甲乙双方按五五比例分成。但是如果甲方与电厂的年度基准运价超过人民币37元/吨而低于人民币40元/吨,由于2010年电厂合同的年度基准运价中包含了滞期费,而包运合同的基准运价并不包含滞期费,被申请人可能实际上并没有或少于获得应得的利润,因此包运合同约定双方可以协商调整分成比例。但是,如果双方协商无法达成一致,依照第1款的约定,双方仍然应当按照五五比例进行分成。该条款的内容是明确的。在约定条件下,双方可以协商的只是分成比例。被申请人主张当电厂合同的年度基准运价等于或低于人民币40元/吨时,根据补充协议第1条第4款第2段的约定,双方必须对合同整体运价(而非分成运价部分的比例)重新进行协商,协商不成,应适用公平原则和诚实信用原则确定运价,即适用2012年合同履行当时同等吨位船舶在相同航线的市场价格人民币30.44元/吨结算。被申请人的上述主张并不符合该条款第1段关于电厂合同基准运价高于人民币37元/吨时双方进行五五分成的合同本义,由此造成的合同的同一条款理解和执行产生直接的冲突,这将导致第1段的两项约定均变得无法解释,这明显与包运合同的订约目的相悖。实际上,如果按照被申请人这种主张进行简单的推论,直接根据市场确定运价,那么协议明确约定包运合同基准运价人民币37元/吨就变得毫无意义。此抗辩主张既无合同依据,也无法律依据。

(二)2012年度和2013年度包运合同运价和运费的争议

当事双方关于运费的争议,主要是关于包运合同下两个年度运价的认定。

1. 2012年度的运价和运费

根据补充协议的约定,2012年度包运合同的运价,由基准运价、分成运价和油价联动调整价组成。

仲裁庭注意到,补充协议中分别提到了包运合同基准运价和电厂合同的年度基准运价,其中包运合同的基准运价为固定价格人民币37元/吨,实际相当于包运合同的不变运价部分;而电厂合同的年度基准运价,由被申请人与电厂按年度协商进行调整,由此影响包运合同分成运价部分的确定。补充协议订立时,双方依据的电厂合同是2010年度的电厂合同,其中第4条"运价与结算"条款约定运价由基准运价(人民币47元/吨)和油价联动调整价(人民币3元/吨)组成,基准运价已经包含了滞期费。而包运合同下油价联动调整价为变动价格,需要根据市场油价进行测算,合同运价需要根据油价联动调整价进行调整,而且滞期费也在合同运价的范围之外,需要单独计算。

补充协议第1条第4款修改了包运合同的定价机制,构成新的运价条款,该条作为"合同期内每年年度运价的定价依据",应当同样适用于2010年度,但由于协议第1条第1款明确约定2010年度运价为人民币40.5元/吨(包含油价联动调整价),与协议自身约定的定价机制虽不相符,不过这应当属于当事双方对于2010年度的合同运价做出的进一步调整,优先于协议运价条款对合同期内定价机制的约定,并不由此改变运价条款在其他年度的适用。

从2011年开始,电厂合同第4条"运价与结算"条款进行了修订。2011年度电厂合同约定运价由基准运价和油价联动调整价及滞期费组成,其中基准运价为人民币43元/吨,油价联动调整价及滞期费按照人民币7元/吨计算。经审查,2011年度及2012年电厂合同与2010年度电厂合同的条款没有任何其他实质性变化。

仲裁庭认为,补充协议在订立时,分成运价的确定依据是被申请人与电厂之间2010年度的电厂合同。协议第1条第4款所述电厂合同"年度基准运价"的具体含义和组成内容,是根据当年电厂合同中年度基准运价的含义和内容确定的,其中已经实际包含了滞期费,由此构成了包运合同下确定分成运价的依据。申请人对包运合同下分成运价的计算方式,或"年度基准运价"含义和内容,此后未有进行变更的意思表示。被申请人在此后年度中,单方面对电厂合同"年度基准运价"的含义和内容进行修改,对申请人并不具有法律约束力。双方在包运合同期内确定此后年度运价,仍然应当按照双方在协议签订时所依据的电厂合同年度基准运价的原有含义和内容确定。

2010年度电厂合同下的运价包括基准运价人民币47元/吨(含滞期费),油价联动调整价人民币3元/吨,运价实际为人民币50元/吨;2011年度电厂合同下的运价包括基准运价人民币43元/吨(不含滞期费),油价联动调整价和滞期费人民币7元/吨,也是人民币50元/吨。被申请人要求修改电厂合同,将运价从人民币47+3元/吨修改为人民币43+7元/吨,对于电厂来说没有任何区别。申请人不是电厂合同的当事方,无权介入电厂合同的订立。在此情况下,被申请人主张2011年度电厂合同的基准运价按照人民币43元/吨计算,有违诚实信用法律原则。

2012年度电厂合同基准运价人民币40元/吨(不含滞期费),油价联动调整价和滞期费人民币8元/吨,运价为人民币48元/吨。由于被申请人单方面修改了当年度电厂合同基准运价的含义和内容,而且未能举证证明该合同中滞期费与油价联动调整价的具体构成,仲裁庭认定的2012年度电厂合同的基准运价为人民币48元/吨。

根据包运合同的约定,申请人在电厂合同基准运价高于人民币37元/吨时按照五五分成,据此计算的运价为人民币42.5元/吨。此外,补充协议第三条约定,"如遇国际油价变动,以75美元/桶为基准,国际油价每上下波动15美元/桶(含)为一档,每档运价相应增减1元/吨。国际油价指纽约商品交易所轻质原油上一季度的每日期货收市价平均价。上一季度的期货平均价每升或降一档,运价从下季度开始调整(按发出量为准)。"2011年第四季度、2012年第一、二、三季度纽约商品交易所轻质原油的每日期货收市价平均价均在90美元/桶以上,在被申请人未提供相反证据的情况下,2012年度运价应增加人民币1元/吨油价联动调整价。因此,包运合同下"BLH27"轮、"BLH36"轮2012年度的运价为人民币43.5元/吨。

根据申请人提供的秦皇岛港股份有限公司港航货物(煤炭)交接清单和国投曹妃甸港口有限公司港航货物(煤炭)交接清单,"BLH27"轮在2012年共执行23个航次,总运量为1 449 471吨。"BLH36"轮在2012年共执行23个航次,总运量为1 449 907吨。涉案两船2012年的总运量为2 899 378吨,2012年总运费为2 899 378吨×人民币43.5元/吨=人民币126 122 943元。

2. 2013年度的运价和运费

由于被申请人与电厂在2013年的年度电厂合同中不再确定年度基准运价,而是改为按航次确定运价,因此2010年补充协议第1条第4款失去了适用的基础。在此情况下,申请人与被申请人双方可以对2013年度包运合同的运价重新进行协商。

由于双方未能重新协商定价,仲裁庭需要根据包运合同及相关补充合同、补充协议的约定,确定2013年度的合同运价。仲裁庭认为,有必要审查补充协议订立时双方的订约目的和订约背景,确定双方在补充协议中的真实意思表示。当事双方在2010年7月20日订立补充协议对包运合同的运价进行调整前,被申请人有义务按照人民币59元/吨的运价支付2010年1月1日开始至2011年12月31日两年内所有合同航次的运费,相关的合同航次的履行已经超过了半年。支付运费是被申请人的履约义务,因市场变化所引发的损失原本就在被申请人承担责任的范围之内。在这种情况下,双方协商同意变更包运合同的定价机制,重新订立运价条款,目的是将被申请人在合同变更前需要在两年内承担的市场损失,摊分到合同变更后五年的合同年度中。由于从2013年开始,电厂合同中不再确定年度基准运价,双方在2010年补充协议中变更包运合同重新确立的包运合同定价依据已经失去了适用的基础,该项变更不再发生实际效力,因此,包运合同的运价仍然应当根据包运合同及2009年补充合同确定,但合同期限应当有所调减。

仲裁庭注意到,补充协议第8条约定,包运合同第6条第1款和第2款因与补充协议存在冲突,应视为无效。但是,对补充协议的解读,不能脱离包运合同和补充协议的订立目的,不能改变包运合同的基本特征。包运合同第6条第1、2款和补充协议第1条第4款分别是包运合同和补充协议的运价条款,后者构成了对前者的实际变更,在补充协议订立后,前者的约定因与后者的约定存在直接的冲突而因此无效,这是法律的应有之义。然而在后者已无适用基础,不能继续发生效力的情况下,前者的约定不再存在因条款冲突而无效的情形,故应作为继续调整双方之间权利义务关系的依据。而且,从合同文件的连贯性来看,补充协议第1条第4款失效后的合同运价应当是根据2009年补充合同进行确定,经2009年补充合同修订后的合同权利义务关系是确定的,双方理应继续遵守。

仲裁庭认为,只有充分考量双方当事人订立补充协议时的订约目的,尊重双方在订约时的真实意思表示,才能够最大限度接近合同双方的订约目的。因此,申请人按照42.5元/吨的运价主张2013年度的运费并无不妥,仲裁庭予以支持。根据申请人提供的秦皇岛港股份有限公司港航货物(煤炭)交接清单和国投曹妃甸港口有限公司港航货物(煤炭)交接清单,"BLH27"轮2013年执行2个航次,总运量为125 947吨。"BLH36"轮2013年执行1个航次,总运量为62 787吨,两船总运量为188 734吨,2013年已履行航次的运费应为人民币8 021 195元。

3. 被申请人已付运费的扣减

被申请人在2012年以承兑汇票的方式向申请人支付了"BLH18"轮、"BLH27"轮和"BLH36"轮的运费共计人民币900万元。"BLH18"轮所涉包运合同约定该合同的争议由法院管辖,根据浙江省高级人民法院(2014)浙海终字第37号生效判决的认定,上述款项中归属于"BLH18"轮的运费为人民币27 805 344元,据此仲裁庭认定,上述款项中归属于"BLH27"轮和"BLH36"轮的运费为:90 000 000-27 805 344=62 194 656元。被申请人应当向申请人支付的"BLH27""BLH36"两轮的运费总计为人民币71 949 482元。

(三)关于运费利息

包运合同第6条第3款约定,"每航次的全额运费,必须在船舶按航次卸完货后5个工作日内付清。"更改该款约定的运费付款时间,需要双方作出明确的意思表示。被申请人没有按时向申请人足额支付2012年度和2013年度已经履行航次的运费,应当向申请人支付相应的利息。被申请人主张,根据双方签订的《接收发票事项确认书》第3条的约定,"最后双方按照诉讼、仲裁或双方协商的结果,多退少补,另行结算",双方已经同意将两轮2012年度、2013年度已经履行航次未付运费的支付时间变更为仲裁裁决做出以后。仲裁庭认为,双方签署确认书的目的是为了避免发生税务损失,而运费利息是运费的自然孳息,该条约定不是更改运费支付时间的合同本意,也不能构成申请人同意免除被申请人支付利息损失的意思表示。

根据包运合同第6条第3款的约定,被申请人在每航次卸完货后5个工作日内就有付清当航次运费的义务,申请人未能及时足额支付航次运费,构成违约,应当向申请人支付运费利息。因被申请人以承兑汇票的方式支付了部分运费,申请人已经收到的运费应当予以扣除。由于申请人另行索赔了汇票到期日之前汇票的贴现损失,因此申请人从被申请人收到汇票之日(而非汇票到期日)即应视同为申请人收到该笔运费,汇票票面金额扣除贴现利息后的数额,是申请人实际收到运费的数额。

根据双方提供的证据,申请人2012年2月25日收到第一期汇票2000万元,其中归属于"BLH27"轮和"BLH36"轮两船的运费计为人民币13 333 333元,该汇票2012年2月27日到期,按照4.44%的折现率计算折合运费人民币13 330 044元,从2012年1月1日开始到收票日,两船共履行5个航次,合计应收运费人民币13 689 711元,按照同期贷款利率计算的利息合计为人民币44 070元,扣除已付运费后未付运费余额为人民币359 667元。申请人2012年4月16日收到第二期汇票人民币3000万元,其中归属于"BLH27"轮和"BLH36"轮两船的运费计为人民币2000万元,该汇票2012年7月10日到期,按照4.44%的折现率计算折合运费人民币19 790 333元,在此期间两船共履行8个航次,合计应收运费人民币22 279 665元,按照同期贷款利率计算的利息合计为人民币67 867元,已付运费抵扣后剩余人民币2 489 332元。申请人2012年9月27日收到第三期汇票2000万元,其中归属于"BLH27"轮和"BLH36"轮两船的运费计为人民币13 333 333元,该汇票2013年2月14日到期,按照4.44%的折现率计算折合运费人民币13 103 111元,在此期间两船共履行17个航次,合计应收运费人民币49 116 852元,按照同期贷款利率计算的利息合计为人民币642 566元,扣除已付运费后未付运费余额为人民币36 013 741元。申请人2012年11月9日收到第四期汇票人民币2000万元,其中归属于"BLH27"轮和"BLH36"轮两船的运费计为人民币15 527 989元,该汇票2013年2月8日到期,按照4.44%的折现率计算折合运费人民币15 353 714元,在此期间两船共履行6个航次,合计应收运费人民币52 457 567元,按照同期贷款利率计算的利息合计为人民币310 349元,扣除已付运费后未付运费余额为人民币37 103 853元。截止到2013年最后航次应付运费到期日,即2013年2月7日,在此期间两船共履行13个航次,合计应收运费人民币72 566 936元,按照同期贷款利率计算的利息合计为人民币790 046元。应付未付运费及利息合计为人民币73 804 380元。

(四)关于被申请人是否非法解除合同

申请人请求仲裁庭裁决被申请人支付申请人违约金人民币98 418 171.36元及违约之日起的利息。仲裁庭注意到,本案被申请人于2013年2月19日就本案包运合同项下所涉事项,向中国海事仲裁委员会提起了仲裁,中国海事仲裁委员会受理了该案,案号为MA20130004(以下简称"004号案件")。

经审查,被申请人于2013年2月19日就本案包运合同项下所涉事项,向中国海事仲裁委员会提起了仲裁,请求裁决确认申请人(本案被申请人,仲裁庭注)与被申请人(本案申请人,仲裁庭注)之间在包运合同项下的权利义务自2013年1月双方履行的最后一个航次后时终止,本案被申请人无须就前述合同权利义务终止而向本案申请人承担任何责任。该案仲裁庭于2015年4月9日作出(2015)海仲京裁字第006号仲裁裁决书,裁决申请人和被申请人继续执行2010年补充协议及由其修改和补充的原合同中尚未安排航次部分的权利和义务已终止;申请人无须向被申请人承担赔偿责任。

本案件涉及的基础事实、案件当事人、申请人的仲裁请求与004号案件有相同之处。本案申请人主张因被申请人原因导致合同解除,应承担违约赔偿责任并支付违约金,并坚持主张由本仲裁庭对此项违约责任予以审理。仲裁庭多数意见认为,考虑到此项请求仲裁庭已在004号案裁决中做出了裁决,申请人的此项仲裁请求不予支持。

(五)关于承兑汇票贴现损失

仲裁庭认为包运合同第6条第3款约定,"每航次的全额运费,必须在船舶按航次卸完货后5个工作日内付清。运费以电汇方式由乙方付到甲方指定银行账户。"因运费的支付方式明确约定为电汇,被申请人用承兑汇票方式支付运费,已经构成违约,应当承担违约责任。申请人接受汇票的行为并不构成对上述合同条款的变更,也不构成申请人放弃向被申请人主张违约责任的权利。由于支付方式发生变化,申请人收到未到期的承兑汇票,必然遭受从收到汇票之日至汇票到期之日的贴现损失,被申请人应当对此承担赔偿责任。

被申请人提出,申请人于2014年3月26日向仲裁委员会提出《变更仲裁请求申请书》时,才首次向被申请人主张2011年及2012年银行承兑汇票的贴现利息损失,因此在2012年3月26日前已到期的银行承兑汇票的贴现损失,已过诉讼时效,因此应当予以驳回。

仲裁庭认为,申请人于2013年1月7日就"BLH9"轮和"BLH18"轮包运合同争议向宁波海事法院提起诉讼,并向被申请人索赔2011年全部承兑汇票的贴现损失,相关汇票用于支付2011年度包括"BLH27"轮、"BLH36"轮在内的四艘船舶的运费,申请人提出的索赔,属于《民法通则》第140条规定的"当事人一方提出要求"的情形,诉讼时效因此中断,因此申请人此后在本案中请求被申请人承担2011年承兑汇票的贴现利息损失,并未超过诉讼时效。

被申请人主张,其交付的部分汇票申请人用于质押和支付第三方款项,不存在贴现损失。仲裁庭认为虽然质押汇票和将汇票支付第三方不直接产生贴现损失,但因为被申请人使用远期汇票代替电汇且汇票到期日晚于运费应付日,申请人无法在合同约定的时间收到应支付的运费,而申请人在到期前以任何方式使用汇票对应的金额都不得不付出额外的代价。所以将汇票用于质押和支付第三方款项,申请人同样遭受了因被申请人违约所造成的损失。

2012年3月26日前到期的2012年银行承兑汇票,其中申请人于2012年2月25日收到的到期日为2012年2月27日的汇票,贴现利息损失只有两天。在双方的交易中,被申请人不定期地使用承兑汇票支付运费,但是从未明确说明每张汇票所涵盖的具体航次。申请人收到未到期的承兑汇票,可以进行贴现,从票面金额中扣除贴现利息后,作为申请人实际收到的运费。被申请人反复使用汇票支付运费,而四艘船舶的合同航次连续进行,运费不断产生,因此申请人的运费损失直到2013年年初最后航次完成时被申请人确认不再安排后续航次时才能予以确定。如果申请人没有主张2012年度承兑汇票的贴现利息损失,申请人收到汇票之日至汇票到期之日期间应收的未付运费,应当自动按照同期贷款利率计算利息,而且被申请人应付未付的运费的数额也要高于其实际支付运费和利息的数额,因此申请人的该项主张,实际上主动降低了被申请人的责任,仲裁庭予以支持。

关于2011年汇票的贴现利息损失,双方确认在2011年度被申请人以承兑汇票方式支付给申请人的运费金额为人民币2234万元,并确认2011年申请人有四艘船舶出租给被申请人履行煤炭运输,但是被申请人所支付的运费涉及四艘船舶,且四艘船舶的吨位相近,运量相当,而涉案船舶只有两艘,申请人亦未能举证证明就涉案船舶的运费所导致的利息损失的具体金额。仲裁庭因此酌定2011年度承担汇票的贴现利息损失为人民币150万元。

关于2012年汇票的贴现利息损失,被申请人提交的《银行承兑汇票交接单》和《银行承兑汇票》显示,2012年申请人先后四次接受承兑汇票:2012年2月25日收到汇票人民币2000万元,汇票到期日为2012年2月27日;2012年4月16日收到汇票人民币3000万元,汇票到期日为2012年7月10日;2012年9月27日收到汇票人民币2000万元,汇票到期日为2013年2月14日;2012年11月9日收到汇票人民币2000万元,汇票到期日为2013年2月8日。被申请人对申请人收到汇票之日至汇票到期之日的贴现利息损失应当承担赔偿责任,按照4.44%的贴现利率计算,贴现利息损失的数额为人民币617 454元。2011年和2012年贴现利息损失合计人民币2 117 454元。

(六)关于律师费、仲裁费用及实际支出

申请人请求被申请人支付申请人因本次纠纷支付的律师费人民币220万元及差旅费等各项实际支出。仲裁庭认为,律师费并未超过上海市的律师收费标准,申请人为办理本案所支付的律师费人民币220万元,由申请人承担三分之一,计人民币733 333元;由被申请人承担三分之二,计人民币1 466 667元。本案仲裁费,由申请人承担三分之一,由被申请人承担三分之二。

申请人未就差旅费举证,该项请求仲裁庭不予认定。

仲裁庭裁决

仲裁庭依据《仲裁规则》第61条规定,根据多数仲裁员意见作出如下裁决:

(1)被申请人向申请人支付截至2013年2月7日的包运合同应付未付运费及利息合计人民币73 804 380元,以及该款项从2013年2月8日开始计算至实际支付之日起的利息(按中国人民银行同期贷款利率计算);

(2)被申请人支付申请人汇票贴现的利息损失人民币2 117 454元;

(3)被申请人支付申请人因处理本案而产生的律师费人民币1 466 667元;

(4)驳回申请人的其他仲裁请求;

（5）本案的仲裁费为人民币 820 096 元，由申请人承担三分之一，即人民币 273 365.33 元。由被申请人承担三分之二，即人民币 546 730.67 元。申请人已预缴了上述仲裁费，因此被申请人还应向申请人支付本案仲裁费人民币 546 730.67 元。

第四编　知识产权案例解析与法理研究

第十六章　知识产权纠纷案例解析

49　论等同规则在专利侵权判定中的应用

——以莹冀公司诉精灵厂专利侵权案为视角

吕甲木

案　　　由:侵害实用新型专利权纠纷

当事人姓名或名称:

原　　　告:莹冀公司

被　　　告:精灵厂

承办律师:吕甲木

裁判部门:宁波市中级人民法院、浙江省高级人民法院

案　　　号:(2009)浙甬知初字第425号、(2010)浙知终字第128号

摘　要:专利侵权中的等同判定应该坚持全部技术特征规则,但对权利要求等同保护范围在根据折中解释方式解释时,也要根据当时的司法政策平衡专利权人与社会公众的利益。具体技术特征的合并或拆分的替换如果符合"手段——功能——效果"基本相同和显而易见条件的,也应认定构成等同。同时,等同保护范围解释时,应坚持禁止反悔规则和捐献规则。功能性技术特征在坚持实施例加等同的判定方式时,应以侵权行为发生日作为是否构成等同替换的时间界限。

关键词:等同侵权　禁止反悔　捐献　功能性技术特征

案情简介

莹冀公司于2001年11月29日向国家知识产权局申请了名称为"一种轧扣机的组合冲压装置"的实用新型专利,专利号为ZL0125××××1,授权公告日为2002年10月16日。2009年9月14日,专利复审委员会作出第13919号无效宣告请求审查决定,维持莹冀公司该专利权有效。该专利权利要求1为:一种轧扣机的组合冲压装置,由定位装置、公扣冲压装置、母扣冲压装置、冲孔装置和冲头复位弹簧构成,其特征在于:所述的定位装置由定位轴、上定位块、下定位块构成,两定位块呈1/4圆扇形状,其底边为圆弧,三个角均为圆角;上定位块和下定位块上的顶角处都设有定位轴孔,并通过定位轴固定连接,上定位块和下定位块上还设有三个冲轴孔,所述冲轴孔处在一个圆弧上,并间隔角为α,所述圆弧的圆心与定位轴孔的圆心同轴心;在上定位块的上平面,定位轴孔的圆心到每个冲轴孔圆心之连线的中间设有钢球定位孔;所述的上、下两定位块上的三对冲轴孔内分别设有公扣冲压装置、母扣冲压装置和冲孔装置;上定位块分别安装公扣冲头、母扣冲头和冲孔头,下定位块分别对应安装公扣冲座、母扣冲座和冲孔座;每种冲头均采用长杆结构,其长杆杆顶的直径大于杆身,其底端为冲头的头体,所述冲轴孔底的直径小于孔体的直径;在杆身上,杆顶与孔底之间设有复位弹簧。2009年9月23日,莹冀公司在上海新国际博览中心举行的"2009中国国际缝制设备展览会"上,发现精灵厂在展销一款型号为"JLQ-03-100"的气动式钉扣机,认为精灵厂的该产品所含的组合冲压装置,已落入了莹冀公司上述专利权的保护范围,于是通过上海市卢湾区公证处全程公证在该展会现场领取《参观导引》,并在展位上领取了精灵厂发放的产品介绍一本和名片一张的全过程。经原审庭审比对,被控侵权产品实物与莹冀公司专利权利要求1的技术特征,存在三处不同点,分别为:①莹冀公司专利"杆顶与孔底之间设有复位弹簧",而被控侵权产品采用的是气动复位,并相应设置有密封件和润滑油孔和气压调速装置;②莹冀公司专利"在上定位块的上平面,定位轴孔的圆心到每个冲轴孔圆心之连线的中间设有钢球定位孔",而被控侵权产品采用的是磁铁定位,其中三块磁铁固定在下定位块的下平面,另一块磁铁安装在钉扣机的机架上,在上定位块的上平面无定位孔;③莹冀公司专利上、下定位块的边角为圆角,而被控侵权产品上、下定位块的两个边角是方角。被控侵权产品的其余技术特征与莹冀公司上述专利的必要技术特征相同。

诉辩意见

原告莹冀公司认为,精灵厂未经其许可,在该厂生产的"JLQ-03-100"气动式钉扣机中实施了涉案实用新型专利,侵犯了其涉案专利权,遂于2009年12月3日诉至法院,请求判令精灵厂:①停止生产侵权产品,并将已生产的产品和模具销毁;②赔偿经济损失36万元。经比对,技术特征虽有上述不同但构成等同侵权。

被告精灵厂比对后认为:莹冀公司专利采用弹簧复位易磨损寿命短,被控侵权产品采用气动复位,由于密封灰尘不会进入冲轴孔,注入润滑油又减少摩擦力,使机器的使用寿命延长,并有气压调速装置;莹冀公司专利在上定位块上采用钢球定位易磨损寿命短,被控侵权产品定位装置是在下定位块上,是利用了比钢球定位先进的磁性定位原理,上下磁铁之间有间隙,不会磨损;莹冀公司专利中上、下两定位块的两个边角是圆角,而被控侵权产品是方角。以上不同的技术特征,不构成等同,要求驳回莹冀公司的诉讼请求。

争议焦点

被控侵权产品"JLQ-03-100"气动式钉扣机上的轧扣机的组合冲压装置与涉案权利要求对比中的不同技术特征是否构成等同,是否落入莹冀公司涉案专利保护范围。

法院裁判

一审法院认为,将被控侵权产品"JLQ-03-100"气动式钉扣机中的组合冲压装置与莹冀公司上述专利的独立权利要求所记载的必要技术特征进行比对,存在上述三处不同点,其中不同点1:被控侵权产品采用气动复位而专利采用弹簧复位,气动复位应用气压传动回路原理,依据机械学气压传动回路的一般要求,在机械上一般均需设置减压阀、润滑供油装置,被控侵权产品采用气动复位并相应设置有密封件和润滑油孔和气压调速装置来达到复位目的,属于本领域的普通技术人员无需经过创造性劳动就能够联想到的替换,故该不同技术特征属于等同替换。不同点2:被控侵权产品在下定位块的下平面和机架上安装磁铁,采用磁铁定位,而莹冀公司专利在上定位块上设有钢球定位孔,采用由定位孔、钢球、弹簧组成的钢球定位原理。两者装置安装位置不同,定位原理不同,被控侵权产品相比更有非接触性无摩擦使用寿命长的技术进步效果,所以并非以基本相同的手段,实现基本相同的功能,达到基本相同的效果,也并非本领域的普通技术人员无需经过创造性劳动就能够联想到,故该不同技术特征不属于等同替换。而不同点3:被控侵权产品上、下两定位块的两个边角是方角而莹冀公司专利是圆角,已经为生效的该院(2007)甬民四初字第37号民事判决认定为属于等同。综上,因被控侵权产品的技术特征没有全面覆盖莹冀公司专利的全部必要技术特征,即被控侵权产品没有落入莹冀公司专利权的保护范围。[❶]

莹冀公司不服一审判决,向浙江省高级人民法院提起上诉。上诉称:针对被控侵权产品与涉案专利存在的三个不同点,即气压复位装置与弹簧复位装置的区别,磁性定位装置与钢球定位装置的区别及定位块边角为方角和圆角的区别,原审判决认定被控侵权产品的磁性定位装置与涉案专利的钢球定位装置不构成等同,属判定错误,请求二审法院撤销原判,改判上述区别特征均构成等同,支持莹冀公司的原审诉讼请求。

浙江省高级人民法院二审认为,依据《最高人民法院关于审理专利纠纷案件适用法律问题的若干规定》第17条之规定,专利权的保护范围应当以权利要求书中明确记载的必要技术特征所确定的范围为准,也包括与该必要技术特征相等同的特征所确定的范围。而等同特征是指与所记载的技术特征以基本相同的手段,实现基本相同的功能,达到基本相同的效果,并且本领域的普通技术人员无需经过创造性劳动就能够联想到的特征。就本案而言,双方当事人对原审判决归纳的被控侵权产品与涉案专利的三处区别点均无异议,即为:①涉案专利为"杆顶与孔底之间设有复位弹簧",而被控侵权产品采用的是气动复位,并相应设置有密封件和润滑油孔及气压调速装置;②涉

---

❶参见宁波市中级人民法院:(2009)浙甬知初字第425号民事判决书。

案专利为"在上定位块的上平面,定位轴孔的圆心到每个冲轴孔圆心之连线的中间设有钢球定位孔",而被控侵权产品采用的是磁铁定位,其中三块磁铁固定在下定位块的下平面,另一块磁铁安装在钉扣机的机架上,在上定位块的上平面无定位孔;③涉案专利为"两定位块呈1/4圆扇形状,其底边为圆弧,三个角均为圆角",而被控侵权产品上、下定位块的两个边角是方角。在二审庭审过程中,精灵厂认可上述区别点③所涉的技术特征构成等同,二审法院予以确认。对于区别点②,其中涉及磁性定位装置的运用。虽然磁性定位装置本身为公知技术,但就现有证据并不能认定该技术在涉案产品相关领域得到普遍运用,精灵厂将磁性定位装置应用于轧扣机的冲压装置,能克服钢球定位装置易磨损的缺点,能延长使用寿命,也能避免定位失灵、机械卡死等缺陷,且被控侵权产品中的磁性定位装置对比涉案专利权利要求所记载的钢球定位装置,两者的安装位置不同,且定位原理也不同,两者之间使用的技术手段不同,达到了效果也不尽相同,并非本领域的普通技术人员无需经过创造性劳动就能够联想到的特征,故区别点②的相关技术特征不构成等同替换,亦即精灵厂生产、销售的型号为"JLQ-03-100"的气动式钉扣机上的组合冲压装置并不完全具备涉案专利的全部必要技术特征,故未落入莹冀公司涉案专利的保护范围。[1]

法理分析

(一)等同侵权与全面覆盖原则的关系

1. 美国的整体等同理论与全部技术特征规则

根据专利侵权判定的"字面侵权"原则,即专利权的保护范围以权利要求书文字记载的权利要求为准,严格按照权利要求中的文字来解释权利要求的保护范围。但是,文字只是技术方案的一种表述方式,具有局限性,相同的技术方案可以用不同的文字进行表述,何况相同的技术方案并不多,更多是相似的技术方案。如果侵权人要模仿一种专利技术方案,一般也不会依葫芦画瓢的照抄,至少也会作出一些改动。因此,对于与专利技术方案相似而不相同的被诉侵权技术方案是否落入专利权的保护范围,就得依赖权利要求的解释规则以确定权利要求的保护界限。因此,等同侵权是相对于字面侵权而言的,是指被控侵权产品或方法中一个或几个技术要素虽然与权利要求书中的技术要素不一样,但二者只有非实质性的区别。[2]等同理论在美国的真正应用源于美国最高法院在1853年对Winan案的判决,该案最高法院多数派法官对被诉侵权产品的"棱锥型"轨道是否与权利要求"圆锥形"轨道相同的问题上认为,基于权利要求涵盖了专利权人有权获得的所有保护的推定,咬文嚼字地解释"圆锥形"的含义是不合理的,因为无论专利权人还是该领域的其他技术人员都不会认为运煤的轨道车车身必须是精确的圆锥形。通过对权利要求的合理解释,应当认为它包含了被控侵权的轨道车。[3]之后,美国最高法院又在1950年的Graver Tank案中发展了判断等同的"以基本相同的方式,实现基本相同的功能,产生基本相同的效果"的"方式——功能——效果"的三

---

[1]参见浙江省高级人民法院:(2010)浙知终字第128号民事判决书。

[2]参见李明德:《美国知识产权法》,法律出版社2014年版,第143页。

[3]参见尹新天:《专利权的保护》,知识产权出版社2005年版,第376页。

一致检测标准。但是,该检测标准没有明确是整体技术方案在方式、功能、效果方面的等同还是某一具体的技术特征在方式、功能、效果方面的等同。❶同时,美国最高法院在该案确立三一致检测标准外,还诞生了实质性相同的理论,认为"根据本案的具体情形并考虑有关的技术和现有技术,以锰(非碱土金属)取代镁是否具有可以适用等同理论的性质;或者说是否在这种情形之下的变换是非实质性的。"❷因为美国最高法院在 Graver Tank 案没有明确等同判定的具体内容,以至20世纪80年代成立的美国联邦巡回上诉法院在1983年的 Hughes Aircraft Company v. Unite States 一案中提出了整体等同理论,认为在判断等同时,应当将权利要求所要保护的发明作为一个整体来看待;此外,在判断时不仅要将被诉侵权技术方案与专利技术方案进行对比,还需要将被诉侵权技术方案同现有技术方案进行对比,以确定被诉侵权技术方案是更接近现有技术,还是更接近专利技术方案。❸由于该案的判决颠覆了传统的做法,导致公众对于是否构成等同侵权无法预测,使权利要求丧失了公示和划界作用,在美国的专利法律界产生了巨大的争议。为此,美国最高法院于1997年在 Warner-Jenkinson 一案中对等同原则作出了澄清,认为包含在权利要求中的每一个技术特征对于确定专利权的保护范围来说都是重要的,因此等同原则应当针对权利要求中的各个技术特征,而不是针对发明作为一个整体。因此,美国最高法院在该案中推翻了联邦巡回上诉法院确立的整体等同理论,从而使等同判断回归到全面覆盖原则的全部技术特征规则。❶

2. 我国等同侵权判定中的全部技术特征规则

《最高人民法院关于审理专利纠纷案件适用法律问题的若干规定》(法释〔2001〕21号)第17条规定:"专利法第五十六条第一款所称的'发明或者实用新型专利权的保护范围以其权利要求的内容为准,说明书及附图可以用于解释权利要求',是指专利权的保护范围应当以权利要求书中明确记载的必要技术特征所确定的范围为准,也包括与该必要技术特征相等同的特征所确定的范围。等同特征是指与所记载的技术特征以基本相同的手段,实现基本相同的功能,达到基本相同的效果,并且本领域的普通技术人员无需经过创造性劳动就能够联想到的特征。"从该条文的文义而言,专利权的保护范围以权利要求明确记载的必要技术特征所确定的范围为准,也包括与该必要技术特征相等同的技术特征。因此,从权利要求解释角度而言,专利权的保护范围包括权利要求明确记载的必要技术特征和与之等同的技术特征。《最高人民法院关于审理侵犯专利权纠纷案件应用法律若干问题的解释》第7条第2款规定:"被诉侵权技术方案包含与权利要求记载的全部技术特征相同或者等同的技术特征的,人民法院应当认定其落入专利权的保护范围;被诉侵权技术方案的技术特征与权利要求记载的全部技术特征相比,缺少权利要求记载的一个以上的技术特征,或者有一个以上技术特征不相同也不等同的,人民法院应当认定其没有落入专利权的保护范围。"由此可见,我国在专利侵权判定中,等同只是权利要求的一种解释规则,而非独立的专利侵权判定原则,不管是相同技术特征还是等同技术特征,判定是否构成侵权还是坚持全面覆盖原则,即全部技术特

---

❶参见尹新天:《专利权的保护》,知识产权出版社2005年版,第379 –380页。

❷参见李明德:《美国知识产权法》,法律出版社2014年版,第156页。

❸参见尹新天:《专利权的保护》,知识产权出版社2005年版,第385页。

❹参见尹新天:《专利权的保护》,知识产权出版社2005年版,第397页。

征原则。对于权利要求的解释,世界上大致有三种解释方式。其一是中心限定原则。按照这一解释方式,专利制度所保护的是某一发明或技术创意,权利要求书所记载的仅仅是该发明的一个事例。因此,在解释权利要求时,不应拘泥于权利要求的文字,可以把中心周围的一些技术特征也纳入到权利要求的保护范围内。这种解释方式对于保护专利权人的利益显然是非常有利的,弱化了权利要求的公示和划界作用,导致公众无所适从。其二是周边限定原则。根据这一原则,专利权人通过权利要求书的文字记载已经明确了其受保护的周边范围。法庭要做的是只要将具体技术特征中模糊不清的地方解释清楚即可。该解释方式表明权利要求具有明显的界定作用和公示作用。其三是主题内容限定原则,也称为折中原则。《欧洲专利公约》对该原则作了比较明确的规定,在其第69条规定:"由欧洲专利或欧洲专利申请所赋予的保护程度,应由权利要求的措辞来确定。但是,说明书和附图可以用于解释权利要求。"我国采取的也是这一方式,即将中心限定与周边限定予以折中。围绕等同侵权的判定是采取整体等同理论还是全部技术特征规则,与权利要求记载的技术特征相等同的技术特征的解释是采取中心限定原则还是周边限定原则或折中原则,在折中原则解释时是偏向专利权人还是社会公众等问题,其实质是对专利权人的利益与社会公众的利益进行平衡的结果。因此,一个国家如果在经济增长困难时期,为了振兴经济,快速提高经济发展的速度,需要扩大生产规模,提高就业能力,其知识产权的司法政策就会偏向于社会公众,在专利司法中会严格控制等同侵权的适用,对权利要求进行折中解释时就会偏向于社会公众。为了应对2008年的亚洲金融危机,在2009年发布的《最高人民法院关于当前经济形势下知识产权审判服务大局若干问题的意见》要求严格等同侵权的适用条件,探索完善等同侵权的适用规则。坚持发明和实用新型专利权利范围的折中解释原则,准确界定专利权的保护范围。重视专利的发明目的对专利权保护范围的限定作用,不应把具有专利所要克服的现有技术缺陷或者不足的技术方案纳入保护范围。2011年12月发布的《最高人民法院关于充分发挥知识产权审判职能作用推动社会主义文化大发展大繁荣和促进经济自主协调发展若干问题的意见》提出了宽严适度的知识产权保护司法政策,要求重视专利的发明目的对专利权保护范围的限定作用,不应把具有专利所要克服的现有技术缺陷或者不足的技术方案纳入保护范围。对于创新程度高、研发投入大、对经济增长具有突破和带动作用的首创发明,应给予相对较高的保护强度和较宽的等同保护范围;对于创新程度相对较低的改进发明,应适当限制其等同保护范围。准确把握发明和实用新型专利侵权判定的全部技术特征对比、禁止反悔、捐献等判断规则,继续探索完善等同侵权适用条件。等同侵权应以手段、功能和效果基本相同并且对所属领域普通技术人员显而易见为必要条件,防止简单机械适用等同侵权或者不适当扩展其适用范围。在目前的形势下,最高法院要求贯彻知识产权保护的比例原则,要求根据专利权等科技成果类知识产权的创新程度,合理确定保护范围和保护强度,实现科技成果类知识产权保护范围和强度与其创新高度和贡献程度相适应。因此,我国专利司法实践中的等同侵权判定规则虽然坚持全部技术特征规则,但在具体的适用过程中,对等同的适用不是机械的解释权利要求,在根据折中方式解释权利要求的同时,也要根据发明创造的创新程度和发明的目的确定等同的范围。在根据全部技术特征规则判定等同侵权时,不应机械的理解权利要求中的某一个技术特征必须与被诉侵权技术方案的等同特征一一对应。如果被诉侵权技术方案以某一等同特征替换了权利要求记载的一个以上技术特征,或者被诉侵权技术方案以一个以上的等同技术特征替换了权利要求记载的一个技术特征,这种技术特征的合并或拆分的替换如果是以基本相同的手段,实现基本相同的功能,达到基本相同的效果,并且本领域的普通技术人员无需付出创造性劳动就能联想到的,即符合"手段——功能——效果"基本等同加显而易见条件的,也应认定构成等同侵权。

(二)等同适用中几个问题

1. 禁止反悔规则

《最高人民法院关于审理侵犯专利权纠纷案件应用法律若干问题的解释》第6条规定:"专利申请人、专利权人在专利授权或者无效宣告程序中,通过对权利要求、说明书的修改或者意见陈述而放弃的技术方案,权利人在侵犯专利权纠纷案件中又将其纳入专利权保护范围的,人民法院不予支持。"这是我国专利司法实践中确定禁止反悔规则的法律依据。当然,禁止反悔理论源于民事诉讼中的禁反言原则。我国2002年4月1日实施的《最高人民法院关于民事诉讼证据的若干规定》第74条就规定了诉讼中的禁反言原则。在专利诉讼中确立禁止反悔规则是因为在专利授权、无效程序中,专利权人为了能使自己的权利要求得到授权,与现有技术相比具有新颖性、创造性,从而将一些影响授权的技术方案予以放弃。但是,在专利侵权诉讼中,专利权人为了能使被诉侵权技术方案落入涉案专利权利要求的保护范围,往往会将其在授权、无效程序中放弃的技术方案解释为涉案专利权利要求的等同技术方案,从而扩大其保护范围。禁止反悔规则目的在于限制专利权人将其已经放弃的技术方案解释成等同技术方案而得到保护,但是如果专利权人在授权、无效程序中放弃的技术方案没有得到采纳,也就是说没有产生技术方案放弃的效果,在此情况下是否仍要适用禁止反悔规则,存在着争议。为此,《最高人民法院关于审理侵犯专利权纠纷案件应用法律若干问题的解释(二)》第13条规定:"权利人证明专利申请人、专利权人在专利授权确权程序中对权利要求书、说明书及附图的限缩性修改或者陈述被明确否定的,人民法院应当认定该修改或者陈述未导致技术方案的放弃。"

2. 捐献规则

《最高人民法院关于审理侵犯专利权纠纷案件应用法律若干问题的解释》第5条规定:"对于仅在说明书或者附图中描述而在权利要求中未记载的技术方案,权利人在侵犯专利权纠纷案件中将其纳入专利权保护范围的,人民法院不予支持。"以前有些专利文件在撰写过程中,往往会出现将某一项优选技术方案在权利要求书中予以记载,而在专利说明书中在描述权利要求记载的技术方案之余,还会提到其他变换的技术方案,认为也在专利的保护范围之内。当被诉侵权技术方案与权利要求记载的技术方案不同,而与权利要求未记载但在说明书中有描述的技术方案相同或等同时,权利人就会根据专利法有关说明书、附图可以用以解释权利要求的规定,将该在权利要求未记载而在说明书描述的技术方案解释为权利要求记载的技术方案的等同技术方案,从而扩大专利权的保护范围。在以往的司法实践中,不乏这类案件,而且有些法院对该观点也予以了支持。为了明确专利权的保护界限,确立权利要求的公示和划界作用,司法解释引入了捐献规则,规定仅在说明书或附图有描述但在权利要求中未记载的技术方案不能解释为权利要求记载的技术方案的等同技术,不能纳入专利权的保护范围。

3. 功能性技术特征的等同判定

功能性技术特征的等同判定属于专利司法实践中的疑难问题。《最高人民法院关于审理侵犯专利权纠纷案件应用法律若干问题的解释》第4条规定:"对于权利要求中以功能或者效果表述的技术特征,人民法院应当结合说明书和附图描述的该功能或者效果的具体实施方式及其等同的实施方式,确定该技术特征的内容。"虽然,该条司法解释规定了功能性技术特征的"实施例加等同"的判定方式,但是由于该规定比较原则,对于司法实践中复杂的功能性技术特征的具体确定是否构成等同还是存在不少问题。为此,《最高人民法院关于审理侵犯专利权纠纷案件应用法律若干问题的解释(二)》第8条第1款规定:"功能性特征,是指对于结构、组分、步骤、条件或其之间的关系等,通过其在发明创造中所起的功能或者效果进行限定的技术特征,但本领域普通技术人员仅通过阅读权利要求即可直接、明确地确定实现上述功能或者效果的具体实施方式的除外。"第2款规定:"与说明书及附图记载的实现前款所称功能或者效果不可缺少的技术特征相比,被诉侵权技术方案的相应技术特征是以基本相同的手段,实现相同的功能,达到相同的效果,且本领域普通技术人员在被诉侵权行为发生时无需经过创造性劳动就能够联想到的,人民法院应当认定该相应技术特征与功能性特征相同或者等同。"《最高人民法院关于审理侵犯专利权利纠纷案件应用法律若干问题的解释(二)》在起草该条功能性技术特征的过程中,争议较大,几易其稿。《最高人民法院关于审理侵犯专利权利纠纷案件应用法律若干问题的解释(二)(公开征求意见稿)》把该条分成三款,其中第2款、第3款规定:"与说明书及附图记载的实现上述功能或者效果不可缺少的技术特征相比,被诉侵权技术方案的相应技术特征是以基本相同的手段,实现相同的功能,达到相同的效果,且本领域普通技术人员在专利申请日无需经过创造性劳动就能够联想到的,人民法院应当认定该相应技术特征与功能性特征相同。与说明书及附图记载的实现上述功能或者效果不可缺少的技术特征相比,被诉侵权技术方案的相应技术特征是以基本相同的手段,实现基本相同的功能,达到基本相同的效果,且本领域普通技术人员在专利申请日后、被诉侵权行为发生日以前无需经过创造性劳动就能够联想到的,人民法院应当认定该相应技术特征与功能性特征等同。"《最高人民法院关于审理侵犯专利权利纠纷案件应用法律若干问题的解释(二)》第1款所称的功能性特征为纯功能性特征,从而将本领域约定俗成的、具有固定含义的以功能性形式出现的特征排除(如变压器、放大器等),不适用功能性特征的解释规则,而按其固定含义解释。"仅通过权利要求即可直接、明确地确定其技术内容",主要针对通信领域有关"功能模块"的问题,通过但书将其排除在功能性特征之外,从而解决实践中难以得到应有保护的情况。因为司法解释需要解决的是功能性特征的字面含义,所以,在适用等同时,要求以基本相同的手段,实现"相同"的功能,达到"相同"的效果,而非一般等同原则适用的"基本相同手段,实现基本相同的功能,达到基本相同的效果"。现在《最高人民法院关于审理侵犯专利权利纠纷案件应用法律若干问题的解释(二)》把征求意见稿中的第2款、第3款合并到一款予以规定,并且该条款还包含了功能性特征的相同侵权和等同侵权两种情形。因此,在具体适用该条款时还需要进一步解释何种情形构成相同侵权,何种情形构成等同侵权。因权利要求的含义应当在申请日即已确定,所以,如果被诉侵权技术方案的相应结构、步骤特征是以基本相同的手段,实现了相同的功能,达到相同的效果,而且本领域普通技术人员在专利申请日时无需经过创造性劳动就能够联想到的,应当认定该相应结构、步骤特征与上述功能性特征相同。如果被诉侵权技术方案的相应结构、步骤特征是以基本相同的手段,实现相同的功能,达到相同的效果,且本领域普通技术人员在涉案专利申请日后至被诉侵权行为发生时无需经过创造性劳动就能够联想到的,应当认定该相应结构、步骤特征与功能性特征等同。

50 论互联网背景下商业诋毁、虚假宣传、关键词竞价排名不正当竞争的认定

——畅想公司与中源公司、中晟公司互诉对方不正当竞争纠纷案评析

吕甲木

案　　由：商业诋毁、虚假宣传、不正当竞争纠纷

当事人姓名或名称：

原告（被告）：中源公司、中晟公司、畅想公司

承办律师：吕甲木

裁判部门：宁波市中级人民法院、浙江省高级人民法院、最高人民法院

案　　号：（2014）浙甬知初字第 144 号、（2014）浙甬知初第 196 号、（2015）浙知终字第 71 号、（2015）浙知终字第 72 号、（2015）民申字第 3340 号

摘　要：对特定人传播构成商业诋毁应该从双方的竞争关系、被传播的对象、传播的内容、传播的目的等方面去把握。如果经营者出于谋取自身竞争优势或贬低、减损竞争对手的竞争优势的目的，将捏造的有关竞争对手虚伪的事实，传播给自己或竞争对手的商业伙伴，则构成商业诋毁。当事人可以主张民事权利的虚假宣传行为，应当符合经营者之间具有竞争关系、有关宣传内容足以造成相关公众误解、对经营者造成了直接损害这三个基本条件。关键词竞价排名搜索推广中，应以混淆性和实质损害作为是否构成商标侵权或不正当竞争的判断标准。经营者公开使用竞争对手的商标、字号、企业名称等商业标识的行为，以混淆性标准判断是否构成商标侵权或不正当竞争；经营者隐蔽使用竞争对手商标、字号、企业名称等商业标识的行为，应以实质损害标准而非无正当理由标准判断是否构成不正当竞争。

关键词：商业诋毁　虚假宣传　关键词竞价排名　商业机会

案情简介

中源公司于2003年成立,中晟公司于2011年成立,两公司为关联企业,登记的经营范围均包括了软件的研发、销售、维护,主要从事"富通天下"系列外贸管理软件的研发、销售与服务。2005年,经国家工商行政管理总局商标局核准,中源公司注册了第3736662号"富通天下"商标,核定使用商品为第9类计算机程序等。

畅想公司于2001年11月成立,经营范围包括电脑软件开发、批发、零售,电脑、网络设备批发、零售、安装、维护、网页设计、计算机技术咨询、技术服务,企业管理咨询,市场营销策划,主要从事外贸管理软件的研发、销售、服务等,其产品和服务为"畅想"系列外贸管理软件。

2014年5月,中晟公司发现畅想公司员工在一个影响较大的QQ群发表《畅想与富通(公司和软件)对比》等PPT文件,同时将这些文章发送给其公司客户,并通过新浪微博推荐阅读。在这些文章中,出现了"富通(×通)估计应是同行中口碑最差,无所不用其极,攻击性很强,缺乏底蕴"等语句。中源公司和中晟公司发现这些文章后,认为畅想公司使用虚构、捏造、污蔑的语句,诋毁他们的产品与服务。2014年6月26日,中源公司、中晟公司以畅想公司进行商业诋毁为由,向宁波市中级人民法院提起诉讼,要求法院判令对方停止诋毁行为,在媒体上赔礼道歉,赔偿损失300万元。

当中源公司、中晟公司以畅想存在商业诋毁为由提起诉讼后,畅想公司于2014年8月13日也向宁波市中级人民法院提起了诉讼,起诉中源公司和中晟公司涉嫌不正当竞争行为,要求两公司停止侵权,赔礼道歉,赔偿损失100万元、其他合理费用61 100元。主要涉案事实为:

(1)汉造公司林某向畅想公司员工的邮箱转发了中晟公司员工施某发给其的邮件,邮件主题为"关于畅想软件",邮件内容的上方有"富通天下"的标识,邮件内容包括"后台前置型积木化平台,畅想要加字段报表怎么办?交钱,不交钱没有,报表多少一张?700!这是绑架客户";"这几年全国各地畅想用的不好的,换成富通的不是几家而是上百家了"等措辞。

(2)中晟公司在QQ群里发布《受理案件通知书》《民事起诉状》。在《民事起诉状》中,中源公司、中晟公司称畅想公司在互联网上上传双方优劣对比的文章,认为该行为对其构成商业诋毁,向其提起诉讼,要求其赔偿300万元经济损失并登报致歉、消除影响。

(3)中源公司和中晟公司的官方网站宣称"富通天下作为中国最大的外贸管理软件服务品牌、国家科技部唯一基金立项的外贸管理软件""富通天下成为目前市场上最成熟、易用性最好的外贸管理系统""中源公司是中国最大的外贸管理软件服务提供商"等最高级形容词宣传自己的公司和产品。

(4)在百度网站搜索栏中输入"宁波畅想软件开发有限公司",点击"百度一下",搜索结果左侧第一条标题为"富通天下外贸管理软件",旁边标注"推广链接",标题下方为"富通天下"的商标,同时载明"中国外贸管理软件领导者!12年历史沉淀,全国百万外贸人的专业选择!软件—外贸软件—外贸cm—外贸erp—外贸客户管理系统,www.joinf.com。"该搜索结果左侧第三条(自然搜索结果第一条)显示为"宁波畅想软件有限公司,外贸软件,外贸管理软件,外贸ERP"。百度公司向法院复函称:中源公司自2013年1月1日至2014年8月31日提交的以"畅想软件""宁波畅想软件开发有限公司"作为关键词的推广结果点击量为452次,消费价格为1706.74元。

诉辩意见

(一)关于中源公司、中晟公司指控畅想公司商业诋毁一案

中源公司、中晟公司认为:①畅想公司员工系在表明自身员工身份的情况下进行发送、上传、推荐涉案文章,文章内容本身即为畅想公司的官方营销宣传稿,而行为目的即为了在与其直接竞争中获取竞争优势,畅想公司系最终的获益者,故应认定畅想公司员工的涉案行为系职务行为;②涉案文章的内容大量涉及对其产品进行的负面评价,严重贬损其商业信誉和商品声誉,构成商业诋毁。畅想公司辩称:①其从未授权任何员工通过QQ上传、发送或通过新浪微博推荐涉案文章,其对员工的涉案行为并不知情,其作为用工单位无力控制员工的个人行为,原判将之认定为职务行为不当;②涉案文章中个别用词虽有不当之处,但描述的内容基本属实,且有据可循,其不存在捏造、散布虚伪事实,亦未对中源公司、中晟公司的商业信誉和商品声誉构成损害,不构成商业诋毁;③中源公司、中晟公司因索赔金额高致维权成本过高;其在收到原审法院应诉材料当日即删除所有涉案文章,涉案行为持续时间较短,影响较小;中源公司、中晟公司在提起本案诉讼后即在各QQ群、论坛上大范围上传起诉状和原审法院受理通知书,虽自认系为消除影响,但实以诉讼为手段达成商业营销、宣传之目的,以抢占其客户,谋取不正当利益。

(二)关于畅想公司起诉中源公司、中晟公司不正当竞争纠纷一案

畅想公司认为:①中晟公司员工在发给其客户的邮件中声称"畅想的报表是要钱买的,这是绑架客户"等语句属于捏造事实,涉嫌商业诋毁;②中源公司、中晟公司在QQ群发布其起诉畅想公司的起诉状和法院受理案件通知书,属损害竞争对手的商业诋毁行为;③中源公司、中晟公司在其官方网站称"富通天下作为中国最大的外贸管理软件服务品牌、国家科技部唯一基金立项的外贸管理软件"等用最高级形容词进行宣传构成虚假宣传;④中源公司、中晟公司在百度搜索推广后台将"畅想软件""宁波畅想软件有限公司"作为搜索关键词侵害了其企业名称权,目的在于以不正当手段获取市场交易机会,构成不正当竞争。

中源公司、中晟公司辩称:①两被告的相应宣传内容均有事实依据,原告没有证明被告的所谓"虚假宣传内容"足以造成相关公众误解以及对其造成了直接损害,故其不具有主张被告虚假宣传民事责任的原告主体资格;②两被告上传《民事起诉状》和《受理案件通知书》是作为受害人为了减少损失而采取的止损措施,不是对被告产品和服务的宣传,不属于反不正当竞争意义上的虚假宣传行为和商业诋毁行为;③两被告对汉造公司员工转发的邮件真实性不予认可;④百度搜索输入"宁波畅想软件有限公司""畅想软件"后的搜索结果中出现被告"富通天下"软件推广结果是百度网站基于关键词的质量度、匹配方式和出价等综合权重因素予以排名推广的结果;关键词是为了在储存大量的信息的数据库中方便搜索、检索信息之用的索引词,其本质是技术性的公众资源,任何人均无权垄断,使用他人商标或字号等文字作关键词的行为本身并不违法,且被告在后台秘密状态下使用涉案关键词属于商业秘密,"畅想"不是原告的注册商标,也非知名字号,在向公众公开的搜索结果中,被告的创意标题、描述内容和链接网址均无原告权利内容,不会造成相关公众的误认,也未对原告造成直接损害,不构成不正当竞争。

争议焦点

①互联网背景下的商业诋毁的认定是否需要具备向不特定的人散布的要件；②虚假宣传民事侵权中原告主体是否适格的认定；③作为受害人正当自力救济及止损措施的范围和界限；④搜索推广竞价排名中在后台使用他人企业名称，但搜索结果未造成混淆的情形是否构成不正当竞争。

法院裁判

（一）关于中源公司、中晟公司起诉畅想公司商业诋毁一案

一审法院认为：在QQ群和新浪微博发表涉案文章的四人均为被告员工，且在互联网上表明了其身份，其上传或推荐的文章内容均涉及畅想软件和同类软件的对比分析，其目的是为了推广被告的软件产品和服务，涉及畅想公司的利益，涉案文章是通过畅想公司网站上的客服QQ传递或发表在企业参与的QQ群中，故应当认定其行为体现畅想公司的意志，系代表畅想公司的职务行为，应由畅想公司对上述行为承担相应的责任。二审判决维持一审判决。[❶]

（二）关于畅想公司起诉中源公司、中晟公司不正当竞争纠纷案

1. 关于中晟公司员工施某发给潜在客户的邮件的行为是否构成商业诋毁的认定

一审法院认为中晟公司员工施某的邮件内容仅凭主观猜测，系捏造、散布虚伪事实；通过将畅想公司与中晟公司、中源公司进行优劣对比，以贬损畅想公司的方式来强化中源公司、中晟公司的产品和服务优势，其目的是削弱畅想公司的竞争力，提升自己在市场上的占有率，该行为对中源公司、中晟公司的商业声誉和商品声誉造成损害，构成商业诋毁。该邮件从内容来看，是为了推广"富通天下"软件的商业目的和两被告的商业利益，施某发送该邮件的行为应视为职务行为，而非单纯的私人通信。[❷]

二审法院认为，《反不正当竞争法》第14条规定，经营者不得捏造、散布虚伪事实，损害竞争对手的商业信誉、商品声誉。据此规定，商业诋毁的构成要求行为主体应限定为经营者，且行为对象系其竞争对手，行为人应具有损害竞争对手商誉的故意，客观上行为人系通过编造虚假信息，或是对真实状况加以歪曲，构成虚伪事实，进而将所捏造的虚伪事实以各种方式向不特定的多数人或者特定的共同客户或同行业的其他竞争者进行传播，对竞争对手的商业信誉和商品声誉造成损害。中晟公司员工施某在将涉案邮件发送给汉造公司员工林某后，后者转发给畅想公司，施某发送邮件的行为实为代表公司的商业营销行为，并非纯粹的私人间通邮，畅想公司亦未以非法途径获取该邮件。就该邮件内容而言，包含有富通天下相对于畅想软件的六大优势，畅想公司绑架客户、上百家企业将畅想软件替换为富通天下软件等表述，而中源公司、中晟公司均未能提供证据对该邮件内容予以证实，相关内容均系主观臆断，属捏造虚假事实，且通过发送邮件的方式向客户进行传播，易造成相关客户对畅想公司及其产品的评价降低。该两公司通过贬低竞争对手的方式提升自身美誉

---

❶参见宁波市中级人民法院：(2014)浙甬知初字第144号民事判决书。

❷参见宁波市中级人民法院：(2014)浙甬知初第196号民事判决书。

度,以期获取不正当竞争利益,对畅想公司的商业信誉和商品声誉造成损害,其本节所涉被诉行为构成商业诋毁。❶

最高人民法院认为,本案中,首先,中源公司、中晟公司和畅想公司均系研发与销售外贸管理软件的同行业经营者,且各方的住所地均位于浙江省宁波市,它们之间具有直接的竞争关系。其次,从施某发送的电子邮件的对象看,虽然其仅是一对一的发送至林某,但林某系汉造公司的员工,而汉造公司系畅想公司的潜在客户,也系中源公司、中晟公司的潜在客户;从施某发送电子邮件的目的看,其通过对"富通天下软件"和"畅想软件"的优劣对比,以贬损畅想公司的产品及服务的方式,推销自己公司的产品及服务,以达到挤占市场、挤垮竞争对手的目的;从施某发送电子邮件的内容看,在该电子邮件中,施某将中源公司、中晟公司开发的"富通天下软件"和畅想公司开发的"畅想软件"进行了对比。第三,施某系中晟公司的员工,其发送电子邮件的目的是为了推广"富通天下软件",是为了中源公司、中晟公司的商业利益,而非单纯的私人通信,该行为应视为中源公司、中晟公司的行为,应由中源公司、中晟公司承担法律责任。综上,中源公司、中晟公司以不正当地获取商业机会、挤垮竞争对手为目的,通过中晟公司的员工向畅想公司的潜在客户发送电子邮件,捏造、散布虚伪事实,损害了畅想公司的商业信誉、商品声誉,构成了对畅想公司的商业诋毁。

中源公司、中晟公司再审主张通信人享有通信自由和通信秘密,邮件内容并未扩散,不构成商业诋毁。本院认为,公民的通信自由和通信秘密依法受到保护,但其享有权利的同时也不得损害国家利益、社会公共利益和他人的合法权益。本案中,如前所述,从施某发送电子邮件的目的和对象及该电子邮件的内容看,施某并不是客观地向客户介绍自己公司的产品及服务,或者客观地评价有关产品及服务,而是采用将竞争对手的产品及服务与自己公司的产品及服务进行优劣对比的方式,且该优劣事实并无相关证据佐证,贬损竞争对手的产品及服务,推销自己公司的产品及服务,不正当地获取竞争优势,达到挤占市场、挤垮竞争对手的目的。因此,该行为具有不正当性。且该电子邮件系发送至潜在客户的员工,并不仅仅是私人间的通信,构成了一定程度的扩散。❷

2. 关于中源公司、中晟公司在上述 QQ 群中上传《民事起诉状》和《受理案件通知书》和在其官方网站使用最高级形容词宣传的行为是否承担虚假宣传的民事责任的认定

一审法院认为,因畅想公司先行在上述 QQ 群中上传了针对双方的优劣对比文章,中源公司、中晟公司认为畅想的上述行为对其商业声誉、商品声誉造成损害,一方面向本院提起了诉讼,另一方面为了消除影响、减少损失,将《民事起诉状》和《受理案件通知书》在同样范围内予以上传,该行为不存在捏造事实,只是客观表明了事件发展的具体进程,及中源公司、中晟公司对该事件的看法及采取的措施,这样的方式未对双方的商品及服务进行引人误解的虚假宣传,畅想公司也未举证证明中源公司、中晟公司的该项行为对其造成损害,故不构成反不正当竞争法意义上的虚假宣传行为。关于中源公司、中晟公司在其官方网站使用最高级形容词进行宣传的认定,一审法院为,其一,中源公司、中晟公司使用最高级别的形容词进行宣传的行为系势必对同行业内他人的商品与服务产生贬低的后果;其二,畅想公司、中源公司、中晟公司系外贸管理软件行业内具有一定规模的

❶参见浙江省高级人民法院:(2015)浙知终字第71号民事判决书。

❷参见最高人民法院:(2015)民申字第3340号民事裁定书。

企业,两者的住所地均位于宁波地区,其主要竞争客户具有高度同一性,虽然中源公司、中晟公司的行为系针对不特定的公众,但给畅想公司造成的不利后果远高于行业内其他企业;其三,畅想公司、中源公司、中晟公司均通过百度推广的方式宣传其商品和服务,但通过百度推广链接至中源公司、中晟公司的官方网站,其在网站上宣称是"中国最大的外贸管理软件服务提供商""富通天下成为目前市场上最成熟、易用性最好的外贸管理系统",会减损畅想公司在百度推广平台进行推广的效果,且损害后果与中源公司、中晟公司的上述虚假宣传行为具有因果关系。❶

　　二审法院认为,就虚假宣传行为本身而言,其有悖于公认的商业道德,势必造成对市场正常竞争秩序的侵扰,损害公共利益,直接或间接侵害了同业经营者的合法权益,故从维护和净化市场竞争秩序、促进公平竞争的角度出发,二审法院认为,符合以下要件即可在民事诉讼中对虚假宣传行为作出认定:一是诉讼双方应为同业经营者,具有直接的市场竞争关系;二是宣传内容与实际情况不符,存在引人误解的虚假内容,或者虽陈述的内容真实,但使人产生模糊判断和误解的。本案中,关于中源公司、中晟公司在QQ群中上传第144号《民事起诉状》和《案件受理通知书》的行为。本院认为,在相关QQ群的上传可以视为中源公司、中晟公司对畅想公司在第144号案中的被诉商业诋毁行为的合理回应,表明该两公司对畅想公司的商业诋毁行为采取了相应的法律措施加以应对,并不存在引人误解的内容,故该两公司的本节行为不能认定为虚假宣传。关于中源公司、中晟公司在其官网宣传过程中使用最高级、最佳形容词的问题。中源公司、中晟公司在其官网的宣传内容缺乏事实依据,夸大自身的竞争优势,易引人误解,继而以此获取不正当竞争利益,应认定属于虚假宣传。而畅想公司作为中源公司、中晟公司的主要竞争对手,该两公司的上述宣传内容存在对畅想公司的间接贬损,易使畅想公司的营销效果受到直接损害,故畅想公司系提出涉案虚假宣传主张的适格主体。❷

　　最高人民法院认为,《中华人民共和国民事诉讼法》第119条规定,原告应当是与本案有直接利害关系的公民、法人和其他组织。《反不正当竞争法》第2条第2款规定,该法所称的不正当竞争,是指经营者违反本法规定,损害其他经营者的合法权益,扰乱社会经济秩序的行为。反不正当竞争法第9条第1款规定,经营者不得利用广告或者其他方法,对商品的质量、制作成分、性能、用途、生产者、有效期限、产地等作引人误解的虚假宣传。本案中,判断畅想公司是否具有原告主体资格,需结合本案具体案情并根据上述法律的有关规定综合考虑。首先,中源公司、中晟公司在其官网上传的文章中,宣称自身系中国最大的外贸管理软件服务品牌、行业中唯一享誉业界的驰名商标、唯一得到国家商务部的认可、目前市场上最成熟、易用性最好的外贸管理系统等,但根据原审查明的事实,"富通天下"商标未曾被认定为中国驰名商标,其他文章中所宣称的"最大的外贸管理软件服务品牌""最成熟、易用性最好的外贸管理系统"等内容也缺乏事实依据。中源公司、中晟公司所进行的上述宣传行为,足以使相关公众对其所宣传的产品及服务的性能等方面产生误解,构成虚假宣传。其次,如前所述,畅想公司与中源公司、中晟公司为同行业经营者,它们之间具有直接的竞争关系,中源公司、中晟公司所进行的上述虚假宣传行为会使畅想公司的产品及服务的推广受到一定程度的影响,从而使畅想公司在市场竞争中处于不利地位,并使其合法权益遭受损害。此外,结合

---

❶参见宁波市中级人民法院:(2014)浙甬知初第196号民事判决书。

❷参见浙江省高级人民法院:(2015)浙知终字第71号民事判决书。

本案中源公司、中晟公司还通过其员工发送电子邮件及在相关网站上发表文章并附《民事起诉状》和《案件受理通知书》的方式对畅想公司进行商业诋毁等事实,畅想公司具有主张中源公司、中晟公司构成虚假宣传的原告主体资格。❶

3. 关于中源公司、中晟公司在百度搜索推广使用"畅想软件"作为关键词的行为是否构成不正当竞争的认定

一审法院认为反不正当竞争法意义上对企业名称、字号的使用,是指在中国境内进行商业使用,包括将企业名称、字号用于商品、商品包装及商品交易文书上,或者用于广告宣传、展览以及其他商业活动中。中源公司、中晟公司在百度推广中将畅想公司企业名称及字号设置为关键词的行为,是在后台使用了畅想公司的企业名称及字号,该种使用方式并非用于对外的宣传及商业活动,而在搜索结果中被告的创意标题、描述内容和链接网址均明确标注了其提供的商品及服务为"富通天下"软件,上述内容未提及畅想公司的企业名称及字号,中源公司、中晟公司系借助百度推广的平台宣传自己的商品及服务,主观上不具有利用畅想公司的商誉使相关公众产生混淆和误认的故意。客观上,搜索结果显示中源公司、中晟公司信息的标题旁边标注了"推广链接"字样,使得百度推广的搜索结果和自然搜索结果区分开来,相关公众对于百度推广的竞价排名与自然搜索结果具备基本的区分能力,在中源公司、中晟公司的对外宣传的创意标题、描述内容和链接网址中清晰描述了商品和服务的品牌及来源,并未使用畅想公司的企业名称和字号,且在自然搜索结果的第一条展示了畅想公司的相关信息,并未使其处于不可识别的位置,故不会使相关公众对商品和服务的来源及经营者产生混淆和误认,中源公司、中晟公司的行为不构成对畅想公司企业名称权的侵犯。在反不正当竞争法范畴内,一种利益应受保护并不构成该利益的受损方获得民事救济的充分条件。商业机会虽然作为一种可以受到反不正当竞争法所保护的权益,但本身并非一种法定权利,交易的达成是双方合意的结果,经营者可以在一定的规则中自由参与竞争来争夺交易机会。竞争对手之间彼此进行商业机会的争夺是竞争的常态,也是市场竞争所鼓励的。在市场竞争中,商业机会受损者要获得民事救济,还必须证明竞争对手的行为具有不正当性,通过不正当的手段攫取他人可以合理预期获得的商业机会,才为反不正当竞争法所禁止。当网络用户用某一企业名称或字号作为搜索词进行搜索时,其目的既有可能是寻找与该企业相关的信息,也有可能是寻找该企业竞争对手的信息。搜索服务提供商同时提供自然搜索和关键词广告服务是该行业通常的商业模式,他人以某企业名称或字号设置推广链接关键词的行为并不影响该企业的网页或广告同时出现在自然搜索结果,只要设置的推广链接对其商品来源及相关信息做了清楚而不引人误解的描述,在面对自然搜索结果和推广链接中出现的多种商品时,相关公众具备一定的识别能力,通过综合衡量商品价格、质量、功能等因素的基础上选择进行交易的对象。本案中,中源公司、中晟公司设置的推广链接的描述及其公司网站的内容足以表明其提供的商品和服务的来源,并未故意造成与畅想公司的商品及服务混淆误认,中源公司、中晟公司设置推广链接的行为亦未导致畅想公司的网络链接不能出现在搜索结果中或导致其处于不易被网络用户识别的位置。虽然中源公司、中晟公司以畅想公司的企业名称或字号作为推广链接的关键词有借此增加其网站及商品广告出现在搜索结果中的机会的意

---

❶参见最高人民法院:(2015)民申字第3340号民事裁定书。

图,但综合考虑其设置的推广链接的具体情形、关键词广告市场的特性以及网络用户的认知水平等因素,其行为尚未达到不正当竞争的程度。中源公司、中晟公司所设推广链接及其公司网站并未借用畅想公司的名义,其行为不属于利用了畅想公司的商誉,畅想公司也无证据证明中源公司、中晟公司设置推广链接的行为对其合法权益造成了实际损害,故此项行为不构成不正当竞争。❶

二审法院认为,首先,畅想公司经多年经营,在业内积累了一定的商誉和知名度,其外贸软件产品的受众亦较为广泛,其合法取得的企业名称和字号应依法受到妥善而全面的保护。其次,使用畅想公司的企业名称和字号等实施百度搜索的行为人很可能是畅想公司的目标客户或潜在客户,亦是中源公司、中晟公司所要争取的对象。中源公司、中晟公司作为与畅想公司相互熟知的同地域的同业竞争者,在无任何正当使用畅想公司企业名称和字号的合法事由的情况下,却将畅想公司的企业名称、字号等作为搜索关键词通过百度进行推广链接,显然具有不当利用畅想公司商誉,攫取其客户资源,以获取不正当竞争利益的主观故意。而当客户搜索"畅想软件"或"宁波畅想软件开发有限公司"时,位列搜索结果首行的"富通天下"广告推送极可能吸引客户一定的注意力,客观上会增加该两公司网站的点击量,亦极可能影响到客户的选择,给该两公司带来潜在的商业交易机会。再者,虽然百度推广在将"富通天下"作为首条推送的同时,标注有"推广链接"的字样以示区别,但即使百度搜索行为人最终未对产品的来源产生混淆误认,但该两公司利用此类后台设置的关键词搜索模式,进行广告推送,显属不当使用他人的企业名称或字号,有悖于诚实信用原则和公认的商业道德,具有可责性,应给予明确的否定性评价。❷

最高人民法院认为,《反不正当竞争法》第2条规定,经营者在市场交易中,应当遵循自愿、平等、诚实信用的原则,遵守公认的商业道德。本案中,根据原审查明的事实,畅想公司经过多年经营,在外贸管理软件行业已经具有一定的知名度、影响力和竞争优势。中源公司、中晟公司在百度竞价排名搜索推广中将"畅想软件""宁波畅想软件开发有限公司"设置为关键词,当相关公众搜索"畅想软件""宁波畅想软件开发有限公司"时,在位列搜索结果首位出现"富通天下"广告推送,而不是在搜索结果首位出现畅想公司的相关产品及服务。虽然中源公司、中晟公司主张其是在后台使用了畅想公司的企业名称及字号,在搜索结果中中源公司、中晟公司的创意标题、描述内容和链接网址均标注了其提供的产品及服务为"富通天下"软件,并在标题旁边标注了"推广链接",使得百度推广的结果与自然搜索的结果区分开来,但是该行为仍具有不正当性。一方面,中源公司、中晟公司将畅想公司的企业名称和字号设置为关键词没有任何正当理由,且它们之间存在直接的竞争关系,在畅想公司在外贸管理软件行业具有一定知名度的前提下,中源公司、中晟公司显然具有利用畅想公司商誉,不正当获取竞争利益的主观故意,中源公司、中晟公司主张关键词属于公有领域,任何人均可使用,其使用他人商标及字号作为关键词本身并不违法的理由不成立。另一方面,在搜索结果中首位出现"富通天下"广告推送,极有可能吸引相关公众的注意力,诱导相关公众去点击中源公司、中晟公司的网站,增加该网站的点击量,从而给该两公司带来潜在的商业交易机会,也使畅想公司失去了潜在的商业交易机会,损害畅想公司的利益。故二审判决认定中源公司、中晟公司该行为显属不当使用他人的企业名称或字号,有悖于诚实信用原则和公认的商业道德,具

---

❶参见宁波市中级人民法院:(2014)浙甬知初第196号民事判决书。

❷参见浙江省高级人民法院:(2015)浙知终字第71号民事判决书。

有可责性,应给予明确的否定性评价,未有不当。❶

法理分析

(一)关于商业诋毁的认定

《民法通则》第120条规定,公民的姓名权、肖像权、名誉权、荣誉权受到侵害的,有权要求停止侵害,恢复名誉,消除影响,赔礼道歉,并可以要求赔偿损失。法人的名称权、名誉权、荣誉权受到侵害的,适用前款规定。《反不正当竞争法》第14条规定:"经营者不得捏造、散布虚伪事实,损害竞争对手的商业信誉、商品声誉。"因此,商业诋毁是经营者通过捏造、散布虚伪事实损害竞争对手名誉权,造成竞争对手的商业信誉、商品声誉社会评价降低的行为。其构成要件为:①行为人与受害人之间存在着竞争关系;②行为人通过捏造、散布虚伪事实损害竞争对手的名誉权;③造成竞争对手商业信誉、商品信誉的社会评价降低的损害结果。损害竞争对手名誉权的事实是捏造的,是虚伪的事实,行为人并对该虚伪的事实予以散布。如果捏造了虚伪的事实,没有进行散布,则不会对竞争对手的名誉权造成损害;如果散布的是真实的、客观的事实,而非捏造的、虚伪的事实,则也不构成诋毁。本案的关键在于对"散布"的认定。向不特定的第三人传播该事实的,构成散布当无异议。如果只是一对一的告知以及在特定范围内的告知,是否构成散布则存有争议。对特定人传播构成商业诋毁应该从双方的竞争关系、被传播的对象、传播的内容、传播的目的等方面去把握。如果经营者出于谋取自身竞争优势或贬低、减损竞争对手的竞争优势的目的,将捏造的有关竞争对手虚伪的事实,传播给自己或竞争对手的商业伙伴的,则构成商业诋毁。在司法实践中,对于散布的事实是否属于捏造的虚伪事实的把握上坚持适度原则,并非要求行为人一定要对其散布的事实提供相应的证据证明为真实而非捏造而免责。法官有权对有关证据和事实结合日常生活经验法则进行综合判断,并进而认定捏造与否。对于有关事实的评价有适当夸大或者措辞上有些刻薄、刺耳而非恶意损害对方信誉的,也应该在市场主体的容忍范围之内,不应认定为商业诋毁。

(二)关于虚假宣传民事责任的构成要件

《反不正当竞争法》第9条第1款规定:"经营者不得利用广告或者其他方法,对商品的质量、制作成分、性能、用途、生产者、有效期限、产地等作引人误解的虚假宣传。"《反不正当竞争法》第9条第1款和《最高人民法院关于审理不正当竞争民事案件应用法律若干问题的解释》第8条规定的经营者虚假宣传行为是经营者对其产品作虚假宣传,引人误解的行为。最高人民法院在2009年的知识产权年度报告中指出:《反不正当竞争法》第9条第1款规定的引人误解的虚假宣传行为,并非都是经营者可以主张民事权利的行为。当事人可以主张民事权利的虚假宣传行为,应当符合经营者之间具有竞争关系、有关宣传内容足以造成相关公众误解、对经营者造成了直接损害这三个基本条件;其中对于引人误解和直接损害的后果问题,不能简单地以相关公众可能产生的误导性后果来替代原告对自身受到损害的证明责任。该裁判原则来源于最高法院二审审理的上诉人北京黄金假日旅行社有限公司与被上诉人携程计算机技术(上海)有限公司、上海携程商务有限公司、河北康辉

---

❶参见最高人民法院:(2015)民申字第3340号民事裁定书。

国际航空服务有限公司、北京携程国际旅行社有限公司虚假宣传纠纷判决上诉案。❶

在市场经济条件下,所有的经营者均已经假定为一个追名逐利的经济人,并以经济人标准制定相应的市场竞争规则。在市场竞争中,通过广告宣传的手段以取得竞争优势业已成为市场主体经营的常态。对自己产品、服务正面的宣传基本上均遵循扬长避短的宣传规律。正因为是广告宣传,所以有些夸大也在所难免。只要该宣传内容没有引人误解,就不应予以干预,消费者自然会作出理性判断。所以,在虚假宣传的案件中,并非要求行为人对其宣传的内容必须提供相应的证据予以证实才能免责。法官有权根据现有的证据、相关事实及结合日常生活经验法则对没有证据证实的宣传内容是否属于引人误解的虚假宣传作出判断。

（三）关于使用竞争对手的商标、企业名称、知名商品等商业标识作为搜索推广关键词行为的定性

搜索引擎是进入 21 世纪以来,伴随着互联网技术发展而蓬勃兴起的一种互联网技术和与此相关的商业模式。关键词源于英文 keywords,特指单个媒体在制作使用索引时,所用到的词汇。关键词搜索是网络搜索索引主要方法之一,就是希望访问者了解的产品、服务和公司等的具体名称用语,用途在于可获得更精确更丰富的搜索结果。因此,关键词作为检索、搜索之用的索引词语,本身完全是技术性的,是一种公众资源。关于将他人的商标、企业名称作为竞价排名搜索的关键词的行为是否构成不正当竞争,实践中存在着两种截然不同的观点。

1. 关键词竞价排名搜索推广服务中搜索引擎网络服务提供者的责任

搜索引擎提供的关键词竞价排名搜索推广服务的性质是信息提供服务还是网络广告服务在以前的司法实践中存在很大的争议,由此也决定了搜索引擎网络服务提供者的注意义务的大小,是否要承担连带侵权责任。

（1）搜索引擎网络服务提供者不需要承担侵权责任的典型案例。

北京市海淀区人民法院在陈茂篷诉百度在线网络技术（北京）有限公司侵犯著作权及虚假广告纠纷案中认为,《广告法》规定,广告是指商品经营者或者服务提供者承担费用,通过一定媒介和形式直接或者间接地介绍自己所推销的商品或者所提供的服务的商业广告,故广告应具有介绍商品或服务的功能,且应与商品或服务的提供者相联系。本案中,网站所有者选定的关键词"早泄"一词,本身未涉及任何商品或服务,亦无法与网站所有者联系在一起,无法起到广而告之的作用。网站所有者支付一定的费用,目的是保证自身的信息在选定的关键词搜索结果显示页面中处于特定的位置,前提是该网站本身取得了相应的资质,且其制作的网页上的信息在技术上能够被搜集、被链接,其网站上的信息由所有者自行发布,并不需要百度公司提供支持。竞价排名模式系百度公司在其搜索引擎服务下提供的一种服务模式,其本质仍是实现网上快捷传递、获取信息的一种技术手段,即向网络用户提供信息检索服务,告知用户找到相关信息的途径,并不直接提供任何信息。其与传统的搜索引擎主要区别在于:网站的所有者通过支付一定的费用,确保其选定的关键词在被用户搜索时,优先出现在显示的结果中,如果用户需要了解信息的详细情况,仍需链接到相关网站才能获得,故百度公司提供的竞价排名服务,仍是一种搜索引擎服务。百度公司向公众提供搜索引擎

---

❶参见最高人民法院:（2007）民三终字第 2 号民事判决书。

服务,仅是网络服务的提供者,其对网络信息不具备编辑控制能力,对网络信息的合法性没有监控义务,对被搜索到的信息内容是否侵权无法承担审查责任。作为面向公众设立和运营的网站,理应允许任何人进入和使用,涉案网站已到国家有关管理部门进行备案并取得了相应的注册号码,百度公司对其进行链接并无不妥。百度公司在得知陈茂篷主张涉案网站侵犯其权利后,已断开了相关网站的链接,陈茂篷亦予以认可,且不再主张相关诉讼请求,本院不持异议。百度公司已尽到网络服务提供者的义务,故对陈茂篷要求其承担赔偿责任的主张,本院不予支持。❶

北京市海淀区人民法院在北京沃力森信息技术有限公司诉八百客(北京)软件技术有限公司、第三人北京百度网讯科技有限公司侵犯注册商标专用权纠纷案中认为,作为搜索引擎网站的百度网站为满足为数众多的市场经营者提升自己的网站、商品、服务曝光率以及吸引网络用户注意力的需要,向市场经营者提供有偿的竞价排名服务。竞价排名服务系百度公司基于搜索引擎技术推出的一种网络推广服务方式,市场经营者在百度网站的竞价排名栏目注册账号后,通过自行选定关联到其网站的竞价排名关键词、自行撰写简要概括其网站网页内容的推广信息作为链接标题以及自行设定点击价格,来达到影响搜索关键词与该网站网页的技术相关度之目的,从而使得该网站网页在搜索结果中排序优先。竞价排名服务已成为为数众多的市场经营者宣传推广自己的网站、商品、服务以获得更多商业机会的重要途径,但该服务在本质上仍属于信息检索技术服务,并非广告法所规范的广告服务。对于百度公司对客户选定的竞价排名关键词进行主动审核的程度一节,法院认为,百度公司应以一个合理谨慎的理性人的标准,主动过滤和删除涉及反动、淫秽等违反国家强制性法律规定的关键词,主动注意和审核与具有极高知名度的驰名商标存在冲突的关键词;而就本案中八百客公司选定的竞价排名关键词"XTOOLS"而言,虽沃力森公司享有专用权的"XTOOLS"注册商标在CRM软件服务领域具有较高的市场知名度,但"XTOOLS"注册商标在特定行业领域的现有市场知名度并不足以导致竞价排名服务提供者百度公司在合理谨慎的情况下对该注册商标能够有所知晓和注意,故法院认为百度公司客观上并不能对八百客公司选定的竞价排名关键词"XTOOLS"是否侵犯沃力森公司的第4372228号"XTOOLS"注册商标专用权做出准确的识别和判断。且法院考虑到百度公司已在与所有竞价排名服务客户签订的推广服务合同中强调和要求竞价排名服务客户提交的推广信息不得含有侵犯他人知识产权的内容,并通过设置多种投诉渠道以供发现涉嫌侵权行为的权利人能够得到及时的事后救济等事实,法院认为作为竞价排名服务提供者的百度公司在本案中已尽其合理的注意和审核义务。二审判决对此予以维持。❷

北京市朝阳区人民法院在海泰斯(北京)科技有限公司等诉普若泰克科技发展(北京)有限公司等不正当竞争纠纷案中认为,从普若泰克公司自己提供的公证行为过程来看,没有证据证明百度时代网络公司为其推荐了"海泰斯"关键词,且百度时代网络公司也并未直接使用"海泰斯"关键词,而只是为普若泰克公司提供了推广其网站的技术服务。所以,对普若泰克公司提出的百度时代网络公司为其推荐了"海泰斯"关键词的答辩意见,本院不予支持。另外,"海泰斯"三字只是海泰斯科技公司和海泰斯工程设备公司的字号,尽管该字号在液压紧固设备行业具有一定的知名度,但还不足以导致从事互联网搜索服务的百度时代网络公司知道或者应当知道普若泰克公司设置了该侵

❶ 参见北京市海淀区人民法院:(2006)海民初字第18071号民事判决书。

❷ 参见北京市第一中级人民法院:(2010)一中民终字第2779号民事判决书。

权关键词。海泰斯科技公司和海泰斯工程设备公司也没有证据证明百度时代网络公司对此是明知或者应当知道的。为了最大限度地避免客户设置关键词侵犯他人权利,百度时代网络公司在与普若泰克公司签订的合同中要求普若泰克公司保证设置的关键词不能侵犯他人权利,并与推广的网站具有相关性,且在推广设置的步骤中多次提示普若泰克公司注意关键词、创意描述不得侵犯他人权利。而且,百度时代网络公司在百度网站上也公示了投诉渠道,为权利受到侵犯的权利人提供了方便的救济途径。在海泰斯科技公司和海泰斯工程设备公司未事先通知百度时代网络公司的情况下,百度时代网络公司接到本案诉状后及时将"海泰斯"关键词做了下线处理。综上,本院认为百度时代网络公司在涉案经营中主观上没有过错,不构成侵权,不应当承担法律责任。❶

北京市海淀区人民法院在美丽漂漂(北京)电子商务有限公司诉百度时代网络技术(北京)有限公司、北京薄荷时尚电子商务有限公司侵犯商标权及不正当竞争纠纷案中认为,关于百度公司的行为,从其应负的注意义务来看,除对明显违反国家法律法规以及具有较高知名度的商标等关键词应予主动排除之外,一般情况下,竞价排名服务商对于用于所选择使用的关键词并不负有全面、主动、事前审查的义务。就"美丽漂漂"和"向尚看齐"两个关键词而言,没有证据显示百度公司有义务事先禁止用户将其作为竞价排名关键词使用。同时,本案中也没有证据显示百度公司在明知薄荷公司存在侵权行为的情况下,仍然继续为其提供竞价排名服务。由此可见百度公司在本案中为薄荷公司提供竞价排名服务,不存在过错,不应当与薄荷公司承担共同侵权责任。❷

杭州市滨江区人民法院在杭州盘古自动化系统有限公司与杭州盟控仪表技术有限公司、北京百度网讯科技有限公司侵害商标权纠纷案中认为,从百度推广服务的操作模式看,创意标题、关键词的选择均由客户即盟控公司实施;且商标的知名度还不足以导致百度公司在合理谨慎的情况下知道或应当知道盟控公司设置的关键词因与盘古公司的商标近似而涉嫌侵权;而百度公司与客户签订的网上协议中明确要求对方设置的关键词不能侵犯他人相关权利,而且在起诉前百度公司也未收到盘古公司的通知或投诉。因此,本院认为,百度公司在主观上没有过错,不构成侵权,不应当承担法律责任。❸

北京市高级人民法院在费希尔厂有限责任两合公司等诉北京百度网讯科技有限公司等侵犯商标权及不正当竞争纠纷上诉案认为,百度公司提供百度推广服务以及向推广用户提供关键词推荐工具的行为系向用户提供一种网络技术服务,本身不涉及对其推荐的或推广用户设置的关键词进行商标性的使用,也不存在违反诚实信用原则和公认的商业道德的问题,百度公司仅提供百度推广服务本身未侵犯费希尔厂的商标权,也未构成不正当竞争行为。提供关键词广告服务的网络服务提供者通过网络参与、教唆、帮助他人实施侵权行为并有过错的,应承担共同侵权的责任,但其构成侵权应当以他人实施了直接侵权行为为前提条件,即他人利用关键词广告服务的行为侵犯了他人权利或构成不正当竞争。❹

北京市第一中级人民法院在上海映脉文化传播有限公司与华盖创意(北京)图像技术有限公司

❶参见北京市朝阳区人民法院:(2011)朝民初字第2299号民事判决书。

❷参见北京市海淀区人民法院:(2011)海民初字第10473号民事判决书。

❸参见杭州市滨江区人民法院:(2011)杭滨知初字第11号民事判决书。

❹参见北京市高级人民法院:(2013)高民终字第1620号民事判决书。

等不正当竞争纠纷上诉案中认为,对于百度在线公司而言,首先,其虽然是百度竞价排名服务的实际经营者,但搜索关键词的选择仍是作为百度竞价排名服务接受者的映脉公司的主动行为,映脉公司并无证据证明搜索关键词是由百度在线公司向其推荐使用的,故对其自行选择的搜索关键词所可能产生的法律纠纷,映脉公司应自行承担相应的法律责任。其次,百度推广服务系统虽然存在对搜索关键词的审核程序,但这种审核在一般情况下所针对的是明显违反公共秩序和公共利益的行为,而对于竞价排名服务接受者自行选择的搜索关键词是否存在潜在的侵权风险,作为网络服务商的百度在线公司难以完成这种全面和深入的审查。而根据百度在线公司所提交的证据显示,在本案纠纷诉诸原审法院之后,涉嫌侵权的搜索结果已不存在,华盖公司亦对此予以认可。由此可见,在映脉公司选择关键词参与百度竞价排名服务进而对华盖公司的合法权益造成损害的过程中,百度在线公司对此并不存在共同的意思联络和主观过错。❶

上海市第二中级人民法院在南京喜郎儿投资管理有限公司与上海迪亿投资管理有限公司商标侵权纠纷案中认为,对被告百度公司,首先,被告百度公司仅系其推出的上述百度推广服务的关键词搜索服务提供者,上述涉及侵权的关键字、相关内容链接及注释的设置均系被告上海迪亿公司自行完成。同时,涉案"喜郎儿"注册商标的知名度尚不足以导致被告百度公司在合理谨慎的情况下知道或者应当知道被告上海迪亿公司设置的上述涉及侵权的关键字、相关内容链接及注释涉嫌对原告"喜郎儿"注册商标的侵害。其次,两被告所订立合同中,已明确要求使用百度推广服务的单位或个人在设置关键字、相关内容链接及注释需与网站中的相关内容具有实质关联性,且不得侵害他人的知识产权。而在收到本案诉状副本后被告百度公司已经删除了上述侵权的关键字、相关内容链接及注释。因此,被告百度公司主观上没有过错,不构成侵权。❷

南京市中级人民法院在重庆金夫人实业有限公司与北京百度网讯科技有限公司、南京米兰尊荣婚纱摄影有限公司侵害商标权纠纷案中认为,百度公司提供百度竞价排名推广服务以及向推广用户提供关键词推荐工具的行为系向用户提供一种网络技术服务,本身不涉及对其推荐的或推广用户设置的关键词进行商标性的使用,也不存在违反诚实信用原则和公认的商业道德的问题,故百度公司仅提供百度推广服务本身未侵犯金夫人公司的商标权,也未构成不正当竞争行为。百度公司推出的推广服务是一种新的网络信息检索服务模式,解决了互联网信息的海量性、网络用户希望快速获取信息的现实性与推广用户在海量信息中希望被关注之间的矛盾。百度推广技术具有实质性非侵权用途,百度公司是否因米兰公司的侵权行为承担法律责任取决于其是否具有过错。本案中,金夫人公司享有涉案注册商标的专用权,但其享有的该合法权利尚不足以导致百度公司对其涉案商标负有更高的注意义务。如果根据关键词的性质来判决搜索引擎服务商是否负有更高审查义务,则颠倒了因果关系,因为关键词的性质是搜索引擎服务商进行合理审查后才能得知的信息。具体而言:第一,其涉案商标为图文组合商标,且指定颜色,而米兰公司在推广服务中设置的关键词为"金夫人"汉字,虽然涉案商标的呼叫包括"金夫人",但不能将涉案组合商标等同于"金夫人"三个汉字,更不能因为涉案商标曾经被认定过驰名商标而认为"金夫人"三个汉字也至今驰名;第二,涉案商标虽在2006年曾被行政机关认定为驰名商标,但至金夫人公司发现米兰公司的被控侵权行

---

❶ 参见北京市第一中级人民法院:(2011)一中民终字第11137号民事判决书。

❷ 参见上海市第二中级人民法院:(2011)沪二中民五(知)初字第156号民事判决书。

为之时,该商标是否仍然驰名,并无证据证明;况且,在金夫人公司的官方网站,其也未使用曾经被认定的驰名商标,而是使用了其他商标;第三,驰名商标保护的本义,是对该注册商标禁用权范围的扩张,加大其他市场主体对该商标合理避让的程度;即使涉案商标仍然驰名,其驰名的事实与百度公司在审查关键词时的注意义务也属于不同的法律关系和逻辑概念,并不因为商标的驰名而使百度公司对其负有更高的法定注意义务。另外,在不同类别的商品或服务上还存在其他主体的"金夫人"文字或组合商标的情况。因此,百度公司在审查米兰公司推广服务关键词过程中不存在过错,也无证据证明百度公司对米兰公司选用"金夫人"作为搜索关键词存在帮助、教唆等情形,故百度公司不应承担金夫人公司指控的侵权责任。❶

(2)搜索引擎网络服务提供者需要承担侵权责任的典型案例。

广东省高级人民法院在广东联塑科技实业有限公司与广州联兴塑胶管业有限公司、北京搜狗信息服务有限公司侵害商标权纠纷案中认为,北京搜狗公司虽然是搜索引擎服务提供商,但在搜狗搜索推广服务中,其向用户收取服务费用,并根据用户的竞价情况改变网站链接的排名顺序,因此,北京搜狗公司的竞价排名是一种收费服务,其对客户所设置关键词的合法性,应当负有更高的审查注意义务,而不能仅限于其免责声明中的相关条款,或仅适用"通知并删除"的免责方式。在本案中,北京搜狗公司对广州联兴公司设置的涉案"联塑"关键词,没有审核是否构成侵权,也没有审核是否与广东联塑公司有关,无疑没有尽到合理审慎的注意义务,主观上存在过错,客观上为广州联兴公司的侵权行为提供了帮助。因此,原审认定北京搜狗公司应与广州联兴公司承担连带侵权责任,并无不当,二审法院予以维持。❷

(3)搜索引擎提供的竞价排名搜索推广服务的性质。

上海市第一中级人民法院在东莞市国安票务有限公司与上海携程商务有限公司侵害商标权及不正当竞争纠纷案中认为,根据《百度推广服务合同》,百度推广即在百度网站等的相关页面的特定位置展示被推广方的网站信息。具体分析被诉侵权内容"国安票务,订机票,就上携程网www.ctrip.com国安票务:携程官网查询及预订机票,使用超方便,买就送积分,可免费兑换机票及丰富礼品",上述内容实际上是被告利用百度推广对其网站上提供的机票查询、预订等相关服务进行的宣传和推广,其内容具有明显的商业广告性质。二审对此予以维持。❸但该案未将百度公司列为当事人,也未明确百度公司的角色。

1995年2月1日施行的《广告法》第2条第2款规定的广告是指"商品经营或公司供者承担费用,通过一定媒介和形式直接或间接地介绍自己所推销的商品或者所提供的服务的商业广告"。2015年4月24日修订的《广告法》(2015年9月1日实施)第2条第1款规定"商品经营者或者服务提供者通过一定媒介和形式直接或者间接地介绍自己所推销的商品或者服务的商业广告活动,适用

❶参见南京市中级人民法院:(2016)苏01民终8584号民事判决书。

❷参见广东省高级人民法院:(2016)粤73民终335号民事判决书。

❸参见上海市高级人民法院(2013)沪高民三(知)终字第59号民事判决书。

本法"。因此,《广告法》并未将竞价排名服务列入广告发布行为。但自魏则西事件发生以后,[●]国家工商行政管理总局于2016年7月4日发布了《互联网广告管理暂行办法》,规定推销商品或者服务的付费搜索广告属于互联网广告。无论是1995年施行的《广告法》第13条,还是2015年修订的《广告法》第14条均规定,广告应当具有可识别性,能够使消费者辨明其为广告。也就是对于广告的判断,消费者的主观认知也是必须考虑的因素之一。因此,我国广告法意义上的广告的界定既要从行为本身进行判断,同时也要结合广告主、广告经营者和广告发布者之间的主观意图,并结合消费者的感知进行综合认定。从参与竞价排名经营者的主观意图而言,基于互联网经济为"注意力经济、眼球经济"的特性,为了能在网络用户利用特定的关键词的搜索时,将自身的排名尽量靠前,通过支付一定费用的方式,在搜索引擎服务商通过特定算法的自然搜索结果之外,利用特殊规则,将自己网站的排名靠前,从而使参与竞价排名的经营者获得网络用户的注意。通俗而言,就是通过支付费用的方式,在搜索引擎网站上发布推广自身网站的广告。从搜索引擎服务商的角度而言,搜索引擎服务商对竞价排名商业模式的运营,是基于免费搜索、自然搜索而衍生出的运营模式。其通过互联网经济的特性,在吸引、积累、黏合、锁定庞大网络用户的同时,利用自然搜索的庞大资源,通过此种增值收费的服务,提高自身的盈利数额。但是,搜索结果的触发,都是以网络用户输入关键词与参与竞价排名经营者设定关键词的一致性为前提。作为搜索引擎服务商而言,仅是在其提供的搜索引擎服务平台上,为此种关键词的触发提供技术的支持。另一方面,我国现行的搜索引擎服务商所提供的"竞价排名"服务中,多是系参与竞价排名的主体自行设置的关键词或者相关的标题、网页内容介绍等,而服务商仅是对违反国家法律、法规等强制性内容进行预先设定程序的审查,并不实质进行人工干预,因此就搜索引擎服务商自身而言,其也不存在与参与竞价排名经营者对特定内容的合意。从网络用户角度而言,其利用某一词语作为搜索词进行搜索时,其目的是想了解与该词语相关且符合自己需求的信息,其需求的信息也可能是正面的,也可能是负面的;有可能是寻找与该搜索词相关的信息,也有可能是寻找竞争对手的信息,并非是要进入竞价排名的网站。但是对于经营者的注册商标、字号、企业名称、知名商品等商业标识含义的关键词而言,网络用户输入该关键词的目的主要还是寻求与该关键词相关的商业信息。因此,从参与竞价排名的经验者以及网络用户的角度而言,关键词竞价排名的搜索推广服务的性质应该是互联网广告。

2. 关键词竞价排名构成商标侵权或不正当竞争的判断标准

司法实践中,对于使用竞争对手的商标、企业名称作为搜索推广关键词的行为是否构成商标侵权或不正当竞争存在着巨大的争议,核心问题在于认定标准的不统一。目前,司法实践中主要存在着混淆性判断标准和无正当理由标准这两种观点。当然,这两种判断标准并非互相排斥,而是存在着递进关系。混淆性判断标准认为行为人使用竞争对手的商标、企业名称作为竞价排名搜索推广

[●]魏则西事件是指2016年4月至5月初在互联网引发网民关注的一起医疗相关事件。2016年4月12日,西安电子科技大学21岁学生魏则西因滑膜肉瘤病逝。他去世前在知乎网站撰写治疗经过时称,在百度上搜索出武警北京第二医院的生物免疫疗法,随后在该医院治疗后致病情耽误,此后了解到,该技术在美国已被淘汰。2016年5月2日,国家网信办会同国家工商总局、国家卫生计生委成立联合调查组进驻百度公司,对此事件及互联网企业依法经营事项进行调查并依法处理。

的关键词,如果搜索的结果导致互联网的参与者产生混淆,误认为行为人与关键词对应商标、企业名称等商业标识的权利人存在着关联关系,则该行为构成商标侵权或不正当竞争,如果不会产生混淆,则不构成商标侵权或不正当竞争。无正当理由判断标准认为,即使根据混淆性标准不会产生混淆,但是行为人无正当理由使用竞争对手的商标或企业名称等商业标识作为关键词的行为违反了公认的商业道德,直接或间接地为自己增加了市场关注度和交易机会,构成不正当竞争。使用了竞争对手的商标、企业名称等识别性标识作为竞价排名搜索引擎关键词行为的形态可以分为两种。一种是不仅将竞争对手的商标、企业名称等识别性标识设置为其搜索推广账户后台搜索的关键词,而且呈现给网络参与者的搜索结果中的标题、创意描述、链接网址等位置也出现了与该关键词相关的等竞争对手的商业标识。这种关键词使用行为,我们姑且称之为关键词公开使用行为。另外一种是只将竞争对手的商标、企业名称等识别性标识设置为其搜索推广账户后台搜索的关键词,但是呈现给网络参与者的搜索结果中的标题、创意描述、链接网址等位置没有出现了与该关键词相关的等竞争对手的商业标识。这种关键词使用行为,我们姑且称之为关键词的隐蔽使用行为。司法实践中,对于关键词的公开使用行为,法院一般坚持混淆性判断标准认为构成侵权或不正当竞争;对于关键词的隐蔽使用行为,坚持混淆性判断标准的法院认为不构成侵权或不正当竞争,而坚持无正当理由标准观点的法院还是会认定构成不正当竞争。

(1)关键词公开使用行为的典型案例。

北京市第一中级人民法院在上诉人八百客(北京)软件技术有限公司与被上诉人北京沃力森信息技术有限公司侵犯注册商标专用权纠纷上诉案中认为,被控侵权行为系上诉人在百度网站上实施的竞价排名推广行为。由公证书的记载可知,该行为的具体表现形式为:输入"xtools"关键词进行搜索,在搜索结果第一位可得"八百客国内最专业的xtools"的链接标题,该链接标题下方的推广信息为"www.800app.com 八百客国内最crm服务提供商标准版免费5000成功案例提供一对一免费视频培训"。鉴于被控侵权行为中使用了与涉案商标相近似的标识"xtools",且被控侵权行为中"xtools"所使用的服务与涉案商标所核定使用的服务类别相类似,故进行这一关键词搜索的网络用户在看到被控侵权页面时,可能认为被控侵权行为的实施者(即上诉人)即为涉案商标的所有人。据此,被控侵权行为中"xtools"的使用具有使相关公众对于商品或服务的提供者产生混淆误认的可能性。虽然被控侵权内容中明确标有上诉人的字号"八百客",但鉴于该标示不能当然使网络用户认为其所标注的即为被控侵权行为人的字号,且即便网络用户会产生此种认知,因对于混淆误认可能性的判断并不要求相关公众对于涉案商标的真正提供者具有认知(即不需要相关公众明确知晓涉案商标的注册人为被上诉人沃尔森公司),而仅需相关公众客观上认为涉案商标所有人与被控侵权行为人为同一主体或具有特定联系的主体即可,故即便网络用户会认为该网页中的"八百客"字样系指代上诉人,亦不影响对于混淆误认可能性的判定。❶

北京市海淀区人民法院在美丽漂漂(北京)电子商务有限公司诉百度时代网络技术(北京)有限公司、北京薄荷时尚电子商务有限公司侵犯商标权及不正当竞争纠纷案中认为,薄荷公司主动选择"美丽漂漂"和"向尚看齐"关键词参加竞价排名为薄荷时尚网进行网络推广,且在网站名称和网页

---

❶参见北京市第一中级人民法院(2010)一中民终字第2779号民事判决书。

描述中使用"美丽漂漂"和"向尚看齐",导致在百度网以"美丽漂漂"和"向尚看齐"为关键词进行搜索所得排名首位的搜索结果系薄荷时尚网,足以造成相关公众在看到搜索结果后,误以为薄荷公司经营的薄荷时尚网与美丽漂漂公司存在特定联系,对两个企业的经营活动产生混淆和误解,致使本该属于美丽漂漂公司的市场关注和交易机会被薄荷公司攫取。薄荷公司有意选择"美丽漂漂"为关键词参加竞价排名推广其经营的薄荷时尚网,属于未经美丽漂漂公司许可,在核定使用商品为第35类上使用与美丽漂漂商标近似的商标的行为,侵犯了美丽漂漂公司享有的注册商标专用权。薄荷公司在明知"向尚看齐"与美丽漂漂公司的经营活动有一定的指向性联系的情况下,未经许可有意选择与其网站无关的"向尚看齐"为关键词参加竞价排名推广其经营的薄荷时尚网的行为,构成不正当竞争。❶

北京市朝阳区人民法院在海泰斯(北京)科技有限公司等诉普若泰克科技发展(北京)有限公司等不正当竞争纠纷案中认为,普若泰克公司与"海泰斯"三字无任何关系,也理应知道"海泰斯"是海泰斯科技公司、海泰斯工程设备公司的字号,且百度时代网络公司又多次提示注意避免设置侵犯他人合法权利的关键词,但普若泰克公司却仍然将该三字作为关键词参加百度推广服务,并撰写带有"特固兰海泰斯"字样的链接标题和带有"美国顶尖海泰斯"等字样的创意描述,导致欲了解海泰斯科技公司和海泰斯工程设备公司有关信息的相关公众在百度搜索引擎中搜索"海泰斯"三字时,却首先找到了普若泰克公司网站的链接,并看到带有"特固兰海泰斯"字样的链接标题及带有"美国顶尖海泰斯"等字样的创意描述,进而使相关公众对"海泰斯"与"特固兰"是否具有一定的关联关系产生混淆,并引导相关公众进入普若泰克公司的网站。普若泰克公司的这种行为势必降低相关公众对海泰斯科技公司和海泰斯工程设备公司网站的访问量,反而提高了相关公众对普若泰克公司网站的访问概率。普若泰克公司也自认其选择"海泰斯"作为关键词的目的就是在搜索"海泰斯"时,同时显示出普若泰克公司的网站,增加其网站的曝光率。普若泰克公司此举显然抢占了海泰斯科技公司和海泰斯工程设备公司在互联网上被相关公众发现的机会,从而挤占了海泰斯科技公司和海泰斯工程设备公司利用互联网进行交易的市场空间,也会使海泰斯科技公司和海泰斯工程设备公司在市场中投放的广告效应降低,从而使海泰斯科技公司和海泰斯工程设备公司在市场竞争中处于不利地位。普若泰克公司主观恶意极其明显,严重违反了市场竞争中的诚实信用原则和公认的商业道德,破坏了公平有序的竞争环境,构成了不正当竞争行为,应当承担相应的法律责任。❷

北京市海淀区人民法院在上海映脉文化传播有限公司与华盖创意(北京)图像技术有限公司等不正当竞争纠纷案中认为,映脉公司在百度网上对其经营的东方IC网进行推广的过程中,使用了"华盖创意""华盖""华盖网""华盖图片价格""华盖图片库"等关键词进行竞价排名,并将网页标题设定为"华盖·东方IC才实惠,高端创意中国制造"。由此导致在百度网上搜索"华盖""华盖创意""北京华盖创意""华盖创意图像""华盖创意图片""华盖创意图片库""华盖创意图片社"时,所列搜索结果第一页的第一项和最后一项均为东方IC网的链接,且显示有上述网页标题内容。映脉公司作为同业竞争者,为推广自身业务和网站而使用华盖公司的企业字号和简称,既无法说明"华盖"

"华盖创意"等词语与该公司有何关联,更未能对其使用上述词语进行竞价排名的目的作出合理解释。华盖公司的上述行为已显然不是对"华盖"等词语原有含义的使用,而是利用其指代特定的市场经营者,即华盖公司。鉴于"华盖创意""华盖"与华盖公司存在明确的对应性和指代关系,故映脉公司的竞价排名行为,足以造成相关公众在看到搜索结果后,误以为映脉公司所经营东方IC网与华盖公司存在特定联系,产生对两个企业及其产品、服务的混淆和误解,致使本应属于华盖公司的市场关注和交易机会被映脉公司所获取。综上,映脉公司的上述行为违反了市场竞争中所应遵守的诚实信用原则,损害了华盖公司的合法权益,扰乱了正常的市场秩序,构成不正当竞争。二审判决对此予以确认。❶

杭州市滨江区人民法院在杭州盘古自动化系统有限公司与杭州盟控仪表技术有限公司、北京百度网讯科技有限公司侵害商标权纠纷案中认为,盟控公司作为与盘古公司的同行竞争者,故意将与注册商标近似的"盘古记录仪"选定为百度网站的竞价排名关键词,导致在百度网站上以"盘古记录仪""盘古无纸记录仪""杭州盘古生产的记录仪""杭州盘古生产的无纸记录仪""盘古商标记录仪""盘古商标无纸记录仪""杭州盘古公司无纸记录仪""盘古牌记录仪"等为关键词进行搜索所得排名首位的搜索结果"盘古记录仪专业生产厂家杭州盟控仪表www.mkong.com.cn"指向盟控公司网站的连接,使用户误入盟控公司网站,从而吸引网络用户对其公司网站的注意力,误导公众对盘古记录仪与盟控仪表是否具有一定关联性产生混淆。盟控公司的上述行为已构成对盘古公司的注册商标造成其他损害的行为,侵犯了盘古公司的注册商标专用权。❷

前述东莞市国安票务有限公司与上海携程商务有限公司侵害商标权及不正当竞争纠纷案,一审法院上海市第一中级人民法院认为,被诉侵权内容"国安票务,订机票,就上携程网www.ctrip.com国安票务:携程官网查询及预订机票,使用超方便,买就送积分,可免费兑换机票及丰富礼品",上述内容易使相关网络用户将被告网站上的机票查询、预订等服务与"国安票务"建立特定的联系,认为被告网站上的机票查询、预订等服务就是国安票务,或与国安票务存在某种关联。从以上"国安"的实际使用方式和使用效果来看,其已经起到了标识服务来源的功能。❸

上海市第二中级人民法院在南京喜郎儿投资管理有限公司与上海迪亿投资管理有限公司商标侵权纠纷案中认为,被告上海迪亿公司作为涉案商标核定使用范围同类商品的经营者,未经原告的许可,亦无合理的理由,在百度推广服务中将"喜郎儿"设置为关键词,并设置了含有"喜郎儿"的相关内容链接及注释。上述行为突出使用了"喜郎儿",并将"喜郎儿"作为企业字号在涉案商标的相同商品上使用,使涉案商标与被告上海迪亿公司所经营的商品相关联,足以使相关消费者产生其喜郎儿休闲食品店系"喜郎儿"商标注册人开设,以及该休闲食品店经营的商品与涉案商标有关联的混淆和误认。因此被告上海迪亿公司上述行为已经构成商标侵权,应当就此承担民事责任。二审对此予以维持。❹

广东省高级人民法院在广东联塑科技实业有限公司与广州联兴塑胶管业有限公司、北京搜狗

❶参见北京市第一中级人民法院(2011)一中民终字第11137号民事判决书。

❷参见杭州市滨江区人民法院(2011)杭滨知初字第11号民事判决书。

❸参见上海市高级人民法院(2013)沪高民三(知)终字第59号民事判决书。

❹参见上海市高级人民法院(2013)沪高民三(知)终字第97号民事判决书。

信息服务有限公司侵害商标权纠纷案中认为,广州联兴公司通过搜索推广服务,使其设置有"联塑"关键词的网页链接,在搜索结果中排名靠前或在特定的区域展示,从而达到被链接的网站获取更多点击、浏览的宣传和推广目的,故其设置关键词的行为属于商业使用。广州联兴公司在网页标题和网页信息中均设置有"联塑"字样,该行为会导致使用搜索功能的网络用户误认为该网页链接的企业与广东联塑公司具有某种关联,进而点击、浏览被链接网站。广州联兴公司的上述行为,主观上具有"搭便车"的故意,客观上实施了擅自使用广东联塑公司的企业名称以及虚假宣传,其结果是广州联兴公司的网站获取更多的点击和浏览量,从而达到借助广东联塑公司的知名度和美誉度,为广州联兴公司的商品进行宣传和推广,增加其交易机会的目的,显然违反了诚实信用原则,构成不正当竞争行为。❶

(2)关键词隐蔽使用的典型案例。

北京市第一中级人民法院在费希尔厂有限责任两合公司等诉北京百度网讯科技有限公司等侵犯商标权及不正当竞争纠纷案认为,根据以"慧鱼"为搜索词后搜索结果页面的显示,美坚利公司设置的推广链接位于页面右侧,未处于页面中的自然搜索结果当中,且页面右侧上方标明了"推广链接";该推广链接的描述部分使用了"美坚利"文字,并未出现与"慧鱼"相关的文字,网址注明了"www.meijianli.com";点击该链接进入美坚利公司的网站,亦未显示有与"慧鱼"商标或费希尔厂有关联的内容。因此,美坚利公司设置该推广链接的行为不会导致相关公众对商品来源的混淆误认或者认为其提供的商品与费希尔厂有特定的联系,未损害涉案商标的识别功能。至于费希尔厂、慧鱼公司所称的商业机会虽然可以作为一种受到反不正当竞争法保护的利益,但其本身并非一种法定权利,而且交易的达成并非完全取决于单方的意愿而需要交易双方的合意,因此他人可以自由参与竞争来争夺交易机会。竞争对手之间对商业机会的争夺是竞争的常态,亦为市场竞争所鼓励和提倡。只有竞争对手在争夺商业机会时不遵循诚实信用原则,违反公认的商业道德,通过不正当的手段获取他人可以合理预期获得的商业机会,才为反不正当竞争法所禁止。当网络用户用某一商标作为搜索词进行搜索时,其目的既有可能是寻找与该商标相关的信息,也有可能是寻找该商标所有人竞争对手的信息。因搜索服务提供商同时提供自然搜索和关键词广告服务,以该商标设置推广链接关键词的行为并不影响商标权人的网页或广告同时出现在自然搜索结果(且通常位于第一位)。只要设置的推广链接对其商品来源及相关信息作了清楚而不引人误解的描述,在面对自然搜索结果和推广链接中出现的多种商品时,相关公众仍会从综合衡量各方提供商品的价格、质量、功能等因素的基础上选择进行交易的对象,这也符合市场交易的常态。本案中,美坚利公司设置的推广链接的描述及其公司网站的内容足以表明其提供的商品的来源,并未故意造成与费希尔厂、慧鱼公司的商品的混淆误认或使人认为二者有特定的联系。美坚利公司设置推广链接的行为亦未导致费希尔厂及其关联公司的网络链接不能出现在搜索结果中或导致其排序处于不易被网络用户识别的位置。故美坚利公司的行为未导致搜索"慧鱼"信息的网络用户因在搜索结果中不能发现或难以发现费希尔厂和慧鱼公司的网站链接或者因对美坚利公司的产品的混淆误认而错误的购买美坚利公司的产品。虽然美坚利公司以与他人商标"慧鱼"相关的文字作为推广链接的关键词有借此增加

---

❶ 参见广东省高级人民法院(2016)粤73民终335号民事判决书。

其网站及产品广告出现在搜索结果中的机会的意图,但综合考虑其设置的推广链接的具体情形、关键词广告市场特性以及网络用户的认知水平等因素,其行为尚未达到违反诚实信用原则和公认的商业道德的程度。美坚利公司所设推广链接及其公司网站并未借用费希尔厂、慧鱼公司的名义,也未导致相关公众对商品来源的混淆误认,其行为亦不属于利用了费希尔厂、慧鱼公司的商誉。因此,美坚利公司设置推广链接的行为并未对费希尔厂、慧鱼公司的合法权益造成实际损害,其行为不构成不正当竞争。二审法院对此予以认同。❶

前述畅想公司与中晟公司、中源公司案中,最高人民法院认为:一方面,中源公司、中晟公司将畅想公司的企业名称和字号设置为关键词没有任何正当理由,且它们之间存在直接的竞争关系,在畅想公司在外贸管理软件行业具有一定知名度的前提下,中源公司、中晟公司显然具有利用畅想公司商誉,不正当获取竞争利益的主观故意,中源公司、中晟公司主张关键词属于公有领域,任何人均可使用,其使用他人商标及字号作为关键词本身并不违法的理由不成立。另一方面,在搜索结果中首位出现"富通天下"广告推送,极有可能吸引相关公众的注意力,诱导相关公众去点击中源公司、中晟公司的网站,增加该网站的点击量,从而给该两公司带来潜在的商业交易机会,也使畅想公司失去了潜在的商业交易机会,损害畅想公司的利益。故二审判决认定中源公司、中晟公司该行为显属不当使用他人的企业名称或字号,有悖于诚实信用原则和公认的商业道德,具有可责性,应给予明确的否定性评价,未有不当。❷

南京市中级人民法院在重庆金夫人实业有限公司与北京百度网讯科技有限公司、南京米兰尊荣婚纱摄影有限公司侵害商标权纠纷案中认为,米兰公司将"金夫人"文字设置为推广链接的关键词系在计算机系统内部操作,并未直接将该词作为商业标识在其推广链接的标题、描述或其网站页面中向公众展示,不会使公众将其识别为区分商品来源的商标,不属于商标性的使用。本案中,以"金夫人"为关键词搜索后的结果页面,前六行显示的是金夫人公司的官网及其各地分站链接,下方是"上海婚纱摄影"的链接,且该标题右侧标明了"推广链接"字样,米兰公司的网址链接位于推广链接的第二位,未出现在页面中的自然搜索结果当中;该推广链接的标题、描述部分使用了"米兰"文字,并未出现与"金夫人"相关的文字,网址链接为"www.milanvip.com";点击该链接进入米兰公司的网站,亦未显示有与"金夫人"商标或金夫人公司有关联的内容。因此,米兰公司设置该推广链接的行为不会导致相关公众对服务来源的混淆误认或者认为其提供的服务与金夫人公司有特定的联系,未损害涉案商标的识别功能。其次,网络用户以关键词进行搜索的目的,既可能是查找关键词直接指向的商品或服务,也可能是查找与关键词相似的商品或服务,以进行充分的比较、选择。网络用户具有一定的识别、区别相似商品或服务的能力。再次,关于在识别功能基础上产生的广告宣传功能。在提供关键词推广的网站,推广链接与自然搜索结果列表分处不同位置,其中推广链接部分结果的排序与引擎自身的算法规则、网站本身的权威度、网站内容的建设、维护、更新及推广选择、点击率、相关性、网页标题、关键字、描述、主页内容、点击价格等因素相关,而自然搜索结果的排序则是根据结果与网络用户输入的搜索词的相关性所决定,搜索服务提供商并不对自然搜索结果的排序顺序收取费用。当网络用户使用商标作为搜索词进行搜索时,商标权人的页面和

---

❶参见北京市高级人民法院(2013)高民终字第1620号民事判决书。

❷参加最高人民法院(2015)民申字第3340号民事裁定书。

相关信息会因其相关度高而出现在自然搜索结果的列表中,而且往往出现在列表中靠前位置。无论商标权人是否设置了推广链接并能处于推广链接中排序靠前的位置,搜索服务提供商提供的自然搜索的结果均能保证其网站和广告能够被网络用户获得。如本案中,搜索"金夫人"后首先出现的即为金夫人公司的官网,其后才是推广链接。因此,米兰公司设置该推广链接的行为未损害涉案商标的广告宣传功能。因此,米兰公司的行为未侵犯金夫人公司对涉案商标享有的注册商标专用权。至于金夫人公司所称的商业机会,虽然可以作为一种受到反不正当竞争法保护的利益,但其本身并非一种法定权利,而且交易的达成并非完全取决于单方的意愿而需要交易双方的合意,因此他人可以自由参与竞争来争夺交易机会。竞争对手之间对商业机会的争夺是竞争的常态,亦为市场竞争所鼓励和提倡。只有竞争对手在争夺商业机会时不遵循诚实信用原则,违反公认的商业道德,通过不正当的手段获取他人可以合理预期获得的商业机会,才为《反不正当竞争法》所禁止。网络用户用某一商标作为搜索词进行搜索的目的具有多重性。因搜索服务提供商同时提供自然搜索和关键词推广服务,以该商标设置推广链接关键词的行为并不影响商标权人的网页或广告同时出现在自然搜索结果(且通常位于第一位)中。只要设置的推广链接对其商品来源及相关信息作了清楚而不引人误解的描述,在面对自然搜索结果和推广链接中出现的多种商品或服务时,相关公众仍会从综合衡量各方提供商品或服务的价格、质量、功能等因素的基础上选择进行交易的对象,这也符合市场交易的常态。本案中,米兰公司设置的推广链接的标题、描述及其公司网站的内容足以表明其提供的服务的来源,并未故意造成与金夫人公司的服务的混淆误认或使人认为二者有特定的联系。米兰公司设置推广链接的行为亦未导致金夫人公司的网络链接不能出现在搜索结果中或导致其排序处于不易被网络用户识别的位置。故米兰公司的行为未导致搜索"金夫人"信息的网络用户因在搜索结果中不能发现或难以发现金夫人公司的网站链接或者因对米兰公司的服务的混淆误认而错误地选择米兰公司的服务。虽然米兰公司以金夫人公司涉案商标中的"金夫人"文字作为推广链接的关键词有借此增加其网站及服务广告出现在搜索结果中的机会的意图,但综合考虑其设置的推广链接的具体情形、关键词广告市场特性以及网络用户的认知水平等因素,其行为尚未达到违反诚实信用原则和公认的商业道德的程度。米兰公司所设推广链接及其公司网站并未借用金夫人公司的名义,也未导致相关公众对服务来源产生混淆误认,其行为亦不属于利用了金夫人公司的商誉。因此,米兰公司设置关键词推广链接的行为并未对金夫人公司的合法权益造成实际损害,其行为不构成不正当竞争。❶

(3)关键词隐蔽使用行为构成不正当竞争的要件。

最高人民法院在知识产权年度报告(2010年)中指出:适用反不正当竞争法第二条的原则规定认定构成不正当竞争应当同时具备以下条件:一是法律对该种竞争行为未作出特别规定;二是其他经营者的合法权益确因该竞争行为而受到了实际损害;三是该种竞争行为因确属违反诚实信用原则和公认的商业道德而具有不正当性或者说可责性。最高人民法院《关于充分发挥知识产权审判职能作用推动社会主义文化大发展大繁荣和促进经济自主协调发展若干问题的意见》(法发〔2011〕18号)规定:"妥善处理好反不正当竞争法的原则规定与特别规定之间的关系,既要充分利用原则

---

❶ 参见南京市中级人民法院(2016)苏01民终8584号民事判决书。

规定的灵活性和适应性,有效制止各种花样翻新、层出不穷的不正当竞争行为,又要防止原则规定适用的随意性,避免妨碍市场自由公平竞争。严格把握反不正当竞争法原则规定的适用条件,凡属反不正当竞争法特别规定已作明文禁止的行为领域,只能依照特别规定规制同类不正当竞争行为,原则上不宜再适用原则规定扩张适用范围。反不正当竞争法未作特别规定予以禁止的行为,如果给其他经营者的合法权益造成损害,确属违反诚实信用原则和公认的商业道德而具有不正当性,不制止不足以维护公平竞争秩序的,可以适用原则规定予以规制。正确把握诚实信用原则和公认的商业道德的评判标准,以特定商业领域普遍认同和接受的经济人伦理标准为尺度,避免把诚实信用原则和公认的商业道德简单等同于个人道德或者社会公德。"因此,构成《反不正当竞争法》第2条原则规定的不正当竞争民事侵权行为属于一般不正当竞争行为,如果反不正当竞争法其他条款有特别规定的,就适用其他条款的特别规定,而不再适用第2条的原则规定。《反不正当竞争法》第2条原则规定的不正当竞争民事侵权行为作为一般不正当竞争行为须符合一般侵权责任的构成要件:①行为人实施的竞争行为具有过错,违背了诚实信用原则和公认的商业道德,不具有正当性;②其他经营者的合法权益遭受了实际损害;③行为人的具有主观过错的竞争行为与其他经营者遭受的实际损害之间存在着因果关系。

关于经营者过错的认定。反不正当竞争法意义上的诚实信用原则更多的是以公认的商业道德的形式体现出来的。商业道德要按照特定商业领域中市场交易参与者即经济人的伦理标准来加以评判,它既不同于个人品德,也不能等同于一般的社会公德,所体现的是一种商业伦理。经济人追名逐利符合商业道德的基本要求,但不一定合于个人品德的高尚标准;企业勤于慈善和公益合于社会公德,但惰于公益事业也并不违反商业道德。特别是,反不正当竞争法所要求的商业道德必须是公认的商业道德,是指特定商业领域普遍认知和接受的行为标准,具有公认性和一般性。即使在同一商业领域,由于是市场交易活动中的道德准则,公认的商业道德也应当是交易参与者共同和普遍认可的行为标准,不能仅从买方或者卖方、企业或者职工的单方立场来判断是否属于公认的商业道德。具体到个案中的公认的商业道德,需要根据特定商业领域和个案情形具体确定,特定行业的一般实践、行为后果、交易双方的主观状态和交易相对人的自愿选择等都可能成为考虑因素。

百度是一家以搜索引擎业务为主业的商业公司,百度的搜索结果这一庞大海量的信息数据库是其商业资源。因此,百度在提供免费的自然搜索结果的情况下,利用该自然搜索结果的商业资源开发了搜索推广的竞价排名服务。商家可以与百度公司建立商业合作关系,通过搜索推广的竞价排名服务使自己的信息更方便地为网络用户搜索到。经营者在秘密状态下采取有利于自己的技术措施,将竞争对手的商标、字号、企业名称等识别性标识作为后台搜索关键词,是符合经济人追名逐利的商业道德要求的,同时该技术措施也是一家公司的商业秘密,受到法律的保护。因此,秘密状态下的行为不属于商业道德需要责难的内容。

关于经营者受到实际损害的认定。最高人民法院在知识产权年度报告(2010年)中指出:在正常情况下能够合理预期获得的商业机会,可以成为法律特别是反不正当竞争法所保护的法益;但基于商业机会的开放性和不确定性,只有当竞争对手不遵循诚实信用原则和违反公认的商业道德,通过不正当手段攫取他人可以合理预期获得的商业机会时,才为反不正当竞争法所禁止。商业机会虽然作为一种可以受到反不正当竞争法所保护的法益,但本身并非一种法定权利,而且交易的达成并非完全取决于单方意愿而需要交易双方的合意,因此他人可以自由参与竞争来争夺交易机会。竞争对手之间彼此进行商业机会的争夺是竞争的常态,也是市场竞争所鼓励和提倡的。对于同一交易机会而言,竞争对手间一方有所得另一方即有所失。利益受损方要获得民事救济,还必须证明竞争对手的行为具有不正当性。只有竞争对手在争夺商业机会时不遵循诚实信用的原则,违反公认的商业道德,通过不正当的手段攫取他人可以合理预期获得的商业机会,才为反不正当竞争法所禁止。

网络用户在利用某一词语作为搜索词进行搜索时,其目的是想了解与该词语相关且符合自己需求的信息,其需求的信息也可能是正面的,也可能是负面的;有可能是寻找该搜索词相关的信息,也有可能是寻找竞争对手的信息。在搜索引擎服务提供商同时提供自然搜索结果和关键词竞价排名服务时,在后台以该"商业标识"设置为推广链接关键词的行为并不影响该商业标识权利人的网页或广告同时出现在自然搜索结果中。只要竞价排名搜索结果中的标题、内容、链接网址对其提供的商品或服务作了清楚而不引人误解的描述,网络用户在面对自然搜索结果和竞价排名推广链接中出现的多种商品或服务时,相关公众仍会以"货比三家"的态度,综合衡量各方提供的商品或服务的价格、质量、功能等因素的基础上选择进行交易的对象。如果搜索引擎服务商在搜索结果中只提供商业标识权利人的信息,而没有其他与该"商业标识"相关的信息,反而使网络用户丧失了辨识与选择的机会,损害了竞争秩序和消费者的权益。经营者虽然在隐蔽状态下使用竞争对手的商业标识作为关键词,但是因为在公开的搜索推广结果中没有出现竞争对手商业标识,不会导致相关公众的混淆和误认。又因为相关公众对百度的推广链接与自然搜索结果有基本的区分能力,推广行为没有损害竞争秩序。但是,如果竞争对手一方有证据证明因推广一方该推广行为使其潜在客户流入到推广一方,导致其遭受实际损失;或者有证据证明原本已经与其有过接触达成意向的客户因为该推广行为,而与推广一方建立了合作关系,而导致其可合理预期的商业机会被攫取,客户资源流失;或者推广一方使用的竞争对手的该关键词已经有了较大的点击量,为自己带来了较大的市场关注度。于此情形下的关键词隐蔽使用的行为构成不正当竞争。因此,关键词隐蔽使用行为是否构成不正当竞争应该坚持实质损害判断标准。

51 论专利侵权中的现有技术抗辩原则兼使用公开之认定

——以夏某诉成亚公司专利侵权案为视角

吕甲木

案　　由:侵害实用新型专利权纠纷

当事人姓名或名称:

原　　告:夏某

被　　告:成亚公司

承办律师:吕甲木

裁判部门:宁波市中级人民法院、浙江省高级人民法院

案　　号:(2012)浙甬知初字第398号、(2013)浙知终字第245号

摘　　要:现有技术的公开方式主要有出版物公开、使用公开和口头公开等方式。然在司法实践中,由于证据的证明力问题,使用公开和口头公开很难得到认定。在使用公开的认定中,作为现有技术载体的实物系关键证据。如缺少实物,但有申请日之前形成的图纸以及销售图纸对应产品的增值税发票等证据,然当该等证据达到高度盖然性的证明标准,则可以认定使用公开,构成现有技术。现有技术抗辩在相同侵权和等同侵权情形下均能适用。如果被诉侵权技术方案与一份现有技术方案结合公知常识或所述技术领域惯常技术手段显而易见的组合的技术方案相同或等同的,则可以认定现有技术抗辩成立。

关键词:现有技术　使用公开高度盖然性

案情简介

2005年10月17日,原告夏某向国家知识产权局申请名称为"组合式气阀"的实用新型专利,

2006年11月29日国家知识产权局授权公告,专利号为ZL20052001××××.1。其权利要求1为:一种组合式气阀,包括壳体(1),壳体(1)内设有线圈(2),线圈绕在支架(3)上,支架内部设有相配合的动芯(4)以及静芯(5),静芯中空,并且与动芯(4)之间通过弹簧(6)连接,支架(3)底端连接有充气孔(7),其特征是所述的气阀为2个及以上,每个气阀的支架上还设有接头(8)与套接在相邻气阀上的接座(9)内部;接头(8)、接座(9)内部设有通孔,它们与支架(3)内部连通形成三通。2011年5月5日国家知识产权局出具的专利检索报告显示:该专利全部权利要求1~10符合专利法有关新颖性和创造性的规定。

被告成亚公司在阿里巴巴网站的公司网页"公司介绍"处显示成亚公司的前身为奉化市溪口双雄机械配件厂,以做电磁阀铁芯为主,自2005年11月,研发出第一只按摩椅电磁阀至2012年3月,累计生产销售CY040、SX040电磁阀已突破500万只。"供应产品"处显示产品的售价约为100元每只,并显示有厂家直供,可定作等字样。

应原告申请,一审法院对成亚公司进行证据保全,发现正在装配生产被控侵权产品,被控侵权产品约500只。

应被告申请,一审法院从亚德客公司调取了电磁阀产品的图纸和发票。亚德客公司提供了5份电磁阀产品图纸,分别为:1. 图号:JV025-302B-A01、名称:JV025-3(DC24V)组合图、制图时间:2005.11.9;2. 图号:JV040-201B-A01、名称:JV040-2电磁阀组合图、制图时间:2005.4.20;3. 图号:JV040-301B-A01、名称:JV040-3电磁阀组合图、制图时间:2005.4.20;4. 图号:JV040-401B-A01、名称:JV040-4电磁阀组合图、制图时间:2005.4.20;5. 图号:JV040-501B-A01、名称:JV040-5电磁阀组合图、制图时间:2005.4.20。

诉辩意见

原告夏某认为成亚公司以生产经营为目的,未经其许可擅自制造、销售、许诺销售专利产品,侵害了其专利权,应当承担侵权责任,遂于2012年8月9日诉至原审法院,请求判令成亚公司立即停止侵害其享有的涉案专利权,即立即停止制造、销售、许诺销售落入涉案专利权保护范围的电磁阀产品(即按摩气阀);销毁制造侵权产品的专用设备、模具及库存侵权成品、半成品;赔偿经济损失30万元并承担本案的全部诉讼费用。

被告成亚公司辩称:被诉侵权产品采用的是亚德客公司在专利申请日前早已经公开生产销售的电磁阀产品的现有技术。夏某的丈夫张某原先就在亚德客公司负责该产品的销售,以其妻子夏某的名义将现有技术申请专利。

争议焦点

在无实物的情况下,仅凭第三方的产品图纸和增值税发票,且图纸没有用文字标注该产品全部技术特征的情况下,能否认定现有技术抗辩成立。

法院裁判

一审法院认为向亚德客公司调取的增值税发票不能证明亚德客公司销售的即产品图纸所示的产品，且该证据中的产品图纸不能披露涉案专利的静芯中空、支架底端连接有充气孔等技术特征，与本案不具有关联性，故不予认定。2013年2月5日，一审法院判决成亚公司立即停止侵害夏某享有的涉案专利权，即立即停止制造、销售、许诺销售侵犯夏科苹享有的该实用新型专利权的产品；成亚公司赔偿经济损失20万元。❶

成亚公司不服提起上诉，并提供下列新证据：1. 开票日期分别为2004年7月3日和2005年7月25日，销货单位分别为亚德客公司和亚德客宁波分公司，购货单位均为宁波奥森电子有限公司（以下简称"奥森公司"），货物名称均为电磁阀，规格型号分别为JV040-4DC12V和JV040-3DC12V、JV040-4DC12V的增值税发票以及国税局的认证证明；2. 型号为JV040-3的电磁阀实物。并申请奥森公司工作人员方某出庭作证，说明奥森公司在2004年、2005年使用亚德客公司电磁阀的事实。夏某质证认为增值税发票与实物缺乏唯一指向性，实物的来源和购买时间不明，方某证言不能证明实物来源。二审法院认为虽然实物型号与增值税发票中的型号相符，但形成时间难以确认，无法确认其为增值税发票对应的产品。但结合方某的证言，可以确认奥森公司曾于2005年7月25日购买亚德客公司销售的型号为JV040-3的电磁阀的事实。另，对于原审法院前往亚德客公司调取的电磁阀产品图纸，夏某虽然对图纸的形成时间有异议，但没有提出相应的证据予以证明，该图纸上的产品型号可以与发票中的型号相互印证，与本案讼争事实具有关联性，应予认定。夏某针对成亚公司的举证，申请曾在奥森公司任职的邓某出庭作证，邓某陈述方某虽于2005年时任工艺员，但其于2002年至2007年间一直在精工车间而非工程部工作，不可能接触到电磁阀，拟否定方某证词的真实性。法院认为，邓某陈述中，关于方某2005年时任工艺员配合工程部工作的事实，与方某的证言可以相互印证，因此其证言不能否定方某关于其工作任职陈述的真实性。

二审法院认为，根据成亚公司提交的证据，号码为02466510的发票经北仑区（开发区）国家税务局认证，真实性可以确认，结合方某的证言以及奥森公司所作的说明，可以认定奥森公司于2005年7月25日向亚德客宁波分公司购买了型号为JV040-3的电磁阀500只。原审法院调取的亚德客公司关于电磁阀产品的图纸中，有名称为"JV040-3电磁阀组合图"、图号为"JV040-301B-A01"、制图时间为2005年4月20日的图纸可以与上述发票中的产品型号相对应。夏某虽对图纸的制图时间和型号与发票的对应关系存有异议，但没有提出可以推翻制图时间以及型号对应唯一性的证据予以证明，因此上述图纸可以与发票互相印证，相对具有客观性。综合考虑相关证据，可以认定，亚德客公司在涉案专利申请日之前，已经在市场上公开销售具备图号为"JV040-301B-A01"图纸所载技术特征的电磁阀，该型号为JV040-3电磁阀的技术方案已为公众所知悉，上述图纸所载产品的技术特征可以作为现有技术与被诉侵权产品进行比对。经比对，夏某认为，该图纸没有披露被诉侵权产品的"静芯中空""接头、接座与支架内部连通形成三通"的技术特征，对该图纸披露的其他技术特征与被诉侵权产品一致没有异议。本院认为，该图纸对"静芯中空""接头、接座与支架内部连通形成三通"的技术特征虽然没有文字表述，但结合图纸的结构特点和机械制图的国家标准，可以

---

❶参见浙江省宁波市中级人民法院(2012)浙甬知初字第398号民事判决书。

看到:图纸中序号为8的部件对应的即是静芯部件,该部件的两边绘有剖面线代表有制作材料,中间留白代表没有材料,上述的绘图表示该部件的中间是空心的;图纸中序号为18的部件对应的是接头,其套接在接座上,接头、接座以及支架的两侧都绘有剖面线,中间留白,如前所述这表示接头、接座和支架的中间都是空心的,接座与支架相交的地方画有相贯线,代表两者是贯通的,因此从图上可知接座与支架贯通、接座与接头贯通,三者之间可以形成连通。据上,该图纸披露的技术特征与被诉侵权产品的所有技术特征均相同,应当认定成亚公司生产被诉侵权产品使用的是现有技术。成亚公司就此提出的上诉理由成立,二审法院予以支持。2014年6月9日,二审法院作出判决,撤销一审判决,驳回夏某的诉讼请求。❶

法理分析

(一)现有技术的范围

《专利法》第22条、第23条规定,授予专利权的发明和实用新型,应当具备新颖性、创造性和实用性。其中新颖性,是指该发明或者实用新型不属于现有技术;也没有任何单位或者个人就同样的发明或者实用新型在申请日以前向国务院专利行政部门提出过申请,并记载在申请日以后公布的专利申请文件或者公告的专利文件中。本法所称现有技术,是指申请日以前在国内外为公众所知的技术。《专利审查指南》规定,现有技术包括在申请日(有优先权的,指优先权日)以前在国内外出版物上公开发表、在国内外公开使用或者以其他方式为公众所知的技术。现有技术应当是在申请日以前公众能够得知的技术内容。换句话说,现有技术应当在申请日以前处于能够为公众获得的状态,并包含有能够使公众从中得知实质性技术知识的内容。现有技术公开方式包括出版物公开、使用公开和以其他方式公开三种,均无地域限制。

1. 出版物公开

专利法意义上的出版物是指记载有技术或设计内容的独立存在的传播载体,并且应当表明或者有其他证据证明其公开发表或出版的时间。符合上述含义的出版物可以是各种印刷的、打字的纸件,例如专利文献、科技杂志、科技书籍、学术论文、专业文献、教科书、技术手册、正式公布的会议记录或者技术报告、报纸、产品样本、产品目录、广告宣传册等,也可以是用电、光、磁、照相等方法制成的视听资料,例如缩微胶片、影片、照相底片、录像带、磁带、唱片、光盘等,还可以是以其他形式存在的资料,例如存在于互联网或其他在线数据库中的资料等。出版物不受地理位置、语言或者获得方式的限制,也不受年代的限制。出版物的出版发行量多少、是否有人阅读过、申请人是否知道是无关紧要的。印有"内部资料""内部发行"等字样的出版物,确系在特定范围内发行并要求保密的,不属于公开出版物。出版物的印刷日视为公开日,有其他证据证明其公开日的除外。印刷日只写明年月或者年份的,以所写月份的最后一日或者所写年份的12月31日为公开日。

2. 使用公开

由于使用而导致技术方案的公开,或者导致技术方案处于公众可以得知的状态,这种公开方式

❶参见浙江省高级人民法院(2013)浙知终字第245号民事判决书。

称为使用公开。使用公开的方式包括能够使公众得知其技术内容的制造、使用、销售、进口、交换、馈赠、演示、展出等方式。只要通过上述方式使有关技术内容处于公众想得知就能够得知的状态，就构成使用公开，而不取决于是否有公众得知。但是，未给出任何有关技术内容的说明，以致所属技术领域的技术人员无法得知其结构和功能或材料成分的产品展示，不属于使用公开。如果使用公开的是一种产品，即使所使用的产品或者装置需要经过破坏才能够得知其结构和功能，也仍然属于使用公开。此外，使用公开还包括放置在展台上、橱窗内公众可以阅读的信息资料及直观资料，例如招贴画、图纸、照片、样本、样品等。使用公开是以公众能够得知该产品或者方法之日为公开日。

3. 以其他方式公开

为公众所知的其他方式，主要是指口头公开等。例如，口头交谈、报告、讨论会发言、广播、电视、电影等能够使公众得知技术内容的方式。口头交谈、报告、讨论会发言以其发生之日为公开日。公众可接收的广播、电视或电影的报道，以其播放日为公开日。

（二）现有技术抗辩原则

《专利法》第62条规定："在专利侵权纠纷中，被控侵权人有证据证明其实施的技术或者设计属于现有技术或者现有设计的，不构成侵犯专利权。"长期以来，我国司法实践中判断被诉侵权产品是否侵犯专利权的审理模式为首先根据原告专利的权利要求书、说明书、附图，审查确定原告专利权的保护范围，再审查被告使用的技术内容，把两者的技术特征进行比较，然后运用全面覆盖原则或者等同原则，判定被告使用的技术是否落入原告的专利的保护范围，作出侵权或者不侵权的判决。可是我国专利的现实情况是，大量的实用新型和外观设计专利没有经过实质审查，很多专利利用的是现有技术，已经丧失了新颖性，不具有专利的实质条件。这些专利不应该得到法律的保护，否则有违公平原则。但是，由于专利权的授权属于行政授权，在侵权纠纷中法院不能直接去审查专利权的有效性。虽然，被告可以利用向专利复审委员会申请宣告原告专利无效来救济，但是走完无效程序需要经历很长的时间，而且也要花费大量的成本。所以，作为不侵权抗辩之一的现有技术抗辩原则在我国的专利侵权诉讼中为司法实践所认可，并在2008年修改专利法时，为专利法所吸收，在第62条作出明文规定。专利权作为一项垄断权，既要保护专利权人的利益，但是又要维护公众的利益。特权与公众利益之间必须找到一个平衡点，要进行公平合理的划界。所以，对专利权保护范围的解释必须是公平合理的，不能将现有技术给予专利权人以特权保护，被诉侵权技术方案采用的是现有技术的不构成侵权。在现有技术抗辩中，对于以下几个问题，值得探讨。

（三）现有技术抗辩的适用范围

由于专利侵权案件中的现有技术抗辩原则是在借鉴国外成熟的司法经验的基础上发展起来的，在国外，对现有技术抗辩的适用范围不同的立法例，导致了国内司法实践中也产生了两种不同的观点。

德国通常认为，在权利要求的文字所表达的保护范围内，即便该范围全部为公知技术，侵权受理法院也不能否定专利的权利性。也就是说，侵权诉讼中法院不得触及作为专利权核心的权利要求文字记载范围的有效性,法院只具有判断超越权利要求文字语义以外的保护范围的有效性的权限。公知技术允许在等同侵权范围使用,而不能或者不赞同在相同侵权范围内使用。❶德国采取这种态度的理由是,第三人任何时候都能提起专利权无效复审请求,因此没有必要采用公知技术抗辩。虽然不该授权的专利在授权后有妨碍自由竞争的一面,但瑕疵专利的被控侵权人有义务为公众利益启动无效程序。如果侵权诉讼中能以抗辩的形式主张无效的意旨,虽可救济当事人,但本不该授权的专利却仍带着瑕疵负担存在。但是,等同物的实施者没有义务要为公众利益提起无效之诉。❷在现行专利实施前的北京市高级人民法院曾经坚持了这一观点。北京市高级人民法院《专利侵权判定若干问题的意见(试行)》第102条规定:"已有技术抗辩仅适用于等同专利侵权,不适用于相同专利侵权的情况。"第103条规定:"当专利技术方案、被控侵权物(产品或方法)、被引证的已有技术方案三者明显相同时,被告不得依已有技术进行抗辩,而可以向专利复审委员会请求宣告该专利权无效。"该院对这一规定的理由阐述为:"因为我国的法律制度和法律规定与有些国家不同,对专利是否有效的结论并不是由负责审理专利侵权的法院直接审查作出的,而是由专利复审委员会作出的,在强调依法办案的情况下,法院不能超越职权。法院在审理专利侵权案件中,有权判定侵权物与专利技术是否相同、等同,而在下结论时,尤其是依据'实施自由公知技术不侵权原则'下结论时,只能是在侵权物与自由公知技术等同的情况下才可以,因为,在等同的情况下法院判定侵权只是针对一个具体的案件,一般不涉及广大公众。而且,在等同的情况下也不一定导致专利权无效。而相同的情况下则应当先由专利复审委员会宣告该专利权无效。因为相同的情况下,原本就不应该获得专利权。而一旦获得了专利权,它侵害的是公众利益,法院即便判定了不侵权,针对的也仅仅是一个案件,只有宣告该专利权无效,才能从根本上解决问题。"❸在美国,公知技术抗辩原则也只有在等同侵权的情况下才应当予以考虑。但美国法院与中国法院不同。美国法院可以同时审查专利权侵权指控与专利权的有效性,相同侵权情况下,如果使用的是公知技术,法院可直接判定专利权无效,而不必考虑所谓公知技术抗辩。在等同侵权的情况下,法院也只是以公知技术来解释权利要求以排除等同侵权的认定。即使在等同侵权的情况下,法院也可直接审查专利权的有效性,如果判定专利权无效,也就是失去了侵权行为存在的前提。❹在日本,赞成公知技术抗辩的多数学者认为,公知技术抗辩是与争执专利的权利要求无关的主张,它仅着眼于被告实施技术与公知技术之间的关系,并以被告实施技术的新颖性和创造性情况决定抗辩的适用。日本学说的主流是主张在相同侵权领域内也适用公知技术抗辩。❺国家知识产权局条法司前司长尹新天先生认为在我国在相同侵权的情况下,也应允许公知技术抗辩。并提出,对于实施公知技术的被控侵权人来说,则有可能遭遇不当授权专利权人的阻击和干扰,有时甚至可以说是一种恶意敲诈。此时,被控侵权人实施的技术分明是公知技术,受到不当授权专利权人的侵权指控,如果不允许进行公知技术抗

---

❶张晓都著:《专利侵权判定理论探讨与审判实践》,法律出版社2008年版,第100页。

❷杨志敏:《专利侵权诉讼中公知技术抗辩适用之探讨——中、德、日三国判例、学说的比较研究》,载国家知识产权局条法司编:《专利法研究》(2002),知识产权出版社2002年版,第79-80页。

❸程永顺主编:《专利侵权判定实务》,法律出版社2002年版,第20页。

❹张晓都著:《专利侵权判定理论探讨与审判实践》,法律出版社2008年版,第102页。

❺张晓都著:《专利侵权判定理论探讨与审判实践》,法律出版社2008年版,第102页。

辩,则被控侵权人迫于无奈只好提出无效宣告请求,缠于诉讼数年不得脱身,致使其正常的经济行为受到严重影响,即使法院最后判定侵权指控不成立,也早已伤痕累累,犹如经历了一场噩梦。[●]

在相同侵权情况下能否适用公知技术抗辩的根本原因不在于专利有效性审查与专利侵权判定的职权分工,而在于不当授权的专利是否具有保护的正当性。按照专利法的规定,一项专利如果采用的是与现有技术相同或者等同的技术,那么该专利因为丧失新颖性或者创造性而无效。但由于专利授权审查不可能做到周密,一些不具有新颖性或者创造性的技术也被授予了专利权。一旦专利授权以后,对专利无效宣告的职权属于专利复审委员会。只有有人提出专利无效宣告请求受理后,专利复审委员会才启动专利无效宣告程序,因此是被动的。而走完专利无效宣告程序需要花很长时间。如果专利技术采取的是现有技术,那么实质上已经丧失了权利保护的正当性,是不应该被垄断的,否则就属于权利滥用。如果被诉侵权技术方案采用的是现有技术,那么该技术是不能够为原告的专利所垄断的,不能判定被诉侵权技术方案侵犯了丧失权利保护正当性的所谓"专利权"。现有技术抗辩的关键在于被诉侵权技术方案是否明显地属于现有技术,而与被诉侵权技术与专利技术是相同还是等同无关。因此,在专利侵权判定中,被诉侵权人提出现有技术抗辩的,法院可以先对被诉侵权技术方案与专利权利要求中的技术特征进行比较,判断是否落入了专利保护范围。如果落入了专利保护范围,不管是相同还是等同,那么将被诉侵权技术方案与现有技术方案进行比较,如果被诉侵权技术方案与现有技术方案相同或者等同,那么可以判定现有技术抗辩成立,没有必要将现有技术方案与专利技术方案进行比较,也不必去考虑被诉侵权技术方案是更接近于现有技术方案还是专利技术方案。

(四)现有技术抗辩的判断原则

如果被诉侵权技术方案与一项现有技术完全一致,那么不存在什么问题。但是,当被诉侵权技术与引用的现有技术相近时,就出现问题了,法院是否可以判断现有技术抗辩成立,因为被诉侵权技术与被引用的现有技术相比,不仅是新颖性的判断问题,还是创造性的判断问题。尹新天认为,被控侵权人进行公知技术抗辩应当符合以下条件:(1)应当由被控侵权人承担举证责任,提供存在有关公知技术的证据,法院或者专利行政部门没有代为进行调查的责任;(2)被控侵权人只能援引一项公知技术,而不能将两项或者多项公知技术组合起来进行公知技术抗辩;(3)被控侵权人应当证明其实施的技术与其援引的那项公知技术相同或者十分接近。[❷]北京市高级人民法院《专利侵权判定若干问题的意见(试行)》第101条规定:"用已有技术进行侵权抗辩时,该已有技术应当是一项在专利申请日前已有的、单独的技术方案,或者该领域普通技术人员认为是已有技术的显而易见的简单组合成的技术方案。"《最高人民法院关于充分发挥知识产权审判职能作用推动社会主义文化大发展大繁荣和促进经济自主协调发展若干问题的意见》(法发〔2011〕18号)规定:"现有技术抗辩规则在等同侵权和相同侵权中均可适用。正确适用现有技术和设计抗辩,被诉侵权人以一份对比文献中记载的一项现有技术方案或者一项现有设计与公知常识或者惯常设计的显而易见组合主张现有技术或者现有设计抗辩的,应当予以支持。"当被诉侵权技术与一项现有技术相比并不完全相

[●] 尹新天:《专利权的保护》(第2版),知识产权出版社2005年版,第502-504页。

[❷] 尹新天:《专利权的保护》(第2版),知识产权出版社2005年版,第494页。

同时,就涉及创造性的判断问题,即被诉侵权技术与现有技术相比是否具有创造性,如果具有创造性,就不能构成现有技术抗辩。根据创造性的判断规则,法院有能力对简单的创造性问题进行独立判断,如果被引用的现有技术是一份公知技术与所属领域的普通技术人员或者普通公众的常识或者熟知技术显而易见的简单组合的,则应认定现有技术抗辩成立。作为被诉侵权人,不仅可以使用一项与现有技术相同的技术,也有权可以使用一项与现有技术等同的技术,也就是不具有创造性的技术。

(五)使用公开的证明标准

现有技术的公开方式有出版物公开、使用公开和其他方式公开。出版物公开因为有相应的书面载体,而且基本上为在先的专利文献,容易认定。因此,司法实践中,用以证明现有技术的证据大多为出版物。而使用公开的认定明显比出版物公开来的复杂,因为使用公开是在申请日之后再现申请日之前公开使用的技术方案。使用公开的认定要具备以下3个要件:第一,时间要素,使用公开的载体在申请日之前已经真实存在并持续到认定之时,且能排除中间存在变造的可能性;第二,内容要素,作为一份独立证据的载体能够完整包含被诉侵权技术方案,而不能因该载体欠缺某一技术特征而与其他证据披露的该欠缺技术特征结合起来判定;第三,公开要素,即包含技术特征的载体在申请日前处于公众能够获得的状态。在具体的个案中,要证明被诉侵权技术方案采用的是申请日之前已经公开使用的现有技术,就应该针对上述3个要件进行举证。

在民事诉讼中,根据"谁主张、谁举证"的举证证明责任分配规则,主张法律关系存在的当事人,应当对产生该法律关系的基本事实承担举证证明责任;主张法律关系变更、消灭或者权利受到妨害的当事人,应当对该法律关系变更、消灭或者权利受到妨害的基本事实承担举证证明责任。当事人未能提供证据或者证据不足以证明其事实主张的,由负有举证证明责任的当事人承担不利的后果。法院对于当事人提供的证据是否足以证明待证事实的判断标准为高度盖然性的证明标准,即对负有举证证明责任的当事人提供的证据,法院经审查并结合相关事实,确信待证事实的存在具有高度可能性的,应当认定该事实存在。对一方当事人为反驳负有举证证明责任的当事人所主张事实而提供的证据,法院经审查并结合相关事实,认为待证事实真伪不明的,应当认定该事实不存在。因此,主张一方提供的证据的证明标准与反驳一方提供的证据的证明标准是不一样的。主张一方提供的证据要达到待证事实的存在具有高度盖然性的证明标准,反驳一方提供的证据只要达到待证事实真伪不明即可。当事人提供的证据有可能是直接证据,能够直接证明待证事实存在与否。但大多数情况下,当事人提供的证据不是直接证据,而是间接证据,有时候即使提供了直接证据,但单一的直接证据尚不能证明待证事实。在这种情况下,当事人为了证明待证事实的存在,就会提供一系列的证据来证明;同时,对方当事人为了反驳该待证事实的存在,也会提供一系列的证据来证明。当双方提供的证据都不能直接证明其主张时,法院根据各方提供的证据的证明力,结合相关事实,如果主张一方提供的证据能够证明待证事实存在具有高度盖然性,而反驳一方提供的证据达不到待证事实真伪不明的状态。法院就认定待证事实存在,主张一方提供的证据相对于反驳一方提供的证据就属于优势证据。本案原审法院从亚德客公司调取的"JV040-301B-A01"电磁阀图纸结合制图国家标准可以认定该图纸包含了全部被诉侵权技术方案;专利申请日之前的增值税发票和国税局认证证明结合方某的证言,能够证明专利申请日之前,奥森公司向亚德客公司采购了500只 JV040电磁阀的事实。因此,成亚公司主张亚德客公司在涉案专利申请日前已经公开销售包含被诉侵权技术方案的JV040电磁阀500只,被诉侵权技术方案采用的是使用公开的现有技术的主张具有高度盖然性应该予以认定。成亚公司提供的证据相对于夏某为反驳成亚公司该主张所提供的证据而言,属于优势证据。

52 翱泰温控器公司与圣莱达公司 发明专利许可合同纠纷解析

郑学瑜

案　　由:专利许可合同纠纷

当事人姓名或名称:

许 可 人:翱泰温控器公司

被许可人:圣莱达公司

承办律师:郑学瑜

结案方式:和解

案情简介

翱泰温控器公司(以下简称"翱泰公司")是全球著名的温控器生产企业翱泰公司中国总部企业,拥有目前全球市场上大部分电热器温度控制装置的发明专利。圣莱达公司是国内 A 股上市公司,主要从事电热水壶生产销售,是国内规模比较大的电热水壶生产企业。2005 年 1 月,翱泰公司与圣莱达公司经过协商,翱泰公司将拥有的电热水壶温控器发明专利许可圣莱达公司使用,该专利期限为 20 年,至 2018 年 8 月份到期,本次许可期限为 10 年,至 2015 年 12 月份到期,专利许可费为每年 20 万元。许可合同签订后,圣莱达公司将该专利大规模使用于电热水壶的生产制造并按期支付专利许可费。2012 年圣莱达公司以产业市场萎缩,经营效益不好为由要求降低许可费用,翱泰公司基于双方友好合作同意降低许可费为每年 10 万元。2015 年 12 月底,双方的专利许可合同到期,基于圣莱达公司继续生产该电热水壶产品,翱泰公司提议按照原来合同条件延长发明专利许可期限,但圣莱达公司认为许可期限已到,无需延期并不支付许可费用。

翱泰公司是浙江海泰律师事务所的常年合作企业,该公司授权海泰律师事务所并指派郑学瑜律师在华东区进行专利维权。上述纠纷形成后,郑学瑜律师根据翱泰公司陈述之事实进行初步分析,认为双方的许可合同确已到期,圣莱达公司可不支付许可费,但是应以不继续使用温控器发明专利为前提,如果圣莱达公司继续使用该发明专利而没有续约,则圣莱达公司无疑构成对翱泰公司发明专利权的侵权,根据圣莱达公司主营业务的生产规模,我们判断圣莱达公司必然继续使用翱泰公司的发明专利权,但是如果贸然采取诉讼措施,则翱泰公司面临复杂的举证问题,而且双方的矛盾也没有继续扩大的必要,双方还有合作的可能性。

基于以上分析,我们建议翱泰公司先与圣莱达公司进行协商,以达成继续许可合作。

受翱泰公司同意,郑学瑜律师前往圣莱达公司与公司负责人进行接触。圣莱达公司声称:①双方许可合同已经到期,可不受合同约束;②公司现在生产的产品是合同到期前许可范围的延续,不用支付许可费;③公司以后不再使用温控器专利。显然,圣莱达公司的理由属于混淆概念,既想继续使用专利不支付费用,又想逃避侵权法律责任。针对圣莱达公司的辩解,我们提出:①原许可合同到期则不得再使用翱泰公司的发明专利,否则构成侵权;②原许可的合同权利不存在延续之说;③圣莱达公司主营业务就是电热水器生产,不可能以后停止生产;④我们将采取证据固定;⑤圣莱达属于上市公司,若专利侵权对公司股价有较大影响,不必要因小失大,建议圣莱达公司继续和翱泰签署许可协议并支付许可费用。后经过几次协调,2017年5月份,圣莱达公司同意和翱泰公司续订发明专利许可合同至专利到期并按原来条件支付许可费用。该次纠纷终于以双方和解终结。

评论

翱泰公司与圣莱达公司之间的纠纷其实并未完全形成,在双方许可合同已经到期的情况下,圣莱达公司的确可不受合同约束支付许可费,但是可能构成侵权,如果贸然采取侵权诉讼措施效果不一定好,也不符合当事人利益最大保护,在双方有继续合作的可能性的条件下,应找到最符合当事人权益保护的切入点,创造双方继续合同的条件,这就需要在和对方谈判的过程中对对方施加压力,让对方认识到不继续合作的后果将会很严重,从而创造性的让对方"自愿"续订合同。

通过解决该纠纷笔者深刻认识到:①律师在面对纠纷时不应当仅仅有诉讼的概念,而应当找出最符合当事人利益的解决方法,在可能合作时不轻言诉讼;②在谈判以期解决问题时应充分找到对方的薄弱点加以放大,如本案中圣莱达公司可能构成侵权以及对方是上市公司等情形都可视为谈判的筹码;③给当事人提供建议前应做好调查分析,应区分清楚纠纷点涉及的法律关系,如本次纠纷中圣莱达公司仅认识到合同到期而没有认识到合同到期后的专利侵权问题。

53 携"客户名单"单飞应承担责任

——宁波YS进出口公司与王某等侵害商业秘密案思考

傅丹辉　王凌翔

案　　由:商业秘密侵权纠纷

当事人姓名或名称:

原　　告:宁波YS进出口公司

被　　告:王某、镇海B外贸公司

承办律师:傅丹辉、王凌翔

裁判部门:宁波市鄞州区人民法院

案　　号:(2015)甬鄞知初字第137号

案情简介

外贸行业中,外贸公司的业务员在掌握了公司的客户名单后,带走客户单飞的案例比比皆是。宁波YS进出口公司(以下简称"YS公司")就碰到了这样的烦心事。

YS公司主要从事个人卫生用品的出口贸易。2012年11月起,该公司先后招录了王某两夫妻担任公司业务员与单证员,并将公司的外商客户陆续全部交由王某维护。随着自身资历的增长,王某逐渐对公司给付的薪酬不满。2014年10月起,王某瞒着公司以其岳父母名义另注册了一家镇海B外贸公司,同时瞒着YS公司偷偷告诉国外客户,YS公司的经营主体已变更为镇海B外贸公司,并将外商客户的订单慢慢转移到镇海外贸B公司。2015年起,宁波YS公司的订单越来越少,业务急剧下滑。YS公司总经理经过一番调查,终于发现了王某的不法行为。此后,YS公司正式与王某交涉。但王某不但未认识到错误,还索性不来公司上班。

无奈之下,YS公司向海泰律师寻求帮助。

律师分析及案件承办过程

YS公司碰到的上述问题,在外贸行业领域非常普遍和典型。就外贸公司而言,其能否有效保护自身权益的关键是,有关"客户名单"是否属于外贸公司的商业秘密。如能构成商业秘密,则外贸公司可以依据《反不正当竞争法》的相关规定，向侵权人追究法律责任。根据《反不正当竞争法》的规定，商业秘密须符合以下三个构成要件：

第一，非公知性。非公知性，也称为"秘密性"，就是一项技术信息或经营信息要构成商业秘密，必须符合"不为公众所知悉"，具有秘密属性。对于何为"不为公众所知悉"，最高人民法院《关于审理不正当竞争民事案件应用法律若干问题的解释》（法释〔2007〕2号）第9条规定，有关信息不为其所属领域的相关人员普遍知悉和容易获得，应当认定为反不正当竞争法第10条第3款规定的"不为公众所知悉"。具有下列情形之一的，可以认定有关信息不构成不为公众所知悉："（一）该信息为其所属技术或者经济领域的人的一般常识或者行业惯例；（二）该信息仅涉及产品的尺寸、结构、材料、部件的简单组合等内容，进入市场后相关公众通过观察产品即可直接获得；（三）该信息已经在公开出版物或者其他媒体上公开披露；（四）该信息已通过公开的报告会、展览等方式公开；（五）该信息从其他公开渠道可以获得；（六）该信息无需付出一定的代价而容易获得。"实践中，相关信息是否属于"不为公众所知悉"，还是需要结合相关行业经验，具体问题具体分析。

第二，具有经济利益与实用性。根据上述最高人民法院"法释〔2007〕2号"司法解释的规定，所谓"具有经济利益与实用性"，就是相关信息能够使拥有者获得经济利益或者获得竞争优势。

第三，权利人须采取保密措施。根据上述最高人民法院"法释〔2007〕2号"司法解释第11条规定：权利人为防止信息泄露所采取的与其商业价值等具体情况相适应的合理保护措施，应当认定为《反不正当竞争法》第10条第3款规定的"保密措施"。人民法院应当根据所涉信息载体的特性、权利人保密的意愿、保密措施的可识别程度、他人通过正当方式获得的难易程度等因素，认定权利人是否采取了保密措施。具有下列情形之一，在正常情况下足以防止涉密信息泄露的，应当认定权利人采取了保密措施：①限定涉密信息的知悉范围，只对必须知悉的相关人员告知其内容；②对于涉密信息载体采取加锁等防范措施；③在涉密信息的载体上标有保密标志；④对于涉密信息采用密码或者代码等；⑤签订保密协议；⑥对于涉密的机器、厂房、车间等场所限制来访者或者提出保密要求；⑦确保信息秘密的其他合理措施。

因此，结合该三个要件分析本案成为案件的关键突破口。

海泰律师接手该案后，经过仔细分析案情并查阅大量资料后认为：与企业存在长期稳定的交易关系的客户名单，包括名称、联系方式以及交易的习惯、意向、内容等，是区别于公知信息的特殊信息，具有价值性，符合"商业秘密"的前两个构成要件。因此，本案的关键，在于外贸公司的保密措施是否到位。

经与客户沟通后确认，YS公司向王某支付过一笔竞业限制补偿金，但有关保密措施仅有口头约定，须立即采取补救措施。为此，海泰律师以团队协助的方式，在短时间内打出了一系列组合拳。

（1）保密措施的完善。根据《劳动合同法》第37条的规定："劳动者提前三十日以书面形式通知用人单位，可以解除劳动合同。劳动者在试用期内提前三日通知用人单位，可以解除劳动合同"。因此，从法律规定看，现阶段王某仍属于YS公司的员工，公司可以制定并通过相关保密制度，以明确将客户名单作为公司的商业秘密予以保护，并要求王某予以遵守。为此，指导YS公司制定了相关商业秘密的保密制度及措施，给王某上了第一道"紧箍咒"。

（2）侵权证据的保全。商业秘密侵权案件中，对侵犯商业秘密的证据予以固定是案件成败的关键。双管齐下，通过向工商管理部门提起行政举报及申请法院进行证据保全的方式，成功对王某的电子邮件进行了证据保全，将王某与YS公司国外客户的沟通过程进行了证据固定，为案件取得成功奠定了关键性的一步。

（3）申请财产保全，彻底锁定胜利成果。与此同时，抓住时机，第一时间向法院申请了财产保全，成功冻结了王某及其控制的镇海B公司名下的银行存款，给了王某以最后的"致命打击"。

在强大的压力下，王某主动向YS公司承认错误，请求和解。念及王某的诚恳认错态度，在王某承诺不再与国外客户进行贸易并支付60万元赔偿金的前提下，YS公司与王某达成相关调解协议。王某据此全额支付了赔偿金。

律师建议

建立有效的客户名单商业秘密保护制度，是外贸公司防止业务员"携单单飞"的有力措施。外贸公司对客户名单的重要性都有足够的认识，但限于法律意识的薄弱，相关商业秘密的保密措施和保密制度，却鲜有落地执行者。通过本案，我们也建议相关外贸公司宜未雨绸缪，从以下方面建立保密措施：

（1）与涉密的业务员签订正式的保密协议，明确相关客户名单为公司的商业秘密，要求业务员予以保密。同时，我们在这里也要提醒相关外贸公司，要求相关业务人员遵守公司的商业秘密，并非一定要支付对价。商业秘密的遵守，与竞业限制补偿是两个法律概念。

（2）对重要的客户名单信息，在相关文件上载明为公司商业秘密，提示公司相关员工予以注意。

（3）建立公司的商业秘密保护的规章制度，如不定期抽查等，通过相关规章制度有力约束员工的行为，提高其违法成本。

第十七章　知识产权法理研究

54　论比例原则下的知识产权法定赔偿制度

吕甲木

摘　要：比例原则作为公法领域的帝王原则，要求行为必须遵循妥当性、必要性和狭义比例性（均衡性）原则。法定赔偿目的的比例性体现在以保护知识产权为目的；法定赔偿手段的比例性体现在法定赔偿不能随意选择，且赔偿是有范围的；具体法定赔偿数额的比例性体现在适用法定赔偿时应该结合知识产权的类型、性质、市场价值根据我国30余年知识产权司法审判的经验法则，通过大数据分析的手段，对比案例库中相类似案件的法定赔偿金额以确定基准数额，再结合侵权行为人的主观目的和过错程度、侵权行为的手段和情节、侵权行为的持续时间、侵权产品的价格等因素予以确定具体的赔偿金额，以使具体的赔偿金额与知识产权创新的贡献度、侵权行为的程度等因果关系比例和过错比例相匹配。

关键词：知识产权法定赔偿比例原则

一、引　言

我国知识产权司法保护制度在社会公众中的印象就是"取证难、周期长、赔偿低"。2014年6月全国人大常委会专利执法检查报告指出，对"专利权人合法权益的保护还不够有力，需要进一步加强知识产权行政保护和司法保护的力度"，"目前，侵犯知识产权、制假售假的违法行为在某些地方和领域还很严重，专利侵权、冒充专利和假冒他人专利的行为屡屡发生，专利权人的合法权益得不到有效保护，普遍反映打官司费时费力、'维权成本高，侵权成本低'、有的'法律上赢了，经济上输了'"。全国人大常委会的报告虽然针对的是专利执法领域，但亦大致可以反映出目前对知识产权司法保护力度的整体评价。《国务院关于新形势下加快知识产权强国建设的若干意见》要求"提高知识产权侵权法定赔偿上限，针对情节严重的恶意侵权行为实施惩罚性赔偿并由侵权人承担实际发生的合理开支"。法定赔偿作为我国当下法院审理知识产权侵权纠纷案件中确定损害赔偿数额的一种最普遍的方式,有关知识产权侵权赔偿数额的过低的评价其实来自于对法定赔偿的体验。法定赔偿的确立,在很大程度上减轻了知识产权权利人在主张赔偿数额方面的举证责任,有利于更多的权利人选择知识产权司法保护的途径来维护其权利,极大地促进了我国的知识产权保护进程。然而,立法上的法定赔偿制度存在着极大的自由裁量空间。司法中如果没有利用好法定赔偿制度,则权利人、社会公众、侵权人对此均有看法。2015年4月23日,最高法院知识产权庭庭长宋晓明在《人民法院报》撰文指出:更加深入贯彻知识产权保护的比例原则,基于知识产权保护激励创新的目的,知识产权的保护范围和强度要与特定知识产权的创新和贡献程度相适应。只有使保护范围强度与创新贡献相适应、相匹配,才能真正激励创新、鼓励创造。如果二者不相匹配,要么会因保护过度形成对后续创新的妨碍,要么会因保护不足形成对创新活力的抑制。两种情况均会造成社会创新无法达到最佳水平。知识产权法定赔偿制度作为知识产权保护的最重要的环节,更要体现比例原则,使赔偿金额与知识产权的创新程度、侵权行为的侵权程度相适应,相匹配。

二、比例原则的一般理论

一般认为,比例原则是宪法、行政法等公法领域中评价公权力运用正当性的重要原则,是衡量基本权利冲突的方法。比例原则如同诚实信用原则在民法中的地位一样,被称为公法领域的帝王原则。比例原则作为一项法律原则,起源于19世纪德国的警察法学,认为警察权力的行使以必要为前提。德国行政法学者奥托·迈尔在1895年出版的《德国行政法》中,主张"警察权力不可违反比例原则"。第二次世界大战以后,比例原则上升为德国的宪法原则。联邦宪法法院认为比例原则是渊源于法治国家理念及基本人权的本质的最基本法律原则。每个人权的本质都可包含这个内在的原则,是一个法秩序的最根本原则,是法治国家原则自身产生的最高规范。其实,比例原则是一个很广泛的笼统概念,它包含了若干子原则。对于子原则,理论界主要有三分法和二分法之说。三分法认为比例原则包括妥当性原则、必要性原则以及狭义的比例原则,或称均衡原则。妥当性原则系指一个法律(或公权力措施)的手段可达到目的之谓也。必要性原则是指在前妥当性原则已获肯定之后,在所有能够达成立法目的之方式中,必须选择予人民之权利最少侵害的方法,也可称为尽可能最小侵害之原则。其渊源于德国著名行政法学者弗莱纳在《德国行政法体系》一书中的一句名言:"警察不可用大炮打麻雀",表明了严厉的手段唯有成为最后手段时,方可行之。均衡原则或是狭义比例性原则,是谓一个措施虽然是达成目的所必要的,但是,不可以予人民过度之负担。所谓过度负担是指法律(或公权力措施)所追求的目的和所使用的方法,在造成人民权利损失方面,是不成比例的。直言之,本原则所强调的方法,是一种利益衡量之方式,衡量目的与人民权利损失两者有无成比例(理智的比例,彼此相平衡也)。二分法理论认为比例原则只有二个构成原则,即必要性原则及比例性原则。必要性原则是在诸多可能手段(即适合达成目的手段)中,仅能选择造成最小侵害的手段;比例性原则和三分法中的均衡原则相同。实际上,二分法与三分法并不存在本质区别,因为二分法实际上是将三分法中的妥当性原则吸收了。为了不引起混淆,文中论及的比例原则均指广义比例原则。

三、知识产权法中的比例原则

（一）世界贸易组织知识产权规范体系内的比例原则

《与贸易有关的知识产权协定》（TRIPS协定）第46条提到"比例性需要"，其规定为了有效制止侵权，司法机关有权在不给予任何补偿的情况下，将已被发现侵权的货物及主要用于制造侵权货物的材料和工具清除出商业渠道，或将货物销毁。司法机关在考虑此类请求时，应考虑侵权的严重程度与给予的救济以及第三方利益之间的均衡性。由于TRIPS协定中有关强制许可的条件由于过于严格，实际上剥夺了发展中国家及不发达国家获得强制许可的可能。在艾滋病泛滥及国际舆论的强大压力下，2001年年底多哈WTO第四届部长会议上达成了《关于TRIPS协定与公共健康的多哈宣言》（以下简称《多哈健康宣言》）。经部长会议授权，WTO理事会在综合考察各种方案、协调各方利益的基础上，于2003年8月30日就《多哈健康宣言》第六段的执行情况作出最终决议（WT/L/540），使那些正在遭受健康危机而本国无"救命药"生产能力或能力不足的发展中国家可以通过实施强制许可以及平行进口等方式获得廉价药品供给。这实际上也体现了比例原则对WTO法发展的指导功能。

（二）我国知识产权规范体系内的比例原则

比例原则作为与利益衡量具有一定相同旨趣的法律原则，在我国的知识产权规范体系中也有体现。《最高人民法院关于审理侵犯专利权纠纷案件应用法律若干问题的解释》第16条规定了专利侵权赔偿应与侵权技术方案在侵权产品中的利润贡献程度相适应的分摊原则。《最高人民法院关于审理侵犯专利权纠纷案件应用法律若干问题的解释（二）》第26条规定："被告构成对专利权的侵犯，权利人请求判令其停止侵权行为的，人民法院应予支持，但基于国家利益、公共利益的考量，人民法院可以不判令被告停止被诉行为，而判令其支付相应的合理费用。"《专利法》第65条第2款规定："权利人的损失、侵权人获得的利益和专利许可使用费均难以确定的，人民法院可以根据专利权的类型、侵权行为的性质和情节等因素，确定给予一万元以上一百万元以下的赔偿。"在商标、著作权的司法解释中，对法定赔偿的考量因素也作了与专利法类似的规定。上述专利法、商标法、著作权法以及司法解释的规定体现了国家利益、公共利益与权利人利益的衡量，侵权赔偿数额与侵权行为的侵权程度相适应的比例原则。

（三）比例原则在知识产权司法实践中的应用

宋晓明庭长认为在知识产权保护贯彻比例原则，对专利权而言，要求根据专利权等科技成果类知识产权的创新程度，合理确定保护范围和保护强度，实现科技成果类知识产权保护范围和强度与其创新高度以及贡献程度相适应。在著作权领域，要根据不同作品类型的特点和我国产业发展需求，合理确定独创性尺度，努力实现作品保护范围和强度与其独创性范围和尺度相适应。在商业标识领域，要妥善运用商标近似、商品类似、混淆、不正当手段等弹性因素，使商标权保护的强度与商标的显著性、知名度等相适应。还应注意根据侵权人的性质、作用和主观恶性程度，区分不同情况，恰如其分地给予保护和确定赔偿。

最高人民法院在"卡斯特葡萄酒"案中认为,赔偿数额应当与侵权行为之间具有直接的因果关系,综合本案事实并考虑商标权人使用商标的情况、双方当事人就诉争商标的措施情况、侵权行为的性质、期间、后果等因素,根据《中华人民共和国商标法》第五十六条及《最高人民法院关于审理商标民事纠纷案件适用法律若干问题的解释》第十六条之规定,酌情确定本案赔偿数额为50万元,一、二审法院以进口货值成本与案外人利润比值之积确定本案的赔偿数额显属不当。广东省高级法院在"新百伦"案中认为,在计算侵害商标专用权赔偿数额时,应当注重侵权人的产品利润总额与侵权行为之间的直接因果关系。消费者购买新百伦公司商品更多地考虑"N""NB""NEWBALANCE"商标较高的声誉及其所蕴含的良好的商品质量,新百伦公司的经营获利并非全部来源于侵害周乐伦"百伦""新百伦"的商标,周乐伦无权对新百伦公司因其自身商标商誉或者其商品固有的价值而获取的利润进行索赔,周乐伦主张以新百伦公司被诉侵权期间的全部产品利润作为计算损害赔偿数额的依据,理由不成立。最后考虑全案证据,在法定最高限额以上酌定赔偿500万元。因此,最高法院在"卡斯特"案中根据比例原则,认为赔偿数额应该与侵权行为具有直接因果关系,最后适用法定赔偿判赔50万元。广东省高级法院在"新百伦"案中也认为侵权产品的利润应该与侵权行为具有直接因果关系,运用比例原则酌定赔偿500万元。

四、法定赔偿中的比例原则

(一)法定赔偿制度目的的比例性

比例原则中的妥当性原则要求法律或行为手段以实现目的为限,不得超越目的而为之。知识产权损害赔偿制度的基本目的在于保护知识产权,鼓励发明创造,推动发明创造的应用,提高创新能力,维护商标信誉,保护消费者、经营者的合法权益,促进科学技术、文学艺术的发展和繁荣,弥补权利人因侵权行为遭受的损失。因此,权利人的损失处于知识产权损害赔偿计算方法中的第一顺位。但是,由于知识产权的无形性特点,权利人的损失受到各种因素的影响,难以计算。法律又以侵权人的利润作为第二顺位的损害赔偿计算方法。但侵权人利润剥夺的实质还是权利人损失的变通,其理论基础在于权利人市场机会的丧失,亦即假使侵权产品未进入市场,则侵权产品的市场应该属于权利人,故侵权利润也应属于权利人。而知识产权的许可费其实也是一种权利人的损失。因为正常情况下,他人要进入市场,就要获得权利人的许可,就要支付许可费。侵权人未向权利人支付许可费的情形下,进入市场,导致了权利人应该可以获得的许可费的损失。而在权利人所受的损失或侵权人的获利难以计算、许可费又无法查清的情形下,为了加强知识产权保护,减轻权利人的举证责任,通过对权利人的利益与社会公众的利益进行衡量,法律预先确定了一个最高限额,然后法院再根据具体知识产权的价值和侵权行为的程度在最高限额内确定具体的赔偿数额。这就是知识产权法定赔偿制度的目的。因此,法定赔偿制度是对全面赔偿原则的补充,是以保护知识产权,实现平衡权利人与社会公众及侵权人的利益,鼓励发明创造,促进科学技术和文化艺术的发展的目的为限。

(二)选择法定赔偿手段的比例性

比例原则中的必要性原则要求在所有能够达成立法目的之方式中,必须选择予人民之权利最少侵害的方法,也可称为尽可能最小侵害之原则。知识产权侵权损害赔偿制度属于民事侵权的范畴,其首要的功能也是补偿功能,以填补权利人的实际损失为目的。但法定赔偿制度是对全面赔偿原则的补充,对客观上存在着实际损失或侵权人具有侵权获利,但当事人因为举证困难而难以确定的案件中,法定赔偿就具有补偿功能。除此之外,法定赔偿尚有预防、惩罚、威慑的功能。专利法规定的法定赔偿最高上限达100万元,司法实践中也有适用法定赔偿判决较高金额的案件。这种高额赔偿的可能性,对于社会公众或潜在侵权者来说,使他们产生要尊重知识产权,不实施知识产权侵权行为的心理,因此具有预防和威慑的功能。司法实践中,于同类知识产权侵权案件中,对于多次侵权、恶意侵权的侵权人相对于初次侵权,过失侵权的判决承担高额的法定赔偿金,对侵权人具有惩罚的功能,同时也具有威慑性,使侵权人彻底停止侵权。因此,法定赔偿具有补偿、预防、惩罚、威慑的功能。知识产权法预先规定法定赔偿金的幅度范围,使法定赔偿制度产生平衡知识产权权利人与社会公众的利益的功能,对权利人来说是一种激励,如有侵权就有赔偿,以保护知识产权,但不能滥用权利,不能在权利人的损失、侵权人的获利能够查清的情况下,径行以法定赔偿作为赔偿方式;此外,在法定赔偿中,赔偿也是有范围的,不能一概以最高限额或最低限额判赔。对社会公众来说,要尊重他人的知识产权,如果侵权,不管是否给权利人造成损失,不管有否侵权获利,都要赔偿,但赔偿不是象征性的,也不是天文数字,是以实现知识产权损害赔偿的目的为限,既不能让侵权人因侵权行为而获得非法利润,也不能让权利人因他人的侵权而不当得利。

（三）确定具体法定赔偿数额的比例性

狭义比例原则(均衡性原则)是指实现目标所采用的手段所造成的损害与社会获得的利益之间应当均衡,手段不得与所追求目的不成比例。在具体的个案中,法官在适用法定赔偿金时,应考虑知识产权的类型和性质、市场价值、侵权行为人的主观过错程度、侵权行为的手段和情节、侵权行为的持续时间、侵权产品的价值等因素。考虑这些因素的过程是法官通过心证行使自由裁量权的过程。其实质就是一种价值判断、利益衡量的过程,以平衡当事人之间的利益和权利人与社会公众之间的利益。法官综合这些因素得出的法定赔偿金具有平衡当事人之间的利益和权利人与社会公众之间的利益的功能,以使具体的赔偿金额与知识产权创新的贡献度、侵权行为的程度等因果关系比例和过错比例相匹配。

五、比例原则下的知识产权法定赔偿细则

知识产权法定赔偿制度的比例性目的在于保护知识产权,使当事人之间、当事人与社会公众之间的利益达到平衡。为了使法定赔偿制度在司法实践中具有可操作性,在行使自由裁量权时有可以遵循的依据,尽量使法定赔偿的适用能够体现比例性原则,达到利益平衡的目的,真正做到案结事了,不致产生新的矛盾和利益冲突现象,应该根据比例性原则制定知识产权法定赔偿适用细则。

（一）限制当事人对法定赔偿的选择权

虽然我国法律对知识产权损害赔偿的计算标准规定了顺位。但司法实践中,许多原告不愿意就自己的损失或被告的获利进行举证。当然也有人认为应赋予当事人对不同的赔偿方法进行自由选择的权利,当事人对法定赔偿的选择适用不应受到任何限制。这样既符合知识产权民事诉讼的

本旨,又有利于减少诉讼成本,提高审判效率。法定赔偿制度作为全面赔偿原则的一种补充,它的功能不完全是弥补损失,而是利益平衡,因此应该限制当事人对法定赔偿的选择权。如果原告起诉时,诉讼请求为请求法院适用法定赔偿方式判令被告支付一定金额的赔偿金时,法官首先应该向当事人行使释明权,告知当事人就原告的损失或被告的获利进行举证。如果当事人提供的证据能够证明原告的损失或者被告的获利,那么告知原告变更诉讼请求,依据证据证明的数额进行裁判。如果原告不同意变更,可让其承担败诉的风险。如果当事人客观上无法举证或者提供的证据难以确定原告的损失或者被告的获利,则适用法定赔偿进行裁判。如果当事人在起诉时,主张以实际损失或被告获利作为赔偿依据,而经过庭审查明当事人提供的证据不足以证明原告的损失或被告的获利,则允许原告在辩论终结前提出适用法定赔偿的请求。如果原告不提出法定赔偿请求,法院可以依职权适用法定赔偿。

(二)法定赔偿应根据知识产权的类型、性质、市场价值确定基准数额

知识产权的类型根据知识产权的客体可以分为著作权、商标、专利、商业秘密等。这些知识产权类型根据各自的内容还可以进行细分。如著作权有文字作品、戏剧作品、音乐作品、曲艺作品、舞蹈作品、美术作品、摄影作品、影视作品等;商标可以分为世界驰名商标、国内驰名商标、省级著名商标、地市级知名商标、普通商标等;专利可以分为重大发明专利(具有科技开创性的或者商业应用范围较广、商业价值较高的发明专利)、普通发明专利、实用新型专利、外观设计专利。在通常的情况下,知识产权的类型、性质是决定侵权行为所造成的权利人的损失大小或者侵权人获利多少的关键因素,也是知识产权市场价值评估的重要依据。知识产权保护要与知识产权的创新贡献程度相适应。专利的价值是通过专利在市场上的转化和应用得以体现,而商标的价值在于商标通过使用取得的知名度和较强的显著性,提升商品的美誉度得以体现。因此,权利人对自己的专利、商标在市场上的使用状况以及该产品的价格是决定知识产权价值的重要因素。此外,知识产权的市场价值还体现在侵权人的侵权行为中。其他人之所以会侵犯某项知识产权,正好说明该知识产权有市场价值,具有值得他人仿冒的价值。所以,在法定赔偿中首先应该根据知识产权的类型、性质、市场价值,根据我国30余年知识产权司法审判的经验法则,通过大数据分析的手段,对比以往案例中相应案件的法定赔偿金额,确定法定赔偿的基准数额。

(三)根据侵权人的主观目的和过错程度确定法定赔偿数额的系数

在大陆法系国家,由于民事赔偿贯彻全面赔偿原则,赔偿数额与损失额有关,与主观过错程度无关。但英美法系国家由于引入了惩罚性赔偿制度,对于部分恶意侵权采用惩罚性赔偿。我国消费者权益保护法、食品安全法对于经营者欺诈消费者的行为,以及最高法院对于商品房买卖中开发商的欺诈行为,也引入了惩罚性赔偿制度。法定赔偿具有惩罚的功能,因此对于恶意的侵犯知识产权行为进行惩罚,以起到利益平衡的功能。商标法对此予以借鉴,也引入了惩罚性赔偿。至于主观上是否以营利为目的,甚至成为能否阻却侵权的事由。因为著作权法和专利法都规定特定情况下未经权利人许可而非营利性使用知识产权属于合理使用,不构成侵权。一般而言,只有侵权人以营利为目的实施侵权行为,才会对权利人造成损失,才会对侵权人带来获利;如果不以营利为目的,那么侵权人自身没有获利,于此情形下,只有侵权人基于恶意的损人不利己的主观意图,才会给权

利人造成损失,如系善意,则应减轻赔偿责任。因此,对于因故意或重大过失侵权的,无需考虑是否以营利为目的,对于一般过失、轻过失、轻微过失的侵权行为,则应考虑是否以营利为目的。

（四）根据侵权行为的手段、情节确定法定赔偿数额的系数

侵权行为的手段与情节,是指侵权行为人实施侵权行为的方法、手段以及实施侵权行为的规模、程度。侵权行为的手段、情节不同,则侵权行为人在实施侵权行为的过程中扮演的角色和所起的作用不同,其实施的侵权行为产生的损害后果和社会影响也不同。

（五）根据侵权行为的持续时间确定法定赔偿的系数

侵权行为的持续时间一般可以反映侵权行为所造成的损害后果的严重程度。一般情况下,时间越长,造成的权利人的损失或侵权人的获利越大,造成的社会影响也较大。反之,时间较短,造成的损失或获利就较小,社会影响也较小。

（六）根据侵权产品的价格确定法定赔偿的系数

侵权产品的价格某种意义上也是知识产权市场价值的体现,因为该侵权产品上凝结了他人的知识产权。此外,侵权产品的价格也是衡量侵权人获利的重要因素。

六、结语

比例原则与利益衡量在某种程度上具有共通之处,在当前经济形势下,应该严格坚持法定赔偿制度的比例原则,考虑各种影响利益平衡的因素制定法定赔偿适用细则。只有在权利人的损失或侵权人的获利难以确定的情况下,结合知识产权的类型和性质、市场价值、侵权行为人的主观目的和过错程度、侵权行为的手段和情节、侵权行为的持续时间、侵权产品的价格等因素确定法定赔偿数额,以达到加强知识产权保护,平衡知识产权权利人与相关主体及社会公众间的利益的目的。

55 论贴牌生产中的定作人专利侵权责任

吕甲木

摘 要：OEM、ODM是贴牌生产合同的典型表现形式，但其缺乏固定的模式，并且不断演变，但贴牌生产合同的性质仍为承揽合同。承揽人专利侵权责任认定与普通的专利侵权责任的认定模式一致。专利侵权责任的归责原则为严格化的过错推定原则。通过对特殊侵权行为领域内典型定作人侵权责任规范的体系化解释，以及从有利于受害人救济理论、利益平衡理论、风险控制理论出发，认为定作人作为合同法上承揽合同中的制造者，应承担擅自制造专利产品的侵权责任。如定作人与承揽人具有共同的意思联络或具有教唆、帮助情形，则由其承担连带责任。

关键词：贴牌生产 专利侵权 制造 归责原则

一、引言

在市场经济条件下，掌握不同资源的市场主体之间通过委托加工、贴牌生产等方式进行分工合作，延长了商品生产制造的链条，大幅度扩大了产品的生产制造能力。随着全球经济一体化的加剧，在国际贸易中出现了大量的贴牌生产商业模式，使一家没有工厂的贸易公司能够成为产品的制造商，一国制造商首次销售的商品是由其他国家的工厂实际生产成为可能，以至于在法律上互相独立的生产工厂成为制造商的"生产车间"。因此，无论是在国际贸易还是在国内贸易中，贴牌生产已成为仅次于买卖合同的一种交易方式。随着贴牌生产商业模式的快速发展，由此也带来了大量的法律问题，在知识产权领域集中体现在贴牌生产的商标侵权问题与专利侵权问题。与国内理论界和实务界对贴牌生产中的商标侵权问题进行了大量的研究不同，对贴牌生产中的专利侵权问题尚未展开深入的研究。依照我国2008年《专利法》第11条的规定，对于被诉侵权行为人直接实施生产被诉侵权产品的行为认定为专利法意义上的制造行为，构成专利侵权自无问题。但是，对于定作人委托承揽人贴牌生产的被诉侵权产品，如何认定该产品的制造者以确定侵权责任主体的问题，由于2008年《专利法》以及相关司法解释对制造并未作出规定，导致司法实践对专利法意义上的制造的理解千差万别，以致相类似的案件作出了相反的判决，导致专利权人和社会公众均无所适从。对于加工贸易中的知识产权保护问题，最高法院认为要认真研究，抓紧总结审判经验，解决突出问题,完善司法保护政策,促进加工贸易的转型升级。●因上述问题属于加工贸易中涉及专利侵权责任认定的一般性问题,故有必要对此进行深入研究。

二、贴牌生产的法律属性

(一)贴牌生产的含义和典型的表现形式

贴牌生产,又称贴牌加工、定牌加工、代工生产,是指加工承揽人根据约定,为定作人加工生产使用特定商标的产品并将该产品交付给定作人,根据约定向定作人收取加工费的贸易方式。狭义上的定牌加工是指 OEM 加工方式,广义上的定牌加工还包括近来兴起的 ODM 加工方式。●目前,无论在国际贸易还是国内贸易中,OEM、ODM 是重要的两种商业模式。通常而言,在 OEM 的模式下,由品牌拥有商提供产品的设计或核心技术,委托加工厂加工生产产品,在加工生产的产品上标注品牌拥有商提供的商标,加工生产完成后全部交付给品牌拥有商,由品牌拥有商统一对外销售。一般而言,高精尖技术产品的 OEM,由品牌拥有商提供核心技术委托加工厂生产;而普通商品的 OEM,品牌拥有商只提供设计方案或样品委托加工厂生产,例如耐克、阿迪达斯的 OEM,服装、鞋帽的裁剪、染色、拷边、缝合技术是加工厂自己拥有的技术。而 ODM 是比 OEM 稍微高级一点的委托加工模式,加工厂拥有一定的技术开发、设计能力。通常而言,在 ODM 的模式下,品牌拥有商提供产品的规格、技术要求、外观式样等要素委托加工厂利用其自己的设计、开发能力加工样品,在样品的外观、技术要求得到品牌拥有商的确认后进行批量生产,在加工生产的产品上标注品牌拥有商的商标,加工生产完成后全部交付给品牌拥有商,由品牌拥有商统一对外销售。例如戴尔、惠普、索尼等笔记本电脑大多就是利用 ODM 的模式委托台湾的加工厂生产。而在苹果公司与富士康公司的合作中,由苹果公司提供核心专利技术,富士康公司提供外围专利技术,富士康公司接受苹果公司委托加工生产的产品全部标注苹果商标,并由苹果公司统一对外销售。因此,OEM、ODM 作为一种商业代工模式,是随着商业的发展而不断演化的,很难进行明确清晰的区分,没有绝对的界限,是一方提供技术、设计还是双方都提供技术、设计已经不是关键问题。在 OEM 模式下,加工厂也可以提供技术为品牌商加工产品,比如耐克、阿迪达斯的模式;在 ODM 模式下,品牌商也可以提供技术、设计给加工厂再利用加工厂的设计、开发能力为品牌商加工产品,比如苹果、戴尔等手机、笔记本电脑的加工模式。因此,在法律上以贴牌生产概括这种 OEM、ODM 委托生产加工方式比较贴切,将之细分为 OEM 抑或 ODM 并无实际意义。

---

❶参见最高人民法院《关于当前经济形势下知识产权审判服务大局若干问题的意见》(法发〔2009〕23 号)。

❷OEM 是英文 Original Equipment Manufacture 的缩写,中文字面意思为"原始设备制造者",也称"原产地委托加工",是指制造者根据委托人的要求为其生产产品并直接标注委托人的商标,所生产的产品全部交由委托人包销的生产方式。ODM 是英语 Original Design Manufacturer 的缩写,中文字面意思为"原始设计制造商"。ODM 是指某制造商开发了某产品后,被品牌拥有商看中,要求配上其品牌来进行生产,或者稍微修改一下设计来生产。国家认监委发布的《强制性产品认证实施规则中涉及 ODM 模式的补充规定》(2009 年 30 号公告)定义的 ODM 模式是指 ODM 生产厂依据与制造商的相关协议等文件,为制造商设计、加工、生产产品的委托生产制造模式。

（二）贴牌生产的法律性质和法律特征

作为贴牌生产典型形式的 OEM、ODM 最核心的就是品牌拥有商委托加工厂生产加工产品并标注品牌拥有商的商标。因为，加工厂是根据品牌拥有商的委托或指示加工生产产品的，所以这种贴牌生产委托加工合同的法律性质就是承揽合同。其主要的法律特征为：（1）贴牌生产合同以完成一定的工作成果为其合同目的。作为定作人的品牌拥有商订立合同，支付报酬的目的是取得加工厂完成的工作成果。因此，在贴牌生产合同中，一般而言，加工厂具有完成工作成果的能力，这些能力不仅仅体现为技术、设备，还包括人员组织能力等。定作人并不是单纯为了取得加工厂的劳务成果，而是为了取得凝结了加工厂劳务、技术、设备等能力的综合工作成果。（2）加工厂须独立完成工作成果。品牌拥有商之所以与加工厂订立合同，是看中加工厂具有完成工作成果的能力，比如专业的技术、设备、服务能力。这些能力是加工厂自身具有的能力。因此，加工厂应该以自身所具备的能力为品牌拥有商完成工作成果。（3）贴牌生产合同的标的具有特定性。加工厂在其生产的产品上必须根据定作人的要求标注商标，如果不符合要求，就构成不履行或不完全履行合同。通常要将工作成果全部交付给定作人，对于超过合同数量生产的产品，如果未征得定作人的许可，则不得销售，否则会构成商标侵权。

（三）贴牌生产合同与买卖合同的区别

贴牌生产合同作为承揽合同，其与买卖合同之间虽然均存在着供方向需方提供产品，需方向供方支付款项的共性。但其中的区别还是非常明显的，主要有以下几点区别特征：（1）交付的标的物不同。在贴牌生产合同中，作为承揽人的加工厂是根据定作人的特殊要求加工生产产品，尤其是在产品上标注定作人指示的商标，是一种特定物；而在买卖合同中，出卖人是向买受人交付买卖合同约定的标的物，这种标的物可以是种类物，也可以是特定物。（2）标的物是否可以由第三人完成不同。在贴牌生产合同中，加工厂应以自己所具备的能力完成工作成果，除非征得定作人同意可将部分工作转由第三人完成；在买卖合同中，在合同没有特殊约定的情况下，标的物可以是买受人自己生产，也可以是买受人从第三方取得，并无限制，所以在买卖贸易中出现了大量的中间贸易商，从事转售贸易。（3）产品交付前的监督权不同。在贴牌生产合同中，因为是承揽合同，定作人有权对承揽人的工作情况在不妨碍承揽人工作的情况下进行检查和监督；而在买卖合同中，在标的物交付前，买受人无权监督出卖人完成标的物的情况。（4）是否享有单方解除权的不同。贴牌生产合同作为承揽合同，定作人有随时解除合同的权利；而在买卖合同中，除具备双方约定或者法定的解除条件时，是不允许随意解除合同的。（5）产品责任的承担不同。贴牌生产的产品，产品责任由委托制造的定作人承担；而在买卖合同中，最终的产品责任由制造商承担，该制造商可能是出卖人，也可能是第三方。当然，贴牌生产合同与买卖合同最核心的区别还在于是否根据需方的要求生产及标注需方指示的商标。

（四）贴牌生产合同与商标许可使用合同的区别

贴牌生产合同与商标许可使用合同的共性就是产品上均使用了商标，但它们之间还是有许多不同的地方。（1）主体间的相互关系不同。在贴牌生产中，定作人和承揽人是一种委托和被委托加工产品的承揽合同关系;在商标使用许可合同中,被许可人和许可人之间是部分商标权利的使用关系。(2)商标权的处分方式不同。在贴牌生产中,当承揽人自备物料时,在工作成果所有权转移给定作人之前,工作成果的所有人与其标注的商标的所有人是相分离的,承揽人无权处分工作成果上的商标权;在商标使用许可合同中,商标权人许可给许可人使用的是部分商标使用权,被许可人可以在自己制造或销售的商品上使用该商标,对商品及其标注的商标可一并处分。❶(3)商标使用许可关系不同。在贴牌生产中,作为商标使用权拥有人的定作人是产品的法定制造商,自主销售,自负盈亏,独立承担产品责任,是该产品的原始所有权人,而作为加工承揽人无权销售、处分加工产品,只负有交付加工产品给定作人的义务;而在商标使用许可中,被许可方对许可使用商标的产品,自主销售,自负盈亏,独立承担产品责任,是产品的原始所有权人,是产品的制造者,而商标许可人主要就是收取商标许可使用费。

三、司法实践对贴牌生产的专利产品制造者认定的争议

(一)认定定作人为专利产品制造者

1. 北京法院的观点

北京市高级人民法院《专利侵权判定若干问题的意见(试行)》(京高法发〔2001〕229号)第113条规定委托他人制造或者在产品上标明"监制"的视为参与制造。北京市高级人民法院《专利侵权判定指南》(2013年)第89条规定委托他人制造或者在产品上标明"监制"等类似参与行为应当认定为制造发明或者实用新型专利产品的行为。北京市第一中级人民法院在北京利而浦电器有限责任公司与魏建峰侵犯外观设计专利权纠纷上诉案中认为,根据利而浦公司与武义公司签订的《"福玛特"OEM购销合同》,利而浦公司委托武义公司加工贴有"福玛特"商标的产品,任何有关产品加工工厂或零部件的采购都必须经过利而浦公司同意,被控侵权产品的保修卡和使用说明书上均署名利而浦公司。因此,原审法院认定利而浦公司为涉案产品的制造者并无不当。❷

2. 上海法院的代表性案例

上海市第一中级人民法院在上海泰丰箱包有限公司诉上海公爵箱包有限公司专利侵权纠纷案中认为,被控侵权的"真王"牌旅行箱系被告委托温州宏达厂定牌加工,故应认定该旅行箱是被告生产。❸上海市高级人民法院在浙江宝石缝纫机股份有限公司与重机株式会社侵害外观设计专利权纠纷上诉案中认为,上诉人亦认可被控侵权产品系上诉人委托案外人制造,被控侵权产品机身上喷绘的上诉人注册商标"GEMSY"系案外人按照上诉人的要求在制造产品时直接喷绘在被控侵权产品上的,作为委托人应当承担制造者应当承担的法律责任。❹

---

❶参见浙江省高级人民法院课题组:《贴牌生产中商标侵权问题研究》,载《法律适用》2008年第4期。

❷参见北京市第一中级人民法院:(2012)一中民终字第10789号民事判决书。

❸参见上海市第一中级人民法院:(2000)沪一中知初字第91号民事判决书。

❹参见上海市高级人民法院:(2011)沪高民三(知)终字第72号民事判决书。

（二）认定专利产品上识别性标志所有者为专利产品制造者

1. 北京法院的代表性案例

北京市高级人民法院在上海紫隆都电器有限公司与百灵有限公司等侵犯专利权纠纷上诉案中认为，紫隆都公司对其生产、销售涉案被控侵权产品虽然提供了外观设计来源，但是，其在该产品上署名的行为已经表明其是该产品的制造者。❶北京市高级人民法院在北京千安达科贸有限公司与九星恒隆电子(福州)有限公司侵犯专利权纠纷上诉案中认为，千安达公司在其销售的DR-305型小飞人红外感应垃圾桶包装盒上明确标注其企业名称、地址、联系方式，该标注方式表明千安达公司系该产品的制造者，其应承担产品制造者的法律责任。尽管千安达公司提交了《采购合同》欲证明该产品的实际生产者系东日公司，但由于千安达公司在产品上以产品制造者的身份进行了标注，故千安达公司仍应承担产品制造者的法律责任。❷

2. 上海法院的代表性案例

上海市第二中级人民法院在宁波信高股份有限公司诉上海恒杰电器有限公司专利侵权纠纷案中认为，根据被告在其系争产品上直接印制其公司名称的行为，应认定其为系争产品的生产者，被告所称其仅为产品销售者的辩称不能成立。❸上海市高级人民法院在上海国生实业有限公司与宁波信高股份有限公司专利侵权纠纷上诉案中认为，上诉人定牌加工被控侵权产品，在产品上标有其"国生"牌商标，并附合格证等标签，在包装盒上标有其"国生"牌商标、企业名称、住址、联系电话等，该行为就是生产行为，且又进行了销售。❹

3. 广东法院的代表性案例

广东省高级人民法院在广州市佰镒装饰材料有限公司与曹湛斌侵犯专利权纠纷上诉案中认为，关于佰镒装饰材料公司上诉提出被控产品是向他人购买，其只是在外壳上打上自己的商标，是一种行业"贴牌经营"行为，不构成侵权的辩称，根据最高人民法院批复的规定，❺应认定佰镒公司为被控侵权产品的产品制造者。❻广东省高级人民法院在宁波世家洁具有限公司等与江孝宏侵害实用新型专利权纠纷上诉案中也持同样的观点。❼

---

❶参见北京市高级人民法院:(2006)高民终字第515号民事判决书。

❷参见北京市高级人民法院:(2006)高民终字第1570号民事判决书。

❸参见上海市第二中级人民法院:(2001)沪二中知初字第194号民事判决书。

❹参见上海市高级人民法院:(2003)沪高民三(知)终字第56号民事判决书。

❺参见最高人民法院于2002年7月11日作出的《关于产品侵权案件的受害人能否以产品的商标所有人为被告提起民事诉讼的批复》(法释〔2002〕22号)规定:"任何将自己的姓名、名称、商标或者可资识别的其他标识体现在产品上，表示其为产品制造者的企业或个人，均属于《中华人民共和国民法通则》第一百二十二条规定的'产品制造者'和《中华人民共和国产品质量法》规定的'生产者'。"

❻参见广东省高级人民法院:(2006)粤高法民三终字第365号民事判决书。

❼参见广东省高级人民法院:(2011)粤高法民三终字第533号民事判决书。

4. 江苏法院的代表性案例

江苏省高级人民法院在临沂康宝儿童用品有限公司与好孩子儿童用品有限公司等专利侵权纠纷上诉案中认为，被控侵权产品的外包装上已标有康宝公司的名称、地址、联系方式及产品商标等信息。根据《最高人民法院关于产品侵权案件的受害人能否以产品的商标所有人为被告提起民事诉讼的批复》的精神，被控侵权产品外包装上的相应标注内容应作为康宝公司系生产者的相关证据。❶江苏省高级人民法院在上海大金科技有限公司与厦门灿坤实业股份有限公司侵犯外观设计专利权纠纷上诉案中认为，被控侵权产品标注的厂家信息均指向"大金公司"，大金公司应认定为涉案产品的生产制造商。尽管月立公司系涉案产品贴牌加工方，但月立公司非必要共同诉讼人，大金公司与月立公司的OEM生产合同不能免除大金公司的责任。❷

（三）认定定作人与承揽人为共同制造者

最高人民法院《关于审理专利侵权纠纷案件若干问题的规定》（会议讨论稿2003.10.27—29）第35条规定承揽人由于接受定作人的委托而实施侵犯专利权行为的，与定作人一起构成共同侵权。❸上海市高级人民法院在上海亿利达企业发展有限公司与卢恩光专利侵权纠纷上诉案中认为，上诉人是本案系争口杯的委托加工方，其行为应视为共同生产行为。❹北京市第一中级人民法院在北京中奥通地下工程技术开发有限公司诉中国科学院自动化研究所等侵犯发明专利权纠纷案中认定，建设单位自动化研究所和施工单位中建二公司未经专利权人许可，使用了本专利方法，构成专利侵权，应承担停止侵权、赔偿损失的民事责任。❺最高人民法院在上诉人华纪平、合肥安迪华进出口有限公司与被上诉人上海斯博汀贸易有限公司、如东县丰利机械厂有限公司、南通天龙塑业有限公司侵犯专利权纠纷案中对一审法院江苏省高级人民法院认定，涉案被控侵权哑铃套组手提箱系由斯博汀公司委托丰利公司制造完成，双方之间属于法律规定的加工承揽关系，故应认定双方共同实施了侵犯两原告涉案专利权的行为的观点予以确认。❻

（四）认定未提供技术方案或技术要求的定作人不构成制造者

浙江省高级人民法院在敖谦平与飞利浦（中国）投资有限公司、深圳市和宏实业有限公司侵害发明专利权纠纷案中认为：定作人和加工人的行为是独立的，并不能将加工人的法律责任直接归属于定作人，尤其加工承揽中的对外侵权责任。本案飞利浦公司作为定作人不存在故意诱导、怂恿、教唆加工人侵犯他人专利权的情形，因此其所实施的行为未侵犯专利权。❼最高人民法院在对该案

---

❶参见江苏省高级人民法院:(2007)苏民三终字第0016号民事判决书。

❷参见江苏省高级人民法院:(2009)苏民三终字第0236号民事判决书。

❸载中国知识产权司法保护网:http://www.chinaiprlaw.cn/show_News.asp?id=2463&key=关于审理专利侵权纠纷案件若干问题的规定,2013年9月27日访问。

❹参见上海市高级人民法院:(2001)沪高知终字第67号民事判决书。

❺参见北京市第一中级人民法院:(2011)一中民初字第1635号民事判决书。

❻参见最高人民法院:(2007)民三终字第3号民事判决书。

❼参见浙江省高级人民法院:(2011)浙知终字第172号民事判决书。

作出的再审裁定中进一步认为,《专利法》第11条的制造专利产品,对于发明或实用新型来说,是指作出或者形成覆盖专利权利要求所记载的全部技术特征的产品。上述理解综合考虑了"制造"一词本身的含义和《专利法》第11条的立法目的。在委托加工专利产品的情况下,如果委托方要求加工方根据其提供的技术方案制造专利产品,或者专利产品的形成中体现了委托方提出的技术要求,则可以认定是双方共同实施了制造专利产品的行为。本案中,飞利浦公司没有向惠州和宏公司就被诉侵权产品的生产提供技术方案或者提出技术要求,飞利浦公司不是专利法意义上的制造者,其行为并不构成侵害涉案专利权。❶

四、贴牌生产中承揽人专利侵权责任的认定

2008年《专利法》第11条只规定了直接实施侵害专利权行为的形态。因此,承揽人作为专利法意义上的贴牌生产的专利产品的制造者并无异议。所以,贴牌生产中承揽人专利侵权责任的认定与普通的专利侵权责任的认定是一致的,遵循相同的归责原则、构成要件与认定标准。

（一）专利侵权归责原则的认定

侵权法主要解决什么样的行为构成侵权责任以及如何承担侵权责任的问题。因此,侵权法主要有责任成立法和责任承担法两部分组成。而责任成立法的实质就是解决侵权责任的认定问题。在责任成立法中,根据何种标准认定侵权责任的成立是整个责任成立法的核心。而这一核心标准,在法学理论上称之为归责。所以,侵权法在界定责任成立的标准的同时,也界定了不需要承担责任的标准。因此,归责原则是指将责任归结于侵权人承担的事由,归责原则也可以称为归责事由。❷

1. 过错责任与无过错责任的争议

已故的郑成思教授认为从国际上知识产权法的研究成果,知识产权的特殊性等出发,知识产权侵权认定的归责原则为无过错责任原则,在赔偿损失上采用过错责任原则。❸但是,坚持这一观点的人数日渐变少,实务界中受过专业训练的知识产权法官和知识产权律师在最高法院有关判例、指导性意见、论文的影响下,基本上认同专利侵权与商标侵权的归责原则为过错责任原则。

2. 确定专利侵权归责原则的理由

(1)《与贸易有关的知识产权协议》规定的知识产权侵权归责原则。

其实世界贸易组织《与贸易有关的知识产权协议》第45条第1款规定的归责原则是过错责任原

❶ 参见最高人民法院:(2012)民申字第197号民事裁定书。

❷ 参见吕甲木:《侵权法原理与判例研究》,法律出版社2013年版,第8页。

❸ 参见郑成思:《知识产权论》,法律出版社2003年版,第272页。

则,该协议第45条第2款的规定属于例外情形,只适用于适当场合,是一种辅助性原则。❶此外,该协议作为不同经济发展程度和法系的国家经过多轮谈判达成的妥协性法律文本,其逻辑性和体系性并不强,与一个国家的法律传统和法律理论不尽相符。因此,世贸成员在保证国内法遵守协议的同时,应以自身的法律传统和法律理论进行消化,以保证法制统一。

(2)我国法律体系中的知识产权侵权归责原则。

1986年《民法通则》第106条第2款规定了过错责任原则,第3款规定了无过错责任原则。该法第118条规定的侵害专利权等各种类型的知识产权行为需承担侵权责任的归责原则为过错责任原则,而明确规定适用无过错责任原则的为国家机关及其工作人员责任、产品责任等6种侵权行为类型,并无知识产权。故认为知识产权侵权责任的归责原则为无过错责任的理由与《民法通则》的规定不一致。此外,知识产权侵权责任的无过错归责原则与知识产权行政违法、刑事犯罪的归责原则不一致。刑事犯罪要求主观上具有故意,特殊情形下过失也应承担责任。而行政违法中违法性的要件也包含了主观过错。所以,如认为知识产权侵权归责原则为无过错责任原则,则与知识产权行政违法与刑事犯罪的归责原则无法协调。

(3)过错责任与无过错责任具有不同的制度目的。

过错责任是主观归责原则,其基本内容系对加害行为进行客观评判。以行为人应遵循的注意义务与其行为时的实际注意程度进行评判,确定其是否应避免或能避免损害的发生,以及其是否尽到足够的注意义务以避免损害的发生,由此判断其是否应承担侵权责任。过错责任原则具有行为制导、积极预防、道德评价和间接平衡的功能。❷认定过错的标准可以分为主观标准和客观标准。由于主观标准在实践中很难操作,而客观标准既简便易行,又较为明确,同时,还能够为行为人确定明确的行为准则。❸所以,司法实践中基本以客观标准来认定过错的有无。无过错责任的立法目的是对于受害人遭受的不幸损害,通过保险和损失分担制度进行合理分配,让整个社会来分摊受害人的损失。所以,无过错责任不具有过错责任的制裁和预防功能。因此,过错责任具有违法性,而无过错责任,法律一方面允许行为人从事具危险性的事务,另一方面则使其承担因危险具体实现所生不幸损害的赔偿责任,以实现分配正义。❹专利侵权行为是行为人未经专利权人许可,以生产经营为目的实施他人专利的行为,具有主观责难性和应受法律制裁性。因此,专利侵权责任由行为人自己承担,其并非对从事合法行为中造成的不幸损害赔偿。所以,专利侵权责任无论是从法律规定

---

❶ WTO《与贸易有关的知识产权协议》(TRIPS协议)第45条第1款规定:"对已知或有充分理由应知自己从事之活动系侵权的侵权人,司法当局应有权责令其向权利人支付足以弥补因侵犯知识产权而给权利持有人造成之损失的损害赔偿费。"第45条第2款规定:"司法当局还应有权责令侵权人向权利持有人支付其他开支,其中可包括适当的律师费。在适当场合即使侵权人不知、或无充分理由应知自己从事之活动系侵权,成员仍可以授权司法当局责令其返还所得利润或令其支付法定赔偿额,或二者并处。"

❷参见王卫国:《过错责任原则:第三次勃兴》,中国法制出版社2000年版,第158页。

❸参见王利明、杨立新:《侵权行为法》,法律出版社1996年版,第73页。

❹参见王泽鉴:《侵权行为》,北京大学出版社2009年版,第546页。

还是从法学理论上而言,均非无过错责任。❶

(4)专利侵权的归责原则:严格化的过错推定原则。

已如上述,专利侵权实行的是过错责任原则而非无过错责任原则。但在司法实践中,侵权人不能以自己无过错抗辩而免除侵权责任。法院除了在损失赔偿的考量上会审查被告的过错外,在专利侵权的成立与否的判定上不会考虑被告的过错。因此,这种理论内核上的过错责任与司法实践操作中的无过错责任模式相结合的归责原则是知识产权法中一项特有的归责原则,必须从过错责任原则的演化过程加以说明。工业革命以后,为了对当时工业事故的受害人扩大救济,进行举证责任倒置,推定行为人具有过错,由行为人通过证明自己没有过错而免责。由此,产生了过错推定原则。因此,过错推定本质上仍然是过错责任的一部分,是过错责任在适用中的一种特殊情形。❷随着社会的发展以及危险因素的增加,过错推定原则也出现了分化,一些传统的特殊侵权行为仍实行举证责任倒置的过错推定,而一些新出现的特殊侵权行为在归责原则上趋于严格化,向无过错责任原则靠拢。传统侵权行为中举证责任倒置的过错推定属于可反驳的程序法上的司法推定,可以在司法程序中通过举证自己没有过错而免责。英美法律国家由于不考虑法律概念的逻辑性、体系性,故将过错推定与无过错责任统归结为严格责任。但大陆法系国家对这种具有无过错责任原则的形式而本质为过错责任的归责原则尚未建立相应的概念,由于我国法学界基本上已将严格责任原则混同于无过错责任原则,所以基于法律概念逻辑性、体系性的考量,为了论述方便,将之命名为"严格化的过错推定原则"。

推定是法律或法官从已知的事实推论未知事实所得出的结论。英国学者克劳斯(Cross)把推定分为结论性推定、说服性推定、证据性推定和临时性推定四种。结论性推定就是实体法规则,如其不是为了确定举证责任的分配,而是类似刑事责任年龄这样的规定,则其是不能反驳的,其他则是程序意义上的推定。作为实体法规则的推定有别于程序法上的司法推定,实体法规则的推定可以反复运用,而程序上的推定则只能是一事一议,反驳起来也相对容易。❸因为专利在授权时向社会进行了公告,具有公示效力,作为生产经营目的的专利实施者,应负有高度注意义务,有义务对自己使用的技术进行必要的审查。如其未尽到必要的审查义务,就推定具有过错。对于过错的认定,则采用客观标准,只要行为人未经权利人许可,客观上从事了实施他人专利的行为,就可以推定其没有尽到一个合格的理性人应尽的审查义务,而且这一推定是一项实体法上的规则,不能通过反驳证据予以推翻,有别于传统侵权行为中的举证责任倒置的过错推定。所以,专利侵权责任实行的是一种严格化的过错推定原则,是一种确定无疑的过错责任,而不是一般过错责任原则,也不是实行举证责任倒置过错推定。❹这种严格化的过错推定原则在2009年的《侵权责任法》中

---

❶参见吕甲木:《论商标权保护的界限——以涉外定牌加工商标侵权问题为视角》,载罗东川、李德成主编:《知识产权审判与法律实务》,法律出版社2011年版,第196页。

❷参见《侵权法原理与判例研究》,法律出版社2013年版,第195页。

❸参见邓子滨:《刑事立法上的推定》,载中国法学网:http://www.iolaw.org.cn/showNews.asp?id=1157,2011年4月10日访问。

❹参见《侵权法原理与判例研究》,法律出版社2013年版,第196页。

有所体现。❶

（二）专利侵权构成要件的认定

侵权责任的认定在裁判方法上就是对侵权责任的构成要件予以分解说明并得出结论。在侵权责任法中，有关侵权行为的构成要件主要有三要件说与四要件说之分。三要件说是指法国民法主张的损害事实、因果关系和过错三要件；四要件说是德国民法主张的行为的违法性、损害事实、因果关系和过错四要件。❷随着2009年《侵权责任法》的实施，行为的违法性要件被过错责任所吸收已逐渐被学术界和实务界所认同，为了便于分析侵权责任的构成要件，实务界倾向于以四要件说中的过错、损害行为、损害结果、因果关系来论述个案侵权责任的构成，行为的违法性作为过错的认定因素。从2008年《专利法》第11条的条文而言，尚无法得出诸如主观过错等构成要件。但是，专利权本质上是一种私权，是一种民事权利，专利法属于民法范畴，专利法与民法之间是特别法与一般法的关系。因此，民法侵权责任构成要件理论对专利侵权责任的认定同样适用。结合民法的一般规定与专利法的特殊规定，专利侵权责任的构成要件为：（1）被诉侵权产品或方法落入授权专利的保护范围，即被诉侵权的产品或方法必须是专利产品或专利方法；（2）未经专利权人许可；（3）行为人实施了专利，从事了制造、销售、许诺销售、使用、进口专利产品的行为；（4）主观上必须是出于生产经营目的，且具备过错；（5）存在现实的损害或可能的损害；（6）专利实施行为与现实的损害或可能的损害之间存在着因果关系。由于第（1）、（5）、（6）构成要件对专利产品制造者的认定无关，故不作阐释，又因为过错在归责原则中已经论述，不再重复，以下仅对第（2）、（3）、（4）这3个构成要件予以展开论述。

1. **未经专利权人许可的认定**

一般情况下，专利权人起诉被告侵犯其专利权，基本上被告是未得到专利权人的许可的。得到专利权人许可的最典型的情况就是专利权人与专利实施者订立了专利实施许可合同。但是，基于对专利实施许可合同内容的不同理解，还是会对被告的实施行为是否得到了专利权人的许可产生争议。尤其是当被告是第三人时，会涉及专利实施许可合同是否约定了被许可人有权向第三人颁发分许可的问题。这一问题在贴牌生产中尤为特出，当只有贴牌生产中一方当事人定作人或承揽人得到了专利权人的许可，且被许可人无权利向第三人颁发分许可时，作为未与专利权人订立专利实施许可合同的承揽人或定作人是否属于未经专利权人许可就成问题。这一问题在以下的章节中会有涉及。

2. **制造、使用、销售、许诺销售、进口行为的认定**

专利法或其他法律、司法解释未对制造作出规定，《现代汉语词典》认为"制造"系"用人工使原材料成为可供使用的物品"。❸因此，作为承揽人的加工厂直接用人工将原材料加工生产出专利产

---

❶《侵权责任法》第58条规定患者因医疗机构违反法律、行政法规、规章以及其他有关诊疗规范的规定；隐匿或者拒绝提供与纠纷有关的病历资料；伪造、篡改或者销毁病历资料受到损害的，推定医疗机构有过错。

❷参见张新宝：《侵权责任法原理》，法律出版社2005年版，第48页。

❸《现代汉语词典》，商务印书馆1996年版，第1622页。

品的行为认定为制造自然并无争议。但是,对于没有直接参与加工生产行为的定作人的定作行为是否也系制造行为在司法实践中就产生了争议。对于这一争议将在以下章节中予以详细论述。

使用是指落入专利权保护范围的专利技术方案得以应用、专利方法得以实现或外观设计产品的用途得以实现的行为。

销售是一种行为,而非买卖合同本身,就是出卖人与买受人通过订立买卖合同的方式,出卖人将产品交付给买受人的行为或买受人受领货物的行为。因此,销售行为只需要买卖合同成立这一前提,至于买卖合同是否撤销、变更、解除、终止、无效对销售行为并无影响。

许诺销售是2000年修改专利法时,为了履行《与贸易有关的知识产权协议》的义务而增加的专利实施行为。国家知识产权局条法司在借鉴欧洲的有关观点和做法的基础上,对《与贸易有关的知识产权协议》中的"offer for sale"一词翻译成"许诺销售",得到了全国人大常委会的认可,成为了专利法中的法律术语。[❶]最高法院在2001年的《关于审理专利纠纷案件适用法律问题的若干规定》中明确许诺销售是指以做广告、在商店橱窗中陈列或者在展销会上展出等方式作出销售商品的意思表示。

进口行为是2000年修改的专利法增加的内容。平行进口是否属于专利的禁止范围由于争议过大,在《与贸易有关的知识产权协议》中也未得到解决。因为该协议在第28条规定专利权人享有禁止进口权的同时特意加了注释,该权利要符合协议第6条有关本协议的任何规定均不得用于涉及知识产权的权利用尽问题。该协议在第28条又特意加入注释的做法就是为了对第28条的理解更加明确,不要出现歧义。[❷]该问题实质上不是一个法律问题,而是一个国家的公共政策问题,根据各自的利益做出选择。我国专利法在2000年修法时基于保护国内专利权人的利益,对平行进口予以禁止。但在2008年修法时,在第69条规定了平行进口不视为侵犯专利权。

3. 生产经营目的的认定

生产经营目的在一般的专利侵权诉讼中不会引起争议,但在特殊的情形下就有探讨的余地。例如学校等非营利性事业单位为了日常办公需要实施专利的,如使用侵犯他人专利权的饮水机;生产经营单位为了办公而非业务需要使用专利,如服装厂在办公室安装使用侵犯他人专利权的空调。上述单位在被诉侵权后,就会以不是为了生产经营目的进行抗辩。如果该抗辩成立,就会严重损害专利权人的利益,大幅度挤占专利产品的市场份额。因为,上述单位完全可以在市场上购买专利产品。所以,生产经营目的应作广义解释,不能以单位的性质或单位的经营范围、业务范围、职权范围作为认定生产经营目的的因素。对生产经营的目的可以从政治经济学的角度进行解释,与生产经营目的相关的是生产资料,与生产资料相对的是生活资料,所以因生活所需的产品才不是出于生产经营目的。因此,自然人除了为生活消费实施专利外,均应认定为生产经营目的。所以,私人方

❶ 参见尹新天:《专利权的保护》,知识产权出版社2005年版,第146页以下。

❷ Frederick M. Abbott: The TRIPS-Legality of Measures Taken to Adress Public Health Crisis: Asynopsis, Widener Law Symposium Journal, Spring, 2001.

式且无商业目的是适用非生产经营目的的抗辩的恰当表述。❶《最高人民法院关于审理侵犯专利权纠纷案件应用法律若干问题的解释(二)》(公开征求意见稿)第28条认为被诉侵权人为私人消费目的实施发明创造的,不应认定为专利法上的为生产经营目的。所以,最高法院对于生产经营目的的认定也倾向于用排除法,将自然人的生活消费排除在外,而对于单位则没有规定。就单位而言,不管是营利性的还是非营利性的,其采购原料自己制造还是购买或进口并使用侵权专利产品均有经费支出,计入成本核算。该行为本身就是一种不管是营利性的企业还是非营利性的国家机关等单位是作为一种平等民事主体从事的市场交换行为,本质上具有商业属性,属于广义上的经营行为。但如果非营利性机构无偿接受他人捐赠而使用侵权专利产品的,因其没有金钱支出,不应认定为生产经营目的而实施专利。因此,一些国家机关会将无法处理的侵权产品无偿提供给慈善机构使用。例如《中华人民共和国知识产权海关保护条例》(2010年)第27条第3款规定被没收的侵犯知识产权货物可以用于社会公益事业的,海关应当转交给有关公益机构用于社会公益事业。这种公益机构接受海关捐赠而使用侵权产品的,显然不能认定为生产经营目的实施专利。所以,自然人为生活消费或者公益慈善机构无偿接受捐赠而实施专利的,不应认定为《专利法》11条、第70条所称的为生产经营目的。

五、贴牌生产中定作人专利侵权责任的认定

(一)贴牌生产中定作人专利侵权归责原则的认定

1. 定作人专利侵权责任的范畴

民法理论上通常将侵权行为的类型分为一般侵权行为和特殊侵权行为这两个大类,再将特殊侵权行为中的侵权形态予以类型化、具体化。但一般侵权行为与特殊侵权行为不是一种实体法上的法律制度。一般侵权行为是指行为人对基于自己过错造成的损害而应承担侵权责任的行为,其在归责原则上实行过错责任的归责原则,故亦称自己责任,由自己对自己的过失行为负责。而特殊侵权行为是相对于一般侵权行为而言,系指当事人因与自己有关的行为、事件或其他特别原因致人损害,依照民法上的特别责任条款或民事特别法的规定应负民事责任的侵权行为。❷特殊侵权行为在侵权责任的主体、构成要件、归责原则、举证责任的分配、责任承担的形式等方面不同于一般侵权行为。而专利侵权责任以及民法中的定作人侵权责任在侵权行为类型上均属于特殊侵权行为的范畴。

2. 特殊侵权行为的归责原则

特殊侵权行为与一般侵权行为的显著区别就在于归责原则的严格化。一般侵权行为实行过错责任原则,由受害人对于加害人的主观过错承担举证责任;而特殊侵权行为虽然也有实行过错责任原则的,但大多特殊侵权行为在认定上趋于严格化,进行过错推定,甚至很多特殊侵权行为直接实

---

❶参见北京市第一中级人民法院知识产权庭编著:《侵犯专利权抗辩事由》,知识产权出版社2011年版,第19页。

❷参见王卫国主编:《民法》,中国政法大学出版社2007年版,第572页。

行无过错责任原则。工业革命以后,随着机器操作的应用,工业事故频发,而作为受害人的一方往往是弱势群体,没有足够的能力举证证明被告实施了加害行为,可是作为强势群体的被告掌握了证据,但其往往以自己没有过错进行抗辩。在此情况下,根据传统过错责任原则,作为弱势群体的受害人经常败诉而得不到救济。所以,为了对当时工业事故的受害人扩大救济,进行举证责任倒置,产生了过错推定原则。❶19世纪西方资本主义工业的发展,社会化大生产导致工业灾害和公共灾害增加,交通事故频发,产品缺陷损害消费者的健康。但是,由于灾害的发生是工业发展这一机器革命所带来的风险,尽管行为人也采取了避免灾害发生的措施,但是仍旧无法避免此等风险给他人造成的损害。在这种情况下,若要让受害人举证行为人具有过错显然勉为其难。因此,立法和判例希望寻找一种新的归责原则,于是在实行过错推定和举证责任倒置之后,进一步产生了无过错责任原则。因此,在特殊侵权行为领域的归责原则是从过错责任到过错推定,再到无过错责任,逐渐趋于严格化。

3. 定作人专利侵权责任的归责原则

定作人特殊侵权行为的一个主要特征在于定作人委托加工厂完成的工作成果存在质量缺陷或者权利缺陷而导致侵害他人的权利,加工生产的产品为侵权产品。其典型类型主要有以下几种:其一是加工生产的产品存在质量缺陷而产生的产品责任;其二是加工生产的产品未得到知识产权权利人的许可存在权利缺陷而产生的知识产权侵权责任。

在典型特殊侵权行为的产品责任领域,根据2000年《产品质量法》第41条、2009年《侵权责任法》第41条之规定,产品的直接制造商对因产品缺陷造成他人损害承担无过错的产品责任。根据2000年《产品质量法》第27条、《最高人民法院关于产品侵权案件的受害人能否以产品的商标所有人为被告提起民事诉讼的批复》(法释〔2002〕22号)以及《产品标识标注规定》(技监局监发〔1997〕172号)第9条之规定,如果该产品是委托他人加工生产的,则在产品上标注的生产厂家名称为委托人,其作为产品制造者对外应承担无过错的产品责任。专利侵权行为也是特殊侵权行为,对于加工厂直接生产专利产品的行为实行的是严格化的过错推定原则。产品责任在立法政策上为了有利于对受害人救济而实行无过错归责原则,不管行为人是否具有过错,均要承担责任,不要求受害人举证行为人存在过错,也不允许行为人通过举证自己无过错而免责。专利侵权责任为了有利于保护专利权,打击侵权,实行严格化的过错推定原则,在专利侵权成立与否的问题上不要求权利人举证侵权人存在主观过错,也不允许侵权人举证自己无过错而抗辩不侵权。因此,专利侵权责任与产品责任在保护受害人利益方面是一致的,并且专利权与产品责任中的人身权、财产权均为对世权。所以,定作人专利侵权的归责原则应该借鉴产品责任中定作人责任归责原则的作法,认定定作人专利侵权的归责原则也为严格化的过错推定原则,具体理由将在以下部分详细论述。

(二)贴牌生产中定作人承担专利产品制造者责任的理论证明

1. 法学方法论解释

当法律规范适用出现矛盾或者没有明文规定时,应该根据法学方法论的要求对法律规范进行

---

❶参见《侵权法原理与判例研究》,法律出版社2013年版,第195页。

解释。杨仁寿教授认为狭义的法律解释,系指于法律规定不明确时,以文义、体系、法意、比较、目的或合宪等解释方法,探究法律之规范意志,其旨在澄清法律疑义,使法律含义明确化、正确化。❶梁慧星教授认为法律解释方法分为文义解释、论理解释、比较法解释、社会学解释。其中论理解释包括体系解释、法意解释、扩张解释、限缩解释、当然解释、目的解释、合宪性解释。❷因现行法律、司法解释未对2008年《专利法》第11条规定之"制造"作出具体解释,所以应根据法学方法论之手段,对该"制造"进行解释。从文义而言,《现代汉语词典》(1996年版)认为"制造"系"用人工使原材料成为可供使用的物品"。❸依该解释,无法确定制造者之外延,故无法解释制造者之主体范围。从目的而言,专利法系为平衡专利权人与社会公众之利益,以赋予专利权人一定期限的技术垄断权换取其向社会公开技术方案促进科技进步。如要侧重专利权人利益,则要对专利法上之"制造"进行扩张解释,反之则进行限缩解释。从法意而言,有关专利法立法资料并未对2008年《专利法》第11条中之"制造"作出解释,除了一些地方司法政策文件以及有关会议讨论稿,例如上述北京市高级人民法院《专利侵权判定若干问题的意见(试行)》(京高法发〔2001〕229号)第113条以及最高法院《关于审理专利侵权纠纷案件若干问题的规定》(会议讨论稿2003.10.27-29)第35条规定的认为定作人承担制造责任。

通过上述解释方式均无法对贴牌生产中的定作人是否需要承担专利侵权责任得出明确结果,故对现行法规范进行体系解释,以求法律的正确适用。根据1999年《合同法》第251条之规定,加工、定作行为均属于标的物的制造行为。2000年《产品质量法》第41条规定生产者应当承担产品责任。2009年《侵权责任法》第41条又作了相同规定。2000年《产品质量法》第27条规定产品或者其包装上的标识必须有生产厂厂名和厂址。《最高人民法院关于产品侵权案件的受害人能否以产品的商标所有人为被告提起民事诉讼的批复》(法释〔2002〕22号)规定任何将自己的姓名、名称、商标或者可资识别的其他标识体现在产品上,表示其为产品制造者的企业或个人为产品的制造者。因此,根据上述规定,在产品上标注自己的姓名、名称、商标等识别性标识,表示其为产品制造者的企业或个人属于产品制造者。另外,根据《产品标识标注规定》(技监局监发〔1997〕172号)第9条"受委托的企业为委托人加工产品,且不负责对外销售的,在该产品上应当标注委托人的名称和地址"的规定,委托加工的产品,在产品上标注的生产者名称应该是定作人,由定作人对外承担侵权责任。因此,根据体系解释,虽然定作人不是直接做出或形成加工产品的直接生产者,但是法律已经将定作人拟制为加工产品的制造者,应该就加工行为与加工产品产生的特殊侵权行为对外承担侵权责任,而不管其是否具有过错。虽然,上述规范是针对产品责任而非专利侵权责任的明文规定,但因产品责任中的人身权、财产权与专利权均为对世权,产品责任与专利侵权均是特殊侵权行为,在立法政策上均是为了有利于对受害人救济而实行严格化归责原则,不要求受害人举证行为人存在过错,也不允许行为人通过举证自己无过错而免责。因此,专利侵权责任与产品责任在价值理念上是相通的,所以在专利法未对定作人责任作出规定的情形下,应该借鉴产品责任法律规范中认定定作人为产品的制造者对外承担民事责任的作法,认定贴牌生产中定作人为专利产品的制造者,对外承

---

❶ 参见杨仁寿著:《法学方法论》,中国政法大学出版社1999年版,第128页。

❷ 参见梁慧星著:《民法解释学》,中国政法大学出版社1995年版,第214页。

❸《现代汉语词典》,商务印书馆1996年版,第1622页。

担专利侵权责任。

2. 有利受害人救济理论

定作人委托承揽人加工制造的产品虽然由承揽人负责具体工作,但是承揽人完成的工作成果是归属于定作人。从承揽标的物的外观而言,定作人系该标的物的所有权人。受害人因为该承揽标的物系侵权产品而致权利受损的,根据侵权物的外观认定定作人系该物的生产制造者,向定作人主张权利符合正当的维权逻辑。如对定作人实行过错责任的归责原则,则受害人向定作人主张权利还要证明定作人是否具有过错增加了举证负担;此外定作人还以自己没有过错,受害人可向承揽人主张权利为由免责,而受害人又要重新向承揽人主张权利增加了讼累。因此,从有利于保护受害人的利益出发,应该对定作人的归责原则实行严格化,而定作人承担责任以后,可以根据其与承揽人之间有关承揽合同的约定进行内部责任处理。

3. 利益平衡理论

利益平衡也称为利益均衡,是在一定的利益格局和体系下出现的利益体系相对和平共处、相对均势的状态。[1]利益平衡既是法律的目的,也是司法的裁判规则,是司法的目的和功能。[2]日本自20世纪60年代开始,在民法解释的方法论中兴起了一种利益衡量论或利益考量学说。[3]获得利益者应该承担相应的责任,系基本的正义要求。虽然承揽合同不同于雇佣合同中雇员纯粹为雇主利益劳动,但是承揽合同中对承揽标的物享有利益的是定作人而非承揽人。在加工贸易中,定作人、委托人基本上处于强势地位,产品的利润基本上是由拥有品牌的定作人、委托人赚取,而作为加工商基本上是底端的劳动密集型企业,只赚取一些辛苦的劳务费。因此,因承揽标的物系侵权产品而导致权利受损的,对该侵权产品享有利益的定作人应该承担责任。

4. 风险控制理论

根据风险控制理论,掌控危险源者,应该采取措施控制该危险源产生的风险,应对该危险源所导致的损害承担责任。定作人委托承揽人从事承揽事务,并在承揽人完成工作后,从承揽人处受领工作成果。因此,定作人对于定作的工作成果应该是熟悉的,对于定作的工作成果是否存在侵害他人权利的潜在风险是有能力预防和控制的,所以当潜在风险变成现实危险,侵害他人权利时,由定作人承担责任符合风险控制理论。

六、定作人与承揽人之间承担连带责任或分别责任的认定

(一)连带责任的认定

设立连带责任制度的目的在于保护受害人的利益,扩大受害人的救济途径。对受害人而言,可以向任一侵害人主张全部责任,而在侵害人的内部还是实行分别责任,但有可能造成一侵害人承担

---

[1] 参见冯晓青:《论利益平衡原理及其在知识产权法中的适用》,载《江海学刊》2007年第1期。

[2] 参见吕甲木:《知识产权法中的利益平衡机制——以知识产权法定赔偿制度为视角》,载中国知识产权司法保护网:http://www.chinaiprlaw.cn/file/2009080215500.html。2013年9月27日访问。

[3] 参见梁慧星著:《民法解释学》,中国政法大学出版社1995年版,第314页。

了超过其过失程度的责任后无法向另一侵害人追偿的后果,利益的天平在实现受害人公平的同时却对某一侵害人造成了不公平。所以,连带责任的出现背离了传统民法的与主观过错相统一的自己责任原则。承担连带责任最典型的就是共同侵权制度。共同侵权制度的目的就是让多个侵权人互相承担连带责任,以使受害人得到充分的救济。2009年《侵权责任法》第8条、第9条、第10条、第11条、第86条分别规定了狭义的共同侵权行为、教唆帮助的拟制共同侵权行为、共同危险的准共同侵权行为、等价因果关系无意思联络数人侵权行为以及建筑设施倒塌的物件致人损害承担连带责任。通过对侵权责任法进行体系解释,《侵权责任法》第8条规定的狭义的共同侵权行为显然是指有意思联络的数人侵权行为。此外,现行法上的共同侵权已严格限定为《侵权责任法》第8条规定的有意思联络的数人侵权行为,其他承担连带责任的形态均不能称之为共同侵权。所以共同侵权要求数个行为人之间必须具有共同的故意或过失,除此之外连带责任的承担必须要有法律的明文规定。

因此,如果定作人与承揽人之间就擅自实施他人专利加工生产专利产品具有共同的意思联络,即具有共同故意或共同过失,则应认定定作人与承揽人构成共同侵权,承担连带责任。申言之,当定作人与承揽人合谋以实施他人专利来加工产品进行分工合作的,则可以认定两者具有共同故意构成共同侵权;当一方由于疏忽或轻信认为加工产品实施的专利是自己的专利或已得到授权,且另一方也由于疏忽或轻信不作审查而侵害他人专利权的,则可以认定两者具有共同过失构成共同侵权。当一方鼓励、怂恿、教唆对方未经许可实施他人专利的,或者当一方明知对方未经许可实施专利而为其提供帮助的,根据2009年《侵权责任法》第9条的规定承担教唆、帮助的连带责任。在美国关于教唆侵权的著名判例是Water Technologies Corp. v. Calco, Ltd案,该案要求被控侵权的教唆人具有故意,必须明知专利的存在。❶

(二)教唆、帮助侵权行为与专利间接侵权行为的区别

专利间接侵权行为始于美国1871年的Wallace v. Holmes案,1894年的Norgan Envolope Co. v. Albany Perforate Wrapping Paper Co.案正式提出了专利间接侵权的概念。❷1952年美国专利法修改时,将之前的普通法判例予以成文,纳入到专利法中。美国《专利法》第271条规定了专利间接侵权人与直接侵权人负同谋侵权责任。❸日本《专利法》第101条规定了为商业目的提供仅仅只能用于制

---

❶850F. 2d 660,669 (Fed. Cir), cert. denied, 488 U.S. 968(1988), http://law.justia.com/cases/federal/appellate-courts/F2/850/660/3405/,2013年9月27日访问。

❷参见张玉敏等:《专利间接侵权问题》,载知识产权局条法司编《〈专利法〉及〈专利法实施细则〉第三次修改专题研究报告》(下卷),知识产权出版社2006年版,第1601页。

❸美国《专利法》第271条规定:"任何人积极引起对专利权的侵害时,应负侵害的责任;任何人出售已取得专利权的机器的组件、制造品、物品的组合或合成物,或者出售用在实施一项已取得专利权的制法(该项发明的重要部分)中的材料或设备,而且明知上述物品是为用于侵害专利权而特别制造或特别改造,也明知上述物品并不是用于基本不构成侵害用途的生活必需物品或商品的,应负同谋侵害的责任。"United States Code Title 35　Patents,日本《专利法》第16条,http://www.uspto.gov/web/offices/pac/mpep/consolidated_laws.pdf,2013年9月27日访问。

造该产品的物品行为构成专利侵权。❶我国专利法未规定专利间接侵权制度,主要是因为专利间接侵权制度与专利判定中的全面覆盖原则相抵触,其部分内容可以适用广义共同侵权理论中教唆、帮助侵权承担连带责任的规定。但是,司法实践对于专利间接侵权制度的探索从未停止,北京市高级人民法院《专利侵权判定若干问题的意见(试行)》(京高法发〔2001〕229号)第73~80条以及最高法院《关于审理专利侵权纠纷案件若干问题的规定》(会议讨论稿2003.10.27—29)第33条在专利共同侵权行为之下规定了间接侵权。该会议讨论稿规定行为人知道第三人实施侵犯他人专利权的行为,仍然为其提供所需要的设备、工作场地等帮助的;行为人知道有关产品系只能用于实施特定发明或者实用新型专利的原料、中间产品、零部件等,仍然将其提供给没有合法权利实施专利的第三人使用的;商标注册人知道被许可人在侵犯他人专利权的产品上使用其商标而不予制止的构成间接侵权行为。北京市高级人民法院《专利侵权判定指南》(2013年)在第106条规定了教唆、帮助他人实施专利法第11条规定的行为的,与实施人为共同侵权人。此外,在第108条和第109条分别规定:"提供、出售或者进口专门用于实施他人产品专利的材料、专用设备或者零部件的,或者提供、出售或者进口专用于实施他人方法专利的材料、器件或者专用设备的,上述行为人与实施人构成共同侵权","为他人实施专利法第十一条规定的行为提供场所、仓储、运输等便利条件的,与实施人构成共同侵权",但未采用专利间接侵权的概念。因为专利间接侵权在我国不是一项现行法规定的法律制度,其概念和表现形式存在着不确定性,而教唆、帮助的侵权行为是我国1986年《民法通则》和2009年《侵权责任法》上的一项确定的法律制度,所以定作人与承揽人之间基于教唆、帮助承担连带责任的专利侵权行为在专利间接侵权尚未上升到法律制度之前不宜认定其构成专利间接侵权。《最高人民法院关于审理侵犯专利权纠纷案件应用法律若干问题的解释(二)》第21条规定了"明知有关产品系专门用于实施专利的材料、设备、零部件、中间物等,未经专利权人许可,为生产经营目的将该产品提供给他人实施了侵犯专利权的行为,权利人主张该提供者的行为属于侵权责任法第九条规定的帮助他人实施侵权行为的,人民法院应予支持。明知有关产品、方法被授予专利权,未经专利权人许可,为生产经营目的积极诱导他人实施了侵犯专利权的行为,权利人主张该诱导者的行为属于侵权责任法第九条规定的教唆他人实施侵权行为的,人民法院应予支持。"

(三)分别责任的认定

已如上述,只有定作人与承揽人之间存在着共同的意思联络构成共同侵权,或者构成教唆、帮助侵权的情形下才承担连带责任。由于专利检索的复杂性,客观上存在着大量定作人与承揽人均不知道专利的案件。此种案件既不符合共同侵权的构成要件,也不不符合教唆、帮助侵权的构成要件,不能认定两者承担连带责任。但是,作为权利人而言,在定作人与承揽人身份明确的情况下,基本上会将两者作为共同被告起诉到法院,请求法院判定他们承担专利侵权的连带责任。正如上

❶日本专利法第101条规定,下列行为被视为侵犯专利权或者侵犯独占许可:对于产品专利来说,在商业过程中制造、出让、租借、为了出让或租借目的而出示、或者进口仅仅只能用于制造该产品的物品;对于方法专利来说,在商业过程中制造、出让、租借、为了出让或租借目的而出示、或者进口仅仅只能用于实施专利方法的物品。"特許法(昭和三十四年法律第百二十一号,平成十八年法律第百九号改正)",http://www.japaneselawtranslation.go.jp/law/detail/?id=42&vm=04&re=01,2013年9月27日访问。

述,贴牌生产中的承揽人作为专利的直接实施人已经构成了专利侵权行为,定作人作为专利产品的法定制造者也构成了专利侵权行为。于此情形下,如果定作人与承揽人之间缺乏承担连带责任的事实依据,就停止侵权而言,应该认定定作人与承揽人分别停止各自的侵权行为;就赔偿损失而言,应该考量各自的过错程度、获利比例、侵权规模、持续时间、赔偿能力等因素的基础上判决定作人与承揽人分别承担赔偿责任,不能使权利人获得双方赔偿。定作人与承揽人之间的责任分担问题属于承揽合同约束的范畴,原则上以合同的相关约定作为处理他们之间关系的依据。如果承揽合同对加工产品侵害他人专利的侵权责任承担问题未作约定的,则可以根据形成落入专利保护范围的技术方案或技术要求来源作为其内部分担责任的依据。

七、结语

专利权系私权,专利法是民法的组成部分,贴牌生产合同的实质是承揽合同。贴牌生产中的加工厂作为承揽人,其直接参与了被诉侵权产品的生产行为,所以认定承揽人是否构成专利侵权应当根据普通专利侵权的归责原则、构成要件予以判定。在专利法对制造没有作出明确规定的情况下,应根据法律方法论的解释手段,认定贴牌生产专利产品的定作人为专利产品的制造者,基于专利侵权实行严格化的过错推定原则,所以定作人不管是否有过错均应对外承担专利侵权责任。如定作人与承揽人具有共同的意思联络或存在教唆、帮助情形,则由两者承担连带责任。有关技术方案或技术要求的具体来源只对定作人、承揽人那部分担责任时才有法律意义,不能作为定作人、承揽人是否需对他人承担侵权责任的依据。专利间接侵权由于不是一项实体法制度,其概念和表现形式具有不确定性,而定作人与承揽人之间的教唆、帮助侵权行为有民法通则和侵权责任法可以适用,因此不宜将专利间接侵权的概念嫁接到教唆、帮助的专利侵权行为中去。

56　从律师的角度论商业秘密纠纷民事诉讼案件办理

王晓华　乐柯南

摘　要:商业秘密以其权利的获得以及保护的便利性,深受权利人的青睐,并在各种领域广为应用。如今,商业秘密纠纷民事诉讼作为知识产权案件的一个重要类型,占知识产权诉讼中相当大的比重。本文将从律师办理商业秘密纠纷民事诉讼遇到的问题出发,分别对商业秘密纠纷民事案件的管辖,原告、被告的举证责任分配以及举证要领,侵权方责任认定以及赔偿数额确定这三个方面,结合学理分析、办案经验和全国各地商业秘密民事纠纷案件的审判实例,整理出一套律师办理此类案件的方案。

关键词:商业秘密　实质等同加接触　不为公众所知悉

由于商业秘密不像专利权和商标权有着确定的权利客体,也没有相关行政部门的审批确权,相较之下,对商业秘密的认定以及法律保护,都相对复杂。有的学者认为,商业秘密相比较专利权,后者作为公开的权利更能体现对社会的价值,应该获得强保护,而商业秘密作为行为人封闭式的权利,无论是权利形态还是社会效益来说,都应当弱于专利保护。●还有相当部分的法官认为,如果保护技术秘密水平过高,对专利制度是一个非常大的冲击。专利权人会认为只要技术不公开,年费也不用交,就可以轻而易举地得到专利那样的保护。●基于这一点,商业秘密保护不能过宽,不能过滥。但是笔者认为,无论是专利权还是商业秘密权,两者都属于私权,是一种拟制物权,根据民法原理应当受到同等法律对待。

以下,笔者将从律师实务角度入手,试着从管辖、举证以及责任承担几个方面对商业秘密纠纷民事诉讼中常见的法律问题做相关讨论。

一、商业秘密纠纷的民事诉讼的管辖

侵害商业秘密,是指行为人未经权利人许可,以非法手段获取商业秘密并加以公开或使用的行为。在侵害商业秘密民事诉讼中,由于行为和诉求的不同,可能导致管辖法院有所不同。

侵害商业秘密的具体表现形式,依我国《反不正当竞争法》第10条的规定,主要有四种:一是以盗窃、利诱、胁迫或其他不正当手段获取权利人的商业秘密。二是披露、使用或允许他人使用以不

---

❶杨艳:《商业秘密侵权诉讼相关法律问题研究》,《法律适用》2004年第3期。

❷"商业秘密保护法律问题"研讨会会议综述,参见人民法院网。

正当手段获取的商业秘密。三是违反约定或违反权利人有关保守商业秘密的要求,披露、使用或允许他人使用其所掌握的商业秘密。四是第三人在明知或应知前述违法行为的情况下,仍然从侵权人那里获取、使用或披露他人的商业秘密。所以,从侵犯商业秘密行为上来看,有两种民事法律责任构成,即侵权责任和违约责任。

在此,笔者想重点讨论下第三点,对负有竞业限制义务或离职签署商业秘密保密协议的员工离职后的就业行为。合同法、劳动合同法和反不正当竞争法都设置了相关条款加以限制,用人单位发现离职员工违反竞业限制约定并侵害原单位商业秘密时,既可以按照合同法、劳动合同法规定要求劳动者承担违约责任,也可以以劳动者侵害商业秘密追究劳动者的侵权责任。但是由于两种纠纷分属不同民事纠纷案由,两者在诉讼管辖上存在较大差异。❶下面笔者将对两种诉请的管辖进行分析。

(一)违约责任

若原告以违约责任起诉,则用人单位的起诉有可能被确定为劳动争议而要求先行劳动仲裁。而用人单位或劳动者对仲裁裁决结果不服,向人民法院起诉的,那么根据按照最高人民法院《关于审理劳动争议案件适用法律若干问题的解释(一)》第8条的规定,此时案件应由用人单位所在地或者劳动合同履行地的基层人民法院管辖;如劳动合同履行地不明确,则由用人单位所在地的基层人民法院管辖。

(二)侵权责任

如用人单位的起诉确定为侵害商业秘密纠纷案件,结合民事诉讼法有关民事侵权案件地域管辖的规定和最高人民法院《关于审理不正当竞争民事案件应用法律若干问题的解释》(以下简称《解释》)第18条有关级别管辖的规定,对用人单位提起的侵害商业秘密案件,应由侵害商业秘密行为地或者被告劳动者住所地的中级人民法院管辖;如用人单位在起诉劳动者侵权时,将劳动者新入职的单位或劳动者投资开办的企业作为共同被告的,该新用人单位住所地或劳动者投资开办企业住所地的中级人民法院也可以管辖。

在实务中,原告诉请劳动者违反约定赔偿违约金,又同时主张劳动者行为构成不正当竞争,要求停止侵犯商业秘密赔偿经济损失,对于该种混淆请求权的做法,法院在立案环节将会要求原告释明具体哪一种请求权,并依此告知原告起诉是否符合立案管辖的要求。

二、商业秘密的举证责任

(一)对于商业秘密成立的举证责任

根据证明责任的一般理论,权利人应对其基础权利的存在负有举证责任。在民事侵权诉讼中,原告主张被告侵权,通常需要对两方面进行举证:一是原告本身享有某项基础权利,二是被告针对原告所享有的基础权利实施了某种侵权行为。只有在个别情况下,才由被告对侵权行为的不成立

---

❶李双利、赵千喜:《竞业限制违约与商业秘密侵权竞合案件的管辖与审判》,《人民司法》,2013年第23期。

承担证明责任,即举证责任倒置。❶但无论如何,主张权利方均应当对自己权利本身的存在承担证明责任,否则有违证明责任分配的一般原理。

根据《最高人民法院关于审理不正当竞争民事案件应用法律若干问题的解释》的规定,商业秘密应该具有秘密性、实用性、价值性和采用保密措施。

所以在审判实务中,笔者归纳商业秘密应由"秘密点""不为公众所知悉"、实用性、保密性这四大要件构成。根据证据规则,秘密持有人向人民法院提起商业秘密侵权诉讼时,首先应当对自己持有的秘密属于商业秘密,符合商业秘密的构成要件,即诉讼客体符合要求进行证明。而根据目前我国审判实例中,通常不会出现因为秘密不具备实用性而未被认定为商业秘密的案例,原因不言自明,因为如果争议信息不具备实用性和价值性,那么原告、被告之间就不可能因此发生纠纷而进行诉讼。所以笔者以下重点对商业秘密的"秘密点""不为公众所知悉"和保密性的举证进行讨论。

1. 对于"秘密点"的举证要点

权利人首先明确其商业秘密的范围,即明确的"秘密点"。这是为了准确划定权利人主张其商业秘密的权利边界,也是权利人寻求司法保护的前提和基础。在此,无论是技术秘密还是经营秘密,都存在明确"秘密点"的问题。技术秘密的"秘密点"是具体的技术方案或技术信息,而经营秘密的"秘密载体"是指区别于相关公知信息的特殊客户信息等。原告在秘密性的举证上应当注意以下几点:

(1)原告主张技术信息构成商业秘密的,应当列明其中构成技术秘密的具体内容,并将其与公知技术加以区分。例如,原告主张设计图纸或生产工艺构成技术秘密的,应具体指出设计图纸或生产工艺中哪些环节、步骤构成技术秘密。原告如果坚持主张全部技术信息均为商业秘密,应明确该技术的具体构成及全部该信息构成商业秘密的具体理由。因为,仅依据原告单方对其商业秘密的描述及诉讼主张,将会产生三个后果:一是原告诉请保护的商业秘密范围被不当扩大;二是很可能仅因原告、被告使用了相同公知技术而错误认定了被告侵犯了原告的权利;三是如果不要求原告就其商业秘密范围作合理限缩,势必最后导致司法鉴定资源的浪费,影响审判。所以一般而言,经过法官的反复阐明并结合被告的抗辩意见,最终会迫使原告经过反复筛选斟酌后,将原先范围较大的"秘密点"限缩到较小范围。

(2)原告主张经营信息构成商业秘密的,应当明确指出构成经营秘密信息的具体内容,并指出该部分内容与一般公知信息的区别。例如,原告主张其经营信息构成客户名单的,应当明确其中如交易习惯、客户独特需求、客户订货来往的时间规律及底价等构成商业秘密的信息及依据。要防止不作具体认定,简单笼统的客户罗列。另外,原告应当证明客户信息的特有性,即与公共领域信息的区别,一般公司负责人构成的情况、沟通渠道、交流模式、进货渠道等一般不宜认为商业秘密。因为尽管不熟悉行业的人可能不会很快地获得上述信息,但其仍可通过寻常渠道获得这些信息。而与此对应,产品的出厂价格、年订购数量底线、利润空间等信息则很可能被认定为商业秘密。

(3)技术秘密举证中的"禁止反悔原则"。该条判定原则原本源自专利侵权纠纷案件,由于商业秘密和专利同样作为知识产权保护客体,该条原则也被隐性地适用到了商业秘密纠纷审判中。该

---

❶《最高人民法院关于民事诉讼证据的若干规定》第4条。

原则具体体现在原告在质证或庭审证据交换前,应当明确商业秘密的基本内容,在法庭辩论开始后不得变更扩大其主张的商业秘密内容。为防止原告通过证据交换不当利用所掌握的对方技术来扩张自己技术秘密的范围。所以原告在证据交换后请求扩大自己的秘密点以及在后续庭审中重新拾回之前诉讼程序中放弃的权利要求保护范围,一般不会得到审判庭认可。例如,原告诉被告窃取一项关于电机生产工艺的商业秘密,被告辩称生产工艺与原告不同,并提供了相关工艺图纸,经过对比,原告生产工艺内容为A,被告为A+B,此时原告若无充足证据和理由,以诉讼准备不足等为由,要求将B增加到其秘密点中,审判庭将不予支持。所以原告在对秘密点的证据提出应当慎之又慎,以免失去既得权利。

2. 对于"不为公众所知悉"的举证要点

(1)关于举证责任问题。"不为公众所知悉"作为秘密性的实质要件,是一种消极事实,不仅理解难度大,而且证明难度也很大。长期以来,在实务中主导观点是如果被告以原告主张保护的信息不具有秘密性进行抗辩,应当由被告承担相关信息已经成为公知的证明责任,其实质即举证责任倒置。[1]笔者认为实务中形成的对"不为公众所知悉"的举证倒置,其原因在于"不为公众所知悉"作为消极事实本身难以证明,而原告起诉时通常提供了"实质等同和接触原则"的初步证据,容易对法官的自由心证起到引导作用。但是根据目前在证明责任分配理论中占主流地位的法律要件观点,证明责任应当依据以下原则进行分配,即主张权利存在的当事人应当对权利发生的法律要件存在的事实承担证明责任,否认权利存在的当事人应当对妨碍权利的法律要件、权利消灭的法律要件承担证明责任。[2]笔者认为具体到商业秘密纠纷中,"不为公众所知悉"这一要件作为商业秘密成立的基础性事实,理应由原告举证。若原告未能提供证据证明原告商业秘密成立,而要求被告证明原告商业秘密不成立才能免责,则不仅对被告显失公平,也有违举证责任原理。另外,《最高人民法院审理不正当竞争案件司法解释》第14条,也同样支持了以上观点。

(2)关于举证手段问题。既然"不为公众所知悉"难以证明,那么我们该如何对此进行举证呢?实务中通过司法鉴定手段对复杂的技术信息进行判别,由所属领域的技术专家给出鉴定结论,这是目前诉讼中通行的做法。但是在司法鉴定中应当注意的问题是,如何确定鉴定的客体,实务中常发生的问题是,对委托鉴定事项的表述不准确,导致鉴定结果无法被法庭认可,甚至根本就无法鉴定。例如,"申请鉴定该技术信息是否属于商业秘密""申请鉴定被告是否剽窃了原告的技术秘密"这样的表述是不可取的,原因在于上述两种表述不属于技术事实认定,而属于法律认定问题,不应由鉴定机构替代法官作出评价,而正确的表述应是"该技术信息是否不为公众所知悉""原、被告的技术是否相同或实质等同"。

(3)关于举证程度问题。由于"不为公众所知悉"举证难度的问题,法院会适当降低对于原告的举证的证明标准,即将"高度盖然性的证明标准"调整到"盖然性优势的证明标准"。[3]例如,原告向

---

❶北京市第一中级人民法院知识产权庭:《知识产权审判分类案件综述》,知识产权出版社2008年9月第1版,第180页。

❷【德】罗森贝克:《证明责任论》,庄敬华译,中国法制出版社2002年版,第111–114页。

❸《最高人民法院关于民事诉讼证据若干规定》第73条。

法院提供了书面的技术图纸、工艺流程等技术资料、技术专家研发技术过程的说明等证据,介绍了相关技术背景,具体说明主张的技术信息与公知技术相比存在的区别点,以及具有何种进步,而被告仅停留在口头反对并不能提供相应令人信服的反驳证据,即原告满足了举证的"盖然性优势的证明标准"。

3. 商业秘密的保密性的举证要点

商业秘密的保密性,即原告为了商业秘密采取合理的保密措施。《最高人民法院关于审理不正当竞争民事案件应用法律若干问题的解释》第11条第3款规定:"具有下列情形之一,在正常情况下足以防止涉密信息泄露的,应当认定权利人采取了保密措施:(一)限定涉密信息的知悉范围,只对必须知悉的相关人员告知其内容;(二)对于涉密信息载体采取加锁等防范措施;(三)在涉密信息的载体上标有保密标志;(四)对于涉密信息采用密码或者代码等;(五)签订保密协议;(六)对于涉密的机器、厂房、车间等场所限制来访者或者提出保密要求;(七)确保信息秘密的其他合理措施。"

原告对于保密措施的举证,似乎没有像对"秘密点"和"不为公众所知悉"举证那样进退两难,因为原告对于自己采取的保密措施的举证,必会穷尽所能地向法院提供,不管法院最终认定情况如何。但是不得不提的是,关于"保密协议"类的证据,由于一般性保密条款和保密规章对保密事项的规定过于笼统,这样的证据是否能成为保密措施的关键性证据成了大多数律师办案中的难题。实务中多数倾向于此类保密措施因缺乏保密的具体内容,与权利人主张的商业秘密不具备对应关系,不予认定权利人采取了合理的保密措施。但是也有相反判例认为,采取保密措施时权利人具有保密意思的重要体现,法律干预的是不诚信的窃取、泄密及使用他人商业秘密的行为。即使只是笼统规定员工保密义务,但员工作为公司内部人员应当知晓相关规定,在相关信息能够符合商业秘密的其他构成要件的情况下,应当认定公司已经采取了合理保密措施。❶例如,江苏神马电力股份有限公司与刘某、李某侵犯商业秘密纠纷一案,法院就依据《劳动合同》《保密协议》《竞业限制协议》,适当降低了原告的证明标准,该案被评为江苏省2013年十大案例之一。❷

(二)被告是否构成侵权的举证

1. 实质等同加接触原则

《反不正当竞争法》第10条明确规定了以盗窃、利诱、胁迫或者其他不正当手段等获取、使用权利人商业秘密等侵权行为。因为侵犯商业秘密行为本身所具有隐蔽性特点,所以要求原告举出直接证据证明被告实施了侵权行为非常困难。因此,在实践中,对原告的证明要求往往采取"实质等同加接触原则"。所谓"实质等同加接触原则"是指权利人在证明自己拥有某项商业秘密的基础上,首先证明侵权人对权利人的商业秘密存在某种接触,然后证明侵权人在经营活动中使用了相同

---

❶江苏省高级人民法院民三庭:《江苏法院关于审理商业秘密知识产权案件的经验》,江苏省高级人民法院公报2010年第四辑,第16页。

❷江苏省高级人民法院民三庭:《2013全省法院知识产权十大典型案例》,《江苏法制报》2014年4月23日,第4版。

或者实质相同的的技术或其他信息。

至此,权利人指控被告侵犯其商业秘密的举证责任才完成,举证责任开始转移给被告。由被告举证证明其使用的技术或其他信息通过合法途径取得,否则将推定侵权成立。该原则是对被告使用相关信息的合法来源所进行的举证责任分配。

2. 被告常见的抗辩理由

(1)通过独立研究开发获取的商业秘密。与专利权的绝对专有不同,商业秘密仅具有相对的专有性,不同的人可以同时拥有相同的商业秘密。因此,不同的人可以对同一商业秘密进行研究和开发,研究开发的成果则可以为不同的研究开发者同时拥有。

但是在诉讼中,若想证明自己独立研究开发商业秘密,被告首先需要举证证明自己没有机会接触原告的商业秘密;其次还要举出其他相关证据材料,比如经费预算和投资,研发记录,人员调配等,以证明自己为商业秘密的研究开发投入了必要的人力、物力和财力。

(2)通过反向工程获取商业秘密。所谓反向工程,是指从已知产品着手,通过追溯的方法探知其开发或者制造的方法,例如从市场上购得产品,通过化学分析了解其成分配方,通过拆卸了解机械装置的设计构造等。反向工程的对象通常是含有技术内容的技术秘密或技术信息。依据美国法院判例显示的原则,任何人通过正当手段取得其竞争对手的产品并经过检测或分析获取其中的技术方案都是合法的,除非所涉及的产品享有专利。

要想通过主张反向工程抗辩免责,被告不但要证明案件中涉及的商业秘密可以通过反向工程获得,而且必须证明他实际上是通过反向工程探知产品中所包含的商业秘密。但可以通过反向工程获得并不等于被告实际上进行了反向工程。如上面提及的,他必须有证据证明其确实进行了反向工程,付出了努力,且符合上述合法性要件。

(3)通过情报分析获取商业秘密。该方法与反向工程有某种程度的类似,但适用对象不同,它主要针对的是商业秘密中的经营信息。其举证责任范围和内容具体可参照反向工程。笔者不在此赘述。

(4)权利人自己披露或者告知商业秘密。商业秘密权利人可以通过许可使用的方式获得经济利益,但是在许可使用和转让商业秘密的前期阶段,双方当事人必定会进行相关的业务洽谈,在这一过程中,商业秘密权利人出于转让或者许可使用合同顺利签订考虑,必然将该商业秘密的部分或者全部细节告知潜在的受让人或受许可人。但是双方未必会就此达成合意。由于权利人极有可能在谈判过程中披露了重要的关于商业秘密的细节信息,事后双方又由于疏忽没有约定保密义务,这就可能造成潜在的受让人或者受许可人利用该获悉的商业秘密进行生产经营活动的状况出现。涉讼时,行为人以权利人自己披露或者告知商业秘密为由提出抗辩请求。

这种抗辩理由涉及合同法中的缔约过失责任问题。缔约过失责任是指合同双方当事人为缔结合同目的进行协商,因一方当事人有过错而没有缔约成功的情形下,该方当事人应当承担赔偿责任。

3. 公平竞争原则

在侵犯商业秘密案件抗辩中,被告还可以依据合理公平竞争自由、择业自由进行抗辩。比如在客户名单案件中,外贸公司与离职业务员间客户争夺案件占的比重是相当大的。特别是在中小企业,业务员往往承担着同时负责联系上下家的职责,外商客户对业务人员个人能力的认可和信赖往往是发生交易的重要条件。

如果离职业务员能够证明其并未继续以原单位名义与客户发生交易,并且是外商客户基于对业务员个人的信赖与其进行交易的,根据《最高人民法院关于审理不正当竞争民事案件应用法律若干问题的解释》第13条第2款的规定精神,一般也不宜认定为侵权。

三、商业秘密纠纷的民事责任的承担

侵犯商业秘密承担的民事责任,即赔偿金额的确定,依据《最高人民法院关于审理不正当竞争民事案件应用法律若干问题的解释》第17条"确定反不正当竞争法第十条规定的侵犯商业秘密行为的损害赔偿额,可以参照确定侵犯专利权的损害赔偿额的方法进行"。依据现行《专利法》第65条规定了四种损害赔偿数额的计算方式,即权利人因侵权受到的实际损失、侵权人因侵权所获得的利益、许可使用费的合理倍数、一万元以上一百万元以下的法定赔偿。以上四种方式必须依次序择一适用。

(一)原告因被侵权造成的损失

根据我国相关法律规定,权利人损失的计算方法是:因侵权人的侵权产品在市场上销售使专利权人的专利产品的销售量下降,其销售量减少的总数乘以每件专利产品的利润所得之积,即为专利权人的实际经济损失。[1]但是事实上,通常对于销量下降的事实原告能够轻易举出证据,但是对于销量下降的原因是否由侵权行为造成,两者之间因果关系的证明难度却非常大,因为影响销量的因素是多种多样的,例如经营不善、商品周期性销量变化等。

那么在庭审上,作为律师该如何对销量下降的事实以及和侵权行为的因果关系加以证明这个问题,集思广益,笔者在此借鉴了美国的判例经验提出以下几点:

第一,侵权人在盗用涉诉商业秘密后,开始着手生产与权利人原有产品完全相同的产品,并借此形成竞争关系,直接抢夺权利人原本拥有的对该产品的订单份额。此时,权利人订单份额的流失即是其遭受的实际损失,对于其具体数额的计算包括两种方式。在原有订单价款明确的情况下,该价款便被视为权利人所受损失的数额;在原有订单价款不明的情况下,早期订单或同类订单中权利人与第三方约定的价款可以视为权利人应当获得的损害赔偿数额。

第二,权利人原本在特定行业内占据垄断地位,但由于侵权人盗用其商业秘密并生产了相同或类似的产品,使得权利人原本享有的市场份额遭到缩减。此时,权利人若能证明在未发生侵害商业秘密行为的前提下,侵权人的销售数量应为权利人所享有,则侵权人因销售侵权产品而获得的收入可以视为权利人遭受的实际损失数额。

第三,侵权人在盗用涉诉商业秘密后,开始着手生产与权利人相同或类似的产品,并与权利人形成竞争关系。受此影响,权利人不得不降低自身产品的销售价格。此时,权利人因降价销售相关产品导致的收益减少,可以视为其根据商业秘密侵权救济理应获得的损害赔偿数额。

---

[1]《最高人民法院关于审理专利纠纷案件若干问题的解答》第4条。

（二）被告因侵权获利的数额

侵权人因侵权获得的利益,可以通过取得侵权人的财务记录就一目了然,但是实务中原告几乎不可能取得侵权人的真实财务记录。以下这个案例为被告因侵权获利的数额的确认问题开辟了新途径。

在赵华与纵横二千有限公司、上海和缘服装有限公司、广州千盈服装有限公司、浙江银泰百货有限公司侵害商标权纠纷案中,❶在被诉侵权人拒不提交侵权获利证据的情况下,二审法院以某一门店的侵权产品年销售总额为基数,乘以其自认的门店数量和利润,确定侵权获利数额,判令向权利人支付侵权损害赔偿金1000余万元,该案引起了社会各界的广泛关注,被评为浙江省2013年十大知识产权案件之一。笔者认为,商标侵权纠纷与商业秘密纠纷两者在侵权责任认定上具有极大的借鉴意义,法院有意地开拓了被告因侵权获利的数额的认定方法,为律师在办案中如何举证提供了全新的思路。

（三）侵权责任赔偿金额适用约定

在侵害商业秘密案件中,权利人往往难以证明其损失及侵权人的获利,导致其赔偿损失的诉请不能全部得到法院的支持。赔偿数额低与举证困难,是制约加强知识产权保护、制裁侵权行为的重要因素。侵权责任一般以侵权造成的直接和间接损失确认赔偿金额,这是侵权责任承担的一般原则,但是在侵犯商业秘密案件中,赔偿金额是否适用约定这个问题,2013年最高人民法院通过判决作出了一个肯定的答案。

在中山市隆成日用制品有限公司与湖北童霸儿童用品有限公司侵犯专利权纠纷一案中,❷双方因前案达成协议,协议约定童霸公司若再侵犯隆成公司该项专利权,将由童霸公司赔偿隆成公司100万元人民币。但是事后童霸公司又因侵犯隆成公司该项专利被起诉,经过法院认定,童霸公司构成对隆成公司的侵权,但是双方就赔偿金额发生了争议。一审武汉市中级人民法院认为前案协议与本案侵权行为存在违约责任和侵权责任两个问题,但是本案案由以侵权之诉起诉,违约之诉无法纳入法庭调查和辩论范围,最后判令童霸公司赔偿隆成公司14万元,结果原告、被告均上诉至湖北省高级人民法院,二审法院驳回双方上诉,支持一审判决。隆成公司不服判决,向最高人民法院提出再审,最高院提审,并于2013年12月7日判决撤销一、二审判决,判令童霸公司赔偿隆成公司100万元。

最高人民法院通过本案判决明确了以下三点认识:①权利人与侵权人就侵权损害赔偿数额作出的事先约定合法有效,这种约定的法律属性,是双方就未来发生侵权时权利人因被侵权所受到的损失或者侵权人因侵权所获得的利益,预先达成的一种简便的计算和确定方法;②前述关于侵权损害赔偿数额的约定,因不存在基础交易的合同关系,故侵权人应承担的民事责任仅为侵权责任,不属于《合同法》第122条规定的侵权责任与违约责任竞合的情形;③法院可直接以权利人与侵权人的事先约定作为确定侵权损害赔偿数额的依据。

以上这个案例被评为2013年创新知识产权十大案例之一,该案的审理对于探索采取各种合法

❶浙江省高级人民法院:（2008)浙民三终字第108号民事判决书。

❷最高人民法院:（2013)民提字第116号民事判决书。

有效措施,适当减轻权利人的举证负担,完善损害赔偿计算方法,加大损害赔偿力度具有里程碑式的指导意义。

四、结语

笔者结合多年办案经验以及对全国各地法院判例的研究,探讨了一些商业秘密民事诉讼实务中经常碰到的问题,文章的用意是希望能借此取得抛砖引玉的效果,不足之处以及纰漏之处还望读者包涵。

第五编　行政诉讼案例解析与法理研究

第十八章 行政诉讼案例解析

57 百年名校梦破,业主迁怒管委会

——岑某等44业主与管委会、黄冈中学等政府信息公开行政纠纷案解析

孙俊杰 熊保华

案　　由:政府信息公开行政纠纷

当事人姓名或名称:

原　　告:岑某等44位杭州湾世纪城业主

被　　告:宁波杭州湾管委会、黄冈中学、世纪城置业

承办律师:孙俊杰、熊保华

裁判部门:宁波市中级人民法院

案情简介

2012年6月,经招商引校,杭州湾管委会与湖北省黄冈中学签订了合作办学的框架协议。2012年6月25日,杭州湾管委会在新区官网以及媒体上,发布了"黄冈中学宁波学校签约开工"的信息。但在后续筹备过程中发现,由于高考实行各省自主命题制度,省外的黄冈中学在浙江办学不可避免会在办学理念、教材、师资及招生等方面面临困难。2013年11月,杭州湾管委会综合考虑社会认知度、贴近地方实际等因素,经与黄冈中学协商决定中止办学合作,并同步引进镇海中学杭州湾分校。

而位于杭州湾新区的"世纪城"小区的部分业主认为杭州湾管委会关于"黄冈中学宁波学校签约开工"信息的发布行为导致他们购买了"黄冈中学宁波学校"的学区房"世纪城"的房屋,损害了他们的合法权益,遂向宁波市中级人民法院提起行政诉讼,请求判决管委会公开上述政府信息的行

为违法,并判令管委会、开发商以及湖北省黄冈中学连带赔偿44名购房者经济损失近800万元。

律师观点

本案是一起在行政诉讼领域比较少见的针对政府信息主动公开行为的诉讼,由于该案牵扯到当时房价下跌引发的大规模群体性事件,该案件的处置引发了较大的关注度。针对本案原告的起诉,律师提出如下的观点:

1. 原告诉请确认违法的政府信息主动公开行为不属于行政诉讼的受案范围

首先必须明确两个概念上的区分,就是主动公开的政府信息与政府信息的主动公开行为。主动公开的政府信息是行政机关依据《政府信息公开条例》第9~12条规定依职权主动公开的政府信息;而政府信息的主动公开行为是针对不特定的相对方发布应公开的政府行为的一种作为,其不过是政府信息的表示方式或实施程序而已,主动公开行为本身并没有设定特定相对人的权利义务。也就是说即使主动公开的政府信息构成可诉的行政行为,但主动公开行为并未设定、变更、消灭或确认特定相对人的权利义务。据此,涉案的主动公开行为与原告不具有《行政诉讼法》所要求的利害关系而不具有行政可诉性。

根据《最高人民法院关于审理政府信息公开行政案件若干问题的规定》第1条规定及《最高人民法院行政庭负责人答记者问依法保护公民知情权,助推透明政府和服务政府》的意见,行政机关主动已公开的政府信息除非侵犯相对人商业秘密、个人隐私情况下,该相对人才可基于其权益的受损而提起行政诉讼。很明显本案所涉的"黄冈中学宁波学校"签约开工等信息并未侵犯原告的商业秘密或个人隐私,原告与该政府信息之间没有实际上的利害关系,也未侵害原告的任何权益。

2. 被告主动公开的"黄冈中学宁波学校"签约开工等信息属于法定要求主动公开的政府信息范围,公开方式和程序合法

根据《政府信息公开条例》第10条第9项的规定,扶贫、教育、医疗、社会保障、促进就业等方面的政策、措施及其实施情况属于县级以上各级人民政府及其部门应当依照本条例第9条的规定,在各自职责范围内确定主动公开的政府信息的具体内容。"黄冈中学宁波学校"签约开工等信息属于教育方面的措施,被告在其职责范围内主动公开该政府信息体现了依法行政的理念,符合法律规定。

根据《政府信息公开条例》第15条的规定:"行政机关应当将主动公开的政府信息,通过政府公报、政府网站、新闻发布会以及报刊、广播、电视等便于公众知晓的方式公开"的规定。被告分别在慈溪日报、政府信息网上公开平台及新浪微博等方式及时发布"黄冈中学宁波学校"相关信息,公开方式和程序符合法律规定。

至于原告声称涉案信息公开需要履行批准程序,是混淆了政府信息公开批准程序与学校设立审批程序的概念。政府信息是否应当公开一般由公开的行政机关依职权自主判断决定,除非涉及保密等特别规定才需要报相关部门确定;而学校设立的审批程序是基于教育及事业单位设置等方面的法律法规履行的行政审批手续,设立学校需要有组织机构、教师、教学场地、办学资金等要求。两者是完全不同的概念。

3. 原告诉请的经济损失没有依据,且与涉案政府信息的发布行为不存在直接因果关系,不符合国家赔偿的要求

被告的政府信息发布行为并未设定原告的权利义务,因此也不可能对原告合法权益造成侵害,不存在行政侵权行为,不符合《国家赔偿法》所规定的行政赔偿的要求;原告在诉状中所提及的购房支出系原告作为平等民事主体依据商业规则与开发商平等协商后购买普通商品房的正常支出,该款项的支出以原告获得相应商品房为对价,不存在所谓损失。而至于房价可能的下跌所造成的损失系正常的市场现象,并非直接损失;被告主动公开的"黄冈中学宁波学校"的相关信息是基于当时的客观事实依法实施的主动公开政府信息的行为,与原告购买房产没有直接的因果关系,被告并非原告商品房买卖合同的一方当事人,与原告的购房行为不存在利害关系。

4. 被答辩人的起诉已超过起诉期限,依法应予驳回起诉

根据我国《行政诉讼法》第46条规定:"公民、法人或者其他组织直接向人民法院提起诉讼的,应当自知道或者应当知道作出行政行为之日起六个月内提出"。

被答辩人在行政诉状中声称是基于购买"黄冈中学宁波学校"学区房的目的购买相应的房产,据此可视作被答辩人在购房时知道或者应当知道涉案的信息内容。而44个被答辩人与开发商签订购房合同至今均已超过六个月的起诉期限,因此,被答辩人的起诉应予驳回。

法院判决

宁波市中级人民法院经审理后认为:依据《行政诉讼法》第25条第1款规定,行政行为的相对人以及其他与行政行为有利害关系的公民、法人或者其他组织,有权提起诉讼。据此,与被诉行政行为有利害关系,是提起行政诉讼的法定条件之一。涉案学校的建设不是"世纪城"内的配套设施。被告在2012年6月25日履行法定职责主动公开涉案政府信息的行为,虽使原告等人知晓了相关的政府信息,但上述行为的目的在于保障社会公众或不特定多数人知悉该政府信息的权利,而不在于仅保障原告等人知悉该政府信息的权利。被诉政府信息公开行为又未侵犯原告的商业秘密或个人隐私或其他权益。故,原告与被诉政府信息公开行为不具有符合一般社会公众认知的行政法意义上的利害关系,原告对被诉政府信息公开行为及相应的行政赔偿的起诉不符合法定条件,依法应当不予受理;已经受理,依法应当裁定驳回起诉。依照《国行政诉讼法》第25条、第49条、《最高人民法院关于适用〈中华人民共和国行政诉讼法〉若干问题的解释》第3条第1款第(1)项的规定,裁定驳回原告岑某等44人的起诉。

律师建议

其一,住宅的最大功能是居住,习近平主席关于"房子是用来住的,不是用来炒的"的讲话已经道破了房屋的本源,开发商也好,购房户也好,选择性忽略住宅的居住属性,而为住宅添附其他的属性,那么最终的结果往往难以得到法律的支持。本案原告以学区房概念无法实现为角度启动诉讼,已经背离了住宅的居住固有属性,显然无法实现其解约退房的目的。

　　其二,行政机关主动公开政府信息保障的是社会公众知悉该政府信息的权利。除非行政机关主动公开政府信息的行为侵犯了公民、法人或其他组织的商业秘密或个人隐私,或者为其设定了其他权益,公民、法人或其他组织不能仅因其认为该政府信息的主动公开行为与其存在一定的反射利益关系就对该行为提起行政诉讼。正确解读政府信息公开的立法宗旨和立法目的,有利于规制政府信息公开领域的滥诉现象。

58　违章建筑拔地起，行政诉讼讨公道

——张某某等与城管局不履行法定职责纠纷案解析

习　平

案　　由：不履行法定职责纠纷案

当事人姓名或名称：

原　　告：张某某、孙某某

被　　告：宁波市××区城市管理行政执法局

第 三 人：胡某某

承办律师：习平

裁判部门：宁波市镇海区人民法院、宁波市中级人民法院

案　　号：(2015)甬镇行初字第53号、(2016)浙02行终138号

案情简介

张某某与孙某某系宁波市××区某高档小区116幢别墅(以下简称"某小区116幢")的业主，胡某某系某小区112幢的业主，两幢别墅前后相邻。后胡某某在未取得任何审批手续的条件下擅自将某小区112幢拆除并进行重建和扩建，严重破坏了小区原有的容积率、景观，对张某某和孙某某房屋的采光、通风等条件都造成了重大影响，给二者生活带来了极大的不便。因此，张某某和孙某某多次向宁波市××区城市管理行政执法局(以下简称"城管局")举报控告，城管局于2014年9月10日作出《责令停止违法行为通知书》，认定胡某某建设房屋系违法行为。然而，在城管局作出该通知书后，胡某某并未停止违法建设行为。张某某和孙某某继而多次向城管局、浙江省信访局等单位反映胡某某的违法建设行为，城管局于2015年11月10日向张某某和孙某某出具了《信访事项答辩意见书》，认定胡某某的建设行为系室内装修，没有违法建设的行为。后经张某某与孙某某反复核实和确认，胡某某未进行室内装修行为，而是在未取得建设工程规划许可证和城管局作出《责令停止违法行为通知书》的情况下继续实施房屋外部主体结构施工，因此于2015年12月25日，张某某和孙某某委托律师向城管局发出了律师函，要求城管局向××区人民政府报告该违法建设的事项，由××区政府或有关部门责成胡某某停止该违法建设的行为，但城管局也未向人民政府报告胡某某的

违法建设行为,最终张某某和孙某某委托本律师向人民法院提起行政诉讼。

法院判决

此案经宁波市镇海区人民法院一审、宁波市中级人民法院二审,最终得以解决。一审判决确认城管局不履行职责的行为违法,后城管局上诉至宁波中级人民法院。经中院审理后判决驳回上诉,维持原判。

律师分析

原告方张某某和孙某某认为,被告城管局作出《责令停止违法行为通知书》后,第三人仍未停止实施该违法行为,因此城管局应当履行向同级人民政府报告该违法行为的职责。而城管局则辩称,在其作出《责令停止违法行为通知书》后,第三人胡某某没有新的建设行为,本案不适用《浙江省城乡规划条例》第66条第1款的情形,因此城管局无须履行向同级政府部门报告的职责。由此可以发现,本案的争议焦点在于在城管局作出《责令停止违法行为通知书》后,第三人胡某某是否存在不停止建设,继续违法行为的情形。

本案系要求履行法定职责类案件,该法定职责属于依职权作出的范畴,根据《行政诉讼法》第38条第1款的相关规定"在起诉被告不履行法定职责的案件中,原告应当提供其向被告提出申请的证据。但有下列情形之一的除外:(一)被告应当依职权主动履行法定职责的",本案中的城管局应当提供相应证据,证明不存在应履行法定职责的情形,即证明在城管局作出《责令停止违法行为通知书》后,第三人胡某某已经停止建设。而城管局最终只提供了一份于2014年8月25日作出的备忘录以证明胡某某未有新建行为,且在2014年9月10日城管局就作出了《责令停止违法行为通知书》,更加导致该备忘录的证明力不够,因此城管局应当承担举证责任的不利后果。

行政诉讼在我国的案件分类中属于原告方胜诉率较低的案件类型,再加上许多民众还保留着"官本位"的理念,导致当事人对于行政诉讼的信心和期望值都不高。其实行政诉讼由于举证责任倒置等制度的设置,原告方并非那么难以战胜行政机关,本案即是如此。本案一审、二审整个过程异常艰难,尤其是在中级人民法院二审时,法院合议庭内部对案件有不同观点,被上诉人(一审被告)也以各种方式向法院反映案件败诉可能引起的连锁反应。本律师通过合理解读规划法及省规划条例的规定,以及紧紧抓住案件中被告已作出的责令第三人停止违法行为通知书这份被告最大硬伤的文件,终于维持原判。除了本案一审、二审阶段对案件核心法律要点的把握外,这个案件律师敢于面对行政部门,为行政案件中相对弱势的自然人赢得合法权益与尊严。

第十九章　行政法理论研究

59　强制拆除违法建筑过程中行政权与公民权的冲突及平衡

——以《行政强制法》为视角

徐文涛

摘　要:正确处理行政权与公民权的相互关系,兼顾两者的相对平衡,是依法治国的基本要求。违法建筑在其权利归属上因存在私法上的定位与公法上的后果之间的冲突,必然涉及行政强制拆除过程中带来的行政权与公民权之间的矛盾。《行政强制法》作为平衡行政权与公民权关系的一部法律,通过对行政权与公民权、公正与效率、行政权与司法权之间关系的规制,特别是对于行政机关强制拆除违法建筑的规定,既强化了对行政权的限缩和控制,更关注了对公民权的伸张和保护,实现了理性平衡二者关系的立法价值追求。《行政强制法》相对《城乡规划法》新增了对违法建筑行政强制拆除的程序,在新的行政强制拆除违法建筑案件审理过程中,《行政强制法》和《城乡规划法》二者之间如何适用,两者之间的新旧程序如何理顺,是法院司法审查面临的新问题。

关键词:违法建筑　行政强制　冲突　平衡

在现代法治的背景下,政府与公民是市场经济模式中最主要的博弈主体,因此行政权与公民权之间关系的变更、边界的调整是一个长期动态的博弈过程。如何保证行政权行使得当、公民权有效保护,在冲突的语境中通过找寻行政权与公民权关系的平衡进而实现正和博弈下的共赢,已成为行政法治建设的主流价值追求。2012年1月1日起施行的《行政强制法》无论是在划清行政强制设定权范围、厘定行政强制方式方面,还是在规范行政强制执法主体、打造严格的行政强制程序等方面,都把平衡行政权与公民权的关系作为贯穿该法各项制度安排的一条主线。在统筹兼顾公共利益与公民合法权益、协调处理多种复杂关系、遵循行政强制设定和实施内在逻辑的基础上,通过严密的制度设计,既强化了对行政权的限缩和控制,为行政机关少用、慎用、善用行政强制设置了底线;更关注了对公民权的伸张和保护,为公民提供了相对完善的权利保障和救济机制,初步实现了行政权与公民权在正和博弈中达到理性平衡的立法价值追求。

在我国大力推进城镇化建设的今天,以及土地日益成为稀缺资源、城市商品房价格居高不下的现实环境下,违法建筑日益成为全社会关注的焦点。特别是浙江省在大力开展"三改一拆"专项行动进程中,行政机关在强制拆除违法建筑过程中势必造成行政权与公民权的冲突,必然要涉及依法行政问题,如何确保在专项行动中行政权和公民权的平衡是摆在各方面前的一道难题。

一、冲突——违法建筑在私法上的定位与公法上的法律后果

所谓"违法建筑",我国法律上并没有明确的含义,从字面理解上是指违反法律规定而建成的建筑物、构筑物、设施等。具体到《城乡规划法》等法律法规,违法建筑大体上可以分为两种:一是建造人未取得土地使用权,因而也无法取得建设工程规划许可证的情况下擅自建设的建筑物;二是在自己取得土地使用权的土地上建造建筑,但未取得建设工程规划许可证或者未按照建设工程规划许可证的规定而擅自建设的建筑物。

(一)违法建筑在私法上的定位

(1)占有权说。即建造人不能取得违法建筑的所有权,只能享有占有权。理由主要在于:第一,财产所有权的取得,不得违反法律规定;第二,赋予所有权将导致对违法建筑的过度保护,进而导致违法建筑现象的层出不穷,不利于维护社会公共秩序;第三,如果对违法建筑完全不予保护,不利于定纷止争,维护正常的财产秩序;第四,对违法建筑事实上的占有状态给予一定的法律保护,避免社会资源的浪费;第五,通过正当的程序保护财产的需要。

(2)动产所有权说。即建造人只能对违法建筑中的建筑材料享有所有权。理由主要在于:第一,违法建筑不具备合法的报建批准手续,建造人不能对建筑物享有所有权,只能对建筑材料享有所有权;第二,违法建筑具有违法性,但建筑材料本身作为动产是合法的,能成为动产所有权的客体。

(3)不动产所有权说。即建造人对违法建筑享有不动产所有权。理由主要在于:第一,动产与不动产的分类,是依据财产的物理属性,即使建造行为违法,也不能改变违法建筑的不动产属性;第二,虽然违法建筑不能办理所有权登记,但建造人可以遵循基于事实行为发生物权变动的规则而取得所有权;第三,赋予其所有权可以有效对抗行政权的任意干涉,对抗违反程序或实体规定的公权力行使。

综合以上几种观点,争议主要集中在违法建筑的权利归属。笔者认为,违法建筑应由其建造人原始取得所有权。其一,即便是违法建筑,甚至是违禁品,其在客观上都不是无主物,都应该有一个所有权主体。其二,违法建设行为的瑕疵并不影响建筑物所有权原始取得的事实,即建设行为的

违法性并不能影响建筑物与建造者之间的归属关系。尚未没收或者限期拆除的建筑物事实上由建造人占有着,这时限制建造人享有所有权的事由只能是公法上的否定性评价。其三,所有权是一种自然权利和绝对性权利,从依法行政的角度来看,公法规范并不调整私有财产权的产生,剥夺所有权必须有明确的法律规定,否则,即为公权力之滥用。基于此,行政权重点关注的不应是所有权的产生是否合法,而应是所有权的剥夺是否有据。

(二)违法建筑在公法上的法律后果

违法建筑与合法建筑的根本区别在于违法建筑违反了相关法律的规定,那么该"违法性"对违法建筑所有权的最终归属和实际利用会造成什么影响呢?这就需要从违法建设行为产生的公法上的法律后果来进行探讨。根据我国《城乡规划法》第64条的规定,未取得建设工程规划许可证或者未按照建设工程规划许可证的规定进行建设的,可能产生四种形式的法律责任,分别为:(1)责令停止建设;(2)限期改正+罚款;(3)限期拆除;(4)没收实物(违法收入)+罚款。

(1)就前两种责任形式而言,其适用条件主要在于正在建设中的违法建筑和"能够通过改正措施消除对规划实施的影响"的违法建筑。如果纯粹从技术角度考虑,实践中,除了绝对违反公法上的禁止性规范而产生的违法建筑外,大多数违法建筑的违法性都能通过改正措施得到矫正。但不同的是这种改正措施的具体形式如何选择及其实施成本如何得到考量。但无论行政机关如何裁量,这两种责任形式并不直接影响当事人对违法建筑的物权。

(2)后两种责任形式即"限期拆除"和"没收实物"涉及当事人对违法建筑物权的处理,但并不影响违法建筑物权的存在。第一,这两种责任形式都是行政处罚的结果。在行政机关作出行政处罚之前,该标的物依然合法存在。而行政机关对该违法行为的处罚,要受到执法资源、期限等诸多因素的制约,并非任何违法行为都能得到处罚,特别是及时处罚。在行政机关做出处罚决定之前,如果不承认违法建筑的物权效力,其法律状态将处于不稳定状态;第二,这两种责任形式的效力都是非终局的。具言之,即使行政机关作出"限期拆除"或"没收实物"的行政处罚,违法建筑物之物权并不当然消灭。当事人仍可在法定期限内通过行政复议或行政诉讼挑战该行政处罚。因此,这两种责任形式仍可能因行政复议或司法审查而被撤销;第三,即使认可这两种责任形式的合法性,其也并不必然消灭违法建筑的所有权。如在"没收实物"之后,在行政机关决定将其拆除之前,其所有权仍然能够成立,只是违法建筑的所有人由建造人变为国家;第四,这两种责任形式的适用条件相当严格。"限期拆除"的适用条件是"无法采取改正措施消除影响的"且"能够拆除的"。如前所述,前一条件的成立,需要经过如下程序的审查:①评估违法建设行为对规划实施的影响;②评估违法建设能否采取改正措施;③评估改正措施能否消除对规划实施的影响。在欠缺科学的程序机制的情况下,上述要件适用的正当性很容易受到挑战。

综上,建造人违反公法而建造的违法建筑,会因违法情由和违法情节的不同而产生不同的法律责任。但无论是责令停止建设、限期改正、限期拆除、甚至没收实物,都不必然改变违法建筑之物权状态。质言之,当事人对公法的违反,即使对强制性乃至禁止性规范的违反,都不直接和必然影响违法建筑的物权效力。因此,违反公法规范并不必然影响建造人财产所有权的取得。在现代社会,违法建筑的治理也应遵循法治框架。违法建设因为其先天违法性而应遭致公法规范的否定性评价,但这种否定性评价亦应通过合法性原则、比例原则、法安定性原则等要素的审查,并不当然因为其先天违法性而可受到公权机关的肆意处置。

二、规制——《行政强制法》的相关规定

良好的法律是社会关系的"调节器"和"润滑剂",能够理性消解社会关系中的紧张和矛盾,在相互冲突的利益关系和价值取向中实现动态平衡。理性推动行政权与公民权形成一种相互妥协、和谐发展并在一定条件下可以相互转化的关系结构,使矛盾双方在正和博弈中实现平衡并不断向前发展,这是行政法永恒的立法价值追求。《行政强制法》的目标在于全面实现法治化目标,统筹协调处理好行政强制所涉及的行政权与公民权、公正与效率、行政权与司法权等若干基本关系,努力平衡各方关系。而实现平衡的逻辑起点就在于基于行政权的强势性而对其加以规制,基于公民权的弱势性而对其加以保护,最终使二者基于目标的趋同性而实现关系的平衡。

(一)规制之一——关于行政权与公民权

行政权与公民权的关系,是行政法与各种社会利益的联结点,是行政法所要调整的基本关系。如何规范和调整行政权与公民权二者之间的关系,是贯穿《行政强制法》各项制度安排的一条主线,也是各方争议的焦点。就《行政强制法》的现有制度安排而言,应当说较好地平衡了二者关系,既规范了行政权,又保障了公民权,最终有利于经济社会的和谐稳定发展。这种平衡理念,在该法第一条关于行政强制立法目的的规定中得到了集中体现:既要"保障和监督行政机关依法履行职责,维护公共利益和社会秩序",又要"保护公民、法人和其他组织的合法权益"。另外在《行政强制法》各章节中也得到了很好的体现。一是该法在第一章总则第5条、第6条中,规定了行政强制适当原则和教育与强制相结合的原则,在第8条中规定了公民、法人和其他组织对行政机关实施行政强制享有陈述权、申辩权、申请行政复议权、提起行政诉讼权和要求国家赔偿权,这些规定对制约行政强制权滥用、保护公民合法权益不受侵犯具有重要意义。二是该法在第四章规定了行政强制执行程序,其中既包含了行政机关的"催告",行政相对人享有的诸如"陈述和申辩"等权利,也包含了行政机关"不得在夜间或者法定节假日实施行政强制执行","不得对居民生活采取停止供水、供电、供热、供燃气等方式迫使当事人履行相关行政决定"等禁止性规定。三是该法在第六章法律责任中,比较集中地规定了行政机关违法实施行政强制的法律责任,以防止行政机关滥用行政强制权,损害公民权。总之,《行政强制法》通过上述制度安排,保持了实施行政强制与保护公民权二者之间的平衡,实现了二者的和谐共存,进而保证了行政强制的正当性和可接受性。

(二)规制之二——关于公正与效率

法治政府既要求公正执法,又要求高效执法。在行政强制中,如何避免在公正与效率之间失之偏颇,以不枉不过地保持平衡,这是处理二者关系的关键。例如,在金钱给付义务的强制执行中,如果片面追求效率,省略了查封、扣押和冻结的必经程序,就会牺牲程序公正,并往往导致相对人提起行政复议和行政诉讼,从而最终也损害了效率。在对严重传染病患者强制隔离等涉及人民群众重大生命安全的即时强制中,如果片面追求公正,设置太多复杂烦琐的行政程序,往往会导致疫情扩散的严重社会后果,最终不仅牺牲了效率,也损害了社会公正。总体来看,《行政强制法》的制

度设计较好地平衡了公正与效率的关系。就违法建筑的拆除来说,《行政强制法》第44条规定"对违法的建筑物、构筑物、设施等需要强制拆除的,应当由行政机关予以公告,限期当事人自行拆除。当事人在法定期限内不申请行政复议或者提起行政诉讼,又不拆除的,行政机关可以依法强制拆除",这是《行政强制法》对行政机关实施违法建筑强制拆除行为设定的特别程序。行政行为效力先定理论体现在当事人在行政处罚限定的履行期限届满之后,行政机关可以强制执行,但该条明确表明必须等到诉讼期限届满之后,才能实施强制执行。

（三）规制之三——关于行政权与司法权

作为国家权力的两个重要组成部分,行政权与司法权的价值取向和运作模式虽然差异明显,但在现代法治国家,二者的界限却变得日益模糊,关系也日趋复杂。如何既实现司法权对行政权的支持配合,又实现司法权对行政权的监督制约,同时避免行政权与司法权相互掣肘,是制定《行政强制法》必须解决的一个基本问题。分析《行政强制法》的制度安排,应当说该法较好地协调了行政权与司法权之间的关系。在通常情况下,行政机关依法享有自行强制执行权的,并不因为当事人申请行政复议、提起行政诉讼而停止被诉具体行政行为的执行,行政机关有权在复议和诉讼期间继续强制执行,除非行政机关自行决定,或者行政复议机关决定、人民法院裁定,可以中止执行。但是,在违法建筑强制拆除过程中,以往的实践表明,拆除违法建筑并非需要立即执行的紧急事项,一些违法建筑已经存在10年、20年,多存在几个月又如何。关键是要把事实搞清楚,把工作做细,让被拆除的违法建筑的相关当事人对强制拆除行为有所理解和认识。复议和诉讼也是一种教育过程,行政复议和诉讼期间停止执行,直到全部救济手段用尽,才进入强制执行,或者在当事人既不申请行政复议,又不提起行政诉讼,逾期又不履行拆除违法建筑义务时,行政机关才有权依法对违法建筑实施强制拆除;一旦当事人提起行政诉讼,行政权当然不能自行启动强制执行程序,除非由法院决定是否先予执行。这样的制度设计能够缓解紧张关系,防止矛盾激化。

三、平衡——行政强制拆除违法建筑的司法审查

《行政强制法》在《城乡规划法》授权行政机关强制拆除违法建筑之外,新增了对违法建筑行政强制拆除的程序。在新的行政强制拆除违法建筑案件审理过程中,《行政强制法》和《城乡规划法》二者之间如何适用,两者之间的新旧程序如何理顺,是法院司法审查面临的新问题。

（一）行政强制拆除违法建筑的主体审查

(1)乡、镇人民政府。《城乡规划法》第65条规定:"在乡、村庄规划区内未依法取得乡村建设规划许可证或者未按照乡村建筑规划许可证的规定进行建设的,由乡、镇人民政府责令停止建设、限期改正;逾期不改正的,可以拆除"。这表明,《城乡规划法》已经授权乡、镇人民政府对特定区域范围内的违法建筑,可以作出限期拆除决定并自行强制执行,即作出原行政处罚的主体与享有行政强制执行权的主体为同一主体。

(2)县级以上地方人民政府。《城乡规划法》第68条规定:"城乡规划主管部门作出责令停止建设或者限期拆除的决定后,当事人不停止建设或者逾期不拆除的,建设工程所在地县级以上地方人民政府可以责成有关部门采取查封施工现场、强制拆除等措施",结合《行政强制法》第34条的规定

"行政机关依法作出行政决定后,当事人在行政机关决定的期限内不履行义务的,具有行政强制执行权的行政机关依照本章规定强制执行",同时《行政强制法》第13条规定行政强制执行由法律规定,其他规范性文件均不能设定行政强制执行权。因此,城乡规划主管部门作出行政处罚后,当事人不履行义务时,其并不能自行强制拆除违法建筑,而是由县级以上人民政府责成有关部门强制拆除违法建筑。综上,县级以上人民政府具有违法建筑拆除的行政强制执行权,城乡规划主管部门并不具有行政强制执行权,其仅是有权做出原行政处罚的机关。

(3)集中行使处罚权的行政机关。根据《行政处罚法》第16条、《国务院办公厅关于继续做好相对集中行政处罚权试点工作通知》、《宁波市城市管理相对集中行政处罚权实施办法》等规定,已经赋予城管部门对城市规划区范围内的违法建设行为实施行政处罚,但结合《行政强制法》第17条第2款的规定来分析,城管部门所实施的系行政强制措施,并不意味着其具有法律赋予的行政强制执行权。即使县级以上人民政府责成城管部门强制拆除违法建筑,其仅是实施单位,所作的拆除行为代表的系县级以上人民政府,而非自身。

(二)行政强制拆除违法建筑的程序审查

《行政强制法》第44条对强制拆违的程序只作了概括性规定,在强制拆违的具体实施中,仍需结合《城乡规划法》《行政强制法》的其他条文仔细推敲行政强制拆违实施程序的规范问题,避免侵害当事人的合法权益。

结合《行政强制法》与《城乡规划法》的规定,审查行政强制拆除违法建筑案件的程序,具体审查是否具备以下流程:①原处罚机关作出限期拆除决定;②当事人逾期不履行限期拆除决定,原处罚机关向当事人发出催告书;③原处罚机关申请县级以上人民政府责成有关部门强制拆除;④县级以上人民政府作出行政强制执行决定和责成决定并向社会公告;⑤被责成机关实施行政强制拆除。

1. 行政强制拆除违法建筑必须以拆违决定为依据

行政机关在作出限期拆违决定前,除了要符合《行政诉讼法》及司法解释对具体行政行为的一般合法要件外,也应当在程序上充分给予当事人表达意见的权利,避免因程序不当影响行政行为的合法性及合理性。如事先书面告知当事人拟作出的限期拆违决定所依据的事实、理由、法律依据以及当事人享有的陈述和申辩甚至听证的权利。对当事人提出的申辩理由、事实或法律依据,行政机关应当及时进行复核。当事人的意见成立的,行政机关应当采纳,变更或取消拟作出的责令限期拆违决定,当事人未在规定期限内表达意见或者意见不成立的,行政机关才可以作出责令限期拆违的书面决定。通过事先的告知和听取陈述申辩程序,行政机关可以在作出行政行为前实现与公民的意见沟通,为公民接受不利的行政行为打好心理基础,将行政行为作出之后可能引起的社会震荡减少到最低限度。

2. 强制拆除必须先经过催告、公告程序

(1)催告程序。我国《行政强制法》的立法目的就在于为行政强制确立正当和严格的法律程序,以规范和控制行政强制权的行使。《行政强制法》第35条规定了行政机关的催告程序。行政强制执行的目的在于行政决定的义务得到履行,因此只要当事人能够自觉履行行政决定的义务,行政强制

执行并非必须实施的程序。通过书面的催告,要求当事人自行履行义务,既是执行程序也是一种教育方式,从而避免对抗性冲突和矛盾的产生,实现和谐执行。《行政强制法》对催告的内容已经作了比较详细的规定,但在实践中需要注意的主要包括两个方面:①催告的主体。结合催告的目的来分析,在于实现行政决定确定的义务,因此催告应由作出行政决定的行政机关实施。②催告的可诉性。从整个行政强制执行程序来分析,催告程序仅是其中一个环节,虽然对当事人的权利义务产生一定的影响,但总体而言,催告程序仅是对当事人不履行行政决定义务的催告,对当事人并不产生新的权利义务,因此催告行为是一个不可诉的准行政行为。

(2)公告程序。对于行政机关依法作出限期拆违决定但当事人并不履行而需要强制拆除时,《行政强制法》第44条规定了公告程序。公告对于保障强制拆违被执行人的知情权具有重要意义,但公告具体应当如何操作,公告与第35条规定的催告有什么区别,公告的形式和内容如何把握,公告的主体如何确定,对此,学界与实务界尚未形成统一意见,制定机关也没有作出明确的释法说明,故而值得深入探讨。

首先,公告不同于催告。《行政强制法》第44条设置的公告,是在当事人不履行义务而行政机关认为需要强制拆除违法建筑的情况下设置的程序。从时间上看,公告已构成强制拆违程序的一个环节和步骤,而第35条规定的催告是行政机关在进入强制执行程序之前履行的义务;从义务性质来看,如果说催告是行政机关在行政强制执行中的基本义务,那么公告则是为行政机关强制拆违设置的额外义务,因为强制拆违往往涉及当事人的重大利益,在催告后再予公告,可以进一步督促当事人自行履行。在业已制定行政强制执行法的国家,把期待当事人的自我履行奉为行政强制执行法的核心精神,任何行政强制执行都应当期待当事人的自我履行,告诫便成了整个行政强制之核心。经由一系列告诫、确定与执行,逐次加强手段之执行,采用心理上之强制希望义务人借由此种心理上之强制,得以于程序进行中履行其义务。催告与公告作为告诫的不同形式,循序渐进,不可互相替代。

其次,公告的内容应具体。国家对于负有义务的当事人,应告知行政行为的具体内容,使得当事人可以通过此种告知,得有机会亲自着手义务之履行。鉴于公告一则对当事人而言是再次宽限了履行义务的期限,意在督促当事人自我履行,二则向社会宣示国家机关对违法建筑的态度,警示其他人。因此公告的内容可参照催告书的内容要求。

再次,公告的目的应合法。公告的目的不仅在于督促当事人自行履行拆违的义务,同时也是向社会宣示国家机关对违法建筑的态度,用以警示他人。因此公告的范围首先必须足以让一般人在通常情形下知晓,譬如在当地的电视、报纸等媒体上予以发布并在涉案违法建筑上张贴等。其次,公告的时间不能太短,鉴于催告的存在,应适当超过催告的履行义务期限,否则将损害当事人根据公告享有的自行履行义务的权利。

最后,公告的主体应为具有行政强制执行权的主体。《行政强制法》第44条并未明确作出公告的主体究竟是作出限期拆违决定的主体还是具有行政强制执行权主体。从公告规定位于强制执行程序一章中笔者认为,公告的作出意味着对违法建筑的处理正式进入强制执行程序阶段,因此公告应当是具有行政强制执行权主体进行颁布,即《城乡规划法》第68条中的县级以上人民政府。

3. 强制拆除必须由有权机关决定和执行

根据《城乡规划法》第68条的规定,强制拆除包括两个阶段:一是县级以上人民政府责成有关部门强制拆除的责成程序;二是有关部门实施强制拆除的执行阶段。前一行为是后一行为的前提和权力来源,后一行为是对前一行为的执行和实施。同时结合《行政强制法》第37条的规定,经过催告程序当事人仍不履行自行拆除义务的,县级以上人民政府可以作出强制拆除的行政强制执行决定,并直接送达当事人。

一般情况下,作出责成和行政强制执行决定的主体均为县级以上人民政府,但二者之间的区别在于:(1)指向对象不同。责成的指向对象是拆违实施单位,行政强制执行决定的指向对象是义务履行人;(2)可诉性不同。有观点认为责成行为是进行强制拆违的行政命令,是实施单位实施强拆行为的依据,因而是可诉的,但笔者认为责成行为是针对拆违实施单位所发布的内部命令,并不直接作用于行政相对人,且行政相对人可以对行政强制执行决定提起行政诉讼,再次赋予其对责成行为的行政诉权已无救济上的必要性,因此当责成行为未超出原限期拆除决定明确的范围的,不具有可诉性。

4. 应规范实施单位的行政强制拆除实施行为

《行政强制法》第43条规定,行政机关一般不得在夜间或者法定节假日实施行政强制执行,不得对居民生活采取停止供水、供电、供热、供燃气等方式迫使当事人履行相关行政决定。否则对直接负责的主管责任人员可依法给予行政处分。当然实践中会出现实施单位超出原限期拆除决定设定的权利义务范围进行的强制拆除行为,当事人若提起诉讼应以谁为被告的问题。笔者认为应以县级以上人民政府为被告,因为其是强制拆除行为的组织者,应当对强制执行过程负总责,且其也是作出强制执行决定的主体。

60　从菜籽油案看"食用农产品"与"预包装食品"的法律界限

余璟晖

摘　要：按照加工程度，没有进行加工的认定为初级农产品，经过初级加工的可认定为食用农产品，经过改变自然属性和化学性质的加工的应认定为食品。"包装"的认定，是区分食用农产品、预包装食品和散装食品的一个重要媒介，其需要有主观性、定量性和统一性。

关键词：食用农产品预包装食品国家标准　包装标签

目前根据《食品安全法》的规定，销售食用农产品不需要取得许可，市场自由化的同时给食药部门的监管也带来了极大的风险。另外，税法中对于农产品和食品适用11%和17%不同的税率，而由于我们国家没有出台相应的食用农产品的详细目录，且食用农产品的概念范围模糊不清，市场监管执法人员、税务机关工作人员、食品案件诉讼的司法人员以及法律服务人员等无法确定是否需要取得行政许可、适用何种税率征税、适用何种法律法规。故区分食用农产品和预包装食品十分重要。

一、食用农产品和预包装食品法律概念辨析

（一）食用农产品概念辨析

关于食用农产品，不同的法律法规，甚至规范性文件中都对它有着不同的定义，并且还有"初级农产品""农产品"等相类似易混淆的概念与之并行，故而揭开食用农产品的概念面纱并不是一件简单的事情。下面我们不妨就先从各层级的法律规范中寻找答案。

《食品安全法》第2条第2款规定：供食用的源于农业的初级产品（以下称食用农产品）的质量安全管理，遵守《中华人民共和国农产品质量安全法》的规定。该条间接地点出，食用农产品是指供食用的源于农业的初级产品。同样，《农产品质量安全法》第2条第1款也给出一个规定：本法所称农产品，是指来源于农业的初级产品，即在农业活动中获得的植物、动物、微生物及其产品。

对比这两个概念不难发现，食用农产品特指可供食用的农产品，是农产品的一个子概念。也即是农产品的外延比食用农产品要大，至少还包含有非食用农产品，如棉花、木材等。这两个概念的区分较为简单。但是"食用农产品"和"初级农产品"的区分则并不容易，且迄今为止，仍存在极大

的争议。争议的源头来自于2005年4月4日,商务部、财政部和国家税务总局的一个联合发文(关于开展农产品连锁经营试点的通知),其中附有初级农产品和食用农产品二者各自的定义。即初级农产品指种植业、畜牧业、渔业产品,不包括经过加工的烟叶、毛茶、食用菌等12类产品;食用农产品指可供食用的各种植、畜牧、渔业产品及其初级加工产品,范围包括粮食、肉类、水产动植物等16类。初级农产品采用的是消极的列举方式,而食用农产品则采取的是积极的列举方法。正是这两种极难区分的枚举式方式使得这两者的概念成为学界的争议焦点。

但我们抛开列举的项目,直接从原始定义中解析发现二者还是存在本质的区别,具体有这么两点:其一,食用农产品单指可供食用的,而初级农产品没有这个限制;其二,初级农产品不包括经过加工的产品,而食用农产品既包括原始产品,又包括初级加工产品。既然二者存在着本质的区别,那么二者究竟是完全对立的两个概念还是也有一定的交集,这就要对其中列举的项目进行详细的分析,并且对"加工"一词进行详细的剖析。下文就以"加工"入题,对该词进行剖析的同时,也对列举的项目进行分析,从而找出二者的关系。

三部门的该项规范性文件中有详细的列举,以药材为例,对于初级农产品,规定自然生长和人工培植的药材属于初级农产品,经过中药材或中成药生产企业切、炒、烘、焙、熏、蒸、包装等工序处理的加工品便不属于初级农产品。而在食用农产品中,规定通过对各种药用植物的根、茎、皮、叶、花、果实等进行挑选、整理、捆扎、清洗、晾晒、切碎、蒸煮、密炒等处理制成的中药材或中药饮片等皆属于食用农产品,从这些加工手段来看,均是一些定型、脱水类的简单物理性处理,属于最基本的加工,而即便是这些最基本的加工,都不能归类于初级农产品,说明就药材这一类而言初级农产品的范围远比食用农产品的范围要窄,食用农产品应当包含初级农产品及初加工的农产品。但是对于非食用农产品而言,如林业产品、棉麻等,可以归类于初级农产品,却无法归类于食用农产品,所以"食用农产品"和"初级农产品"应当是有着"食用初级农产品"交集的两个概念。

从上述论证来看,"食用农产品"和"初级农产品"都属于"农产品"的子概念,但该二者却区别较大,在实务中,遇到具体的涉案农产品,应当依照概念积极进行区分,规范法律的正确适用。2016年3月1日国家食品药品监督管理总局颁布的《食用农产品市场销售质量安全监督管理办法》第57条给食用农产品作了一个比较规范的定义,该办法属于部门规章,效力虽及不上《食品安全法》和《农产品质量安全法》等法律,但却并不与之相冲突,相反,该项规定恰恰是对法律的有效补充,可以作为"食用农产品"认定的重要依据。

(二)预包装食品概念辨析

关于预包装食品,法律上的明文规定并不多,仅见于两条,《食品安全法》第150条中定义预包装食品是指预先定量包装或者制作在包装材料、容器中的食品。GB7718-2011国家标准《预包装食品标签通则》进一步明确,预包装食品包括预先定量包装以及预先定量制作在包装材料和容器中并且在一定量限范围内具有统一的质量或体积标识的食品。

要正确认识预包装食品,则首先要了解农产品和食品的区别,以及掌握食品包装的基本原理,区分出预包装食品和散装食品。上文中我们论述到食用农产品是指在农业活动中直接获得的,以及经过分拣、去皮、剥壳、干燥、粉碎、清洗、切割、冷冻、打蜡、分级、包装等加工,但未改变其基本自然性状和化学性质的产品。也即是可食用的初级农产品仅经过未改变其基本自然性质和化学性质的包装加工后，也仅仅只是食用农产品，无法认定为食品。

那么究竟经过怎样的处理才能由食用农产品转化为食品呢？我们先看看食品在法律上的定义。所谓"食品"，1994年的《食品工业基本术语》中定义为：可供人类食用或饮用的物质，包括加工食品，半成品和未加工食品，不包括烟草或只作药品用的物质；《食品安全法》第150条说"食品"，是指各种供人食用或者饮用的成品和原料以及按照传统既是食品又是中药材的物品，但是不包括以治疗为目的的物品。单单从这两个概念中无法辨析食品与农产品的区别。转换到市场监管的角度来看，二者的区别就较为明显，食用农产品的销售不需要取得许可，而食品的销售一定要取得食品流通许可证。从上文中对于初级农产品和食用农产品的辨析中也能得出食用农产品和食品的一个区别，即按照加工程度，没有进行加工的认定为初级农产品，经过初级加工的可认定为食用农产品，经过改变自然属性和化学性质的加工的应认定为食品。

而预包装食品和散装食品，则完全是两个相对立的概念，2003年卫生部颁布的《散装食品卫生管理规范》中指出：散装食品，是指无预包装的食品、食品原料及加工的半成品，不包括新鲜果蔬，以及需清洗后加工的原粮、鲜冻畜禽产品和水产品等。这就从定义角度说明散装食品是完全相对于预包装食品而言的食品种类。由此而言，对于"包装"的认定，是区分食用农产品、预包装食品和散装食品的一个重要媒介。如何来界定"包装"，下文中将会详加论证。

二、"菜籽油"案背后的司法实践

案情简介：2016年11月1日，B公司收到由C法院寄来的起诉状及证据材料副本，A诉称与B公司在淘宝上发生交易，下了总金额为576元的订单，购得品名为非转基因物理压榨的菜籽油12瓶。A又称收到货后，是一个三无产品无任何文字说明，包括包装上连菜籽油的文字也没有，经查询得知，该企业没有生产食用油的资质，属于不符合食品安全标准的食品，要求适用十倍的惩罚性赔偿条款。

作为B公司的代理律师，出于诉讼策略的考虑，首先向法院提出了管辖权异议，异议被驳回后继续提出上诉。将案件压到2017年进行审理，审理中A发现自己证据不充分，提出撤诉申请，法院裁定撤诉后，A再次补充了一些书面材料，再次起诉，开庭中仍然发现证据不足，迫于没有其他证据可以补充且承受极可能败诉的压力，A再次提出撤诉申请，法庭准许后，A没有再次起诉，本案到此画上句号。

本案的案情并不复杂，法律关系也很简单，但在本案最初的分析过程中却不断地出现争议焦点。总结出来有以下几个方面：手工压榨的菜籽油能否被认定为食用农产品；简单包装后是否就成为预包装食品；是否适用《食品安全法》；能否适用十倍的惩罚性赔偿条款。

本案的涉案物品是一个标注有"物理压榨菜籽油"的净含量为500毫升的瓶装菜籽油。瓶上贴有小标签，标注了产品类别为"食用农产品"，并标明了原料、产地、包装日期、包装方法、保存方法、保质期等。虽然在包装瓶上直接标注有"食用农产品"的产品类别，但该涉案物品是否就一定能认定为"食用农产品"，有待商榷。实务中，许多食品经营企业在没有取得或者尚未取得食品流通许可证的情况下，为逃避市场监管，故意在食品标签上标注商品类别为"食用农产品"，误导广大消费者,混淆视听。

该案虽然经历过前后两次起诉和撤诉,但皆是因为 A 的起诉证据不足以证明网络交易关系的成立,并非该菜籽油的定性问题。案结后,我方曾与当地工商部门及食药部门交流,二者的意见均倾向于将该菜籽油认定为预包装食品。理由有三:第一,符合预包装食品预先定量包装的显著特征;第二,商品已经进入市场流通渠道;第三,若认定为食用农产品,则没必要进行贴标处理,既然已贴标,并且标签标识完全符合《食品安全国家标准预包装食品标签通则》,那么就应当认定为预包装食品。

"食用农产品"与"预包装食品"的对比首先是定性,即"农产品"和"食品"的界定,这在前文中已有详细介绍,此处不加赘述。其次,是对"包装"的界定。我们先从两个真实的诉讼案件入手。

案例一:某地的一家屠宰企业(以下简称"D公司")向当地的一家食品冷冻厂(以下简称"E公司")出售了 1000 袋包装的猪后腿肉。采用塑料编织袋包装,包装袋印有产品名称、净含量(25 千克)、厂名厂址、电话号码等内容,包装袋贴有"动物产品检疫合格"标志,但包装袋内未附产品标签和合格证,未标注产品生产日期、保质期、贮存条件。当地的市场监督管理局后介入调查,认为D公司销售的猪后腿肉是由生猪经过屠宰、分割、检验检疫、定量包装、冷冻而成的工业产品,作为食品生产原料销售给E公司,属于预包装食品,D公司未标注生产日期、保质期、贮存条件,违反了食品安全法关于预包装食品的标签规定,遂予以立案查处,经过行政处罚告知程序,对D公司作出罚款850 000 元的处罚。D公司不服向当地人民政府申请行政复议,要求撤销该处罚决定。当地市人民政府受理了D公司的申请,作出维持该行政处罚的行政复议决定。D公司不服,提起行政诉讼。后该案经过一审和二审,皆支持了市场监督管理局的意见,认定该商品的性质为预包装食品。

一审法院的三点裁判理由是:第一,猪后腿肉在屠宰加工未进入流通领域前,却系食用农产品,但D公司将其出售给E公司进入商品流通领域后,就作为食品原料了,符合食品的定义;第二,该猪后腿肉包装时符合预先定量包装或制作的特点,属于预包装食品;第三,D公司在复议时提交的检测报告是按照食品安全标准进行检测的,故再认定该肉为农产品不合逻辑。

二审法院的三点裁判理由是:第一,《国务院办公厅关于印发国家食品药品监督管理总局主要职责内设机构和人员编制规定的通知》[国办发〔2013〕24号文]明确:食用农产品进入批发、零售市场或生产加工企业后,按食品由食品药品监督管理部门监督管理;第二,该肉系经挑选而成的后腿肉,经过了明确的分类处理及定量包装的加工,不能认定为食用农产品;第三,该批猪肉处于在冷库保存状态,且未标注生产日期、保质期及贮存条件,经长期保存后,一旦流入生产、销售领域,会给消费者带来极大的质量安全隐患,故认定为预包装食品,有利于市场监管,且便于消费者维权。

案例二:F在G超市购买 10 袋单价为 30.90 元的珍江牌五常 917 号长粒香大米,支付购买大米款 309 元。该大米标签上标示含锌、铁、钙、镁、硒等微量元素,没有标明各种微量元素的含量。F认为G超市作为销售者是欺骗消费者的行为,将G超市告上法庭,诉求应按食品安全法第96条规定对自己予以十倍惩罚性赔偿。本案后经一审二审,对该大米定性很模糊,但都认定G超市应当承担十倍的惩罚性赔偿。

一审法院的三点裁判理由是:第一,根据卫生部发布的《食品安全国家标准预包装食品标签通则》,如果在标签中有配料成分,应标示配料含量,故该销售行为违反《食品安全法》;第二,即便大米认定为食用农产品,但《食品安全法》中规定公布食用农产品有关信息,应当遵守本法的有关规定,本案涉及公布食用农产品的有关信息,因此应适用食品安全法;第三,G超市未能举证证明该大米属于生鲜食品(即在GB28050-2011预包装食品营养标签通则中提到了一些可以豁免强制标示营养标签的预包装食品)。

二审法院的三点裁判理由是:第一,依照《中华人民共和国国家标准——大米(GB 1354—2009)》范围中关于"本标准适用于以稻谷、糙米或半成品大米为原料加工的食用商品大米,不适用于特种大米、专用大米、特殊品种大米以及加入了添加剂的大米"的规定,涉案大米应适用《中华人民共和国国家标准——大米(GB 1354—2009)》。该标准规定:包装大米的标签标识应符合《食品安全国家标准—预包装食品标签通则(GB 7718—2011)》的规定;第二,与一审一致;第三,涉案大米若被认定为食用农产品,不利于超市上架食品的市场监管,故回避对该大米的性质定性,以销售行为违反《食品安全法》支持十倍赔偿。

三、"食用农产品"与"预包装食品"的法律界定

在上述两个案例中假设对猪肉和大米都没有进行包装,直接在菜场或超市称重销售,那么显然不能将它们认定为预包装食品。由此看来,包装成为界定食用农产品和预包装食品的显著特征。结合案例与实务中的经验,笔者认为包装的界定应当遵循以下三个原则。

(一)包装需要有主观意愿

谈到主观性,这本是一个刑法学的流行词,强调某人在实施某种行为时的思想意志。将它引入到食品包装的法律关系中,也是恰当的。《食品安全国家标准—预包装食品标签通则(GB 7718—2011)》中对"预包装食品"的定义就明确了,所谓"预包装"指的就是"预先定量和包装",从这个"预"字中也能够反映出当事人在实施包装行为过程中所带有的主观意愿。恰恰反映出当事人预先定量和包装是为了谋求之后在商品流通过程中的利润最大化与便利化。即便在实践中许多商家是想借"食用农产品"的幌子来行使食品市场流通的贸易便利化。但在界定中,依然应当参照包装主观性的原则来定性。即只要包装上标有《食品安全国家标准预包装食品标签通则(GB 7718—2011)》中所列有的品名、配料、规格、生产日期、保质期等项目或者直接打上标签的,即便标识或标签不完善或不规范,依然可以推定包装人有预先包装的主观意愿,应当将该产品定性为预包装食品,而非食用农产品。

(二)包装需要有定量性

所谓"定量性"又指以下两个方面。

1. 必须要有定量标识

即在包装容器上需要标有定量规格或贴上定量规格的标签。例如某超市中所散售的五谷杂粮,我们一般需要用塑料袋装好后到超市分柜台中打秤贴上标签,在打秤贴标签之前,即便已经用塑料袋装好,但由于没有定量标识,不能将其定性为预包装食品,依然应当认定为食用农产品,而当贴标之后,就应当认定为预包装食品。

2. 产品本身具有可定量性

许多食用农产品在采摘之后,并不立即具有可定量性,而必须在进行初步加工甚至精加工处理之后才能显示出可定量性,所以认定其为预包装食品也必须经过了这些加工程序,否则即便对其进行包装,也是违背科学、毫无意义的。

(三)包装需要有统一性

国家卫计委在公布《食品安全国家标准 预包装食品标签通则(GB 7718—2011)》之时,曾发布过一个说明,即《〈食品安全国家标准 预包装食品标签通则(GB 7718—2011)〉问答》(以下简称《问答》),其中第5条关于预包装食品的定义中强调预包装食品首先应当预先包装,此外包装上要有统一的质量或体积的标示。这里的统一性排除了三种与预包装食品相对的概念,在《问答》第9条也有明确说明,即散装食品,在储藏运输过程中以提供保护和方便搬运为目的储运包装食品和现制现售食品。

这三个原则是包装界定的必要条件,缺一不可。当然,在实务中,还有其他诸多原因会影响对"食用农产品"和"预包装食品"的定性,其中很重要的一个因素就是市场和社会效应。

在本文所提到的三个案例中,菜籽油案比较典型,其中A的背景是一个职业打假人,即纯粹为了谋取个人利益而打假,通过寻找法律的漏洞,骗取惩罚性赔偿牟利。当地法院受理过数十起A的起诉,对A的性质了然于心,所以在B公司的菜籽油极有可能被认定为预包装食品,陷入适用《食品安全法》十倍惩罚性赔偿的陷阱中时,法院鉴于审查到A的证据明显不足,双方均处于诉讼劣势的情况下,积极劝导A主动撤诉。间接地打击职业打假人的气焰,保护B公司等初创型农副产品企业的发展,为市场的蓬勃向上营造良好的法治环境。其他两个案例中,裁判法院则出于对市场监管和消费者权益的保护,作出有利于消费者的裁判结果,同样也是对于市场大环境的整体考量和宏观把握。

四、结语

在实务中,食用农产品和预包装食品的鉴别本身就是重大的争议点,常常存在混淆之处,且混淆点层出不穷,没有明确的法律界定,本文并未穷尽实务可能遇到的全部问题,仅仅通过本人的点滴实务经验作出适当的论证。所以,在判断上除了应考虑法律上的问题,还应兼顾食品安全市场、农业发展市场等实际情况,作出综合考量,得出准确的定性。浙江省自古以来作为江南鱼米之乡,农业大省,更应当重视和规范农产品和食品市场,通过法律层面来进行规范和有效调节,推动民营经济转型升级的同时,保障广大人民群众的饮食健康。

第六编　刑事案例解析与法理研究

第二十章 刑事案例解析

61 二审检察院决定不起诉,冤案得昭雪
——郭某礼涉嫌职务侵占案解析

张友明 施建桥

案　　由:涉嫌职务侵占案(二审代理)

承办律师:张友明、施建桥

裁判部门:宁波市中级人民法院

案　　号:(2013)浙甬刑二终字第450号、余检未检刑不诉【2014】36号

案情简介

郭某礼,系宁波蒲类智能电器有限公司(以下简称"蒲类公司")法定代表人、总经理。2012年8月9日,因涉嫌职务侵占罪被余姚市公安局刑事拘留,并于同月24日被依法逮捕。

2013年2月21日,余姚市人民检察院以职务侵占罪向余姚市人民法院提起公诉,认定郭某礼利用职务便利,合计侵占蒲类公司资金人民币35 602元,挪用资金人民币50万元。

余姚市人民法院据此于2013年9月6日作出一审判决,认定郭某礼犯职务侵占罪,判处有期徒刑一年;犯挪用资金罪,判处有期徒刑三年两个月,决定执行有期徒刑三年六个月。

在法定期间内郭某礼向宁波市中级人民法院提出上诉,宁波中院于2013年11月21日作出裁定,撤销原判,发回重审。

发回重审后,余姚市人民检察院与2013年12月24日、2014年3月3日两次向余姚市人民法院建议延期审理,并于2014年4月2日向余姚市人民法院提起公诉,认为郭某礼涉嫌犯职务侵占罪,涉案金额计人民币1 962 354.74元,犯挪用资金罪,涉案金额计50万元。

2014年11月12日,余姚市人民检察院以证据不足为由要求撤回起诉,余姚市人民法院于同日

作出裁定,准许余姚市人民检察院撤回起诉。

2014年11月18日,余姚市人民检察院作《不起诉决定书》,以犯罪数额较小,犯罪情节轻微,不需要判处刑罚为由,决定对郭某礼不起诉。

办案过程

1. 程序争议被严重践踏

在程序上,本案存在诸多违法之处:

(1)在办案程序中,主要有以下违法、违规之处。

①本案未根据《公安机关办理经济犯罪案件的若干规定》进行案前调查,而是直接予以立案;②职务侵占罪属于经济犯罪,根据《公安部刑事案件管辖分工规定》应由公安经侦部门负责侦查,但本案却由某派出所强行进行办理;③在未进行任何调查核实的情况下,某派出所即违法对郭某礼采取了刑事拘留措施;④在本案尚未调查清楚前,办案民警即将所谓的"赃物"返还给了云某集团,而非蒲类公司;⑤在提取相关书证过程中手续不全,程序违规;⑥办案民警直接插手蒲类公司的经济纠纷。

(2)在侦查过程中,主要有以下违法违规之处。

①拘传时间造假,传唤通知书上所记载的时间远晚于实际传唤时间;②第一次审讯时间造假,其实质是为了延长并连续进行审讯;③在审讯过程中,办案民警违法采取肉刑或变相肉刑,并导致郭某礼留下终身残疾;④附案的2份共3页《余姚市看守所入所健康检查登记表》中明显存在伪造痕迹;⑤郭某礼所受之伤害已经构成轻伤,不但未依法移交公安机关侦查办理,更没有对本案的证据予以排除;⑥公安局在刑拘郭某礼期间就出具"关于历次同步录像因为设备故障无法提供"的《情况说明》,显然是典型的"此地无银三百两"的做法。

2. 事实不清证据不足,实体定性错误

蒲类公司注册资本为200万元,其中云某集团占股90%,郭某礼占股10%,并由郭某礼担任公司法定代表人、总经理。2010年4月1日,郭某礼和云某集团签订《企业委托经营承包协议》,约定到2015年3月31日止,5年内蒲类公司交给郭某礼承包经营。在承包期间,郭某礼的约定义务主要有三:一是按时向云某集团上缴固定分红;二是协议到期后的处理事项;三是郭某礼要接受云某集团的财务监督。根据上述约定内容,郭某礼在承包经营期间,对蒲类公司的全部财产,在法律上应拥有排他性的独占、处理权。这个权利的行使,应当如同处理自己所有的个人财产和家庭财产一样,不存在职务侵占和挪用资金的问题。

郭某礼涉案被指控的一系列行为,无论其是否存在非法占有故意并是否将公司财物占为己有,无论其是否已经将公司款项挪作他用,因其对云某公司承担的是无限连带责任,因而不可能构成职务侵占和挪用资金的犯罪。

3. 不起诉决定结案

余姚市人民检察院于2014年11月18日作不起诉决定,认为,被不起诉人郭某礼实施了《刑法》

第271条、第272条规定的行为,但犯罪数额较小、犯罪情节轻微,最后经检察委员会讨论,决定对张某某不起诉。

律师评析

一段时间以来,特别是十八大以来,中国司法领域刮起了一阵"纠正、防范冤假错案"的旋风,受到社会的广泛关注。肇其始端,实际上与李庄案件和"重庆案件"的后续变化发展,特别是新一届中央领导新政密切相关。十分有趣的现象是,在绝大多数的冤狱中,律师都曾作过无罪辩护,这似乎可以用来说明,冤案的发生似乎只是司法机关没有重视律师的意见造成。于是乎,为了发挥律师的作用,从广西"北海案"开始,"死磕"律师应运而生。因为他们坚信,"有效的刑事辩护,必然能为这个国家杜绝冤假错案,肆无忌惮的司法公权力,只有关进制度的笼子里,才能最终防止冤案的产生。"

权力是一头桀骜不驯的野兽,限制权力可以最大限度地防止冤假错案的发生。在人类走向文明的过程中,上位者追求权力和民众追求公正,从来就是两条难以相交的直线。因此,司法制度本身的设计,更需要强调审、控、辩三方的相互制约,确保控辩平衡。法院居中,审判独立,以制约公权力的无限扩张。法律无情,冤狱有辜。所幸的是,"努力让人民群众在每一个具体案件中实现公平正义",已经成为当下"改革中国"背景下极为重要的一抹亮色,而我们现在正在迎着这抹亮色向前走,去实现法治中国。若如此,我们尽管无法做到"零冤狱、零错案",但是我们却可以尽可能地去实现它。让我们的司法者"绝不去故意或者放任制造任何一起冤狱和错案",或许是我们实现司法中国梦的一个相对现实的梦想。

62 绑架？抢劫？敲诈勒索！

——定性之辩的价值体现

董浩樑

案　　由：敲诈勒索
承办律师：董浩樑

案例简介

被告人邵某在打麻将时怀疑对方作弊，于是叫来同伴，先是殴打对方并把对方两人拉到车上进行威胁，对方也打电话叫来朋友"解决问题"。被告人邵某威胁对方如不解决问题就要将人拉到山上或水库去，后来双方以1万元达成协议。被告人邵某从对方朋友处拿到1万元钱后，将对方释放。公诉机关认为被告人邵某的行为已构成绑架罪，要求法院依照《刑法》第239条予以判处，即根据指控，被告人邵某的量刑将在十年以上。

辩护观点

律师接手本案并认真研究案件后，认为本案并不构成绑架罪，也不构成抢劫罪，而是构成敲诈勒索罪，因此主要围绕本案定性发表了辩护意见：

本案不构成绑架罪，同时也不构成抢劫罪，应当以敲诈勒索罪定性

辩护人认为，定性是本案需要确定的最为关键的一个问题。本案从公安到检察再到法院，罪名也从敲诈勒索到抢劫再到现在的绑架，可见本案在定性问题上显然存在争议。根据《起诉书》的意见，本案的两被告人以勒索财物为目的绑架他人，应当以绑架罪定性。但辩护人认为，根据本案的相关事实，认定为敲诈勒索罪更为适当，具体理由如下：

（1）关于本案事实。

定性首先应当立足于事实，尽管本案的基本事实控辩双方应该没有太大争议，但是辩护人仍然需要对事实补充以下几点：

①被告人邵某由于看到被害人之间互相打手势而怀疑被害人其实打麻将一直在作弊的辩解，具有一定的合理性，而且在随后的事态发展中，被害人实际上对此也是认可的；

②本案并不存在被告人和其他人共同殴打被害人的事实,实际情况是一开始两被告人和两被害人因为打麻将纠纷互相对打,后来双方分开。被告人邵某的朋友过来后也对被害人踹了两脚,而真正在车上实施勒索财物的行为时则主要以言语威胁为主;

③在言语威胁上,根据本案的案卷材料,起诉书提到的"拉到山上或水库去"是被告人朋友所讲,被告人邵某并没有说过这样的话;

④被害人叫过来的朋友并非起诉书提到的一个人,而是总共有六七个人,也就是说当时在谈判时双方在人数对比上还是被害人方占优,被告人对被害人其实并没有形成实质性的控制;

⑤在整个过程中,被告人没有对被害人实施捆绑、麻醉等绝对限制人身自由的行为,甚至是否车门是锁住的目前也无法确定,因此本案主要还是以威胁方式使被害人形成精神上的恐惧,即便有限制人身自由的情况存在,这种强度也非常低;

⑥整个谈判过程双方经过了多次的讨价还价,最后从10万到1万,双方显然存在考虑和选择的空间,而且从证人证言来看,在整个谈判过程中被告人从未打过被害人,也根本没有以被害人的人身安全进行威胁;

⑦在最后阶段,当被害人的朋友去ATM机取钱时,被害人就已经获得了自由,这也表明当时实际上双方都认为纠纷已经得到解决,被告人也相信被害人肯定会自愿给钱而不会后悔。

综上,本案实际上应当分为两个阶段,前一个阶段是两个被告人和两个被害人之间因打麻将发生争议进而互相打斗的过程,这可以看作是本案的起因,而并非本案的实行行为;后一个阶段则是本案的实行行为,也就是被告人叫来朋友后,把被害人叫到车上,然后被害人的朋友过来谈判,最后放人交钱的过程。

(2)关于本案定性。

基于上述事实,本案其实完全符合敲诈勒索罪的构成要件,即被告人主观上以非法占有为目的,客观上以威胁或者要挟方法,强行向被害人索取财物,而且数额较大。但是,本案不构成绑架罪,主要理由如下:首先,从主观故意上来说,本案被告人的想法主要是以被害人麻将作弊要求赔钱为由而索取财物,这显然是敲诈勒索的故意,而不是绑架的故意(而且从被害人在本案中的表现来看,辩护人倾向于认为被害人确实存在作弊行为);其次,从侵犯的客体上来说,敲诈勒索罪与绑架罪侵犯的虽然都是复杂客体,但两者侵犯的主要客体显然有区别,敲诈勒索罪侵犯的主要客体是财产权利,而绑架罪侵犯的主要客体是人身权利,这也是刑法分则体系将敲诈勒索罪列为侵犯财产犯罪而将绑架罪列为侵犯人身权利犯罪的原因。那么根据本案,显而易见,在整个实行行为中,两被告人侵犯的主要是被害人的财产权利;再次,从犯罪的客观方面来说,敲诈勒索是以威胁、要挟的方法,而绑架则是通过绑架他人作为人质的方法。在本案中,被告人将被害人带上车,被告人朋友讲"把人带到山上或水库去"和被告人讲"你老家离我很近"。辩护人认为,这些行为和语言对被害人而言确实构成了一个整体的威胁,对被害人显然造成了精神上的恐惧,并且最后同意交钱。但是,这些行为和语言显然没有达到绑架罪所应达到的严重程度,正如前面事实部分所提到,当时不管是被告人对被害人所采取的措施,双方的力量对比,还是被告人采取的谈判手段均表明:被告人并未对被害人形成实质性的人身控制(甚至在还没有拿到钱的情况下就已经放掉了两被害人),也没有进行杀伤、杀害或者不归还人质的实质性威胁(根本没有这种可能性),而从本案的现实情况来说,本案被告人实施的客观行为也显然不会对被害人的人身安全构成现实和紧迫的严重威胁。因此,本案显然缺乏绑架罪所应具备的要件,也完全没有达到绑架罪所应达到的严重程度。另外,从本案索要财物的过程来看,尽管被害人朋友参与了谈判,但被告人主要是针对被害人索要财物,而且尽管最终是第三人交付了财物,但这也是被害人在现场经过谈判并明确表示同意的情况下才予以交付,而这显然和绑架罪是向人质以外的其他人索要财物的要件完全不同。最后,从实际后果来看,本案的被害人也已经对被告人表示了谅解,而且被害人从精神到肉体也确实没有受到严重的实质性伤害,本案的危害后果显然要比绑架罪所造成的危害后果要小得多。

综上,简而言之,本案的核心情节是"你麻将作弊被我发现了,这下我要问你赔钱,不赔的话就要把你怎么怎么样",这显然是敲诈勒索。而如果当时没有谈成,事态进一步发展,假设被告人真的把被害人绑走了(如果当时能绑走的话),并以被害人的人身安全相威胁要求被害人以外的其他人给钱,那就达到了绑架罪所应具备的要件和所应达到的严重程度,才能构成绑架罪。

另外,本案也不构成抢劫罪,主要理由如下:①从主观故意伤害来说,本案被告人持敲诈勒索的故意而非抢劫的故意;②本案被告人是基于一定的事由索要财物,而不是如抢劫罪那样一般不讲事由直接采用暴力劫财;③本案财物并非由被害人本人交付,不符合抢劫罪的构成要件;④财物的交付是双方多次讨价还价并由被害人朋友从 ATM 机上取来,也不符合抢劫罪当场劫取财物的要求;⑤本案被告人尽管使用了威胁方法,也有一定的轻微暴力行为,但是整体而言,只是使被害人产生精神上的恐惧,并没有达到致被害人不能反抗的地步,而且被告人也没有对被害人实施搜身等劫取财物的实行行为;⑥从双方的整个谈判过程而言,被害人在决定是否交付财物及交付多少财物上显然具有考虑和选择的空间,而并不是如抢劫罪那样除了将财物当场交付外,没有任何考虑和选择的余地。

综上所述,从本案的主、客观方面考量,本案不构成绑架罪,也不构成抢劫罪,而应构成敲诈勒索罪。考虑到该三罪在量刑上的巨大差异,恳请合议庭务必予以慎重考虑。

判决书摘要

法院经审理后认为,被告人邵某以非法占有为目的,采用威胁方法强索他人钱财,数额巨大,两被告人的行为均已构成敲诈勒索罪。公诉机关指控的罪名不妥,予以纠正。被告人邵某的辩护人要求以敲诈勒索罪定罪量刑的辩护意见予以采纳。据此,被告人邵某犯敲诈勒索罪,判处有期徒刑一年三个月。

办案体会

律师接受被告人邵某家属委托时该案已由检察院公诉至人民法院,指控罪名为绑架罪,量刑在十年以上。后来律师了解到,公安机关一开始是以敲诈勒索定性,后在批捕时改变定性为抢劫,于是公安机关以抢劫罪将本案移送至检察机关,后经过检察机关审查起诉,又以绑架罪诉至法院。也就是说,本案从敲诈勒索到抢劫再到绑架,随着罪名的变化,量刑也从三年以下到三至十年再到十年以上,实现了三级跳。

对刑事辩护律师来说，这样的案件显然是求之不得，因为在定性问题上存在巨大的发挥空间；同时，也是巨大的挑战，因为随着刑事辩护对于程序的愈加重视，反倒在实体问题上却愈加弱化。作为一名辩护律师，是否能在法庭上充分说理，从而说服法官，改变定性，显然是一种考验。

在本案的审理过程中，控辩双方对基本事实没有争议，但对被告人构成何罪展开了激烈的交锋，而法院的判决也慎之又慎，最终法院认定本案不构成绑架罪，也不构成抢劫罪，而是构成敲诈勒索罪，而且在判决书的说理部分也充分采纳了辩护意见，可以说辩护取得了完全的成功，被告人对该结果显然也十分满意。

当然，对于刑事辩护律师来说，个案的结果固然重要，但是更要意识到，在很多刑事案件中，定性辩护、实体辩护仍然必不可少，而这更需要刑事辩护律师在平时的工作和学习中加强自身的专业素养，力求精益求精，如此方能对案件进行有效的辩护，从而维护当事人的合法权益。

63 一审定性诈骗获刑十年发回重审改判不构成诈骗罪

——郑某某诈骗案解析

董浩樑

案　　由：诈骗罪

承办律师：董浩樑

裁判部门：宁波市中级人民法院

案　　由：(2016)浙02刑二终88号

案情简介

被告人郑某某以未经相关部门审批的违建房屋作为抵押，分别向王某某等人借款60万元，向李某某等人借款20万元。公诉机关指控：被告人郑某某在已欠巨额债务的情况下，以资金紧张为由，将未经相关部门审批的违建房屋作为抵押，并隐瞒违建房屋已实际销售给他人的事实，向王某某、李某某等人借款总计80万元并拒不归还，已构成诈骗罪。一审法院认为：被告人郑某某以非法占有为目的，采用虚构事实、隐瞒真相的方法骗取他人财物，数额特别巨大，其行为已构成诈骗罪，公诉机关指控的诈骗罪罪名成立。因此，一审法院判决被告人郑某某犯诈骗罪，判处有期徒刑十年。

辩护观点

律师在被告人郑某某上诉后接手该案，参与了该案的二审辩护工作。经认真研究案件后，律师认为本案不构成诈骗罪，因此辩护意见主要围绕本案是否构成诈骗罪展开。

1. 关于诈骗罪第一笔涉案事实

(1)从上诉人的客观行为来说，不符合"虚构事实、隐瞒真相"的诈骗罪构成要件。

首先，上诉人在借款时并没有隐瞒或者虚构本案所涉房屋本身的真实情况：第一，本案所涉房屋确实存在，而且确实是上诉人所购买和建造，这一点上诉人没有任何虚构；第二，本案所涉房屋确实没有产权凭证，不能完成过户或抵押手续，这一点上诉人也没有任何隐瞒，涉案债权人也完全明知；第三，恳请法庭注意，本案所涉60万元是上诉人通过王某某借款，而王某某的身份是房产中介,具有房产买卖、抵押等方面的专业知识和丰富经验,并且根据笔录,其在借款前也多次到实地查看过房屋情况,因此上诉人不存在任何虚构或隐瞒的可能性。综上,上诉人不存在隐瞒或虚构本案所涉房屋真实情况的行为。

其次,上诉人在借款时也并不存在隐瞒本案所涉房屋是否已经销售的行为:根据一审判决,上诉人在借款时隐瞒了其中两间已经销售给他人的事实,显然这是一审判决认定上诉人存在"虚构事实、隐瞒真相"的唯一依据,但是根据一审认定的情况和辩护人在二审提供的证据,一审判决的事实认定完全错误:第一,根据一审证据,5楼11间房间,即501到511,其中有4间,即506、508、509、511出售时间在借款时间之前。而根据辩护人在二审提供的证据,506、508、509、511这4间房间的实际出售时间是在借款之后,而且一间是在借款后差不多4个月左右的时间出售,一间是在借款半年后出售,一间是在借款7个月左右的时间出售,一间是在借款一年后才出售。也就是说,上诉人在借款时根本没有房间出售,因而也根本不可能向债权人隐瞒房间已销售的事实;第二,根据上诉人的辩解和511房间购买人胡某某的证明,完全可以证明上诉人在借款时5楼的所有房间并没有销售给他人,之所以会出现同一个房间存在两份销售时间不一致的合同,是因为房间出售后,房主无法忍受债权人的骚扰,上诉人才配合房主补签了一份将销售时间提前的合同。综上,一审判决的认定是错误的,上诉人在借款时不存在隐瞒房间已出售的行为。

再次,上诉人借款后出售房屋不属于诈骗罪"虚构事实、隐瞒真相"的构成要件:第一,一审判决认为,上诉人是在上述被害人不知情的情况下出售房屋,而实际上上诉人完全是以包括通过报纸做广告、贴告示等公开方式出售房屋,而且是在一个较长的时间段内出售房屋,甚至在通过王某某的中介所出售房屋,在这样的情况下,说债权人不知情完全是无法成立的,一审判决的认定错误;第二,即便上诉人没有将出售房屋的事宜告知债权人,也是属于借款之后的事后处分财产行为,不管是从时间节点还是从具体内容来说,均完全和诈骗罪所要求的"虚构事实、隐瞒真相"不符;第三,鉴于本案所涉房屋的性质,实际上即便所谓的抵押借款协议存在,抵押权也根本不能成立,因此上诉人的行为甚至算不上处分抵押物的非法行为,而完全是一个单纯的民事行为;第四,关于2012年2月份,上诉人出具书面承诺书的行为,不管是从时间节点还是从具体内容上,同样不构成诈骗罪所要求的"虚构事实、隐瞒真相"要件。

综上所述,关于一审判决所认定的第一笔诈骗事实,无论从哪个方面来说,上诉人均不存在"虚构事实、隐瞒真相"的客观行为,因而也完全不符合诈骗罪的构罪要件。

（2）从上诉人的主观方面来说,不存在非法占有的故意,因而也不符合诈骗罪的主观构成要件。

首先,从法律规定来看,根据《最高人民法院关于审理非法集资刑事案件具体应用法律若干问题的解释》第4条规定,使用诈骗方法非法集资,具有下列情形之一,可以认定为"以非法占有为目的"。辩护人认为:第一,刚才已经论证,本案上诉人并不存在"虚构事实、隐瞒真相"的诈骗行为,不再赘述;第二,纵观全案,上诉人也并不存在本条规定列举的任何情形,包括其借钱全部用于购买和建造房屋的有关支出,不存在挥霍借款,不存在携带款项逃匿、没有用于违法犯罪活动,没有抽逃、转移资金,没有隐匿、销毁账目,也没有拒不交代资金去向,等等。因此,上诉人不存在可以认定为"非法占有故意"的任何情形。

其次,相反,从上诉人借款后的行为来说,也完全可以证明上诉人不具有非法占有的故意:第一,从一审判决来看,认为上诉人以涉案房屋设定抵押骗取被害人王某某等人借款后将抵押房屋转卖他人,这一行为本身就可以认定为具有非法占有的故意,很显然,这一认定本身就存在错误,如上所述,上诉人不存在骗取行为,房屋本身也不能认定为抵押房屋(这一点后面会讲到),转卖他人行为也不符合法律规定的"可以认定具有非法占有故意"的具体情形。而且,如果按照一审判决的逻辑,那么上诉人在借款后一直在支付利息达40多万元,即便按一审判决认定也有21万元,这一后续行为怎么解释?如果说上诉人在借款时就有非法占有的故意,那么其还支付这么多的利息岂不是完全自相矛盾?所以,一审判决仅仅只考虑将房屋转卖他人而不考虑上诉人的支付利息行为,从而推断出上诉人具有非法占有故意不仅不符合法律规定,而且是极其不严谨的;第二,上诉人不仅将卖出去的每一间房间的款项都用来支付利息,而且白天开出租车晚上开黑车,所得收入全部用来支付利息,全部支付利息达1000多万将近2000万元,如果说上诉人这样的情形具有非法占有的故意,那么只要存在借款不还的结果行为都可以认定具有非法占有故意了,那么涉及上诉人非法吸收公众存款这一块也全部可以认定诈骗了,这显然是极其不合理的;第三,可以发现,上诉人不管是借款前,还是借款后,尽管存在债务,但同样存在资产,而且也存在收入,并且上诉人不存在任何逃避债务的行为,客观上也是在尽力还款,这也是一审时涉及非法吸收公众存款这一块的借款人会出具谅解书的原因,因为他们相信上诉人具有还款的能力,也具有还款的意愿,这也足以证明上诉人不存在非法占有的故意。

综上,不管是从法律规定来看,还是从上诉人的客观行为来看,都不能推断出上诉人主观上具有非法占有的故意。

(3)从债权人的权利保护来看,债权人也不存在任何法益受损的情形。

首先,债权人实际上就是为了高利而借钱给上诉人,而且也明确知道涉案房屋性质,不具有转让或者抵押的条件,因此债权人在借钱给上诉人的时候并不存在错误认识;

其次,债权人借钱的目的既然是为了高利,因此在借钱后就一直逼迫上诉人支付高利,而上诉人也为此支付了大量的利息,实际上绝大多数的利息是不受法律保护的,从这个角度来说,债权人不仅权利没有受损,还从中得到了大量的非法利益;

再次,即便集资买卖协议书确实系上诉人所签,因为涉案房屋的性质,也不具备法律效力,无法得到法律的保护,这一点从债权人最终以民间借贷纠纷向法院起诉并得到判决认定就足以证明;

最后,即便借款抵押协议确实系上诉人所签,也只能确认借款的法律效力,而不具备抵押的法律效力:第一,抵押需要登记才生效;第二,协议上的内容也并非抵押条款,不符合抵押的实质要件。因此,根据借款抵押协议,只有借款才能得到法律的保护,所谓抵押不具有法律效力。

也就是说,即便集资买卖协议和借款抵押协议确实系上诉人所签,也确实系上诉人的真实意思表示,从法律上讲,也只有债权关系才能得到保护,其他的都是双方的无效民事行为,法院关于民事部分的判决也完全说明了这一点。这说明,哪怕上诉人没有将涉案房屋出售,债权人也无法就涉案房屋主张任何权利,而现在上诉人将涉案房屋出售,也没有损害债权人的任何权利,因为债权已经得到了法律的保护,而且实际上债权人反倒从上诉人支付高利的过程中得到了大量非法利益。

进一步需要说明的是,上诉人出售任何涉案房屋的行为,也是无效的民事行为,也就是说,上诉人不管是借款前出售涉案房屋,还是借款后出售涉案房屋,这些行为都是无效的,因为由涉案房屋的性质决定的。当然，尽管无效，但是上诉人这些销售房屋行为本身也不能构成诈骗罪，因为前面已经提到了，上诉人在出售房屋的过程中，不存在"虚构事实，隐瞒真相"的行为，所有人对房屋的性质都是明知的，而对于无效的民事行为，法律上的处理就是恢复原状。所以，从法律上讲，本案所涉房屋的权属问题根本就没有因为所谓的买卖或抵押而发生任何变化，因而本案所涉诈骗犯罪中的债权人也没有因为所谓的买卖或抵押而导致法律权利有任何受损。更何况，债权人目前还实际占有上诉人的其他房屋，根本不存在法律权利受损的问题。债权人目前只是无法实现债权，这显然应该通过民事行为来实现，退一步说，这些金额也只能认定为上诉人非法吸收公众存款的行为，而显然不能以诈骗罪来论。

2．关于诈骗罪第二笔涉案事实

辩护人认为，在该笔涉案事实中上诉人也不构成诈骗罪，理由和逻辑与第一笔涉案事实的论述基本一致，即：上诉人不存在客观上的"虚构事实、隐瞒真相"的诈骗行为，也不具有主观上的非法占有故意，同时也没有导致债权人的法益受损。重复的部分不再赘述，接下来就涉及该笔事实的具体情节做一个简单的阐述：①从客观行为来看，根据辩护人提供的证据材料，其中销售给胡某某的时间发生在向李某某借钱之后，这也进一步印证了上诉人的说法，即在向李某某借款时所涉房屋并未出售，因此，上诉人向李某某借钱时不存在"虚构事实、隐瞒真相"的诈骗行为。②从主观故意来看，一审判决认定上诉人用已出卖的房屋设定抵押骗取被害人李某某的借款就可以认定为上诉人具有非法占有的故意，这显然是极其错误的认定：第一，前提错误，上诉人没有用已出卖的房屋设定抵押骗取被害人李某某的借款，房屋实际上并未出卖，因此一审认定的前提不成立；第二，逻辑错误，即便上诉人存在一审判决认定的行为，那么也只能说明被告人使用了诈骗方法，而根据法律规定，认定非法占有为目的不能通过诈骗方法本身来推定，而需要结合具体的事后行为来认定，也就是说，两者缺一不可，因此一审认定的逻辑不周延。③关于该笔借款，上诉人实际上已支付了大量利息，而且最后也已经用房子抵销了本金，这一方面足以说明上诉人不存在非法占有的故意，另一方面也足以说明债权人不存在任何权利受损的情形，反而从中获取了大量的不法利益。④这一笔借款可以认定为非法吸收公众存款罪，但显然不构成诈骗罪，而非法吸收公众存款罪中关于一审认定的李某某那笔涉案事实实际上是不存在的，因为没有真实的借款关系发生，因此恳请二审法庭予以纠正。

判词摘要

二审法院经审理后认为，原判认定的事实不清、证据不足，故裁定撤销原审判决，发回重新审理。原审法院重新组织合议庭，经审理后认为郑某某诈骗罪不成立。

办案体会

本案从结果上来说应当是非常成功的，完全达到了当事人上诉的预期目标，甚至超过了预期目标。本案通过二审，成功发回重新审理，并最终改判诈骗罪不成立。

律师认为，本案成功的关键在于调查取证。在本案的二审过程中，律师花费大量的精力进行调查取证,最终向二审法院提供了大量证据,包括书证和证人证言,从而证明上诉人确实不存在虚构事实、隐瞒真相的情形,也确实不存在非法占有的主观故意。这也表明,作为刑事案件的辩护工作来说,调查取证是非常重要的一个环节,甚至可以说是最为重要的一个环节。也正因为如此,在目前的司法环境下,律师的调查取证工作存在极大的风险,以致很多律师在办理刑事案件过程中一谈到调查取证就为之色变。因此,充分保障律师在办理刑事案件中的调查取证权,是真正实现辩护权的关键。

当然,通过本案应当反思的问题还有很多,例如本案之所以被定性为诈骗罪,被害人对司法机关施加的压力是一个很重要的因素,因此对于司法机关来说,如何提高业务能力和抗压能力,应当值得深思;再例如本案之所以发生,是因为郑某某迫于资金压力,从而高利借贷,最终因为高利而导致资金链断裂,这样的悲剧已经一再发生,并已经对经济发展造成了严重的损害,因此如何破解融资难的问题,如何建立良好的社会信用体系,同样也是值得深思的问题。

64　试论细节分析在定性辩护中的价值体现

——何某构成盗窃罪、职务侵占罪还是掩饰、隐瞒犯罪所得罪解析

朱　武

案　　　由：掩饰、隐瞒犯罪所得罪

承办律师：朱武

公　诉　方：宁波市镇海区人民检察院

被　告　人：何某

裁判部门：宁波市镇海区人民法院

案　　　号：（2015）甬镇刑初字第396号

案情简介

2014年8月中旬，孟某伙同牟某、房某等人，利用房某在大连新港码头为装载在"海昌大连"轮上的石脑油做检测之机，采用多写货舱"空高"数据的手段，窃得石脑油70吨。在"海昌大连"轮将该船石脑油从大连新港码头运输至上海漕泾码头过程中，孟某伙同袁某、何某经事先预谋，在"海昌大连"轮途经舟山海域时，采用小船对驳的手段，共同盗窃船上的石脑油约100吨，经鉴定，价值约人民币60万元。

另，"鲲展"轮上的船员利用装卸石脑油的机会，将留存管线内的石脑油存储于船舱一角。2014年9月，"鲲展"轮上的船员通过袁某和何某取得联系，将积存的石脑油通过前述小船接驳的手段卖给何某，窃得该轮上运载的石脑油50余吨。

公安机关以涉嫌盗窃罪，对案件进行立案侦查；后以涉嫌职务侵占罪将案件移送审查起诉。公诉方审查起诉后，认为"鲲展"轮所涉犯罪行为中，何某构成掩饰、隐瞒犯罪所得罪；"海昌大连轮"所涉犯罪行为中，何某构成职务侵占罪，并以此向镇海区人民法院提起公诉。

辩护观点

律师接手本案并认真研究案件后，认为本案中，何某并不构成职务侵占罪，全案应对何某的行为定性为掩饰、隐瞒犯罪所得，因此主要围绕本案定性发表了辩护意见。由于"鲲展"轮所涉案件

定性并无争议,因此主要就"海昌大连"轮所涉事实展开发表意见。辩护词摘要如下。

关于"海昌大连"轮所涉事实,何某的行为不构成职务侵占罪,即使构成犯罪,也应定性为掩饰、隐瞒犯罪所得、犯罪所得收益罪。

1. 何某和孟某等人不存在犯意交流,缺乏职务侵占的犯罪主观故意

首先,从个人的角色定位来看。船长孟某及大副牟某等船员认为截留石脑油的是承运船的船员,他们的行为是偷卖石脑油。何某则认为自己仅仅只是收购石脑油,因此只关注有没有石脑油,石脑油价格是多少,而不会去关心石脑油的来源。

其次,从双方交流沟通的过程来看。孟某并未和何某商议如何窃取石脑油,只是通过袁某询问有没有人收购,收购价格是多少,从未告知销售石脑油是已经窃取成功,或者准备窃取的石脑油。何某则是通过袁某了解到可以收购多少石脑油,孟某要求的收购价格是多少,从未对石脑油的状态有过了解。孟某商议如何窃取石脑油的对象是大连商检人员房某,自始至终均未和袁某商议或告知石脑油的获取方式,更没有和何某商议或告知。

再次,从何某对"海昌大连"号船舶的了解情况来看。现有证据均无法体现出孟某等人和袁某或何某就船舶运输状况有过沟通。在此情况下,接收的石脑油究竟是从正在运输的石脑油中分离出来的,还是船员已经完成了交货,接收的石脑油是船员完成交货后截留的货物?何某对此根本一无所知。换言之,何某根据不具备和孟某等人产生职务侵占共同犯罪故意的基础条件。

从前述情况来看,双方通过袁某以及直接的交流内容,均未涉及窃取石脑油的手段方法等,双方仅仅就购买意向进行了确定。因此窃取石脑油是孟某等船员和房某的共同犯罪故意,何某则没有和他们的共同犯罪故意,认定何某构成职务侵占犯罪缺乏犯罪主观要件。

2. 从客观行为角度分析,何某收取石脑油时,孟某等人已经完成对石脑油的非法占有和控制

根据货物卖方和买方的工作人员证言,房某证言、以及买卖双方所订立的合同、商检报告,均显示,大连商检报告的数据是28 640.235吨,而购货方上海赛科公司也是基于这个数据和卖货方大连西太平洋公司进行结算。换言之,商检报告未计入的70吨,属于卖货方的损失。

从货物的所有权归属角度来看。根据买卖双方合同约定,货物在大连港完成装运即完成交付,交付承运人后,船上货物所有权即归属上海赛科公司所有。上海赛科公司的购买对象仅仅只是商检报告所列货物,也只会就该部分货物承担付款义务,由于商检人员协同船员的共同隐瞒,超出商检报告记载数量的货物尚未形成实际销售,其合法所有权应该仍旧归属大连西太平洋公司。

从货物控制权的转移和控制合法性角度来看。基于承运关系,孟某等人对商检报告记载的28 640.235吨石脑油属于合法的控制。商检报告未计入的70吨石脑油,则属于买卖双方不知情的、违背买卖双方意志的交付,因此商检报告形成并取得买卖双方认可之时,孟某等人就已经实现了对该部分石脑油的非法占有和实际控制。

从货物销售受害和得益的角度来看。从受害角度分析,商检报告形成之时,出卖方大连西太平洋公司的权益即已经受到侵害,若要弥补,只有三种方式:返还石脑油、修正商检报告、赔偿损失。而从得益角度分析,如果孟某等人没有销售石脑油,直接完整交付给购买方上海赛科公司,则因为

上海赛科公司并未为此支付对价,且此种交付违背出卖方意志,应该属于不当得利。而在本案中,由于孟某等人将货物卖给了何某,因此得益人就成了孟某等人,但职务侵占的非法受益人显然不包括何某,因为何某是通过支付对价的方式获取石脑油,而不是和孟某等人共同从职务侵占行为中分赃受益。

关于非法占有的货物数量的问题。证据同时显示,不论是何种测量方式,均存在误差,且如果对比装运的石脑油的总量来说,误差所产生的绝对数量差还不少,至少误差几十吨,均属于正常范畴。因此商检人员所言,扣减了70吨,并不一定就是70吨,甚至可能是90吨。

从本节事实所涉犯罪行为和常见的船员海上偷卖油品犯罪行为的差异点来看。常见的海上偷油,主要是利用运输过程中的损耗约定,在约定损耗率的限度内抽取承运油品进行非法售卖。这种方式下,买卖双方对交付承运油品的数量一直都是准确知悉的。本案利用的职务之便,主要是商检人员的职务之便,由船员和商检人员配合共同完成了职务侵占的犯罪过程。这种方式下,买卖双方对于交付的油品数量是存在认知错误的。这个特征导致对货物非法占有时间节点的认定会产生本质性差异。

综上所述,从客观行为来分析,在何某接收货物前,孟某等人已经实现了对货物的非法占有和控制。何某在本节事实中所参与的行为,就是根据袁某的联系,购买了前述窃取的货物。至于从大船上把货物转移到小船上,这是购买货物所必备的行为之一,即货物交割,不能据此判断何某参与了职务侵占行为的具体实施。更何况,何某仅仅只是接收货物,包括抽油泵、抽油操作,均由"海昌大连"轮的船员完成。

因此,本节事实不论是从主观故意还是客观行为对何某的行为进行法律评价,其行为均不具备职务侵占罪的构成要件,对何某不宜定性为构成职务侵占犯罪。

判词摘要

法院经审理后认为,被告人何某明知石脑油来路不正,仍旧予以购买,存在掩饰、隐瞒犯罪所得的概然性故意,但不具有职务侵占的共同故意,因此对辩护人的辩护意见予以采纳,判决何某构成掩饰、隐瞒犯罪所得罪。

办案体会

律师接受被告人何某家属委托时,该案已由侦查机关移交检察院审查起诉,指控罪名为职务侵占罪。

本案最大的难点在于镇海区人民法院对于类似案例的既往判例均是盗窃或职务侵占,几乎没有判决掩饰、隐瞒犯罪所得的先例。甚至,对于公诉方以掩饰、隐瞒犯罪所得罪提起公诉的案件,最终仍旧以构成职务侵占罪进行判决。

对于辩护律师而言,要改变公诉人、法官对于类似案件已经形成的根深蒂固的既往观点,这是一大难点,因此需要进行大量的细节分析,以此将本案和既往的类似案件区分开,以便更有利于说服法官。

　　在本案的审理过程中,控辩双方对基本事实没有争议,但对被告人构成何罪展开了激烈的交锋,而法院的判决也慎之又慎,最终法院认定本案不构成职务侵占罪,而是构成掩饰、隐瞒犯罪所得罪,而且在判决书的说理部分也充分吸取了辩护意见,可以说辩护取得了完全的成功。

　　本案的辩护成功,虽是个案体现,但也印证了辩护律师一直强调的一个观点,作为律师办案,尤其是办理刑事案件,对手都是法律专业人士,唯有立足案件细节下足功夫,并结合审判实践、案件背景进行宏观分析,才更有可能取得良好的办案效果。

第二十一章　刑法理论研究

65　中美刑事诉讼中的非法证据排除规则比较

董浩樑

摘　要:无论是中国还是美国,非法证据排除规则均是历史发展而言,而非一夜形成。不过,中国来源于成文法,美国来源于判例。我国言词证据在立法层面上还存在排除的可能性,但实物证据实行的裁量排除原则确实已经让非法实物证据的排除失去了实质性的意义。美国适用非法证据排除的主要有非法扣押的证据以及"毒树之果"两类,言辞适用米兰达规则,而不适用非法证据排除,对不予排除的以例外规则予以明确。我国非法证据排除规则适用于整个刑事诉讼的过程,刑事诉讼的各参与者均可以提出;而美国的非法证据排除规则只有被侵害人可以提出,有权排除的主体是法院。我国的非法证据排除程序在司法实务中庭前会议或将变成把非法证据洗白的秘密审判,而且由被告人承担了过重的举证责任甚至在司法实务中承担了完全的证明责任,因而无法有效实现非法证据排除的价值。

关键词:刑事诉讼　非法证据排除规则　比较

非法证据排除规则在刑事诉讼中的作用毋庸置疑,它甚至可称之为在刑事诉讼的各种制度中遏制公权力(尤其是侦查权力)滥用最为有效的制度。可以这么说,非法证据排除规则的存在,使犯罪嫌疑人或被告人的辩护权利得到了更大的空间,也使真相的呈现和正义的实现拥有了更大的可能,本质上完全符合"宁可错放、不可错判"的无罪推定法律精神。

2012年3月14日,我国的第十一届全国人民代表大会第五次会议通过了《关于修改〈中华人民共和国刑事诉讼法〉的决定》,对原来刑事诉讼法的修改和增加共140多处,条文数也由225条增加到290条。而正是本次修订,才终于在《刑事诉讼法》条文中确立了非法证据排除规则。但是,从笔者看来,目前我国的非法证据排除规则,无论在立法层面,还是在司法实务层面均存在重大缺憾,以至于非法证据排除规则在我国逐渐沦为一个"伪命题",显然无法实现制度设计本身应有的作用和目的。

鉴于非法证据排除规则在我国所面临的困境,且非法证据排除规则本就肇始于西方,尤其是美国第一个确立了完整的非法证据排除规则,因此笔者认为,将美国刑事诉讼中的非法证据排除规则和我国目前的非法证据排除规则进行一个全面的比较,对于我国非法证据排除规则在实务层面的理解和适用,甚至在理论和立法层面的检讨和修订,都具有现实意义。

一、非法证据排除规则的历史发展及权利来源

1. 中国的非法证据排除规则的历史发展

1979年我国《刑事诉讼法》第32规定:严禁刑讯逼供和以威胁、利诱、欺骗以及其他非法的方法收集证据,1996年《刑事诉讼法》第43条再次明确了上述规定。这体现了我国在立法层面对非法取证行为所持的一贯否定态度,但实际上仅仅只是一项原则性规定,尚未进行完整的制度设计,尤其并未规定侦查机关实施了非法取证行为应承担的实体性后果,因此非法证据排除规则也无从谈起。

1998年最高人民法院制定的《刑事诉讼法解释》第61条规定:严禁以非法的方法收集证据。凡经查证确实属于采用刑讯逼供或者威胁、引诱、欺骗等非法方法取得的证人证言、被害人陈述、被告人陈述,不能作为定案的根据。1999年最高人民检察院出台的《人民检察院刑事诉讼规则》第265条规定:严禁以非法的方法收集证据。以刑讯逼供或者威胁、利诱、欺骗等非法的方法收集的犯罪嫌疑人供述、被害人陈述、证人证言,不能作为指控犯罪的证据。可以发现,上述规定在一定程度上确立了非法言词证据的排除规则,至少明确了非法言词证据应当予以排除的实体性后果。但是,仍然缺乏非法证据排除的实施性(程序性)规则。

2010年5月30日,最高人民法院、最高人民检察院、公安部、国家安全部、司法部联合出台了《非法证据排除规定》,这一规定主要包括两个方面内容:一是实体性规则,对非法言词证据的内涵和外延进行界定,并规定相应的法律后果;二是程序性规定,将有关非法取证的认定问题纳入刑事诉讼中程序裁判的范畴予以解决。该规定扩大了非法证据排除的范围,设立了非法证据排除的程序,也确立了非法证据排除的证明责任和证明标准,相比以往,显然是我国刑事诉讼证据规则上的一次巨大进步。

2012年新的《刑事诉讼法》第54条规定:采用刑讯逼供等非法方法收集的犯罪嫌疑人、被告人供述和采用暴力、威胁等非法方法收集的证人证言、被害人陈述,应当予以排除。收集物证、书证不符合法定程序,可能严重影响司法公正的,应当予以补正或者作出合理解释;不能补正或者作出合理解释的,对该证据应当予以排除。这一规定明确了非法证据的概念以及排除的范围、原则。并且,新《刑事诉讼法》第50条规定了不得强迫任何人自证其罪,同时增加5条内容规定了非法证据排除规则。从具体内容来看,新《刑事诉讼法》明确了非法证据的排除范围和排除原则,也对排除程序、证明责任、证明标准作了相应的规定。因此,我国目前的非法证据排除规则是基于新《刑事诉讼法》的规定而构建。

2. 美国非法证据排除规则的发展

1791年，美国在1787年宪法的基础上批准了《权利法案》，成为美国宪法的第一到第十修正案。其中，第四修正案规定：任何公民的人身、住宅、文件和财产不受无理搜查和扣押，没有合理事实依据，不能签发搜查令和逮捕令，搜查令必须具体描述清楚要搜查的地点、需要搜查和扣押的具体文件和物品，逮捕令必须具体描述清楚要逮捕的人。这一修正案成为美国宪法规定的个人自由最强有力的保障之一，但这只是保护个人权利免受公权力侵犯而赋予公民的宪法性权利，其伊始并不适用于非法证据排除规则，也并不仅仅适用于刑事诉讼，但是非法证据排除规则的起源正是来自于这一宪法性权利，并最终由美国联邦最高法院的大法官们所创设。

1914年，在威克斯诉美国联邦政府一案中，美国联邦最高法院宣告：第四修正案的作用是在美国的法院、联邦官员运用其权力和职权时，将他们置于有关运用这种权力和职权的限制及约束之下，同时永久保护人民，他们的人身、住宅、文件和财产不受以法律为幌子的不合理搜查和扣押。这种保护对于所有人都是相同的……对于那些依靠非法扣押、强迫认罪执行国家刑法来获得定罪之人的倾向，以及使被告人屈从破坏联邦宪法所保护权利的不正当执法行为之后搜集的证据，都应当在法院的判决中得不到认可，这些行为永远都可以宪法为后盾被指控，各阶层的人民有权诉诸宪法维护这种基本权利。威克斯案标志着美国非法证据排除规则的诞生，根据该案，依靠不合理搜查、扣押取得的证据，不能在联邦法庭上用作指控被告人的证据。

1961年，在马普诉俄亥俄州一案中，美国联邦最高法院认为：非法证据排除规则是第四修正案和第十四修正案的重要部分，既然承认第四修正案表达的隐私权适用于各州，就不应当让该权利形同具文，因此，非法证据排除规则应当适用于各州。在马普案之前，非法证据排除规则在适用时是留待各州自由裁量的，也就是说有些州法院可以适用，有些州法院可以不适用，但马普案判决之后，联邦法院和州法院都必须适用非法证据排除规则。这一判例被有些学者称为联邦最高法院曾经判决的第二重要的执法案例，而最重要的案例即米兰达诉亚利桑那州也将会在本文的后面部分提及。

此外，美国联邦最高法院还用其他诸多案例完善了非法证据排除规则，例如：纳多恩诉美国联邦政府一案，确立了"毒树之果"规则；美国联邦政府诉利昂一案，明确了非法证据排除规则存在例外情形；凯茨诉美国联防政府一案，则改变了对搜查的界定，扩大了非法证据排除规则的适用范围。在此不再一一赘述。

经过上述梳理，我们将会对两个国家非法证据排除规则的发展脉络有一个大致的了解，我们也可以发现，非法证据排除规则的大厦并非一夜建成，中国从1979年《刑事诉讼法》到2012年《刑事诉讼法》，非法证据排除规则还远称不上完善，而美国也是经过长时间的发展，联邦最高法院才用诸多案例创设了全世界最早也是最完备的非法证据排除规则。而从权利来源上看，中国的非法证据排除规则直接来源于成文的《刑事诉讼法》及相关司法解释，而美国则没有成文的刑事诉讼法典，其非法证据排除规则来源于美国宪法的第四修正案以及联邦最高人民法院的判例。

二、非法证据排除规则的适用范围及原则

（一）中国非法证据排除规则的适用范围及原则

根据我国《刑事诉讼法》的规定,我国非法证据排除规则的适用范围既包括犯罪嫌疑人、被告人以及证人形成的言词证据,也包括物证、书证在内的实物证据。也就是说,如果是通过非法方法取得的言词证据,或是不符合法定程序收集到的实物证据,均属于非法证据的范畴。

那么是否只要是非法证据,就能一律排除而不得作为定案的依据呢? 根据法律规定,我国确立的非法证据排除原则为:对非法言词证据,实行绝对排除原则,也就是说只要是通过刑讯逼供(包括肉刑和变相肉刑)及其他非法方法(包括威胁、引诱、欺骗等)获得的言词证据,均应当一律排除;对非法实物证据,实行裁量排除原则,也就是说,在立法层面上对非法取得的实物证据采取了相对宽容的态度,即对于可能严重影响司法公正的实物证据,即便是非法获得,也允许侦查机关予以补正或者作出合理解释。

但是在中国的司法语境下,我国的非法证据排除规则在立法和司法实务中显然均存在重大缺憾:

首先,从言词证据来看,关于多次形成的笔录,例如被告人的"重复自白",即某次有罪供述系刑讯逼供或其他非法方法取得,但与该供述内容相同但并未涉嫌采用非法方法取得的后续供述,是否应当适用非法证据排除规则予以排除?《刑事诉讼法》并没有对这一问题做出回应,这就意味着在司法实务中,这类言词证据均将作为有罪证据而被采信,也使得言词证据的绝对排除原则形同空文。因为即便辩方确实证明了侦查机关刑讯逼供行为的存在,也只能充其量排除掉某份言词证据;如果辩方要排除掉被告人所有的有罪供述,就需要证明侦查机关在每份有罪供述笔录的形成上均存在非法手段,这实在是一个不可能完成的任务。

其次,从实物证据来看,只要给予侦查机关补救的权力,显然更加难以排除,而且这种补救的门槛在司法实务中还非常低,例如侦查机关自行出具的一份情况说明就属于补正或者合理解释的情形比比皆是。所以,如果说言词证据在立法层面上还存在排除的可能性,在司法实务中也存在适用非法证据排除的极少数个案,那么实物证据实行的裁量排除原则确实已经让非法实物证据的排除失去了实质性的意义。

（二）美国非法证据排除规则的适用范围及原则

根据美国联邦最高法院的判决,非法证据排除规则只能适用于美国宪法第四修正案的搜查和扣押案件,只有基于违反第四修正案不受不合理搜查和扣押的规定,包括任何通过这种违反而搜集的证据的排除,才归入非法证据排除规则。也就是说,美国的非法证据排除规则适用的范围是以实物证据为主。

关于言词证据,尤其是被告人的供述,并不适用来源于第四修正案的非法证据排除规则,而是基于美国宪法第五修正案的规定:任何人……不得在任何刑事案件中被迫自证其罪;不经正当法律程序,不得被剥夺生命、自由或财产。在1966年的米兰达诉亚利桑那州一案中,美国联邦最高法院援引第五修正案,确立了米兰达规则(包括赋予被告人沉默权),并明确了被告人陈述可采性的标

准,这也成为美国联邦最高法院所判决的执法案例第一案,举世闻名。

美国适用非法证据排除的主要有以下两类证据:非法扣押的证据以及"毒树之果"。"毒树之果"是指:一旦第一手证据(即"树")被证实是非法搜集的,任何来源于此的第二手或派生证据(即"果")都不能采纳。例如:警察对一处房屋进行了一次非法搜查,发现了一处标有被盗窃货物位置的地图,利用这幅地图,警察又在一处废弃的仓库里追回了货物。那么根据美国的非法证据排除规则,地图和货物均应当予以排除,因为地图是一个非法扣押的证据,而货物则是"毒树之果"。

美国适用非法证据排除规则的原则是"例外原则",即通过判例明确例外情形,除了判例确定的例外情形外,其他能够确认证据系非法扣押获得或者系"毒树之果"的情形,那么就应当予以排除。目前美国联邦最高法院通过判例确定的非法证据排除例外情形主要有以下几类:

(1)善意的例外:是指即使在证据的搜集上存在错误或失误,但这些错误或失误并非警察所造成,例如说是法庭的书记员造成的,那么取得的证据仍然具有可采性;或者如果是警察造成,但警察是出于诚实和合理的理由,搜集的证据仍然可以被采纳,但是在这种情形中警察不仅需要主张其不知道行为非法,而且需要证明其对行为合法抱有诚实和客观合理的信念;

(2)必然发现的例外:是指如果警察能够证明,尽管其采取了非法手段获取了证据,但是该证据运用合法手段无论如何都将被必然发现,那么该证据也具有可采性;

(3)消除污点的例外:是指被告人自愿的介入行为足以打破原来有污点的证据和警察的非法行为之间的因果关系链条,从而使证据重新具备可采信,这一例外与"毒树之果"相关;

(4)独立来源的例外:是指如果警察能够证明,尽管其采取了非法手段,但是证据是从与非法搜查或扣押无关的独立来源而搜集的,那么搜集的证据也具有可采性。

通过上述比较可以发现,我国的非法证据排除规则包括了言词证据和实物证据,并且确立了相应的适用原则,但令人遗憾的是,由于立法和司法实务的原因,非法证据排除规则显然难以有效运行。美国的非法证据排除规则主要是指实物证据,而且通过相关案例明确了非法证据排除的例外情形,使得例外情形以外的其他非法实物证据均能得以排除;至于被告人的坦白和承认等言词证据,则不适用非法证据排除规则,而是根据更为严格的标准(由米兰达诉亚利桑那州一案确立),即检察机关必须证明被告人是合理并自愿的放弃沉默权及放弃聘请律师或者获得指定律师的权利,否则言词证据不具备可采性。

三、非法证据排除规则的适用程序

(一)中国非法证据排除规则的适用程序

首先,根据《刑事诉讼法》,我国非法证据排除规则适用于整个刑事诉讼的过程,正所谓"一路审查一路排",而且在各个阶段包括侦查阶段、审查起诉阶段、审判阶段,不仅当事人及其辩护人、诉讼代理人有权申请启动非法证据排除程序,侦查机关、检察机关和人民法院也可以依职权启动非法证据排除程序。也就是说,我国的侦查机关、检察机关和人民法院既可以作为启动非法证据排除程序的主体,也可以全部成为排除非法证据的主体。这样的规定,表面上看似乎更加规范,但非法证据排除规则的实质是强调司法权(审判权)对警察权力(侦查权)的严格制约,而不是让侦查权和审判权混为一谈,从而导致权力边界的模糊。

其次,《刑事诉讼法》并没有对审判阶段当事人提出非法证据排除申请的时间节点作出明确规定,也没有对审判阶段排除非法证据的具体程序作出规定,导致适用的模糊性。但是参照此前两高作出的《非法证据排除规定》,如果被告人及其辩护人在开庭审理前或者法庭调查前提出申请,法庭在公诉人宣读起诉书后应当先行当庭调查;如果被告人及其辩护人在法庭调查开始之后、法庭辩论结束前提出申请的,法庭应当暂时中断法庭调查或法庭辩论,开始非法证据的调查和裁决程序。

再次,根据《刑事诉讼法》规定,庭前会议也涉及非法证据排除。第一个问题是:被告人及其辩护人的非法证据排除申请是否必须在庭前会议提出? 如果不提出,是否就无法在随后的法庭审理阶段提出? 尽管有人认为应当将非法证据排除的提出限定在庭前会议阶段,否则就视为权利的放弃,但这显然与法律相悖(上述已经提及),也严重制约甚至剥夺了被告人的诉讼权利。因此笔者认为即便庭前会议没有提出非法证据排除的申请,也不妨碍在法庭审理阶段随时提出。第二个问题是:如果在庭前会议提出非法证据排除申请,那么庭前会议仅仅是确定非法证据排除的争议焦点,还是涉及对证据合法性的实体性审查? 尽管有人认为庭前会议可以对证据合法进行实体性审查,但笔者认为,庭前会议只适合确定争议焦点,对证据合法性的调查和裁决程序应当放在庭审中进行,否则与法律规定相悖,且庭前会议很可能演变成为决定判决结果的秘密审判。

最后,根据《刑事诉讼法》规定,非法证据排除程序的启动需要被告人及其辩护人提供相关线索或者证据。当然,对于收集证据合法性的证明责任应当由控方承担,这一点毫无疑问,也被《刑事诉讼法》所确定,但是提供可能存在刑讯逼供或者其他非法取证行为的证据或者线索的责任则由辩方承担,这显然是证明责任的转嫁,而且更糟糕的是,在司法实务中,辩方在非法证据排除程序中往往需要承担完全的证明责任,即需要证明侦查机关的取证方式确实存在刑讯逼供或其他非法方法。

(二)美国的非法证据排除规则的适用程序

首先,美国的非法证据排除规则非常明确,有权提出非法证据排除的主体只能是宪法第四修正案的权利被侵犯的人,即那些个人隐私权的合理期待被警察的非法执法行为所破坏的人,任何公权机关都无权提出。而有权排除非法证据的主体是法院,包括各级联邦法院和州法院,其他公权机关无权行使,因为非法证据排除规则援引宪法权利,应当由法院进行独立审查,并以此遏制警察的不合法行为。这样的设置显然体现了当事人主义和司法独立的精神。

其次,在美国的联邦法院和州法院,排除非法证据的基本程序是审前排除证据动议。只要被告人提出非法证据排除动议,法院就会安排审前听证会,在听审中控辩双方需要对出庭证人(主要是执法警察)进行询问,需要对证据进行质证,需要发表相应的法律意见,而听审法官在听取双方意见后作出裁决,可以是当庭裁决,也可以是庭后裁决,而且听审法官和之后进入正式审判的法官往往并非同一个人。

再次,如果被告人在审前听证会中失败,在正式审判中只要被告人此前提出动议的那些材料被控方作为证据出现在法庭上,被告人仍然可以提出非法证据排除动议。如果被告人在审判中败诉,那么非法证据排除的问题能够在上诉时再次提出。如果被告人在上诉中再次失败,那么同样的问题能够在定罪后的诉讼中提出,例如被告人可以在提出人身保护令时再次要求排除非法证据(法律赋予已决罪犯基于审判中涉嫌对宪法权利的侵犯而寻求自由的救济程序)。也就是说,在美国的刑事案件中被告人要求适用非法证据排除规则的机会是没有终点的。

最后,根据美国的非法证据排除规则,举证责任主要取决于警察的搜查、扣押等执法行为是否符合程序性要求,即是否向法院申请了令状。如果说警察在搜查或扣押时是根据签发的令状执行的,则存在合法性的假定,而被告人就需承担证明令状的签发没有相当理由的举证责任(美国刑事诉讼中关于令状的签发存在专门程序,简单来说,由警察进行申请,并需证明申请存在相当理由,由治安法官或法官审查后决定是否签发令状),这对于被告人来说显然是一个非常困难的举证责任,因为这需要被告人提供更高确信度的证据来证明警察申请令状时提供的相当理由实际上并不存在。而如果警察的搜查或扣押是在没有令状的情况下进行的,那么控方就要承担举证责任,证明相当理由的存在或者证明在没有令状的情形下进行搜查、扣押等执法行为是令状要求的例外,这对控方来说又意味着是一个艰难的任务。

通过上述非法证据排除程序的简单比较,我们可以发现,中国的非法证据排除程序赋予了公权力机关更多的职权,导致审判权和侦查权的权力边界不明确,没有明确完整的操作规则,尤其在司法实务中庭前会议或将变成把非法证据洗白的秘密审判,而且由被告人承担了过重的举证责任甚至在司法实务中承担了完全的证明责任,因而无法有效实现非法证据排除的价值。反观美国,从程序的启动、证据合法性的审查程序、被告人的救济程序等诸多方面均非常注重对被告人权益的保护,且具有现实的可操作性,因此相应的制度设计完全体现了防止公权力尤其是警察权力滥用的精神。

余　论

非法证据排除规则,从它创立至今,一直不乏争议,即便是在它的诞生之地美国,也同样有赞成者和反对者,尤其是"9·11"后在应对恐怖主义的形势下引发了更大的争论。赞成者希望这个规则保持完整无缺并被严格的适用,任何让步都被认为是导致规则走向死亡的通道,而反对者则认为它排除了最可靠的证据种类——实物证据,阻碍了法院发现真相,从而希望彻底废除该规则。而在我国刑事诉讼的价值序列中,打击犯罪的重要性显然要远远大于保障人权,在这样的司法语境下,非法证据排除规则所包含的价值、理念和行为准则更加难以达成一致,因此沦为一个"伪命题"也并非不可能。但是,不要忘记,确实有那么多冤、假、错案在现实中发生,每一桩此类案件都毫无例外的建立在刑讯逼供或其他非法方法形成的证据基础上,它们都曾经被称为铁案。因此,只要我们秉持真正的法律精神,就会意识到非法证据排除规则的重要性,相比于通过非法证据排除规则而脱罪的个案,利用健全的制度防止侦查机关滥用权力应该更为重要。总之,衷心希望他山之石可以攻玉。

66 刑事判决书量刑说理实证研究

王仲志

摘 要:刑事判决书量刑结论对于被告人的意义不言而喻,被告人对于量刑结论的接受与否直接影响我国刑事司法的权威和公正。结合研究样本,可以发现刑事判决书普遍存在着量刑说理格式化严重,说理标准模糊,辩护意见说理缺乏,缺乏逻辑论证,内容不全面等问题。针对上述问题,提出近期对策在于优化裁判文书结构,增加独立的量刑说理部分、繁简分流,明确量刑说理标准,加强对量刑辩护意见的说理和量刑说理分析能力,充实量刑说理内容;远期构想在于继续完善相对独立的量刑程序以及相关配套程序,设置量刑听证和答辩程序,以及量刑证据和调查制度。

关键词:刑事判决书 判决理由 量刑说理 实证研究

一、量刑说理基本概况

意大利著名法理学家贝卡利亚曾在其《论犯罪与刑罚》一书中提出审判和犯罪的证据应当公开的裁判原则。该原则从两个方面阐释法院的审判公开:一是法庭的审理和判决应当公开,允许公众通过适当的途径检索监督;二是确定被告人犯罪事实的依据应当公开,允许社会群体参加旁听和舆论的关注。法律的实际施行效果是考量法律的统一性和权威性的重要指标。因此,研究刑事司法的相关论题,不应忽视对刑事实务中对判决书量刑说理等问题的研究。

近年来,司法实务中出现了一系列社会反响热烈、量刑结论争议较大的刑事案件,如广州许霆案、河南大学生"掏鸟"案。类似案件之所以会引起社会舆论的如此关注,是因为被告人及社会公众在判决书中很难找到刑事法官作出量刑结论的具体理由,很难找到刑事法官对被告人具体量刑情节的评价,造成量刑结论缺乏有力的量刑理由予以支撑,受众群体难免会对刑事判决的公正性提出质疑。

本文所要研究的刑事判决书量刑说理是指在刑事判决书的制作过程中,刑事法官为了论证其量刑结论的正当,依据相关的法律规范或法律原则对被告人的量刑情节结合控辩双方的量刑证据、量刑事实认定以及法律适用等问题进行说明的行为的总称。

二、刑事判决书量刑说理的实证考察与存在的问题

(一)刑事判决书量刑说理的实证考察

实践是检验真理的唯一标准,对刑事判决书量刑说理的研究必须结合大量的刑事判决书去分析、发现当前我国量刑说理中存在的问题。

1. 样本的情况说明

目前,我国关于庭审制度的程序设置是四级两审制,此种模式下,大多数的普通刑事案件判决是由基层人民法院作出的。还有一些案件,由于被告人的上诉或者检察院的抗诉等原因进入二审程序。针对上述情况的存在,笔者对所选取的样本作如下说明:

选取的422份刑事判决书主要来源于中国裁判文书网及北大法宝司法案例库等。为使选取的刑事判决书具有代表性并能够客观、全面地反映当前我国刑事判决书量刑说理中存在的一些问题,笔者在样本的选取时确定了以下四个基本条件:第一,判决书作出时间为2015年1月1日至2016年12月31日;第二,判决书涵盖的罪名主要为纳入量刑规范化的15种罪名;第三,判决书涉及地域广泛。样本覆盖了全国25个省级区域,其中既有沿海经济发达地区同时也包括中部地区以及西部经济欠发达地区;第四,所选样本包含各级法院的刑事判决书。

2. 具体样本的量刑说理情况分析

(1)对引发二审理由的考察。根据刑法的规定,刑事案件中被告人不服一审未生效的判决提起上诉一般基于以下三个理由,一是对一审判决书中针对事实的认定不服提起的上诉,二是对一审判决书中针对法律适用不服提起的上诉,三是对一审判决认定的量刑结论不服提起的上诉。在所选取的110份二审判决书中,被告人针对事实认定上诉的占样本总数比为27%,针对量刑不服的占比为36%,针对适用法律不服的占比为24%,因其他原因上诉的占比为13%。具体参见图1。

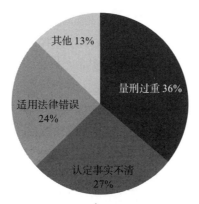

图1　上诉原因比例图

(2)对是否按照《量刑程序意见》规定的刑事裁判文书内容进行说理的分析。2010年相关部门联合颁布《关于规范量刑程序若干问题的意见(试行)》(以下简称《量刑程序意见》),该《量刑程序

意见》明确提出,法院的刑事裁判文书,应当说明量刑理由。《量刑程序意见》第11条对裁判文书量刑说理内容进行了明确,主要包括法院已经查明的量刑事实及其对量刑的作用;是否采纳公诉人、当事人和辩护人、诉讼代理人的量刑建议、意见的理由;人民法院的量刑理由和法律依据三个主要方面。在选取的422份刑事判决书中,笔者遗憾的发现,仅有64份刑事判决书基本按照要求进行说理,占样本总数的15%,而其余358份刑事判决书则在量刑说理方面存在诸多问题。关于刑事判决书是否按照《量刑程序意见》进行说理,其比例见图2。

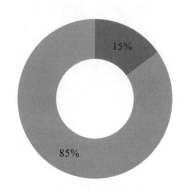

■ 按要求进行量刑说理　　■ 未按要求进行量刑说理

图2　刑事判决书量刑说理情况

三、刑事判决书量刑说理存在的主要问题

(一)量刑说理格式化严重

根据笔者对所选样本的分析得知,法官在判决书中阐述量刑理由的推理过程大致是以刑事法律法规为大前提,以量刑事实为小前提,附之量刑证据,并将三者有机结合得出量刑结论。这种量刑说理模式体现在刑事判决书的量刑说理中主要表现为对被告人的量刑事实、量刑情节,以及量刑的法律依据的阐述。如,广东省普宁市(2015)揭普法刑初字第213号刑事判决书:"……被告人黄××构成容留他人吸毒罪,依法应予严惩。鉴于其能当庭认罪,可酌情从轻处罚,依照《中华人民共和国刑法》第××条之规定,判决如下……。"在所选取的刑事判决书中一般对定罪的说明比较充分,对量刑的说理比较缺乏,且格式化严重。对于大多数被告人而言,他们更关注的是自己的犯罪行为所带来的法律后果,如果对影响其自身利益的权利限制缺乏必要的说明,难以使得他们信服,进而影响司法的权威。

刑事判决书中格式化的量刑说理弊端明显,无法有效的针对个案进行分析论证。刑事法官如果只是格式化的对量刑结论进行说理,不在判决书中对控辩双方的意见进行明确答复,即使综合考量得出的量刑结论也会引起不必要的争议,难以真正确保法院刑事判决书的权威性和既判力。

(二)量刑说理标准模糊

我国实行的量刑规范化改革,其主要目的是限制刑事法官的恣意量刑,提升量刑的客观性,但也允许刑事法官在10%的幅度内对量刑进行调整。笔者在对选取的刑事判决书进行分析时发现,由于标准比较模糊,导致各审判机关理解不一。如按照刑法的规定,在对被告人判处缓刑时要考虑其社会危险性,对于如何考虑"社会危害性",绝大部分刑事判决书中表述为"其确有悔罪表现,不具有再犯的危险,宣告缓刑对所居住的社区没有重大不良影响,可依法对其宣告缓刑",刑事法官主观性较大。比较值得提倡的是在内蒙古林西县(2015)林刑初字第6号刑事判决书中对被告人付某社会危险性的考量中,县司法局出具了调查评估依据,对被告人判处缓刑的社会危险性作了综合考量。

刑法以及刑事诉讼法中规定的原则性量刑说理标准比较模糊,司法实践中会遇到很多问题。从而导致一些法院在作出刑事判决书的时候对量刑说理一笔带过,进行原则性的总结,达不到说理的效果和作用。量刑说理的标准模糊将会导致我国刑事判决书说理混乱,同案不同判、同案不同说,很大程度上有损司法的权威性。

（三）对量刑辩护意见说理缺乏

对于检察机关提起审查起诉的案件,检察机关可以向法院提出针对被告人的量刑建议。实践中,检察机关提出量刑建议的方式主要通过起诉书。对于辩护人而言,在被告人定性无疑的情况下,一般会着重进行定量辩护,即量刑辩护。量刑辩护权也是被告人和辩护人享有的基本诉讼权利。量刑辩护需要发表量刑辩护意见,相对于法院对检察机关量刑建议的说理,法院对辩护方量刑意见的说理则明显不足。因此刑事法官在针对被告人作出量刑结论时,应同样对辩护意见进行说理,对于是否采纳应释明具体的理由和依据。

笔者对选取的422份刑事判决书进行分析研究发现,法官在对控辩双方量刑建议或量刑意见的回应上大多采纳公诉方提出的量刑建议,对辩护方的量刑意见的采纳率明比较低,对于不采纳的原因缺乏必要说明,对辩方的量刑意见明细说理不足。对于法院采纳控辩双方建议或意见的情况,具体情况参见表1。

表1 法院采纳控、辩方建议/意见情况

单位/条

控方量刑建议			辩方量刑意见		
提出数量	采纳数量		提出数量	采纳数量	
	完全采纳	部分采纳		完全采纳	部分采纳
178	147	31	169	35	134

（四）量刑说理缺乏逻辑论证

刑事司法作为一种社会控制活动,是区别于科学研究活动寻求科学性的客观性的司法活动。刑事司法追求一种商谈性的客观性,这一特性确定了刑事司法与司法推理活动的有效性和内在关联性。刑事判决书的量刑说理应有其内在逻辑性和科学性,加强量刑的逻辑论证有助于说理的科学性和可信性。

对于刑事法官而言,量刑就是一个不断将刑罚裁量活动程序化并将日益清晰的经验法则类型化和标准化的过程。刑事法官基于案情事实和案件证据,在宏大的理论体系以及法律体系的指引下运用逻辑演绎的方法,作出最后的量刑结论。此时,量刑结论的正当与否,不仅要看结论是否符合最基本的法律规定,同时也要符合量刑的逻辑性以及社会受众对该刑事判决结论的接受度。因此,刑事法官在刑事判决书中对量刑结论的逻辑说理和逻辑论证显得格外重要。

量刑说理缺乏必要的逻辑论证,即使量刑结论没有问题,一定程度上也会导致社会公众对刑事司法的公正性提出质疑。

（五）量刑说理的内容不全面

刑事判决书中的量刑说理是反映刑事法官在作出刑事量刑结论的思维过程和逻辑证成活动。在笔者所选取的刑事判决书中,绝大部分刑事判决书都会对被告人的定罪进行比较详细的说理,但是对量刑说理少之甚少,对量刑中的附加刑说理几乎为零。这也反映出我国当前刑事判决书在量刑说理方面存在的一些问题。

具体来说,主要存在以下几个问题:第一,相较于定罪说理,量刑说理缺乏。一般而言,关于刑事判决书的量刑说理部分在"本院认为……"部分,根据被告人的犯罪事实结合刑法具体罪名的构成要件去分析被告人构成罪与非罪,然后分析被告人是否具有法定或酌定量刑情节,最后给出量刑结论。但是笔者经过对所选取的样本分析发现关于被告人定罪的论证部分占据了说理的绝对篇幅,而对量刑部分只是一带而过,很少具体分析为何选取该种量刑。以具体判决书为例,湖北省武汉市洪山区人民法(2015)鄂洪山刑初字第00363号刑事判决书在定罪、量刑说理部分写到"本院认为,被告人杨某以暴力方法阻碍国家机关工作人员依法执行职务,其行为已构成妨害公务罪。公诉机关指控的事实及罪名成立,法院予以确认。案发后,被告人杨某积极赔偿被害人损失,取得被害人了谅解。在本院审理期间,亦能自愿认罪,可以酌情从轻处罚。依照《刑法》第277条、第52条之规定,判决如下……",对于这些量刑情节是如何影响量刑结论的则不得而知,缺乏必要的说明。第二,相较于实刑说理,缓刑说理缺乏。对被告人而言,是否判处缓刑关系到自己的切身权利,意味着人身自由的不同限制。在共同犯罪案件中,如有被判处缓刑的被告人,对于其他被判处实刑的被告人而言迫切希望从刑事判决书中找到一些安慰和说服自己的理由。从笔者所选取的刑事判决书中发现,对缓刑的说理基本上是:被告人自愿认罪,有悔罪表现,积极赔偿,社会危害性小,等等,对判处缓刑缺乏实质性的说理。第三,相较于主刑说理,附加刑说理微乎其微。根据我国刑法中对刑罚种类的规定,刑罚分为主刑和附加刑,因此,对被告人确定何种刑罚时必须给出正当的理由,即使是附加刑也不例外。遗憾的是,在笔者选取的刑事判决书中,有138份有附加刑,但均未对附加刑说理,具体参见表2。

表2　法院对被告人宣告附加刑的说理情况

单位/条

附加刑种类	案件数	说理比例
罚金	107	0
没收财产	18	0
剥夺政治权利	13	0
驱逐出境	0	0

四、我国刑事判决书量刑说理的完善

刑事判决书量刑说理的完善不是一蹴而就的,需要一系列的对策和制度设计才能逐步完善。结合文中前述部分对我国刑事判决书量刑说理的实证考察及存在的问题,笔者拟从近期和远期提出完善我国刑事判决书量刑说理的一些构想。

（一）近期对策

1. 优化判决书结构

第一,在刑事判决书中增加独立的量刑说理部分。实际上,我国刑事判决书结构不同于其他国家和地区,不同之处在于前三部分设置的顺序不同。德国以及我国台湾地区的有罪判决书格式是按照主文+事实+理由的顺序进行的,而我国则是按照事实+理由+主文的顺序形成判决书的。这种排列顺序并无不妥,可以维持。维持不代表不可以对刑事判决书的结构作部分优化。司法实务中,刑事法官多是将定罪情节和量刑情节混在刑事判决书中,而多数的量刑情节的证据不直接在判决书中予以呈现。因此,刑事法官在作出量刑结论时直接引用量刑情节不加量刑证据让刑事判决书受众有点不知所云,难免会让受众群体感觉说理不足、影响量刑的公正性。

为了加强刑事判决书的量刑说理,笔者建议对当前刑事判决书的结构进行优化,将定罪和量刑说理独立出来,增加独立的量刑说理部分。可以考虑将影响被告人量刑的各类证据、被告人的量刑情节以及刑事法官对控辩双方的量刑建议或意见的采纳情况纳入量刑说理的范围。

第二,根据优化后的刑事判决书结构,处理说理的繁简。优化后的刑事判决书结构由于增加了独立的量刑说理部分,将使整个刑事判决书的要素更加趋于完善。但不得不引起我们注意的是,由于增加了独立的量刑说理部分,刑事法官的工作量会大幅增加,刑事案件的效率和量刑说理的质量的平衡至关重要。司法实务中,刑事法官可根据个案的复杂性以及被告人及被害人双方的实际情况确定量刑说理的繁简关系。具体来说,对于普通刑事案件,刑事法官应严格按照优化后的刑事判决书结果进行量刑说理,加强量刑情节和量刑之间的论证。对于案件事实清晰,被告人积极悔罪、认罪的刑事案件,在保证刑事判决书结构完整的前提下,对于控辩双方无争议的事实可以在刑事判决书中简要阐述。总之,实现判决书的有效说理,实现量刑公正才是司法所追求的价值所在。

2. 明确量刑说理的标准

量刑说理要求刑事法官在判决书中,公开其作出对被告人量刑结论的理由和相关依据,披露其量刑的心证历程。这对于规范刑事法官刑罚裁量权、确保量刑公正、促进量刑的均衡具有重要影响。明确量刑说理的形式标准和实质标准,有助于法官更好地在刑事判决书中进行说理,增强量刑结论的可接受性,树立司法的权威。

第一,形式标准。受制于传统历史文化因素的影响,作为成文法系的国家,我国对法院作出的刑事判决书有着严格的形式规定。但由于量刑说理的标准不明确,各地法院作出的判决书大有不同,不利于法制的统一性,笔者建议应明确量刑说理的形式标准。量刑说理形式上要符合优化后的刑事判决书的基本结构,按照优化后刑事判决书说理的基本要素进行说理。同时,刑事法官在量刑说理时应参照优化后的刑事判决书结构,并结合个案的独特性进行个案判决书说理的设置,突出个性又不失去整体的统一性,维护刑事司法的权威。

第二,实质标准。参照优化后的刑事判决书进行量刑说理,是刑事法官量刑说理的最基本的要求,但真正的量刑说理应在实质层面上做到充分的说理,充分论证量刑结论的正当性。首先,量刑理由的阐述要有针对性。前文中已有叙述,量刑说理对于被告人及社会公众的重要意义。刑罚是制裁犯罪最为严厉的措施,施行刑罚必须予以强有力的论证理由。刑事判决书中的量刑说理要针对控辩双方的建议和意见进行具体说明,是否采纳以及不采纳的理由要一一进行释明,同时在量刑说理时应格外重视辩护方的意见。其次,量刑说理的依据应当以刑事法律规范为限。在适用具体的法律条文时,应按照法的位阶顺序进行。行为表述时,针对个案详尽说明,一般不得省略。无论是对被告人是判处主刑抑或附加刑,实刑抑或缓刑都应该明确判刑的理由。最后,量刑说理上应以证据证明为基本原则。对于被告人行为定性的结论不得以假定的方式得出,对于被告人行为的定量及量刑要以相关证据为依据,以法律规范为准绳,准确量刑,确保量刑的公正合理。

3. 加强对辩方量刑意见的说理

司法实务中,辩护律师在针对被告人的行为对检察院移送审查起诉的罪名发表意见后一般会针对案件发表量刑辩护意见,旨在减轻被告人因其行为可能受到的不利结果。辩方的量刑意见有利于查明案件量刑事实,有效制约刑事法官的量刑裁判。被告人及其辩护人通过提出量刑意见或者量刑辩护,将被告人涉及该刑事案件的有关从轻或减轻、免除或无罪的量刑事实在庭审中或庭审外以适当的形式向法庭提起。为刑事法官准确查明被告人的量刑情节提供有利线索。同时,辩方的量刑意见也是实现程序公正的重要保障,有利于刑事法官对被告人的公正量刑。

近年来诸多引起争议的冤假错案,多是忽略了辩护律师的辩护意见及辩护律师对被告人的量刑意见。刑事法官在同样面对检察机关的量刑建议和辩护方的量刑意见时多是采纳公诉方的意见,对辩护方的意见不予采纳。让被告人及社会公众质疑的不是刑事法官不采纳辩护方的意见而是不采纳确不说明具体的理由,难以服众。因此,刑事法官在以后的刑事判决书中要努力树立公正、中立、客观的地位,平等对待控辩双方的建议或意见,不予采纳的给出强有力的理由论证,以确保量刑结论的公正、客观。

4．深化量刑说理分析论证

刑事判决书中的逻辑推理运用是指刑事法官在刑事判决的形成过程中，依据刑事法律规范及个案中的案件事实，通过系列推理方法得出量刑结论并对该量刑结论的正当性进行论证，实现量刑结论的说服力和既判力的过程。其包含了两个层面的含义：首先是刑事法官从查明的案件事实结合相应的刑事法律规范得出量刑结论的思维过程。这要求刑事法官深谙刑事法律法规及其内在的关联性，并能根据案件证据判断的案件事实准确确定量刑的幅度，再根据相关量刑情节予以调解，最终确定量刑结论。其次，刑事法官在刑事判决书中对量刑结论的公正性阐述论证，使被告人及受众群体信服的思维过程。对量刑结论的分析论证不仅是为了证明量刑结论的正当性，同时也是体现我国司法的公正性和权威性的过程。刑事法官在刑事判决书中阐述量刑结论的理由，无形之中是对法官个人的一种约束和监督，形成的量刑结论第一位是说服自己，因此增强了量刑结论的正当、公正。

在量刑说理的分析论证过程中，刑事法官一般采用演绎推理的方法对量刑结论进行论证。大前提是刑事法律规范，小前提是被告人触犯了该法律规范，结论就是针对被告人的行为所确定的量刑结论。但是，在实务中判断一名被告人是否构成犯罪以及构成何罪如何量刑的顺序确不能按照大前提——小前提——结论的顺序进行。刑事法官要结合案件的事实和量刑情节去寻找适合的刑事法律规范，然后确定量刑结论，最后在刑事判决书中对量刑结论予以逻辑论证。刑事法官应加强在刑事判决书中的量刑说理的分析和论证，有效地确保量刑的客观、公正，法官量刑结论说理的逻辑清晰必然会有助于量刑说理的充分实现。

5．充实量刑说理内容

当前刑事判决书量刑结论说理不足已经为社会公众所熟知，果断的量刑结论影响司法的权威和刑事判决的说服力。因此要充实量刑说理的内容，要全面、充实地论述这些内容，关键在"理"。即全方位的呈现量刑结论所依据的事理，即确定被告人量刑的有关事实；所依据的法理，即确定被告人量刑的有关法律规定；所依据的情理，即量刑时法官对被告人行为的价值考虑和评价。具体而言，刑事法官应主要结合以下三个方面充实量刑说理内容。

第一，强化庭审时量刑辩护的独立性和完整性。庭审时根据案件情况设置必要的量刑程序阶段，针对被告人的量刑，充分听取公诉方及辩护方的建议和意见，对量刑事实进行法庭调查和法庭辩论。通过庭审的量刑程序，刑事法官应在刑事判决书中确定量刑的基本事实，为量刑说理提供事理素材，充实刑事判决书量刑说理的内容。

第二，适时调整《量刑指导意见》中量刑的幅度。各省、自治区、直辖市可以根据《量刑指导意见》发布适合本地方的量刑实施细则，细化量刑标准和量刑幅度；根据《量刑指导意见》，发布有关量刑的指导性案例，遴选优秀的量刑说理刑事判决书，将刑事判决书的量刑说理纳入到审判业务的考核中去；在积累大量的实证研究基础上，根据刑法法律规范，逐步完善《量刑指导意见》，为刑事判决书的量刑说理提供科学、有效的法律法规指导。

第三，要进一步规范刑事法官的量刑裁量权。当前推行的量刑规范化改革，虽旨在限制刑事法官的恣意量刑，努力提升量刑结论的客观性，但刑事法官仍然享有10%的刑罚量刑裁量权。限制刑事法官的量刑裁量权不等于剥夺其量刑裁量权,只是更好的规范其量刑裁量权。给予刑事法官一定的量刑裁量权是考虑到个案的特殊性,能够使法官运用自己的价值判断考虑日常情理对量刑结论作进一步的调节,以更好地作出量刑判决和量刑说理。刑事法官在作出量刑结论时要将适用的法律规范予以明确,并释明条文的内容。

(二)远期构想

1. 继续完善相对独立的量刑程序

对动态庭审过程及庭审实录的静态反映是刑事判决书内容的基本参照,庭审中各阶段的质量决定了刑事判决书中的基本内容。从长远的角度来看,继续完善相对独立的量刑程序的重点是积极调动控辩双方对量刑结论确定过程的参与性,有效发挥量刑程序对实现量刑确定的积极作用,真正实现量刑的公正、客观。

首先,设置量刑听证制度,将实现量刑结论的过程公之于众。量刑程序独立的要旨在于改变现行的"行政审批模式",实现"诉权制约模式",即量刑程序诉讼化的实现。量刑听证制度的设置,给刑事诉讼各专门机关及诉讼参与人提供了一个参与量刑裁决的过程、影响法官量刑结论的机会,而且可以最大限度地确保法官量刑决策的合理性。鉴于本文不是专门研究量刑听证制度,仅对该制度的设置提出一个框架性的构想。具体而言,需要完善量刑听证的形式、规范量刑听证的操作流程、最后将量刑听证制度写进量刑指导意见以司法解释的方式予以固化。

其次,建立量刑答辩制度。与量刑听证制度相对性的就是量刑答辩制度,量刑听证的召开可以以申请或法院决定的方式进行,控辩双方在庭审前将量刑建议或量刑意见提交给审判法院即可,法院3日内将双方关于量刑的法律意见副本送至对方。检察院以及被告人、辩护人方可以针对对方对被告人的量刑意见进行书面答辩,也可以选择在听证时候予以答辩。量刑听证时,控辩双方应针对被告人的量刑情节结合量刑证据对被告人的量刑进行答辩,使法官通过控辩双方的量刑答辩形成内心确信,为量刑结论的确定提供重要参考。

2. 与量刑独立相配套的程序

毋庸置疑,量刑独立自身的程序设计和完善是其安身立命的根本,即便看似自成一体的量刑听证制度、量刑答辩制度实质上也是量刑独立程序的一个组成部分。然而,仅有这样一些制度还远远不够,缺少一些配套程序之规范,量刑独立制度难以实现真正的"独立"。这些配套程序应包括:量刑证据制度及量刑调查制度等。

首先,量刑证据制度应落实。刑事判决书的量刑说理要求刑事法官在刑事判决书中对根据现有证据进行的事实认定阐述具体理由。刑事法官在刑事判决书中阐述量刑事理由的过程实质上是刑事法官判断案件证据的证明力的思维过程。量刑说理必须包括证据内容和证明对象,刑事法官通过对量刑证据的分析、认证,为量刑结论的正当性提供事实依据。落实量刑证据制度能够有效地提升量刑说理的完整性和量刑结论的公正性,增强刑事判决的说服力。

其次,全面推行量刑调查制度。该制度起源于美国,而后一直广泛应用于美国的司法审判活动之中。事实上,关于量刑调查制度的法律规范早在2001年最高人民法院《关于审理未成年刑事案件的若干规定》中已有相关表述。以我国目前有些法院的做法来看,量刑调查报告制度只适用于未成年人的轻、缓刑犯罪。此种做法立基于刑罚个别化特别是行刑个别化的原理,具有一定的可行性,但忽略了个别化理论的基本要旨,即根据不同犯罪人的特点进行个别化量刑和个别化行刑。笔者建议应全面推行量刑调查制度,更加公正地给予被告人正当的量刑,同时有助于量刑说理的充分翔实。

总之,健全的量刑证据制度以及推行量刑调查制度都是为了确保量刑的公正合理,确保量刑理由为被告人及社会公众接受,确保不出现冤假错案。

五、结语

由于我国关于刑事判决书的量刑说理并无法律层面上的规定,刑事判决书的说理充分程度受不同地区经济水平、法治水平的影响较大。同案不同审、同案不同判的现象时有发生,对我国的刑事司法权威的树立提出了挑战。因此有必要对我国刑事审判中的量刑说理状况进行研究,为提升司法统一和权威提供一些有价值的参考。

本文结合各级人民院作出的大量生效刑事判决书进行实证研究,发现当前我国刑事判决书在量刑说理上存在的系列问题,并基于以上研究提出系列近期对策和远期设想,力争促进量刑结论的公正、客观。

67 依法治国和互联网背景下刑辩"新常态"展望

——未来十年是律师刑辩事业发展的重要契机和转型期

张友明

摘 要:近十几年来,对刑辩现状不满的声音可谓充斥双耳。这些负面评价大体可以用"一险(《刑法》第306条规定)""两低(辩护参与率低、辩护质量低)""三难(会见难、阅卷难、调查难)""四怨(怨收费少、怨地位低、怨效果差、怨稳定难)"来概括。《刑事诉讼法》修订以后,一个形象的说法是:"老三难"未去,"新三难"又来。然而随着十八大及十八届三中、四中全会的召开,司法公正被中央提到国家新时期深化改革的"四个全面"的高度上来。刑事辩护的"新常态"在于未来将会逐步出现一种"执业环境相对更加友好""辩护效能相对更加有用""执业形式相对更加多样""形象展示相对更加现代"的新常态。从现在开始,抓住机会,顺势作为,将是刑事律师事业发展的一个极其重大的发展契机。

关键词:执业保障 司法改革 互联网 法律职业共同体

一、执业保障与执业氛围将会出现"环境相对更加友好的新常态"

1. 执业"三难"将会分类逐步缓解,执业维权将切实有据

造成"三难"的深层次原因很多,但最直接的原因是我们国家司法技术相对落后,重大疑难复杂敏感案件办案压力大,司法考核不尽科学等。为了邀功受赏,为了防止因错案被追责,为了实现病案变成铁案,他们最大限度地限制律师的依法执业,就成了成本最低也最为有效的办法。面对这个情况,四中全会文件和最高司法机关出台的一系列文件,一定程度上对此有了针对性的回应与纾解。(1)在"排除案外干扰、办案责任终身倒查追究、改进考核制度"的前提下,办案人员基于办案而形成的政治压力将逐步转变为办案技术压力,对错案危害性的认识将逐步转向健康看法上去;(2)"三难"中最突出的"特别重大贿赂案件的会见问题",随着立法上对受贿案件犯罪构成的调整,随着侦查技术的加强和侦查权力的更大授权,除了涉及国家机密、国家安全和重大区域影响的案件外,一般的普通贿赂案件,将有望逐步放开实现无障碍会见;(3)相应地,随着案管部门权责的进一

步明确(检察机关内部机构改革),律师的阅卷问题也将循例逐步依次放开;(4)至于律师调查问题,完全有可能在立法上一方面明确律师在"特定情形下的调查义务",同时进一步明确律师的"调查请求权""申请证人出庭"等权利,解决辩护人的调查范围和赋予其替代调查的措施。总而言之,困扰刑事律师的"三难"问题,尽管不可能在短期内彻底解决,但一定会逐步、分类、渐次获得程度不同的纾解,律师在执业中客观上形成的对司法机关的监督、制约作用,将会得到越来越强的体现。不仅如此,律师在执业过程中遇到的妨害律师执业问题,也将逐步有明确的法律上的具体救济措施,律师职业维权可望不仅仅只是停留在纸面上的权利。

2. 法律人职业共同体将逐步形成,不同的职业法律人之间的健康交往和流动,将成为常态,律师不再成为不受欢迎的法律人

法律职业人共同体包括了五支队伍,即立法队伍、执法队伍、司法队伍、法律服务队伍和教学科研队伍。应该说,建立法律职业共同体,对于提升法律人共同的执业尊严、提高司法的公信力、提升律师的职业价值等,都具有十分重要的意义。以往由于律师的体制外身份和自由职业的特征,往往不被其他法律人特别是司法队伍所待见。随着十八届四中全会对司法改革的逐步推进,律师的地位可望随着其自身价值的提升而得到逐步提高。在这样的背景下,基于司法理念、思维、方法和手段的统一性需要,律师加入其他法律人的"圈子"将成为一种健康的可能,共同研讨专业问题、共同参加培训、共同交流执业体会的交往方式,已经越来越多。如此一来,不仅可以建立健康有效的对话机制,也将对一些不健康的黑幕交往形成挤压和打击,客观上也将有利于律师执业效能的准确发挥。进一步说,随着法治逐渐深入人心,律师形象也将逐渐正面化,律师的政治地位、社会地位会得到相应的提高,律师转行成为检察官、法官,或者法律职业共同体成员之间的执业转换,将逐渐成为常态。

3."双拥"将被认为是律师执业的基本要求,否则将不能担任执业律师,同时律师的执业纪律和执业保障将并重,是未来律师队伍管理的两个手段

执业环境的另一个不能回避的方面是政治环境。实际上,很多律师对于政治有一种天然的"感冒",应该说,有这种"感冒"情感是狭隘的。我们注意到,十八届四中全会"决定"中对法律服务队伍做出了要求"双拥"的基本要求。我的理解是,"拥护"不同于要求司法队伍那样的"忠于",他不属于政治信仰问题,没有必要对此问题形同水火。实际上,没有人能够自外于自己所处的环境,相反一个懂得顺应环境的人,才能更好地让环境为自己服务。一个律师,如果缺失政治保护,自身肯定是不安全的。此外,"决定"还提出,要"完善执业保障机制""规范律师执业行为,监督律师严格遵守职业道德和职业操守,强化准入、退出管理,严格执行违法违规执业惩戒制度。"这些规定,对于律师执业行为中的不规范、违背职业操守、损害基本的职业伦理的,将可能面临被处罚直至被清除出律师队伍的可能。

4. 律师协会工作职能会进一步得到加强,不会被削弱;律师权利的争取、律师执业维权、学习培训制度、荣誉制度、惩戒制度、执业诚信档案记录制度、宣誓制度等,有望通过律协来制定、行使

近一段时间以来,律师界出现了一种否定甚至取消律协行业管理的"声音和诉求",但这个说法与当下《律师法》的规定是不相符的。诚然,律协工作离律师的现实需要,尚有一定的距离,但这不构成否定律协有存在必要性的理由。依据"决定"的规定,将来是要"加强律师事务所管理,发挥律师协会自律作用,规范律师执业行为,监督律师严格遵守职业道德和职业操守,强化准入、退出管理,严格执行违法违规执业惩戒制度"等,可见,在中央层面,律协的作用不是削弱,而是要加强。笔者认为,随着建设法治国家的深入,律协作为律师的自律团体,其功能作用、管理和服务的内容、方式等,都有很大的改进空间。随着改革的逐步展开,律协在"律师权利的争取、律师执业维权、学习培训制度、荣誉制度、惩戒制度、执业诚信档案记录制度、宣誓制度"等方面,都大有作为,大有可为。律协作为律师的娘家,将会在维护律师合法权益等方面,发挥越来越重要的作用。

5. 以审判为中心和保障司法人权方面的改革,一方面将会进一步保障律师的正常权利的行使和法庭言论的豁免,但同时也会对律师"藐视法庭"等行为予以惩处

随着以审判为中心的诉讼制度的建立,保障司法人权,律师免受安检和保障辩护律师在法庭上的知情权、陈述权、辩论辩护权、申请权、申诉权、发问、质证、辩论等权利,必将得到切实的保障,律师在法庭上依法正常发表的言论获得豁免将成为现实。然而需要指出的是,鉴于对法庭至高尊严不被侮辱、亵渎的需要,辩护律师执业的尺度便十分重要。最高人民法院《人民法院第四个五年改革纲要(2014—2018)》中就规定了,要完善司法权威的保障机制,要推进对于"藐视法庭权威"等犯罪行为的追究机制,对于"当庭毁损证据材料、庭审材料、法律文书和法庭设施等严重藐视法庭的行为,以及在法庭之外威胁、侮辱、跟踪、骚扰法院人员或其近亲属的违法犯罪行为",要予以追究。

二、执业内涵和执业效果将会出现"辩护相对更加有效的新常态"

1. 一度"程序死磕"将变成"程序辩护和实体辩护并重"的新常态;"技术流律师"将成为主流;辩护律师的标签化逐步消失,死磕律师将面临分化的必然,那些走过场律师、勾兑律师将逐渐式微

之所以中国出现了一群自命"死磕"的律师,众所周知的原因实际上就是司法机关特别是审判机关受害于维稳和人情的核心诉求,出现的地方化、侏儒化、家丁化、过场化和司法腐败结果,也是办案机关追求政绩、违背司法规律办事的结果。四中全会的改革措施中,对于这个问题,可谓着力最多。其着力点就是推进以审判为中心的改革。围绕着"从源头预防刑讯逼供,从提升司法队伍的职业化水平,从制度上健全罪刑法定、疑罪从无、非法证据排除等法律原则,特别是建立以审判为中心改革落到实处"等措施的落实,笔者认为,再经过一段时间的积极推进,死磕律师——实际上是死磕程序的律师——将逐步分化,取而代之的必将也只能是一种"实体辩护和程序辩护并重的技术派律师"。但是死磕行为不会消亡,因为审判无法完全独立在中国必将长期存在,这是死磕律师存在的基础。随着技术流律师越来越吃香,那些严格按照实体法和程序规定进行辩护、努力维护犯罪嫌疑人、被告人合法权益的"技术流律师",慢慢会扬眉吐气。

2. 刑辩专业律师将进一步细化，按照刑法罪名分布细分，按照专业背景细分，按照刑诉法章节细分的专业刑事律师，会不断被提及和被宣传

就刑事辩护的内容而言，刑事律师的专业的道路将会越走越远、越走越细。由于刑法、刑事诉讼法涉及的领域及其理论、司法解释、案例等过于庞大、复杂，不可能有一个刑事律师能够精熟其中所有的内容。因此，刑事律师会进一步细分。具体来说，在实体法上，将会出现主要研究职务犯罪、经济犯罪、毒品犯罪、有组织犯罪、恐怖犯罪、环境犯罪、知识产权犯罪等，并因此成为刑事诉讼领域内的所谓高端专业辩护人，进而成为高收入者；从刑事诉讼法来说，将会出现专门以证据法、强制措施中的改变审前羁押（保释）、死刑案件辩护、减刑和假释、未成年犯罪、涉外刑事诉讼业务等辩护，特别是"涉诉财产和经济处分"（刑事执行中的经济问题等）将成为刑事律师的新蛋糕和重要课题，而随着刑事辩护业务的深化，多年以来一直不温不火的"刑事非诉讼业务"将正式登台，成为刑事律师一块非常重要的新领域……实际上，在目前的刑事专业律师或者专业团队中，声称专门从事毒品、税务、走私等领域的律师已经出现。当然，这些分化，很大程度上取决于律师事务所的专业化和专业方向选择，同时也与律师的成长背景和教育背景相关。

3. 随着执业标准、行业标准逐步出台、明确，质量管理成为常态和基础要求，按时计费成为一种新的收费方式成为可能，律师和当事人之间收费透明和互动黏性，会因为互联网而得到加强

可以进一步认为，随着刑事律师专业化的道路越走越细，相应的，相关的行业规范、执业标准、质量管理等将越来越明细、具体。以往的那些"操作指引"之类，将越来越不能适应刑事律师的专业化。取而代之的是一种在法律规定的底线之上、边线之内、顶层原则规定之下的范围内穷尽所能的执业标准。一方面，为了实现当事人无罪、罪轻的目的，辩护律师将深挖法律授权的灰色地带和真空地带，另一方面，基于专业化的要求和对年轻律师的培养，提升专业所、专业团队、专业律师的执业水准，刑事辩护的职业规范和执业标准将会有一个更大的提升。特别是在大数据建立起来以后，刑事律师办案将变得更加具有针对性和更加具有有效性。在这种情况下，刑事律师的执业过程可能会被无限的细化，会被分解为一个个具体的行为。在这种情况下，"拼图式"的执业方式产生，刑事律师按小时计费的时代可能终将到来。同时，刑事律师因自身产品的细化和基于宣传的需要，在互联网时代，客户对刑事律师执业将逐渐被要求可视化，律师和客户之间的黏性会不断加强。

4. 以法庭为中心的改革，人民陪审员制度改革，证人以及专家证人出庭增多，非法证据排除启动会成为常态，出庭律师的要求提高，专业知识、综合知识和说服能力同样重要。如此一来，由于执业效果更好，刑事律师也将更有成就感

（1）以审判为中心，核心是以法庭为中心。以法庭为中心，核心是法官的素质、素养，其次是陪审员的选任和权力配置。目前的改革方向是法官员额制，陪审员选任扩大化，对事实的认定权力扩大。这样一来，因此，走过场的律师将逐渐被淘汰。（2）由于法庭上要以审查证据为中心。这样一来，对证据的收集、出示、质证就显得特别重要，非法证据排除将变得有了实际的意义。基于此，律师如何充分发现线索、提出申请、据理力争地说服法官不采信某些证据，显示专业能力，尤为重要。（3）以审判为中心，法庭将更加依赖、相信证言材料之外的那些出庭接受直接盘问的证人（包括普通证人和警察证人),法律之外的科技人员(包括鉴定人和司法辅助的专家证人)等。对于律师来说,面对刑事法律专业知识以外的其他专业知识,就需要有充分的准备和知识储备,才能应付法庭上可能随时发生的复杂多变的情形,辩护律师不仅要成为刑法专家和刑事诉讼专家,而且要尽可能地使自己成为各种各样的杂家、学者。可以说,作为一个专业的刑事律师,一定是一个知识结构相对完备,发现问题能力很强,论说能力相对突出,综合素质更为突出的律师。如此,刑事律师的形象也将得到极大改善,其成就感和社会评价也将越来越正面。

三、执业形态和办案方式将会出现"执业方式更加多样的新常态"

1. 执业律师资质、资格实行分工、制度化,低端的、万金油律师被迫转为"事务律师"或退出律师行业,诉讼律师和事务律师(受薪律师)出现分工;业务分工向扁平化扩展

刑事律师的执业门槛问题,一直是近年来大家市场讨论到的话题。随着律师本身、司法机关和当事人对刑事律师的职业要求越来越高,刑事律师的执业分工将会逐步出现。首先,出庭律师和事务律师在现实中将出现分工。一般来说,一些反应敏捷、口才出众、知识结构更为丰满的刑事律师将逐步演变成为出庭律师,相反,一些事务能力较强、善于收集、整理和处理日常事务的刑事律师,将逐步成为出庭律师的委托人和事务助手,出庭律师成为专业的高级打工律师将成为可能。其次,事务律师的薪酬制度也将发生变化,一部分律师变成案源律师,一部分变成受薪律师,能力较强但案源不足的出庭律师将最先可能成为按照小时计费的受聘律师。再次,在决定出庭律师中,除了前面讲到的能力可能需要某种专业资格证书之外,执业年限、执业考评、专业级别也有可能构成出庭担任不同案件辩护人的情形。最后,随着刑事律师的业务分工向扁平化拓展,整个刑事律师执业走向按小时计费将逐步成为可能。对律师的考核的标准,也将更加规范化、科学化、可视化。

2. 单兵作战向团队作战转化;区域内的名牌团队、名牌专业律师事务所进一步出现

随着法律的修改,这些年,刑事律师执业一度走上了单兵作战的路子。直到现在,刑事律师单兵作战还是主流。不过,这种现象很快被一种最新的执业形态的风头掩盖。首先是全国各地近年来涌现出了不下十家专业刑辩律师事务所,另外一种情况是,一些不想创办专门刑辩律师事务所但却坚持从事刑事业务的律师,开始以自己的刑事律师团队为基础对外执业。可以这样说,随着司改的进一步深入,刑事辩护内涵的分化,刑事律师执业方式向集团化、集群化方向发展将成为一种重要形式。一方面是因为个人的精力随着时间的推移会减退,另一方面,从业务传承、拓展、营销和分工合理化、运行经济化方面看,也要求必须要有团队作为依托,才能获得更好的发展(专业所、专门所实际上是团队集群)。一个人的力量,在执业精力、水准保持、营销运作等方面,无论如何都要弱于一个团队。可以断定,不出几年,在中国刑辩领域,一定会出现品牌价值和经济价值更为出色的知名刑辩团队和刑辩专业律师事务所。

3. 后台管理日益细化,外围支援团队(其他专业律师、行业专家、技术人员、研究机构等)将受聘成为律师团队组成部分,部分律师业务服务外包也将成为可能

随着执业内涵和执业方式的嬗变,随之而来的是刑辩团队的后台支撑重要性日益凸显。这个后援团,一方面是对内管理上的,为了保证团队的高效率和高质量的运行,管理上要求做到数字化、规范化、及时性、科学性,因此前台人员、电脑人员、案管人员、理论研究人员等,都必须要构成强大的支撑。随着网络技术的发展,刑事业务通过大量的基础性标本采集和数据分析,将可能进入到数字化(大数据)和云计算(分析)的新阶段,刑事诉讼业务将可能被分解为一个个极为细小的执业单元,每一个单元可以拆分合并,也可以向外分包;另一方面,在对外合作,为了保证办案质量和团队的知名度、美誉度,就必须要与包括与其他专业的民商律师、各种中介性质社会机构如会计师事务所、审计师事务所、调查机构、鉴定机构等进行合作,还必须要与新闻单位、公证机构、高校科研单位、专家辅助人员库、各种智库等进行合作。因此,刑事律师的部分办案业务和营销事务,将可能出现服务外包,如委托调查、委托鉴定、委托论证、委托营销,等等。在此基础上,刑事律师按时间计费、按单元计费越来越可能。

4. 执业律师的流动性增加,个案联合、强强联合成为可能。"案联网"状态初步形成。个体刑事律师办案模式将逐步萎缩,律师执业方式将呈现百花齐放的局面

紧随着上述情形的出现,刑事律师将会出现一波优质资源相对聚集的过程。为了充分实现个体的刑辩律师的人生价值,实现利益的最大化和时间成本的最小化,一些单打独斗的刑事律师将可能聚集到一个个优秀的刑辩团中来,实现强强联合。远期来看,在互联网时代,以往刑事案件以辩护人的个体人格信任为依托将可能走向以办理案件的流程完成度为依靠,"互联网+"时代的刑事办案模式下,"人联网""案联网"将成为可能。事实上,随着法律援助的一步步拓展,随着司法公信力的进一步提升,很多案件将由法援律师来完成,成为委托案件的,更多的是一些有一定争议的、被告人不认罪的、重大疑难复杂和被告人家属有相当支付能力的刑事案件。对于这样的案件,律师接受委托的,将呈现专业律师、专业团队、专业所蜂拥比拼、"百花齐放"的局面。

四、形象维护和推广开拓将会出现"形象展示更加现代的新常态"

1. 法治深入,独立审判,法院公信力提高,聘请律师成为常态

以前家属对于聘请辩护律师,往往都是半信半疑,这个原因是多方面的。在新的时代背景下,将可能逐步得到改善。特别是随着中央提升司法公信力为目标的改革逐步落实,司法权威被慢慢确立,在司法公信力得到老百姓确信、司法共同体逐步建立、律师办案水平得到较大提高、法治文化逐步深入人心的时候,律师请与不请,对于当事人来说,意义将非常不同。目前,我国刑事律师的委托聘请率较低,很长一段时间,一审案件的律师出庭辩护率都在25%以下,现在法律援助提升,但还是在35%以下。可以预见的是,随着前面环境条件的改变,刑事案件的律师聘请率将会逐步提升,除了法律援助进一步加大,当事人花钱聘请律师担任辩护人将成为常态。律师最终出庭率将会实现发达国家90%以上的水平。

2. 自觉培训、培训的方式和内容发生变化,非专业的知识、营销知识成为培训的新内容。新常态下,刑事律师的学习任务异常繁重。学习本身成为一门学问

从某种意义上说,大约没有一个行当像律师这样,要干到老、不断地学到老。因此不断地学习、培训、演练、交流……成为律师职业生涯的常态。现在的问题是,不仅仅是司法改革带来的规定的变化日新月异,互联网时代的知识爆炸和观点的碰撞也更加普遍,如何学习到有用的知识并且占领前沿阵地会变得更加复杂。可以说,一个成功的刑事专业律师,除了要具备一般知识分子应当的有的具有的语文、数学、历史、地理、物理、化学、生物等常识性的基础知识外,首要的是要精熟刑法学、刑事诉讼法学等核心专业学问,对法理学、逻辑学、口才学、心理学、法医学、司法精神病学等学问也要做到基本精通,对于相应的宪法学、民商法学、行政法学、政治学、社会学、经济学等关联学问,要做到心中有数,对于外语、互联网、新媒体、营销学、管理学和科学的新领域,最好也能够粗通,最好是你还能做到日常应用。因此新常态下的刑事律师,学习任务比以往任何一个时候都来得更为繁重。

3. **在移动互联时代,一些传统的线下营销,将逐步被线上、线下营销并进所取代,并逐步过渡到以网络营销为主,因此,"律联网"的发展将成为可能,律师的"江湖"已经搬上了互联网的平台**

与传统的营销方式依靠办案水平和能力、建立口口相传的口碑有所不同的是,新常态下的营销,不仅仅依靠个案的宣传,一些在传统模式下的常见的外出应酬、发名片、写论文、出书、参加各种论坛等模式也会发生变化。首先,与司法人员的私下应酬会被更加公开的专业聚会行为所代替;其次,依靠写论文、出书、传统媒体的传播等的方式营销虽然依然会作用十分巨大,但是由于网络阅读、移动互联网的普及,论文、出书、传统媒体展示的表现方式更多地会被各种场合的演讲、对热点问题及时发声、参加专业论坛等方式予以"碎片化体现",要求出现和应对的"即时性"会特别突出。由于网络的特点是信息流动性强、时间性短,这就要求律师的营销要具有热点性、时效性、连续性、更新快等特点,因此,线下的活动、思考、写作等,都需要通过线上的网站、微信、微博、博客、公众号等新媒体来表现,而且要做到以精短、快速、共享、持续的方式进行。一方面是在线下需要努力付出不断接好案、办好案、出成果,需要进行厚重的、深度的思考和尽可能参加各种各样的专业活动;另一方面是各种线下活动的成果,需要在线上不断地进行曝光。那些坚持在传统江湖上独立行走的侠客,如果脱离互联网,注定将无法获得更大的成功。

68　论审前辩护的进与退

——以审判为中心的倒逼机制为视角

张友明

摘　要：以审判为中心无疑是这次司法改革中刑事诉讼制度改革的价值核心。然而，以审判为中心，不但不会排斥审前辩护，相反会为审前辩护带来更加具有诉讼效果和诉讼价值的制度力量。围绕以审判为中心的"指挥棒"，使得司法程序对整个审前程序的要求将会越来越严，辩护律师围绕审判特别是法庭审理的要求，在侦查、批捕和审查起诉环节的证据、程序的辩护作用，不但不会削弱，相反因其形成的倒逼机制，体现的价值会越来越明显。笔者认为，根据刑事诉讼法的制度安排，依据审判为中心的内在要求，辩护律师在审前阶段，既可以进行进攻性辩护，亦可以进行防御性辩护；同时，在开拓辩护方式、方法上，审前辩护亦将会有前所未有的明晰路径和实现方式。

关键词：审前辩护　进攻性　防御性　诉讼价值　辩护效果

控辩式刑事诉讼制度自1997年在中国落地以来，走得并不是一帆风顺，不仅辩护律师的效能没有得到应有发挥，审查起诉、法院审判功能也没有获得应有的尊重。法律规定的公、检、法"互相配合、互相监督"的机制，在司法实践中明显是配合有余、监督缺如。特别是"侦查独大"的局面，一直无法得到根本的扭转，形成了司法实践中所谓的"侦查是做饭的、起诉是端饭的、审判是吃饭的、律师是要饭的"情形。这不仅无法实现法律规定的程序价值，在实践中更是成了发生冤假错案的源头。对于辩护律师来说，在"认认真真走过场"的司法实践中，无论是在刑事诉讼的哪一个阶段，都很难发挥应有的作用。坚持走技术路线的普通刑事律师，甚至一度在网络上被"死磕派"律师鉴定为"骗子律师"。而勾兑型律师，一度甚嚣尘上地活得有滋有味。在司法实践中，严格按照法律操作的律师，几乎很难发挥辩护的价值。

随着刑事诉讼法的修订，特别是十八届四中全会吹响司法改革的号角，以审判为中心的司法改革被史无前例地凸显着提出来，特别是与之配套的庭前会议制度，配套的非法证据排除制度，证人、鉴定人和专家辅助证人出庭制度，让审理者裁判、让裁判者负责及案件质量终身制，陪审制度等的改革推进，对于审判环节的要求提高到了前所未有的高度。与之相适用，这一制度对于侦查、批捕、审查起诉的审前环节的要求，也同样提出了更高的要求。所有这些制度的安排，为律师在审前阶段的辩护发挥，带来了前所未有的机会。

本文不揣简陋，试图就"以审判为中心"的改革背景下，对审前程序的辩护机制和辩护方法、效果进行简要的探讨，以期引起辩护律师同仁对审前辩护的更加重视和全面探索，更好地履行刑事诉讼法和律师法赋予的辩护律师的神圣职责。

需要说明的是，本文探讨的"审前辩护"，在范围上是指发生在侦查、侦查监督和审查起诉阶段的律师辩护，不包括庭前会议这个属于审判阶段但在庭前阶段的刑事辩护。即在时间上是指审判阶段之前，在空间上包括逮捕前、逮捕后、移送起诉后和起诉之前。

一、审前辩护的价值思考

在价值层面，以审判为中心改革的倒逼，使得审前辩护的价值更加彰显，庭前和庭上的辩护价值和目标将发生分离，意义各有千秋。

1. 以审判为中心将辩护律师的辩护空间放大

刑事诉讼法虽然设定侦查、侦查监督、审查起诉三个审前环节，并且规定了公检法互相配合、互相监督的机制，但是在以往侦查为中心的司法实践中，导致刑事诉讼从一开始就"从一而终"，侦查决定起诉，进而决定审判，成为一个尴尬的现实。侦查独大的局面，使得检察院、法院仅仅是在为上一个环节背书，成为一个一成不变的流水作业工。错案追究和司法考核不科学，使得检察院、法院宁可牺牲犯罪嫌疑人、被告人的自有生命，而不愿意得罪侦查机关。在这样的背景下，大量冤假错案的生成就会成为必然。法院与其说是审判机关，不如说是"盖印机关"，独立审判成为一句空话。

以审判为中心制度的确立，并将打破这一司法利益的樊笼。如同高考的"指挥棒"，以审判为中心的指挥棒，要求侦查、审查起诉环节都要考虑后一个环节的审查，都要最终接受法院的审理。所有的证据，都必须经过法庭的严格质证方能成为定案的依据。以往通过刑讯逼供、暴力威胁取证或者不符合法定程序收集的物证、书证，如果不能补正或者做出合理说明，将面临排除在可采证据之外。侦查机关、侦查监督机关和审查起诉机关，自身的责任将更加明确。

在这样的背景下，对于辩护人而言，其辩护空间无疑将会放大。以往将全部精力制作辩护词投放在法庭上进行的"庭审秀"的方式，将转变为"审前辩护"和"审判辩护"两个环节。辩护律师在侦查阶段以往仅仅是"探望式会见"将可能演变成根据法庭证据审查的要求，进行针对侦控机关的"对抗式会见"和"防守式会见"。围绕法庭定罪量刑的要求，在不违背法律和事实的基本要求下，借用围棋术语，为了防止侦控机关在证据上"做眼"，辩护律师需要不断"打劫"，一方面迫使对方在规则内放弃违法手段，另一方面则为将来在法庭上留下"劫材"。在这个过程中，对于辩护律师来说，无论是对侦查机关、侦查监督机关还是审查起诉机关，都具有理直气壮的法庭理由。

2. 以审判为中心背景下辩护律师有可能将辩护作为大前提

在以往的模式中，基于法律的规定，人民检察院的侦查监督部门和审查起诉部门还会"假惺惺"地充当"法律调停人"的角色，尽管这样做实际上并不是出自内心，但"法律监督机关"的法律定位，常常使得检察院的办案人员对待侦查机关可以"拿腔作势"。因此,以往侦、控两家办案人员互相私下勾兑就成为可能,从而也就迫使辩护人游离于这个阶段法律监督游戏的外围,也就无法向侦查机关、检察机关提供真实的辩护思路和想法。因此,辩护人在法庭上搞证据突袭,成了无奈之下的选择。

在以审判为中心的背景下,以往羞答答的"侦控一体化"的趋势将越来越明显,由于法院最终才是侦控方和辩护方的仲裁员。因此,很多时候,侦、控两方成了一条藤上的瓜。为了不至于最终在法庭上出现举证不能、举证不足,检察机关在侦查阶段介入侦查,将成为一种制度安排,而不是一种私下的帮助甚至勾兑。此种情形下,检察机关的法律监督功能将逐步被帮助侦查机关收集法庭所需要证据的侦查辅助功能。对于侦查监督部门来说,强制措施的质量,就成了这个部门的质量;对于审查起诉部门来说,保证在法庭上证据确实充分合法的能力,并能够排除合理怀疑的水平,就成了这个部门的水平。

鉴于侦控一体的必然趋势,辩护律师在审前阶段的辩护,将立足于法庭对事实证据的要求,在拘留、逮捕、取保候审、监视居住的强制措施方面,在聚义定罪量刑的关键证据的要求方面,都可以向侦控机关进行沟通。特别是对于"证据上具有确定性"而侦控机关无法"私下做文章"的案件,辩护律师可能会理直气壮地提出来,而不必像以往那样担心侦控机关采取"虚迎实拒""笑里藏刀"。而对于侦控机关在证据上可以弥补的法律事实,则会更加小心翼翼地应对,防止侦控机关采取以合法外表行使无法发现的不法作为,以蒙蔽法庭的判断。总之,在侦控一体化的背景下,辩护律师在很多客观证据为主的案件里,将可能极为有效地将案件的辩护效果推进到审判前实现,而不必等到法庭这个环节。如此一来,为当事人早日解困、降低司法成本、实现辩护价值的多种社会效益、司法效益都可以提前实现。

3. 辩护律师将成为切实的辩护人而不再是案件跟踪者

尽管侦控一体化将促使检察机关从一个"暗中的敌人"变成一个"明着的对手",但是,侦查机关和检察机关的职能、职责依然不可能完全相同。所以即使在以审判为中心的要求下,检察机关依然具有在起诉前对侦查成果、强制措施适当与否等进行的审查,并针对来自辩方的那些特别是不可改变的事实、证据和理由,充当仲裁员的角色。

事实上,刑事诉讼法从来就是这样要求的,只不过在以侦查为中心的实然状态下,检察机关的司法审查和审前居中裁判的职能、职责被抬空了。不仅如此,检察机关面对来自辩方提出的事实、证据和理由,基于其控方的本职,无法做到牺牲公权力而保护私权利。唯有以审判为中心的确立,才可能做到控辩平衡。在控辩平衡的要求下,事实成了裁判的基础,证据成了证明事实的唯一要素,说理成了法庭自身的内在要求。基于此,让侦查部门、侦查机关部门、审查起诉部门根据法庭的要求,建立严密的证明体系和拥有充分的论述说理的能力,成了侦控机关的内生要求。以往出庭公诉人像"报幕员"一样列举证据名称,然后自我说明"事实清楚、证据确实充分、程序合法"的做法,明显不符合要求。

在这种内在要求下,无论是侦查机关本身,还是侦查机关部门,抑或审查起诉部门,都必然会重新思考自己工作的重要性和诉讼价值。对于侦查机关来说,"端出去的菜"是否符合下一个环节的胃口;对于侦查监督部门和审查起诉部门来说,如何"品尝"侦查机关端过来的菜,都要建立在法庭的要求来要求。于是乎,辩护人这个时候站出来,对于侦查机关"端出来的菜"品头论足一番之后,提出"强制措施需要变更""事实不清、证据不足、程序违法""定性错误""有法定酌情从宽情节"等理由,就可能成为侦查机关的真正的自我要求,也会成为检察机关对侦查机关施加压力的合理理由。在无法做到符合法庭要求的情况下,根据辩护人合理的辩护意见,侦查机关自己撤销案件,检察机关改变强制措施、调取无罪罪轻的证据、采纳无罪罪轻的理由,进而不拘不捕不诉,启动和解程序,启动非法证据排除、提出从宽处罚的公诉意见等等,都可能得以实现。当然,由于历史的惯性,真正实现辩护人的理性诉求和愿望,可能需要较长的时间,特别是有赖于以审判为中心、独立审判的完全实现。

二、审前辩护的战略思考

在战略层面,辩护律师在审前辩护中,既可以以"实际得分"为目标的进攻性辩护,也可以以"积赚分数"的防御性辩护,而这一切,都要归功于以庭审为中心改革的真正实现。

鉴于审前辩护的特殊性,笔者以为,就辩护行为和辩护效果的关系看,有进攻性的积极作为和防御性的保护作为。就效果来看,前者是看得见的,是在审前阶段"直接得分"的行为;后者是看不见或者暂时看不见的,是为审判阶段"积赚分数"的行为。也就是说,对于刑事案件的辩护人来说,因案而异,在处理审前辩护和审判阶段辩护的关系中,既要强调独立性,又要关注关联性。两者不可偏废,特别是不能因为后者在审前阶段没有显现出来,就不去积极作为。

为了对这两类辩护行为的效果做一个区分,下面笔者做一个简要的分类和归纳。

(一)积极辩护

所谓积极辩护就是审前辩护实际可能"直接得分"的、看得见效果的主要方面。根据现行刑事诉讼法的规定,在整个审前阶段,辩护律师可以实现的"看得见的"辩护价值是非常广泛的,在这里,论者把他归纳为积极的辩护。积极的、看得见的审前辩护效果,主要包括以下方面:①争取撤销案件和不拘、不捕、不诉:包括根本无罪,罪行轻微,证据不足无罪,正当防卫,紧急避险,无刑事责任能力,轻罪有自首和重大立功;②争取改变强制措施,尽可能改变羁押状态;③争取改变案件定性,争取轻罪;④取得法定从宽情节,争取案件向轻缓化发展:如自首、立功、犯罪中止,犯罪未遂,被追诉前主动交代的行贿等等;⑤公诉和自诉案件刑事和解,争取被害方谅解;⑥审前非法证据排除;⑦阅卷后对技术证据、客观证据质疑,推翻核心指控的客观证据;⑧向有权监督机关提出申诉、控告等,积极监督违法侦控措施……

(二)防御辩护

所谓防御辩护审前辩护可以为审判阶段"积赚得分"的、看不见效果的主要方面。看不见的审前辩护,实际上是辩护律师根据案件在庭审的需要,收集、固定有关不被审前办案机关采纳,或者无法在审前辩护中明确体现出来的事实和证据的行为。这类辩护行为,可以是明示的,也可以是隐藏的,对于审前辩护的效果来看,常常是看不见的辩护。看不见的辩护,通常能够显示一个辩护律师的经验和对案件的全面把握能力。由于这些辩护行为未能在审前阶段获得成果,因此在随着案件进入审判程序后,其价值可能在审判阶段显现出来,因此可以说是为审判阶段辩护"积赚分数"的行为。

这类辩护行为通常包括两种情形。第一种情形是前面看得见的辩护中,律师提出的事实、证据和理由没有被采纳,从而使得这个事实、证据和理由必然沿用到审判阶段,通过审判阶段的辩护,最终由法院来作出判断;第二种情形则是更为不被多数辩护律师重视的隐形辩护,或者说是保护性辩护,即"为审判阶段辩护做基础功课"的行为,这类辩护行为,是根据个案情况和审前阶段办案机关对案件的态度,由辩护律师根据具体情况决定暂时"留一手"的辩护策略、方案和理由,也包括辩护律师收集的有关的辩方证据和法律理由。

通常情况下,防御性辩护指的是第二种情形。主要包括:①通过会见,在阅卷前搜集、固定相对薄弱的无罪、罪轻证据线索;②结合会见,在阅卷后搜集、固定没有把握的无罪、从宽证据;③搜集、固定办案机关的违法取证的证据线索;④在审查批捕阶段、在审查起诉阶段,提前向有关部门主张权利;⑤防止控方证据突袭的证据准备和说理准备;⑥明知不可能被采纳辩方观点,但依然反复主张权利的行为,以辩护行为本身为审判阶段争取到有利的诉讼权利,例如申请非法证据排除,申请调查取证,申请向被害人取证等等;⑦不断明确案件的争点和辩点,为审判阶段辩护聚焦;⑧在案件刚刚起诉时,提前向审判机关输送审前信息;⑨指导犯罪嫌疑人依法为自己积极辩护、辩解,讲解法律知识,提高其自身防御司法损害的能力……

应该说,在上述两类辩护战略中,应当积极创造有条件实现看得见的辩护,但是,由于长期以来侦控一体化和侦控方有罪思维的影响,即使是在以审判为中心的要求下,有时候合法有据的辩护观点也有可能不被采信。为了打好审判阶段的辩护,在无法在审前获得辩护效果的情况下,做好防御性辩护尤为重要。需要指出的是,辩护律师的审前防御性辩护,一定要做到实事求是,依法进行,坚守法律底线,坚守职业道德和执业纪律。

三、审前辩护的战术思考

在战术层面,辩护律师在审前辩护中,既应当充分利用刑事诉讼法赋予律师的"规定动作",在不违反法律禁止性规定的情况下,也可以充分开掘"自选动作",为犯罪嫌疑人提供充分的辩护。

在战略上对审前辩护进行大体的分类、分析之后,在战术上采取哪些手段,同样是非常重要的事情。刑事诉讼法和律师法赋予了辩护律师不少权利,有些是明文的,有些则是隐含在某些条文中的。论者认为,对于辩护律师而言,执业行为的底线是不能触犯法律的禁止性条款,对于法律没有明文禁止的行为,本着当事人法律利益最大化的原则,从追求事实、最求真相的角度出发,都应当积极地作为,最大限度地维护犯罪嫌疑人的合法权益,防止冤假错案的发生。

因此,在审前辩护中,笔者认为,既包括法律的明确授权的"规定动作",也包括法律没有禁止,但对查明事实真相,防范冤假错案有帮助的其他辩护动作,即本文所说的"自选动作"。下面,作者试图对相关审前辩护的专业技术行为进行一个简要的梳理,以期对业界同仁在办理相关案件中,有所帮助。

（一）审前辩护常见的"规定动作"

侦查阶段辩护律师的规定动作包括：

（1）会见"听故事"：会见犯罪嫌疑人，了解来自犯罪嫌疑人的方面提供的案件基本情况。即：听犯罪嫌疑人"讲自己的故事"；

（2）会见"解故事"：提供法律咨询，为犯罪嫌疑人解释其所涉嫌的罪名的实体方面的法律规定。即制作"九宫格"，让犯罪嫌疑人知道自己的大体方位；

（3）会见讲程序：提供法律咨询，为犯罪嫌疑人解释刑事诉讼法规定的诉讼程序规定。即：制作"路线图"，让犯罪嫌疑人知道自己目前处在哪个程序环节上；

（4）会见后辩护：根据案件的基本情况，对于符合条件的，为犯罪嫌疑人申请取保候审，或者其他变更强制措施；对于不符合改变强制措施条件的，制作初步的《法律意见书》，向侦查机关、侦查监督部门提出在证据不会发生变化条件下的有关定性、定量的辩护人意见，或者直接当面向有关机关提出申请，要求他们听取律师辩护意见；对于可能判处极刑的犯罪嫌疑人，在证据层面上向司法机关提出申请，要求充分调取犯罪嫌疑人可能罪轻的意见；

（5）提供无罪线索：向司法机关提供犯罪嫌疑人可能无罪、未成年、没有作案时间的重要证据及相关线索；

（6）申请"排非"：对于可能存在非法证据排除情形的，应当及时申请司法机关进行非法证据排除，必要时代理犯罪嫌疑人进行申诉或控告；

（7）管辖和回避异议：对于管辖权存在异议的，应当积极根据地域、级别、职能管辖有关规定，提出管辖异议；

（8）向办案机关了解案情：根据修订刑诉法，辩护律师可以向侦查机关了解到当时为止，案件的基本情况。

起诉阶段辩护律师的"自选动作"包括：

（1）全面、反复、及时阅卷：阅卷权是最核心的知情权。阅卷是辩护的核心基础之一，没有全面、反复、及时的阅卷，辩护是空谈；

（2）必要的、及时的调查：律师调查，要特别注重实物证据和无罪、轻罪和罪轻证据的调取；

（3）出具法律意见、约见检察官：提出意见，可以是书面的，也可以是当面的。法律意见是会见、阅卷和调查的重要体现。在提出意见的过程中，涉及的内容既可以是去面的，也可以是根据案情发展的节奏，局部的或者说是部分的，既可以是实体的或者是程序的，也可以是实体程序都涉及的，既可以是进攻对方的观点，也可是设置防守的"路障"；

（4）非法证据排除或者代理申诉控告：审查起诉阶段进行非法证据排除，尽管可能效果不会理想，但有时候也需要启动；

（5）反复会见、通信及核对证据：起诉阶段的会见，最重要的是核实证据，核实证据应当是全面、彻底的核实，而不是选择性核实；

（6）取证或者申请取证：本阶段取证，针对性强，应当努力；

（7）启动公诉案件和解程序：有被害人的轻微公诉案件和解，是本阶段的重要工作；

(8)管辖和回避异议:对于管辖权存在异议的,应当积极根据地域、级别、职能管辖有关规定,提出管辖异议。

（二）审前辩护可用的"自选动作"

辩护律师在侦查阶段的"自选动作"包括:

(1)会见例外:会见犯罪嫌疑人时,应当想方设法稳定犯罪嫌疑人情绪,告知其法律规定的有关权利的正确行使,根据其提供的单方信息,分析案件可能的走向,让嫌疑人理性面对案件;在会见过程中,还应当一起分析涉嫌罪名、相邻罪名常见的证据要点、可能出现的争论点、辩护点;对于犯罪嫌疑人关心的问题,比如是否能够改变强制措施和是否存在创造改变强制措施的条件,都要理性分析。

(2)"三类案件"的会见准备和会见后准备:对于侦查机关按规定不让律师会见的三类案件,辩护律师应当积极向侦查机关、侦查监督机关提出申请,并在法律规定的条件消失后,及时会见。对于特别重大贿赂案件,在侦查结束前会见。对于会见中可能出现的问题,及时梳理,并在会见中和会见后,根据法律规定,向有关机关提出法律意见,保留办案记录痕迹,为后续辩护创造条件。

(3)充分使用通信权:通信权是法律、司法解释有有关司法文件反复强调的辩护律师和犯罪嫌疑人之间的一项权利。目前该项权利未被重视。但是,有关文件一再强调应当保障。特别是对"三类案件"的会见无法完成的情况下,采用可以保存通信痕迹、通信内容和过程的通信手段,如挂号信等方式进行主动的法律咨询,具有十分重要的意义,同时也可以为侦查机关、羁押机关是否剥夺犯罪嫌疑人的诉讼权利,提供相应的证据。

(4)出具法律意见例外:除了出具正常的法律意见书,在这个阶段,律师还可以为可能存在的法律争点、辩点创造条件,为可能出现的代理申诉或控告保留证据;为控方扩大指控范围拟定预案,设定防守方案;对于无法短期内发现的非法证据,要尽可能固定线索,为将来排除非法证据创造条件;对于控方不同意申请调查取证的证据,要想办法进行固定,或者保留线索依据。

(5)积极的沟通:侦查沟通尽管目前比较困难,但是并非是无所作为。沟通实际上在实现辩护价值上,具有重要意义。沟通包括全面沟通和局部小角度沟通;既包括侦查机关办案人员的沟通,也包括侦查监督部门的沟通;包括和具体办案人员的沟通,也包括在必要的时候向上级领导和机关进行沟通;既包括书面沟通,也包括口头当面沟通和电话沟通;既包括和办案机关及其管理机关的沟通,也包括和犯罪嫌疑人和委托人进行充分的沟通。

(6)涉案工作和后续工作准备:这个内容非常广泛,包括理论准备、法条和司法解释准备、案例准备、制作各预案,包括在依法履行辩护职务过程中有关机关不予配合时相关的函件往来记载;在有条件的地方,对自己的执业过程和执业发现的程序实施,对于会见犯罪嫌疑人发现的遭受刑讯逼供的事实,进行录音、录像或者记录记载保存,为下一步的工作开展,创造条件。

辩护律师在起诉阶段的"自选动作"包括:

辩护律师在审查起诉阶段的自选动作,无疑包括了在侦查阶段所有的"自选动作",但是除了"三类案件"无障碍会见之外的五个方面的自选动作之外,结合审查起诉阶段的诉讼价值和制度安排,还有以下在以下几个方面进行最大限度地为当事人实现诉讼权益。

（1）"三类案件"会见之外：在审查起诉阶段，"三类案件"无障碍会见的同时，阅卷权也基本上得到保障。与此同时，在极短的时间内，辩护律师要阅卷、核对并尽可能产生基本的辩护初步思路。一些重要价值的证据，在侦查阶段处于未展现状态的，一些控方取证存在重大问题的，在通过规定动作无法完成辩护使命的情况下，辩护律师应当抓紧采取各种合法的手段，固定相关证据和线索，防止发生"证据流失"和"违法取证线索被隐匿"。

（2）取证例外：在按照正常取证或者申请调取证据无法进行的情况下，无论是对于证明案件实体事实的证据还是证明对犯罪嫌疑人、证人、受害人取证的程序性证据方面，辩护律师都应当穷尽一切可能，为相关事实可能被下一步证明，创造条件。这些方法包括不违反法律规定的证据线索取得、保存和制作相关说明，包括外围证据线索的获得和保管。在手段方面，可以包括但不限于秘密录音录像、委托调查等手段来进行。

（3）诉讼外合法救济渠道拓展，专家论证、服务外包与科技手段：在事关案件核心事实、定性、定量和办案程序的查证过程中，大量的工作可以通过辩护律师及其团队来完成，但是有些工作，无论从资质还是能力上，辩护人都无法完成。在当事人的配合下，律师通过法学专家、专业技术人员、接受专业服务外包的客户来完成法律论证、技术论证、服务外包等方式来完成。这种专业行为，是专业和技术介入司法后，辩护律师有可以作为的空地，需要辩护律师有全面掌控案件的能力。在其中，包括举行专家论证会、专题论坛、发表论文、举行实验、科技咨询专项报告、拟请专家辅助证人等，都属于这一来辩护手段。

（4）利用文件政策、理论案例、领导讲话等各种资源，以团队化、大数据手段为手段，拓展辩护的法律空间、事实空间、政策空间、证据空间、程序空间和生活空间，影响公诉意见：某些案件，由于检察机关个体办案作风、观念、水平和能力方面的限制，导致案件正常辩护受阻时，在团队能够采集到大量的理论数据、案例数据的情况下，采取团队化的近距离、贴心并且贴身式的辩护，反复以最勤勉的方式主张观点，以规范化、专业化、科学化的方式，让检察员回到正确的轨道上来，是服务模式和服务方式的改进，具有一定的意义。

（5）死磕和软磕：建立在合法、充分、确实的证据层面上，如果案件因为案外原因无法取得法律渠道内的效果，利用现行并不违法的手段，包括政治政策层面、民意民情层面、媒体报道层面、依法告访层面等，进行所谓的"死磕"或者说"软磕"，是不得已的手段，必要时也是可以斟酌适用的。论者作为辩护人，并不主张死磕优先和进行法律轨道外的死磕，反对行为艺术和虚张声势、博取虚名的做派。但是在诉讼程序内无法解决的情况下，寻求有关合法的渠道，将可能存在的阴暗司法行为暴露在阳光下，是情不得已的自选动作。

需要指出的是，在法治进程中，规定动作的作用一定会不断加强，但自选动作一定不会缺席辩护。

四、审前辩护的愿景思考

完善以审判为中心，显然不会一蹴而就，需要很长时间的努力，其配套的改革举措，也需要司法实践的检验。与此相适应，完善审前辩护，同样需要行为和价值的磨合，在此基础上，再进行法律的修订、制度的完善和理念的更新。在这个过程中，刑辩律师同样大有作为。

审前程序是刑事诉讼审判程序的基础程序,肩负三大诉讼使命。一是发现真实,打击犯罪。二是依法办事,保障人权。三是繁简分流,程序保障。因此,审前程序的质量,很大程度上决定审判的质量,也考验辩护律师的辩护水平。如何看待并发挥辩护律师在审前程序的重要作用,是需要有战略眼光和法治精神的。

在这一过程中,通过最大限度地发挥辩护律师在审前程序的作用,对于促进司法公正、实现以审判为中的核心价值,最终通过不断完善的诉讼体系,实现打击犯罪和保障人权的双重价值,具有重要作用。作为辩护律师来说,则要有思想准备、技能准备、手段准备和保障准备。

具体来说,完善审前辩护,不仅需要规范,更需要救济,但到目前为止,这方面依然非常不理想。作为立法机关和中央司法改革领导小组,应当在以下方面有所作为。

(一)要进一步完善审前程序中律师的会见权

在最新的中央五部门《关于依法保障律师执业权利的规定》中,对于律师的会见权进行了进一步的细化。但是,其将会见权规范在看守所环节,实际上并没有找到事情的源头。特别是对实践中出现问题最多的"三类案件",辩护律师的会见问题依然是"照抄旧文",没有实质性的改变,也没有任何的救济措施。当然,在保障律师会见时间、次数、地点、过程、是否可以带助理等方面,这次中央文件,有所规范,但是对于律师在会见中是否具有录音录像权利方面未能涉及,这不能说不是一大遗憾。

(二)要保障辩护律师与犯罪嫌疑人之间的通信权

通信权是历次修法都明确规定的权利,但是在实践中,这项权利实际上形同虚设。实际上,通信权能很好地化解因为律师无法及时安排会见、律师数量不足或因为经济困难会见成本太高而造成的刑事辩护不及时、缺乏的困境。可以说,通信权是一种经济、及时、特殊的会见权。因此,要实现多样化的信息交流方式,除了当面会见之外,还应当允许电话、信件等交流方式的采用,并要确保不能采用设备监听,不能私自拆开信件检查等。中央五部门的文件,对这个问题虽然有所涉及,但是没有规定任何救济程序,可能同样会成为一纸空文的规定。

(三)要进一步完善审前程序中律师的阅卷权

阅卷权的重要性不言而喻,目前的困境是法律规定的阅卷权利得不到保障,特别是阅卷的全面性、及时性方面,停留在各自解释的文字游戏上。这次"中央五部门文件",对此虽然有了进一步规定,但是对于阅卷范围是否包括侦讯同步录像,没有涉及,因此对于以口供定案因素很大的我国来说,这个问题实际上是没有解决。

对于阅卷问题,论者认为,从长远的观点看,应当做到:①要建立侦查阶段阅卷权,并扩大阅卷范围;侦查阶段,除涉及国家秘密的案件外,辩护律师还可以查阅、摘抄、复制犯罪嫌疑人的陈述笔录、技术性鉴定资料以及本案的诉讼文书。这与侦查阶段律师辩护人的身份相符,也是辩护律师向犯罪嫌疑人提供有效法律帮助的基础。②要确立证据展示制度。证据展示制度是指控辩双方在庭审前相互展示证据及其他相关资料的一项制度。在具体应用中,特别是为了防止侦查机关消极调取无罪、罪轻证据方面,具有重要意义。同时,也可以防止辩护律师进行证据突袭。

（四）对审前程序律师调查取证权的完善

这次中央五部门的文件,对于律师调查权,遵循了此前法律和司法解释的规定,但对于辩护律师调查权的限制,没有进行扩权,从长远角度看,应当赋予律师平等的调查权,而不仅仅是证据的提交权、申请取证权。应当完全取消对律师调查取证权不必要的限制,扩大律师的调查权。一是取消律师在向被害人取证时需经检察院同意;二是取消向人民检察院申请调取证据的规定;三是要完善调查取证的相关程序及救济措施,对于申请被驳回的,辩护律师有权向上级司法机关申请异议,对于经申请证据保全措施依然致使证据消灭或被毁灭的,构成撤销案件的法定理由;四是建立起律师调查取证权的协助机制。随着我国私人调查机构的不断发展,应当明确律师刑事诉讼中引入私人调查机构协助律师开展调查取证工作,改善辩方取证的专业性与充分性,平衡控辩双方取证实力的差距。

（五）确立审前程序中的律师刑事辩护豁免权

国际社会中,大部分国家均遵照1990年联合国《关于律师作用的基本原则》的精神,赋予了律师在执业过程中的民事和刑事豁免权。但是,在我国,不仅《刑法》第306条高悬在上,甚至在《刑法修正案（九）》中,律师的法庭言论权利受到了进一步的限制。

首先,《刑法》第306条刑事责任风险主要体现在审前环节:其一是律师会见犯罪嫌疑人后,犯罪嫌疑人改变供述,律师被怀疑为帮助犯罪嫌疑人隐匿、毁灭、伪造证据或者串供;其二是律师调查取证过程中,如果律师搜集的证据与侦查机关、检察机关搜集的证据不一致,律师就有可能被怀疑为威胁、引诱证人改变证言或作伪证。

其次,目前,我国对律师的豁免权目前仅规定于庭审程序之中,但随着审前程序的作用越发突出,律师辩护职能从审判程序走向审前程序,律师豁免权的范围也应该随之扩展到侦查和审查起诉阶段。也就是说,要将律师执业豁免范围从法庭辩论时所发表的言论扩展到侦查和审查起诉阶段为履行辩护职能而发表的言论。

五、结语

十八届四中全会背景下的刑事司法改革是国家战略,而这一战略的核心之一,就是以审判为中心。以审判为中必然倒逼侦查、起诉工作的改变,也必然对律师的审前辩护工作带来巨大的影响。随着中央和中央各部门相关"以审判为中心""防范冤假错案""保障律师执业权利"等文件的不断规范,律师的审前辩护的前景出现新的亮光,也似乎有了可期待的春天。但是,我们也要清晰地看到,要真正落实律师在审前程序中的辩护权,任重而道远。只有切实从保障人权、建立法治国家、考量律师在我国政治法律体系中的重要价值的宏观价值出发,辩护律师的审前辩护才会有接下来的茂盛的夏天和收获的秋天。

第七编 非诉讼法律服务项目案例解析与法理研究

第二十二章 非诉讼法律服务项目案例解析

69 澳洲著名运动品牌中外合资顺利落地

邬辉林　李珊珊

项目名称: 涉外合作投资项目

客户名称: 宁波 GXG 企业(以下简称"G 企业")

承办律师: 邬辉林、李珊珊

项目简介

宁波 GXG 企业(以下简称"G 企业")是全国有名的服装服饰企业,拥有子品牌数个与完善的线上线下销售渠道网络。澳大利亚著名运动品牌 2XU 看中宁波 G 企业的销售渠道、品牌运营经验,希望通过设立中外合资企业合力打开该澳洲品牌的中国市场。而 G 企业对进军运动用品行业也感兴趣,双方于 2016 年 10 月开始意向书阶段的磋商。

意向书的磋商较为顺利。但在此之后双方对合作方式及其各项限制、众多合资细节开展了激烈的磋商。因澳方在谈完意向书后回国,双方的律师团队、商务团队只能通过电话会议、电子邮件,围绕《合资协议》《生产协议》《销售协议》近百个争议点进行一轮接一轮的谈判。2016 年年底前,双方因合资条件陷于僵局,不得不搁置了一段时间,在年后又重启谈判。双方最终在又经过数个月的谈判后,于香港签订正式协议,并着手设立合资企业。

律师分析

海泰律师事务所在接受客户委托后,立即组建了以邬辉林律师为主承办人的律师团队。谈判既是脑力战,亦是体力战。长达八九个小时的谈判,对双方都是不小的考验;而一轮谈判结束后,双方又需要立即对 150 余页的英文协议作出相应修改,十分考验团队协作能力。整个律师团队至正式协议签订,累积已达到 280 个工作小时。

就本项目而言,因不便披露谈判细节,但我们注意到澳方的谈判策略如下,以作提示:

1. 竭力争取协议起草权

协议起草权一般由谈判地位与行业惯例决定,目前,大部分中外合资项目一般仍以外语谈判,以外文起草协议,这对国内律师仍是项不小的挑战。争取起草权的最大优势在于,外方可预先设置合作方式及其细节安排,中方在外方版本上进行修改,较为受限制。

也因为协议由外方提供,中方股东一般处于防守位置,关注点常集中于如何减少中方的义务、限制,忽略了外方的义务及其应有的限制,后者其实应是这种情形下的谈判重点。外方在合资项目的定位、作用,也应以协议条款固定下来。律师团队应适时引导谈判方向,提示客户注意谈判策略。但以宁波为例,涉外律师储备并不足,能够承办涉外项目谈判磋商、外文协议修改的团队并不多。可以预见的是,宁波企业在"走出去""引进来"等国家战略下,今后会更加依赖涉外专业律师团队的建议、咨询。

2. 处处设置合资限制

澳方在授权中方生产部分产品时,出于保护知识产权等考虑,不希望中方再经营竞争性产品。但是对于不竞争范围,往往在协议条款中表现出"大而泛"的特点。我们认为不竞争条款从商业角度考虑有其必要性,但这类条款设置不当将影响中方股东的未来商业计划,律师承办时必须提醒客户不竞争条款的合理范围,对于外方设置的范围,要给予有理有力的质疑,保护中方股东的权益。

此外,外方还偏向于设置苛刻的销售目标,律师针对该风险,可提示客户数额预估应当不脱离行业实际(如果中方能够提供行业数据,有真实合作意向的外方一般也不会刻意为难),并以复合增长率等指标控制销售数额,还可以争取不同指标间的配合以达到总体达标。无论如何,不宜形成单项不达标就合作终止,没有弥补措施的局面。

3. 条款细节锱铢必较

英文协议的特点在于,条款详尽、细节到位、应对配套措施周全。中方谈判时,要注意一旦形成违约,外方的救济机制是十分健全的,要警惕先答应下来后慢慢应对的老旧想法。另外,商务层面谈妥后,反映到合同文本中又常见偏差,若是对方律师负责修改,己方律师必须反复审查该项修改是否足以反映谈判结果,是否对其他款项形成不利影响。

以本项目为例,中方团队对于不利条款据理力争,摆数据、讲道理,外方听取后多数情形下也作了让步,同时,这也增加了外方对中方团队的认识,意识到中方团队是个有竞争力的合作伙伴,对合资的前景很有信心。我们认为,对外方条款上的苛刻,到正面、积极应对,坐下来慢慢磨条款是个必经的过程,同时,商务团队也要给律师团队充分的支持,这样才能最大化保护客户的利益。

70 知名童车企业远赴土耳其、印度投资工厂

邬辉林

项目名称:*海外投资项目*
客户名称:*宁波 M 企业*
承办律师:*邬辉林*

项目情况

宁波 M 企业是国内知名的童车生产企业,主要产品外销,在北美、欧洲等发达国家市场及印度、南美、东欧发展中国家市场,已经建立良好的市场口碑,OEM 与自有品牌产品在当地市场均占有相当份额。

近年来随着外向型生产企业的外销市场竞争加剧,国内成本逐渐攀升,导致以国内作为出口基地的外向型生产企业的利润越来越薄,企业的经营业绩也出现瓶颈。曾经也像很多之前外销企业转型做国内市场一样,M 企业也希望通过自身的努力打开国内内销市场,大力推广国内市场的子品牌,并运用电商渠道进行促销,但效果不佳。

M 企业重新回归到自己熟悉的外销市场,并希望借助之前的客户渠道资源,谋求在当地合资建厂,利用原材料、劳动力、物流等成本优势,直接开拓当地市场。海泰律师事务所涉外律师团队在 2015 年连续为 M 企业在土耳其、印度等极富潜力的童车市场,通过与当地渠道商合资形式,走出一条国内生产型企业的艰辛转型之路。在代表本国企业在一些法律制度或现代企业治理不是很完善的发展中国家,与境外合作伙伴之间进行交易结构、合资模式、法规政策理解的法律谈判与文化碰撞。

土耳其市场给人整个感觉还是超出一般发展中国家水平,哪怕是在靠近叙利亚的阿登纳这样的小城市,都有健全的工业体系、成熟的技术工人。土耳其的合资工厂项目的合作伙伴是当地知名的婴童销售渠道商,但因为他们并没有制造业开厂的经验,所以谈判的主旨也是围绕着前期投入规模、生产管理等商业主题,法律上主要涉及是否需要利用香港过桥公司进行投资等架构问题,与他们之间的谈判整体还是比较顺利。

印度的合资工厂项目的合作伙伴是一家当地综合性的集团,在印度本国也属于排名前 30 位的财团,主营是商超业务。不过,在围绕着合资工厂的控股权、未来的合作排他性,以及包括生产、销售互相独立的合资模式上,还是存在很多争论点。从市场可以看出印度很多领域与中国 20 世纪 90

年代类似,我们开玩笑说如果中国人错过了本国的一些产业转型或者投资热点,来印度后就像时间倒流20年,包括小到消费类产品,手机、家电、婴童用品,大到互联网平台,都可以按图索骥,不会再一次错过。不过,较低的行政效率、糟糕的基础设施与城市规划、极高的文盲率、传统的阶层分化等问题,是来印度打开市场局面所面临的种种的局限。我们在合资谈判中,法律协议上走得很完善,但是具体落地时却发现走样严重,很多约定的事情已经偏离了原来的轨道。这也给合资项目未来的发展带来了不确定性。

法律分析

中资民营企业在土耳其、印度的投资,与欧美发达国家投资呈现很大不同,主要表现在:

(1)投资心态上,中国律师代表国内企业在土耳其、印度,与当地的渠道商等意向合作伙伴进行商业与法律谈判,心理优势明显。这是基于中资企业在资金、管理、员工综合素质以及国力背景都要优于投资目的地国家。而在欧美发达国家,中资企业特别是实力不是特别强的民营企业,往往都没有这种自信或自豪感,整个心态上都是低姿态甚至是抱着学习心态。

(2)投资方式上,在发展中国家基本上采取绿地投资,要么独资、要么合资,一方面由于这些国家的法制、信用体系没有像发达国家那样完善导致国内企业未必能够凭表面尽调结果来完成收购,另一方面在产业链条上具备品牌运营、设计研发、销售渠道的当地成熟公司或品牌公司一般也不太愿意被收购或者在此基础上合资,更愿意采取新设合资方式。而在发达国家的成熟企业的并购项目,相对于直接合资,从我们团队接触的项目案例上,感觉上会是更多一些。

(3)谈判与法律文件的主动权上,我们在土耳其、印度的项目合资过程中,包括前期的商业估值与定价、核心法律文件的起草、境外投资架构搭建(包括运用离岸公司税务筹划)、投资人权利保护、退出机制等,相对于对方的律师机构而言,能够展开大量的谈判引导思路、建议,以及取得协议起草权,并且很好地让当地的律师事务所提供符合当地外资法与公司法等法律规定的相应程序性文件。如果这些是在欧美发达国家的投资项目,我们作为国内律师基本上需要配合当地本方合作律师,与对方当地律师进行法律谈判,所能提供的法律服务仅限于国内的境外投资程序咨询建议以及其他通常建议,角色是辅助性的角色。这点区别也是相当明显,这有点类似于看到20世纪90年代初欧美国家企业带着自己本国律师在中国投资时的场景,也是一种有趣的现象。

(4)在投资与投后运营的融资手段上,我们在土耳其、印度设立工厂,都很少借助国内或国外的融资平台,也没有看到运用内保外贷的方式。这点与之前在欧美的投资项目境内企业灵活运用内保外贷等融资方式也有着鲜明对比。原因可能一个在于当地的金融体系的保守,另一个是我国在当地的金融驻点机构的授信支持方面还未有体系地开展起来;而我们在德国法兰克福,不仅仅是中资银行,德国本地商业银行对于中资企业的授信支持,也有国际化的成熟操作方式,甚至有专门团队来运作。

(5)从国内人力资源的运用上,我们在土耳其、印度的工厂项目,国内企业对外派人员比较放得开,包括从公司总经理或副总、厂长、总监、技术工程师甚至普通技工,都是愿意直接派驻;而且当地合作伙伴也希望国内企业派驻更多的专业人员支持。这点与收购欧美国家企业后的投后管理有着很大的差别,经常看到国内企业派驻这些欧美国家企业的职员都是百里挑一,派驻去的岗位也是零星可数的岗位,实际上也根本无法实质介入到当地企业的运作上,更多的是沟通协调作用。

我们作为M企业在土耳其、印度等地合资项目的谈判律师,感受到了中资企业从资本、技术到管理上的实力,同时也有感在合资之后产生的文化巨大差异。在合资企业的后续运营中存在执行力不足、计划随意性等问题,另外也存在当地民族、宗教信仰等因素影响到企业管理的问题。另外,整个社会运转体系的效率问题。也是困扰中资企业的一大因素。从长远看,包括M企业在内的中国很多民营企业,在顺应"一带一路"的国家战略背景下,如何实现顺利转型,如何能让境外投资项目顺利运营并实现持续盈利,还是需要国家在财政资金、外汇管控、税费优惠上继续给予政策支持。

律师建议

(1)"一带一路"上的很多国家都是发展中国家,而且都会有不同的社会问题,直接影响到投资项目在后续运营的磨合顺利程度以及融合程度。相对而言,法律体系与信用体系却不像发达国家那样完善,因此,仅仅依靠法律手段还是远远不够,仍需要借助本地资源,特别是当地有实力的企业一起合作,这样可能会更容易打开局面。

(2)国内企业在土耳其、印度等地投资,最好能够找到先行者,向之前已经在当地投资的中资企业(包括港台侨资企业)了解投资路径与注意事项,这会为意向投资者省去不少弯路,获得不少有价值的信息。

(3)中国律师参与这类国家的境外投资,尽管在谈判地位上有一定优势,但是更多应该考虑合资项目的不确定性,特别是对于退出机制还是需要设定。

71 专业设计框架 谈判创造价值

——边际效应提高估值的典型案例

叶颂韶

项目类型:股权及资产并购
承办律师:叶颂韶

概 述

宁波 J.A 公司是一家从事放射性药物开发、制造与销售的药业科技公司,由于国家对环境保护的日益重视,对放射性制药企业的环保要求出台了更多更新的要求与规制,加之 J.A 公司的主要股东和管理人移民加拿大,公司的经营每况愈下,从之前每年销售经营净利润约350万元的水平下降到预计2015年度净利润仅剩70余万元的历史低点水平。股东决定对外转让公司 100% 股权。J.A公司的主要股东和管理人找到承办律师时,提出希望能够以2200万元以上的价格出让公司全部股权,且不要留有后续义务。

1. 尽职调查

公司股权转让,其核心问题就是转让价格,而转让价格的估值基础包括诸多要素。其中最为重要的,莫过于公司的资产状况、经营状况、主要产品的市场地位及市场份额、主要竞争对手的布局及竞争优势等。经过尽职调查,承办律师发现,公司注册资本金为15万美元,净资产仅有500余万元。而公司的经营状况一如之前提到的,从往年的比较平稳的年销售总额3500万元左右直线下降到预计2015年度的不足2000万元,而净利润也仅有70万元左右,市场份额也可想而知。上述两个条件显然对公司估值相当不利。如何挖掘公司的估值亮点成为股权转让价格确定的第一要务。经与公司股东与经营管理人员的深入沟通,经办律师了解到,国内放射性药物的主要生产厂家仅3~4家,J.A公司的产品拥有专利技术,在药物活性的保持和靶向给药的精确度方面具有明显优势,而且放射源的供货多元性可以保证该公司生产成本的稳定。另外,其有两个储备产品,一旦放射源供应充足,能够迅速达成量化生产,具有销售总额翻几倍的潜力。同时,公司的技术力量非常稳定,且市场销售团队成熟、稳定,市场份额的维持能力相对可靠。更为难得的是,公司的主要股东也是公司的总经理黄总,对发生性药品市场非常熟悉,对竞争对手的特点了解非常到位,且对环保部针对放射性药物制造企业的环境整治整改要求及路线图非常清楚,并已研究出相对应的低成本环保整改措施。

2. 交易框架设计

本次交易的股权出让方J.A公司股东大部分已经移民加拿大,不愿意股权转让后还花大量时间继续在国内从业。因此,股权交易受让方通常会要求交易后的业绩保障及股权分段交易的方案或条件一开始就应予以杜绝。但业绩保证与股权价值又形成对应关系,如何既满足不设对赌,又让交易价格上升成为本次交易需要重点考虑及安排的细节。当时市场上有不少意欲收购J.A公司股权的对象,我们考虑到放射性药品的市场狭窄性和专业性新特点,认为只有将股权转让给专业的公司才能满足估值与无对赌兼合的目的。因此,决定选择国内意欲做大做强行业的专业的放射性药物生产公司作为拟转让对象。为此,承办律师根据J.A公司提供的出让对象选择了其中的四家,起草了转让股权要约文书,书面邀请该四家公司对J.A公司进行尽调及前期交易磋商。

3. 尽调材料准备

承办律师在成为专职律师之前曾从事投资银行职业,对股权收购方的关注重点和后续要求比较有经验,对其对购并对象的尽职调查重点也比较清楚。因此,为加快交易进度,也更利于交易价格的提升,承办律师对J.A股东提出了提前准备股权收购方尽调所需公司介绍的建议。由承办律师根据股权交易的特点,由侧重地撰写公司介绍的提纲,并由J.A公司组织专人起草公司介绍,主要包括公司沿革、生产经营资格、公司经营状况、公司的主打产品、市场格局、营销管理模式、研究开发团队及主要领导人的资历、专有技术、后备产品及后续经济效益估测,现有生产条件及厂房设备的扩容余量等。同时,预先准备了收购方可能要求的诸如财务资料、资产明细、产权证书、药品生产许可证及申报新药材料及阶段性结果证书等,也交代了那些可以提供原件,那些在尽调阶段只能提供复印件,以及那些仅能提供部分资料的安排。最后,要求J.A对前来尽调的意向收购方必须按照我方的时间安排及程序要求进行尽调,不能让不同意向收购方有同时在公司出现碰面的机会,也对所有参与股权出让事宜的公司人员不得向任何意向收购方提供另外意向收购方名称或咨询的缄口要求。

4. 欲擒故纵,反向尽调

应J.A股东邀请,也是承办律师主动要求,在收购要约发出后,对受要约方反馈的信息逐条分析,并协商回复内容。不出所料,四位受要约人全部对收购J.A公司股权发生了兴趣,并要求前来公司洽谈和尽调。在受要约方来J.A公司磋商和尽调期间,J.A股东均邀请承办律师共同参加,在前来磋商和尽调的时候,我们表示出浓厚的惜售情怀,并要求对收购方进行回访与反向尽调。在造访意欲收购方的过程中,我们对不同意欲收购方的产业布局及发展战略进行了了解,并分析收购J.A后对其市场份额及竞争地位的提升作用。同时,在交流过程中有意散发其他已与收购方的收购意向,利用已与收购方信息不对称的劣势,造成愿意收购方的竞购意识。为增加意欲收购方之间的信息隔离,承办律师还设计了严格的保密协议要求意欲收购方在尽调之前签署并遵守。

5. 审核收购方案,选择谈判对家

经过前期对四家意欲收购方的背靠背收购意向磋商,尽职调查与反向调查程序后,对四家意欲收购方的收购目的、行业背景及其人员配置、产品储备及市场规划或野心均有了初步的了解。承办律师建议J.A公司股东向意欲收购方发出书面通知,要求其提供书面的购并方案,作为出让方选择唯一竞争性谈判对家的依据,同时说明,在与选定的唯一谈判对家未破裂之前,J.A公司承诺不予任何其他公司进行股权转让的协商或谈判,如果协商或谈判破裂,在书面通知谈判对家后,在选择其他意欲收购方作为唯一谈判对家,依此类推。四家意欲收购方均在限定的期限内向J.A公司提交了购并方案。作为出让方,最为关心的自然是收购方给出的价格区间,这里将最高两家的出价区间简要介绍一下,最高的出价区间为1000万~6000万元,第二高的出价区间为1500万~4500万元。经过对购并方案的详细分析和解读,结合之前与意欲收购方主要管理人员的沟通情况和收购目的及其已经具备的产业基础,承办律师果断建议选择出价第二高的意欲收购方作为唯一的谈判对家。理由如下:①第一高价的价格区间跨度太大,说明其决定基础不实,内心的游移度过大将影响后续谈判的不确定性,不利快速谈出结果;②第一高价的管理团队均来自国企,其产业基础也是国有背景,但管理人员在放射性药物领域的管理能力及研究深度不足,其最终谈判的决定权不确定;③第二出价的团队主要人员是两位香港人士,一位是从事于放射性药物研究与生产的科学家,一位是专业从事风险投资的资深投行人员,其身后是一家国内知名上市制药企业,收购J.A公司的目的是整合国内放射性制药企业,作为上市公司日后新的利润增长点;④虽然出价区间第一高价者比之第二高者多了1500万元,但是这仅仅是初步的出价意愿,最终的收购价格将根据谈判的过程与市场状况存有上升的可能;⑤根据前期的解除与沟通,第一高价者的主要管理人员显示出对收购股权事宜的不专业性,也流露出不少江湖习气,可能对后续谈判及合同履行造成不确定性。反之第二高价的主要管理人员显示出较高的专业素养,对放射性药物市场的细分了解、后续发展格局以及受制条件均有比较客观冷静的分析和见解。就J.A公司的收购也表现出了竞购状态下的合理内敛,将会是一个比较强劲的谈判对手,但一旦谈判成功,合同的履行及企业的接管将会比较顺利,后续公司股权的交割、股权转让款的交付及公司交接过程的麻烦均会较少。

基于上述理由和判断,承办律师成功说服了J.A公司股东接受第二高价意欲收购方作为独家谈判对家。

6. 利用白天鹅事件,适时提高估值

由于在进入独家谈判之前,我们已经对自身的优劣势作了充分的分析和研究,对影响公司估值不利的主要因素:业绩的大幅下降、市场份额的变化、销售费用的处理等已经进行了充分的合理化准备,因此,在谈判过程中,均较为顺利地获得了对方的认同。2015年的7月份,正是国内证券市场并购热潮涌起的时期,其中一个热点就是放射性药业行业的并购。在独家谈判过程中,南京药业集团持有一家放射性制药企业30%股权的公开转让拍卖,经过激烈竞价,拍出了非常高的价格。这是一个对我们非常有利的信息,更为有利的是,安排了明天与独家谈判对家进行合同条款的协商,今天晚上另外一家落选的意欲收购方又特意赶到我们下榻的酒店希望获得谈判机会。市场的风恰

如其分地吹过来了,不经意间J.A公司站在了风口上,商场如战场,战机稍纵即逝,必须及时抓紧抓牢。承办律师与J.A公司的股东连夜磋商,果断地将第二天的谈判设定为与独家谈判对家的最后一次谈判机会,并将股权转让价格提升到6000万元。同时,设计了谈判策略,由承办律师作为主谈人,J.A公司股东见机配合。

7.　乘风出击,一锤定音

第二天谈判双方一落座,承办律师即以不容置疑的口气告知谈判对家,今天是最后一次谈判,能成则签约,不能成则宣布谈判失败,我们将另择他方进行交易。这一招显然打乱了对方的计划,南京药业集团股权转让的白天鹅事件是对方心知肚明的导火线。根据对方的反应,承办律师开门见山,直接把股权交易价格提高到6600万元,这一招就连J.A公司的股东都觉得意外。但效果却显著,对方以收购方案的价格区间上限为4500万元为由简单抗拒了一下后,马上被我们说服。只是提出,这个价格也未必不可以,但出让方应保证今后三年的经营业绩达到一定标准。承办律师马上明确告知,对赌条款一概不谈,这是我们之前在收购要约中已经明确告知的先决条件。最后,对方提出作为交换条件,J.A公司的主要管理人员要保证公司的平稳过渡,总经理要留任二年。我们答应平稳过渡,但不作合同条款约定,总经理也不留任,但可以在股权转让后的适当时期继续做一些辅助工作,也不作合同条款约定。最终,双方达成了以6000万元的价格完成J.A公司100%股权转让的谈判结果,并当场签署了合同。之后,合同的履行也相当顺利,按照双方约定时间节点完成公司资料及资产的交接、股权转让的工商变更和股权转让款的支付。

律师心得

律师要对股权购并项目提供上乘的专项服务,除了需要具备坚实的公司法、合同法等专业法律知识与实务经验外,还需具备财务、金融、公司经营及行业分析的基本能力。就J.A公司股权出让项目而言,项目从开始到签订股权转让合同仅用了不到三个月的时间,就以高出股东心理价位近两倍的价格成交,且不带对赌条款的约束,虽然有期间发生白天鹅事件的助力之效,但更多地应归功于之前准备工作的充分、完备。就股权转让或股权投资项目而言,商业部分的最重要环节,就是公司估值方法的掌控和运用,公司估值的最常用方式主要是收益率法、净资产倍率法、市盈率法以及现金折现法等,尤其是市盈率法是对一个成长型企业最常用的估值方法,但市盈率法的最难掌握之处,在于如何确定倍率。出让股权或吸收投资的一方自然希望倍率高一点,受让方或投资方当然希望低一点,如何协助你的服务对象达成目的,是考研专项服务律师能力与智慧的关键。商业谈判不是一个孤立的事件,而是需要细致的准备作为铺垫。作为出让方必须确切了解自身企业的优势和弱势所在,有预见性地对弱势予以弥补,即使不能有效弥补,也需要找到相对应的能够对冲该弱势的优势点予以适当放大,或找到补强弱势的方式。另外,对购并相对方可能提出的要求或条件预先进行准确估测,且能在方案设计阶段就将己方的劣势进行弥补,可以有效地增强谈判的优势。通常一个大项目的商业谈判过程是不会一蹴而就的(承办律师曾经办理过一个谈判过程经历三个月之久的项目),要事先做好长期谈判的准备,每次谈判的阶段性结果均会影响到后一次谈判的进程与结果,对谈判策略及主线的精确把握,是达成整体谈判成功的关键。商业谈判最忌讳前后逻辑矛盾,因此,在深思熟虑之前,不能轻易给出承诺,这涉及诚实信用的原则问题,如果上次已经答应的条件,下次就轻易地否定或不承认,不仅会拖长谈判进程,更会增加谈判难度,更有甚者,可能会直接影响谈判的成功。

一个好的律师,不应仅仅局限与法律风险的控制;还应该在风险控制的前提下促成商业项目的合作成功;更进一步,甚或应该通过专业技能的运用、周密的策划和娴熟的谈判为服务对象赢得商业利益。

72　宁波市竞争性破产基金第一案

——宁波市企会大厦公司破产清算案解析

邵建波　　王晓华　　叶颂韶　　等

项目名称：宁波市企会大厦公司破产清算案
承办律师：邵建波、王晓华、叶颂韶等

案情简介

宁波市企会大厦建设开发有限公司（以下简称"企会公司"）成立于2011年2月23日，法定代表人邢某达，公司住所地宁波市江北区长兴路8号2幢2楼。企会公司注册资本4000万元，其中宁波万祺集团有限公司出资3600万元，持股比例为90%；邢世达出资400万元，持股比例为10%。公司经营范围：房地产开发经营，企业营销策划，商品信息咨询，物业服务，室内外装修装饰，房屋出租。

企会公司经营期间，主要业务为建设开发宁波企业家协会大厦项目（以下简称"企协大厦项目"）。

企协大厦项目位于江北投资创业中心门户区长兴路以前3#-3地块，用地面积6966平方米，建设规模38 086.74平方米，由浙江置华建设有限公司总承包。根据宁波市天一测绘有限公司《企协大厦商品房项目（预）测绘情况现场公示表》反映，总建筑面积37 818.87平方米，办公用房（66）套26 099.89平方米，商业用房1407.41平方米、物业办公121.01平方米、环网站44.80平方米、风井0.66平方米、地下室10 145.10平方米、地下室可售车位212个。

公司在经营过程中，资金链发生断裂，项目开发难以继续，并且公司的实际控制人邢某义出逃到国外，致使主要债权人宁波市企业家协会、浙江置华建设有限公司向法院申请破产。

2015年3月18日宁波市江北区人民法院依据《最高人民法院关于审理企业破产案件指定管理人的规定》，经采用竞争方式，指定浙江海泰律师事务所为宁波市企会大厦建设开发有限公司的管理人。

破产案件办理过程

1. 第一阶段：自接管企业至第一次债权人会议召开

管理人自接受指定后至第一次债权人会议召开期限，主要工作如下：

（1）组建管理人工作团队。管理人在收到法院指定通知和民事裁定书后，根据企会公司破产工作需要，任命邵建波为破产管理人负责人，并及时组织相关专业人员组建管理人团队，内部设有综合协调组、工程相关组、人事组、后台管理组、债权申报组。各组根据职能分工，各司其职，共同履行管理人职责，接受江北区人民法院的指导和监督。

（2）明确管理人工作原则，制定工作议案和各项管理制度。接受指定后，管理人明确了下列工作原则：勤勉尽责、忠实履职、审慎细致，依法办理相关事务；注重效率、节约开支，依法接受债权人和法院监督。根据上述原则，管理人在前期工作中做到了工作态度认真细致，工作人员专业敬业，工作实施务实效率，费用支出谨慎节俭，各项破产清算工作顺利推进。

（3）依法接管企会公司。管理人接受指定后，及时对企会公司进行了接管，接管内容主要包括：①接收了印章及证照。包括公章、财务章、法人章、合同章、营业执照、组织机构代码证、税务登记证等；②接收了财务凭证、账册资料。包括会计凭证、会计报表及审计评估等资料，暂由审计单位人员予以保管；③依法接管了企会公司办公场所及施工现场，对现场资产进行了清点；④接收了企协大厦项目相关的合同、涉及债权债务的文件资料；⑤接收了劳动合同等人事档案资料。除接收上述资料和资产外，管理人还通过工商局调取了企会公司的全套工商登记材料，通过国土资源局、住房和建设委员会调取了企协大厦项目的土地和房产资料，通过车管所调取了企会公司的车辆资料。另外，管理人还对企会公司的办公设施等资产进行了实地盘点。

（4）对企会公司的资产进行全面核查。企会公司经营期间，主营业务为开发企协大厦项目，主要资产为土地，另有办公设备及少量账面资金。管理人及时委托评估单位，对企会公司土地、在建工程、固定资产实物进行评估，评估报告确定总价为 104 760 978.00 元。管理人还委托第三方就在建工程进行工程造价审计，以便于确定工程所涉及的相关债权。

（5）依法管理企会公司的日常开支。管理人接管企会公司后，进行了一系列的刻章、开户、公告等前期工作以及接管后的日常工作。截至 2015 年 5 月 31 日，管理人共支出公告费、员工工资、社保、经济补偿金、房屋租金、水电费、物业费及通讯费等费用总计 30 万元左右。因企会公司账目基本无财产可供开支，因此管理人向有关单位暂借支了部分费用用于上述开支。

（6）接受债权申报，审查申报债权。2015 年 4 月 8 日，江北区人民法院和管理人同时发布公告，自即日起至 2015 年 5 月 15 日，接受债权人的债权申报。为方便异地债权人快速、成功地申报债权，减少奔波之苦，管理人将债权申报资料在浙江海泰律师事务所网站上公布，供债权人直接下载填写，通过邮寄申报，开通债权申报电话专线供咨询解答，并在企会公司设现场申报点，指派律师事务所专业人员现场值班，接受现场申报并予解答指导。管理人还根据债务人提供的联系方式对未及时申报的已知债权人予以电话通知。截至 2015 年 5 月 15 日申报期结束，管理人共接受债权申报 17 笔，申报金额共计 205 022 605.7 元。

（7）员工劳动合同处理及劳动债权的调查审核。管理人接管企会公司后,向职工介绍说明了企业的目前情况及《企业破产法》《劳动合同法》对申请破产企业员工劳动债权的规定与保护。经管理人调查,确认企会公司共有在册员工12名,兼职2名,外聘1名,12名员工劳动合同均未到期。管理人根据《劳动合同法》的相关规定,于2015年4月与其中5人终止劳动合同,其余7人继续按原劳动合同约定履行,最终确定企会公司尚欠职工的2015年3月份的工资及经济补偿金共计166 448元。管理人已于2015年4月底前及时发放了上述拖欠工资、经济补偿金,保障了职工的合法权益。

2. 拍卖、清算以及诉讼

第一次债权人会议之后,管理人根据第一次债权人会议通过的议案,积极履行管理人义务:

（1）管理人委托法院进行司法网拍,评估价值总额为:104 760 978.00元,经江北区人民法院三次司法网拍,拍卖价款最终为:67 100 000.00元;

（2）由于债权人宁波企业家协会对管理人认定的普通债权1000万元持有异议,依照《破产法》第58条"债务人、债权人对债权表记载的债权有异议的,可以向受理破产申请的人民法院提起诉讼。"提起诉讼,管理人参与诉讼,最终法院判决认定支持1 000万元债权为优先权。管理人向债权人邮寄送达,由债权人表决是否上诉,最终债权人表决不上诉,缩短了破产案件的进程。

（3）管理人对破产财产变现后,依法及时进行了分配,根据破产法规定,管理人在获得的总变现资产的款项中,扣除特定财产对应价款、共益债务、破产费用之后,将剩余款项分配给普通债权人,最终普通债权人的清偿率为7.09%。

律师心得

（1）宁波市企会大厦建设开发有限公司破产清算案,是宁波市中级人民法院自开展竞争性破产案件以来,第一个结案的案件。海泰所办结本案,不仅得到债权人支持、也得到江北区人民法院和宁波市中级人民法院的好评,本案有以下几点效果突出:①本案自2015年3月受理,自2016年6月全部清算完毕,仅仅用了15个月,非常高效;而且还弯道超车,超过了其他所有早于本案的宁波地区的竞争性破产案件;②本案的结案,管理人还向宁波市中级人民法院破产基金提供了195 555.56元款项,为破产基金取得了开门红;③本案的快速结案,使得停工的在建工程得到恢复施工,极大改善了当地标志性建筑物烂尾的不利局面;④作为施工单位的债权人,非常感谢破产管理人,及时解决了拖欠的工程款,并且成功拍卖在建工程,由接盘单位继续承接开发项目,保证施工单位有序完成后期工程施工,也为债权人创造了获取新的利润机会。

（2）海泰律师在案件办理工程中,充分运用管理人的法律智慧,保护债权人合法权益的基础上,加快完成破产案件,主要有以下几点,可以为今后的破产案件,提供一些经验:①合理运营邮寄送达的表决程序:本案进行过程中,由于宁波市企业家协会提起债权确认诉讼,是否需要上诉,管理人内部讨论时也存在不同的分歧意见,为避免管理人自行决定"上诉"或"不上诉"所带来的决策风险,本律师提出邮寄表决的意见,通过邮寄送达议案,由债权人表决是否上诉,避免再次召开债权人会议的烦琐程序,最终在尊重债权人的意思自治基础上,根据不再上诉的表决结果,有效缩短了案件的进程;②通过债权人会议,一次性通过原则性表述的分配方案,随后通过变现金额,寄送分配明细表格方式完成破产财产分配。该程序的进行,不仅可以减少一次专门针对分配的债权人会议,而且可以避免各债权人对不同意见的串联、互通,行程分配障碍。本案最终分配时,各债权人均对此无异议,顺利实现分配目标和效果;③一次性处置资产+后续复建的工程合同+房屋买卖合同。管理人向法院申请拍卖的,不仅仅是单一的土地和在建工程,本案的拍卖标的中,包含了企业的部分流动资产、工程押金、后续施工合同、房屋买卖合同,由受让人全盘履行相关义务。这样不仅使得管理人确保一次性完成所有的资产处置,也避免了施工单位对后续工程是否复工的担忧,同时还能保障房屋买卖合同项下的购房人权益,实现了一举三得!

73　从一起非诉合同案件看税务风险的防范与合同条款设计

吴克汀

案情简介

2014年5月,笔者办理了一起涉税合同审查案件,情况是甲方与乙公司签订租赁合同,约定乙公司出租厂房、办公楼给甲公司,租赁期限8年,每月租金为97 000元,租金包括办工厂区、停车位、厂区道路和绿化带等附属设施,还包括办公楼中的办公设备租金和管理服务费用。经审查乙公司提供的合同文本,我们发现,如果以这种业务合同关系签订,会使乙公司承担更多的房产税。具体分析如下:

《中华人民共和国房产税暂行条例》(国发〔1986〕90号)第1条规定:"房产税在城市、县城、建制镇和工矿区征收。"第2条规定:"房产税由产权所有人缴纳。"第4条规定:"房产税的税率,依照房产余值计算缴纳的,税率为1.2%;依照房产租金收入计算缴纳的,税率为12%。"《财政部、国家税务总局关于房产税若干具体问题的解释和暂行规定》(财税地字〔1986〕8号)规定,凡是在基建工地为基建工地服务的各种工棚、材料棚、休息棚和办公室、食堂、茶炉房、汽车房等临时性房屋,不论是施工企业自行建造还是由基建单位出资建造交施工企业使用的,在施工期间,一律免征房产税。但是,如果在基建工程结束以后,施工企业将这种临时性房屋交还或者估价转让给基建单位的,应当从基建单位接收的次月起,依照规定征收房产税。而《财政部、国家税务总局关于房产税和车船使用税几个业务问题的解释与规定》(财税地〔1987〕3号)规定,房产是以房屋形态表现的财产。房屋是指有屋面和围护结构(有墙或两边有柱),能够遮风避雨,可供人们在其中生产、工作、学习、娱乐、居住或储藏物资的场所。独立于房屋之外的建筑物,如围墙、烟囱、水塔、变电塔、油池油柜、酒窖菜窖、酒精池、糖蜜池、室外游泳池、玻璃暖房、砖瓦石灰窑以及各种油气罐等,不属于房产。基于以上规定,办公设备、办工厂区、停车位、厂区道路和绿化带等附属设施和管理服务费用不属于房产,不用交房产税。通过查看资料发现,乙公司向甲公司收取的每月管理费用或服务费用为17 000元,厂区道路、绿化带和停车位租金为每月10 000元,办公楼中的办公设备为每月租金10 000元。这将使A公司每月多缴纳房产税37 000元×12%=4440(元),一年下来,多缴纳4440元/月×12个月=53 280(元),按照本案例中签订的8年租赁合同计算,乙公司在租赁期间要多缴纳房产税53 280元/年×8年=426 240(元)。一份简单的租赁合同,却隐藏着巨大的经济利益与税务义务,不得不引起企业和律师对于合同税务风险的防范,以及合同涉税条款设计的重视。在市场经济中,交易双方往往比较关注合同的权利义务和有关法律责任的风险,却常常忽视,甚至轻视税务方面的问题。经济合同中的最常见税务风险主要表现在以下五个方面:纳税义务的风险(税负转嫁);纳税时间的风险(递延纳税);税收发票的风险(合法凭证);关联交易的风险(转移利润)和税收成本的风险(多纳税)。

1. 纳税义务的风险(税负转嫁)

税负转嫁就是纳税人不实际负担所纳税收,而通过购入或销出商品价格的变动,或通过其他手段,将全部或部分税收转移给他人负担。例如,电器生产者提高商品价格,把应当缴纳的税款往前转嫁给消费者;汽车生产商压低钢材收购价格把应缴纳的税款往后转嫁给生产者等。税负转嫁不会影响税收的总体负担,但会使税收负担在纳税人之间重新进行分配,对不同的纳税人产生不同的经济影响。税负转嫁是纳税者客观避税的基本途径,转嫁后税负的实际承担者不再是直接缴纳税款者,而变成了背后的隐藏者或潜在的替代者。通过税负转嫁,税款的直接纳税人将税负转移给他人负担,自己不再承担纳税义务,而是充当了实际纳税人与征税机构之间的桥梁中介。税负转嫁因为没有损害国家的利益,因此并不违法,因而成为减轻税负的有效途径。不过,如何避免在经济合同中被对方转嫁税负,成为经济合同签订时的首要税务风险。

2. 纳税时间的风险(递延纳税)

递延纳税是指纳税人根据税法的规定将本应缴纳的税款推迟一定期限再缴纳。递延纳税虽不能直接减少应缴纳税款额,但推迟纳税期可以使纳税人无偿使用这笔款项而无需支付利息,对纳税人来说等于降低了税收负担。同时由于通货膨胀币值下降,降低了实际的税额,纳税人在某一年度的较高收益所得,可能被允许平均分散到数年之后才计税和纳税,或是在较高收益所得年度应纳税款被分期缴纳,避免了一次性税负过重,从而有利于资金周转,节省了利息支出,享受到了通货膨胀带来的好处。以下规定需要以予以重视:

(1)《增值税暂行条例实施细则》(财政部国家税务总局第50号令)第38条第(3)项规定:"采取赊销和分期收款方式销售货物,为书面合同约定的收款日期的当天,无书面合同的或者书面合同没有约定收款日期的,为货物发出的当天;"企业在产品销售过程中,在应收货款一时无法收回或部分无法收回的情况下,可选择赊销或分期收款结算方式,并在合同中约定货款的收款日期。

(2)《增值税暂行条例实施细则》(财政部国家税务总局第50号令)第38条第(5)项规定:"委托其他纳税人代销货物,为收到代销单位的代销清单或者收到全部或者部分货款的当天。未收到代销清单及货款的,为发出代销货物满180天的当天;"如果企业的产品销售对象是商业企业,且有一定的赊欠期限的情况下,在销售合同中可约定采用委托代销结算方式处理销售业务,根据实际收到的货款分期计算销项税额,从而延缓纳税。

3. 税收发票的风险(合法凭证)

《发票管理办法》规定,发票是指在购销商品,提供或者接受服务以及从事其他经营活动中,开具、收取的收付款凭证;不符合规定的发票,不得作为财务报销凭证,任何单位和个人有权拒收。经济合同中涉及发票的风险主要集中在有无提供正规发票、何时提供发票、发票税费由谁承担及发票瑕疵责任等方面。为防止交易双方就发票问题产生争议,或是产生发票法律风险,纳税人需要从以下方面在经济合同中加以明确。

(1)明确约定开具发票的内容。《发票管理办法》第20条规定,销售商品、提供服务以及从事其他经营活动的单位和个人,对外发生经营业务收取款项,收款方应当向付款方开具发票;特殊情况下,由付款方向收款方开具发票。为防范风险,交易双方必须在合同中明确义务方按规定提供发票的合同内容,同时在选择交易对象时,应考虑发票因素,对能提供规定发票的交易者优先考虑。

(2)明确义务方提供发票的时间要求。购买、销售货物或提供劳务,有不同的结算方式,交易时需结合自身的情况,在合同中明确结算方式,并明确义务方提供发票的时间。同时,交易时可在合同中明确,义务方在开具发票时必须提前通知,并在权利人验证发票符合规定后付款。

(3)明确义务人提供发票类型的要求。由于不同税种之间存在着税率差,而同一税种也可能存在着多种税目,各税目的税率差别有时相差很大。有时义务人在开具发票时,为了减轻自己的税负,可能会开具低税率的发票,或者提供与实际业务不符的发票。根据《发票管理办法》及其实施细则规定,开具发票应如实开具,不能变更项目与价格等,否则所开具的便是属于不符合规定的发票。对于增值税一般纳税人来说,采购货物时还需明确义务人是否必须提供增值税专用发票,以避免拿到的是普通发票而导致相关进项税额不能抵扣。如果是房地产企业,则在发包工程中还需明确义务人是否必须提供建筑安装专用发票,否则可能带来相关支出不能进入开发成本扣除的风险。

(4)明确发票不符合规定的赔偿责任。交易时如果不能取得发票,或者取得的发票不符合规定,如发票抬头与企业名称不符等,都可能导致自身的经济损失。为此,在签订经济合同时,应当明确义务人对发票问题的赔偿责任,约定义务人不能提供或提供的发票出现税务问题时,义务人应承担相关民事赔偿责任,但要注意约定的赔偿责任不得包括税款、滞纳金、罚款等行政损失。

4. 关联交易的风险(转移利润)

关联交易是指企业关联方之间的交易。根据财政部1997年5月22日颁布的《企业会计准则——关联方关系及其交易的披露》的规定,在企业财务和经营决策中,如果一方有能力直接或间接控制、共同控制另一方或对另一方施加重大影响,则视其为关联方;如果两方或多方受同一方控制,也将其视为关联方。根据税法相关规定,企业与关联方之间的业务往来,不符合独立交易原则而减少应纳税收入或者所得额的,税务机关有权按照合理的方法进行调整,即明确赋予税务机关反避税的权力,相应加大了经济交易中税务风险。关联交易的纳税人除了根据需要,提前与税务机关达成预约定价安排,更重要的是在与关系方就共同开发、受让无形资产或共同提供、接受劳务方面存在业务时,须对成本分摊提前达成条款约定。其中涉税内容应按以下原则进行相关税务处理:①企业按照协议分摊的成本,应在协议规定的各年度税前扣除;②涉及补偿调整的,应在补偿调整的年度计入应纳税所得额;③涉及无形资产的成本分摊协议,加入支付、退出补偿或终止协议时对协议成果分配的,应按资产购置或处置的有关规定处理。

同时在协议中,还要特别明确向主管税务机关申报的义务内容。

5. 税收成本的风险(多纳税)

市场交易中,各利益方在订立合同时,往往比较注重合同的格式、法律文书的表述,却容易忽视合同与税收的关系,忽视对业务性质的界定,从而导致相关利益方多缴税款,税收负担加重。如《关于取消包装物押金逾期期限审批后有关问题的通知》(国税函827号)规定,纳税人为销售货物出租出借包装物而收取的押金,无论包装物周转使用期限长短,超过一年(含一年)以上仍不退还的均并入销售额征税。如果企业收取的押金大多在一年以后退还,在签订包装物押金合同时,应将收取押金时间控制在一年内。超过一年仍未退还包装物的,通知对方办理退款手续,并重新签订合同。这样,就可以不再缴纳增值税。其中需要注意的是:①让直接利益方发生涉税业务。在目前的购销合同中,涉及代收代付款项的业务发生较为频繁,这些代收代付的款项往往会被认定为增值税的"价外费用"或营业税的应税劳务收入,从而产生不应有的应税业务,增加企业的税收负担和纳税风险。②"无偿提供"转"代购"。目前企业"无偿提供"增值税应税商品的行为比较普遍,其实通过合同条款的恰当变更,改变"无偿提供"业务的性质,就可以达到合法节税的目的。

可见,即使对于最常见的合同,我们也要重视税务风险的防范,同时在条款中进行有效设计,这样才能最大限度地实现合同目的与降低交易成本。

第二十三章　非诉讼法律服务项目实务理论研究

74　从"协议控制"的效力边界谈契约自治与公共利益
——兼议非诉律师思维与创新尺度

邬辉林

摘　要:"协议控制"是为了应对我国外资行业准入限制而由非诉律师专门设计的投资结构,是契约自治的智慧产物,解决了国内互联网行业的境外募集资金的制度困境。但是,其效力问题的不确定性也是目前面临的最大现实问题,这种不确定性逐渐被目前互联网的繁荣所裹挟。本文从原生态的"协议控制"谈起,分析其要素特征、关联概念,引申出国内非诉业务中类似协议控制的一些具体运用,包括股份代持、股份信托、挂靠、联营合作以及企业重组中类似协议控制的案例演示;具体阐述"协议控制"及类似协议控制的国内运用,其法律效力的判断标准与方法,提出司法个案具体识别公共利益并判断"协议控制"等这类架构的有效性。更进一步探讨,律师在承办非诉业务过程中,如何在合规与创新、缜密与灵活、激进与保守之间把握工作尺度。

关键词:协议控制契约自治公共利益非诉思维

一、概念与问题

(一)概念、背景

"协议控制"字面之意,就是靠一纸协议来实现将目标企业的利益、管理运营等财产权益甚至身份权利归属于协议中的实际控制人,而不是依据工商登记、股东名册或者其他股权(或所有权)登记备案创设与取得。在法理上,很多人称之为"协议创设权利(所有权、股权)"

或"契约造权",是协议自治、契约自由精神下的产物;又被商界人士称为"应对政府过度管制的市场调节"。

法律史上的"协议控制",远比字面意义更复杂。"协议控制"原本是舶来品,但历史并不长。在新浪模式(境外红筹返程投资模式)❶2006年被我国商务部10号文事实上禁止的情况下,"协议控制"成为国内外资限制类企业赴美上市主流架构设计:即境外资本与境内原始股东或实际控制人在境外首先成立上市公司壳体(SPV),并通过该壳公司在境内设立没有产业限制的咨询类外商独资企业(WOFE);在境内实际控制人设立的内资企业(拥有电信增值业务的ICP许可证、第三方支付牌照或其他行业准入资质)与该外商独资企业签订一揽子协议,将内资企业主要利润通过"咨询服务"收入等输送至外商独资企业并最终归入到境外上市公司;并通过一系列协议取得对内资企业全部股权的优先购买权、抵押权和投票表决权、经营控制权。该方式被奉为资本律师界"契约创设(股权)权利"的经典设计,被很多互联网、媒体、教育出版、矿业、汽车销售以及其他对外资限制的行业继续沿用,个体案例上主要差别可能多体现在不同税务筹划路径与防火墙设计,但核心路线与主要架构大同小异。(见图1)

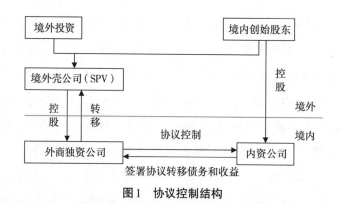

图1　协议控制结构

---

❶最初"海外红筹上市"做的是返程投资架构设计。由国内实体公司的实际控制人A在海外注册一家离岸公司B(或称特殊目的机构,以下简称:SPV);其次,由该离岸公司B返程收购国内的实体公司,从而按照会计规则实现报表合并,将国内公司收益合法转移至境外;最后,离岸外资公司B在海外证券市场上市。该模式被互联网企业广泛运用。但"海外红筹上市"模式有一个明显局限,对于主营业务为国内限制或禁止外资进入行业(如电信增值业务等)的实体公司,离岸公司则无法全资收购境内的经营实体,因此产生的局部"协议控制"。而且,随着2006年商务部六部委《关于外国投资者并购境内企业的规定》(著名的"10"号文)实际上禁止了返程并购,也就关闭了通过返程投资实现并表的"境外红筹上市"路径,从而"协议控制"成为外资限制类投资的企业赴美上市的主流架构设计。

　　"协议控制"需要实现两端效果：境内可以规避我国对互联网等行业的外资限制或禁止，以及商务部10号文的返程投资限制；❶境外能够被美国证券监管部门认可从而符合上市条件。"协议控制"境内、境外两端效果都能实现，需要归结于美国的一个会计概念"VIE"（Variable Interests Entity，中文译称"可变利益实体"）。在很多国内文献中，"协议控制"经常与"VIE"概念混用。实际上，"协议控制"是一种投资架构设计，而"VIE"是协议控制的关键一环，也就是没有"VIE"，"协议控制"也就达不到最终美国上市目的。"VIE"最初是美国遏制上市企业逃避债务的一种财务审计手段，却被聪明的律师们反过来运用在中国的互联网企业在美国上市项目上，❷实现了"协议创设（股权）权利"。

---

　　❶在历次修订的外商投资产业指导目录，互联网业务被划入到交通运输项下电信公司中的增值电信业务，一直以来属于外资限制类（持股不得超过50%），同时又通过核准ICP许可证方式，事实上将存在境外投资背景的外企企业排除在外。这种政策近期因自贸区改革试点而有所松动，工信部2017年公布了《中国自由贸易试验区外商投资经营增值电信业务试点管理办法》，宣布外资在自贸区增值电信业务试点开放。

　　❷最初"VIE"是2003年美国为治理上市公司借助特殊目的公司（SPV）转嫁债务与损失而创设的合并报表规则，即要求上市公司应当将其关联的表外实体（通常是通过"协议安排"的企业）合并报表，不以股权比例作为控制标准，以便加强监管。这一规则本意是站在美国证券监管的角度加强对上市企业的监管，结果成为一大批实际有境外资本投资的中国互联网企业赴美上市的过桥手段，也成就了"协议控制"这一模式。美国公认会计原则（US GAAP）关于"VIE"的会计准则的具体演变是，美国财务会计标准委员会（FASB）2003年1月制定了《FASB解释第46号——可变利益实体的合并》（FIN46）、2003年年底进行修订（FIN46）、2009年6月FASB发布了《财务会计准则公告第167号-可变利益实体的合并》（FAS167）。国际上，2011年5月12日国际会计准则理事会（IASB）事实上也接受了美国该项准则，发布了新的《国际财务报告准则第10号——合并财务报表》（IFRS10），也针对所有主体的以控制为基础的单一合并模型，不论被投资者的性质如何，即无论对主体的控制是通过投资者的表决权还是通过其他合约安排形成。在我国会计准则里，会计准则里并未将协议控制企业适用于企业合并，2006年发布的《企业会计准则第20号——企业合并》第4条的规定，仅通过合同而不是所有权份额将两个或者两个以上单独的企业合并形成一个报告主体的企业合并不适用该准则。但在，这一态度在财政部的一些政策上却存在转变：《财政部关于执行企业会计准则的上市公司和非上市企业做好2010年年报工作的通知》（财会〔2010〕25号）中又规定：仅通过合同而不是所有权份额将两个或者两个以上单独的企业（或特殊目的主体）合并形成一个报告主体的企业合并，也应当按照《企业会计准则第20号——企业合并》第5条至第19条的规定进行会计处理。可见，我国在具体操作时，通过合同而非所有权份额控制的两个以上单独企业是可以合并报表处理的。具体内容可参考吴军，协议控制及其会计问题，中国注册会计师》，2011（7）。

　　"协议控制"引起国内广泛关注的标志性事件是"支付宝股权转移"。❶这起事件,引发了"协议控制"的法律效力与契约精神之间现实冲撞。尽管这起事件没有形成诉讼争议,从而未得见司法结论;而事实上,"协议控制"这类资本市场的创新,在事件之前属于民不举官不究的状态,在官方默认下(甚至有政府鼓励企业走出去的政策导向),除了在学理上对"协议控制"的效力争论不休外,国内律师同行出具给境外证券监管部门的法律意见书,或者境外律师援引境内律师同行的法律认证意见时,不少境内律师事务所的法律意见书中为了顺应"增强境外投资者信心"的要求,纷纷出具"符合规定""合法有效且可执行"等不保留的意见。❷

　　不过,国内政府部门对"协议控制"还是有态度的。"支付宝事件"后,商务部发布了2011年53号文《实施外国投资者并购境内企业安全审查制度的规定》就提出了"实质审查"的思路,其中第9条明确规定:"对于外国投资者并购境内企业,应从交易的实质内容和实际影响来判断并购交易是否属于并购安全审查的范围;外国投资者不得以任何方式实质规避并购安全审查,包括但不限于代持、信托、多层次再投资、租赁、贷款、协议控制、境外交易等方式"。这个部门规章虽然仅针对"涉及国家安全的行业",但可以看出政府部门对于"规避"手段,就包括了"协议控制"。这一部门规章

---

❶根据2010年人中国人民银行(以下简称"央行")颁布的《非金融机构支付服务管理办法》,《支付业务许可证》申请人的主要出资人(包括拥有申请人实际控制权的出资人和持有申请人10%以上股权的出资人)应为依法设立的有限责任公司或股份有限公司,这实际上把《支付业务许可证》的申请机构主要出资人局限于中国境内企业,将外方投资者可能拥有实际控制权或占10%以上股权的支付机构排除在办法规范的申请主体之外。而该办法第九条规定,外商投资支付机构的业务范围、境外出资人的资格条件和出资比例等,由中国人民银行另行规定,报国务院批准。实际上目前为止,尚未有另行规定,也未有获得批准的先例。而为确保获得支付业务许可证(第三方牌照),阿里巴巴集团将支付宝的股权逐步转让给纯中资的浙江阿里巴巴网络技术有限公司。在转让股份同时,阿里巴巴集团与受让方浙江阿里巴巴网络技术有限公司签订了协议控制安排,阿里巴巴集团得以继续控制支付宝。然而,在向支付宝颁发首批第三方支付牌照前,央行要求支付宝出具声明:浙江阿里巴巴电子商务有限公司为支付宝的唯一实际控制人,无境外投资人通过持股、协议或其他安排拥有其公司的实际控制权。出于稳妥考虑,阿里巴巴及马云决定终止上述协议控制关系,这一决定从而引发了境外投资股东雅虎、软银的不满,引发了马云破坏协议,缺乏"契约精神"的争议。但这并未形成司法诉讼,阿里巴巴与雅虎、软银达事后成了和解协议:支付宝未来将继续为阿里巴巴集团及其附属公司(包括淘宝)提供服务,同时阿里巴巴集团也将获得支付宝给予的合理经济回报。具体为支付宝公司以其税前利润的49.9%给予阿里巴巴,作为知识产权许可费用和软件技术服务费。同时在支付宝启动IPO(首次公开募股)时,还需一次性向阿里巴巴支付其上市时总市值37.5%(以IPO价为准)的回报,协议限定这一回报额不低于20亿美元且不超过60亿美元。

❷例如,2004年6月腾讯上市招股说明书,其中"本集团的企业架构"一栏中称:"现时,中国的法规限制外商拥有提供电信增值服务的公司。因此,本集团的互联网与移动增值服务及其他电信增值服务均由腾讯计算机及世纪凯旋根据与本公司及本公司的两间中国全资附属公司腾讯科技及时代朝阳科技订立的合约安排下提供。本集团主要创办人持有腾讯计算机及世纪凯旋的所有权益。根据各种合约安排,本公司可确认及获得腾讯计算机及世纪凯旋业务及营运的经济利益。订立该等协议的目的在于使本公司、腾讯科技及时代朝阳科技拥有腾讯计算机及世纪凯旋的有效控制权,并可在中国法律容许的情况下,收购腾讯计算机及世纪凯旋的股权或资产。本公司的中国法律顾问已向本公司表示,该等合约安排符合现行中国法律及法规。"

成为"协议控制"效力争议的风向标,由此加剧了各界对"协议控制"效力的担忧!

在"法无明文禁止"下,"协议控制"已经由原来外资限制类企业为了实现境外上市的投资结构设计,逐步在国内项目运用上产生了衍生、异化、变种,形成了很多国内所谓的"协议控制"投资结构或路径设计。这种"协议控制"项下的法律协议内容,无不是为了实现某种目的进行的曲线设计。

（二）问题的提出

在前述背景下,本文将着重探讨如下问题:"协议控制"的要素特征或构成要件,与其他类似"架构"设计的区别、联系,"协议控制"在国内的延伸运用或"变种"形态,协议控制及类似安排的法律效力如何,如何识别它们的效力边界,即是否属于契约自治范畴,还是损害、妨碍了公共利益? 更进一步探寻,在进行项目法律架构设计或策划的关键工作环节上,非诉律师又如何在缜密与灵活、合规与创新、保守与进取之间把握好分寸、尺度,实现项目过程与结果的智慧契合?

二、协议控制的要素特征与界定

（一）基本要素

协议控制形式是一种投资架构设计,本质上是"协议创设权利"。笔者看来,最完整、最原生态的协议控制主要有如下基本要素:

1. 对内"协议控制"直接目的是规避外资投资领域限制或其他限制

从最新更新的外商投资产业指导目录以及其他法律法规、部门规章上看,国内对互联网增值业务等许多行业,对外资从资本金、股权比例甚至到投资者安全审查等形式或实质上设置了限制门槛,这迫使很多境内企业只有通过"协议控制"架构设计以便顺利快捷地募集到境外资金。协议控制的基本原理就是用市场主体之间自己信赖的君子协定,绕开政府资源控制下的股权、资产等宣示权利系统,完成了"规避"动作。因此,协议控制直接目的是规避境内法规,这是回避不了的。

2. 对外"协议控制"的投资结构需要被境外（主要指美国）的法律认可才能实现最终目的

仅仅规避境内法规,让外资能够间接通过"君子协议"方式,实现对一家内资牌照（资质）公司的控制,仍然不是协议控制的最终目的。众多境外机构投资者将资金通过协议控制方式投入到国内企业,他们最终是希望获得投资回报,而最有效的方式就是上市退出方式。因此,"协议控制"架构下,将境内公司产生的利润,通过一揽子协议方式输入到境外的上市壳公司,继而壳公司成为获得持续盈利的载体,具备在美国或其他境外证券交易市场上市的基本条件。而最关键的是,美国从2003年的FIN46,到2009年的FAS167等,一如既往的认可此类协议控制方式的利润合并模式。这样,境外壳公司通过境内设立的外商独资企业以协议控制方式控制国内利润实体企业,协议控制模式被美国等境外国家、市场区域的证券法规、投融资政策及域外法律所允许和接受。这样,协议控

制最终目的得以实现,协议控制的价值才得到彰显。[●]

3. 协议控制是靠"协议"约束,法律文件处理上是一揽子协议

协议控制最终是为了境外上市而创设的投资架构,是标准的"舶来品"。而具体来体现协议控制的法律文件,已经远远不止一份协议这么简单,而是标准的英美法系律师创制的一揽子协议文本。仅在外商独资企业与内资牌照(资质)公司之间,就存在咨询技术服务类协议、业务经营管理类协议、股权优先收购协议、借款协议、资产及信用担保协议、知识产权转让协议等。其中,咨询或技术服务协议,是内资牌照公司将国内产生的利润以"技术服务费"等名义向外商独资企业进行利润输送的协议;而业务经营管理协议是外商独资企业对内资牌照公司进行经营管控的协议,从股东表决、人事安排、资产处理、重大交易等进行全盘托管;借款协议是境外资金通过外商独资企业,以借款方式输入到内资牌照公司,保障内资公司开展业务的运作资金。而股权优先收购协议、知识产权转让协议、股权质押协议、担保协议等,均属于为确保协议控制约束力的担保类协议。

4. 协议控制下设定有制约措施使得协议控制结构的相对稳定,也保留有相对有效的事后救济

协议控制虽然被境外法律认可与接受,但因为规避境内对外资投资限制的法规,尽管目前我国对此尚无司法判例,但考虑到协议控制有别于宣示权利的脆弱性,以及防范国内原始股东道德风险,协议控制项下一定会有各种现实制约措施来保障协议控制的稳定、安全与事后救济。除了刚才提到的股权质押与优先收购等文件,很多适用于境外法律的担保类制约文件,均需要原始股东签署;甚至有的境外机构投资方会在国内确定其代持主体,直接参股至国内牌照公司对内资公司施加控制,必要时采取反制措施。

5. 协议控制不是权利宣示,强调内部实质关联与控制

尽管某种程度上创设了"投资者(股东)权利",但协议控制毕竟不是登记备案并能对外宣示的对世权。绝大部分协议控制的内部构架细节及文件内容并不会在境内公开(境外披露也是按照美国证监会要求进行有限披露),谁也不会做出无意义的举动——主动在国内公示。投资人更强调的是内部的实质关联与控制,即只要对国内这家有资质的运营主体有着实际影响和实际力;一旦存在失控迹象,也一般会优先在资金、人事、上下游经营环节上进行博弈,而目前为止近20年时间通过司法诉讼主张协议控制权利的案例在国内并未存在。

（二）与其他架构设计的简要对比

1. 防火墙设计

防火墙是在股权等投融资领域最常用、最普通的架构设计之一,主要是通过设立一个SPV,将主营实体的经营和法律风险通过法律主体关系的间隔,尽最大可能避免风险延及到主营实体。防火墙设计可以是一层、双层甚至多层,但核心原理就是充分利用公司法人独立性和有限责任,从主

[●] 与美国SEC接受协议控制相反,2011年香港联交所对"协议控制"政策转变,即当申请人经营的业务不属于中国相关法律法规规定的限制外资进入的行业时,申请人不得采取协议控制模式。不过,对阿里巴巴而言,香港联交所不认可合伙人模式,坚持同股同权,是导致阿里巴巴寻求赴美上市的直接原因。

体关系上切割法律责任。防火墙设计有的是单独为预防风险蔓延至主营实体,也有与其他架构形成组合设计。在以往我们操作的项目中,防火墙设计经常运用在公司股权激励,以及产权与运营权分离的案例中。❶

防火墙与协议控制,都是在两家或两家以上关联实体上进行的架构设计。而从手段、目的上却形成了有趣的一个对比:防火墙设计是充分利用公司法人格独立和有限责任,将两个关联实体有意进行切割,避免风险蔓延,侧重对外运用;而协议控制恰恰相反,是为了规避国内法律上的投资限制,将两个关联实体有意进行实质关联,避免利益切割,侧重对内控制。

2. 原产地规避设计

原产地规避设计,是在国际贸易领域为了规避销售目的国反倾销或者其他贸易政策壁垒时,形成的一种不得已的贸易潜规则。简而言之,就是将反倾销或受限出口国的产品,放在其他不再反倾销或不受限的国家或区域进行生产、出口。这主要是中国很多出口产业目前采取的通常措施。

国家从某种程度上鼓励原产地变更来间接实现出口贸易的增长。而实际上在 WTO 正式文件中有关原产地的反规避措施中,主要针对第三国转运、组装或进口国装配、组装等,从成本价格构成上来应对原产地规避设计。大多数国内企业也意识到不可能通过这类投机取巧方式来规避反倾销或其他贸易壁垒;而最终需要以绿地投资方式换取原产地变更。最终,这种原产地设计虽然是以我国企业的境外关联主体在第三国出口,但实际上如果符合第三国价值构成,存在实质投资行为等,会得到进口国审查的认可并成功应对反倾销。

这种原产地规避设计旨在迎合进口国国际贸易上的政策壁垒审查采取的措施。严格意义上是资本投资从属于国际贸易目的的投资方式,与协议控制等投资架构设计更多为了境外上市或资本运作还是存在目的上的区别。

3. 税务筹划设计

税务筹划设计是跨境投资领域需要考虑的现实问题。投资的最终目的是要获取回报,在其中特别是对利润分配的所得收入这块,就会存在不同国家和地区之间的双重税收问题。通过双边或多边的税务优惠协议安排,以及离岸公司的免税政策,在跨境投资路线图上,出现多个中间过桥公

---

❶例如,在股权激励方案中,公司原始股东对员工实行股(期)权激励,但又不希望最后行权时股东太多、股权分散、股权结构复杂。通常解决这个问题就是设计一个 SPV 壳公司,让员工集中入股至该 SPV,然后由 SPV 公司行权,或持有主营主体公司的股份。这样的结构设计能够消除原始股东上述股权分散、股权机构复杂的担忧。SPV 公司的控股股东也直接是该原始股东,这样无论员工股权如何分分散、如何变化,如何复杂,公司控制权牢牢拽在自己手中。但是,我们认为这仅仅只是对一般的广泛性的员工激励可以采取的架构设计,而对于很多还是希望能够参与到公司战略决策的核心高管,不太愿意接受这种"低人一等"的近乎没有表决权等身份权利的经济馈赠。又如,在产权与运营分离方案中,原始股东技术上拥有同行业绝对优势,规模上待发展。我们让原始股东拥有的核心技术单独成立一家技术公司,而让运营公司负责专利产品的生产、销售,通过技术公司长期授权至运营公司。这样,将知识产权产权主体即技术公司,与产生利润的运营公司两者相对独立。在运营公司未来经营前景不明朗时,运营公司的经营和法律风险不至于蔓延至技术产权公司,让原始股东完全没有退路;而在运营公司未来效益看好时,在之后引入战略投资者时能够对技术作价入股至运营公司,或者对技术估值能够更加从容。

司已经是很普遍的现象。

协议控制的境外投资架构部分,就存在税务筹划的影子。税务筹划的架构设计,通过不同国家和区域的关联主体,实现税负成本的最大限度地节省,主要的目的在于经济上的考虑;协议控制更多是在预防内在的法律与道德风险,维护内部的架构稳定及利益输送。从协议控制与税务筹划两者对投资者的作用而言,协议控制是内部利益基础,税务筹划的架构设计是外围优化选择,两者孰轻孰重不言而喻。

三、"协议控制"的国内延伸运用与案例演示

"协议控制"有约定俗成的概念范畴;而从本质上更多是一种"技术白手套"。而我们也可以发现,国内类似"协议控制"技术白手套方式的延伸运用或"变种",还是有很多。以下重点列举并做简要分析。

(一)股份代持

股份代持又称为隐名持股,由实际出资人委托名义股东持有公司股份。众所周知,《最高人民法院关于适用〈中华人民共和国公司法〉若干问题的规定(三)》第25条对股份代持做了明确的规定。❶归纳起来,有三层意思:第一,股份代持的合同关系是有效的;第二,上述有效是有前提,有限责任公司的股份代持,且没有《合同法》第52条无效情形。第三,即使股份代持有效,并不意味着实际出资人就是当然的股东,能够当然的恢复身份性权利,而是需要半数以上股东同意方能请求记载名册和办理工商登记。

而对于未上市的股份有限公司,虽然没有明确规定,但股份公司作为更加纯粹的资合公司,对代持股份的效力认定应该更加宽松。而至于上市公司,从目前我国证监会的态度看,股权权属清晰是公司上市的基本条件,与国际上披露即合规的做法不同,证监会在上市审核实践中对股份代持是全面禁止的。❷

但是,无论是有限公司,还是未上市的股份公司,以及上市公司,都存在大量的隐形的股份代持现象。从股份代持的操作方式看,其与"协议控制"最为近似,本质上也是一种依靠协议(契约)来实现投资(股份)权利的方式。协议控制主要目的规避国内对外商资本的投资限制;而股份代持的

---

❶最高人民法院于2011年1月27日发布的《最高人民法院关于适用〈中华人民共和国公司法〉若干问题的规定(三)》首次明确了股份代持的效力。其中第25条规定,有限责任公司的实际出资人与名义出资人订立合同,约定由实际出资人出资并享有投资权益,以名义出资人为名义股东,实际出资人与名义股东对该合同效力发生争议的,如无合同法第五十二条规定的情形,人民法院应当认定该合同有效。前款规定的实际出资人与名义股东因投资权益的归属发生争议,实际出资人以其实际履行了出资义务为由向名义股东主张权利的,人民法院应予支持。名义股东以公司股东名册记载、公司登记机关登记为由否认实际出资人权利的,人民法院不予支持。实际出资人未经公司其他股东半数以上同意,请求公司变更股东、签发出资证明书、记载于股东名册、记载于公司章程并办理公司登记机关登记的,人民法院不予支持。

❷《首次公开发行股票并上市管理办法》第13条要求,发行人的股权清晰,控股股东和受控股股东、实际控制人支配的股东持有的发行人股份不存在重大权属纠纷。

目的或动机呈现多元化,可能是为了突破公司法的人数限制,有可能实际出资人不符合股东身份(例如公务员),有可能是不方便被他人知晓(不一定是法律层面,很多只是出于融资便利或其他商业考虑),有可能是家庭资产理财筹划考虑等。正是因为股份代持的目的与动机呈现多元化,法律上不宜做一刀切,因此司法解释也是基于此对有限责任公司的股份代持做出了相对谨慎的效力支持。

(二)股权(投资)信托

股权信托关系分为两种:一是股权管理信托,即委托人把自己合法拥有的公司股权转移给受托人管理和处分;另一种是股权投资信托,即委托人先把自己合法拥有的资金信托给受托人,然后由受托人使用信托资金投资公司股权并进行管理和处分。

第一种情况是先有股权,后有信托,本质上不属于本文探讨的类似"协议控制"的投资类型。而第二种情况是,先建立资金信托关系,后有股权信托关系。我们主要探讨第二种情况。

股份信托是商法概念,与股份代持相比,股份信托的概念较窄。区别主要在于,股份信托在我国是要委托给专业的商业信托机构(我国民事信托制度并不健全),而股份代持的代持人的主体不受限制;另外,股份信托的实际出资人更加侧重股份收益的保障;股份代持不仅仅是关注收益,更多是强调代持关系的隐蔽性。实践中,股份信托伴随着投资、融资、管理等功能,银监会对股份信托是鼓励外加调控的态度。

仅仅从委托人与信托机构之间的股份信托协议来看,从合同主体、内容以及上位法及政策的保障上,股份信托的效力是没有问题的。而关键仍然是,委托人后面还会存在实际出资人的关系,这才是实践中经常通过股份信托完成投资架构设计的一种过桥手段。因此,在商务部2011年第53号《实施外国投资者并购境内企业安全审查制度的规定》文件中第9条列举的"代持、信托、多层次再投资、租赁、贷款、协议控制、境外交易等方式"的规避手段时,就包括了"信托"方式。

(三)挂靠

挂靠是个司法实践中的老话题。类似于"协议控制",其也是曲线实现投资目的的常用方式。

挂靠方式主要是指没有资质的单位或个人,借用有资质的经营实体,对外以该资质经营实体进行招投标、发生合同关系或完成商业行为;而内部则依赖挂靠协议来实现内部的权、责、利的厘清。由此可以看出,挂靠与"协议控制"虽然都是靠协议关系来实现某种商业目的和规避某种法律限制,但是存在区别:首先,挂靠关系中,挂靠单位和被挂靠的资质实体之间并没有关联关系;而"协议控制"的企业之间存在投资实质关联。其次,挂靠的手段主要是借用资质;而"协议控制"的手段主要靠运营及资金控制;最后,挂靠的合同关系主要是完成某商业项目,中间的对价可能是上交管理费(有时是无任何管理费),广泛意义上属于商业贸易法律关系;而"协议控制"则是存在利润转移与输送,广泛意义上属于资本投资法律关系。

挂靠的现象发生在不同行业,典型的包括建筑行业、采矿行业、航运行业等。因此,没有专门的法律或者司法解释是针对"挂靠"来定性;而具体体现在对不同行业领域内的法律问题处理上,对挂靠存在相关的规定。最为突出的挂靠现象发生在建筑领域,《建筑法》及司法解释等主要是指"借用资质",并明确在对外签署合同效力上,没有资质的实际施工人借用有资质的建筑施工公司名义与他人签订建设工程施工合同的行为无效。●在航运行业,实际船东挂靠在有航运资质的运营企业的现象也非常多,理论上对于船舶挂靠经营的法律效力问题争议不断;在海事法院司法实践中对这一现象并未采取一刀切的态度全面否定挂靠的效力,而是具体区分以不同情况下对外签署合同的不同效力,而且往往结合表见代理;以及内部责任上很多案例认可船舶挂靠协议的有效性。

（四）联营、合作开发等其他方式

在一些政府招投标重大项目,以及重大房产项目上,存在大量联营、合作开发模式的商业合作。这类方式有"挂靠"的影子,但区别在于有资质的单位也参与投资、运营。而在房地产开发领域,最高院《关于审理涉及国有土地使用权合同纠纷案件适用法律问题的解释》从第14~27条对合作开发房地产作了比较详细的规定,而且对于合作开发房地产合同明确只要合作一方有资质就认可其有效。

从主体上有无关联,利益上有无分配等,这种联营、合作发开方式与"协议控制"的架构差别更大。联营、合作开发更多的可以视为优势互补且不可以规避法律;而"协议控制"更多是一种资本投资项下为了规避外商产业投资限制,从左手到右手之间做出的协议创设权利的无奈之举。

（五）国内收购重组项目类似"协议控制"的案例演示

国内某集团公司希望收购异地一家目标公司。该目标公司收购价值在于资质、渠道与团队,但是存在大量负债与诉讼。集团公司希望能够通过稳妥和循序渐进方式完成收购目标公司的意图。

首先集团公司决策层排除了直接的股权收购,因为担心一旦股权收购,公司后续消化不良,导致投资失败。同时,因为资质等具备身份性的资产,不具备资产转让的条件,因此资产收购方案也被排除。

此时一个类似的"协议控制"方案雏形出来:即首先由集团公司设立投资公司,与目标公司及目标公司原股东及实际控制人签订"协议控制"一揽子协议,将商业上已经商定价格的股权转让款,以借款形式出借给股东但明确用于目标公司运营,同时股东的全部股份质押予投资公司。同时约定,目标公司的经营权、财务权等,在1年借款期限内由投资公司实际管理,目标公司原股东及实际控制人暂时放弃对公司的管控权利。这里设置的1年借款期限实质上是一个协议控制的过渡期,得以让投资人实际介入到项目公司运营及债务处置,让股权转让款以借款形式作为目标公司现金流,又留有一定退出余地——如果目标公司出现重大亏损情况,投资项目公司也能够及时申报债权,和实现股权质押等债权形式挽回损失,避免一开始以股权转让或增资方式进入血本无归;另一方面在目标公司利好的局面下,通过锁定股权价格、借款抵作股权转让款方式完成股权优先收购,实现投资目的。

近似上述投资方案的"协议控制"一揽子协议,实际上在一些债务重组项目中,重组方经常会运用得到。而此类协议,分拆体现的都是反映普通民事法律关系的民事合同,且不存在违反法律禁止性规定,虽然未接受司法实践的检验,但可以做出乐观的评估。

●《最高人民法院关于审理建设工程施工合同纠纷案件适用法律问题的解释》第4条规定:"承包人非法转包、违法分包建设工程或者没有资质的实际施工人借用有资质的建筑施工公司名义与他人签订建设工程施工合同的行为无效。人民法院可以根据《民法通则》第134条规定,收缴当事人已经取得的非法所得"。

四、"协议控制"的法律效力之争

(一)效力之争——是契约自治,还是违反法律、损害社会公共利益

无论是纯粹狭义上的"协议控制",还是我们提到国内类似"协议控制"的模式,效力问题一直是绕不开且争论不休的问题。

认为"协议控制"无效的观点目前是主流,其主要依据是规避我国法律在外资产业准入、境外上市、外汇流动方面的监管,属于《合同法》第52条无效情形中"以合法形式掩盖非法目的","违反法律、行政法规的强制性规定""损害社会公共利益",甚至让国内债权人(包括国家税务机关等)无法实现债权,构成"恶意串通,损害国家、集体或者第三人利益"。基本上,"协议控制"按照主流观点,以及合同法无效情形,都够得上"十恶不赦"了。

因关系行业整体切身利益,在互联网行业已经存在反驳和自救观点。对于"协议控制"与"VIE"架构,国际知名IT人士李开复态度是"绝对要支持",而百度李彦宏2013年甚至在全国政协会议上为此提出议案要求取消对VIE政策限制。而也有行业内人不同场合提出,这是"中国企业从自身及产业发展的实际需要出发,在保证合法合规的前提下,对政府部门在市场准入、外汇管理、IPO审批等领域的过度监管的一种市场化修正","市场上采用协议控制模式进行投资的IPO项目至少万亿美元","协议控制使原本资金来源枯竭的中国互联网产业找到了源头活水"。

无效观点侧重的是法理基础,有效观点侧重的是市场现实。而目前可以确定的几个现状是:第一,我国在部门规章层次提及"协议控制"的概念,[1]但是专门针对"协议控制"的法律效力,国内法律、政策及司法解释未有明确规定,仍然处于"静默"状态。而且至今,我国法院尚未有实际判例来佐证司法态度。第二,已有一些部门规章对"协议控制"存在限制、禁止,但并未对其法律效力盖棺定论。最典型的就是商务部2011年第53号《实施外国投资者并购境内企业安全审查制度的规定》第9条规定:"对于外国投资者并购境内企业,应从交易的实质内容和实际影响来判断并购交易是否属于并购安全审查的范围;外国投资者不得以任何方式实质规避并购安全审查,包括但不限于代持、信托、多层次再投资、租赁、贷款、协议控制、境外交易等方式"。从审查投资是否危害国家安全角度,监管部门对"协议控制"来规避并购安全审查是明确禁止的。第三,在国内类似通过"协议控制"方式来实现企业控制权,目前也没有专门法律或司法政策。而对"股份代持""股份信托""挂靠""联营、合作开发"等类似的协议关系,司法现状是不同问题、不同情形、不同定性。

(二)"协议控制"效力判断——通过司法个案识别是否损害公益利益

仅仅从目前一些部门规章隐含的意思,概括化地对"协议控制"逻辑上推定为"无效"非常简单的做法。但是,当我们如果将全部互联网企业这种境外上市融资模式以这类"逻辑"去认定无效

---

[1] 2005年国家外汇管理局:《关于境内居民通过境外特殊目的公司融资及返程投资外汇管理有关问题的通知》(简称"75号文")中,提到过"协议控制","返程投资的方式包括在境内设立外商投资企业及通过该企业购买或协议控制境内资产",文件只是对"控制"进行了解释,并提出了实现控制的多种方式包括收购、信托、代持、投票权、回购以及可转换债券等,更多侧重行使股权方式来实现控制目的,其我们这里讨论的"协议控制"通过一揽子协议实现企业控制的方式还有差别。

后,有无考虑过市场后果?又有无恢复原状的可行建议?笔者认为至少目前是没有的。这也是大家都知道法理逻辑上可以论证为无效的"协议控制",却在政府的默许下生存至今。因此,本文尝试从下面的一些设问逻辑中,探讨"协议控制"的效力判断的方法。

第一,互联网企业为什么都会去选择"协议控制"实现境外上市?因为境内政策对境外资本有限制,境外认可协议控制的架构并允许并表。通过协议控制是互联网企业境外募集资金和上市的成功路径,带来了中国互联网企业的繁荣。

第二,如果不允许"协议控制",是否有其他出路或替代方案?目前没有。商业上,没有其他替代方案,国内资金募集渠道及上市机制对互联网企业尚缺乏有效支持,无法与 Nasdaq 的融资平台对比;法律上,协议控制是最后的无奈之举,无完全合规的替代方案。

第三,如果没有其他出路或替代方案,所规避的法律或者违反的强制规定,这种法律或强制性规定本身是否存在问题?从目前的法律规定看,包括外资准入限制,国家安全审查,以及外汇管理层面,立法和政策制定上虽然欠缺合理性,但均是出于国家安全或社会公共利益层面考虑,因而并不存在根本问题。

第四,如果这类规避或者违反已经形成全行业现象,即使法律本身没有问题,是否应该考虑司法改良或妥协?应该考虑。如果规避或违反已经形成全行业现象,司法如不妥协,一时维护的是法律权威,损害是可能是行业群体利益乃至社会利益,最终损害的仍是法律权威。

第五,司法改良或妥协的最后底线是什么?——公共利益的具体个案识别。[1]这是本文"协议控制"的效力判断进行的一个观点。即,立法与司法解释上暂时不能对"协议控制"进行一个整体效力判断的时候,司法上只能结合个案,对"协议控制"的行为是否损害公共利益进行个案识别,个案判断"协议控制"的效力。

公共利益的个案识别,包括如下几层含义:

其一,包括互联网行业的"协议控制"架构,以及国内类似"协议控制"的投资架构设计,在没有专门针对"协议控制"效力问题出台法律或行政法规层次的规定之前,以"违反法律或行政法规强制性规定""以合法形式掩盖非法目的"等来否定他们的法律效力是缺乏法律依据的。

其二,但是,并不是说没有法律或行政法规强制性、禁止性规定,就当然认为"协议控制"等是有效的;而应该在司法诉讼或仲裁的具体个案上,判断"协议控制"或者国内类似"协议控制"的投资方式是否损害公共利益,并以此对效力问题做出个案认定。

其三,个案认定上,对公共利益的识别标准,必须是具体、直接、严格,而不应当像立法上抽象、间接、泛化。在我国民法及合同法上,民事行为无效情形包括损害"国家、集体"利益;而如果在司法上确定"协议控制"等投资架构损害什么公共利益,我们认为不宜直接简单指向"国家、集体"[2]或其他抽象、泛化的利益载体。例如,互联网企业通过协议控制方式完成投资架构,进而募集境外资

---

[1] 公共利益是个大词,法理上的大学问。本文侧重谈方法,而非靠本文对公益利益重新界定。

[2] 更多观点认为,"国家、集体"利益,实际上应该理解为有范围界定的社会公共利益。很多时候,国家利益被理解为国家政府利益,这其中既有社会公共利益,也有国家政府自身的利益;而集体利益也类似,既有集体范围内的公共利益,也有集体本身作为民事主体时的自身利益。因此,国家、集体利益如果不做界定,很容易将国家政府、集体主体没有公共化的利益,定性为"社会公共利益",造成泛化甚至滥用。

金和完成境外上市,在这个过程中,从政府监管角度可能会认为做出推演,其这类行为损害到国家信息产业安全、威胁国家外汇体制等国家利益;而另外从社会与市场现实的角度看,包括腾讯、阿里巴巴、百度、新浪等互联网企业,至今尚有没有明确具体的证据、结论说明这些企业是因为存在协议控制,能够现实危害或威胁到我国社会公共利益? 相反是在较短时间内带来国内互联网行业的繁荣,带来互联网对传统产业与思维的变革创新,如果没有协议控制的投资架构,可能我们在互联网产业领域要花更长时间代价且不一定有今日成果。再例如,在国内通过"协议控制"方式完成债务企业重组,也并不会出现侵害到具体的社会公共利益;相反会使得重组方更加有空间和余地保障其投资安全,有利于提升投资者重组债务企业的信心。本来这里想举例说明"协议控制"中存在损害公共利益的个案,但是这里暂时还没有找到现实案例,也无法做出假设。这只能说明"协议控制"的架构设计到底损害了谁的利益? 是否损害社会公共利益? 这一点目前也还没有个案证据。

其四,损害公共利益的程度无所谓"严重",一旦构成损害,则可认定无效。社会公共利益一经损害,本身损害的是一个群体性利益,本身属于严重,而不是靠个体感受来判断严重与否。

其五,无效之后,需要考虑个案"协议控制"无效之后的恢复与救济。特别是针对"协议控制"架构下的境外投资者,无效之后恢复后的救济,涉及法律适用、平行管辖等国际私法上的复杂因素,这一点虽然不是个案本身考虑,但是会引发连锁反应,这也对司法上认定"协议控制"效力问题的一种外围考验。相对有境外投资者因素的"协议控制",国内的类似"协议控制"司法上对待其效力问题还是比较从容。

五、律师的非诉思维与创新尺度

实际上,像"协议控制"类似的资本市场舶来品,在我国立法上尚未建立完整概念体系时,他们就在国内扎根并推广开来。其中最典型的就是"估值调整协议"——国内通俗的概念即"对赌协议"。而类似英美法律契约自治下由商人或律师发明出来的各种协议、架构或安排,在我国大陆法系下显得如此的另类,但是受到市场的极大欢迎。与"协议控制"目前没有司法判例不同,"对赌协议"效力认定上有最高院"甘肃世恒案"的判例可供引证。❶

事实上,这些契约自治下的法律技术创新,已经由资本市场、PE投资领域,其运用逐步延伸到一般的公司投融资项目。而国内非诉律师们在很多国内没有法律规定、没有司法判例的背景下,引入或者创设某种交易模式、协议内容或者出具法律意见时,如何把握创新的尺度? 非诉律师在缜密与灵活、合规与创新、保守与进取的思维之间,又如何把握好分寸、尺度,实现项目过程与结果的智

---

❶详见最高人民法院对苏州工业园区海富投资有限公司诉甘肃世恒有色资源再利用有限公司(世恒公司)、香港迪亚有限公司(迪亚公司)、陆波公司增资纠纷一案做出(2012)民提字第11号终审判决。从判决结论上看,个案认定"投资方与被投资公司之间的对赌无效;投资人与被投资企业原股东之间对赌协议有效"。但是,从判决结论上很多人会认为:投资人与被投资人公司之间签订对赌协议会导致无效;但最高院主要基于该协议内容实质为单向对赌且投资人不承担经营风险认定其无效;我们认为,如果双向对赌以及投资人承担经营风险的对赌协议,签署主体不影响其有效。当然,还是必须结合具体案情以及对赌协议的具体内容。有专家认为"对赌协议"的名称暗含赌博含义,容易望文生义,一开始就容易让人陷入到负面思维陷阱,建议国内文件和媒体报道上应正名为"估值调整协议"。"对赌协议"已经形成表述惯例和既成事实,纠正过来的可能不大。

慧契合？

　　现实中,包括事务所同事、笔者及笔者同事在内的很多律师在操作具体的非诉业务时,可能有意无意、主动被动地经历过很多这样的事情:就是在项目关键节点上,有的出于解决问题或清除障碍,有的出于迎合客户需求,作出自己的"灵活"创造。这种"灵活"创造很大程度上已经超出可以确定的范畴,甚至是所谓地打"擦边球"。而在这个过程中,大致存在三种情形:第一,有法律(广义上的法律,下同)明文规定,进行有意规避的处理:例如为了规避公司股权转让的交易税费、为了规避股东同等价位优先购买权,为了规避香港购买物业的额外税费,通过外表合同外加备忘录方式,或者物业信托方式加以规避。第二,无法律规定,或者没有明确规定,进行灵活创新或沿用。这是"协议控制""对赌协议"的操作。第三,有法律规定,但超出法律规定范围进行理解、比照操作。例如将有限责任公司的股份代持,沿用到合伙企业、股份公司。而至于有法规规定,曲解或者误解法律规定进行的业务操作,这是硬生生地将客户往火堆里送,不在此讨论范畴。律师的非诉思维不能完全要求像诉讼那样需要依照法律、判例或既有的法理框架,上面三种思维中,对于第一种意见,笔者认为应当尽量避免作出这种选择,因为这是一个抱着侥幸心态不被事后法律追究的概率寻租;对于第二种意见笔者认为可以尝试,但因为存在不确定性,出具法律意见时不能无保留;对于第三种意见笔者认为是要结合法理,并结合公共利益考量。

　　简要归纳起来,律师非诉业务可以有如下尺度:①在有法律规定的情况下,合规是优先、唯一选项;且这种合规,需要律师穷尽检索与掌握现行有效的各类法律与政策;②无法律规定,或者法律规定不明确的情况下,非诉的灵活性在契约自治上可以充分展现,但是首先需要考量是否侵害社会公共利益、违反公序良俗;其次需要考虑是否侵害第三方利益;③无论如何进行灵活创造,不确定因素始终存在。在不确定因素存在的情况下,足够的提示与保留意见是必要的。

六、结语

　　本文是在协助宁波一家某专业领域互联网平台企业进行境外融资时引发的关于"协议控制"一些思考。诚如行业内认为那样,"协议控制"是互联网企业美国上市的投资架构设计的标配。正如我们的法律体系,在沿袭大陆法系的民法体系的同时,引入了很多英美法律体系中的商法概念。而在这个过程中,未来将会有更多的这样的舶来品、法律产品创新。在法律规定尚未及时跟进的情况下,非诉律师的发挥空间变得宽松起来,而这个时候"契约造法""契约造权"不是没有可能。但是,如何对这种充满不确定性的业务创新,保持律师的执业操守与底线,是一门永无止境的学问。且学且珍惜!

75　律师办理新三板业务的税务审查

吴克汀

2016年,宁波市新增上市公司5家,境内外上市公司累计达到71家,其中境内A股上市公司56家,在全国各城市中处于前10位。同时新申报IPO企业11家,新增境内上市辅导备案企业20家。成长型、科技型中小企业到"新三板"和区域性股权市场挂牌积极性进一步提升,新增新三板挂牌公司71家,累计136家;新增区域性场外市场挂牌企业541家,累计660家。截至2017年1月22日,全国中小企业股份转让系统(新三板)挂牌公司总数达到10354家。在这个过程中,海泰律师接受咨询和委托的业务也在逐渐增多,有必要对新三板的涉税问题进行梳理。

自2016年12月新三板挂牌公司总数越过万家大关后,新三板连续几年的扩容让人刮目相看。与此同时,律师的工作贯穿了公司挂牌新三板的全过程,律师的参与对公司相关方案制定、申报材料的起草修改、法律障碍的解决等多方面起到关键的作用。随着新三板的不断发展壮大,国家不断出台明确针对新三板的税收政策。同时,加上新三板挂牌企业和交易规模的不断攀升,以及税务立法和税务执法的逐步规范,尤其随着《股权转让所得个人所得税管理办法(试行)》(国家税务总局公告2014年第67号公告)等文件的颁布,国家针对自然人股东股权转让征管力度的空前强化,新三板税务风险集中爆发成为可能。因此,律师参与新三板业务,不仅要协助企业事前进行税务筹划,更要了解新三板交易中的涉税事项,为相关企业减少税务成本,降低涉税风险。

一、新三板业务的涉税风险梳理

企业挂牌新三板,除涉及主营业务重组、历史沿革梳理、治理结构规范、持续盈利保障等关键问题外,还涉及财务问题。根据证监会《全国中小企业股份转让系统业务规则(试行)》规定,新三板上市标准要满足下列条件:①依法设立且存续满两年。有限责任公司按原账面净资产值折股整体变更为股份有限公司的,存续时间可以从有限责任公司成立之日起计算;②业务明确,具有持续经营能力;③公司治理机制健全,合法规范经营;④股权明晰,股票发行和转让行为合法合规;⑤主办券商推荐并持续督导;⑥全国股份转让系统公司要求的其他条件。纵观新三板上市要求,可以说每项条件无不与企业财税息息相关,换言之,每项条件后面都隐藏着一定的税务法律风险,需要引起重视。

(一)新三板涉税违法违规行为对挂牌的影响

根据上市规定,新三板适合那些目前不符合主板或者创业板上市要求,但是有进入资本市场意愿,希望在公司治理结构上能规范化发展的企业。这类企业一方面希望借助资本市场实现股份流通,通过定向增资实现融资和扩大业务规模;另一方面希望通过外部督导建立现代企业制度,优化公司治理结构、规范管理操作,从而在短期内做大做强。基于此,近年来在新三板挂牌的企业越来越多。在新三板挂牌过程中,有一个重要前置环节是由券商主导的财务尽职调查,而调查的重要内容之一,就是看企业以往的税务处理是否合规。如果发现企业以往的税务处理存在瑕疵,企业挂牌进程很有可能就此终结。从以往的情况看,在新三板挂牌中比较容易出现的税务问题主要有:需要调增利润补缴所得税;存在自行缓缴、拖欠税款并缴纳滞纳金情况;违反税法规定受到税务处罚等。根据以往经验,相关部门在审核挂牌企业时,主要看企业是否有偷逃税款的主观故意,如果只是会计差错导致少量补税,只要信息披露充分也是可以的。但是,如果拟挂牌企业在挂牌前出现大量临时性补税,又缺乏合理性说明,即使没有偷逃税款的主观故意,仍旧存在很大风险。

新三板挂牌过程中的一个重要环节是改制,即从有限公司变更为股份有限公司。在这个过程中,最为关键的就是税务处理。当企业整体变更为股份有限公司时,属于转让企业全部产权,即整体转让企业资产、债权、债务及劳动力的行为。根据现行政策规定,整体转让企业产权涉及的应税货物转让,不属于增值税的征税范围,不征收增值税。当企业以货物出资时,应当视同销售货物征收增值税。当企业以不动产、无形资产出资时,不需要缴纳营业税。在实务当中,拟在新三板挂牌的企业也很少需要缴纳土地增值税和契税,涉及的主要税种有两个,一个是企业所得税,一个是个人所得税。在改制过程中,首先需要关注的就是处理同业竞争过程中涉及的税务问题。企业改制前,其所从事的业务很可能与其控股股东、实际控制人及其所控制的企业从事的业务相同或者相近,从而构成直接或间接的竞争关系。为了避免同业竞争,拟在"新三板"挂牌的企业必须在改制过程中采取措施解决同业竞争问题——这是券商在尽职调查中重点关注的内容。在实践当中,解决同业竞争的主要办法有三个:一是注销同业竞争公司,将其资产、业务吸收合并至拟挂牌公司;二是股权收购同业竞争公司,将其作为拟挂牌公司的全资子公司,纳入合并范围;三是通过股权转让将同业竞争公司变为与拟挂牌公司完全独立的第三方。但解决同业竞争的过程中,还会进一步涉及注销清算和并购重组,其中的税务问题都比较复杂,需要拟挂牌企业和参与办理的律师高度重视。券商在尽职调查中还非常关注的一个内容就是关联交易,这其中的税务问题也非常复杂。上市审核机构之所以对拟挂牌企业关联交易高度关注,主要是为了避免挂牌公司大股东利用关联方交易实施利益输送,进而损害挂牌公司及中小股东的利益。同时,税务机关出于反避税的目的,也会对关联交易非常关注。特别是在"新三板"挂牌的公司,其关联交易必须公开披露,更应注意其中的涉税风险。

(二)案例分析新三板已挂牌企业主要税务风险及影响

以2008年至今新三板已挂牌55家企业为样本,对其报价说明书中风险及重大事项提示中财务相关事项整理分类总结见表1、图1。

表1　财务风险分类表

类别	数量(个)
税收政策	37
往来款及关联方	24
无形资产	9
收入	8
现金流量问题	8
其他	7
财务管理及会计政策	5
存货	3
成本费用	3
财务指标	3
Total	107

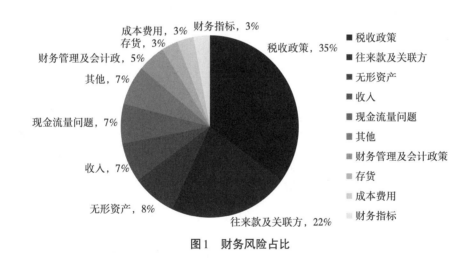

图1　财务风险占比

如图1所示,财务风险及重大事项提示按性质共分为十类:税收政策、往来款及关联方、无形资产、收入、现金流量问题、财务管理及会计政策、存货、成本费用、财务指标、其他。当中,税收政策风险占比高达35%,居首位。具体表现在公司现享受高新技术企业所得税减免的优惠政策的影响,若国家调整相关税收优惠政策,将给公司的税负及盈利带来一定影响。

（三）新三板公司搭建税务架构的重要性

由于新三板挂牌企业多为中小型公司,其中,自然人股东占据了相当大的比例,如不进行税务筹划,进行股份转让时,须按照《个人所得税法》等相关规定缴纳20%的个人所得税。搭建良好的税务架构通常是税务筹划的基础,国际上,由于各国(地区)税制和税率的差异,跨国公司通过税务筹划搭建起最优全球税务架构,从而实现公司经营及投资退出阶段税负最低化。典型的如,苹果公司20世纪"发明"的"双层爱尔兰加上荷兰三明治架构",包括苹果、谷歌、亚马逊、脸书(Facebook)、惠普和微软等逾百家美国著名跨国公司都在使用,据美国公平纳税联盟(CTJ)数据显示,苹果和通用电气公司至少在避税天堂持有360亿美元应税利润,微软将近270亿美元,辉瑞240亿美元。关注和探索企业税务筹划,已是企业软实力竞争的重要方面,"新三板"公司应吸取跨国公司的经验,对自身股权结构和税务架构事先作出安排优化。

二、新三板业务税务风险的控制

当前,随着新三板的不断发展壮大,国家不断出台明确针对新三板的税收政策,针对新三板交易中的涉税事项,如果有明确规定的,适用具体的文件规定;如果没有明确的规定,根据《国务院关于全国中小企业股份转让系统有关问题的决定》(国发〔2013〕49号),"市场建设中涉及税收政策的,原则上比照上市公司投资者的税收政策处理"。因此,按照该文件的精神,对于立法空白领域,可以参照针对沪深两市的税收政策,以降低涉税风险。同时,积极申请行业税收优惠政策和税收方案规划与税务架构搭建,成为律师办理新三板业务税务风险控制与处理的重要内容。

(一)企业改制相关税种及涉税风险分析

税务问题是企业改制上市过程中的重点问题。在税务方面,中国证监会颁布的主板和创业板发行上市管理办法均规定:发行人依法纳税,各项税收优惠符合相关法律法规的规定,发行人的经营成果对税收优惠不存在重大依赖。企业执行的税种、税率应合法合规。对于税收优惠,应首先关注其合法性,税收优惠是否属于地方性政策且与国家规定不符,税收优惠有没有正式的批准文件。对于税收优惠属于地方性政策且与国家规定不一致的情况,根据证监会保荐代表人培训提供的审核政策说明,寻找不同解决办法。纳税申报是否及时,是否完整纳税,避税行为是否规范,是否因纳税问题受到税收征管部门的处罚等。如上海某公司创业板上市,因2006年纳税使用核定征收方式,不符合企业所得税相关规定而未予纠正而被否决,给其他拟挂牌上市企业敲响警钟。根据拟上新三板企业挂牌前改制实务,我们就企业、个人转让股份,以及股息红利个人所得税的纳税义务和风险进行梳理。

1. 企业转让方的纳税义务及风险

企业转让方纳税义务及风险如表2所示。

表2 企业转让方纳税义务及风险一览

涉及税种	涉税事项描述	注意事项
企业所得税	对于法人企业而言,转让"新三板"的股票,属于"财产转让"的范畴,须按照《企业所得税法》的规定,汇入企业应纳税所得税额,按照25%的税率缴纳企业所得税	
营业税	当前,我国针对一般的股权转让和上市公司股票转让实施的是差异化的营业税政策,根据《财政部、国家税务总局关于股权转让有关营业税问题的通知》(财税〔2002〕191号)第二条规定,对股权转让不征收营业税。本条之"股权转让"应当涵盖有限责任公司的股权转让和非上市股份有限公司的股份转让,但不包括上市公司的股票转让。《中华人民共和国营业税暂行条例》第五条第四项规定,外汇、有价证券、期货等金融商品买卖业务,以卖出价减去买入价后的余额为营业额。因此,我国现行税法规定股票买卖业务属于金融商品转让,属于营业税的金融保险业税目,税率为5%	需要注意的是,由于当前"营改增"正在快速推进,"金融保险业"将纳入增值税体系
印花税	目前,国家针对新三板交易,已经出台了有关印花税的具体规定,根据《关于在全国中小企业股份转让系统转让股票有关证券(股票)交易印花税政策的通知》(财税〔2014〕47号)的规定,自2014年6月1日起,在全国中小企业股份转让系统买卖、继承、赠与股票所书立的股权转让书据,依书立时实际成交金额,由出让方按1‰的税率计算缴纳证券(股票)交易印花税	针对新三板完全参照沪深两市政策执行

2. 个人转让方的纳税义务和风险

个人转让方的纳税义务和风险如表3所示。

表3 个人转让方的纳税义务和风险

涉及税种		涉税事项描述	注意事项
个人所得税	一般规定	当前,针对个人转让上市公司股票是暂免个人所得税的,《关于个人转让股票所得继续暂免征收个人所得税的通知》(财税字〔1998〕61号)规定:"为了配合企业改制,促进股票市场的稳健发展,经报国务院批准,从1997年1月1日起,对个人转让上市公司股票取得的所得继续暂免征收个人所得税。"而针对限售股,个根据财政部、国家税务总局和证监会联合发布《关于个人转让上市公司限售股所得征收个人所得税有关问题的通知》的规定,自2010年1月1日起,对个人转让上市公司限售股取得的所得按20%税率征收个人所得税。对个人转让从上市公司公开发行和转让市场取得的上市公司股票所得继续实行免征个人所得税政策	针对新三板个人转让股票的行为,是否征税需要对转让的股票性质作出判断,如果按照前文所述国务院文件"市场建设中涉及税收政策的,原则上比照上市公司投资者的税收政策处理",则属于免税范畴
	例外情形	根据国家税务总局《关于发布〈股权转让所得个人所得税管理办法(试行)〉的公告》(国家税务总局公告2014年第67号)的规定,对以下7种情形均征税:(1)出售股权;(2)公司回购股权;(3)发行人首次公开发行新股时,被投资企业股东将其持有的股份以公开发行方式一并向投资者发售;(4)股权被司法或行政机关强制过户;(5)以股权对外投资或进行其他非货币性交易;(6)以股权抵偿债务;(7)其他股权转移行为。同时,该文件的第30条明确:"个人在上海证券交易所、深圳证券交易所转让从上市公司公开发行和转让市场取得的上市公司股票,转让限售股,以及其他有特别规定的股权转让,不适用本办法"	
营业税		根据财政部、国家税务总局《关于个人金融商品买卖等营业税若干免税政策的通知》(财税〔2009〕111号)第1条规定,"对个人(包括个体工商户及其他个人,下同)从事外汇、有价证券、非货物期货和其他金融商品买卖业务取得的收入暂免征收营业税"	
印花税		自2014年6月1日起,在全国中小企业股份转让系统买卖、继承、赠与股票所书立的股权转让书据,依书立时实际成交金额,由出让方按1‰的税率计算缴纳证券(股票)交易印花税	与企业股东的处理一致

3. 个人取得股息、红利的政策及适用

个人取得股息、红利的政策及适用如表4所示。

表4 个人取得股息、红利的政策及适用

涉及税种	涉税事项描述	注意事项
股息红利个人所得税	2014年6月30日,财政部发布《关于实施全国中小企业股份转让系统挂牌公司股息红利差别化个人所得税政策有关问题的通知》,对全国中小企业股份转让系统挂牌公司股息红利差别化个人所得税政策,自2014年7月1日起至2019年6月30日,个人持有全国中小企业股份转让系统挂牌公司的股票,持股期限在1个月以内(含1个月)的,其股息红利所得全额计入应纳税所得额;持股期限在1个月以上至1年(含1年)的,暂减按50%计入应纳税所得额;持股期限超过1年的,暂减按25%计入应纳税所得额	上述所得统一适用20%的税率计征个人所得税。同时,根据文件的规定,挂牌公司派发股息红利时,对截至股权登记日个人已持股超过1年的,其股息红利所得直接由挂牌公司计算并代扣代缴税款。对截至股权登记日个人持股1年以内(含1年)且尚未转让的,税款分两步代扣代缴

(二)积极申请行业税收优惠政策的建议

国家对行业重组的税收优惠政策作为税式支出管理并纳入预算税式支出是20世纪60年代后期在西方税收理论界形成的一个经济概念。根据税式支出理论,税收优惠不再简单地被视为政府在税收收入方面对纳税人的一种让渡,而是作为政府财政支出的一种形式,表明了税收优惠的财政支出性质,从而在更深层次上揭示了税收优惠的实质,强化了人们对于税收优惠的成本意识,使政府更加重视税收优惠的效果。同时,为保证行业改革的顺利进行,国家一般都会为企业创造良好的政策环境和外部条件,税收优惠是其中重要的扶持政策。因此,拟挂牌新三板的企业,可以积极申请国家行业性的税收优惠政策。从近年新三板挂牌公司行业分布情况看,积极申请和获得国家行业性税收优惠政策支持已成为众多企业成功的法宝之一。

以高新企业为例,需要在核心知识产权、高新收入、研发费用等方面满足国家严格的要求,取得高新资格可以享受企业所得税15%的优惠,并可享受3年优惠,复审通过可以继续享受3年优惠,各地(省级)科委部门会每年年初发布具体的申请流程和安排。结合"新三板"企业行业特点,目前可以考虑申请诸如表5的行业性税收优惠政策:

表5 行业性税收优惠政策

享受优惠行业	优惠内容
高新技术企业	企业所得税15%的优惠,研发费用加计扣除等
双软企业	企业所得税自获利年度"两免三减半",增值税优惠等
动漫	符合条件的可参考软件行业的相关税收优惠等

续表

享受优惠行业	优惠内容
离岸服务外包	试点城市符合条件的企业所得税15%优惠等

(三)税收方案规划与税务架构搭建

税收问题是困扰拟上市企业的一个大问题。对于大多数中小企业来说,多采用内外账方式,利润并未完全显现,挂牌前则可能受税务处罚和调账的影响,主要涉及的有土地增值税、固定资产购置税、营业收入增值税、企业所得税、股东个人所得税等项目。如果能够通过税务处罚和调账的方式处理解决,还算未构成实质性障碍,更多的情况是,一方面因为修补历史的处理导致税收成本增加,另一方面却因为调整幅度过大被认定为企业内控不力、持续盈利无保障、公司经营缺诚信等,可谓"得不偿失"。因此,税收规划一定要提前考虑,并且要与盈利规划避免结合起来。另外,在筹划中还要考虑地方性税收政策和政府补贴对企业赢利能力的影响问题。由于我国经济发展的不平衡性,为了配合国家宏观发展战略和产业发展规划,"已出台实施的区域税收优惠政策约50项,几乎囊括了全国所有省(区、市)。"表6是东中西部税收竞争力整体比较:

表6 东中西部税收竞争力整体比较

区域	税收竞争力分析	说明
西部地区	西部大开发税收优惠范围广、力度大;区域性税收优惠政策较多	区域性税收优惠与行业性税收优惠叠加
中部及东北地区	一是东部沿海地区的优惠税收政策,中部地区基本没有享受。二是比照执行西部大开发税收优惠政策的也只有湖北恩施州、湖南湘西	一般执行国家层面的统一政策,特定的园区有一定的优惠政策
东部地区	是经济特区、国家级新区及各类开发区和高新区最为集中的地区	区域性税收优惠越来越少,行业性税收优惠明显

从中可以看出,新三板公司可以借助前述区域性的税收优惠政策,进行税务架构的搭建和安排,通过在"低税负地区"设立控股公司,实现投资运营及退出阶段的税务成本最优化。

律师在提供法律服务过程上,使企业相关行为符合法律规定,规范、合法合规的控制法律风险是首要任务,但仅限于此尚不足够。只有通晓企业上市过程的涉税风险,尽可能妥善处理其相关税务问题,这样才能帮助企业在激烈竞争中实现"新三板"顺利挂牌,律师自身也才能从中获得更多机遇和发展!

76　房地产企业的破产重整模式以及法律适用实务探析

邵建波

摘　要：随着近30年的房地产产业发展，房地产业已成为我国国民经济的重要产业。一旦房地产企业进入破产程序，对社会和相关利益主体将会产生重大影响。如何有效运用破产法的重整程序让"僵尸企业"起死回生，比破产清算后让僵尸企业"入土为安"，对政府、银行、企业、债权人来说显得更为重要和有效。我国破产法规定了破产重整、和解、清算三种程序，房地产破产案件中，一般以重整为主要方式、清算次之。采取不同的重整模式，对企业的重整方式和对债权人利益的保护是不同的。本文主要围绕房地产破产企业的引进战略投资人、股权调整、经营自救三类主要的重整模式展开论证，通过相关案例分析，总结和探讨每种重整模式下的法律适用问题。

关键词：破产重整　重整模式　房地产

我国2006年通过的《企业破产法》第一次确立了"破产重整"制度，虽然早年颁布的《企业破产法（试行）》《民事诉讼法》有"整顿"制度，但该"整顿"制度与"破产重整"存在较大的制度、概念、适用范围等差异，我国2006年制定的"破产重整"制度是与世界其他各国的重整制度接轨的，符合经济需求和法律发展要求。

"破产重整"的实质是通过司法程序使企业再建、恢复生命力，除了美国破产法的"重整程序"称谓与我国的一致，其他世界经济强国的称谓均有一些不同，例如英国称之为"管理令程序"，法国称之为"司法重整程序"，德国称为"破产计划制度"，日本称为"公司更生程序"和"民事再生程序"。虽然各国对此种再建型程序的称谓不尽相同，但该程序的立法目的和价值目标是基本一致的。重整制度之所以在各国越来越受到重视，其根本原因在于社会经济的组织化和规模化。传统的清算型债务清理程序运行的最终结果是企业这一实体经济的消亡，在各方利益的保护过程中，显得生硬和不近人情；现代社会对于利益关系的思考变得更加立体而多元，重整程序能均衡保护破产企业、政府、债权人、出资人、战略投资人等多元主体的利益。

房地产企业一旦陷入无力清偿到期债务的现实窘境，倒闭跑路和申请破产已成为了现实状况的常态。倒闭跑路，将烂摊子交给社会和政府，一定会产生群体性事件，投资人不仅会被追究民事法律责任，还会被追究刑事责任。因此轻倒闭跑路，重破产申请的做法，已越来越深入人心，但究竟如何完成破产重整程序，实现各方利益共赢，既解决社会问题，也解决破产企业自身问题，参与破产的各方均在不断思索和实践。笔者参与过房地产企业破产程序,既有代表债权人申报债权,也有作为管理人来完成破产程序。在司法实践中体会最深的是,破产程序中,如何制定破产重整计划并获得各债权人组的通过。而破产重整计划的核心目标,是如何提高偿债率。司法实务中如何选择重整模式,已成为破产管理人和法院的关注的焦点,不同条件下的重整模式一定会对偿债率产生重大影响。

房地产企业破产重整程序的模式如果按不同分类标准,可能有多种的分类,笔者无法一一列举和论证,本文重整程序模式分类的划分标准为"对重整程序产生实质影响的行为"。因为,采取的行为不同,参与的主体不同、产生的法律后果和社会影响也不同。当然,在破产重整案件的法律实务中,也不是机械地套用一种模式,可能几种模式配合使用,但我们需要了解和熟悉每种模式的特点以及涉及的法律适用。房地产企业的破产重整模式主要有:"引入战略投资人""经营自救""股权调整",笔者将逐一介绍并配合相关案例、总结适用的法律。

一、引入战略投资人模式

引入战略投资人是破产重整中最为常见的方式。房地产企业自身不能偿还到期债务,需要借助于外力,外部投资人提供偿还债务的资金,就像为企业注入新鲜血液,企业就有了起死回生的机会。提供偿还债务的资金也存在几种方式,有的采取增资的方式(在上市公司应用比较多,在后续的内容中详述),有的采取低价或者无价转让股权,提供的资金有的用于偿还债务,也有的资金直接用于购买企业与营业有关的资产和业务,称为"营业转让"。当然引入的战略投资人,如何再造企业,有以下两种方式,一种是注资偿债、无偿(或低价)受让股权,另一种是营业转让。

(一)注资偿债、无偿(或低价)受让股权模式

在房地产破产重整案件中,原股东往往因为资金链断裂无法完成项目建设,但房地产项目本身的价值还是存在的,项目如果继续完成,变现、折价偿还债务后还有经济价值,就能引入战略投资人,实现各方利益的共赢。注资偿债无论是临时借款周转,第三方代为履行债务都符合现有的法律规定,至于无偿(或低价)受让股权,可结合破产企业的股权价值或者与破产管理人、原股东协商确定。目前司法实务中的此类案例比比皆是。2016年4月,最高人民法院公布的佛山市百业房地产开发有限公司破产重整案,即属于引入战略投资人典型案例。

1. 案例:佛山市中级人民法院(2015)佛中法民二破字第12号,佛山市百业房地产开发有限公司破产重整案

(1)基本案情。

广东一百铜业有限公司、广东一百门窗幕墙有限公司、广东一百投资有限公司、佛山市百业房地产开发有限公司(下称百业公司)、广东一百房地产发展有限公司、广东银一百创新铝业有限公司,为民营企业一百集团旗下六家关联公司。六家公司于2015年1月12日以不能清偿到期债务为由,向广东佛山市中级人民法院提交破产重整申请。经调查:百业公司自身债务不大,但与另外五家公司互联互保,对外担保债务竟达8亿多元;以上六家公司现金链断裂,无法维持正常生产及经营,无法支付货款、银行到期贷款本息,明显丧失清偿能力;部分供货商及银行起诉六家公司并查

封部分资产;若债权人通过诉讼、执行六家公司或直接申请六家公司破产清算,将导致近1300名员工失业,严重影响社会稳定;六家公司资产优质,存在通过破产重整盘活资产、恢复生产经营的可能。

(2)裁判结果。

2015年1月20日,广东省佛山市中级人民法院依法召集22家银行金融机构及供货商代表,听取对六家公司申请破产重整的意见。2月5日,法院依法组织持异议的五家银行及六家公司的前三大债权人举行听证会,对部分银行提出的异议再次听证,征询其对六家公司破产重整的意见。3月16日,法院对破产原因及重整可能性进行审查后,根据《中华人民共和国企业破产法》第71条关于"人民法院经审查认为重整申请符合本法规定的,应当裁定债务人重整,并予以公告"之规定,裁定受理百业公司等六家公司的重整申请,并指定管理人接管百业公司。6月15日,管理人召开第二次债权人会议,各表决组均通过以新投资人注入资金的方式清偿债务的重整计划(草案)。同日,法院根据《中华人民共和国企业破产法》第86条关于"各表决组均通过重整计划草案时,重整计划即为通过。自重整计划通过之日起十日内,债务人或者管理人应当向人民法院提出批准重整计划的申请。人民法院经审查认为符合本法规定的,应当自收到申请之日起三十日内裁定批准,终止重整程序,并予以公告"之规定,作出民事裁定,批准重整计划并终止百业公司重整程序。自此,百业公司进入重整计划执行阶段。

2.　分析意见

百业房地产重整案是佛山第一宗重整成功的房地产案件,成为当地同类案件中的标杆,也为最高人民法院公布的典型案例。该破产重整案的模式,重点在于"顺德投资商投资8000万元,无偿受让公司100%的股权",在这种模式下,存在二个法律关系,即代为偿还债务的合同关系和股权转让的法律关系。代为偿还债务过程中,不仅全额满足了1300万元建筑工程优先价款,9万多元的职工经济补偿金,使得包括7家银行在内的17户普通债权人将按拟清算比例更好的清偿比例获得清偿,重整计划可满足"普通债权人受偿率不低于6.57%,最高可达9.83%"的目标。重整计划执行顺利的情况下,77户购房者的权益也将得到全面保护,顺利完成交房手续。

3.　适用的主要法律法规

(1)本案应适用的主要法律法规包括:《企业破产法》第71条受理重整、第86条批准重整计划;《合同法》第65条第三人代为履行;《公司法》第71条股权转让。

(2)此模式下需要注意的法律适用情形包括:假如,本案的重整计划中,有债权人组未表决通过,最终由法院强制批准通过的,需要适用《企业破产法》第87条强制批准重整计划条款。

（二）营业转让模式

房地产的项目破产案件中,房地产项目重建和债务的清偿是首选目标,当战略投资者注重重建项目的新收益或者基于社会稳定原因而接盘项目,但不想通过股权方式承接项目公司,而简单地资产受让又无法完成复工的各项必要工作,通过"营业转让方式"对项目重组是合适的选择。

我国法律并未对"营业转让"规定明确定义,但《企业破产法》第25条、第61条、第68条、第69条均有规定。破产重整实务案件也证明了"营业转让"的方式是合法有效的。较为典型的是德清县受理的(2012)湖德民破字第1号的浙江直立汽配有限公司破产重整案,列入浙江省十大破产重整成功典型案例。在该案中,法院、破产管理人、战略投资者考虑到在"现有法律框架下"股权收购重整企业,至少存在两大法律隐患。其一是隐形负债风险。因为依据破产法规定,逾期申报的债权人仍然可以享有同等比例分配债权的权利。其二是税务隐患。如第三方投资者采取收购股权方式进入重整企业,该企业债权人豁免的债务视为重组收益——即公司盈利,需要缴纳巨额的企业所得税,投资者要承担巨大风险。为化解上述法律隐患,对投资者引进采取了"营业转让"模式,即投资者全盘承接主营业务相关的资产、合同、人员,但是通过新设公司承接,收购对价固定,由此使得投资者最为担心的负债隐患和重组收益等税务隐患都得以消除。正是这一创新模式的设立,才使得投资者消除顾虑成功接盘。

日本法律上有营业转让的规定,营业转让界定为,"并不是将单个财产进行转让,而是将以一定营业为目的的组织化的有机统一体财产进行转让,有财产价值的事实关系是营业转让的核心。"根据日本最高法院的判例(昭和40.9.22《判例时报》421号第31页,富士林产工业对木曾官材市场协同组合案),"营业转让"是指为了一定营业目的,转让有机一体化的财产,转让后转让公司原来的营业活动由受让人继承,出让人负有竞业禁止的义务。这些规定值得我们借鉴。

笔者至今未找到房地产企业的"营业转让"的案例,但曾经办理的宁波市企会大厦建设开发有限公司破产案件,采用的也是"营业转让"的思路完成相关清算程序,使得接盘单位成功进行烂尾工程的后续建设。虽然该案是清算方式,但如果采取重整方式,也是完全可以操作,有一定的参考价值。

1. 案例:宁波企会大厦建设开发有限公司破产案[1]

(1)基本案情。宁波企会大厦建设开发有限公司系为建设开发宁波企业家协会大厦项目而设立的项目公司,企会公司注册资本4000万元,其中宁波万祺集团有限公司出资3600万元,持股比例为90%;邢某达出资400万元,持股比例为10%。经营范围:房地产开发经营,企业营销策划,商品信息咨询,物业服务,室内外装修装饰,房屋出租。因实际控制人邢某义经营不善,导致公司资金链断裂且外逃海外,致使项目停工。

宁波市企业家协会、浙江置华建设有限公司的申请,于2015年3月18日裁定受理企会公司破产清算申请。经调查:企会公司在建工程已初步封顶,尚需进行外墙施工、装修、消防、绿化等配套工程,但公司现金链断裂,无法维持正常生产及经营,无法支付工程款、银行到期贷款本息,明显丧失清偿能力;尚欠债权总额为1.8亿元。

(2)裁判结果。宁波市江北区法院3月18日受理,制定浙江海泰律师事务所担任破产管理人接管企会公司。6月1日,管理人召开第一次债权人会议,其中通过了各项议案,其中涉及《关于继续营业的议案》:"决定对未施工完毕的土建、幕墙、消防、钢构、电梯、电力设备、外墙照明等工程合同继续履行,待工程拍卖后,由工程受让方成为履行上述合同的主体。其他营业活动停止。"后对企会大厦在建工程进行拍卖,要求拍卖单位除了受让在建工程本身价款之外,还需支付工程担保押

---

[1] 宁波市江北区人民法院(2015)甬北商破字第1号。

金、宁波市江北区墙体材料改革办公室、宁波市墙体材料和散装水泥管理办公室二项专项资金、向宁波电业局的预付电费等款项。同时拍卖单位还需履行《建设工程施工合同》、《企会大厦幕墙及铝合金门窗工程施工合同》、《建设工程项目施工合同》(消防工程)、《宁波市企会大厦外墙景观照明工程合同》、《3200KVA配电设备安装合同》、《宁波企会大厦钢构架及雨篷工程施工合同》、《设备买卖合同》(电梯)。法院经过二次拍卖，买受单位顺利接盘，不仅支付拍卖对价，而且继续履行与工程有关的必要的合同。现工程顺利施工。管理人收到拍卖款后，案分配计划将财产进行分配。

2. 分析意见

该案符合"营业转让"模式的各项要求。"营业转让"强调的不仅仅是资产的转让，还同时需要转让与营业有关的人员和业务。本案中，破产企业不仅将在建工程作为资产转让，同时还将与在建工程有关的必要的未履行完毕的合同权益进行了转让。拍卖程序完成后，管理人与接盘单位签订了有关协议，明确将未履行完毕的合同权益转让给接盘单位，此后，接盘单位逐一与这些单位对接，有些签署了新的补充协议、有些直接继续履约。"营业转让"保证了项目后续的顺利施工，如果仅仅将烂尾楼工程予以拍卖，受让方需要重新组织人员和施工单位进行完工，无疑会对项目的施工进度产生影响；而且有些工程还涉及新旧施工单位的交接，原施工单位的工程款未全额得到保障的话，其主动交接的意愿不强，对接盘单位来说，现实困难是显而易见的。通过"营业转让"方式，使得工程的顺利接盘和再建，已得到当地政府的肯定。

3. 适用的主要法律法规

(1)本案应适用的主要法律法规包括：《企业破产法》第25条管理人履行职责、第61条债权人会议职权、第68条债权人委员会职权、第69条管理人需报告债权人委员会的职权。《合同法》第45条附条件合同。《拍卖法》第6条拍卖标的包含物品和财产权利。

(2)此模式下需要注意的法律适用情形："营业转让"除了将资产、合同权利转让之外，往往还涉及员工劳动合同的承接事项，在浙江直立汽配有限公司破产重整案中，实现的是"生产性资产+主营业务+人员+债权债务"的三项要素转让。因此，采用此模式的情形下，还需要适用《劳动法》《劳动合同法》相关条款，以保证员工的权利。当然劳动续签还是新订立，可以根据案件的实际情况确定。如果劳动者的破产前的权益全部得到保障，包括劳动报酬、经济补偿金等，那么可以通过新订立劳动合同方式确立接盘单位与员工之间的法律关系。

二、股权调整模式

(一)债转股模式

所谓债转股模式是指债权人将其对债务人享有的债权转换为对债务人的出资的重整模式。具体而言，该模式主要的难点在于确认债转股的价格和新股东的选择上，优点则在于重整计划本身对债务人本身的经营影响不大，有利于其持续经营及存续。从法律角度，比较值得注意的是必须以公平的方式选择债转股的新股东，且必须遵守《公司法》第24条对有限责任公司股东人数50人的限定，第78条股份有限公司应当有二人以上二百人以下为发起人，其中须有半数以上的发起人在中国境内有住所的限制性规定。

1. 案例：南望信息产业集团有限公司重整案[1]

（1）基本案情。南望信息产业集团有限公司（以下简称"南望集团"）于2000年3月27日在浙江省工商行政管理局注册成立，持有注册号为3300001006567的《企业法人营业执照》，注册资本24 000万元。被申请重整之前，南望集团是国家火炬计划重点高新技术企业、国家规划布局内重点软件企业、中国软件产业最大规模前100家企业、中国"十佳"专利企业，更是浙江省的民营高新技术企业、杭州市首批科技创新重点企业。南望集团的资产负债表显示，截至2008年2月29日，南望集团的负债总规模约为16.911 281亿元，资产总规模约为10.121 94亿元。杭州市中级人民法院于2008年5月20日裁定立案受理了债权人三花控股集团有限公司申请债务人南望集团破产重整两案，同时指定南望集团重整清算小组为管理人，并经审查于同日裁定宣告公司进入破产重整程序。

（2）裁判结果。2008年10月管理人制定出了重整计划草案。该重整计划草案的基本内容是：对有财产担保的债权人债权进行优先清偿；确认普通债权人偿债比例在清算条件下为普通债权额的16.02%，在重整成功持续经营条件下为普通债权总额的22.51%，债权人可自行选择是否债转股，选择债转股的债权人以零价格受让南望集团原出资人的股权，为未进行债转股的普通债权人提供按份（按债转股后对新南望的股权比例）一般保证的担保责任，不参与债转股的债权人债权由债转股后的南望集团在重整计划监督期满之日起一年内偿付；对劳动债权，重整申请受理日前产生的，在南望集团资产变现后的现金中优先支付，重整申请受理日后产生的，由债转股后的南望集团负责优先于其他债权偿还；调整出资人权益为零，以零价格向选择债转股的债权人转让其原持有南望集团的全部股权。

2008年10月27日，杭州市中级人民法院主持召开债权人会议，表决重整计划草案。共有337名债权人到会。该次会议设普通债权人组、有财产担保债权人组、劳动债权人组、出资人组四个表决组。经过表决通过重整计划。

管理人之后将与南望集团主营业务无关的房屋与土地进行资产出售，以满足偿还依法享有优先受偿权等部分债权，为南望集团出售的资产及顺序为：北京星火科技大厦（位于北京市丰台区丰台镇富丰路2号）、北京数码大厦（位于北京市海淀区中关村南大街2号）、杭州建国路房产（位于杭州上城区建国中路27号）、杭州万安城市花园房产（位于杭州万安城市花园西苑10幢302室）、杭州天苑大厦（位于杭州市西湖区文三路508号）、南望大厦地块（位于西湖区古翠路与塘苗路交叉口东北角地块）、紫金港地块（位于西湖区三墩镇虾龙圩村地块）。

2011年2月22日，杭州市中级人民法院根据南望集团管理人的申请，经审查后裁定确认管理人的监督期限届满，监督职责自2011年2月22日起终止，南望集团对按照重整计划减免的债务不再承担清偿责任。至此，南望集团重整成功。

2. 分析意见

本案的破产重整，充分考虑了南望集团的高新技术企业特点以及安防产业持续发展的良好前景，出售部分资产予以偿还债务，对于其他债权本着自愿原则选择债转股，债转股完成后作为有限

---

[1] 杭州市中级人民法院（2008）杭商破字第1号案。

责任公司的新南望,其股东人数不得超过 50 人;新南望的生产经营,由新南望的股东会、董事会根据《公司法》《公司章程》的规定进行管理。

管理人要求南望集团的原出资人与债转股的新股东订立《股权无偿转让协议》。南望集团的原出资人出具《股东会决议》同意债转股的新股东受让原出资人的全部股权,放弃其他股东转让股权的优先受让权,且南望集团在债转股完成后应在工商行政管理部门办理工商变更登记事项。

同时重整计划中,还考虑到了债权人之间互相转让债权的情形,事先做了转让预案,提供受让债权的参考价格。受让债权可参考的理论价格为:清偿比例(可以根据情况选择清算条件下或持续经营条件下的清偿比例)×确认的债权数额。实际成交价由转让双方协商确定。

3. 适用的主要法律法规

(1)本案应适用的主要法律法规包括:《企业破产法》第八章破产重整、第 70 条至第 90 条。《公司法》第 24 条出资人数、第 71 条股权转让。《公司注册资本登记管理规定》第 5 条非货币可转让财产出资。

(2)此模式下需要注意的法律适用情形:债转股模式下,重整企业应当符合《公司法》第 24 条对有限责任公司股东人数 50 人的限定,第 78 条股份有限公司应当有二人以上二百人以下为发起人,其中须有半数以上的发起人在中国境内有住所的限制性规定。本案重整计划中对该内容做了特别安排:"如果愿意债转股的债权人人数超过 50 人,则在 2008 年 12 月 18 日 17:00 前由债权人之间相互协商转让债权,将债权人人数降到 50 人以内,如果不能降到 50 人以内的,则按债权数额从高到低决定债转股的债权人。如果出现并列第 50 位的债权人有二位以上的,则并列的债权人均不列入债转股的债权人。"值得今后的案件借鉴。

(二)定向增发模式

目前未找到房地产上市公司的破产重整案例,但随着市场经济的发展,房地产行业慢慢步入夕阳行业,房地产上市公司的破产重整将不可避免。笔者认为房地产企业重整案件,应当参考其他破产重整的上市公司的方式。在已有的破产重整的上市公司中,选择定向增发或者被其他投资人收购(买壳上市)是常见的做法,买壳上市其实质就是企业并购,主要适用公司法和证监会相关规定;定向增发其实质是公司增资,不仅需要适用公司法,还应当遵守《证券法》的规定,当然执行证监会有关定向增发的规定也是必要条件。鉴于目前房地产上市公司未有定向增发的破产重整案例,笔者仅就定向增发的内容做一简单梳理。①定向增发是指上市公司采用非公开方式,向特定对象发行股票的行为;②适用的主要法律法规。《公司法》第五章股份有限公司的股份发行和转让,第 125~136 条,《证券法》第 13 条发行新股条件,《上市公司证券发行管理办法》第六章第 36、37、38、39 条增发条件,《上市公司非公开发行股票实施细则》,《公开发行证券的公司信息披露内容与格式准则第 25 号——上市公司非公开发行股票预案和发行情况报告书》,《证券发行与承销管理办法》第 16 条限制性条件,《关于证券公司以其管理的理财产品认购上市公司非公开发行股票有关问题的答复意见》。

三、经营自救模式

（一）破产企业自主经营模式

破产企业的股东选择自主经营方式的重整是自救的有效方式之一，但选择该模式通常需要新的资金投入或者剥离业绩差的部门。破产企业的股东需要追加投资资金的方式，在多股东投资的公司中比较常见；如果是民营投资、一股独大的公司，在破产前，实际控制人一般均用尽了自身的融资资源，再实施这种模式不具备客观条件。在实施多元化公司战略的公司，可以选择保留或继续深挖优势部门业务、剥离业绩差的包袱性业务，实现重组目的。

1. 案例：北京兴昌达博房地产开发有限公司破产重整案❶

（1）基本案情。北京兴昌达博房地产开发有限公司（以下简称"兴昌达博公司"）2001年注册成立，注册资本1亿元。公司是为开发麓鸣花园项目而设立的项目公司，股东分别为北京东方达博置业投资有限公司、黄某、北京兴昌高科技发展总公司。2002年，兴昌达博公司开始开发麓鸣花园项目，占地458亩，规划建筑面积216898平方米，实施统一规划，分期开发。项目开发过程中，由于项目用地的拆迁没有完成，在当地集体工厂的土地上强行开工建设，之后又在未取得预售许可证手续的情况下，销售房屋上千套，项目用地手续才完成，但此时的拆迁费用比2001年签订合同时提高了3.4亿元，兴昌达博公司无力支付。此后大量业主要求退房，部分业主拿回购房款，但仍有300余户业主无法取回退房款。业主们上访到北京市政府，2007年、2008年二年均被北京市委政法委列入十大维稳案件。《新京报》《京华时报》《北京青年报》、人民网、新浪网等国内多家媒体对该案予以高度关注。2007年9月北京兴昌高科技发展有限公司向昌平区人民法院申请破产。根据北京德平资产评估有限公司2008年6月12日出具的资产评估报告结果显示：截至评估基准日2007年9月18日，兴昌达博公司资产状况为：资产总额为42 476.27万元，其中流动资产42 424.80万元币，长期投资39万元，固定资债总额为45 024.93万元；净资产为-2 548.66万元。

（2）裁判结果。破产管理人为保证兴昌达博公司重整计划的顺利实施，拟采取投资筹资并持续经营模式。2008年6月29日，破产管理人向兴昌达博公司的股东北京兴昌高科技发展总公司、北京东方达博置业投资有限公司和黄某邮寄送达了《关于北京兴昌达博房地产开发有限公司破产重整筹资及股权调整的函》。最终只有北京兴昌高科技发展总公司出资2亿元人民币，其他股东未出资。2008年7月15日召开债权人会议对《重整草案》进行表决。除出资人组和有财产担保的债权人组表决未通过外，其他表决组均通过了《重整草案》。后达博公司管理人同出资人组和有财产担保的债权人组再次表决通过了《重整草案》。2008年9月4日，法院批准重整计划，达博公司重整程序终止。

2. 分析意见

该案属于投资人追加投资、自己运营公司实现重整的典型案例。主要股东北京兴昌高科技发展总公司筹资2亿元，开展公司的后续营业，主要围绕原项目继续施工、土地拆迁、新项目施工、办理退房款和交付新房等工作。本案股东选择自主经营模式的有利条件是：①股东筹资2亿元可以

---

❶北京市昌平区人民法院（2007）昌民破字第10949号。

维持后续运营;②有担保债权的本金不予调整、免除法院裁定重整之日前的利息、罚息、违约金;③296人拟交付的房屋不再现金清偿(施工完成后交付房屋实物),免除利息、罚息、违约金及其他损失。

当然在自主经营过程中,公司内部的股权结构和决策机构的调整,也是需要关注的重点之一。破产管理人通过寄送《关于北京兴昌达博房地产开发有限公司破产重整筹资及股权调整的函》,按照各股东在2008年7月7日前的实际出资额占此次总出资额的比例调整兴昌达博公司的股权结构,保障了后续投资的股东的合法权益,使其持股比例上升。筹资期满后的法人治理结构调整为:①公司设董事会,董事会成员5人,董事长为兴昌达博公司的法定代表人;②公司设监事会,监事会成员5人;③公司设总经理1名、副总经理2名,财务总监1名。公司章程将通过公司章程修改程序进行修改。管理团队的机构设置及职责范围由总经理提出方案,按照公司章程规定的程序报董事会决定。新的公司治理结构符合现代公司治理目标,能保证公司后续运营的顺利进行,应当得到支持和肯定。

3. 适用的主要法律法规

(1)本案应适用的主要法律法规包括:《企业破产法》第八章破产重整,第70~90条。《公司法》第28条足额出资、第43条增资表决以及有限责任公司组织机构相关条文。

(2)此模式下需要注意的法律适用情形:出资人组表决通过股权调整时,可能会遇到法律适用冲突。因为《公司法》规定公司增资需要三分之二以上有表决权的股东同意,但《企业破产法》第84条规定:"出席会议的同一表决组的债权人过半数同意重整计划草案,并且其所代表的债权额占该组债权总额的三分之二以上的,即为该组通过重整计划草案。"出资组的决策程序如果参照前款规定时,存在同意重整计划草案的出资人合计持股比例低于三分之二的情形。笔者认为:有限责任公司的出资人表决组,应同时具备二个条件:①出席会议的出资人过半数;②同意的出资人持公司总股数的三分之二以上的。股份有限公司可以参照最高人民法院的上市公司要求,即"经参与表决的出资人所持表决权三分之二以上通过的"。这样既符合《破产法》规定,也符合《公司法》的要求。

(3)可供参考出资人表决组表决的司法文件:最高人民法院印发《关于审理上市公司破产重整案件工作座谈会纪要》的通知,对上市公司破产重整中出资人组的表决问题明确了意见,即出资人组对重整计划草案中涉及出资人权益调整事项的表决,经参与表决的出资人所持表决权三分之二以上通过的,即为该组通过重整计划草案。此意见倾向于按照上市公司股东大会特别事项表决程序处理。深圳市中级人民法院《企业破产重整案件审理规程(试行)》第98条规定,出资人组对重整计划草案中涉及出资人权益调整事项的表决,债务人为有限责任公司的,经代表三分之二以上表决权的出资人通过时,视为该组通过重整计划草案;债务人为股份有限公司的,经参与表决的出资人所持表决权三分之二以上通过时,视为该组通过重整计划草案。此意见倾向于按照《公司法》规定的特别事项表决程序处理。北京市高级人民法院关于印发《北京市高级人民法院企业破产案件审理规程》的通知第217条规定,出资人组对重整计划草案中涉及出资人权益调整事项进行表决,同意重整计划草案的出资人的出资额占债务人注册资本三分之二以上的,即为该组通过重整计划草案。此意见也倾向于按照《公司法》规定的有限公司特别事项表决程序处理。江苏省高级人民法院民二庭《关于妥善审理破产案件、维护经济社会稳定若干问题的讨论纪要》规定,重整计划草案涉及出资人权益调整事项需要设出资人组的,出资人组的表决按照破产法第84条第2款(出席会议的同一表决组的债权人过半数同意重整计划草案,并且其所代表的债权额占该组债权总额的三分之二以上的,即为该组通过重整计划草案)的规定执行。此意见倾向于比照普通债权组实行双重标准表决。

(二)资产价值提升模式

房地产企业破产重整案件,如果找不到外部战略投资人,必须在企业内部寻求重整路径,除了债务减免、剥离业绩差的包袱业务之外,提升公司资产价值也是常用的方法。房地产企业资产价值提升,通常是借助于政府对规划、土地性质的改变实现的,土地用途从商业改为住宅、提高土地容积率是较为有效的升值手段。

1. 案例:安徽国贸建设置业有限公司破产重整案[1]

(1)基本案情。安徽国茂建设置业有限公司系天长市的本地开发商,公司开发项目为上城风景楼盘。公司的法定代表薛某,在设立公司之初,只投入了少量的自有资金。项目实施过程中的土地出让金、建设工程价款,通过大量的民间借贷、典当公司以及企业间相互拆借、吸收社会公众资金等融资渠道筹集资金,非法吸存债务累计11.4亿元。债务危机爆发后,企业账面价值合计1.82亿元,预计可变现价值2.14亿元(不含土地抵押1.2亿元),债务差额高达9个多亿(尚不包括工程款和人员工资等)。申请破产时,工程已全面停工,法定代表人被刑事拘留、公司资产被多家法院查封。

(2)裁判结果。破产管理人积极寻求法律和当地政府政策支持,盘活存量资产,提高债务清偿比例。国贸公司"上城风景"开发项目破产重整时,尚有三四期工程约10平方米未动工。重整方案中采用由破产企业直接将工程发包,由工程承包商垫资,用开发的房屋冲抵工程款,从而减少投资收益分配,增加净资产收益,保证破产财产的利益最大化。另外,政府将"上城风景"工程纳入维稳工程,在规划允许的范围内,适度调整"上城风景"项目规划,提高容积率和商业面积,增加建筑面积在5万㎡,其中商业建筑面积增加4.5万㎡左右,住宅面积增加1万㎡。重整方案最终获得了债权人会议的通过。

2. 分析意见

该案资产价值提升,主要是依靠当地政府调整规划,提高容积率,增加建筑面积实现的。另外工程承包商的垫资开发,也缓解了破产企业的资金压力。本案在法律适用上,除了《中华人民共和国破产法》之外,还应当注意适用《中华人民共和国城乡规划法》以及相关规定,变更规划许可证。在施工阶段,破产管理人需要申领新增面积的施工许可证,以及与施工承包人之间签订新的《建设工程施工合同》,以完成项目实施。此案法律适用层面难度不大,模式选择恰当,当地政府愿意给予支持,相关手续配合办理属于例行公事。至于开发后的变现清偿债务也属于房地产破产重整的常规动作。此模式的选择,必须依赖于当地政府给予调整规划。

---

[1] 天长市人民法院(2013)天民破字第1号。

3. 适用的主要法律法规

《企业破产法》第八章破产重整、第70~90条。《城乡规划法》第43条建设单位申请变更规划。

四、结论

以上论述的房地产的破产重整的模式，其实并无特定的适用条件，也不存在孰优孰劣；不同的模式，对破产企业相关利益主体会产生不同的社会效应，在司法实务中需要对破产企业和管理人智慧的考验。如何兼顾各方利益，实现利益相关者共赢，既是破产企业自身的诉求、债权人的目标，更是政府、社会其他主体所希望的，因此，任何一个参与房地产破产企业重整的法律共同体成员，不仅仅需要熟悉法律法规，同时需要兼顾经济和管理的知识。重整模式其实是法律与经济的混合体，如何合法、慎重、合理、有效地选择重整模式，并且顺利完成重整，必将成为成功办理重整案件的关键。

77 破产案件涉担保债权的审核

——基于破产管理人视角

邵建波

摘　要：担保债权在破产案件中普遍存在，破产案件中如何妥善处理涉担保债权的审核，是破产管理人必须完成的重要工作之一。涉担保债权往往会涉及多个主体，且保证、抵押的混合担保也比较常见，更为复杂的是，破产企业兼具主债务人和抵押人双重身份且有其他担保主体共存时，究竟如何合理审查和认定此类涉担保债权，已成为破产管理人办理破产案件的难点。本文拟通过对涉担保债权审核的一般规则的梳理和特殊情形的分析，便于破产管理人在办理破产案件中，能够高效审核各类涉担保债权。

关键词：破产　担保债权破产管理人

引　言

《企业破产法》第57条第1款规定："管理人收到债权申报材料后，应当登记造册，对申报的债权进行审查，并编制债权表。"管理人负有对申报的债权进行审查的义务，此处申报的债权包含一般的普通债权，也保护涉担保的债权。涉担保的债权，按照担保法的规定，担保分为定金、保证、抵押、质押、留置等方式，破产法实务中较为常见的涉担保的债权为保证和抵押，本文仅围绕保证和抵押进行阐述与分析。涉担保的债权往往会涉及多个主体，且出现保证、抵押的混合担保也比较常见。更为复杂的是，破产企业具有债务人和抵押人双重身份且有其他担保主体共存时，究竟如何合理审查和认定债权成为管理人办理案件的难点。《企业破产法》对于涉担保债权如何认定普通债权、优先债权、或然债权的规定并不是十分明确，需要结合相关担保法、物权法等相关法律、法规、司法解释规定综合运用，无疑提高了管理人审查债权的难度。根据《企业破产法》的规定，部分优先权债权未能全额受偿部分的债权转为普通债权，这一规则，又使得第一次债权人会议上确定的债权数额在分配阶段出现修正和变动，大部分案件中，破产管理人需要对债权进行二次审定。当主债务人和担保人同时进入破产程序，也需要结合不同情形合理审核债权性质和金额。如何准确无误地审核确定所有债权,不仅是管理人从事破产业务的难点,也是重中之重的重点,贯穿整个破产程序,鉴于不涉担保的债权审核工作相对简单,本文不做分析,本文拟从管理人视角出发,围绕涉担保债权审核展开分析与讨论。

一、涉担保债权审核的一般规则

破产管理人对于债权人申报的债权审查,既是一项义务,同时也是一种权利,破产法赋予破产管理人对于债权进行实质性的审查。"在负有连带义务的债务人全体或数人被宣告破产时,破产债权人申报的破产债权数额如何确定,各国立法不一,以债权人可能得到的清楚数额多少排列,首先应为瑞士法主义、其次为法国法主义,最后为德国法主义。从我国的实际情况看,采取德国法主义,即宣告时存额主义为适宜,只不过应根据我国破产程序启动的标准,改称为破产受理时现存主义。"破产管理人对涉担保债权的审查,在程序上,应当以企业破产法为主要依据,当然在债权异议必须要通过诉讼程序解决时,管理人还需要遵守民事诉讼法的规定;在实体审查时,破产管理人不仅要依托企业破产法,而且还必须在法律适用上,充分结合民法通则、担保法、物权法、合同法等主要民事法律以及相关的配套的司法解释。对于申报数额确定,我国《企业破产法》以及相关司法解释未能找到恰当适用的条款时,也可以参考《德国破产法》第68条:"就同一给付负全部责任之一或数人之财产开始破产程序时,债权人得于各破产程序,在其未受全部清偿以前,就破产程序开始当时所得请求之金额为主张。"笔者梳理了现行法律、司法解释中涉及的涉担保债权审核的条文规定。

(一)《企业破产法》对于涉担保债权的审核的法律法规规定

(1)第49条【债权申报说明】规定:"债权人申报债权时,应当书面说明债权的数额和有无财产担保,并提交有关证据。申报的债权是连带债权的,应当说明。"

(2)第50条【连带债权人申报债权】规定:"连带债权人可以由其中一人代表全体连带债权人申报债权,也可以共同申报债权。"

(3)第51条【连带债务人申报债权】规定:"债务人的保证人或者其他连带债务人已经代替债务人清偿债务的,以其对债务人的求偿权申报债权。债务人的保证人或者其他连带债务人尚未代替债务人清偿债务的,以其对债务人的将来求偿权申报债权。但是,债权人已经向管理人申报全部债权的除外。"

(4)第52条【连带债务人的债权人申报债权】规定:"连带债务人数人被裁定适用本法规定的程序的,其债权人有权就全部债权分别在各破产案件中申报债权。"

(二)《最高人民法院关于审理企业破产案件若干问题的规定》对于涉担保债权的审核的法条规定

《最高人民法院关于审理企业破产案件若干问题的规定》第55条规定:下列债权属于破产债权"(一)破产宣告前发生的无财产担保的债权;(二)破产宣告前发生的虽有财产担保但是债权人放弃优先受偿的债权;(三)破产宣告前发生的虽有财产担保但是债权数额超过担保物价值部分的债

权；……（八）债务人的保证人代替债务人清偿债务后依法可以向债务人追偿的债权；（九）债务人的保证人按照《中华人民共和国担保法》第32条的规定预先行使追偿权而申报的债权；（十）债务人为保证人的，在破产宣告前已经被生效的法律文书确定承担的保证责任。"

二、债权审核阶段，涉担保债权的审核

《企业破产法》和《最高人民法院关于审理企业破产案件若干问题的规定》相关，是依据条文方式概括和列举的，在理解和适用复数担保人、抵押与保证并存担保形式、债权人和担保人都破产等各类具体情形时，存在一定的分歧和不周延性，各地律师协会的指导意见中，也没有比较完善的操作指引，为此有必要根据模型化的基础上，进行分析和总结，便于准确理解和适用。

破产管理人对涉担保债权的审核，应当先从破产企业是主债务人还是担保人进行区分。破产企业是担保人（无论是保证人还是抵押人），一般仅需要对主债权人的申报进行审核即可，其他担保人对破产企业追偿权的申报比较少见。主债权人通常是唯一确定的（可能存在共同债权人，但不会增加申报的债权审核难度，仅仅需要对某一债权表述几个共同主体名称即可），属于管理人按照企业破产法规定的常规、必选动作，管理人应该都能驾驭，在此不再赘述。

破产企业是主债务人，同时存在保证、抵押混合担保等情形，使得管理人债权审核出现较大难度和争议，为了便于理解，笔者基于不同担保情形，归纳一些审核规则，以便于破产实务中准确、高效审核。

（一）担保人为单数的情形

1. 单一保证人为第三人A

本项分析的审核内容设定为"审核规则1"，重点适用《破产法》第51条。单一保证人的债权审核是常见的，也是最为基础的，但是本项内容的审核，建议重点关注以下内容，全面适用：

（1）区别保证人是否为连带保证人和一般保证人：①保证人为连带保证人：债权人以保证范围的债权申报债权，破产管理人应当确认其为普通债权；②保证人为一般保证人：债权人以保证范围的债权申报债权，破产管理人应当确认其为或有债权，待主债务人偿还债务后，确定最终债权金额；如果破产分配程序早于主债务人偿还债务，破产管理人需要预留一般保证人的债权分配额度。

关于本条适用上，注意区分债权是否到期，如果主债务未到期：

（2）根据保证人是否替债务人清偿的小前提，注意审核顺序：①若保证人替债务人清偿了债务，由保证人A申报；②保证人A未清偿的，债权人全额申报了债权，保证人A无权申报；③保证人A未清偿且债权人未全额申报，保证人A有权申报，但是申报范围应当应债权人未全额申报部分的差额。不过破产实务中非常少见此种情形。

实践中存在保证人的担保人的破产债权申报是否需要区分一般保证与连带保证的问题。一般认为，一般保证人不受先诉抗辩权的限制，也可以像连带责任保证人一样申报债权。因此，管理人在审核时，无须对此做区别对待。

2. 单一抵押人为第三人A

本项分析的审核内容设定为"审核规则2",抵押担保的范围作为债权申报,管理人应当将该债权审核为或然的普通债权。

实务中有观点提出,对于表决权应当予以拆分的观点。例如甲公司重整,对甲公司不动产享有抵押权的乙银行债权金额为10亿元,抵押限额为8亿元。重整中,抵押不动产评估价值6亿元,重整计划草案约定向乙银行支付7亿元使其实现抵押权。乙银行如何行使重整计划草案的表决权?是只参加担保债权组表决,还是既参加担保债权组表决,又参加普通债权组表决?如果参加两组表决,担保债权组表决债权金额是多少?普通债权组表决债权金额是多少?如果乙银行参加债权人会议表决《企业破产法》第61条规定的有权表决事项,计算表决结果时,是将乙银行只计入债权人人数,还是不但计入人数而且将拆分出的普通债权计入无担保债权表决权数呢?

针对表决权是否需要拆分,存在赞成拆分和不赞成拆分两种观点。笔者认为拆分观点缺乏相应的法条支持,且拆分标准如何界定也存在不可操作性。宁波市镇海区人民法院受理的宁波南南置业有限公司破产清算案件、慈溪市人民法院受理的恒元(慈溪)置业有限公司破产重整案,均不支持拆分。因此管理人审核的时候,还是坚持整体申报与审核为妥。

3. 单一抵押人为破产企业

本项分析的审核内容设定为"审核规则3",重点适用《最高人民法院关于审理企业破产案件若干问题的规定》第55条第(3)项。

(1)常规情形,管理人重点需要区分债权人申报的债权优先权额度与普通债权额度。如果抵押合同的担保范围大于或者等于主债权金额的,第一次债权人会议召开时,管理人应当将主债权全部确定为优先权,但需要注明:以抵押物变现金额为限优先受偿,不足受偿部分,转为普通债权受偿。如果抵押合同的担保范围小于主债权金额的,第一次债权人会议召开时,管理人应当将抵押合同的担保范围的额度全部确定为优先权,但同时仍需要注明:以抵押物变现金额为限优先受偿,不足受偿部分,转为普通债权受偿;超过抵押合同的担保范围的部分,核定为普通债权。

(2)典型的债权申报争议事项。诉讼完毕,债权人已取得生效法律文书,管理人应当按照生效法律文书载明的主债权金额确定主债权,但利息不能按生效法律文书计算履行完毕之日,应当依照《破产法》第46条的规定"附利息的债权自破产申请受理时起停止计息"计算至破产受理日。

诉讼未完毕情形下,管理人依据相关证据对于主债权审核确定,债权人往往并无争议,但银行债权人对于管理人不审核其诉讼费和律师代理费,争议较大。有观点认为,银行在破产前已经取得生效法律文书,往往都保护诉讼费和律师费用,由于诉讼迟缓,竟然出现权利保护的差异情形,对银行债权人不公平,管理人应当予以认定诉讼费和律师代理费破产债权或优先权。笔者认为,诉讼费和律师代理费不应当保护,理由如下:首先,既然管理人已经确定主债权的审核,银行债权人与破产企业之间已无债权清偿之诉讼标的,银行债权人对于破产企业的诉讼应当予以终结,银行债权人与破产企业债权之间的争议,已转化为管理人对债权审核之争议,按照破产法规定,银行债权人有权向法院提起确认债权的诉讼,但该诉讼仅仅是确认之诉,属于非财产性案件诉讼,根据《诉讼费用交纳办法》,法院的诉讼费仅仅收50~100元,因此银行债权人在原诉讼程序中预付的诉讼费不能作为破产债权或优先权确认。基于诉讼争议之转化前提,财产性案件中的律师费也能作为破产债权或优先权确认。其次,如果破产程序中保护诉讼费和律师费,未提起诉讼的银行债权人却无法保护诉讼费和律师费,对同一性质的债权做了区别对待,对银行债权人之间是不公平的;最后,如果法院在恢复的诉讼程序中将判决保护银行债权人的诉讼费和律师费,将会导致银行债权人纷纷选择诉讼程序来保护自己权利,不仅浪费法院的诉讼资源,而且影响破产管理人的正常工作精力,势必造成破产工作推进迟缓,最终影响整个破产案件的推进,对全体债权人的伤害也是毋庸置疑的。

(二)担保人为复数的情形

担保人为复数的情形,使得有些情况变得复杂多变,但在审核债权时,也是有一定规律的,一般以担保人为单数的情形下规则为基础,重点考虑一些变化因素,根据变化因素,合理运用审核规则。

(1)保证人为复数,保证人为第三人A和第三人B,与单一的第三人作为保证人并无实质性区别,适用"审核规则1"即可。

(2)抵押人为复数,抵押人为第三人A和第三人B,与单一的第三人作为抵押人并无实质性区别,适用"审核规则2"即可。

(3)混合担保,保证人第三人A和抵押人第三人B,分别适用"审核规则1"和"审核规则2"。

(4)混合担保,保证人是第三人A,但抵押人是破产企业,分别适用"审核规则1"和"审核规则3"。

但需要注明:第一次债权人会议时,保证人的表决权按"审核规则1"确定,但是,如果保证人向债权人清偿了债权后,保证人取代了债权人的地位,可直接适用"审核规则3"。

虽然对于保证人代为清偿后是否可以取代债权人地位,对抵押人的抵押财产享有优先受偿权的理解存在不同意见,比较权威的观点认为"当债务人债务履行期限届满,债务人不能履行债务时,在由保证人代债务人履行债务,或承担保证责任,于保证人承担保证责任的限度内,原债权人对主债务人的债权以及该债权的附属性权利,如担保物权,就基于法律的规定就当然地移转给了保证人了。"笔者也暂同该观点,且认为《物权法》第176条明确规定:"被担保的债权既有物的担保又有人的担保的,债务人不履行到期债务或者发生当事人约定的实现担保物权的情形,债权人应当按照约定实现债权;没有约定或者约定不明确,债务人自己提供物的担保的,债权人应当先就该物的担保实现债权;第三人提供物的担保的,债权人可以就物的担保实现债权,也可以要求保证人承担保证责任。提供担保的第三人承担担保责任后,有权向债务人追偿。"《最高人民法院关于适用〈中华人民共和国担保法〉若干问题的解释》第38条第1款也明确规定:"同一债权既有保证又有第三人提供物的担保的,债权人可以请求保证人或者物的担保人承担担保责任。当事人对保证担保的范围或者物的担保的范围没有约定或者约定不明的,承担了担保责任的担保人,可以向债务人追偿,也可以要求其他担保人清偿其应当分担的份额。"立法明确,债务人同时是抵押人,应当优先以债务人自己的抵押财产清偿债务,保证人的责任是后续的、补充的,保证人仅仅在抵押物无法清偿的范围内承担责任。因此,基于追偿性质和从公平角度应当保护保证人的角度出发,应当确定保证人清偿债务后,其代替债权人的地位,对破产企业的抵押物的债权,享有优先受偿权。

(5)抵押人为复数,抵押人为第三人A和破产企业,分别适用"审核规则2"和"审核规则3"。

但需要注明:第一次债权人会议时,第三人A的表决权按"审核规则2"确定,但是,如果第三人A向债权人清偿了债权后,第三人A取代了债权人的地位,可直接适用"审核规则3"。

虽然有观点认为:抵押人清偿后,有权向债务人或抵押人追偿究竟是普通债权还是优先债权,法律和司法解释没有明确,从谨慎角度出发,认定为普通债权比较合适。但笔者认为,这种理解对第三人A是不公平的。首先,《最高人民法院关于适用〈中华人民共和国担保法〉若干问题的解释》第75条规定:"同一债权有两个以上抵押人的,债权人放弃债务人提供的抵押担保的,其他抵押人可以请求人民法院减轻或者免除其应当承担的担保责任。同一债权有两个以上抵押人的,当事人对其提供的抵押财产所担保的债权份额或者顺序没有约定或者约定不明的,抵押权人可以就其中任一或者各个财产行使抵押权。抵押人承担担保责任后,可以向债务人追偿,也可以要求其他抵押人清偿其应当承担的份额。"抵押人清偿债务后,即享有了主债权人的主债权和担保债权,对于其他抵押人的抵押权仍属于优先权的范围,不宜认定为普通债权。关于抵押人清偿后向其他担保人追偿,也为司法判例所支持,例如:上海市普陀区人民法院在李守全、李琦等与上海展盛实业投资有限公司、徐佳等追偿权纠纷认为:"三原告提供的物的担保与被告徐佳、张明及案外人丁某某提供的人的担保,属混合共同担保,其目的均在于保障债权人农商行普陀支行实现债权,两者在法律上的地位平等,故三原告在承担担保责任后,可向被告徐佳、张明及案外人丁某某追偿其应当承担的份额。"[1]其他理由,还可参看前文关于保证人清偿部分的论述。

三、债权分配阶段,涉担保债权的变动审核

1. 抵押担保财产变现,影响优先债权和普通债权数额

管理人对于本项涉担保债权的变动审核,依照法律规定的程序执行即可,主要应当适用《最高人民法院关于审理企业破产案件若干问题的规定》第55条第(3)项,破产宣告前发生的虽有财产担保但是债权数额超过担保物价值部分的债权。该条适用时,抵押担保财产必须已经变现,确定抵押担保财产价值,抵押担保财产的变现价值确定为优先债权金额,主债权金额超过变现金额的部分列入普通债权,按普通债权的比例进行受偿。由于此处的债权性质和额度的变化,会影响债权人会议审核的债权表,破产管理人应当按照修正后的数据,报人民法院审查,人民法院审查后再作出确认债权表记载的无争议债权用的民事裁定书。管理人依据法院裁定书再执行相关破产财产分配。当然,在此阶段,如果债权人对于变现金额有异议,从而对优先债权和普通债权数额提起确权诉讼的,破产管理人应当予以预留可分配金额,待诉讼结束后再落实分配。

2. 主债务人和担保人同时破产,债权审核变动

(1)如果主债务人破产清算完成早,担保人破产案件的破产管理人,可将债权人金额修正,扣减已清偿的金额即可,此操作相对简单。另外一种情形是:当担保人破产案件先行分配完毕的案件中,债权人在主债务人的破产案件申报的债权金额,应当调整为债权人未受偿额度和担保人清偿额

---

[1] 上海市普陀区人民法院:(2015)普民一(民)初字第4480号民事判决书。

度。但这种情形下存在循环分配的困境需要今后完善解决。

举例说明：主债务人A企业向债权人C银行借款100万元，B企业承担连带保证责任。A企业和B企业先后进入破产程序，C银行分别向A企业与B企业破产管理人申报100万元，B企业先于A企业完成破产清算程序，破产清偿率为30%，即C银行获得30万元款项。A企业最后破产分配时，债权表应当调整变更为：C银行债权70万元，B企业债权30万元。

上述案例中仍有一个循环分配的问题，有待于今后破产法立法完善。按照现行的破产法规定，B企业30万元债权在A企业破产清算中获得清偿的金额，属于新获得的财产，应当再次分配。而再次分配时，C银行又可以获得一定比例的分配额。该比例的分配额如何与C银行结算？不予分配？还是按什么比例分配？这个问题留待今后深入思考和立法完善。

（2）当担保人与债务人互负其他债务时，担保人能否直接抵销。

案例：A企业和B企业先后进入破产程序，尚未破产完毕。A企业以自己土地为B企业的债务提供了抵押担保，经过法定程序拍卖后，变现1500万元。B企业破产管理人向A企业申报4000万元普通债权（不涉及1500万元土地债权）。A企业的破产管理人究竟应该如何审定B企业的破产债权金额？初步估算，A企业的破产清偿率为20%，B企业的破产清偿率为10%。A企业破产管理人究竟如何认定B企业的债权金额？

方案1：A企业破产管理人认定B企业的破产普通债权2500万元，即4000万~1500万元。A企业破产管理人认为1500万元直接抵销。

方案2：A企业破产管理人认定B企业破产普通债权4000万元，同时向B企业的破产管理人申报1500万元债权。

对于上述方案1和方案2，究竟哪一个更为合理、合法？目前的企业破产法并未给出明确的答案。虽然有观点认为："通过合法的破产程序分配自身的破产财产，从而依法履行了自己的清偿义务，也就是说本案中保证责任的承担与主债务消灭之间没有因果关系。因此，若债权人在破产案件中选择以债权全额向破产人追偿后，再以未受偿为由向保证人请求的，不应当支持。"如果A企业的破产管理人是基于形式上各债权独立，应当予以分别在两个破产案件中申报和分配的角度考虑，往往会选择方案2。但破产管理人选择该方案是比较机械的，既无明确的法条依据，且存在办案的风险。由于清偿率不同，在本案中抵销，本案的债权人可以获得多分配，债权人势必会提出对管理人未予以抵销的工作能力提出质疑，影响破产案件的推进，甚至起诉破产管理人要求赔偿少分配的额度。笔者建议采用方案1，首先，《企业破产法》关于抵销的条文，仅有一条即第40条，该条规定："债权人在破产申请受理前对债务人负有债务的，可以向管理人主张抵销。但是，有下列情形之一的，不得抵销……"该条立法目的是明确不得抵销的情形，并未对破产申请受理后的债务抵销做出禁止性规定。因此，管理人在受理后具备抵销条件时予以抵销并未违法；其次，《合同法》第99条第1款规定："当事人互负到期债务，该债务的标的物种类、品质相同的，任何一方可以将自己的债务与对方的债务抵销，但依照法律规定或者按照合同性质不得抵销的除外。"本案土地变现后形成的1500万元债权与4000万元的债务，均已到期，且债务标的种类、品质相同，应当可以抵销。最后，如果在本案直接抵销，B企业的破产管理人可能会提出异议甚至诉讼，此类异议或诉讼的过程，完全可以理性的通过法院审判方式解决，管理人无须应对可能产生不利的、群体性地债权人的不满、投诉甚至上访,对破产工作的推进是有利的。当然,最终法院判决不得抵销,A 企业的破产管理人只要尊重法院判决,向债权人会议进行说明,也能得到债权人的支持和理解。

四、结语

破产案件中涉担保债权的债权审核是破产管理人必须予以关注的,也是避免案件承办风险关键点。涉担保债权的复数形式、破产企业提供抵押担保是审核复杂化的焦点因素,虽然企业破产法对此规定语焉不详,但结合物权法、担保法等相关法律、法规,还是可以总结出一些规律的;不过规律的总结分析,毕竟不能代替法律的规定,希望最高人民法院能尽快出台详细的司法解释予以规范。不少管理人在承办破产时,往往以法无明文规定或者存在一定的争议理解,即采取回避、不作为的方式影响了破产案件效率。其实对于破产案件的债权人来说,破产效率其实比破产债权公平受偿,更为看重,放在破产管理人面前的重要任务,就是如何有效、准确、快速审定债权。破产管理人依法运用好审查债权的权利,才能有效实现公平、公正保护各债权人合法权益的立法目标。

第八编 律师职业实务理论研究

第二十四章　律师实务技能研究

78　法庭是律师真正的舞台[1]
——论以审判为中心下律师的出庭艺术

陈　波(总所)

摘　要:党的十八届四中全会明确提出,要"推进以审判为中心的诉讼制度改革,保证庭审在查明事实、认定证据、保护诉权、公正裁判中发挥决定性作用";2017年5月1日,修改后的《人民法院法庭规则》开始施行,庭审的作用越来越重要,律师也要穿袍出庭了。在法治中国的大背景之下,我国诉讼制度日渐向英美等西方发达国家接近,因此,无论是诉讼律师或非诉讼律师,出庭艺术都是我们十分重要的基本功,也是评价律师优劣的一个重要的指标。在很多影视作品中,很多律师就是因为在法庭中的出色表演而一战成名,大放异彩。

关键词:出庭艺术　庭审律师

"庭上十分钟,庭下十年功",提高出庭水平,绝非易事,是一个律师综合业务水平的集中体现,也是提高办案质量的必由之路,需要厚积薄发,水到渠成。没有充分的准备,就不会有高质量的庭审!

一、开庭,你准备好了吗?　——关于调查取证

任何法律理论都不如客观事实重要,由于出现新证据而导致案件方向逆转的情况不胜枚举,所以查明事实真相,包括客观事实、法律事实,是律师和法律共同体最重要的工作。比如雷洋案件,

---

[1]本文于2016年7月26日发表于无讼阅读(服务百万法律人的专业社区),并被推荐为最具有阅读价值的文章;后发表于2016年8月28日《人民法院报》。

一旦真相查明,是非曲直自然也清楚了。

律师的调查工作一定要有调查提纲,要带着思考进行,并获得第一手证据或资料,我们要尽量出现在第一现场、找到目击证人、找到实际经办人、获得视听资料、电子邮件、书证等证据,对于专业问题,如医疗事故、产品质量、知识产权等,应向专家证人请教,或者申请司法鉴定,务必彻底搞清楚。基于案卷、高于案卷,我们不能全信案卷,纸上得来终觉浅,绝知此事要躬行。峰回路转,在取证的路上,你有时会发现,办案思路已经豁然开朗,对案件也有了全新的认识。

证据是诉讼之王,它将客观事实变成了法律事实,证据不是孤立的,它充满了内在的紧密联系,庭审是证据的表演,证据是律师最好的武器。

二、开庭,你准备好了吗?——关于法律文书

有了证据,就等于有了食材,可以做菜了。灵活使用证据,熟练运用法律,把他们有机地结合起来,于是案件有了灵魂,完美的法律文书呼之欲出,它可以是起诉状、答辩状、上诉状、代理词等。证据清单必须一丝不苟地按要求完成,整理得像一本书一样,当然庭审中需要的质证意见、询问提纲、图表之类的也要准备好。

这个时候,你可以在互联网上遨游,梳理法律法规、司法解释、判例大数据、学术动态,对于疑难、复杂、重大案件,你更需要的是一份专注、独立思考和执着,甚至食不甘味、夜不成寐,因为它可能充满争议,我们需要梳理的法律关系太多,诉讼策略和战术方向的选择太困难,而这些都必然要在法律文书中体现出来。

知己知彼、战术创新、出奇制胜,用法律武器依法将腐朽化为神奇,是律师办案的最高境界,这需要律师非常熟悉事实和法律,并能灵活运用。在本人著名的韩国特大沉船保险索赔案、某银行广东特大船舶融资案中,正是由于律师设计出意料之外的争议解决方案,那些支离破碎的证据被重新组合使用,并焕发出无穷的力量,一筹莫展之时,却满盘皆活,最后全部得到省高院支持,维护了当事人的合法权益。

当然,对于一些争议大的重大案件,我们不妨试一试模拟法庭,或许可以提前发现问题,并作出调整。另外,出庭人员较多的情况下,事先一定要有分工和侧重,尤其是法定代表人或者经办人出庭时,要有充分准备,以应对可能比较尖锐的问题。

山重水复疑无路,柳暗花明又一村,事实和法律都准备好了,早已成竹在胸,只等法庭的召唤。

三、法庭是律师真正的舞台

好了,律师袍穿好了,法槌敲响,律师来到自己的舞台,就像教师走进课堂、医生来到手术室。

(一)法庭调查是重中之重

一般庭审分答辩、事实调查、辩论三个阶段,但这三阶段应有主次之分。在这三个阶段中,起诉答辩阶段要简单,主要是双方的一个亮相,双方亮明主要理由和观点就可以了,不易过分打开,其目的是让合议庭归纳争议焦点,引导后续法庭调查的方向和进程,经常看到有的律师在答辩阶段就用去一个小时,这样往往会造成重复、降低审判效率。

事实调查要详尽、深入,它是庭前准备的重点,也是判明是非的关键,事先一定要列好表格、准备好对双方证据的质证意见,包括真实性、合法性、关联性,以免被动。对对方的质证意见,如果不符实际的,在征得法庭允许后,要当场作出回应,避免被曲解。辩论阶段的很多话如和证据有关,也可以放在质证阶段讲,会收到很好的效果,但是要围绕证据目的展开、用语简单,这样也可以使后面的辩论更自如、高效。表达的可视化也可以是一个尝试,在笔者代理的韩国沉船案件中,我们在法庭中使用了图表、PPT、央视视频来代替部分文字内容,取得了比较直观的效果。

法庭辩论要有亮点、气势。大多数律师会重视辩论,但是很多律师会宣读一下事先准备的代理词了事,这种做法要慎重。辩论一定要根据前面二阶段争议焦点、查明事实(包括提问、鉴定、证人等)的内容进行解读、归纳,事先的代理词要及时调整;内容要有一根主线贯穿,有亮点、有重点,红花绿叶分清楚,几轮发言合计时间最好控制在一刻钟到半小时内;充分发挥语言艺术的魅力,要尽量脱稿抑扬顿挫地去讲述,眼睛注视合议庭,用精彩的内容紧紧吸引合议庭的注意力,对于看不到案卷的其余两名合议庭成员,这是你说服并获得他们手中一票的最后机会,要做到这一点,你必须对全案了然于胸,并区分语言、文字的不同表达效果。

(二)法庭提问很重要

在庭审调查中,有不少提问环节,如法庭的提问、当事人相互提问、对证人、专家证人、鉴定人的提问,这是一个重要的环节,事先要结合已经确立的案件方向做好提问提纲、被问提纲。

当事人之间的提问除了查清事实,往往还起到提醒法庭注意重点的作用,有时也是一支矛,攻击到对手的短处,对手的回答可能会逻辑混乱、自相矛盾、落入圈套、失分多多,但是这时攻防转换很快,我们自己也会面临同样的危险,所以一定要给予足够重视。对出庭的证人、鉴定人的发问一样重要,他们证明的内容往往和案件焦点紧密相关,不可或缺。

提问阶段,比较具有独立性、突然性、攻击性,有时造成案件逆转,在西方法庭中,是律师展示个人魅力的独特舞台,这我们在著名的美国辛普森案件中都领略了,相信在国内法庭中分值也会日益增加,律师可以好好把握,但是要从容不迫、注意分寸、尊重对方、就事论事,个人观点不应当场辩论,而是留到辩论阶段再陈述。

(三)发言要点不过三,有理就大声说出来

讲者长篇大论,听者昏昏欲睡,这是律师在法庭中要坚决避免的。发言要点不过三,意味着律师要做一个狙击手,用词简洁、精准;意味着分清主次、把握本质、抓住重点;意味着尽量把复杂的问题简单化、图表化。就像身上穿的一套西服,颜色太多,估计不会太好看。

在质证、询问过程中,对方可能会有一些虚假的陈述,你需要迅速作出澄清,却得不到机会,也可能你要补充重要事实和理由却被打断,这时你要举手,向法庭讲明对案件的重要性,并坚决要求法庭给发言纠正机会,有理一定要大声说出来。我们有诉讼法、法庭规则、法庭摄像,可以保护合法权利,只要是正当要求,法庭应当会支持和理解。

(四)法庭是我们共同的课堂,对手使你成长

现在新型案件不断涌现,司法解释也如雨后春笋,要提高办案质量,必须加强学习,打铁要靠自

身硬。而在实践中、在实战中学习,更是一种很好的方法,法庭就是我们学习的最好场所,所以我们有时会看到法学院学生旁听庭审。律师虽然各为其主,但是依然须忠于事实和法律,承担起法律共同体司法公正的责任。

有时看到一方律师出言不逊,而另一方又以牙还牙,不很友好,这是对别人和自己的不尊重,也不利法庭审理程序的完成,应该坚决避免。在法庭中或者工作中,律师不仅是竞争对手,更多应是合作伙伴、学习对象,我们要学会尊重对手、研究对手、欣赏对手,学习他们的长处,避免他们的短处,与高手硬碰硬地对话,其乐无穷,虽败犹荣。感谢对手带给我们的成功和挫败,它使我们更快地成长起来、更好地成熟起来。

(五)法庭是律师最美的绽放

当庭前千万辛苦一切都准备好了,出庭将变得自信满满、非常自如,你在法律中从容行走、挥洒自由,你只是在享受劳动果实、享受这个舞台,学有所用,你内心的快乐将来自客户的信任,法庭是我们法律人生的重要舞台。

多年前,由于一个影响重大的涉外提单侵权案件在最高人民法院的成功办理,受最高人民法院推荐,笔者的全部代理词和个人风采被登载于人民法院出版社出版的《出庭在最高人民法院》一书;2015年,又有笔者代理的案件被收录于最高人民法院《人民法院案例选》,这是对笔者一丝不苟的出庭风格以巨大的鼓励。

当然,开庭结束并不等于工作结束,我们需要小结一下,根据庭审情况,考虑是否要进一步补充证据、庭审是否有失误要弥补、递交书面代理意见、准备可能的第二次开庭等。

用心去做,独立思考,不辱使命,不负重托;办案质量是律师立身之本,法庭是律师最美的绽放!

79　诉讼律师绝不能犯的八个错误

杨永东

　　摘　要: 炫耀成功和经验总是令人快慰的,过程中充满着让人骄傲和愉悦的体验。反省失败和错误则不然,总是带着几分沉重、几丝懊悔。但面对真相是不能回避的义务,检讨错误、避免再犯也是对过往经历的尊重,对未来之路的负责,是更深刻和有效的学习。本文所列举的诉讼律师绝不能犯的错误,有些是笔者执业之初代理的案件中自己犯下的,有些是对手律师犯下的。无论如何,一并列出,警醒自己,提示他人,莫要再犯。

　　关键词: 诉讼　律师　错误

一、搞错了对方的主体

　　笔者的助理就犯过这样的错误,由于粗心,把被告名称中的一个"市"字给漏掉了,结果被对方咬住不放,说诉讼主体错误,法官只给我们两条路,要么撤诉,要么驳回起诉。无奈只能撤回重诉,一字之差,无端端损失几千元的诉讼费,浪费的时间也是再也不能弥补了。

　　如果说上述案子中造成的后果还在可承受的范围内的话,笔者代理的一件设备承揽合同纠纷中,对方律师犯的错误,那可真叫生命中不能承受之重。笔者代理原告在原告所在地起诉解除承揽合同,经一审、二审后胜诉。随后被告在其所在地起诉要求赔偿设备使用折旧损失(双方有协议可在各自所在地起诉)。由于上一个案子之后原告公司名称已经从××集团变更为××公司。但不幸的是,被告仍旧起诉了已经并不存在的××集团。基于被告犯的这个严重的错误,笔者随即代理原告在原告所在地起诉被告要求赔偿已经支付设备款的利息损失。因为被告搞错了主体,我们又不同意直接变更,被告无奈只能撤回重诉,由本来先立案的一方,变为后立案的一方,这直接导致了两个案子的管辖权都转移至了原告所在地(基于同一法律关系分别起诉的案件,合并由最先立案的法院审理),从而使被告在诉讼中处于十分不利的境地。后来,被告代理律师就被当事人无情地更换了。

　　对于诉讼律师而言,这个错误真是令人尴尬。因为它是如此的容易避免,但造成的后果却有可能是这般的让人难以承受。其实只要稍微细心认真核实被告名称,在信用信息网上查证最新的企业名称,就足以避免这样的错误。说到底还是一个是否认真的问题。

二、提交了对己方不利的证据

一起建设工程施工合同纠纷案件。笔者代理原告建设方,因为施工方延期竣工,又拒不提交竣工验收资料,原告为避免损失扩大,遂起诉。但起诉的时候由于时间匆忙,对提交的证据并没有逐一仔细审核。其中一份授权委托书,系工程后期由被告提交,拟授权原告代为支付材料款及民工工资。但该委托书为代付设置了条件,除了项目现场负责人签字外,付款前尚需被告项目部分公司确认。不幸的是原告的很多代付行为均满足了第一个条件,但却未满足第二个条件。事后的庭审及判决证明,这是一份不应该提交的证据。因为原告自行提交了该证据,视为接受该委托书所设置的条件,但却在没有满足该条件的情况下付款,显然应该自行承担法律风险。一审判决据此对原告代付的几百万元材料款及民工工资不予认定。好在二审经过多方努力,付出了大量的精力补充相关证据,才最终使终审判决认定了该笔代付款。

如果当初对这份证据不予提交,而被告手中又没有其提交给原告授权委托书的任何凭证。那么,仅凭代付审批单中被告项目负责人的签字,按照表见代理来主张,在一审就有相当大的胜算。遗憾的是就由于提交了这份证据,导致最终耗费很大周折才挽回败局。

诉讼律师经常犯的一个错误是,对自己要提交的证据粗略看过,对对方提交的证据却仔细审核,这跟庭审的程序有关。因为庭审中,对自己提交的证据只需要说明证据名称、来源及证明目的,而对于对方提交的证据,却需要进行全方位的质证。但是一旦提交了证据,如果有瑕疵或对己方不利的点,就会完全暴露在对方的眼皮底下,再想撤回都来不及了。所以在提交证据之前,对每一份证据都先要进行充分有效的换位审核及质证。在进行了这个程序之后,才能放心的提交。笔者犯的上述错误,就是在时间紧迫、资料众多的情况下,没有进行换位审核造成的,教训不可谓不深刻。

三、遗漏了应当调取和提交的证据

在一起代位权纠纷中,笔者代理债权人起诉债务人和次债务人。债务人对于次债务人有一笔债权已经到期,且该债权有次债务人的房屋抵押担保,并办理了抵押登记。但在庭审中,次债务人称,办理抵押登记是实,但实际并没有收到债务人的借款。法庭认为原告诉请证据不充分,遂要求原告补充提交次债务人已经收到借款的证据。虽然事后经过多方努力,原告补充了该证据,但也浪费了很多时间。当事人对律师的信任也受到影响。

该案次债务人的代理律师实质上是在运用诉讼技巧,他对该事实的否认也是笔者事先考虑不周的。其实按照常理,已经签订了借款协议,并办理了房产抵押登记,然后又否认收到借款,却不提交任何证据证明其主张过要求交付借款及注销抵押登记,这显然是不符合常情常理的。然而诉讼就如同战争,总是不得不以最坏的恶意来揣测对方可能做出的反应,而法庭对于主张权利方的举证责任的认定也近乎严苛。因此,唯一的选择就是完善自己的证据链条,不给对方任何的漏洞可钻。即便有可能有些努力有时候证明是没有用的(比如对方有可能并无否认打算,而原告却费尽周折调取了转款的证据),那也远胜过需要用的时候才发现自己没有努力过。

四、证据材料的提交不注重细节

一起房地产咨询服务合同纠纷,原告方是投资咨询公司,被告是一家房地产开发公司,被告对其开发的一幢商业楼宇,意图寻找海外收购的买家,遂委托原告,希望借助其海外资源和投融资专业经验,就商业楼宇的整体出售,在海外进行营销推广。原告为该事宜付出了很多的精力,但最终被告拒绝支付咨询服务费,笔者遂代理原告起诉。该案因历时较长,且涉及大量的电子邮件及涉外资料,证据材料繁杂众多,很多需要公证及翻译。提交材料的时候,笔者的助理不够仔细,笔者在立案提交材料的时候也没有仔细注意审查。开庭审理的时候才发现,法官手里的证据有些是缺页的,与证据目录无法对应,而被告手里的证据也有缺页、顺序排错等问题。庭上为重新核对整理证据就花费了大量时间,给法官留下了非常不好的印象。

人有时候是不可靠的,机器有的时候也是不可靠的,比如复印机会出现卡纸,连续复印会出现漏复等。但这不能怪机器,最终还是人的责任。就拟提交给法院的证据清单和材料而言,证据清单目录清晰,证据材料编码及页码完整,并与清单一一对应,证据清单中证据编号、名称、来源、原件或复印件、证明目的、页码、提交人、提交时间等需注明的要素一应俱全,证据材料装订是否整齐美观,要提交给法院的若干份证据材料与自己手头的证据材料保持完全的一致等等,这些细节,在提交之前都要反复核对无误。这些细节虽然不一定能决定案件的胜败,但正是这些细节,体现出你是否认真,专业,影响你在当事人心目中的形象,潜移默化中也影响着法官对你主张的判断。

五、庭前准备不够充分

一起买卖合同纠纷。笔者代理原告,要求被告支付货款。被告抗辩称原告产品质量存在问题。庭前认真看了证据材料,自认为基本事实已经清楚,遂参加庭审。但审理此案的是一个非常仔细认真的法官,审理过程中提的问题很多是并没有准备过的,比如合同签订的背景,协商的过程,签订的地点和方式,送货单上对方签字的人员姓名,职位? 有无授权? 发票有否寄送对方? 寄送依据? 合同、送货单、发票中的货物规格、数量、价款的对应情况? 针对质量问题,甚至问了很多跟技术参数有关的问题。好在原告方有销售及技术人员旁听,在旁听人的帮助下,勉强回答了所有的问题,但已经给法官留下代理人对案件事实并不熟悉的印象。

这是执业之初很多律师容易犯的错误。庭审有时就像一场考试,法官就是考官。有时考官出题范围比较窄,仅限于书面材料中的问题,有时出题范围会超出你的预期,会就书面材料背后的问题穷追不舍。因此,你必须要对考试范围做最悲观的预测,要对所有可能出现的问题都进行准备。不仅仅限于熟悉消化书面证据中的内容,庭前与当事人的充分沟通更是重中之重。要对每一个问题,问题背后的问题,都要做充分详细的探究。唯其如此,方能在庭上做到气定神闲,游刃有余。

六、习惯于经验,而没有更新知识

在一起买卖合同纠纷案中,笔者代理原告。这笔货款的送货单是不齐全的,但增值税发票齐全。笔者之前曾代理过不少货款纠纷案件,基于当时的司法实践中,均以增值税发票作为认定货款的依据,依照经验,笔者认为仅提交增值税发票就可以胜诉。但在庭审中,对方仍对收货事实予以否认,并拿出最高院关于买卖合同纠纷司法解释的规定予以抗辩。这时才知道,关于收货事实的认定规则已经改变。好在后来补充提交了送货单及物流证明,最终调解结案。

在一个承揽合同纠纷案中,由于被告在合同交易中有欺诈行为,笔者代理的原告起诉请求变更合同价款。被告代理律师是一个名气很大,很受人尊敬的老律师,他在庭上义正词严的指出,"原告无权请求法院变更合同价款。变更合同是必须要经过合同当事人双方协商一致的。"这又是一个没有更新知识,还停留在老思维、老经验办案的案例。

这是一个很令人惭愧的错误,但不得不承认的是,很多律师都会犯这样的错误。律师都是通过一次司法考试拿到法律职业资格证书的。但其实通过也仅仅是超过及格线以上,而不是满分,这也就意味着还有很多的知识点没有掌握。而更可怕的是中国的法律更新速度之快,在全世界都是数一数二的。再加上人性本来的学习的惰性和思维的惯性,这就导致了很多律师在执业几年之后,大部分知识都已经陈旧,完全按照老经验老思维在办案。因此,要做一个优秀称职的律师,就必须让自己成为一部永不停歇的学习机器,这是我们不能回避的宿命,也是必须承担的使命。

七、忽略了还有法院会议纪要这回事

笔者曾代理一起劳动争议仲裁案件的原告。原告是香港人,在被告公司担任总经理多年,且兼任工会主席。后因与公司高层产生矛盾,遂被无故解职。笔者代理原告起诉,以被告违反劳动合同法为由要求赔偿经济补偿金、额外经济补偿金、即时解约补偿及薪资补偿等。本来感觉这案子证据充分确凿,诉请支持的可能性很大,当事人也有很好的预期。但庭后与法官沟通时,法官指出该案很可能按劳务合同处理,因为上级法院有会议纪要,港澳台及外籍人士来大陆就业,未办理就业证的,一律不以劳动关系认定。最后该案只能以调解结案。

在中国的法律体系中,有一种叫作法院会议纪要,是中级以上法院在处理、认定各类案件中所形成的意见汇总。它虽然不是像法律、法规、司法解释等正式并公示的法律渊源,但却对每一个具体的个案具有最直接的影响力,决定着每一个具体案件的命运。这是具有中国特色的法律文件,也是诉讼律师不得不去关注和了解的知识。

八、欠缺策略思维,少想了一步

在一起股权赠与纠纷案中,一家外资企业在本地投资设立了一家制衣公司,在当时聘用了两位高管,与其签订劳动协议,协议中约定:公司设立后,将20%的股权赠与两位高管,但其需保证在公司服务满20年。期间因任何原因离职,公司有权无偿收回20%股权。在公司成立第八年的时候,投资方与该两位高管产生矛盾,遂以严重违纪为由,发函解除了与两位高管的劳动合同。高管复函称对解除行为不服,但并未提出劳动仲裁,而是随后起诉要求解散公司。笔者遂代理公司起诉两高管,要求返还20%股权。该高管遂提起劳动仲裁,要求确认解除劳动合同的行为无效。最终仲裁庭及法院均支持了对方的诉请,判决我方败诉。因为劳动案子的败诉,直接导致最终我方的股权诉讼中返还股权的诉请也失去了事实依据,也一并败诉了。

事后回想,此案的失误在于不够冷静,欠缺策略思维。其实在我方发出解除劳动合同的函,对方书面予以回复后,并没有将注意力放在劳动关系解除上,而是一心一意打公司解散之诉。当时公

司为急于应对,遂匆匆发起了股权返还之诉。而没有考虑到一旦起诉,对方必然提起劳动仲裁,而我方对劳动仲裁的胜诉把握并不是很大。其实当时大可以先将全部精力放在公司解散之诉的应对上,待一年的劳动仲裁时效超过之后,再行提起股权返还之诉,这样即便对方再行提起劳动仲裁,我方即便以时效应对,胜诉的把握也是很大。

《孙子兵法》道:"兵者,诡道也。故能而示之不能,用而示之不用,近而示之远,远而示之近,利而诱之,乱而取之,实而备之,强而避之,怒而挠之,卑而骄之,佚而劳之,亲而离之。攻其不备,出其不意。此兵家之胜,不可先传也。"没有熟读兵书,教训深刻啊!

中国古人有云:"人非圣贤,孰能无过,知错则改,善莫大焉。"外国也有句谚语:"年轻人犯错误,上帝都会原谅的。"所幸犯上述错误的时候,还算年轻。也所幸能够真诚勇敢的把这些错误记录下来,形成文字,以作前车之鉴。对于未来要服务的当事人,笔者只能战战兢兢,如履薄冰,用一句歌词表达自己的心情,"缠绕欲望的思念,善恶一瞬间,心怀忏悔陪你走好每一天。"

80 诉讼代理中的文件检验问题

李江勇

为打造法律与鉴定技术咨询代理的完美组合,2013年3月海泰律师事务所成立了司法鉴定部,引入了专业司法鉴定人才,四年多来通过为代理律师提供技术咨询,指导律师提起司法鉴定,出庭担任专家辅助人等工作取得了良好的效果。文件检验是诉讼代理中涉及比较多的鉴定,其结论一正一反决定案件成败,掌握文件检验及司法鉴定程序等相关知识可以最大限度在鉴定中把握主动权,甚至可以使案件反败为胜,下面就律师在诉讼代理中涉及文件检验需要了解的问题发表个人意见供参考。

一、司法鉴定结论在诉讼中的地位

司法鉴定结论在诉讼中往往是决定案件胜败的关键证据,我国的诉讼活动从"神证""人证"直到现在进入到"物证"的时代,从人证为主的证明向物证或科技证据为主的证明转变,以"物证"为主的现代司法证明中,对物证的解读和追求诞生了法庭科学,司法鉴定技术也称为法庭科学技术,在我们的审判实践中司法鉴定结论被称之为证据之王。

2005年全国人大常委会出台了《关于司法鉴定管理问题的决定》结束了多年来形成的公、检、法系统相互监督、相互制约的鉴定体系,《决定》确定了司法鉴定统一管理的制度框架,使从事法医、物证、声像资料类司法鉴定业务的鉴定人和鉴定机构由司法行政管理部门实行统一登记管理制度,人民法院内设司法鉴定机构不再从事司法鉴定业务,同年10月1日起人民法院取消了自行鉴定,从此司法鉴定走向了社会。随着鉴定社会化和鉴定机构的增多,在司法鉴定领域出现了鉴定人水平不高、鉴定质量不高、管理不到位的现象,司法鉴定结论不仅仅决定案件的成败,有时候也会是人命攸关的大事,所以更加需要我们对涉案的司法鉴定结论懂得进行评判,善于发现问题,提出异议。1999年10月鄞州区发生一起杀人案,这一天某某针织厂书记家收到一个女人头颅并附一信,内容为:"因我生活所逼向你暂借30万,如你不同意,这就是你下场,如能照办,请你将钱放在空箱内绑好,明天中午12点有人来拿,望你三思,祝全家身体平安 某某集团"。案件发生后,公安机关经过几个月的侦查,抓获了一个嫌疑人,市公安机关对这封敲诈信作了司法鉴定认定是嫌疑人所写,嫌疑人对犯罪事实供认不讳,但案件移送检察院后嫌疑人开始翻供,一直喊冤,称公安对其有刑讯逼供。法院在办理此案过程中发现鉴定报告是定案的唯一证据,为了慎重起见承办人送中院司法鉴定处复核,当时我作为复核鉴定人在仔细研究了检材与样本字迹特征以后得出了敲诈信字迹与嫌疑人字迹不是同一人书写的结论,后经公安部再次复检与我们的鉴定意见相同,市检察院撤销了对嫌疑人的指控。这个案件的辩护律师当时没有对此案的鉴定结论提出过异议,在此案代理中没有发挥应有的作用,其中重要的原因基于对司法鉴定知识的缺乏和对司法鉴定结论的迷信。

鉴定意见本质上是鉴定人对某一个专业性问题所作出的一种主观判断,其科学性是具有一定的局限,决定于鉴定人的能力、水平及对特征认知程度,所以切不可迷信鉴定结论。

二、鉴定要求的设定

司法鉴定要求的设定是提起鉴定的前提,作为律师要了解当前司法鉴定技术的状况,哪些属司法鉴定范畴,哪些可以鉴定,哪些不可以鉴定,什么样的鉴定结论接近事实真相,什么样的鉴定结论对我方有利,这就需要对这一行业的现状和对鉴定技术有一定的了解。2012年5月20日和25日,病入膏肓的杨某某委托其妹从银行分两次取出250万元并在律师的指导下杨某某书写了两张收条由两名见证人在场签名,不久杨某某病逝,其妻向法院起诉其妹不当得利,要求返还250万元现金。诉讼中,原告对于被告提供的两张收条认为系伪造要求进行司法鉴定,法院委托了浙江某鉴定中心进行鉴定。被告方认为两张收条上的全部文字及签名都在律师及见证人在场的情况下由杨某某本人亲笔所写,对鉴定结论非常自信,但是结果却让他们大失所望,鉴定意见:"落款日期为2012年5月20日和2012年5月25日收条上'杨某某'的签名根据现有样本倾向认为不是本人所写。"笔者作为专家辅助人介入此案发现存在几个问题:①律师对当事人在鉴定要求的提起中做了误导,两张收条的全文均由同一人书写,但在鉴定中代理律师只要求对签名进行鉴定,而没有对收条的全部字迹要求鉴定。②该案的书写人签名具有一定的特殊性,杨某某本人文化程度不高,书写水平低,因经常需签合同而对自己的签名作了设计,法官调取了书写人在公司及银行存款中的签名作为样本,而这些签名与杨某某平时书写的字迹无论在书写水平还是在运笔特征上都有很大的差异,被检的两份收条上的签名系杨某某平时正常书写的字体,而不是设计的签名字体,所以鉴定机构在此时作出了倾向性否定的结论。笔迹是书写人书写习惯的反映,在书写活动中受环境、条件、心情、身体状况、书写工具等因素的影响,一个人对自己签名无论书写多少次都不会产生完全重叠,是在一定的范围内变化的,通过对大量文字的检验,可以发现其固有的特征,所以字数越多其暴露的书写特征越多也就越容易鉴定,对字数少、笔画简单的字迹其鉴定难度相对增大,容易出现错案。③鉴定人的水平和能力问题导致对相同特征的评估出现错误。要推翻错误的鉴定结论首先要继续寻找书写人正常字迹的样本。后来在另一起借贷案中有杨某某书写的借条出现一处正常签名,在杨某某与前妻离婚卷宗中及民政局登记结婚档案中找到了大量的正常签名样本,经过庭审质证,专家辅助人阐明了可以同一认定的观点,当事人向法院提出重新鉴定申请,合议庭决定重新鉴定。如果当时提出对整张借条字迹进行鉴定也许不会出现错误。

在案件代理中涉及对伪造书证的鉴定的提起需要注意:①如果整份书证后补这是涉及文件形成时间鉴定,关于文件形成时间鉴定因没有统一的国家标准,各地法院做法也不统一。我们在提起鉴定要求时尽量避开文件形成时间的鉴定。原因是文件形成时间鉴定所使用的方法、技术不成熟;检材由于受保存条件的影响有可能做出错误的鉴定结论。②一般伪造书证是利用原先空白签名或盖印填写或者双方串通伪造。对于空白盖印后填写,如果文字和印文有重叠部分或怀疑文字有后补,可以申请先后顺序鉴定。③由于文件形成时间的鉴定具有鉴定结论的不确定性,浙江省所有的鉴定机构都不做文件形成时间鉴定,只有印文的形成时间可以用物理的方法确定。如果文件上有印文可以提出印文形成时间鉴定,其原理是印文在不同的使用阶段具有不同的细节特征反映,根据检材与样本相同细节特征的反映确定检材与哪个样本相同,这种鉴定方法是比较可靠的。

对鉴定要求的设定应在全面分析检材情况的前提下提出,有些当事人认为对方提交有自己签名的书证没有在这个书证上签过字就一概否定,对签名真伪提出鉴定而没有考虑是否有变造的可能。2016年北京一家贸易公司总经理林某为救一触犯刑律的朋友委托原告李某捞人,先后给李打款150万元,捞人未成林向李追款,追款不成林向公安局报案。李为逃避公安人员侦查向法院起诉林欠其业务费240万元,其中已付150万元、尚欠90万元,李向法院提供一份双方业务合作协议。林否认在合作协议上签过字,经北京一家司法鉴定所鉴定认定合作协议上的二处签名是林某所签导致一审败诉。我受聘作为林某的专家辅助人,经了解案件及双方微信往来可以确定双方150万的经济往来与正常业务毫无关联,但从技术角度来看这个签名的确是林某所签,于是我要求当事人回忆有没有与原告签过类似的合同。据林回忆曾签过一份支付8000元的赞助合同,在那一份合同上签过字,考虑是否为变造的可能。经对检材合同进一步检验发现,在首付180万数字书写有添加嫌疑,系在"8000"前面添加"1",后面添加"00",这个合同是否为变造?据当事人回忆,原来合同上有许多空格是没有内容的,这就印证了存在极大的变造可能。上诉后我让当事人不要坚持否认签名,要把签协议的情况如实向法庭提出。在庭审质证中我向合议庭提出了8000元变造为1 800 000元的理由,鉴定人也认为存在这种可能,但是鉴定要求没有提到,鉴定机构也只能就案论案,中院最后撤销一审判决移送公安立案侦查,这个案例说明了鉴定要求如何设定是至关重要的,如果一味否定签名,那么法院只能根据鉴定结论判决我方败诉。

由于现代复制技术的发展,有一些复印件用肉眼难以区分,我们在代理案件中对于对方提供的书证原件需要仔细辨别,在检案中发现有复印件特别是彩色复印件冒充原件,部分关键用语使用复印字迹,签名用复印等情况,不是专业人员肉眼是难以辨认的,甚至鉴定人员在鉴定中稍有疏忽也会误认为是原件,有一些鉴定机构就事论事,委托人没有要求的一概不做检验,所以对于书证是否原件应作为附加鉴定要求。

三、鉴定材料的收集与提供

司法鉴定中鉴定材料的收集与提供是保证司法鉴定结论正确的前提,在文件检验中涉及笔迹鉴定、印文鉴定、文件形成时间鉴定较多。在笔迹鉴定中考虑笔迹有伪装、模仿的情况,需要收集与检材相近时间的自然样本,案后实验样本只能参考,只有在实验样本字迹与检材字迹可以认定同一的前提下该实验样本才有参考价值,实验样本字迹如果与检材字迹存在差异有可能是样本伪装造成的差异,所以对于实验样本与检材的差异不能认为是本质性的差异,更不能作为否定同一的依据。样本字迹收集越多越好,要根据书写人职业特点确定收集方向,收集的主要途径有书写人工作单位档案、报销单、银行存取款、婚姻登记档案、公司章程、股东决议、其他纠纷案档案字迹等。

文件形成时间一般鉴定机构对样本的要求:①书写笔迹、印文形成时间,需要提供检材落款时间和怀疑时间形成的在相同或者接近的纸张、墨水书写的字迹或印文,如果怀疑时间不确定,需要提供相差半年左右的连续样本,例检材落款时间是2014年1月,我们认为是后来补的,但是具体什么时间补的不清楚,那么需要提供2014年1月到书证提交前每隔6个月的样本,如果有确定的怀疑时间那么可以提供检材与落款时间和怀疑时间相同的样本;②印文形成时间的鉴定用物理方法鉴定的则需要提供大量同一枚印文的样本,间隔时间不超过一个月,间隔越短越好。

样本的收集要正确,样本发生错误必然导致鉴定结论的错误,如果我方提出鉴定需要证明证据材料的真实性,我们就要积极收集样本。

四、鉴定结论质证的切入点及方法

要从鉴定结论对错的角度去推翻一个错误的结论比较难,毕竟对于每一个特征的价值不同的鉴定人有不同的认识,作为承办法官也无法判断鉴定人与专家辅助人的观点谁是谁非,如果在鉴定程序中能够找出瑕疵就比较容易启动重新鉴定。

案例一:2017年2月我在江苏省高级人民法院出庭的某某建设集团公司与江苏某某公司建设工程施工合同纠纷,一审法院根据南京一家司法鉴定中心出具的鉴定意见认定2012年10月15日《函》在工程竣工以后超过6个月之后形成,1000多万工程款因此丧失了优先权,某某建设集团公司一审败诉,上诉到江苏高院。二审质证中在鉴定人确认本次鉴定启用的是复杂程序前提下。我提出:根据《文书鉴定通用规范》第2部分4.2.2,复杂程序中鉴定组应当同时满足以下三个条件:①鉴定人为3人以上;②第一鉴定人应当具有文书鉴定专业高级技术职称;③鉴定人中应当要有2名以上具有文书鉴定专业高级技术职称的鉴定人。本案第一鉴定人是法医中级职称与文书鉴定专业无关,只有文书鉴定执业资格,鉴定人王某为助理工程师,鉴定人沈某为高级工程师,三个鉴定人中只有一名为高级职称并且这个职称是不是属于文书鉴定职称专业的也无法明确。鉴定机构在本次鉴定中有两项违反程序:①第一鉴定人不具备高级职称不符合要求;②鉴定人中的高级职称只有一名,据此这个鉴定不能采纳。最后江苏省高级法院没有对这个案件进行重新鉴定,而是直接撤销一审判决,改判确定工程款优先权有效。

案例二:杭州西湖区法院审理的刘某与浙江某集团借款纠纷,涉及两张借款结算协议是否空白填写,经浙江省一家司法鉴定中心鉴定结论为先盖印后空白填写内容和借款金额。原告方聘请笔者担任专家辅助人出庭,在庭审质证中笔者提出了鉴定书引用《篡改(污损)文件鉴定规范》是错误的,应该引用《朱墨时序鉴定规范》,但是根据朱墨时序鉴定规范的要求,字迹和印章印文必须有交叉才能做出结论,检材文字与印文不具备交叉条件,所以本案不具备鉴定条件。一审法官没有采纳我的意见,在上诉期间我通过向杭州市司法局投诉的方法确定鉴定程序违反规定,2014年1月30日杭州市司法局认定该鉴定书引用标准错误,根据《司法鉴定执业活动投诉处理办法》的规定给予某司法鉴定中心批评教育的处理决定,二审启动了重新鉴定程序送北京法大司法鉴定所,最后确定不具备鉴定条件。

案例三:2016年5月24日张某因盗窃价值22.3万元字画被湖州市吴兴区人民法院判处有期徒刑5年、罚金7万元,作为专家辅助人,笔者认为二审如果要减刑关键是湖州市价格认证中心的鉴定结论能不能推翻,于是笔者对涉案三幅字画的价格鉴定提出异议要求重新鉴定,理由如下:①该价格鉴定结论书第九条价格鉴定限定条件第1项:"委托方提供资料客观真实。"也就是说这个评估结论仅限于委托方提供的字画假设真实为前提;②该价格鉴定结论书第十条鉴定机构声明第2项:"委托方提供资料的真实性由委托方负责。"价格认证中心对该字画的真假不负责;③根据浙江省高级人民法院浙高法(2005)152号《浙江省高级人民法院关于刑事案件中相关财物评估鉴定机构选定的规定》,除一般涉案物品由价格认证中心进行鉴定外,对涉案字画应委托专业的鉴定机构评估。

根据以上理由,笔者提出:①公安机关在委托评估时对涉案字画的真假没有进行鉴定;②湖州市价格认证中心没有鉴定字画真假的能力和资质;③在没有确定涉案字画真伪的情况下依据湖州市价格认证中心的评估认定盗窃价值是错误的;④该评估违反了浙江省高级人民法院的规定,属于鉴定程序违规,应重新鉴定真伪及价格。二审法院委托浙江省文物鉴定审核办公室对其中两幅字画做出了仿品的结论,价格认证中心重新评估为12 200元,2016年10月15日湖州市中级人民法院改判被告人有期徒刑1年3个月。

五、提前聘请专家辅助人介入有利于掌握主动权

有一家小贷公司起诉对方公司还贷,对方公司其中一股东对涉及几百万借款的合同上担保人自己签名不认可,提出司法鉴定,由于专家辅助人的及时介入给鉴定机构提供了专家意见。鉴定机构对已经出具的错误结论重新收回进行了论证,最后得到了纠正。案件的成败就在这一念之间,如果没有专业技术人员的参与,鉴定机构就出具了的错误结论使我方陷于被动导致败诉。

根据相关司法鉴定咨询公司提供的经验,在司法鉴定启动前当事人事先聘请专家辅助人出具咨询意见,在法院委托鉴定时,鉴定机构往往会慎重行事,专家辅助人的提前介入有利于司法鉴定朝着正确的方向进展,能使我们更多掌握地司法鉴定的主动权。我所的许多律师经过这几年的耳闻目睹或者是亲身经历在案件代理中涉及司法鉴定中出现的奇葩问题,在代理中开始对涉及司法鉴定的案件加以重视,提醒当事人提前聘请专家全程指导司法鉴定。司法鉴定由于涉及的专业性强,我们在代理诉讼中需要有一个懂法律和鉴定技术的专家参与,从法律、鉴定技术、鉴定程序层面对证据进行分析、运用、确认。专业人员可以在诉讼代理中全程指导司法鉴定的每一个环节,论证鉴定风险,分析鉴定对我方的有利和不利因素,如何提出鉴定要求,如何提交和收集鉴定材料,最后对鉴定结论的解读和分析,对错误的鉴定结论参与质证,同时专业技术人员还可以专家辅助人的身份与鉴定人就鉴定问题进行书面沟通及发表意见,从全方位、多角度保证司法鉴定结论的准确性。

81 做律师的十大乐趣

杨永东

摘 要:做律师有乐趣吗？坦白讲,律师这个职业,确实充满了痛苦。其中的压力、艰苦与辛酸,恐怕只有身在其中方能体会。作为一个十四年饱经律界苦楚的律师,写一篇专门谈论律师乐趣的文章,多少有点自我安慰的味道。然而,正如一句名言所说,"与其诅咒黑暗,不如点燃灯火",同理,与其抱怨痛苦,不如寻找乐趣。那么,就权且用阿Q的精神,找寻一下律师的乐趣吧。

关键词:律师 安慰 乐趣

一、学习的乐趣

如果你是一个酷爱学习的人,恭喜你,你选对行业了。律师这个行当实在是太需要学习了。通过司法考试只是万里长征第一步,后面要学的东西可多着呢,不仅新的法律法规层出不穷,你还要学习经济财务,以跟上客户的商业思维;你要学习产业知识,以便跟客户更好地沟通。如果做涉外,还要学习外语。跟各行各业的人聊天交流,需要懂的东西可真多,除了专业之外,易经八卦,天文地理,娱乐新闻,国际局势,都要涉猎。可以说,入了律师这行,你就如同游入了知识的汪洋大海,回头都看不到岸。所以,在里面尽情地遨游吧。

二、交友的乐趣

律师这个行当都是跟人打交道,当事人、客户、法官、同事等。当你在工作中,与你接触的人,因为你的真诚、学识、热心、责任感,对你非常认同,愿意与你成为朋友,甚至至交,这何尝不是人生的一大乐趣呢？尤其有些案子,对于当事人而言,陷入一生难得一遇的糟糕境遇,在你的专业帮助下,平安度过,由此而结成的情谊,又岂是一般的泛泛之交可比？

三、辩论的乐趣

记得一部电影,一位去村里开庭的法官,给村民解释辩论的含义,有个经典的说法,辩论就是"可以吵架,不许骂人。"吵架也有乐趣吗？当然,不然为何吵架的人都如此有激情？吵架磨砺你的思维,激发你的潜能,促进肾上腺素分泌,尤其吵得妙语连珠、口吐莲花,余音绕梁,吵完之后自己通体舒畅,对方狼狈不堪,不亦快哉? 当然,如果狼狈不堪的是你,那就不是乐趣,是灾难了。

四、成长的乐趣

流水不腐,户枢不蠹,一棵树只有不断成长才能呈现出鲜活的姿态,一个人只有不断成长,也才能感受到生命的价值。律师这个职业确实是一个能够锻炼人,能够让人不断成长的职业。随着执业年限的增长,你的沟通能力、表达能力、思维能力、写作能力等各个方面,都会获得不同程度的提升。而随着这种成长,你也逐渐成为一个自己心目中想成为的那个人,思维敏捷,谈吐不凡,学识渊博,风采卓然。体会这成长的喜悦,自然也是其乐无穷的。

五、赚钱的乐趣

如果有人觉着谈赚钱很俗,笔者只能说,他是个虚伪的俗人。有句话说得好,如果金钱是粪土,那么笔者愿意做粪坑。金钱虽然不是人生最重要的东西,但他却对一切重要东西都产生影响。律师这个行当最可贵的,就是让你可以仅凭自己的学识和努力,在不需要冒巨大商业风险的前提下,有机会赚取到能过上相对体面生活的钱。如果你足够杰出,成为一个大律师或名律师的话,甚至可以赚取到与一个中等企业的企业主相当的收入。当你感觉到自己所学习的知识,所积累的经验,可以交换获得让你满意的收入的时候,这又何尝不是一件让人深感快慰的事呢?

六、思考的乐趣

律师是很需要思考力的职业。既然要被称为师,自然要有高人一等的思维和入木三分的见识。当你通过创造性的思维,为客户谋划了一个案件的代理思路,厘清了整个事情的处理脉络;或者设计出了一个项目的交易模式,解决了税务和风险规避的难题;或者找到了能够说服法官的有力的观点,最终获得了案件的胜诉;或者策划了高明的谈判策略,为客户争取到了巨大的商业利益……由此而带来的智识上的满足和愉悦,岂不是有一种把酒临风,心旷神怡的趣味?

七、自由的乐趣

律师是自由职业。但正如卢梭所言,"人生而自由却无往而不在枷锁之中",律师职业更是枷锁重重。然而,这个行业所享受的自由的边界仍然远大于其他行业。除了最为表面的工作时间和地点上的自由,最可贵的是人格和精神上的自由。律师不隶属于任何组织和个人,只臣服于法律,并服务于客户。跟客户的关系也只是委托代理,而不是雇佣。这一职业属性,决定了律师在很大程度上,有选择不去做自己所不想做的事情的自由。这种自由的乐趣,并不是有很多行业可以享受到的。

八、角色的乐趣

如果你很喜欢电影,但又没有从事跟电影有关的职业,那做律师也许是个不错的选择。拿代理一个案子来说,你可以是编剧,来编写案件代理的剧本;你也可以是导演,来策划指导案件的进程;

当你坐在法庭上的时候,你变成了演员,进入了当事人的角色来演绎(当然这些仅仅是比喻,并不是指代律师要弄虚作假)。除此,律师还要扮演很多角色,在谈判桌上的时候,你成了一个商人,为商业利益而针锋相对;培训上课的时候,你是一个老师,传道授业解惑;在法庭上激情澎湃的时候,你好像一个诗人,老夫聊发少年狂;调解案子的时候,又成了居委会老大妈,动之以情,晓之以理。在代理不同的案件,不同的当事人的时候,你也借由代理律师的角色,体验不同的故事,不同的人生。凡此种种,谁能说不是一种乐趣呢?

九、助人的乐趣

律师这个职业可以帮助到人。对于那些蒙受不白之冤的人,无端受人欺辱的人,因遭受不幸而陷入困境的人,律师都可以用自己的专业和能力,伸出援助之手,为这个充满了不公、争斗和冷漠的世界,带来一点温暖,给身在弱势中的人,换回一点信心,让他们感受律师的价值,我们自己也体会职业的尊严。助人,方是快乐之本!

十、挑战的乐趣

选择律师这个行业,就选择了充满挑战的人生。你要面临学习的挑战,竞争的挑战,案件输赢的挑战,谈判成败的挑战。无处不在的挑战,激励你每天要像个斗士一样的生活!挑战虽然带来压力,然而,也正是接二连三的挑战,让你远离平淡无趣的生活,而经历一段跌宕起伏,无怨无悔的旅程。

律师,就是这样一个让人痛并快乐着的职业。我们发现并领略这个中的乐趣,不是为了自我麻醉,乃是为了鼓励前行!

第二十五章　律师行业管理研究

82　查账征收对律师行业是"狼来了"吗

吴克汀

摘　要：律师行业的税赋问题，事关着广大律师的切身利益，也直接关系着整个律师行业可持续发展。由于一直以来缺乏适合律师行业特点的财务核算制度和税前成本费用扣除标准，各地税务机关为提高征管效率和降低征税成本，一度对律所普遍实行全行业核定征收的方式征收合伙人的个人所得税。但自国税发〔2010〕54号文中重申不得对律师等鉴证类中介机构实行核定征收个人所得税后，税务机关明显加快了对律所合伙人实行查账征收个人所得税的步伐，目前诸多省市均已全面实行查账征收。面对新的税收征收模式，律师事务所务必要从财务制度的改革，营改增新政后的财会制度配套，税务规划的衔接等方面进行着手，以适应税收征收模式变化可能带给律师事务所管理、发展方面的不利影响。

关键词：查账征收　核定征收　应税所得　费用扣除项目

2002年9月29日，《国家税务总局关于强化律师事务所等中介机构投资者个人所得税查账征收的通知》（国税发〔2002〕123号）规定："任何地区均不得对律师事务所实行全行业核定征税办法。要按照税收征管法和国发〔1997〕12号文件的规定精神，对具备查账征收条件的律师事务所，实行查账征收个人所得税。"2010年年初，广州市地税局发布《关于加强律师事务所个人所得税征收管理的通知》（穗地税发〔2010〕10号），规定自2010年1月1日起，对广州地区的律师事务所一律实行查账征收个人所得税。同年5月31日，国家税务总局发文《关于进一步加强高收入者个人所得税征收管理的通知》（国税发〔2010〕54号）作出"税务师、会计师、律师、资产评估和房地产估价等鉴证类中介机构不得实行核定征收个人所得税"。2012年年初，北京市律所的"查账征收"试点悄然展开。2012年4月，深圳市下发《关于加大律师事务所查账方式推行力度的通知》（深地税发〔2012〕54号），要求深圳律所在2013年12月31日前完成过渡，转为查账征收。2013年1月起，浙江省除宁波市外,律师事务所均已实行查收征收。种种迹象表明,律所合伙人个人所得税全行业实行查账征收已为时不远,查账征收对律师事务所是否真的是"狼来了"?

一、目前律师行业两种主要税收征收方式

税款征收方式是指征税主体在税款征收活动中所采取的具体征收方法和征收形式。由于纳税人的情况千差万别,因而税款征收方式也不可能整齐划一,而是必须针对不同类别的情况,采取不同征收方式。《税收征管法实施细则》规定,税务机关可以采取查账征收、查定征收、查验征收、定期定额征收以及其他方式征收税款。由于现阶段律师事务所的发展不平衡,绝大多数为非高收入、小规模律师事务所,只有很少一部分为高收入、规模较大的律师事务所。实践中,根据账务健全与否,能否核算盈亏等条件不同,一直以来,税务机关对律师事务所采取了不同的征收方式。

(一)查账征收方式

查账征收是指由纳税人按照规定的期限向税务机关进行纳税申报,经税务机关查账核实后,填写缴款书,纳税人据以将应纳税款缴入国库的一种征收方式。《税收征管法》第19条规定:纳税人、扣缴义务人按照有关法律、行政法规和国务院财政、税务主管部门的规定设置账簿,根据合法、有效凭证记账,进行核算。《税收征收管理法实施细则》第22条规定,从事生产、经营的纳税人应当自领取营业执照或者发生纳税义务之日起15日内,按照国家有关规定设置账簿。采用这种征收方式,必须具备会计制度健全和账簿记载、核算资料比较完整等作为征收税款依据的条件。该种税收方式下,律师事务所的应纳税所得额是每一纳税年度的收入总额减除成本、费用以及损失后的余额。计算公式为:

应纳税所得额=收入总额-(成本+费用+损失+准予扣除的税金)

各合伙投资人应纳个人所得税=(应纳税所得额×出资比例或约定比例-费用扣除标准)×适用税率-速算扣除数

其中,费用扣除标准=个人办案提成收入-个人办案费支出。

聘用律师的个人办案费支出应准许报销的数额,作为事务所的费用支出,同时作为个人的收入扣除数。

(二)核定征收方式

核定征收税款是指查账征收方法难以合理准确地认定纳税人应纳税款时,由税务机关根据生产经营情况核定应缴纳税款数额的一种征收方式,简称核定征收。根据《国家税务总局关于印发〈核定征收企业所得税暂行办法〉的通知》第2条规定,有下列情形之一的,应采取核定应税所得率的办法征收企业所得税:①依照税收法律法规规定可以不设账簿的或按照税收法律法规规定应设置但未设置账簿的;②只能准确核算收入总额,或收入总额能够查实,但其成本费用支出不能准确核算的;③只能准确核算成本费用支出,或成本费用支出能够查实,但其收入总额不能准确核算的;④收入总额及成本费用支出均不能正确核算,不能向主管税务机关提供真实、准确、完整纳税资料,难以查实的;⑤账目设置和核算虽然符合规定,但并未按规定保存有关账簿、凭证及有关纳税资料的;⑥发生纳税义务,未按照税收法律法规规定的期限办理纳税申报,经税务机关责令限期

申报,逾期仍不申报的。根据《税收征管法》第35条的规定,对律师事务所投资者个人所得税无法实行查账征收的,由纳税人申请并填写《个人独资、合伙律师事务所个人所得税征收方式申请、鉴定表》,逐级报市级地税机关批准后,采取核定征收方式。该方式具体可分为两种:一为"核定征收率"方式,即税务机关按照一定的标准、程序和方法,预先核定律师行业纳税人的征收率,由纳税人根据纳税年度的收入总额,计算应缴纳所得税的一种征收方式。律师所在按照核定征收实际操作中,直接按律师事务所收入总额乘以征收率计算出个人所得税,其计算公式为:应缴个人所得税额=全所收入总额×出资比例(或约定比例)×征收率。另一种为"核定应税所得率"方式。即以律师事务所收入总额乘以一定的应税所得率,计算出应税所得额,然后再比照"个体工商户的生产、经营所得"应税项目选择适用税率计算出个人所得税。根据国税发〔2002〕123号文件要求,该应税所得率不得低于25%。原来在北京、吉林、山东等地,实行了数挡超额累进征收率,计算应纳税款后,再按各投资者约定分配比例分摊税款,没有约定分配比例的,按合伙人数平均分摊税款,分别申报纳税。长期以来,在浙江、湖南等省普遍采用不分档次,直接按照应税所得率的方式。此时应纳所得税额的计算公式如下:

应纳所得税额=收入总额×应税所得率

或=成本费用支出额÷(1–应税所得率)×应税所得率

二、两种税收方式对律师行业的影响

(一)查账征收方式对律师事务所的会计核算具有积极意义

采用核定征收方式,税务机关只对律师事务所的应纳税收入或应纳税额进行核定,律师事务所不需要核算相关的成本费用,有时连收入额都不用考虑,可以直接以税务机关的核定收入进行各种税款和缴纳。这种征收方式下的律师事务所会计核算会比较松散,在会计信息上有失实的现象,帐面的各项财务数据跟实际情况差距甚大,甚至有时在购货或收费时都不取得和开具发票,一定程度上放纵了律师事务所会计制度和会计核算的不完善,从长远来讲,对律师事务所会计核算很难产生积极作用。相反,采用查账征收方式,税务机关会根据律师事务所有关账表反映的经营情况进行征税,税款的核算由律师事务所自行进行。如果律师事务所核算错误或其他原因导致少缴税款,律师事务所则要承担税务上的法律责任,退一步说,律师事务所不健全会计核算制度,不对经营状况进行准确核算,即使不带来税务风险也会带来税务损失。例如有些查账征收律师事务所在经营过程中在成本费用产生时却不能取得合法的发票,以致这些成本费用不能抵减企业所得税,造成了税务损失。基于税收法定主义,按照合法、有效的账簿,正确、完整地核算纳税人的收入或所得是法制化的应有之义和要求,因此查账征收是一种较理想的征管方式,这也成为普遍适用的税收征管方式。查账征收方式的采用可以促进律师事务所健全会计核算制度,准确核算相关会计资料,提供比较准确的会计信息。实践中,采用查账征收所得税的律师事务所为了避免会计核算不完善导致税务风险,一般都非常注重会计核算制度的健全及会计信息质量,在企业所得税年度汇算清缴时甚至不惜花上一定的审计费用自行聘请注册会计师进行查账或审计,让自身的会计核算更为完善。同时这种征收方式也会促使律师事务所健全自身各项管理制度,比如建立完善的收案管理,办案监督、结案审查及成本核算等等。因此总的来说,采用查账征收方式可以有效促使律师事务所建立和完善会计核算制度,对律师事务所的良性发展来说是具有积极意义的。

（二）现阶段实行单一查账征收方式将限制和影响律师行业的发展

然而,当前我国律师事务所财务会计核算正处于逐渐向《企业会计制度》过渡的时期,针对律师行业的特殊性,律师行业专门的财务会计核算办法尚未出台,也没有本行业专门的核算办法。只能依照有关规定采用企业会计制度,如未能处理好新旧会计制度之间的衔接过程,势必对律师事务所的财务管理造成影响。此外,由于历史原因,律师事务所财务制度并不完善,不同律师事务所采用的财务会计核算办法也是五花八门,加上财务会计管理经验积累较少,没有专门的核算办法,查账征收操作起来欠缺基础。在我国一些律师业发展缓慢的地区,一家律师事务所往往只有几名的执业律师。在此种情况下,勉强实行查账征收,一味要求事务所聘请专业会计人员建帐,不仅增加律师事务所的负担,更令事务所举步维艰。从更深层次来说,沉重的税收负担阻碍法律服务业的发展,成为法律服务业发展的桎梏,甚至于影响该地区的法律人才的就业情况。同时如果强求律师事务所都进行查账征收,事务所为降低会计成本不聘请专业会计人员,而是由本所律师兼职或者聘请临时人员,这些人员缺乏会计核算方面的专业知识,他们只会对财务进行简单的核算而不监督,会计本应有的核算和监督功能将形同虚设,必然导致律师行业为了所谓地查账征收而丧失相应会计制度的真实性和变得没有了实质意义。

三、查账征收模式下律师所主要收入及项目的厘清

（一）如何确定应税所得

根据规定,合伙制律师事务所的经营所得和其他所得一般采取"先分后税"的原则,前述经营所得和其他所得包括了合伙制律师事务所分配给全体合伙人律师的所得和事务所当年留存的所得。同时,确定应纳税所得额时需遵循以下原则:

（1）合伙制律师事务所各合伙人以事务所经营所得和其他所得有合伙协议约定的,按照约定的分配比例确定应纳税所得额。

（2）合伙协议没有约定经营所得和其他所得分配比例或者约定不明确的,以全部经营所得和其他所得按全体合伙人律师协商确定的分配比例确定应纳税所得额。

（3）合伙人律师协商不成的,按照各合伙人实缴出资比例对全部经营所得和其他所得确定应纳税所得额。

（4）按上述方式仍无法确定出资比例的,按照合伙人数量对以全部经营所得和其他所得平均计算各合伙人的应纳税所得额。

（二）如何确定收入

1. 律师收取的所有办案费都属于收入

国税函发〔1995〕479号《国家税务总局关于律师事务所办案费收入征收营业税问题的批复》明确:"纳税人的营业额为纳税人提供应税劳务,转让无形资产或者销售不动产向对方收取的全部价

款和价外费用。"第14条规定:"条例第五条所称价外费用,包括向对方收取的手续费,基金,集资费,代收款项,代垫款项及其他各种性质的价外收费。凡价外费用,无论会计制度规定如何核算,均应并入营业额计算应纳税额。"据此,对律师事务所在办案过程中向委托人收取的一切费用,包括办案费等,无论其收费的名称如何,也不论财务会计如何核算,均应并入营业额中计算应纳税额。

2. 利息、股息、红利所得问题

国税函〔2001〕84号第2条规定:"个人独资企业和合伙企业对外投资分回的利息或者股息、红利,不并入企业的收入,而应单独作为投资者个人取得的利息、股息、红利所得,按'利息、股息、红利所得'应税项目计算缴纳个人所得税。以合伙企业名义对外投资分回利息或者股息、红利的,应按《通知》所附规定的第五条精神确定各个投资者的利息、股息、红利所得,分别按'利息、股息、红利所得'应税项目计算缴纳个人所得税。"财税〔2000〕91号第4条第2款规定:"收入总额,是指企业从事生产经营以及与生产经营有关的活动所取得的各项收入,包括商品(产品)销售收入、营运收入、劳务服务收入、工程价款收入、财产出租或转让收入、利息收入、其他业务收入和营业外收入。"这里的利息收入是指的生产经营以及与生产经营有关的活动产生的收入,也就是结算账户的利息所得。至于对外投资与生产经营无关,应依照国税函〔2001〕84号文件执行。关于结构性存款和大额存单是否与生产经营相关,目前相关规定中没有明确界定。但在会计实务中,结构性存款和大额存单产生的利息一般计入财务费用。

(三)如何确定费用扣除项目及标准

1. 工资费用的扣除

财税〔2008〕65号《关于调整个体工商户个人独资企业和合伙企业个人所得税税前扣除标准有关问题的通知》第2条规定,"个体工商户、个人独资企业和合伙企业向其从业人员实际支付的合理的工资、薪金支出,允许在税前据实扣除。"何谓"实际支付""合理的工资、薪金"? 可以依照国税函〔2009〕3号《关于企业工资薪金及职工福利费扣除问题的通知》来执行。因此,律师事务所务必保存好相关的工资、薪金明细申报记录。对于分成律师的工资、薪金,应做好代扣代缴个人所得税的工作。需要注意的是,律师事务所会计核算中,合伙人工资是直接从利润分配中列支,不能作为成本费用扣除。但是在计算单个合伙人律师的经营所得时,可以扣除投资者合伙人律师标准费用扣除额3500元。

2. 开办费的扣除

根据《关于个人独资企业和合伙企业投资者征收个人所得税的规定》(财税〔2000〕91号)第6条规定,凡实行查账征税办法的个人独资企业和合伙企业投资者,生产经营所得比照《个体工商户个人所得税计税办法(试行)》(国税发〔1997〕43号)的规定确定。《个体工商户个人所得税计税办法(试行)》(国税发〔1997〕43号)第14条规定,个体工商户自申请营业执照之日起至开始生产经营之日止所发生符合规定的费用,除为取得固定资产、无形资产的支出以及应计入资产价值的汇兑损益、利息支出外,可作为开办费,并自开始生产经营之日起于不短于5年的期限分期均额扣除。

3. 投资者或者合伙人的费用扣除

《关于个人独资企业和合伙企业投资者征收个人所得税的规定》财税〔2000〕91号规定,投资者及其家庭发生的生活费用不允许在税前扣除。投资者及其家庭发生的生活费用与企业生产经营费用混合在一起,并且难以划分的,全部视为投资者个人及其家庭发生的生活费用,不允许在税前扣除。企业生产经营和投资者及其家庭生活共用的固定资产,难以划分的,由主管税务机关根据企业的生产经营类型、规模等具体情况,核定准予在税前扣除的折旧费用的数额或比例。

4. 工会经费、职工福利费、职工教育经费、业务培训费的扣除

《关于个人独资企业和合伙企业投资者征收个人所得税的规定》财税〔2000〕91号规定,企业实际发生的工会经费、职工福利费、职工教育经费分别在其计税工资总额的2%、14%、2.5%的标准内据实扣除。

关于律师个人承担的按照律师协会规定参加的业务培训费用,根据《关于律师事务所从业人员有关个人所得税问题的公告》(国家税务总局公告〔2012〕第53号)规定,可据实扣除。

5. 广告费和业务宣传费用的扣除

财税〔2008〕65号《关于调整个体工商户个人独资企业和合伙企业个人所得税税前扣除标准有关问题的通知》规定,个体工商户、个人独资企业和合伙企业每一纳税年度发生的广告费和业务宣传费用不超过当年销售(营业)收入15%的部分,可据实扣除;超过部分,准予在以后纳税年度结转扣除。

6. 业务招待费

财税〔2008〕65号《关于调整个体工商户个人独资企业和合伙企业个人所得税税前扣除标准有关问题的通知》规定,个体工商户、个人独资企业和合伙企业每一纳税年度发生的与其生产经营业务直接相关的业务招待费支出,按照发生额的60%扣除,但最高不得超过当年销售(营业)收入的5‰。

7. 经营亏损扣除

《关于个人独资企业和合伙企业投资者征收个人所得税的规定》财税〔2000〕91号规定,企业的年度亏损,允许用本企业下一年度的生产经营所得弥补,下一年度所得不足弥补的,允许逐年延续弥补,但最长不得超过5年。投资者兴办两个或两个以上企业的,企业的年度经营亏损不能跨企业弥补。

8. 营业外支出扣除

国税发〔1997〕43号文第11条规定,个体户的营业外支出包括固定资产等盘亏、报废、毁损和出售的净损失,自然灾害或者意外事故损失,公益救济性捐赠,赔偿金、违约金等。鉴于国税发〔1997〕43号文件已失效,对于营业外支出的扣除问题,可依照浙江省地方税务局关于印发《个人独资、合伙企业税前扣除管理办法》的通知(浙地税函〔2003〕378号)执行。

9. 准备金扣除问题

《关于个人独资企业和合伙企业投资者征收个人所得税的规定》财税〔2000〕91号规定,企业计

提的各种准备金不得扣除。同时,在律师事务所中计提的职业风险基金、员工奖励基金、教育基金等都是不能税前扣除的,只能在实际发生时扣除。

（四）无法提供合法有效票据但实际发生与业务有关的费用扣除问题

《关于律师事务所从业人员有关个人所得税问题的公告》（国家税务总局公告〔2012〕第53号）规定,合伙人律师在计算应纳税所得额时,对确实不能提供合法有效凭据而实际发生与业务有关的费用,经当事人签名确认后,可再按下列标准扣除费用:个人年营业收入不超过50万元的部分,按8%扣除;个人年营业收入超过50万元至100万元的部分,按6%扣除;个人年营业收入超过100万元的部分,按5%扣除。但不执行查账征收的,不适用前款规定。且前款规定自2013年1月1日至2015年12月31日执行。

四、"营改增"后查账征收模式下律所业务销售额与可抵扣的进项税的厘清

（一）销售额与价外费用

（1）销售额。为纳税人销售货物或提供应税劳务向购买方收取的全部价款和价外费用,但不包括收取的销项税额。

（2）价外费用。指价外收取的各种性质的价外收费,价外费用包括:购买方收取的手续费、补贴、基金、集资费、返还利润、奖励费、违约金、滞纳金、延期付款利息、赔偿金、代收款项、代垫款项、包装费、包装物租金、储备费、优质费、运输装卸费以及其他各种性质的价外收费。但不包括代为收取的政府性基金或者行政事业性收费。①法院诉讼费。根据《诉讼费用交纳办法》（国务院令第481号）第52条,以及各地方财政部门的相关规定,法院诉讼费属于行政事业性收费。故,律师事务所收代收付法院诉讼费,不构成增值税价外费用。②仲裁案件收费。根据《仲裁委员会仲裁收费办法》（国办发〔1995〕44号）第14条,以及各地方财政部门的相关规定,仲裁案件收费属于行政事业性收费。当然,在仲裁实践中,可能存在着部分仲裁机构按照营业性社团法人经营,仲裁案件收费向当事人开具正式发票,而非行政事业性收据。此类仲裁机构的仲裁案件收费,不应属于行政事业性收费。因此,律师事务所代收付仲裁案件收费时,应特别注意相应仲裁机构的收费是否属于行政事业性收费;若为行政事业性收费的,则不构成增值税价外费用,否则将存在着被认定构成增值税价外费用,从而予以征收增值税的风险。③其他代收代付款项。除前述政府性基金和行政事业性收费之外,律师事务所向客户收取的所有款项,无论是否属于律师费性质,包括代收代付的案件执行款项、提供法律服务同时提供资金监管服务并予以代收代付的款项等,均构成应征增值税之销售额的构成部分。这对类似代收代付款项较多的律师事务所,显然是极为不利的。若律师事务所将代收代付款项并入营业额申报缴纳增值税,则将导致税赋的额外增加;若律师事务所不将代收代付款项并入营业额申报缴纳增值税,则可能涉及少缴税款甚至面临逃税指控,从而被追缴税款、加收滞纳金,甚至给予罚款及涉嫌逃税罪的风险。因此,我们认为,根据财政部、国家税务总局关于印发《营业税改征增值税试点方案》的通知（财税〔2011〕110号）第2条第（二）项"3.计税依据。纳税人计税依据原则上为发生应税交易取得的全部收入。对一些存在大量代收转付或代垫资金的行业,其代收代垫金额可予以合理扣除"之规定,律师事务所的代收代付款项,应可在其营业额中剔除,

从而无须作为价外费用缴纳增值税。实践中具体应如何操作,仍有待于与税务机关的充分沟通以及税务部门的进一步明确。

(3)试点纳税人从全部价款和价外费用中扣除价款,应取得符合法律、行政法规和国家税务总局有关规定的凭证。否则,不得扣除。①支付给境内单位或者个人的款项,且该单位或者个人发生的行为属于营业税或者增值税征收范围的,以该单位或者个人开具的发票为合法有效凭证。②支付的行政事业性收费或者政府性基金,以开具的财政票据为合法有效凭证。③支付给境外单位或者个人的款项,以该单位或者个人的外汇支付凭证、签收单据为合法有效凭证,税务机关对签收单据有疑义的,可以要求其提供境外公证机构的确认证明。④国家税务总局规定的其他合法有效凭证。

(二)销售额调整

纳税人提供应税服务的价格明显偏低或者偏高且不具有合理商业目的的,或者发生视同提供应税服务而无销售额的,主管税务机关有权按照下列顺序确定销售额:①按照纳税人最近时期提供同类应税服务的平均价格确定;②按照其他纳税人最近时期提供同类应税服务的平均价格确定;③按照组成计税价格确定。组成计税价格的公式为:组成计税价格=成本×(1+成本利润率)

成本利润率本市暂定为10%。"不具有合理商业目的"是指主要目的在于获得税收利益,这些利益可以包括获得减少、免除、推迟缴纳税款,可以包括增加返还、退税收入,可以包括税法规定的其他收入款项等税收收益。

(三)进项税额与可抵扣项目及依据

(1)进项税额,是指纳税人购进货物或者接受加工修理修配劳务和应税服务,支付或者负担的增值税税额。

(2)可用于抵扣之进项税额的说明。可用于抵扣进项税额的类型及其票据要件。一般纳税人取得下列项目的进项税额,均可在其销项税额中抵扣:①增值税专用发票上注明的增值税额。②海关进口增值税专用缴款书上注明的增值税额。③农产品收购发票或者销售发票上注明的农产品买价和13%的扣除率计算的进项税额。从农业生产者中直接购进农产品的,可以按照农产品收购发票或者销售发票上注明的农产品买价和13%的扣除率计算的进项税额。进项税额计算公式:进项税额=买价×扣除率。〔当然,若取得增值税专用发票的,则按前述第(1)处理。〕④运输费用结算单据注明的运输费用金额和7%的扣除率计算的进项税额。纳税人接受试点纳税人中的小规模纳税人提供的交通运输业服务,取得税率非11%的《货物运输业增值税专用发票》,须按规定认证并按照从提供方取得的货物运输业增值税专用发票上注明的价税合计金额和7%的扣除率计算进项税额,从销项税额中抵扣。进项税额计算公式:进项税额=运输费用金额×扣除率。运输费用金额,是指运输费用结算单据上注明的运输费用(包括铁路临管线及铁路专线运输费用)、建设基金,不包括装卸费、保险费等其他杂费。⑤税收通用缴款书注明的增值税额。接受境外单位或者个人提供的应税服务,代扣代缴增值税而取得的中华人民共和国通用税收缴款书(以下称通用缴款书)上注明的增值税额。注意但须同时具备书面合同、付款证明和境外单位的对账单或发票,资料不全的其进项税额不得从销项税额中抵扣。

(3)律师事务所具体可抵扣进项税额之项目的说明。

①办公桌椅、书柜、书架、文具、纸笔等办公用品,其进项税额可以抵扣。故,律师事务所在购置之类物品时,尽可能向具有一般纳税人资格的供应商采购。若考虑价格等因素,向小规模纳税人采购更为有利的,则也应当要求小规模纳税人按其3%的征收率,向税务机关申请代开增值税专用发票,从而获得部分增值税进项税额的抵扣。

②电脑、打印机、复印机、电话机、碎纸机等办公设备,律师事务所自购的,其进项税额也可抵扣。

③律师事务所自购的花草、树木、盆栽等绿化物品,其进项税额可以抵扣。若律师事务所直接向农产品的生产者购买的,可凭农产品收购发票或者销售发票适用13%的扣除率计算进项税额;若至一般纳税人处购买的,则按其增值税专用发票上注明的增值税额抵扣。

④支付的有形动产租赁费,可抵扣进项税额。实践中,律师事务所存在着租赁使用复印机、打印机等办公设备之情形,根据营改增试点相关规定,有形动产的租赁应按17%的税率征收增值税。故,律师事务所支付的该等租赁费,有权要求出租方开具税率为17%的增值税专用发票(出租方系一般纳税人之情形),并予以抵扣进项税额。鉴于前述办公设备的出租方,有时存在着技术支持、售后维护等现代服务业内容,而该等现代服务业的适用税率为6%。因此,不排除出租方为了减少其增值税税收支出,将应当开具之租金发票,以技术服务、技术支持等名义开具现代服务业内容的增值税专用发票,以便适用6%的低税率。对律师事务所而言,这将可能存在两种风险:第一,其抵扣的税率从17%降低为6%,造成税款的额外损失;第二,被认定构成取得虚开的增值税专用发票,从而其进项税额不得抵扣。因此,律师事务所在实践中需充分注意出租方所开具之票据的类别,以便把握、控制可能的风险。

此外,律师事务所也存在着租赁花草、树木、盆栽等绿化物品之情形,其涉及之进项税额,以及可能面临着问题和风险,如同前述。

⑤律师事务所或其合伙人购买的汽车(应征消费税),其进项税额不得抵扣。无论以律师事务所的名义还是以合伙人或者其他律师或者助理、行政人员的名义购买应征消费税之汽车,其进项税额均依法不得抵扣。如果律师事务所租赁使用汽车(属于有形动产)向出租方支付的租赁费,可依法要求租赁公司开具税率为17%的增值税专用发票,并相应抵扣进项税额。因此,如果律师事务所不直接购买车辆,而是由租赁公司购买,租赁公司可全额抵扣相应的进项税额;同时,律师事务所向租赁公司承租使用该等车辆,租金以车辆购买价款总额(含车辆购置税等税费)为限或者合理的高于前述价款总额,则其租金的进项税额应可由律师事务所全额抵扣。(在查账征收个人所得税的情况下,租金的成本也可抵扣其营业利润)

⑥汽油费、车辆维修、保养费等费用(下称车辆使用费)可否抵扣进项税额问题。

A. 以律师事务所名义购买,或者律师事务所以其自身名义承租之车辆,其所发生的车辆使用费,应可抵扣进项税额。尽管增值税法律明文规定,律师事务所购买的汽车不得抵扣进项税额,但因使用汽车发生的汽油费、维修、保养费,可依法抵扣进项税额。

B. 以合伙人名义购买并实际用于律师事务所业务之汽车发生的车辆使用费,能否抵扣进项税额问题。根据现行增值税相关法律规定,在律师事务所承租使用车辆的情况下,其车辆使用费相应的进项税额可合法抵扣。但在以合伙人名义购买且律师事务所未办理租赁手续及向合伙人支付租赁费的情况下,该等车辆使用费能否抵扣进项税额,现行税法并无针对性的明文规定,一般倾向于认为,鉴于律师事务所无限连带责任之合伙制的性质,以及所得税直接以合伙人个人为纳税义务人的征税实践,其合伙人的车辆尽管也存在着私用之情形,但显然更多或者主要目的是用于律师事务所的业务,故,其所发生的车辆使用费应当允许其抵扣进项税额。当然,主管税务机关对此将如何认定以及如何处理,尚有待于税收执法实践的证明。若从严格控制风险的角度出发,则由律师事务所与其合伙人办理车辆租用手续,以备查询。在租赁使用的情况下,还需注意以下几个问题:第一,合伙人收取租赁费应当缴纳3%的增值税。第二,合伙人收取租赁费应当缴纳20%的个人所得税。租赁费个人所得税的计算方法为:(租金收入-800)×20%;租金收入不超过4000元时适用;或者租金收入×(1-20%)×20%,租金收入超过4000元时适用。第三,律师事务所向合伙人支付的租赁费,可以全额作为其成本、费用,用于抵减律师事务所的利润(律师事务所系查账征收情形下)。第四,律师事务所向合伙人支付租赁费,负有法定的代扣代缴税款义务。当然,若合伙人申请税务机关代开租赁费发票,并在代开发票时即缴纳相应税款的,则律师事务所取得租赁费发票、支付租赁费时,无须再扣缴个人所得税。

综上,在律师事务所个人所得税查账征收时,其所适用的税率为5-35%;而合伙出租车辆取得租金收入所应缴纳的个人所得税,其适用的税率为20%,且可以允许800元或者相当于租金20%的扣除。因此律师事务所向合伙人办理租赁车辆手续,并支付合理的租赁费的情况下,无论在车辆使用费增值税进项税额的扣除环节,还是在其合伙人经营利润个人所得税的征收环节,可能并不会导致其整体税赋的增加,甚至存在着减少的可能性。

C. 非合伙人律师(或行政人员)名义购买并实际用于律师事务所业务之汽车发生的车辆使用费,能否抵扣进项税额问题。从实践来年,一般倾向认为,在现行合伙制度框架,以及对合伙企业征收合伙人个人所得税的税制下,非合伙人律师名义购买的车辆,若律师事务所未与其办理车辆租用手续的,则其所发生的车辆使用费,应无法获得进项税额的抵扣。

⑦以律师事务所名义购置之手机,其进项税额能否抵扣问题。若律师事务所购置的手机,交付其业务、行政人员使用,比如有些律师事务所设立有合伙人秘书,并专门为该合伙人秘书配备一部专用的手机,该等手机若以律师事务所名义购买的,则其进项税额应可用于抵扣。但若以律师事务所名义购买的手机,由各合伙人使用,该等手机的进项税额能否抵扣,现行税法并无针对性的明文规定。但鉴于律师事务所无限连带责任之合伙制的性质,以及所得税直接以合伙人个人为纳税义务人的征税实践,该等手机尽管也存在着私用之情形,但显然更多或者主要是用于律师事务所的业务,一般倾向于认为,购置手机相应的进项税额应当允许抵扣。

⑧购买应税服务的,其进项税额可以抵扣。律师事务所进行广告、宣传,购买软件、接收软件服务、信息系统服务、设计服务、知识产权服务、会议展览服务,接收会计、评估服务,或者外包法律服务等,其所支付的相应费用,均可抵扣进项税额。

(4)不得抵扣进项税额,或者应作进项税额转出的情形:①用于适用简易计税方法计税项目、非增值税应税项目、免征增值税(以下简称免税)项目、集体福利或者个人消费的购进货物、接受的加工修理修配劳务或者应税服务。比如中秋节购买月饼向员工发放,属于集体福利范畴,即使取得了增值税专用发票,其进项税额也不得抵扣;比如个人消费,包括纳税人的交际应酬费用,如业务招待中所耗用的各类礼品,包括烟、酒、服装等不得抵扣进项税额。②非正常损失的购进货物。所谓非正常损失,是指因管理不善造成被盗、丢失、霉烂变质的损失,以及被执法部门依法没收或者强令自行销毁的货物。比如律师事务所购买文具、电脑等办公用品,依法可抵扣进项税额。但若该等文具因管理人员失职丢失了,或者电脑被盗等,则其已实际抵扣的进项税额需作转出处理,从而将增加当期增值税的应纳税额。因此,律师事务所应当建立完善办公用品等物品的管理制度,以免发生遗失、被盗等情形,从而导致增值税进项税额转出而额外产生税收损失。③接受的旅客运输劳务。比如律师出差涉及的航空运输服务、铁路、公路运输服务即支付的机票、火车票等交通费,不得抵扣进项税额。④自用的应征消费税的摩托车、汽车、游艇。但作为提供交通运输业服务的运输工具和租赁服务标的物的除外。

五、查账征收模式下不同身份律师纳税的差异

根据《国家税务总局关于律师事务所从业人员取得收入征收个人所得税有关业务问题的通知》(国税发〔2000〕149号)中的规定,律师因身份不同,在查账征收模式下,交纳个人所得税的种类和方式也不尽相同。

(一)合伙人律师

根据149号文规定:"合伙律师事务所的年度经营所得,从2000年起,停止征收企业所得税,作为出资律师的个人经营所得,按照有关规定,比照'个体工商户的生产、经营所得'应税项目征收个人所得税。"具体而言,是以律师事务所年度经营所得全额作为基数,按出资比例或者事先约定的比例计算各合伙人应分配的所得,据以征收个人所得税。律师事务所的营业所得或应纳税所得额是每一纳税年度的收入总额减除成本、费用以及损失后的余额,这是采用会计核算办法归集或计算得出的应纳税所得额。计算公式为:应纳税所得额=收入总额-(成本+费用+损失+准予扣除的税金)。各合伙人应纳个人所得税公式为:(应纳税所得额×出资比例或约定比例-费用扣除标准)×适用税率-速算扣除数。

(二)聘用律师

根据律师事务所是否发给聘用律师固定薪金,可将聘用律师分为三种类型:

第一类是薪金律师。薪金律师按期从律师事务所领取固定工资,除此之外,不再有提成收入。根据149号文规定,对薪金律师每月收入以"工资、薪金所得"应税项目计征个人所得税。

第二类是提成律师。律师事务所按提成律师每个月业务收入的固定比例支付其工资。根据149号文和《国家税务总局关于强化律师事务所等中介机构投资者个人所得税查账征收的通知》(国税发〔2002〕123号)规定,对提成律师个税计征因律师事务所是否负担其办案经费的不同,分为两种情况:一种情况是事务所不负担律师办案经费(如交通费、资料费、通讯费及聘请人员等费用),则以分成收入扣除办案支出,余额按"工资、薪金所得"项目计征个税。第二种情况是,律师事务所负担律师办案经费或者提成律师的其他个人费用在所内报销,在这种情况下,计算个税时不再扣除办案经费,也就是说直接以分成收入计征个人所得税。

第三类为底薪加提成律师。此类律师每月既有律师事务所支付的固定工资,也有提成收入。根据149号文规定,对该类律师应以提成收入扣除办案费用后,余额与律所发给的工资合并,按"工资、薪金所得"应税项目计征个人所得税。因该种方式同第二类大致相同,唯一差别在于应纳税所得额中应加上每月工资。

(三)兼职律师

兼职律师从律师事务所取得的工资、薪金性质的所得,律师事务所在代扣代缴其个人所得税时,不再减除个人所得税法规定的费用扣除标准,以收入全额(取得分成收入的为扣除办案费用后的余额)直接适用税率,计算扣缴个人所得税。

国税发〔2000〕149号《通知》规定,律师从其分成收入中扣除办理案件支出费用的标准,由省级地方税务局根据当地律师办理案件费用支出的一般情况、律师与律师事务所之间的收入分成比例及其他相关参考因素,在律师当月分成收入的30%比例内确定。2012年12月7日,国家税务总局发布《关于律师事务所从业人员有关个人所得税问题的公告》(国税公告2012第53号)第一条规定,律所雇员律师从其分成收入中扣除办理案件支出费用的标准,由当月分成收入的30%比例内确定调整为35%比例内确定。需要注意的是,上述收入分成办法的律师办案费用不得在律师事务所重复列支,前款规定自2013年1月1日至2015年12月31日执行。

六、税收征收模式变化的衔接问题

律师事务所税收征收模式由核定征收转为查账征收后的衔接问题,主要是跨年度产生的影响,具体表现计税成本确认的衔接。

从核定征收方式转为查账征收方式,由于事务所会计与税法对经营收入、税金及附加的确认时间不同,导致出现了较为复杂的衔接确认问题。在这种情况下,不能简单地按事务所会计账面情况直接确认相关的收入、成本和税金,否则会导致事务所重复纳税。目前税务机关采用核定征收方式征收所得税时,主要按收入来确定税率,一般仅就律师事务所的收入核算进行核定,从通常的做法来看,由于默认事务所财务核算不健全,所以仅就发票收入进行征税,而对事务所的资产、负债的计税成本不做要求,这样一来,必然会对纳税人查账征收当年度的正应纳税所得产生重大影响。因此,当事务所由核定征收转为查账征收后,应当对核定征收期间结转过来的成本费用进行合法性、真实性分析,对在核定征收期间应扣除未扣除的成本费用、虚增的资产,不能结转到查账征收年度扣除或计提折旧(摊销)。为核实事务所的资产、负债的计税成本,不排除税务机关在税收征收模式由核定征收转为查账征收时要求律师事务所附报会计师事务所出具的资产负债计税成本的审计报告,律师事务所自己也可以主动委托进行审计。

七、查账征收模式下律师事务所的财务管理与申报

当前,各地对律所征收个人所得税虽仍然存在查账征收和核定征收的差异,但税务机关对于律师事务所从业人员个人所得税征收方式的调整已是大势所趋,这对于长期以来已经习惯了核定征收模式下纳税的律师事务所和执业律师来说,再不就查账征收模式下的纳税进行预先安排和有效

管理,将面临一定程度的压力与风险。虽然国税公告2012年第53号第一条、第三条规定了律师事务所适应查账征收税收的政策过渡期,但查账征收对律师收入的利弊影响已经在部分试点律师事务所显现,部分律师所因此增加了部分税收成本及涉税风险。因此,律师事务所及相关律师协会应一方面努力争取可税前扣除费用的项目和范围;另一方面,更需要对内部账务核算制度进行完善和调整,采取多种措施来应对查账征收模式带来的不利影响。与此同时,律师事务所还应该及时关注国家税务总局可能发布的新的补充规定,在最新政策出台后能够及时应对可能带来的税赋负担。

根据《个人所得税自行纳税申报办法(试行)》的规定,年所得12万元以上的,应当按照该办法的规定办理纳税申报。近年来,随着律师行业的长足发展,律师被认为是十分"有钱景"的行业,税务部门也一再将律师纳入系列高收入人群,要求对其个人所得税实行重点监控。尽管律师事务所在每个年度终了后三个月内对投资者律师个人所得税已汇算清缴,但该汇算清缴只限于投资者律师事务所经营所得,不包括投资者律师各项所得,汇算清缴不能替代年所得12万元以上的律师纳税人应依法办理自行申报纳税的义务。在个人所得税纳税问题上的任何安排或决定都应慎之又慎,切实降低律师行业潜在的税务风险。

后　记

群英荟萃,众智集成。《精品案例解析与法理研究》一书,在海泰同仁的积极供稿,以及编委会成员一连数月的协作编撰之下,终于初见成果。

本书汇集海泰律师近年来投身实务、研讨个案、精深法理的实务与理论精华,关涉民事、商事、海事海商、知识产权、行政诉讼、刑事、非诉讼法律服务、律师职业实务八大板块的案例与法理研究,收录相关文章共82篇。本书的形成,反映了海泰律师新时期全新的专业素养,办案风采,理论深度,也体现出海泰所目前队伍风貌、管理理念以及制度创新等方面的改革与优化。通过本书的编撰,我们看到事务所又一个五年来的自我检阅与自我超越,也借此机会,希望通过本书加强海泰与同行、客户以及社会各界的交流,并在此过程中发现自身的不足,取长补短。在市场竞争更加激烈,行业分工更加细化,专业要求更加严苛的今天,让海泰人以史为鉴,向国际化、专业化、精细化的方向不断迈进,为客户提供高级、优质的服务。

鉴于海泰所一直以来所获社会各界的关心与帮助甚多,借此机会略表谢忱。感谢25年来将信任与托付交给海泰的客户,感谢市司法局、律管处、市律协一直以来对海泰所的成长和发展不遗余力的关心和爱护,感谢本书的所有案例及论文的作者同仁们,正是这每一份智慧与努力成就了本书,成就了25年后的海泰所,也成就了"心胸阔如大海,信任重于泰山"的信念。最后,要感谢知识产权出版社的编辑,是他们高效、认真地工作,使得本书能够顺利出版,呈现在大家面前。

在本书的编撰过程中,编委会对来稿进行了筛选、勘误、修正,并进行大量、反复的校对、排版,尽管我们抱着精益求精态度尽力完善本书,仍不排除书稿存在疏漏、偏颇甚或错误,祈请读者朋友批评指教。

谨以此为记。

编委会